U0456060

主编 王振良

副主编 胡艳杰

天津师范大学地方文献研究中心编辑

地方文献研究

第一辑

天津社会科学院出版社

图书在版编目（CIP）数据

地方文献研究. 第 1 辑 / 王振良主编. -- 天津 ： 天
津社会科学院出版社，2024. 11. -- ISBN 978-7-5563
-1055-5

Ⅰ. G256

中国国家版本馆 CIP 数据核字第 2024D4D164 号

地方文献研究. 第 1 辑
DIFANG WENXIAN YANJIU. DI YI JI
选题策划：韩　鹏
责任编辑：周知航
责任校对：李思文
装帧设计：崔文川
出版发行：天津社会科学院出版社
地　　址：天津市南开区迎水道 7 号
邮　　编：300191
电　　话：（022）23360165
印　　刷：北京明恒达印务有限公司
开　　本：710×1000　　1/16
印　　张：31.25
字　　数：495 千字
版　　次：2024 年 11 月第 1 版　　2024 年 11 月第 1 次印刷
定　　价：98.00 元

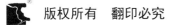
版权所有　翻印必究

《地方文献研究》编辑委员会

（按汉语拼音排序）

顾　问	程焕文	杜泽逊	江庆柏	李国庆
	王余光	徐　雁	张京华	张志清
主　任	接　励	姚伯岳		
编　委	曹培根	邓骏捷	励双杰	刘淑华
	卢礼阳	马文大	钱茂伟	王稼句
	叶成勇	赵长海	赵彦昌	张元卿
主　编	王振良			
副主编	胡艳杰			
编　辑	董桂存	高宇航	黄晓霞	李华伟
	廖　雪	凌一鸣	宋家梅	王　希
	王鸷嘉	杨　鹏	杨永政	姚小燕
	张琴琴	周余姣		
编　务	黄玲玲	林碧童	罗　典	潘红宇

弁首语

学术研究离不开文献,故关于文献本体之研究,是为其他研究之基础。而"地方"作为观察文献的视角之一,在文献本体研究中尤为重要,撮其大端约略有三:一是地方文献可呈现地方文化之特色与菁华,对地方经济社会发展可产生促进作用;二是推动文献研究在"点"的基础上向"线"和"面"拓展与普及,即以中华传统文化最重要载体——古籍而论,被学者开发利用的仅是少数,而追溯地方文化根脉离不开古籍,多数古籍也只有置于"地方"视角才有意义;三是为中华优秀传统文化补充新的知识与智慧,具有地方意义的文献也可能有更普遍的意义,但这需要不断地发掘研究,才有可能修正既有认知。

《中华人民共和国公共图书馆法》第二十四条明确规定:"政府设立的公共图书馆还应当系统收集地方文献信息,保存和传承地方文化。"由此可见,收集地方文献乃是公共图书馆的重要职能,多数都配置有地方文献部并附设地方文献阅览室,负责地方文献的搜集整理和开发利用。但现实是,专事地方文献工作的人不少,但因工作对象的"地方"属性,个案式研究难以走向全国,造成各说各话的尴尬局面,使得地方文献工作的重要性和系统性难以凸显。其实,一切文献都可以视作地方文献,只有地方文献工作搞好了,文献研究事业才会大步向前推进。因此我们认为,要把地方文献研究置于应有高度,而不是不温不火地"维持"。

通过知网检索很容易看出,有关地方文献研究的论文在整个文献研究领域占比严重偏低。关于地方文献的会议和专著,数量更是寥寥无几,与热闹的文献学研究相比显得极为清冷。为了使这种局面有所改观,天津师范大学地方文献研究中心愿意搭建一个交流平台,虽然目前规划仅是每年一册的辑刊,但这毕竟是属于地方文献工作者的阵地。在各自的地方文献研究之外,我们真诚地期待专家学者更多地关注理论探索和经验交流，为地方文献建设提供专业指导，提高利用水平，发挥社会效益。

2023 年 5 月，在天津师范大学地方文献研究中心成立之际，我们举办了第一届地方文献与地方文化学术研讨会。因为筹备得有些匆忙，没有要求与会者提交论文，会后搞了篇《为"留住乡愁"筑牢文化根基——第一届地方文献与地方文化学术研讨会综述》，发表在《古籍保护研究》第十三辑，给我们的探索留下一点儿痕迹。2023 年 11 月，在中国图书馆学会学术研究委员会支持下，我们又举办了区域性藏书史和藏书文化研究学术研讨会，这次会议提交的论文成为《地方文献研究》第一辑的基础。

第二届地方文献与地方文化学术研讨会正在积极筹备，目前已经收到近百篇论文，感谢广大专家学者和地方文献工作者的不吝赐稿。有了这种众人拾柴的支持，我们也更加有信心办好会议，编好《地方文献研究》第二辑。

《地方文献研究》肇创伊始，略书芜杂如上，未妥之处恳请大方之家匡正。

王振良　甲辰九月十三日草于沽上未知止斋

目　录

CONTENTS

试论地方文献工作的中道观

On the " Mean " Concept in the Compilation of Local Documents

赵长海

摘　要:地方文献数量的无穷性、类别形式的多样性、价值的相对模糊性,使得地方文献工作经常会遇到各类纷繁复杂的问题。如地方文献搜集整理中过度强调其历史价值及当下的资政作用,忽视了其"为藏而藏"及"藏而有待"的特点,使得当下众多文献湮灭于天壤。地方文献的私家收藏较之图书馆收藏,有更多便利条件亦更易见效,在中国图书馆发展史上曾发挥极为重要的作用。忽视市场及不能善待私家收藏,图书馆地方文献工作将很难有大的成效。解决地方文献工作中诸多疑难问题,须用中道思维指导地方文献工作的理论与实践。

关键词:地方文献　地方文献工作　为藏而藏

地方文献的征访、搜集、整理、宣传推广等,已是各级公共图书馆一项重要的工作,很多学校及专门图书馆也多有开展,并取得了很好的成效。地方文献工作在各类图书馆开展虽很普遍,但因国内并无权威的指导机构,亦无指导具体工作的标准或规范条例,故图书馆多自行其是。地方文献数量的无穷性、类别形式的多样性、价值的相对模糊性,使得地方文献工作中经常会遇到各类纷繁复杂的问题。而处理此类问题,想要恰到好处地把握"时"与"度",就必须用中道思维来指导地方文献工作。

何谓中道观，儒佛道及西方哲学里已有很多精辟论述。早期佛教即明确提出了中道思想，其后龙树发展为中观学派。"中道"就是一种力图摆脱非此即彼、脱离两边的思维模式，带有超越差别、圆融统一的理论机制。

孔子的中庸思想，是儒家处理天与人、人与人、人与物之最高方法论。《中庸》第一章云："喜怒哀乐之未发，谓之中；发而皆中节，谓之和。中也者，天下之大本也；和也者，天下之达道也。致中和，天地位焉，万物育焉。"①在方法论上，中庸之道是指在实际的践履过程中，对事情或问题"时"和"度"的恰到好处地把握和处理。中庸随着儒家思想的传播而深刻影响着中华民族。先秦诸子百家中也有一些学派提出了中道观，如道家、墨家，但是他们的中道观都不如孔子的中庸观影响深远。

一、地方文献及地方文献工作的特殊性

地方文献最本质的特征即为地域性，前人论述已很充分。另外，地方文献数量的无穷性、类别的多样性、价值的模糊性，前人论述无多，在此稍微展开说明。

地域有大小，对于县市级图书馆而言，很多时候会认为本区域地方文献较少，用不了太多时日和精力即可搜集完备，这种认识实则是错误的。一个乡镇地方文献的数量都是不可穷尽的，何况一县一市呢。地方文献之类别包含文献载体的所有类别，从一人一家一村入手，其文献信息的挖掘亦是不可能穷尽的。地方文献的价值，相较于图书馆常态化收藏的出版物之价值，有一定的模糊性，其使用对象更为广泛，其价值看似也不是那么分明。故地方文献工作相较于其他以正规出版物为对象的图书馆工作，是有很大的差别和特殊性。

地方文献工作可谓包含了图书馆的全流程作业，从征访、搜集到编目整理，从宣传推广到开发利用，从业人员各个环节都需要熟悉，故地方文献工作者一般都是业务素质很高的多面手。每个图书馆即使是省级图书馆，从事地方文献

---

① 陈戍国点校：《四书五经》（上），岳麓书社，2014，第 7 页。

工作的人员一般也不多,故对每位工作人员的素质要求很高。另外,地方文献工作需持之以恒,方能有成效,这就要求工作人员对地方文化及文献有浓厚的兴趣,有很好的耐心和耐力,方能长期从事此项工作,从而建成较为系统的地方文献馆藏。

二、地方文献的藏与用需要中道观

1962 年,黄宗忠先生提出图书馆的"矛盾说",认为"藏与用的矛盾是图书馆学研究对象"①;还有人指出"藏与用"的矛盾是图书馆最基础的、最本质的矛盾。这样的探讨暂且不说,但在地方文献工作中,"藏与用"的矛盾确实尤其突出。

地方文献资源可以说是无限的,不仅是一个省,甚至一个县、一个乡镇,其地方文献的搜集亦是无法穷尽的。地方文献的类别可包含学科所有门类,且载体形式不一。就一个地区来说,不光纸质文献很难穷尽,当今愈来愈多的电子文献与网络资源更是无法穷尽,更何况还有许多亟待记录的口述文献等。而图书馆的能力和空间有限,所以只能有重点、有目标地搜集一些地方文献,此即地方文献搜集的重点性原则。所以地方文献"藏与用"的矛盾太过突出,总是有很多时候,别人需要的资料无从提供,意欲收藏的文献难以搜集。

"藏与用"的基本矛盾尚包含"有用"和"无用"的矛盾,涉及开发和利用的问题。地方文献的搜集就是为了藏,暂时乃至很长时期既不开发也不利用,这类情况在早期的图书馆很普遍,现在亦多如此。地方文献搜集、整理、开发中的"有用性"都是需要适当限制的,否则就会失去太多的收藏机会,整理中失去很多有价值的信息,开发中过度强调当前实用性,这亦是有很大弊端的。

另外,在实际工作中我们会发现:很多收藏的地方文献,长期庋之高阁,甚少有人利用;在搜集地方文献过程中,是偏重于早期文献,还是更加注重当下文献等问题。这样地方文献工作就有一个是"厚今薄古"还是"厚古薄今"的问

---

① 黄宗忠:《试谈图书馆的藏与用》,《武汉大学学报》(社会科学版)1962 年第 2 期,第 91—98 页。

题,文献是为今天用还是有意地为后人藏用。其实地方文献的搜集要藏为今用,但亦要藏而有待,也就是要考虑得长远一些,为后人着想。有很多时候,地方文献的搜集是抢救性的,当前或这一段时间很少有利用价值,或说没有太高的利用价值,但过若干年后,这些利用价值不大的资源,或许就是无价的宝贝。

郑州大学图书馆河南文献特藏室创办于 20 世纪 90 年代初,但因各种原因已有十多年不大搜集地方文献了,但有时遇到需要抢救的文献,便不得不搜集。如这两年河南各城乡规划、新农村建设的原始文献,以及各地水利建设的文献,都是完整的,估计印量只有十几份至几十份。这些地方文献图书馆如果不搜集入藏,那么最大的可能就是成为还魂纸,消失于天壤之间,以后再想系统搜集就很难了。尽管这类文献当前用途并不太大,但过若干年后,再来考察今天的"新农村建设"之得失,便可通过现在搜集的文献了解其大概。

故地方文献收集整理,存在一个是偏重"为今人用"还是"为后人用"的问题。藏以致用固然重要,但亦不能忽视为藏而藏。藏之名山,以待后人或识者,这类情况也是很多的。还有就是藏而有待,待价而沽,这在藏界比较普遍。做图书馆地方文献工作,要有为藏而藏的意识,要有抢救当前文献的意识。

很多文章讨论地方文献的特征,除地域性特征外,都说到地方文献的历史价值。20 世纪 50 年代,著名图书馆学家杜定友先生指出:"地方文献是指有关本地方的一切资料,表现于各种记载形式的,如图书、杂志、报纸、图片、照片、影片、画片、唱片、拓本、表格、传单、票据、文告、手稿、印模、簿籍等等。凡有历史价值的,即断简另篇,片纸只字,也在收集之列。"①杜定友先生强调地方文献必须具有"历史价值"。

其后首都图书馆金沛霖编著的《图书馆地方文献工作》,是"图书馆岗位培训教材",在国内地方文献界影响很大,称地方文献为"是我国历史文献的重要组成部分,即'一方之全史'。既然是历史文献,当然应该具有史料价值和学术价值。日常生活中大量产生出来的阶段统计、报表、简报、总结,私人日记、笔记,儿歌、民谣,以及以地方事务作为表现对象的绘画和摄影作品,虽然也是文

---

① 杜定友:《地方文献的搜集整理与使用》,《省市图书馆工作人员进修班讲稿》,湖北省图书馆 1957 年 8 月编印,第 1 页。

献资料,即便具备了地域特征,也不宜不加选择地一概纳入地方文献的范畴。"①金先生强调地方文献的历史价值,但又说当前很多文献不能纳入地方文献,实则仍是缺少历史眼光所致。地方文献搜集不能仅仅盯着早期已经具备历史价值的文献,或当下即有历史价值的文献,还应该搜集有可能对后人有价值的文献。

中山大学骆伟老师则认为地方文献"是反映特定区域有关自然现象、社会现象、群体活动方式的记载物,凡在文献内容、人物及著述涉及该区域并具有一定价值的各种出版物,均可称地方文献"。骆伟老师强调地方文献要"具有一定价值"。

以上诸位地方文献学大家均强调地方文献的历史价值,那么是否说明仅仅一次性用品,根本用不着搜集和收藏呢?

湖南省图书馆邹华亭则更是明确提出:"地方文献有两个主要特征,一个是地方区域性,另一个是历史资料性","地方区域性,这是地方文献本质特征","历史资料性,这是地方文献非本质的主要特征。地方文献要起到存史、资政、励志的作用,必须具有历史价值,背离文献老化规律,能够提供重复使用"。②

邹华亭先生即很确定地说道:"但有一部分不具备史料价值,如大量的单位和个人在某一特定历史时期的经验总结、会议交流材料等等,有的甚至是'文献垃圾',如涉及地方的色情作品;严重歪曲现实的出版物;'文革'中诬陷当地党政领导的所谓'罪证材料'等等,都不宜不加选择地一律纳入地方文献收藏范围。如果说地方区域性是地方文献'范围选择'要求的话,那历史资料性就是进行'质量选择'的准则。"③

地方文献的藏以致用,正是图书馆着力搜集地方文献的动力,只是太过实用主义,强调要为当前的政治经济文化服务,甚至为决策服务,起到资政教育功

---

① 金沛霖:《图书馆地方文献工作》,北京图书馆出版社,2000,第4页。
② 邹华亭:《论公共图书馆地方文献工作》,《21世纪地方文献工作发展研究论文选》,中国图书馆学会地方文献研究专业委员会,湖南图书馆编,湖南人民出版社,2007,第5页。
③ 邹华亭:《论公共图书馆地方文献工作》,《21世纪地方文献工作发展研究论文选》,中国图书馆学会地方文献研究专业委员会,湖南图书馆编,湖南人民出版社,2007,第5页。

能，也是值得商榷的。今天偏颇的观点未必长久偏颇，早期看似弃物的垃圾，今天很多成为国之瑰宝。今天遗弃的一次性用品，或许若干年后就成为千金难求的珍稀文献。所以把这类政治和道德概念用到文献学概念上，实在是太过偏颇。

如敦煌遗书绝大多数是众人供佛的写经。敦煌文献总数约5万卷，其中佛经约占90%。私人写经，一般都有具体的目的，或为了平安求财，荐亡追福，都会在写经题记中表现出来。这类写经题记一般要说明写经的时间、地点以及供养人的姓名、身份、所写经名、缘由和所求功德。在当时来说，就是一次性用品。但保存了一千多年后（据有准确年代的考证，最早的是后凉麟嘉五年，即公元393年，最晚的是北宋咸平五年，即公元1002年），敦煌学已成为国际上的显学。文献价值历史价值确实很大，这可以说是一个典型的例子。

再如我们的中小学课本，有几个人保存下来了？清末民初的课本，根据地解放区的课本，又保存下来多少？当时的印量不可谓不多，国内一些图书馆和私人藏家都有专门收藏老课本的，但现在全国能系统齐全收藏的又有几家？课本是研究教育史、社会文化史特别重要的材料。其实这类情况很普遍，如老戏单、电影票、车票、参观门券，对很多人来说都是一次性用品，但如果能搜集齐全，那么其价值则不可估量。

看似无用，其实过若干年，则很有用。如碑刻中的功德碑，在国家级历史文化名城河南省浚县的大伾山和浮邱山，从明代以来，每年都有很盛大的庙会，山上的"求子有应"碑遍布山野，这类碑刻很简单，正面仅刻"求子有应"及立碑人姓名、籍贯、年月。此类碑刻原无人重视，但后来发现是研究社会史、民俗史的重要材料，集中到一块儿，就显示出其巨大价值。

所以，地方文献的价值，其实有待于我们发现发掘，文献的价值并不是摆在那里，而是要有文献眼光，慧眼识英。另外，零星散乱的文献其价值当然不高，但经过系统的收藏及科学的整理，整个集合的文献价值方能凸显，这也是图书馆为世人所重的内因。地方文献的价值，亦要留与后人评判，故最大限度地保留下当今文献，也是为后人为子孙负责。

对于文献而言，今天没有用的，儿子或许有用，儿子没有用的，孙子辈可能有用。自己没有用的，不能说别人没有用。绝大多数人不用的，你不能说价值不大。文献的价值不能以读者的多少而确定大小。搜集保存文献不能仅考虑当前当世或者几年之内，文献工作是实实在在的百年大计。

对于地方文献而言，还是杜定友先生说的：一切资料，表现为各种记载形式的……即"断简另篇"，"片纸只字"，也在收集之列。

三、地方文献的地域性与非地域性需要中道观

地域性，为地方文献"最本质特征"（邹华亭），"最明显、最突出特征"（骆伟）。这已是地方文献学界及图书馆界的共识，但在地方文献具体工作中，亦不可太过拘泥于文献的地域性，亦需要中道思维。

地方文献内容的地方性，地方人士的著述、地方出版物、出版形式的地方特色等，都不能绝对地看，都需要在工作中具体把握，需要中道思维。如内容的地方性，是内容主要以地方性为主，还是内容部分涉及所在区域？而地方人士，这个亦不能一概而论，不能仅仅专注本籍人士或在本地工作人士，旧地方志中人物传，专列"流寓""方外"等即很有道理。

对于区域性而言，行政区划各时代变迁不一，地方文献的地域也不是绝对的。如中原文化是地域文化，但很大程度上即是中国早期的正统文化。中原文献是一个笼统的概念，亦不能太过严格限定。即如河南文献的搜集，是否也可以包含周边？行政区域是变动的，如现今的河南省，明清时河北省南部的一些县曾归彰德府（今河南省安阳市），曾是河南省管辖区域，而河南省北部的一些县，也曾归直隶省管辖，如现今濮阳、浚县、清丰等县归大名府管辖。此种情况在各省交际地带多有，分分合合无一定规。这样在搜集地方文献时，亦要关注邻近地域。

另外如抗战及解放战争时期，共产党多在数省交际地带建立根据地或解放区，如井冈山革命根据地、鄂豫皖革命根据地、湘赣革命根据地、湘鄂赣革命根据地、豫皖苏抗日民主根据地、冀鲁预解放区等等，这类有意打破原来行政区划而建立的革命根据地，主要是为了对抗国民党政府及抗战需要。而当今搜集地方文献及本地革命文献之时，必然涉及原来的根据地行政区划，即不可拘泥于当今的行政区划。

另外，自然地理大致是稳定的，但文化地理的区域则较为模糊。如当前较为热门的黄河文献，古今黄河流域范围不一，须考虑到古代黄河流域，故而黄河文献的地域范围远超当今的黄河流域。

又如徽州文书，涉及徽派文化及徽商研究，是当代文书收藏及文书研究的热点，是明清社会文化史研究的重要内容。徽州文书所涉及区域，远超原来徽州所管辖的一府六县。

总之，地方文献的地域性，不必太过拘泥于当今行政区划的自然地理边界，应该综合考虑文化地理因素及历史上行政区划变动因素，地方文献的搜集才可能更成系统，文献的研究利用方能更加有效。

四、地方文献的私藏与公藏需要中道观

"地近则易核，时近则迹真"，私家纂辑收藏地方文献具有悠久的历史传统。清代著名学者孙衣言、孙诒让的玉海楼，由于受"永嘉学派"经世致用思想的影响，收藏了大量的浙江地方文献，仅温州地区的乡贤先哲遗著就收藏460多种。南浔嘉业堂藏书楼收藏乡邦文献丰富，收藏地方志约有四千种。

地方文献工作并不仅限于图书馆，档案馆、博物馆、文化馆等文化机构也有收藏整理的义务和责任，而私立图书馆及私家收藏的贡献尤为突出。现在很多藏家收藏各具专业特色的地方文献，是地方文献工作的重要方面，且现在很多图书馆的地方文献，亦是各时期藏家所捐献。

天津图书馆以地方志收藏丰富而著称。据《天津市图书馆志》记载，该馆馆藏志书3700余种、5300多部，约占全国保存志书总数的40%以上（不包含现代志书）。天津图书馆之所以成为收藏地方志大户，源于近代银行家任凤苞的无私捐献。任凤苞积三十多年之功，搜集方志2591种。1952年，任凤苞毅然将天香的园藏志全部捐献给天津市人民政府，收藏于天津人民图书馆（今天津图书馆）。天津图书馆因拥有丰富的古代志书构成馆藏特色，主要是任凤苞捐献之功。

九峰旧庐楼主王绶珊，收藏方志2800余部，其中明代编印的《山东通志》《八闽通志》《浙江通志》《绍兴府志》《宁波府志》《湖州府志》等为世所罕见。

此批方志后归南京地理研究所,成为南京地理研究所的特色馆藏。

地方文献大多为非正式出版物,有些方面的藏品甚至不能引起图书馆界的普遍重视,但在民间和收藏界因市场作用,已经引起足够的重视,如"文革"时期的小报、传单、连环画、电影海报;各类票证如门票、粮票、汽车票火车票、发票、磁卡、商标等;各类信札、日记、笔记本、拓片、照片、画片、电影拷贝、火花、包装纸等。其中许多门类是和地方文献有关的,系统齐全的收藏对于本地政治经济文化的研究是不可多得的第一手资料。但同时,这些资料因十分零碎繁杂,对此类文献的搜集除需要对藏品和市场有较深入研究外,尚需要投入巨大的热情和精力,这均非图书馆等收藏机构所专长。

私人地方文献的收藏因受个人精力、财力和兴趣的影响,很难具有较大的规模和长时期的延续,在利用上也因编目整理的难度和场地限制,很难为更广大的读者所利用。所以,私人地方文献收藏需要加强同各类型图书馆的联系,同时社会也需要提供私家藏书走向社会并广泛传播的有效渠道与法律保障。

图书馆的珍藏绝大多数是历代藏书家辛勤保藏的结品。但近代图书馆成立以来,很多时候并没有善待这些有功于图书馆的藏书家。如倪传基(1873—1958),字倬如,一字春墅,是宁波籍著名藏书家,"当其盛时,善本甲于东南"①。20世纪50年代初期,倪氏藏书流入市场,倪传基又重新将其购回并捐赠国家,但历来的藏书史志多将其名字搞错,其事迹更是湮没无闻②。

1948年初,李敏修(1866—1943)之子李季和把保存完好的738部,1682册,3000余万字的中州文献,连同自家藏书、经正书舍旧存、古玩瓷器100余件等捐赠平原省文物管理委员会。这是民国期间中州文献征辑处辛苦搜集得来的宝贵地方文献,但时过七十余年,此批文献仍局锁深藏,使得常人难得一见,实在是有违捐赠者的初心。

又如李庆城萱荫楼藏书之捐赠,1951年6月,李庆城将萱荫楼全部藏书捐献浙江图书馆。根据郑振铎指示,萱荫楼藏书中7部408册移抵北京,由北京

---

① 骆兆平:《别宥斋藏书题记遗记》,《天一阁文丛》第十辑,浙江古籍出版社,2012,第190页。

② 赵长海、王雨潇:《喜乐自得倬如君——宁波著名藏书家倪传基史事考》,《大学图书馆学报》2022年第2期,第103-108页。

图书馆保存,其中《天工开物》明崇祯十年(1637)自刻本10册、《明实录》抄本350册等,均是有很高价值的珍稀善本。在当时轰轰烈烈的土改运动中,李庆城在正当捐赠藏书之时,几乎遭逮捕。正因郑振铎的及时援助,才脱离险境,此后到浙江图书馆工作,后又到上海图书馆终其一生。但萱荫楼捐赠事未见任何报道,李庆城也绝少为文,仅在其晚年有感于许多文章涉及萱荫楼之时舛误太多,著文《宁波李氏萱荫楼藏书记事》发表于《图书馆杂志》1989年第3期,其中有:"居安思危,私人藏书能天长地久、安然无恙地保存下去吗?""如今,我从事图书馆工作已三十余年,自问尚无愧为炎黄子孙,每念及家藏秘籍得由国家妥为保管,为科学研究所用,诚有生以来最感欣慰之事也。"①私家藏书捐赠内心无愧,感到有愧的正当是接受了众多捐赠的图书馆,多年以来,并未能正确地对待私藏,善待私家捐赠。

地方文献工作似乎没有高深的理论,但又不能没有哲学思维和理论支撑,最重要的是做——深入地做,花费最大精力地做,在此基础上不断地进行理论的探讨和提升,而尤为重要的是需要中道辩证思维,以指导地方文献工作的理论与实践。

(赵长海,郑州大学图书馆研究馆员、硕士生导师)

---

① 李庆城:《宁波李氏萱荫楼藏书记事》,《图书馆杂志》1989年第3期,第51页。

20世纪60年代图书馆界方志抄藏活动初探

——以南大图书馆与全国各地图书馆之间的
方志抄藏活动为例

A Preliminary Study on the Duplication and Collection of the Local Gazeteers of the Libraries in the 1960s

周　艳

摘　要:本文以20世纪60年代南京大学图书馆抄本方志、国内多所图书馆致南大图书馆的信札及南大图书馆藏十七种方志校勘资料为文献基础,探讨20世纪60年代南大图书馆与各馆之间的方志抄藏活动。通过钩沉史料,发现这次活动产生的抄本是那个年代全国范围内图书馆界方志抄藏活动的产物。作为目前为止中国图书馆史上最后一次大规模抄藏活动,在保护和整理珍稀方志文献方面具有深远意义,值得业界进一步深入研究。

关键词:20世纪60年代　南京大学图书馆　抄本　方志

引言

抄藏是中国藏书传统中一种重要形式。中国传统社会无论公藏私藏,都很重视通过抄录这一形式丰富自己的藏品,形成优良的抄藏传统。晚清民国以来,在西学东渐的背景下,现代意义上的图书馆在中华大地上出现,很多图书馆在馆藏建设上,继承了"抄藏"这一优良传统,产生不少珍贵的抄本。图书馆抄本方志,便是其中典型的一例。

20世纪30年代和60年代,在编修新方志的大形势下①,图书馆界展开对方志文献的整理和搜求。除了采购、征集、接受捐赠等常见途径外,对于稀见方志,往往采用抄藏的方式来补充馆藏。两个时期都出现过以图书馆为主体的公藏单位的方志抄藏活动,产生了相当数量的图书馆抄本。目前业界对这些抄本的研究不足,它们产生的具体背景、抄录活动的细节及对这批抄本价值的认识等问题,至今少见业内探讨。对20世纪30年代的图书馆抄本方志研究,笔者目前仅见《"金陵大学图书馆农业图书研究部抄本"方志初探》②及《民国时期国立北平图书馆抄藏方志述略》③二文。20世纪60年代的图书馆抄本方志④,尚未见专文探讨。故笔者主要以20世纪60年代南京大学图书馆抄本方志、南大图书馆与各图书馆的通信⑤及南大图书馆藏十七种方志校勘记、校勘表⑥为文献基础,对那个时代的方志抄藏活动及抄本价值做一初步探讨,以期引起业界关注并把这方面的研究推向深入。

一、南大馆委托各馆抄校方志

南京大学的方志收藏有悠久的传统,其前身之一金陵大学于1921年与美国农业部开展中国农业史研究的合作项目,在美国农业部赞助经费的支持下,开始大力收集方志。经过十多年的努力搜求,到1933年编成《金陵大学图书馆

---

① 仓修良:《方志学通论》华东师范大学出版社,2013,第263-265页、285-295页。

② 周艳:《"金陵大学图书馆农业图书研究部钞本"方志初探》,《中国地方志》2017年第4期,第41-47页、63-64页。

③ 张毅:《民国时期国立北平图书馆抄藏方志述略》,《中国地方志》2018年第3期,第61-64页、第126页。

④ "20世纪60年代图书馆抄本方志",是笔者首次提出的概念。这里的60年代,是一个大体的时间段,其跨度其实应从20世纪50年代末到1966年之前,特此说明。

⑤ 现藏南京大学图书馆古籍部。

⑥ 现藏南京大学图书馆古籍部。

方志目》的时候,金大的方志藏量已经仅次于北平图书馆,居全国第二。为配合全国第一次编修方志,在 20 世纪 50 年代到 60 年代中期,不少图书馆整理馆藏方志,编制方志书目。南京大学图书馆的方志建设也在这一大背景下展开。虽然 1958 年已编就《南京大学图书馆中文旧籍分类目录初稿》,但此书"方志类"仅著录 47 种,下有附注:"另有二千几百种方志拟另编印方志书目兹从略。"①其时距《金陵大学图书馆方志目》出版的 1933 年已有二十多年,尚无最新的方志目录来揭示这期间馆藏方志的变化情况。因此,编写最新的、能够揭示馆藏的方志目录成为当务之急。时任馆长施廷镛在对照《中国地方志综录》对馆藏方志进行摸底和编目的过程中,不断入藏本馆所无方志。他们除了购买和交换外,抄录也是一种重要方式。这种传统的复制方式产生了一批特色馆藏,即南大图书馆 20 世纪 60 年代抄本方志。

这些抄本的底本是各图书馆的馆藏,抄录的具体情况,笔者从南大馆藏 20 世纪 60 年代全国十三个馆致南大馆五十通信札中②整理如下,详见表 1。

表 1　南大馆委托各馆抄校方志表

单位名称及信札数量	通信时间	南大馆委托抄校方志名
湖南省中山图书馆,5 通	1963.08.15—1964.03.07	[民国]醴陵乡土志
北京水利科学研究院,1 通	1964.04.11	[道光]白蒲志
甘肃省图书馆,1 通	1964.10.28	1[民国]河州采访事迹 2[光绪]陇西分县武阳志 3[道光]会宁县志 4[光绪]绩岷州志 5[光绪]平凉县志 6[道光]山丹县志 7[光绪]山丹县志 8[光绪]泾州乡土志 9[光绪]崇信县采访乡土志 10[光绪]敦煌县乡土志

① 　见《南京大学图书馆中文旧籍分类目录初稿·历史与地理部》第 187 页。南京大学图书馆编 1958 年 8 月出版 (仅供内部参考)。

② 　这批信札是目前存世的量,从信札内容看,当时通信数量要更多,但由于历史原因,并未全部保存下来,特此说明。

续表

单位名称及信札数量	通信时间	南大馆委托抄校方志名
甘肃省图书馆,1 通	1964.10.28	11[光绪]打拉池县丞志 12[乾隆]海城厅志 13[民国]花马池志 14[康熙]隆清县志
湖北省图书馆,2 通	1963.09.24— 1963.11.30	1[光绪]潜江县志稿 2[嘉靖]宜城县志
清华大学图书馆,4 通	1964.04.24— 1964.12.30	[民国]新镇县志料
武汉大学图书馆,2 通	1964.01.21— 1964.09.08	[嘉庆]应城县志
泰州市图书馆,2 通	1963.06.30— 1963.11.08	[乾隆]小海场新志
嘉兴市图书馆,3 通	1964.04.29— 1964.06.22	1[宣统]闻川志稿 2[民国]新胜新志 3[光绪]梅里志校勘记
温州市图书馆,2 通	1963.11.16	1[光绪]蒲岐所志
	1964.10.27	2[光绪]大通县志稿
苏州市图书馆,1 通	1962.11.17	[乾隆]支溪小志
宁波市图书馆,1 通	1964.07.27	[同治]象山县志
贵州省图书馆,8 通	1964.6.25— 1965.08.28	[光绪]毕节县志
云南省图书馆, 18 通	1963.09.30— 1965.07.29	1[景泰]云南图经志书 2[民国]续云南备征志 3[康熙]晋宁州志 4[雍正]临安府志 5[民国]宁县志 6[民国]路南县乡土志 7[民国]广南县志 8 古越州志

续表

单位名称及信札数量	通信时间	南大馆委托抄校方志名
云南省图书馆， 18 通	1963.09.30— 1965.07.29	9[民国]丽江县志书 10[民国]维西县志 11[民国]镇越县志 12[民国]永平县志书 13[民国]镇康县志初稿 14[民国]新编麻栗坡特别区地志资料

需要说明的是，信件中提到的方志，有部分因为各种原因没有抄录。据笔者初步调查南大馆藏，这批抄本现存共计 43 种，用南京大学图书馆专用红丝栏纸，版式分两种：第一种版框高 18.8 厘米，宽 12.2 厘米，半页十行，白口，单鱼尾，四周双边，版心下有"南京大学图书馆"字样。第二种版框高 19.6 厘米，宽 14.2 厘米，半叶十行，白口，单鱼尾，左右双边，版心下有"南京大学图书馆传抄本"字样。详见表 2。

表 2 20 世纪 60 年代南京大学图书馆抄本方志表

省份	方志名	版本及现存情况	备注
河北	[康熙] 大城县志 八卷	刻本十一家藏；抄本 南大、上海两家藏	手写体大字序言及印章照摹，地图照摹；册一末页"抄写者谢伯敏 1964"；册二末页"南京大学图书馆施廷镛馆长嘱抄善本图书之一 一九六四年七月施元谟抄"；册三末页"南京大学图书馆施廷镛馆长嘱抄善本图书之一 一九六四年七月凌季康抄"；册四末页"一九六四年七月 林成塘抄"；册四有何宇铨校勘记，每册附有校勘表；¥34.44①
	[民国] 新镇县志 料不分卷	抄本南大、清华两家藏	册一首页说明："该书第一册有县界绘图一张，长及宽皆二尺许。另有照片风景小图，皆反光模糊不显，只将各图说明照抄"；¥33.9

---

① 指此书抄写费用，下同不注。

续表

省份	方志名	版本及现存情况	备注
山西	[光绪]洪洞县志稿十六卷	稿本南京地理所藏;抄本南大、山西二家藏	卷九末页:"癸卯夏末,施风笙馆长命为本志复制舆图六页并抄录第一至九卷全文。老眼昏花,字不成行,既毕,特附数言以志岁月。一九六三年红五月湘乡谢伯敏";末册末页"一九六三年春,南京大学图书馆施风笙馆长嘱抄洪洞县志(未刊本)第十卷至第十五卷,计分五册,同年五月十日成此工作。虽检校数次,恐仍不免鲁鱼亥豕之讹,幸垂察焉。张宗成谨志";￥90.18
陕西	[民国]高陵县(今西安市高陵区)乡土志	抄本天津、南大二家藏	首有施廷镛题记:高陵县乡土志据中国科学院地理研究所藏本传抄,原书素纸缮写,每半页十一行,每行廿四字,系高陵县署清稿本,每页骑缝处钤有"高陵县印",首页有"杭州王氏九峰旧庐藏书之章"及"中国科学院图书馆藏"朱文方印。施廷镛一九六二年十二月廿八日;每页铅笔标字数,合计27688字
	[民国]延长县志书十卷	稿本南京地理所藏;抄本科学、上海、甘肃、南京、南大五家藏	册一题名旁附记13633字,册二7850字,册三11956字;后附校勘表,施元谟、何宇诠校;册一末页"南京大学图书馆施廷镛馆长嘱抄善本图书之一 一九六四年十一月二十日张润群抄";册二末页"南京大学图书馆施廷镛馆长嘱抄善本图书之一 一九六四年何宇诠手抄";册三末页"南京大学图书馆施廷镛馆长嘱抄善本图书之一 一九六四年熊同仁抄"
	[民国]延长县乡土志	抄本上海、南大二家藏	末页"南京大学图书馆施廷镛馆长嘱抄善本图书之一凌季康抄六四年十一月";附施元谟校勘表;￥70.54
青海	[光绪]大通县志稿不分卷	抄本青海、南大、温州三家藏;油印本民宫、甘肃、青海三家藏	联合目录作"采录大通县乘佚稿";附纸条"大通县志稿已经抄写人校对无误";￥4.5

续表

省份	方志名	版本及现存情况	备注
上海	[嘉庆]珠里小志十八卷首图一卷	刻本北京、南博二家藏;抄本上博、南大二家藏	照摹牌记、序言及舆图;册一末页"南京大学图书馆施廷镛馆长嘱抄善本图书之一一九六四年三月何宇诠抄",附校勘表,共84854字;册四末页"一九六四年三月熊同仁抄";册六末页"南京大学图书馆施廷镛馆长嘱抄善本图书之一一九六四年朱宝甫抄";附何宇诠校勘表;共85518字;¥138.6
江苏	[乾隆]小海场新志十卷	刻本北京、科学、上海、天津四家藏;抄本福师大、安师大、南大三家藏	末附小海场新志抄校者注,注明原书行款字数,红笔修改之处,及抄者疑误之处;¥38.71
	[光绪]四镇略迹一卷	稿本常熟藏;抄本民院、上海、南大三家藏	末附四镇略迹正伪;¥1.0
	[乾隆]小海场新志十卷	刻本北京、科学、上海、天津四家藏;抄本福师大、安师大、南大三家藏	末附小海场新志抄校者注,注明原书行款字数,红笔修改之处,及抄者疑误之处;¥38.71
	[光绪]四镇略迹一卷	稿本常熟藏;抄本民院、上海、南大三家藏	末附四镇略迹正伪;¥1.0
	[民国]金村小志三卷	抄本南大、常熟二家藏;铅印本七家藏	抄本末附金村小志正伪;¥10.0
	[咸丰]梅李补志一卷	抄本上海、南大、常熟三家藏	¥0.7
	[光绪]新续梅李小志	《联合目录》未著录	末附新续梅李小志正伪;¥2.70
	[民国]南通县(今南通市)图志二十四卷	稿本南通、科学二家藏;抄本南通、南大二家藏;铅印本八家藏;油印本南通一家藏	每个筒子叶反面用铅笔标明本叶字数;册二¥26.75,册四¥28.50,八册共¥94.35

续表

省份	方志名	版本及现存情况	备注
江苏	[乾隆]支溪小志六卷，艺文志二卷	刻本七家藏；清抄本科学、苏州、常熟文管（存卷一至卷三）三家藏；抄本南大等十五家藏	无
浙江	[光绪]梅里志校勘记二卷	稿本嘉兴县图书馆一家藏；抄本南京大学图书馆一家藏	￥11.25
	[民国]新胜新志原廿七卷，首一卷（成初稿卷一至卷二，首卷）	铅印本上海、嘉兴二家藏；抄本南京大学图书馆一家藏	1964年嘉兴高可安抄本；￥19.28
	[嘉庆]花溪志补遗一卷	稿本浙江藏；清光绪小清仪阁抄本南京地理所、浙江二家藏；抄本吉林、浙江、嘉兴、南大四家藏	书末有"南京大学图书馆施廷镛馆长嘱抄善本图书之一""一九六四年四月徐瑶国钞"；末附花溪志补遗校勘表；￥9.17
	[光绪]修川志余二卷	清光绪小清仪阁抄本南京地理所、南京二家藏；抄本南大一家藏	书末有"南京大学图书馆施廷镛馆长嘱抄善本图书之一""一九六三年十月施元谟抄"
	[同治]象山县志廿四卷，末一卷	抄本南大、宁波二家藏	书中多处红笔校改；筒子叶背面铅笔标明本叶字数；￥146.89
	[同治]上虞志备稿不分卷	稿本南京地理所、浙江二家藏；抄本上海、南京（胶卷）、南大三家藏	上下册末页"南京大学图书馆施馆长廷镛移录，一九六四年元月段适秋抄。"册一书名下有"典籍志起经部迄地理注释，共32页，10978字"；册二书名下有"起典籍迄补遗，共72页，计23153字。"每页页脚用铅笔标明此页字数；￥17.07

省份	方志名	版本及现存情况	备注
浙江	[光绪]蒲岐所志二卷,首一卷	民国二十五年抄本温州一家藏;抄本南大一家藏	内封及题签照录;册二末页"一九六三年十一月温州吴伸初写";￥7.10
	[宣统]闻川志稿二十卷(存卷一至卷四)	稿本南京地理所藏;抄本南大一家藏;清宣统三年(1911)铅印本上海、吉林、浙江、嘉兴四家藏	￥42.00
云南	续云南备征志三十二卷(存卷一、二十八、二十九)	民国抄本云南一家藏;抄本山西、南大两家藏;民国铅印本五家藏(仅印一册,非完书)	左右双边;￥50.16
	[雍正]临安府志(原廿四卷)存卷二至八、十一至十四、廿三至廿四	刻本云南一家藏;抄本北京、南大二家藏	左右双边;￥90.88
	[康熙]晋宁州志五卷	清康熙抄本北京一家藏;抄本南大等七家藏	毛装
	[民国]宁县志录地域山水	《联合目录》未著录	毛装
	古越州志十卷首一卷	抄本北京、云南、上海、南大四家藏	毛装;传抄清同治六年(1867)本
	[民国]路南县(今石林彝族自治县)乡土志草本不分卷	民国二年(1913)抄本云南一家藏,抄本南大、上海二家藏	毛装;￥4.16

续表

省份	方志名	版本及现存情况	备注
云南	[民国]丽江县志书不分卷	民国初年抄本云南一家藏，抄本南大、上海二家藏	毛装；￥8
	[民国]广南县志八卷	稿本云南一家藏，抄本上海、南大、云大三家藏	毛装；￥94.32
	(新编)麻栗坡特别区地志资料三卷	抄本上海、云南、云大、南大四家藏	毛装，左右双边；￥14.75
	[民国]镇越县志不分卷	抄本南大、云南两家藏；民国二十七年(1938)油印本上海、厦大、广东、重庆、云南五家藏	毛装
	[民国]中甸县志稿三卷首一卷末一卷	稿本云南一家藏；抄本上海、南大、云南三家藏	￥27
	[民国]维西县志四卷	抄本上海、南大、云南三家藏	左右双边；￥64.25
	[民国]永平县志书	抄本上海、南大、云南三家藏	毛装
	[康熙]嶍峨县志二十九卷	刻本历博、民院、云南三家藏，抄本党校、上海、南开、内蒙古大学、南大五家藏	书签式样，印章照摹；￥53
	[光绪]新修中甸厅志书三卷	稿本云南一家藏，抄本上海、南大二家藏	￥14

续表

省份	方志名	版本及现存情况	备注
湖北	［光绪］潜江县志稿不分卷	清光绪抄本湖北藏，抄本南大藏	无
	［嘉靖］宜城县志三卷	明嘉靖四十二年（1563）刻本北京一家藏，抄本上海、南大、湖北三家藏	无

注："版本及现存情况"照录中国科学院北京天文台主编《中国地方志联合目录》，中华书局 1985 年版。其中藏书单位的简称亦照录，不再出注。某志藏量在五家之内的，详列收藏单位，超出五家者，收藏单位不再罗列。"备注"栏信息皆来自所藏抄本身。

二、南大图书馆方志抄录信札

南大图书馆方志抄录，不仅限于抄录兄弟单位所藏稀见方志以丰富本馆馆藏，也以本馆所藏稀见方志为底本，为兄弟单位抄录副本。目前所见主要资料为二种：一是南大馆藏十七种 20 世纪 60 年代为兄弟单位（主要是中国科学院图书馆）抄录本馆方志的校勘资料；二是本文第一部分提及的各图书馆致南大馆的信札。

关于前者，笔者在《"金陵大学图书馆农业图书研究部抄本"方志初探》一文中已有所涉及，文中详细列出了十七种校勘资料的相关情况，此不赘述。并得出"这批抄本（指金大抄本）主要抄录的是东三省、青海、广西、贵州等边远地区的方志。它们的祖本多数或原稿不存，或并未付梓，或为海内孤本，因此，这批抄本具有不可取代的文献价值。尤其是东三省及青海省的二十三种方志，皆未付梓，原稿亦多不存，如此一来，金大抄本便成为祖本，目前其他单位所藏抄本，多为辗转传抄金大本而来"的结论。20 世纪 60 年代南大馆为全国各馆抄录并校勘的，主要就是这批金大抄本方志。

关于后者，经笔者整理，这些信札中涉及托南大馆代抄方志的有十家单位，内容涉及托抄书名、用纸、抄写注意事项、抄写格式要求、进度询问等。详见表 3。

表3　南大馆为各馆抄校方志表

单位名称及信札数	通信时间	委托南大馆所抄方志	抄校要求
中国科学院图书馆，5通	1964.06.02—1964.12.03	1 大赉县志略 2 兰西县志 3 海伦县志 4 青冈县志 5 拜泉县志 6 嫩江县志 7 肇州县志略 8 安达县志 9 会宁县志 10 瑗珲县志 11 蒲峪所志 12 西林县志	其规格能合原书尺寸、行款即可
	1965.02.12	13 川边土司经略 14 贵德县风土调查记 15 共和县风土记 16 民和县风土调查记 17 亹源县风土调查记 18 西宁县风土调查记 19 互助县风土调查记 20 乐都县风土调查记	
		1[雍正]泾阳县志八卷(残)抄配卷4—6	
		2[乾隆]广信府志二十六卷(残)抄配卷11—12,卷13页6—9,卷19—20,25—26	
山西省图书馆，5通	1964.01.22—1964.09.10	1[顺治]清源县志 2[光绪]洪洞县志 3[康熙]岢岚州志 4[乾隆]猗氏县志	1 字迹工整,有一定的书写水平; 2 不能有错字、漏字和涂改,力求保持原书的面貌(如附舆图要描绘下来),为此必须认真地校对; 3 用毛笔书写,纸最好是连文纸或麻纸

续表

单位名称及信札数	通信时间	委托南大馆所抄方志	抄校要求
湖南省中山图书馆,5通	1963.08.15—1964.03.07	1[顺治]攸县志 2[嘉庆]安仁县志 3[乾隆]祁阳县志 4[嘉庆]重修遂利县志 5[康熙]靖州志 6[康熙]郴州志 7[光绪]凤凰厅志	1抄写价格贵一点关系不大,要请你们找书法最好者抄写,并请寄来字样看看;2关于抄写纸张,也得麻烦你们查查原书的式样看是否有行格,如果能用你馆的纸则我们不再寄来,照样付款;抄写时一律请用毛笔,繁体字缮写,描绘舆图,还请校对,版框大小,纸张行格,书口书耳的记载,均请全照原书,其中若有缺页,请放空白纸为好
吉林大学图书馆,6通	1964.07.11—1964.12.01	1[光绪]盖平县乡土志 2[光绪]铁岭县乡土志 3[民国]兰西县志 4[民国]青冈县志 5[民国]瑷珲县志 6[民国]安达县志 7[民国]逊河设治局志 8[民国]通河县乡土志 9[民国]嫩江县志	兹寄上绿格纸一千五百张,请即觅写手,代抄代校。另附未裁素纸二十张(六裁即一百二十张),以便遇有图表可以应用。如能代为装订,亦即以此素纸作为前后附页
吉林省图书馆,1通	1963.12.25	[民国]大赉县志	无
内蒙古图书馆,2通	1963.08.26—1964.05.18	[乾隆]河套志	抄书用纸,随函寄去240张,为了节约用纸,每行须放25字,每张约可抄500字。王幼安先生的字,工整美观,错误较少,希望能仍请此人
中国人民大学图书馆,1通	1963.10.13	[光绪]昌平志外志稿	字迹工整,大小同一般木板书,纸张最好用毛边纸(没有毛边纸其他亦可),纸张请你馆设法协助,我馆不再寄去

续表

单位名称及信札数	通信时间	委托南大馆所抄方志	抄校要求
黑龙江省图书馆,7通	1960.10.25—1964.06.25	1[民国]兰西县志 2[民国]海伦县志 3[民国]青冈县志 4[民国]拜泉县志 5[民国]嫩江县志 6[民国]瑷珲县志 7[民国]肇州县志略 8[民国]通河县乡土志 9[民国]逊河设治局志 10[民国]方正县志	对前次开列的方志全部用墨笔抄写一套外,并各摄制成胶卷,以供显微阅读器之用
云南省图书馆,18通		1[道光]姚州志 2 罗振常校跋抄本《增订南诏野史》 3 何焯、汪启淑两校本《华阳国志》	1除要求用墨笔照原书行款、格式抄写外,如原书里封面及书签保存,均请照摹。原书书口鱼尾上下、篇名、书名、卷次、页次亦请照抄,附有的地图等也请照摹;2原书序跋文字,请照原书大小行款照抄,序跋中所附刻的印鉴,请照摹。若钤有原收藏者的印鉴,则请另用朱墨照摹;3《增订南诏野史》的校跋请照式过录,若原系朱笔及其他色笔,希望也能用色笔照抄;4 开纸时,天头地头及订线处均请稍留宽点,不必过省,抄完后请照原书册次毛订即可,不必截订
贵州省图书馆,7通	1964.06.25—1965.08.28	1[康熙]湄潭县志 2[同治]毕节县志 3[乾隆]黔西州志 4[雍正]安南县志 5[康熙]天柱县志	无

注:"抄校要求"栏文字皆摘抄信札原文。

三、抄录活动特点

由以上三表可以看出,20 世纪 60 年代图书馆界的稀见方志抄藏,应是一个全国范围内的活动。笔者所见,仅为南大馆藏相关资料,相信全国各馆多有这类抄本,如上海图书馆所藏此时期抄本,仅云南一省便有四十四种之多。① 从笔者搜集的资料来看,这次抄录活动有如下特点:

首先是底本选择上,都是比较稀见、有较高文献价值的方志。如边远地区的县志、乡土志及江浙一带的稀见方志,多数都未经刊刻,有的仅有稿本存世。在影印技术不发达的年代,用抄录的形式使这些稀见方志化一为多,从一馆仅藏变为多馆共藏,对珍稀方志文献的保护和传承功不可没。尤其有些方志原稿在经抄录后,由于种种原因,未能保存至今,其内容幸赖抄本得以流传,更显这批抄本的价值。

其次,抄录过程是一个严谨的学术过程。这一过程实行严格的专人负责制。凡经南大馆工作人员抄校者,皆须注明抄录者及校勘者姓名。如[康熙]《大城县志》,为四人合抄,一人校勘。其大致流程,可参看刘向东《扬州古籍书店抄本书小记》一文。② 更重要的是,抄录,不是简单的机械复制,而是针对所抄方志的具体情况,进行合理的学术处理,在尽量保留底本版本特征的基础上,与底本相比,更接近文献意义上的"善本"。如调整原书装订错误、辨识印刷模糊之字、校正脱误之字等。[康熙]《大城县志》校勘记就是典型的一例:

> 原书纸墨印刷装订似出于仓促成书,初步审阅,在原书中,除原抄本中笔误脱漏,逐一指出更正外,发现有各种情况:一、原书版本较久,剥蚀颇多,印刷模糊,墨色不一,甚至全行字迹不清,无从辨识。二、装订疏忽,页数颠倒。如第一册凡例之一三两页互为倒置,目录第一页

---

① 见《上海图书馆藏方志目录》,未公开出版,可在上海图书馆古籍阅览室查阅。这批抄本时段从 1959 年到 1963 年,以 1960 年抄本最多。

② 刘向东:《扬州古籍书店抄本书小记》,《扬州文化研究论丛》,2013 年第 1 期,第 137-149 页。

订在姓氏之前,与第二页中隔两页不相连续,第三册二十七页与三十七页互为误订之类。三、原书奉檄催修,未遑精校,鲁鱼亥豕,所在多有。经过校阅,作如下之初步处理:原书印刷模糊之处,凡已见于上文中同文同义之字以及可以审辨并确知应为某字者,加以补填,装订颠倒者予以调整,原书脱误之字另列校勘表分附各抄本之后以备考证。①

南大馆给兄弟单位抄录方志的过程中,也对本馆藏本进行了认真的校勘,组织专人写校勘记、做校勘表,这一做法作为一项重要原则一以贯之。在南大馆藏《安达县志》的校勘记中,有如下一段文字:

> 按原抄本由于重抄,未可比对原刊本,其中讹误遗漏,俗笔异体,是否辗转传抄,遂至以讹传讹,无从臆断,而将序言之第二页植于四十页总结之后,则装订者之误也。第以学识浅陋,见闻无多,又无原刊本可资比刊,仅就管蠡所及,勉为仇校,附列校勘表。上述刍言,既附于中科院托抄之本,复以廷镛馆长不鄙,嘱咐馆藏原本之后,并此赘陈,以贡一得之愚。

将校勘记、校勘表制成一式二份,一份附于托抄本之后,一份附于馆藏原本之后,这种做法,既对托抄单位负责,也提高了馆藏原本的文献质量。

再次,各馆均以善本的标准对待这类抄本,对所托抄之书的形式和内容双重重视。旧方志作为古籍的一种,形式方面拥有自己的特点,这些特点对研究者来说都是非常重要的文化信息,各图书馆正是出于对此的深刻理解,才提出上文表3"抄校要求"一栏所列的事无巨细的抄录要求。同时,对于文字内容的认真负责,更是这个时代抄校者的内在追求,他们继承古老的抄藏传统,撰校勘记、制校勘表,对于疑难问题,二馆之间通信反复商量,力求让文字经过自己的整理之后,较底本更加精准。应该说,这种对抄本形式和内容的双重重视,是20世纪60年代图书馆界方志抄校活动的重要准则,在这一准则下,产生了高

---

① 见南大馆藏抄本[康熙]《大城县志》末页。

质量的时代抄本。上文所列信札和南大馆藏方志中记录的抄录费用,也从另一方面佐证了这批抄本的不菲价值。南大馆这个时期的抄本,都打上了"善本"章,相信文中所提各馆对这类文献也都倍加珍视。

20 世纪 80 年代以来,随着复制技术的进步和那批能写一手好毛笔字的抄录者的陆续谢世,抄藏这一形式在图书馆界渐行渐远,成为历史的余响。可以说,20 世纪 60 年代的方志抄藏活动,是晚清民国以来中国图书馆史上最后一次大规模的抄藏活动。本文仅就所见南大馆藏资料,结合相关文献对 20 世纪 60 年代方志抄藏活动这一现象作一初步梳理,难免挂一漏万。作为中华人民共和国早期古籍整理的成果之一,这类抄本现存数量多少、总体质量如何、在今后的方志整理出版中如何利用等,都是值得我们进一步深入研究的问题。

（周艳,南京大学图书馆馆员）

清代京畿地方志研究回顾及展望*

The Review and Prospect on the Study of the Qing Local Gazeteers of the Capital and Jifu Areas

杨　帆

摘　要:地方志乃为中国古籍重要之一种,清代京畿地区志书存世数目不少,内容质量较佳,尤其引人注目。围绕其展开的整理与研究工作由来已久,在"作为文献的清代京畿地方志研究""作为史料的清代京畿地方志研究"等传统范式下已有不少鞭辟入里的论述。而随着方志学自身理论建设不断增强,诸学科加快互鉴经验方法,学界于近年来又开拓出一些崭新的研究取向,如"作为文本的地方志研究""作为书籍的地方志研究"等,但清代京畿地方志相关成果仍付阙如,是为遗憾。有鉴于此,确有必要对现有之研究作一简要述评,以期爬梳与启迪。

关键词:京畿地方志　方志学　书籍史　研究综述

据来新夏总结:"方志,或称地方志,是记载一定地区(或行政区划)自然和社会各个方面的历史与现状的综合性著述。"①这一广阔定义基本符合实际,而张升又在此基础上具体说明,认为至少应从三个方面认定"真正的"地方志,即以一定的地理区域为限,复述当地古今综合情况(方方面面的内容),并将所有

---

　*　本文系教育部人文社科基金项目"明清士大夫书籍之交研究"(19YJA770023)研究成果之一。

　①　来新夏:《方志学概论》,福建人民出版社,1983,第 1 页。

内容统率编排在一定的体例(分门别类的记录)之下。① 其中,地理区域这一要素尤为张升强调,由于"方"是相对全国而言,在古代主要指省、府、州、县、乡、镇、里、村等,是故,以全国为记载对象的志书只可称为总志而非地方志。符合此标准者,尚需尽量完备地涉及政治、经济、军事、文化、教育、科技、民情、风俗区、名胜、古迹、宗教、方言、遗闻、逸事、文献等。由是,则所谓只记一门的专志,亦不便与地方志混为一谈。除此之外,"志书体"更是区别地方志同地方史、正史地理书等其他种类著述的充要条件。换言之,地方志建构于较为固定的框架之内,有取舍地包含序文、图画、目录、凡例、星野、疆域、建置、城池、治署、山川、古迹、户口、里镇、风俗、坛庙、学校、官师、宦绩、科第、乡贤、孝义、文苑、烈女、祥异、外记等不同部分的内容。毋庸置疑,这一思路不失其道理,不仅使得地方志作为一种独立文献类型的身份更为明朗,统计地方志留存状况的精准度亦可随之提高。

今即在此范畴内尝试作一次局部性的窥探,目光主要集中于清代京畿所编地方志,所谓京畿,本指国都及其附近地区,因联系中央与地方而尤显特殊。清代以京师或言北京为国都,环绕周围、相距最近的直隶省则自然称为畿辅,其之具体范围在光绪《畿辅通志》中有较为明确的描述,行政区划包括:顺天府,下辖州五,县十九;保定府,下辖州二,县十四;承德府,下辖州一,县五;永平府,下辖州一,县六;河间府,下辖州一,县十;天津府,下辖州一,县六;正定府,下辖州一,县十三;顺德府,下辖县九;广平府,下辖州一,县九;大名府,下辖州一,县六;宣化府,下辖州三,县七;遵化直隶州,下辖县二;易州直隶州,下辖县二;冀州直隶州,下辖县五;赵州直隶州,下辖县五;深州直隶州,下辖县三;定州直隶州,下辖县二;另有口北三厅,即张家口厅、独石口厅、多伦诺尔厅。以上共计府十一,厅三,直隶州六,辖州十七,县一百二十三。这与康熙、乾隆及嘉庆年间所撰《大清一统志》及康熙、雍正年间所编《畿辅通志》所述大概一致,举凡地区内部沿革之事,又皆有迹可循,故而较为可信。

在清代修志事业鼎盛,几乎达至中国古代时期巅峰的情况下,京畿地区志书亦屡经编写与递修,留存至今者不胜枚举。其中多者版本明晰,彼此的递嬗

---

① 张升:《历史文献学》,北京师范大学出版社,2016,第 278 页。

关系易于确认;部分志书排版及抄印字迹少见漫漶,已属可贵,且内容构成又十足翔实,广泛地反映着清代京畿地方的社会情貌。换言之,清代京畿地方志的数量、质量皆不容忽视,这首先使之具备了被整理与研究的可能性,同时又向学界展示了关注它们的意义所在。事实上,围绕清代京畿地方志所展开的学术工作确实由来已久,前贤时彦业已作出许多鞭辟入里的论述,由此形成一些传统、规范的研究范式。近些年来,随着方志学自身理论建设的不断加强,诸如历史学、地理学、文献学等学科依靠与方志学之间根深蒂固的亲缘关系,逐渐加快向方志学输送不同研究方法与经验的步伐,甚至是考古学、经济学等学科,亦在学科交叉的大势下深刻影响着方志学的发展。诸如此类的情形,无不促进着方志学开辟崭新进路,对清代京畿地方志研究亦是启迪。缘此,今择取相关成果作一简要述评,以期爬梳与启迪。只因所涉颇多,不免挂一漏万,但望无咎。

一、传统范式下的清代京畿地方志研究

(一)作为文献的地方志研究

文献学将文献的记录方式、内容、载体等基本要素列为关切对象,通过目录编撰、版本考辨、辨伪辑佚、校勘正误、标点句读与内容考据等形式,达至整理与研究的目的。文献学视域下的清代京畿地方志研究亦是如此,所论主题包括但不限于编撰作者、卷数册数、问世年代、文字内容、体例特征、抄刻版式、版本差异、流传轨迹、存佚情形等。

在相关研究之中,方广岭之博士论文选题可谓视野宏阔,而论说又能具体而微。行文首先梳理清代直隶行政区域沿革,方氏借此一并完成对相关时空概念的界定,进而整理并考证清代直隶地方志,大致确定现存者应为 519 种,另外仍有佚书 72 种。此一数据远超学术界以往所统计,而清代直隶地方志既为中国古代地方志编修发展到鼎盛阶段的产物,又乃近代地方志编修活动开端的标志之一,更使方氏深感其之显要。方氏于是沿着文献生成的道路行进,顺序讨论相关地方志之编纂机构及经费、材料来源及方法、体例特点及内容等状况。

方氏此作,对正确认识清代京畿地方文献颇具启迪之功。①

在方氏总括式的分析以外,学者又择选一部或多部清代直隶地方志为主要研究对象,从而形成了更加精细的成果若干。直隶在清代诸省之中地位特殊,省志以《畿辅通志》命名,历经多次递修。康熙《畿辅通志》得到王景玉关注,王氏概述该志编修经过,认为雍正志指摘康熙志多见舛误是"言过其实",对康熙志文本得失予以公允评价。② 光绪《畿辅通志》由黄彭年等人编撰,赵颖霞、李中琴③等人悉心爬梳相关纂修事宜,④该志之成书始末、布局特征、出版情况皆得揭示。围绕光绪《畿辅通志》而展开的文献考订工作亦不在少数,如秦进才针对该志《明列传》误收人物、一人两传、科举年代失误、地名谬误、年代错讹等问题进行考辨与校勘⑤;王昕等人集中精力为该志卷三四《选举》所载辽⑥、金⑦、元⑧三代进士重做补正;张晶考虑到清代兼为金石学复兴时期、地方志编撰高潮时期,特对该志《金石略》加以讨论,在总结其优劣之余,一并为之补录一些金石条目。⑨ 吕书额综览康熙、雍正、光绪三部《畿辅通志》之"星野"部分,辨认三者在编排位序、内容撰述与观点表达等方面的因袭与创新关系。⑩ 借由相关工作,清代京畿省志的不同侧面得到展示。

省级以下,清代行政单位又可分为府、厅、直隶州等。清代京畿地区共辖府

---

① 方广岭:《清代直隶地方志研究》,博士学位论文,南开大学,2010 年 5 月。

② 王景玉:《康熙〈畿辅通志〉略谈》,《文献》1986 年第 4 期,第 140-146 页。

③ 赵颖霞、李中琴:《黄彭年编修〈畿辅通志〉考略》,《兰台世界》2013 年第 29 期,第 139-140 页。

④ 翟永兴:《光绪版〈畿辅通志〉纂修述评》,《中国出版》2016 年第 3 期,第 66-68 页。

⑤ 秦进才:《光绪〈畿辅通志·明列传〉校证举要》,《河北师院学报》(社会科学版) 1996 年第 2 期,第 47-53 页。

⑥ 王昕:《〈畿辅通志〉辽进士考辨与辑补》,《河北师范大学学报》(哲学社会科学版) 2016 年第 4 期,第 59-67 页。

⑦ 王昕、高树芳:《光绪〈畿辅通志·选举〉误载金进士举正》,《石家庄学院学报》2020 年第 5 期,第 108-115 页。

⑧ 王昕、高树芳:《光绪〈畿辅通志·选举〉误载元进士举正》,《中国语言文学研究》 2021 年第 2 期,第 226-234 页。

⑨ 张晶:《光绪〈畿辅通志·金石略〉研究》,硕士学位论文,河北师范大学,2018 年 5 月。

⑩ 吕书额:《浅析清 3 部〈畿辅通志〉"星野"的因袭与创新》,《中国地方志》2020 年第 4 期,第 59-67、126 页。

十一、厅三、直隶州六，但非所有地区都有方志流传至今，即使保存完好，接受研究的程度也不尽相同。就目前而言，府志之中最受瞩目者当属首善之区顺天府之府志。康熙年间所编志书一度湮没，近年来幸而重见天日，阎崇年悉心整理原志并追述纂修主事者张吉午的仕宦经历，论说该志成书时间、基本内容与版本特征，提出该志为世间孤本的论断，认可其在文献学层面补缺与纠谬的功用，使康熙《顺天府志》完貌得到了几近完备的展示。① 其后校点本由中华书局出版，惜因工作匆促，仅卷七一卷即有不少舛误，马斗全多用他校、理校二法改正之。② 相较而言，光绪《顺天府志》久因内容丰赡而闻名于世，作为该志主要编修者之一的缪荃孙更可称为晚清学术巨匠，是故，学人在剖析缪荃孙有关地方志的理论与实践时，一并对光绪《顺天府志》之文献特征及成书经过加以考察，如史梅③、宋云龙④、王海刚⑤、汪凤娟⑥、周园⑦、陈晋⑧等人已有论述。但光绪《顺天府志》毕竟不能滴水不漏，周峰于是回归原志文本，利用《金史》为《前代盐铁等官表》补遗凡十三则。⑨ 而对北京古籍出版社重印本，尹钧科⑩、姜纬堂⑪等人又先后就标点误谬、内容不全、体例不一、行款参差、校勘粗疏、标题不

① 阎崇年：《论〈康熙顺天府志〉》，《故宫学刊》2004 年第 1 期，第 234－252 页。
② 马斗全：《〈康熙顺天府志〉卷七校点差错举例》，《社会科学论坛》2010 年第 11 期，第 80－84 页。
③ 史梅：《缪荃孙与地方志》，《南京大学学报》（哲学、人文科学、社会科学版）1998 年第 3 期，第 167－171 页。
④ 宋云龙、王振云、陈少川：《缪荃孙与中国近代方志学》，《图书馆杂志》2002 年第 12 期，第 64－66 页。
⑤ 王海刚：《缪荃孙与图书编撰学》，《山东图书馆季刊》2004 年第 3 期，第 27－30 页。
⑥ 汪凤娟：《缪荃孙与光绪〈顺天府志〉》，《沧桑》2010 年第 12 期，第 123－124 页。
⑦ 周园：《缪荃孙与两部〈顺天府志〉》，《湖南人文科技学院学报》2015 年第 1 期，第 51－55 页。
⑧ 陈晋：《略论缪荃孙的方志思想及修志实践》，《新疆地方志》2015 年第 1 期，第 15－18 页。
⑨ 周峰：《〈光绪顺天府志·前代盐铁等官表〉补遗》，《北方文物》1997 年第 4 期，第 84 页。
⑩ 尹钧科：《读标点本〈光绪顺天府志〉有感》，《北京社会科学》1991 年第 1 期，第 61－65 页。
⑪ 姜纬堂：《重印本〈光绪顺天府志〉之五失》，《北京社会科学》1991 年第 3 期，第 125－135 页。

符等问题提出修正意见,令光绪《顺天府志》更为整洁与可观。

除却顺天府,其他诸府府志纂修亦有渊源。譬如保定府,李永超梳理明清时期有文献记载的保定府修志行为共计九次,指出清代编志群体有所扩大,编志水平随之提升①;陆力认为《保定府志》编纂时间跨度之长、参与人员之多、组织机构之完备、职责分工之细致,堪称代表②;其中,康熙十九年(1680)《保定府志》已然残缺漫漶,光绪五年(1879)《保定府志稿》未及成书,唯光绪七年(1881)《保定府志》较为完备,贾璨于是从体裁、分类、内容及价值等方面予以考述。③ 至于永平府编志事宜,光绪年间,乐亭县举人史梦兰受永平府知府及迁安、抚宁、乐亭三县地方官之聘,主持纂修《永平府志》与三种地方县志,其事错综复杂,所得成果亦值考究。周景宝以文献学眼光审视之,并围绕八景诗、艺文志等内容构成的废设问题作出回答。④ 天津府设府于乾隆年间,附郭天津县,故仅设一个书局,由同一批人员负责编纂《天津府志》与《天津县志》,使得二志具备体例完备、门类创新、详略得当等共同特点,相关编撰事宜得到李金华的论述⑤;李氏又挖掘二志纂修背景,主要关涉查氏为二志纂修提供的后勤保障、水西庄主人对二志编纂活动的变相参与问题。⑥ 另外,宣化志书中存世完整者尚有嘉靖《宣府镇志》、康熙《宣化县志》、康熙《宣化乡土志》、乾隆《宣化府志》和民国《宣化县新志》五部,王强纵览之,对五志之编修源流、体例设置、类目变化、内容衍变和文献价值进行发覆⑦;闫玉婷则择取一端,以乾隆《宣化府志》为个案中心,以其他诸志为对比项,挖掘前者革新或创变的缘由,兼论该志之文献价值与缺陷,认为该志大量引用材料可资辑佚,但文本中亦存在引用

---

① 李永超:《试论明清保定府志的纂修》,《保定学院学报》2018 年第 3 期,第130-136 页。

② 陆力:《明清保定地方志编纂研究——以四部明清保定方志为中心》,硕士学位论文,河北大学,2021 年 6 月。

③ 贾璨:《光绪〈保定府志〉考述》,《散文百家(理论)》2022 年第 1 期,第150-153 页。

④ 周景宝:《史梦兰与地方志》,《唐山师范学院学报》2018 年第 1 期,第10-18 页。

⑤ 李金华:《乾隆"天津府县志"的编纂及其学术价值》,《北京劳动保障职业学院学报》2021 年第 4 期,第64-68 页。

⑥ 李金华:《查氏水西庄与乾隆"天津府县志"的纂修》,《中国地方志》2022 年第 1 期,第 72-76、126 页。

⑦ 王强:《宣化旧志研究》,硕士学位论文,安徽大学,2016 年 3 月。

错误、体例不一等问题①。

　　至于清代京畿地区厅志、直隶州志研究,所见无几,所幸下属县志、州志作为地方文献的重要身份已被学者承认,相关论述成果层出不穷。仍以顺天府境内各州县方志为例,宛平县志方面,有郗志群将康熙《宛平县志》纲目与康熙《顺天府志》对比,继而推断《宛平县志》刻本年代为康熙二十四年(1685),一并比勘该志现存七种抄、刻本间的差异②;而王熹随后与郗氏展开商榷,反驳郗氏所称康熙《宛平县志》"首创北京历史上为附郭县修志先例",又以内容记载断限为据,否认视该志为"府志准备资料"的简单看法,同时客观评价该志文献学地位,窥见部分文字流于浅陋等弊病③。永清县志方面,乾隆《永清县志》由著名学者章学诚董理,张赛美④、牛润珍⑤、王薇⑥等人由此切入,研讨章学诚方志观对该志创设之纪、表、图、书、政略、列传、文征等文献体例的影响,分析章氏在该志布局上分立"四体"、整合"三书"的价值。东安县志方面,吴文杰对康熙、乾隆《东安县志》的纂修及保存情况予以概述,又重在揭示清代地方志"禨祥"书写所反映的修志史学观,如朦胧的求真意识、残留的谶纬观念以及以灾异为鉴的思想等⑦;而张明涓将目光移至光绪《东安县志》,考证此志为晚清湖南名士王闿运所纂⑧。《宝坻县志》方面,孙丽芳沿袭文献学研究传统,复述乾隆《宝坻县志》的版本与编纂特点。⑨《怀柔县志》方面,则有王宝骏对康熙《怀柔县

　　① 闫玉婷:《乾隆〈宣化府志〉整理与研究》,硕士学位论文,河北大学,2020 年 6 月。

　　② 郗志群、吴麒麟:《〈(康熙)宛平县志〉版本考》,《首都师范大学学报》(社会科学版)2008 年第 1 期,第 32-39 页。

　　③ 王熹:《清代顺天府附郭宛平县地方志几个问题的辨证——兼与郗志群教授商榷》,《北京联合大学学报》(人文社会科学版)2015 年第 1 期,第 10-15 页、72 页。

　　④ 张赛美:《章学诚与〈永清县志〉》,《河北学刊》1985 年第 4 期,第 80-84 页。

　　⑤ 牛润珍:《章学诚与清乾隆〈永清县志〉》,《中国地方志》2000 年第 6 期,第 49-54 页。

　　⑥ 王薇:《略论章学诚的地方志理论和实践——以〈永清县志〉为例》,《河北北方学院学报》(社会科学版),2018 年第 4 期,第 50-54 页。

　　⑦ 吴文杰:《清代地方志中〈禨祥志〉研究——以〈东安县志〉为例》,《黑龙江史志》2019 年第 2 期,第 13-23、36 页。

　　⑧ 张明涓:《〈(光绪)东安县志〉为王闿运所纂考》,《湖南科技学院学报》2021 年第 1 期,第 15-19 页。

　　⑨ 孙丽芳:《清洪肇懋〈宝坻县志〉研究》,《河北科技图苑》2019 年第 5 期,第 91-95 页。

志》镌版年代、文字记述中发生的前后矛盾、归属不当、遗漏未记以及镌版排印等技术性错误进行纠正。①

其他州县方志研究,亦能交织于宏观与细节之间,在一定程度上恢复了地方文献的情貌。保定府辖容城县,程亚萍关注乾隆《容城县志》②,贾佳琪聚焦于嘉庆《束鹿县志》③,两部硕士学位论文结构完整,行文翔实。正定府属县方面,有清一代,获鹿县、行唐县、无极县各有不同版本县志编刻成书,王旭东④、高会霞⑤、郑超然⑥等人已分别做出探究;尤值一提的是,康熙年间,正定府之灵寿县县志由名儒陆陇其负责修撰,既使该志为人所知,又为学者提供了一些可供思考的线索,如苏文珠承认康熙《灵寿县志》为名志之一,同时指出该志另一作者傅维枟遭到忽视,有失公允⑦;孙杰总结康熙《灵寿县志》坦言地区贫弱、大篇幅收录田赋、不载佛老寺观与王学、以独特标准收录艺文等特点,将之与志书编纂者陆陇其的为官经历联系起来,视该文献为陆陇其学术思想之结晶⑧;邵岩由该志文献价值切入,提出该志对清代中后期方志纂修,尤其是对志书体例编排的影响⑨。唐山县(今唐山市)归顺德府管理,杨振强为光绪《唐山县志》勘误,指认卷十《人物志》收载万历年间画家刘于台不确,刘氏实为保定唐县放水村人。⑩ 广平府永年县志方面,赵羽从光绪《永年县志》中辑得明代文征明佚诗一首、清初孙奇逢佚文一篇、清初吴伟业佚诗一首、清末李鸿章佚文一篇,对相

---

① 王宝骏:《清康熙〈怀柔县志〉辨误》,《中国地方志》2000年第6期,第70-72页。
② 程亚萍:《乾隆〈容城县志〉整理与研究》,硕士学位论文,河北大学,2022年5月。
③ 贾佳琪:《〈嘉庆束鹿县志〉的整理与研究》,硕士学位论文,河北大学,2022年5月。
④ 王旭东:《明清〈获鹿县志〉研究》,硕士学位论文,武汉大学,2019年5月。
⑤ 高会霞:《评〈行唐县志〉》,《传奇:传记文学选刊(理论研究)》,2011年第5期,第29,47页。
⑥ 郑超然:《光绪〈无极县续志〉整理与研究》,硕士学位论文,河北大学,2022年5月。
⑦ 苏文珠:《傅维枟与清康熙〈灵寿县志〉》,《档案天地》2007年第4期,第38-39页。
⑧ 孙杰:《陆陇其思想对〈灵寿县志〉修纂的影响》,《中国地方志》2010年第7期,第53-57页。
⑨ 邵岩:《康熙〈灵寿县志〉对清代方志编纂之影响》,《东北史地》2013年第1期,第76-79页。
⑩ 杨振强:《光绪〈唐山县志〉勘误一则》,《燕赵中文学刊》2022年第2期,第188-192页。

关篇目略加标校并作简要考释。① 深州作为京畿直隶州,下有饶阳一县,现存饶阳县档案馆的《饶阳万历志》《饶阳乾隆志》及《饶阳民国志》均有递修,杜宝星据此认为三部方志所冠"万历、乾隆、民国"等年代字样并非绝对,并对三志编修作者、编修始末、文献价值予以说明。② 王奥风之目光则在于定州直隶州所辖曲阳县文献,在其笔下,有关光绪年间所修《重修曲阳县志》纂修背景、经过、机构、人员、原则、方法,以及该志内容、体例特征等问题皆得到妥帖陈述,王氏又将该志同康熙《曲阳县新志》简单对比,以求认识该志之价值,尤其是《金石录》部分的文献学功用。③

总之,上述成果选择一部或多部清代京畿地方志为主要观察对象,回应了传统文献学学术规范的基本诉求,从诸多侧面揭示了文献外形及内涵的完貌。其中多者更是建立于用功甚勤的整理工作的基础之上,因此作者往往言必有中。虽则时或感到部分论说重复,但这主要是由于清代京畿地方志多以孤本传世,且受旁征资料较少等客观条件所限,不足称弊。

(二)作为史料的地方志研究

地方志一则留存数量多,二则分布范围广,三则记述内容杂,称其为反映古代各个阶段社会情状的综合体亦不为过。并且,除却部分内容隐晦不彰甚或避讳不书的情况,目前能够寓目的地方志大多信实足征。是故,不少学人视清代京畿地方志为重要史料类型之一,从中提炼、融汇并归纳信息,以此考察历史上的诸多现象,此即为史料视角下的地方志研究。

清代京畿毗邻国家心腹之地,首先承担较高程度的政治功能。在当地发生的政事相较他地自然为多,地方志书写时不免记录之,并且,所见政事往往同时联系中央与地方,或许更具研讨意义。由是,学者利用清代京畿地方志为政治史研究的极佳材料。张建即以顺天与保定二府方志为中心,尝试理解清代京畿地区旗人社会之演进,指出旗人社会借助圈地、投充与设立驻防等手段得以形

① 赵羽:《光绪〈永年县志〉所收明清人物佚诗佚文举要》,《黑龙江史志》2016 年第 6 期,第 35-37 页。
② 杜宝星:《饶阳古本县志编修始末》,《档案天地》2019 年第 9 期,第 60-62 页。
③ 王奥风:《(光绪)〈重修曲阳县志〉研究》,硕士学位论文,河北大学,2023 年 5 月。

成,受到一套专设体制的管理约束,又在此过程中生发出一系列明显的地域特征。① 而黄忠怀特别关注清初直隶方志,认为志中所载村落数据在说明清初保甲制度的实施状况的同时,殊可反映出村落作为基层管理单元地位的历史变迁。②

经济问题亦是历史关切的重中之重。王宪洪较早梳理了今北京地区历代方志源流,时空范围与清代京畿大有重复,王氏强调道,相关地方志中大量记载有关户口、田赋、禄饷、漕运、盐课、物价等内容,实乃研究当地财政问题宝贵的原始资料。③ 而个案研究作为经济史研究之利器,与清代京畿地方志又可结合。譬如,乔鹤鸣择定乾隆《武清县志》为中心,认为清初漕运对北运河经过的州县金派剥船,武清县遭受荼毒最深,因此该志对民生困苦等经济问题所作观照尤其突出,志中集中收录大量相关历史文献④;周广骞所选个案核心并非某部方志,而是"大运河"这一水利经济工程,周氏检阅目前存世的八种大名方志,摘录其中所涉卫河水患治理、卫河河道疏浚、大名县城格局肌理及历代名胜古迹信息,利用与大名运河有关的各级公文、河道图、衙署图、诗文作品,充分挖掘大名运河价值⑤。

当然,地方志包罗万象,所载却始终不出人、事、物之系联,换言之,地方志反映社会方方面面,归根结底仍为当地文化氛围的总和,清代京畿地方志亦如是。谭烈飞就曾概称相关地方志具备"自然地理环境备受重视""疆域和赋役成为记述的要素和重点""突出反映封建都城与皇权的地位""封建礼教占有特殊位置""在历史传承上具有明显的连续性"等特征,肯定相关地方志内容丰富

---

① 张建:《从方志看清代直隶地区旗人社会之演进——以顺天、保定二府为中心》,《河北学刊》2009 年第 4 期,第 105-110 页。

② 黄忠怀:《清初直隶方志中的村落数据问题与农村基层管理》,《史学月刊》2010 年第 10 期,第 49-55 页。

③ 王宪洪:《北京方志及其对社会经济发展的史料价值》,中央财经大学中国财政史研究所编:《财政史研究》(第三辑),中国财政经济出版社,2010,第 220-229 页。

④ 乔鹤鸣:《简论一部地方志对于经济问题的观照——乾隆〈武清县志〉初探》,《齐鲁学刊》2016 年第 3 期,第 53-57 页。

⑤ 周广骞:《大名方志存录大运河文献价值略考》,《中国古都研究》第三十七辑,中国古都学会,2019,第 95-112 页。

翔实且信实足征,大有裨益于区域史、社会史、文化史研究。①

由是,学者从不同侧面条分缕析,细节式地描摹出当地人文风俗的全景,颇能契合史学研究视野的下移趋势,普通人物、平常生活及物产日用等课题均得讨论。如,妇女作为正史记述中长期被忽略的一个群体,其之身影却往往集中出现在地方志《列女》等部分中,为学者提供了不少有益材料。郑斌等人即回顾西汉刘向所编我国第一部女性人物传记集《列女传》的主题变化,将之同乾隆年间庄日荣等人所编《沧州志》之《列女》部分对比,进而指出后者的时代特征与局限性,完成了从文本记述到历史背景的探赜。② 与之类似,如徐雪梅将光绪《畿辅通志》所记经旌表女分为才女、贞女、烈女、节妇、孝妇、义妇、慈母以及寿妇八类,分别从烈、孝、节三个层面的背景、表现及影响探讨其之行为,华北旌表女在清朝的真实生活由此揭橥。③ 再者,孙利竹关注道光《承德府志》④、张泽宁聚焦乾隆《正定府志》⑤,皆以列女事迹为据,深入窥探了清朝政府的政策与法规,以及当时贞节观念的内化和女性的自我认同等现象。

经由对人物史料的剖析,清代京畿社会之习气有所展示。而专门考察当时社会各项事业的研究更不在少数,社会救助即为其中一个侧面。刘瑞芳、郭文明以清代直隶地区地方志为材料,指出清代慈善事业具有官倡绅办等鲜明特点,几乎成为一面封建道德色彩浓厚的帷幕,隐匿于其背后的是具有资产阶级萌芽性质的乡绅的社会地位的增强。⑥ 而国家经济状况同样是影响官办慈善组织发展的重要因素,郝红暖早已依据地方志资料而整理研究清代初年直隶各

① 谭烈飞:《地方志在北京文化传承中的特点和作用》,《北京联合大学学报》(人文社会科学版),2010 年第 1 期,第 61-66 页。

② 郑斌、郑晓曦:《庄日荣纂〈沧州志·列女〉撰录主题的时代局限性——与西汉刘向〈列女传〉对比》,《沧州师范学院学报》2013 年第 1 期,第 67-70 页。

③ 徐雪梅:《清朝华北旌表女研究——以〈畿辅通志〉所列华北地区为主》,硕士学位论文,河北师范大学,2015 年 3 月。

④ 孙利竹:《〈承德府志·列女传〉研究》,《广东技术师范学院学报》2016 年第 3 期,第 61-68 页。

⑤ 张泽宁:《明清正定府县列女构成及对当时社会的影响——以〈乾隆正定府志〉记载为主》,《石家庄学院学报》2021 年第 1 期,第 10-16 页。

⑥ 刘瑞芳、郭文明:《从地方志看清代直隶的慈善事业》,《社会学研究》1998 年第 5 期,第 22-27 页。

地养济院孤贫救助标准的调整情况,认为扩大慈善组织的资金来源渠道是突破国家经济状况限制的关键。① 与上述二文类似,尚有屈若璇的硕士学位论文,屈氏以乾隆二十七年(1762)所编《正定府志》为例,缕析清以前的中国传统社会的社会救济制度、清前期"赈恤"制度的设计思想根源与具体实施过程、清前期官方救济机构设置、清前期民办救助事业的兴起等问题。总之,在相关讨论中,地方志始终扮演着基本史料的角色。

至于社会上普遍的各类民俗现象,在地方志中亦有相当篇幅记录。并且,相较正史、笔记、小说、类书等其他资料,志书的优点极其显著,如系统翔实、可靠性高、因不得"越境而书"而有确切区域定位、因"详古略今"而有确定时间定位,以及将民俗事象的记述纳入到对社会的整体描述之中等,有鉴于此,张勃尤其强调清代京畿地方志对历史民俗研究具有的重要意义。② 试举一例,如光绪《顺天府志》等地方志中存有不少完整的对寺观古迹的记述,此类文字关乎时人宗教信仰等问题,因而得到了王岗的整理与摘录。③ 而杜凯月通过当地地方志与笔记、文集等材料,发现在大的空间布局上,清代京畿火神庙多沿河流道路分布,在具体的方位选址上,则多呈现出偏东偏西而建的规律,并将之进一步同传统民间信仰的功利性联系起来,提出此乃阴阳五行与风水观念及中西文化的交流融合等因素综合作用的结果。④ 刘金柱、秦双兰等人的研究视角更称新颖,以康熙、道光两朝《南宫县志》为据,提出除却历代传承的节日庆祝风气、生存防卫的现实生活需求,宗教礼仪活动同为拓展民间体育活动的重要推力之一。⑤

地方志又殊便于集成地区方言资料,此一功能亦颇得学者认可。李雪较早通过光绪《顺天府志》探析清代宁和方言诸多特点,追溯宁河方言语音的演变,

---

① 郝红暖:《清代养济院孤贫救助标准的调整——以直隶地方志为中心的考察》,《中国地方志》2009 年第 4 期,第 47-53 页。

② 张勃:《地方志与北京历史民俗研究》,《民俗研究》2012 年第 4 期,第 37-46 页。

③ 王岗:《北京地方志中的寺庙资料述略》,《北京社会科学》2012 年第 1 期,第 55-59 页。

④ 杜凯月:《清直隶省城市火神庙空间分布探析——基于明清地方志为中心的考察》,《中国地方志》2019 年第 1 期,第 77-95、127 页。

⑤ 刘金柱、秦双兰:《中国方志中的民间体育——以南宫县志为例》,《河北体育学院学报》2012 年第 3 期,第 14-16、24 页。

包括声母的演变、韵母的演变及其声调的变化。① 张馨月②、田瞥③选题相对而言较为宏阔，两部硕士论文爬梳清代京畿地方通志、府志、县志，在整理其中所录方言词的同时，又细致探求方言词词性、词类与词义，甚至历史发展演变、地理分布特征，方志载记特点等内容。总体来看，以清代京畿地方志为媒介，当地独有语音、民俗用语得以生动且真实地展露。

　　而与俗文学相对应的，雅文学同属清代人际生活中不可或缺的一项内容，在清代京畿地方志中所占据的篇幅体量往往不可忽视。谷志科、赵彩芬、鞠淑范用时年余，先后在乾隆《顺德府志》之《艺文》《人物》《寓贤》《仙释》等门类所载诗歌、辞赋、碑铭、序引、传记、议论、疏表、小品中搜检散体④、韵文⑤，以及名家事迹补遗等文学史料⑥。王政以今京津冀也即清代京畿部分地区志书为材料，从《岁时民俗》《民间文艺》《冠礼》《丧礼》《祭礼》等篇章中寻得戏剧文学发展之留痕。⑦ 主题相类似的，尚有郗志群⑧、王明好⑨、刘孝文⑩、张志勇⑪等人所

　　① 李雪：《〈顺天府志〉所载宁河方言语音研究》，硕士学位论文，天津师范大学，2012年3月。

　　② 张馨月：《清代直隶方志中的方言词研究》，硕士学位论文，西南交通大学，2015年5月。

　　③ 田瞥：《京津冀方志方言词研究》，硕士学位论文，西南交通大学，2022年5月。

　　④ 谷志科、赵彩芬、鞠淑范：《邢台古方志乾隆版〈顺德府志〉散文文学成就初探》，《邢台学院学报》2007年第1期，第21-24页。

　　⑤ 谷志科、赵彩芬、鞠淑范：《邢台古方志乾隆版〈顺德府志〉韵文文学成就初探》，《邢台学院学报》2007年第3期，第5-9页。

　　⑥ 谷志科、赵彩芬、鞠淑范：《邢台古方志乾隆版〈顺德府志〉文学史料价值初探》，《邢台学院学报》2008年第3期，第5-7页。

　　⑦ 王政：《京津冀方志所见民间演剧史料辑考》，《北京社会科学》2010年第2期，第28-33页。

　　⑧ 郗志群：《〈康熙〉宛平县志〉价值初探》，《北京联合大学学报》（人文社会科学版）2012年第2期。第77-80页。

　　⑨ 王明好：《试论清代畿辅方志艺文志的价值》，《河北师范大学学报》（哲学社会科学版）2014年第5期，第37-42页。

　　⑩ 刘孝文、岳爱华：《清代地方志艺文志的编纂、构成与文化价值探析——以〈钦定热河志〉和〈承德府志〉为中心》，《廊坊师范学院学报》（社会科学版），2023年第1期，第55-61页。

　　⑪ 张志勇、马吉兆：《方志金石文献的文化精神——以明清至民国直隶方志为中心》，《燕赵文化研究》2022年第2期，第281-293页。

撰文章,不仅稽考地方经籍、诗文、石刻、碑志,更对地方志相应部分的编纂原则与方法加以思考,行文在陈说地方志之文献学、文学史研究价值的同时,又更有益于历史传承与文化自信之树立。

尤值一提的是,在所有有关清代京畿地方志的整理与研究工作之中,医学同历史之间建构起极其紧密的关系。早前有甄雪燕借助光绪《顺天府志》中汇集的历代官方文件、史书、碑刻等医药相关文字,初步探访顺天府医药史脉络。① 后又有孟小燕以康熙《畿辅通志》为中心,作出主旨相近的医药文献钩沉。② 近年来,现实生活为传统中医药学提出兼顾复兴与革新的要求,相关成果更似雨后春笋。如林鹏妹③、张弓也④、薛含丽⑤、张晗⑥、腰亦柔⑦等学者着力于此,作出不少简明扼要的论述,所涉覆盖医家名人、医药杂论、医疗事迹、医风药俗、医政制度、疾病疫情、土产药物、太医院等官办医药机构、药王庙等社会福利机构等方面,可谓各有侧重地探寻了北京医学发展之渊薮。此类成果的价值自然不难理解,一方面,可为整个区域医学史研究领域填补空白;另一方面,得益于这些成果,京畿医学在历史上形成的特点与经验渐趋明朗,足以为今时今日弘扬并借鉴。换言之,地方志的史料价值于此可见一斑。

至此,已可见史料视域下的地方志研究实属丰富,从各个角度合力推进着历史学的行进。与此同时,地方志的编撰目的亦在一定程度上得以实现,即保存一地史实以备后人查考或利用。不过,就目前来看,清代京畿地方志中仍有

① 甄雪燕:《〈光绪顺天府志〉医学资料探微》,《北京中医药》2013 年第 5 期,第 391-394 页。

② 孟小燕:《康熙〈畿辅通志〉中廊坊地区医药文献钩沉》,《文教资料》2019 年第 12 期,第 73-76 页。

③ 林鹏妹:《北京地方志涉医文献整理研究》,硕士学位论文,北京中医药大学,2020 年 5 月。

④ 林鹏妹、张弓也、段晓华,等:《北京地方志医学资料挖掘浅析》,《中医文献杂志》2020 年第 2 期,第 52-56 页。

⑤ 林鹏妹、张弓也、薛含丽,等:《北京方志医家史料探析》,《中医文献杂志》2021 年第 3 期,第 21-24 页。

⑥ 张晗、余新波、付鹏,等:《明清北京疫情流行研究——以北京地方志为中心》,《医学与哲学》2021 年第 2 期,第 76-80 页。

⑦ 腰亦柔、刘东慧、杨楠,等:《北京地方志医家及医著研究》,《医学与哲学》2022 年第 23 期,第 73-75 页。

不在少数的内容未能得到充分把握,尤其是一些细致入微的记述,未尝不能作为探索历史的密钥,理应得到更多关注。

二、清代京畿地方志研究应有之进路

(一)作为文本的地方志研究

当学者以文献学、史料学目光考量地方志时,自然而然地视地方志为一种客观存在,行将考察的是"祛魅"后的地方志外在特征或内部载记。但事实上,正如周毅所言,由于时间具有一维性,历史学无法直接面对自己的研究对象,也即所谓"过去",唯有借助史料,方能"解释"与"重建"历史过程。而地方志作为史料类型之一,其本身又经过人员创作,因而,地方志之本质乃是一种被书写而形成的文本,相较于文本内容所要呈现的"历史事实",文本本身的形成过程或许是一种更加真实的"历史事实"。因而,周氏认为,历史研究者在面对地方志文本时,必须对其真实性的相对性持有清醒认知,追索地方志文本形成的主观性,探究地方志文本书写过程中的影响因素,以及上述因素发挥影响的方式。换言之,"作为文本的地方志研究"正是要作史料学的批判和社会史的分析,发掘地方志所含有的意识形态输入。[1] 近年来,已有一些学者熟练运用该取向,完成了其他年代、地区的志书研究。

前文已揭,地方志与总志断然有别。即使对比通志、府志、县志,虽然在体例或内容上互有借鉴,在编排观念与撰文侧重等方面仍有区分。至于地方志与地方志,共通性确实更多,却不可遗忘地方志一类文献在产生伊始就树立起的"不可越境而书"等原则。也即是说,地方志既要强调"地方"在广袤国家范围内的独立性,又应突出该"地方"与其他同级"地方"的不同之处。陆敏珍就敏锐地观察到地方志这一书写要求,旋复以宋代地方志编撰为例,对地方志体例的完型及以"地方"为书写单位的特征予以分析与定位。具体而言,宋代地方志体例表现出由图而志的转变,说明岩石、山川等自在之物终将在人的经验世

---

① 周毅:《方志中的"历史书写"研究范式——一个方志研究的新取向》,《中国史研究动态》2019 年第 2 期,第 39-45 页。

界中通过文字生产出来;而为使"地方"从"地理环境"生长为"文本环境",宋代地方志又形成了一贯的分门别类的框架系统,每一门类皆被赋予一定的价值标准。如此一来,地方志中的地方社会图式就得以传递与建构。毋庸置疑,陆氏正是将地方志视为文本观察对象,从而探析地方志因何、如何利用文本书写来回应分区特色的需求。①

不过,将地方志用以考史,毕竟多为后世之举;但若使地方志成为教材,却可在当时、当地发挥较为直接的作用。志书中往往留有不少编志者、与事者语痕,诚如"驯致教化,行风俗美"等字句,无不表达其借助地方志形塑人伦与民风的希冀。加之地方志自宋代以降而渐次进入编撰高峰时期,与之相应的,地方志文本书写亦受理学观念浸染。此一现象最明显地表现于地方志的女性人物书写部分。衣若兰较早窥探到,明清女性传记数量传记大量参酌地方志,二者互助为蓬勃之势,而万历《杭州府志》所载列女惟取材于信史及奉旨旌表者为多,衣氏于是乎判断,地方志女性传记写作模式的固定,乃是由褒善戒恶、阐扬节烈等名教价值观的宗旨决定,地方志与其他类型史书均是男性编志者推崇理教、治理风化的产物。② 徐鹏又对明清浙江地方志投以观照,认为才女形象的书写是由诸多现实动因共同造就,但归根结底仍是男性对"典范女性"的重构、对化民易俗的适应。③ 衣氏、徐氏所揭现象或许正是启迪周毅提出"地方志历史书写研究范式"的一股推力。康熙《安庆府志》有贞、孝、节、烈四种女性,其身份、行为甚至言论无不遵循着相应的书写模式,以求构建出符合官方理学教化标准的历史文本,该情形为周毅瞩目④,进一步地,周毅跳脱出女性书写的研究局限,将视野扩大至地方志中孝友、忠义、忠节、理学、隐逸等门类的人物传记,全面梳理理学教化渗入地方志书写的具体路径、机制与限度。此一研究路

---

① 陆敏珍:《宋代地方志编纂中的"地方"书写》,《史学理论研究》2012 年第 2 期,第59-69、160 页。

② 衣若兰:《史学与性别:〈明史·列女传〉与明代女性史之建构》,山西教育出版社,2011。

③ 徐鹏:《典范女性的重构——明清浙江地方志中的才女书写》,《江苏地方志》2013年第 2 期,第63-71 页。

④ 周毅:《从康熙六十年〈安庆府志·列女传〉看地方志女性历史书写的模式化》,《史学史研究》2017 年第 3 期,第114-121 页。

径后又见诸唐浩①、王志文②学位论文，前者研讨明代地方志之孝行传，后者探赜清代安徽地方志之乡贤传。将二者结合之，则更易明晰地方志文本所具有的收录人物、树立表率、推动道德行为传播的功能，即使在不同时空亦未曾变化。然而，地方志书写重心却由其原本的突出地方属性，向着服务于正史书写、社会教化而转变，在此过程中，官方意识形态亦得以掌握地方历史书写的话语权，理学教化逐步完成了对地方整体的"规训"与"兼并"。

由此可见，地方志在存史、教化之余，于政治面向尚有意义。具体而言，地方志文本的建构情形，实则映射出权力格局的布置。谢宏维即借清代江西万载县个案而生发一些感悟，认为该地历次所修地方志，尤其是《土著志》等部分，突出展示了中央与地方、官员与乡绅、土著与移民、宗族等多种权力主体及其声音的交织。③ 在谢氏之后，范莉莉复又以正德《姑苏志》的编纂为研究中心，指出官刻乃是苏州地方志书写及呈现的主要方式，府、州、县正官是同级政区方志书写的主导力量，具体编纂工作则由本邑居乡士绅负责，相关人员往往凭借各自仕宦经历、科举功名、本人或家族的交游网络而成为地方志书写者，并且拥有将私人书写转化为地方公共书写的便利④。又，清代以来，当地地方志收载滏阳河下游州县际水利纠纷、湖南州土纠纷相关文字，先后为潘明涛⑤、刘猛⑥讨论。从相关论述中不难看出，地方志最终成为维护特定利益群体意志的文本材料，而其书写经过实则代表地方话语权、诠释权的归属，地方社会文化权力网络的多元性与复杂性于焉可彰。

总之，地方志参与社会治理的具体实践，不啻产生潜移默化的影响意义，在

---

① 唐浩：《明代地方志孝行传书写研究》，硕士学位论文，东北师范大学，2021 年 5 月。

② 王文志：《清代安徽方志中的乡贤传及其书写研究》，硕士学位论文，安庆师范大学，2023 年 5 月。

③ 谢宏维：《文本与权力：清至民国时期江西万载地方志分析》，《史学月刊》2008 年第 9 期，第 70-81 页。

④ 范莉莉：《明代方志书写中的权力关系——以正德〈姑苏志〉的修纂为中心》，《安徽大学学报》(哲学社会科学版) 2015 年第 3 期，第 111-118 页。

⑤ 潘明涛：《州县际水利纠纷与地方志书写——以 17 世纪滏水流域为中心》，《史林》2015 年第 5 期，第 66-76、220 页。

⑥ 刘猛：《伪造与真实：清代湖南洲土纠纷中的方志文本》，《中国社会历史评论》2022 年第 29 期，第 255-256 页。

必需时又能立竿见影地发挥作用,其之价值不可小觑。对疆土广袤、民族交融的清代而言则更是如此,中央与地方皆重地方志,希望能够通过地方志文本的书写来传输管制用意。秦浩翔用力于此,先后撰述文章多篇以作说明。如其考察清代广西地方志,认为大多修志者对本地祠祀详加记载,蕴含其建构边地秩序、加强社会控制的主张。① 而广西地处国家边疆,随着清王朝民族观念与治边政策愈发明确起来,地方志对瑶僮等少数族群的书写的重心也逐步从由"控驭"转向"认同",其目的正在于宣扬国家一统、促进民族交融。② 总之,广西地方志乃是国家意识形态,或言王朝国家等观念向边疆社会渗透并扩展的重要方式之一。③ 地方志的群体书写又殊便反映边疆社会变迁,可为国家后续治理提供有关族群交融、移民本土化、区域经济开发等方面的宝贵讯息。④ 刘子星、张迪等人对这种相辅相成的有机联系亦曾作出总结,认为地方志书写有形的地方历史记忆与中华文化认同,拔高地方志为铸牢中华民族共同体意识的重要历史资源。⑤

需承认的是,通过地方志文本的互动来维持权力分配与管制关系,虽则较之械斗等武力活动更为平和,其结果亦有颇多正面反馈,但就地方志文本定型与发挥作用的过程而言,不免要通过宣扬或隐匿某人、某事手段来规避矛盾,这本身却意味着一定程度的专制高压以及相应的牺牲退让。对于地方志中普遍的"刻意所为",也早有学者加以剖析。如段建宏概括道,地方志的篇章体例、史料取舍与叙述话语,均是一定历史观前提的反映,如明代晋东南地区自然地方志对灾害一项大书特书,正是作者依据自己所处的历史场景所作的事实选择

① 秦浩翔:《礼教、信仰与秩序建构:清代广西地方志的祠祀书写与边疆治理》,《宗教信仰与民族文化》2021 年第 2 期,第 185-203 页。

② 秦浩翔:《从"控驭"到"认同":明清时期广西地方志的族群书写》,《民族论坛》2021年第 2 期,第 56-66 页。

③ 秦浩翔:《清代广西方志编纂与边疆社会文化、国家认同》,硕士学位论文,江西师范大学,2021 年 6 月。

④ 秦浩翔:《记忆、认同与教化:清代广西平乐地方志的群体书写与边疆社会》,《中国边疆学》2022 年第 1 期,第 252-279 页。

⑤ 刘子星、张迪:《明代贵州地方志对中华民族共同体构建的书写略论》,《贵州社会主义学院学报》2023 年第 1 期,第 46-53 页。

与阐释，作者希望从"天人感应"角度解释现实政治，从而达到治理目的。① 相较而言，明清时期的潞安府地方志恰又提供了另一角度的案例，当地在明代曾多次遭受动乱并大规模修筑堡寨以为自卫，然而地方志中却缺少相应记载，郝文军尝试对此作出解释，称表面原因为堡寨所剩无多，深层来看，却可能是修撰者思虑到百姓对修筑堡寨持有抵触情绪，亦不想为百姓徒增修筑负担。② 可以想见，是否在地方志中书写、如何书写某一问题并非易事，又如刘涛③对康熙《长寿县志》书写郑成功长泰战事的考辨、鲁莽④对清至民国衡阳地方志中王夫之形象的缕析，大抵皆是由此感触出发。

可见，地方志不能仅被视为普通的载记材料，蕴含于其背后而影响其之成文的因素，以及这些因素发挥影响的方式也应得到揭示。"作为文本的地方志研究"范式正是一次及时且有力的回应，相关文章或著作大有裨益。遗憾的是，目前有关清代京畿地区地方志的研究中未有相似者。既然其他成果已启山林，未来不妨在思维与方法等方面吸取成功经验，以"历史书写"为端口，重新下沉至清代京畿地方志文本，推动学术讨论在接近更多历史真相的征程上阔步行进。

（二）作为书籍的地方志研究

文献、史料等身份，自然是地方志编成后方被客观或主观赋予的；而从文本角度审视地方志，纵使关注到地方志编写时所涉问题，却也忽视了一些前因。依序言之，一旦决意编志，首先需要筹划编撰事宜，交由一定人员创作，随后以誊抄或刻印等方式生产，待其真正进入流通领域后，则被赠售、收藏与阅读，再历经一系列整理工作，地方志亦可能在此过程中遭到亡佚或重新辑佚，无论是

① 段建宏：《明代晋东南自然灾害研究：兼论地方志文本的意义》，《西北工业大学学报》（社会科学版）2009 年第 4 期，第 58–62 页。

② 郝文军：《文本与史实——明清时期潞安府地方志堡寨记载稀少的原因与真相管窥》，《中国地方志》2018 年第 5 期，第 78–86、126–127 页。

③ 刘涛：《新旧地方志郑成功长泰战事书写考辨》，《上海地方志》2023 年第 3 期，第 31–38、94 页。

④ 鲁莽：《清至民国衡阳地方志中的王夫之形象书写研究》，硕士学位论文，南昌大学，2023 年 5 月。

否完整,大多地方志终归是以一部书籍的形式呈现于世。因此,将地方志视为书籍而加以研究,似乎更便于完整回溯其生命历程。就目前来看,不少国内学者对西方学界从事书籍史研究的逻辑与原则加以借鉴,将之同传统文献学、历史学的学术倾向结合起来,逐步突破传统的精英文本的局限。开拓出"作为书籍的地方志研究"范式,希望观察地方志作为书籍而在社会上形成、传播与消亡时发生的种种问题,进而窥见社会史的不同面向。

具体而言,内地有李晓方筚路蓝缕,以明清现存七部《瑞金县志》及瑞金族谱资料等文献为基本论据,书分五章地考察了县志编纂概况与特点、县志编纂组织与经费来源、县志编纂与地方宗族、县志编纂与地方文化意识、县志的阅读与利用等问题,较早搭建起系统地观看地方志的模型,完成了对地方志与中国传统社会结构之间内在联系的细致爬梳。[①] 至于海外成果,诚应以美国学者戴思哲新作为杰出代表。是书第一部分题为"编纂方志的动力",实则从官方、地方两个维度思考修志的动因,以明代《新昌县志》等材料为例,作者持论道,地方志的设计是以特定的利益和观点为中心,修志之缘起常常包含有强烈的政治性与竞争性。第二部分则详述地方志生产的过程,作者说明修志人员结构、组织场所、资料来源,甚至涉及地方志从刊刻至出版所需的技术规范、资金成本等细节,由此,使得地方志作为一种书籍、一种商品的本质不辩自明。行文第三部分顺序地进入地方志生命之尾声,作者主要阐释地方志的阅读与使用问题,概述了目标受众、二手市场等现象,又依照不同身份与目的来类分相关社会传播情形,描画出古代社会对地方志的消费全景。譬如,官员到任后参考方志治政,文人创作时征引方志为材料,旅行者将地方志用于辅助观光及书写游记,而普通百姓不仅能将地方志作为诉讼依据,一些士人更利用其建构家谱与世系。总之,通过戴思哲此作,"晚期中华帝国知识的生产与传播""处于腹心与边缘的地方社会与中央政府的关系"以及"出版业的运作情况"等问题,无不昭然若揭。而此书之价值却远不限于井井有条的结构、鞭辟入里的内容,作者苦心孤诣所采纳崭新的研究视角与写作模式,显然更具启发意义。尤其是最后针对地

[①] 李晓方:《县志编纂与地方社会:明清〈瑞金县志〉研究》,中国社会科学出版社,2015。

方志的阅读与使用而展开的讨论，当称点睛之笔。①

之所以如此称述，乃是由书籍与阅读的密切关系决定。阅读既属于构成书籍的基本要素之一，又是推动书籍达到生命终极目标，也即意义的必然环节。自 20 世纪 60 年代以来，西方从事书籍史研究的一批学者感知到阅读与书籍之间的亲密关系，认为唯有考察阅读，方能认识书籍生产、传播及存在意义的动机和原因，从而理解社会思想、文化乃至政治和经济的变革。阅读史研究由此发轫，目的在于再现各历史时期不同人群阅读文献的具体状况，论述所涉问题包括但不限于谁在读书、为什么读、读什么书、怎么样读、阅读产生了什么结果、造成了什么影响，可谓丰富。

时至今日，确实已有不少学者将目光聚焦于讨论古代社会内部发生的、以古代各类典籍为对象的阅读行为。遗憾的是，古代尤其是明清时期围绕地方志展开的阅读活动应不在少数，相关研究成果却寥寥无几。近年来，幸有葛小寒重新整理明代南直隶志书，发现编志者普遍描述自己的阅读结果为"未见旧志"，并对此悉心论述，可谓从较为独到的角度弥补了地方志阅读史研究的一些空白。据葛氏总结，此现象诚然同撰志者行事草率、志书损毁不存等因素有关，但在更大程度上仍是编志者刻意而为，编制者或是希望以"创修"新志增添自己的政治功绩，或迫于地方势力而重修新志，故选择以"修辞"之方式与旧志割裂关系。总之，葛氏初步披露了地方志与政治、社会结构之间的密切关系。②如此看来，则该文似乎又更趋近于前述"作为文本的地方志研究"取向。此外，20 世纪末有朱士嘉择取顾炎武为个案中心，论说顾炎武理解、利用、编撰地方志的行为，所涉及的实际上也是广义的阅读活动③，只因朱氏并未归纳顾炎武所阅读的具体地方志材料，更不必论阅读缘由、方法与意义等问题，故而不便称该文为专门的地方志阅读史研究成果。相似的，如吴筱霞曾书写方苞与地方志

---

① 戴思哲著，向静译：《中华帝国地方志的书写、出版与阅读：1100—1700 年》，上海人民出版社，2021。

② 葛小寒：《明代方志"未见旧志"考 ——以南直隶府县志为中心》，《史学史研究》2019 年第 1 期，第 114-123 页。

③ 朱士嘉：《顾炎武整理研究地方志的成就》，《文献》1981 年第 1 期，第 187-195 页。

之间发生的联系①；范猛总结周永年的方志观②；李嘉彤观察章学诚与戴震关于方志学的论争始末③；夏汇丰分辨俞樾的修志成果等④；皆是如此。

综上，可见"作为书籍的地方志研究"实乃一条行之有效的研究路数，从地方志会不会刊刻、刊刻的具体花销情形、会不会传播、传播的公私边界、能不能阅读、阅读的真实情境等问题切入，往往能达到见微知著之效用；地方志与历史人物、文化或言整个社会交融的全貌亦得爬索，从前被忽略甚至隐没的史实一一浮现，不仅有利于规避文本方面形而上的思辨问题，更为学术视野的延伸创造了鲜活生动的切面。然而，在肯定该范式不落窠臼的优点时，必须承认其在探赜初期尚存之不足，也即书籍史或阅读史与方志学交叉研究中仍付阙如的部分。就近而言，清代京畿地方志早因其数量巨大、质量精审而成为学界研究焦点之一，"作为文献的地方志研究""作为史料的地方志研究""作为文本的地方志研究"等范式下亦已积累不少可称斐然的学术成就，但以"作为书籍的地方志研究"为切入的成果依旧空白，这显然同清代京畿的资源条件、文化地位不相匹配。未来理应不偏废、不封闭，将学科互鉴之所长发挥至极致，以求创造清代京畿地方志研究的新浪潮。

三、结语

括而言之，无论相较于其他时代、地区志书，抑或相较于其他文献类型的研究，现有清代京畿地方志研究成果数量均难称少。而在内容质量方面，相关论说或从细微问题着手，或从宽宏主旨切入，搭建了从整理至研究再至整理的学术闭环，厘清了清代京畿地方志的详况，并最大程度地发挥其之意义。而方志学作为一门学科，亦逐渐在"作为文献的清代京畿地方志研究""作为史料的清

---

① 吴筱霞：《方苞与地方志》，《中国地方志》2007 年第 4 期，第 47-51 页。

② 范猛：《周永年方志观探论》，《广西地方志》2018 年第 1 期，第 5-9 页。

③ 李嘉彤：《对章学诚与戴震方志学论争的研究梳理以及再认识》，《收藏》2023 年第 6 期，第 62-64 页。

④ 夏汇丰：《俞樾的修志成果及方志观》，《中国地方志》2023 年第 3 期，第 46-53、125 页。

代京畿地方志研究"等范式中初步完成着自身理论的建设与进步。有鉴于此，在某种意义上，可称前期所有相关成果已然屹立起一座成功的丰碑。但需承认的是，上述传统研究范式集中关注地方志这一文献类型本身，因而无可避免地将其身份独立化，由是忽视了地方志文本在当时承担的社会意义，未能将之放置于历史的互动关系之中进行综合讨论，乃是一大缺憾。再者，当今多学科交叉与互鉴乃为大势所趋，方志学若能吸收社会史、区域史、书籍史等其他学科经验，则又能避免在研究材料、课题或视角等方面陷入桎梏，实现对地方志情况与价值的深掘。正是基于以上推陈出新的可能性与必要性，学者竭力开拓出不同的、崭新的方志学研究进路，如"作为文本的地方志研究""作为书籍的地方志"；也逐渐关注到从前曾被长期忽略、而实际上意义重大的一些历史问题，如地方志的阅读问题等。较为可惜的是，清代京畿地方志研究者还未曾熟练应用之，如若长期无法打破传统范式的障壁，则再多整理与研究工作亦只能归为前人做修补工作的环节，难以推动地方历史文献研究的进程。是故，诸路学人实应不吝笔墨、不拘一家，共同为当代学术史卷轴谱写新篇。

（杨帆，北京师范大学历史学院 2022 级硕士生）

明清以来滇黔地方志语言材料研究述评*

A Review on the Research Related to the Linguistic Materials in the Ming and Qing Local Gazeteers of Yunnan and Guizhou

陶雯静

摘　要：明清以来滇黔地方志蕴含着丰富的语言材料，分为汉语和民族语两种。以往的研究多集中于历史文献学方面，关于滇黔地方志中的语言研究，是近几年研究的热点。本文以明清以来滇黔地方志中的语言材料为核心，分类梳理相关的研究成果，总结当下的研究状况，同时说明方志语言材料研究的价值，并对今后的研究作出展望。

关键词：明清以来　滇黔地方志　语言材料　述评　价值

明清以来滇黔地方志数量丰富，是滇黔地区自然、人文、社会、政治、经济等诸多情况的全息记载，具有存史、资政、教化等功能价值。滇黔地方志，于民俗卷或方言专栏下，记录了部分西南官话及少数民族语言材料。方志语言材料可弥补民族语及西南官话研究中，书面文献记载不足的问题。同时也是研究方言形成、语言接触、语言类型等问题时，不可忽视的文献材料。本文以明清以来滇黔地方志中的语言材料为核心，对相关的研究成果分类择要列举、评述，总结当下的研究现状，在此基础上总结滇黔地方志语言研究的不足，对今后的研究作出展望。

＊　本文系 2017 年国家社科基金重大招标项目"明清以来西南官话区地方志方言俗语集成"（项目批准号：17ZDA313）阶段性成果。

一、所载语言材料的研究述评

近年来,地方志中所载方言材料的辑录及研究工作,逐渐引起学界的重视,相关的研究工作也在陆续开展。乔立智在《清代云南地方志所载方言概说》①一文中以表格的形式梳理清代云南方志中方言的分布情况,概述清代云南方志所载方言词汇的主要类型,分为名物词、特殊地名、民俗、称谓四类。每种类别下,举出相应的词条从语言学的角度展开论述。《概说》一文,为清代云南方志中汉语方言词汇的整理及研究提供了参考。但"利用方志材料可以研究方言的历史音韵、词汇、词法、地理、分类等"②,方言音韵、方言词汇的历史发展、语言接触等问题仍有待深入探讨。刘佼的《从明清以来方志文献看滇南方言区民汉语言分布格局的形成》③一文整合了明清以来云南地方志中的语言材料,分析了滇南方言片区中汉语和少数民族语的使用情况,进而梳理了滇南方言区中民汉语言的分布格局及形成过程。通过考察滇南方言片区民汉语言的接触历史,可推断汉语对少数民族语的影响在不断加深,先进文化的语言易居于语言社会的核心地位。该文的创新点在于从云南地方志中,辑录出云南少数民族语言和汉语接触的文献材料,说明方志中滇南方言片中各方言点的语言使用情况。该文为地方志的语言研究提供了文献参考,但并未详细研究方志中的民族语言材料。

念颖所著《云南近代方志词汇研究》④将近代云南方志中的词汇分为物产、矿产、民俗文化、口语方言、语言接触背景下的云南少数民族词汇五大类,并选取部分词汇展开考释工作。《研究》一书对近代云南方志词汇展开宏观研究,在方俗语词、民族语词内容的研究方面仍留有空白。作者借鉴语言接触所产生的关系词研究范式,展开民族语词汇的考释工作,说明云南方言的语音特点。

---

① 乔立智:《清代云南地方志所载方言概说》,《中国地方志》2016 年第 12 期。
② 游汝杰:《汉语方言学导论》(修订本),上海教育出版社,2018,第 82 页。
③ 刘佼:《从明清以来方志文献看滇南方言区民汉语言分布格局的形成》,硕士学位论文,云南大学,2017。
④ 念颖:《云南近代方志词汇研究》,中国社会科学出版社,2017。

将云南近代方志中的少数民族语语音,总结为阳声韵鼻音韵尾脱落、前低不圆唇元音高化。民族语方面主要以民国五年《大理县志稿》卷六《社会教育·方言》中的"民家口音"中的语音材料展开分析。列出白语方言字的上古音、中古音及拟音,将《白语简志》中的白语读音与汉字注音展开比较。存疑之处颇多,无法说清语音之间的对应关系,尚未解决方志中同源词或借词的判定问题,书中作者对同源词与借词的相关论述须进一步佐证。作者将民族语词汇的借用类型分为音义借用、音义对应、音译兼意译、意义借用型几种,提出音义对应类型为最多。但其判定依据并未说明,未从语音的角度说明其对应的原因。关于民族语词与汉语借词的问题,应从历史语言学的角度深入探讨。而且不同语支的词汇,不能放在同一个层面进行比较。其次,《研究》一书在关于方志中词汇的源头、历史发展、词语考释的工作上还有不足之处,并未涉及词汇的历史层次,关系词汇的发展演变也未能梳理清楚。但总的来说,《研究》一书考释了云南方志中的方言词汇,为梳理近代云南方志词汇系统、词汇面貌的状况、词汇考释等工作提供了研究范例,对云南方志的词汇研究具有一定的参考作用。

　　魏启君、王闰吉撰写的《乾隆〈丽江府志略·方言〉异文考》[①]一文介绍了乾隆《丽江府志略》方言卷的两种抄本,并就对讹误的异文展开考订工作。秦越所著《贵州旧志方言词汇研究》[②]一书从贵州地理沿革、贵州旧志方言词汇、方言词汇的共时分析与历时比较三个部分展开研究,分别用表格的形式列出物产类、民俗类、谣谚类、方言编俗语词等几类方言的例词、地方志的出处、文献用例等。构词部分从单纯词、合成词、构词理据的角度举例说明,指出方志方言词汇的历史来源、产生时代,并选择部分方言俗语词进行考释。《研究》一书为方志方言词汇研究提供了参考范例,但贵州方志中涉及众多少数民族语言文字,如苗语、彝语、水文等,均未涉及。林松所撰《清代贵州方志中方言编概述》[③]对清代贵州方志中的方言材料进行辑录,并详细分析清代贵州方志中方言编的特点及不足之处。

---

① 魏启君、王闰吉:《乾隆〈丽江府志略·方言〉异文考》,《现代语文》2020 年第 6 期。
② 秦越:《贵州旧志方言词汇研究》,四川大学出版社,2021。
③ 林松:《清代贵州方志中方言编概述》,《贵州工程应用技术学院学报》2018 年第 6 期。

明清以来滇黔地方志中民族方言的研究情况。乔立智的《清代贵州地方志所记录的民族语言资料概说》①一文以清代贵州方志的民族语料为研究对象，以表格的形式梳理民族语料的分布情况，后将民族语资料进行分类，分为名词、动词、形容词、数量词、颜色词、特殊地名几类。每种类型下举出相应的语料从语言学的角度展开分析，总结贵州方志民族语资料研究的价值。此文的可贵之处在于详细地整理贵州方志中民族语料的分布，并从语言学的角度加以分析，以供后人研究时参考。乔立智、叶树全的《清代及民国滇黔地方志所载民族语资料的特征》②一文总括了民国时期滇黔地方志的语料特征，分别是：（1）采故纳新与因袭守旧同时存在。（2）地名及借词中含有典型的民族语言成分和确凿的文化交流信息。（3）有些语料的记载并不十分确切可靠。四、有些语料记载具有时代和地域特征。同时指出方志语言材料需详细鉴别和同步校勘，借词问题有待深入研究，地名应作为语言研究的重要材料，上述三个问题应作为后续研究的重点。乔立智、叶树全在《乾隆〈普安州志〉所记录的彝族语言资料》③中将《普安州志》中的彝语资料按类举出，逐一与今四川喜德、贵州大方、云南南涧、云南南华彝语中相应的词语进行对比，从历史的角度分析其继承与演变的情况。该文运用历史比较法，从语音对应的角度分析《普安州志》中的彝语词汇与现代彝语词汇的对音情况。分别指出整齐对应或直接对应、局部对应或间接对应、无对应关系的词汇。文章尚未指出无对应关系的具体原因，同源词与借词的问题尚需进一步讨论。乔立智、叶树全在《清代及民国贵州地方志所记录的水族文字》④一文中罗列了清代及民国贵州方志中水文的分布情况，就水族文字的类型、形体特征、价值进行论述。文章仅列出水文的类型，简要分析水文的形体特征，并未深入探讨文字的属性，并未展开文字间的比较研

① 乔立智：《清代贵州地方志所记录的民族语言资料概说》，《中国地方志》2020 年第 3 期。

② 乔立智、叶树全：《清代及民国滇黔地方志所载民族语言资料的特征》，《西南交通大学学报》，2021 年第 3 期。

③ 乔立智、叶树全：《乾隆〈普安州志〉所记录的彝族语言资料》，楚雄师范学院学报，2021 年第 1 期。

④ 乔立智、叶树全：《清代及民国贵州地方志所记录的水族文字》，《文山学院学报》2022 年第 3 期。

究。水族文字中蕴含着丰富的语言、文字、天象、历法、宗教等方面的知识,具有重要的学术研究价值。对此,曾晓渝教授指出:"对于水书水字,我们的研究才还刚刚开始,尚存的疑问也不少,例如:(1)同样的与汉族杂居共处的生活环境,相似的宗教习俗,为什么只有水族拥有水书文字?(2)目前我们所见到的最早的水字是明代的碑刻,最早的水书版本是明代的,那么,明代之前究竟有没有水书文字呢?这些都有待于我们进一步深入研究。"①

二、明清以来滇黔地方志所载语言材料研究的不足

鉴于上文的分析,明清以来滇黔地方志中语言材料的整理及研究是当下研究的热点。在语料辑录方面,曹小云、曹嫄辑校的《历代方志方言文献集成》②、李蓝主编的《中国方志中语言资料集成》③将滇黔地方志中汉语方言及民族方言的部分均予以收录,后人在整理语料时,可逐一对照。关于明清以来滇黔地方志语言材料的研究,主要集中于汉语方言词汇部分,地方志中民族方言的相关研究成果并不多见。

研究不足可以归纳为三点:

第一,明清以来滇黔地方志中方言俗语的整理还不充分,应多关注方言俗语的研究。方言俗语的考释工作,仍有待继续深入。比如云南方志词汇考释,如何选取较为典型的书证可仔细斟酌。此外,方志的方言俗语存在异名同实现象,对异形词的考辨前人做得还不够充分。例如:玉米在云南方志中有多个不同的称谓"包穀""苞谷""御麦""玉蜀黍""玉麦",须详加考辨不同方言称谓之间的关系。再者,能否从民族语中找到旁证?从语音对应的角度看,彝语、白语、怒语、阿昌语语音的首音节 xo/xã/ɑ/xɑu 当为"皇帝"义,mo/mɯ 则与西南官话"麦"音近。壮语 xu6 /vo4 语音上与彝缅语 xo/xã 相似,也有"皇帝"义。由此印证汉语"玉米"实为"御米""皇帝米"的观点。④ "玉米"在黔东苗语中不

① 曾晓渝、孙易:《水族文字新探》,《民族语文》2004 年第 4 期。
② 曹小云、曹嫄辑校:《历代方志方言文献集成》(影印版),中华书局,2021。
③ 李蓝主编:《中国方志中语言资料集成》(影印版),社会科学文献出版社,2021。
④ 韦景云:《壮语"玉米"方言词分布及其传播》,《中央民族大学学报》2018 年第 5 期。

同称谓的命名依据,苗语呼玉米为"ka44waŋ53"即"皇粮、皇帝米","waŋ53"在苗语中指代皇粮。在其他少数民族语,例如布依语、侗语、壮语、毛南语、水语、彝语支的语言中,"玉米"也包含"皇帝米"的义项。由此可以推断玉米的命名与皇家推行的说法相互呼应,所以"玉米"又称为"皇帝米"。可以印证"玉米"俗称"御麦"中"御"的原因。笔者认为从民族语中寻找线索,亦能佐证方言俗语的考释工作。但难度较大,需用历史比较法仔细分辨借词与同源词的问题,参阅相关的文献作为证据。

第二,明清以来滇黔地方志中民族语的研究仍留有空白。根据上文的分析,滇黔方志中民族语的研究还不完善,方志中的民族语词有的是借词,有的是同源词。借词的判定仍然是一个学术难题,没有语音对应关系的词汇,该作何解释?究竟是汉语借词,还是其他民族语的借词?云贵地区少数民族语众多,语言接触影响下民族语词的借用问题,仍有待深入研究。比如汉语与侗台语是否同源的问题一直有争议,学者们一直在探寻有效区分同源词与借词的研究方法。多借鉴"深层对应"及"关系词阶"等方法,有学者提出用"层次分析法"进行辨别:"从侗台语里的汉语借词入手,充分利用古代典籍及民族历史文化背景资料,以汉语上古、中古、近代构拟音系及现代有关方言为参照,分析出汉语借词的若干历史层次,总结各层次借词与原词的语音对应规律,而那些不能纳入各借词层次的、古老的音义对应'关系词',可以认为是同源词。"①对此,广西、云南方志中侗台语借词的判定,可综合"层次分析法""深层对应"及"关系词阶"的方法,融会贯通。民族语的研究由于缺乏文献资料,学者大多立足于平面描写,记录其语言现状,分析语法范畴。民族语不像汉语,缺乏丰富的文献材料作支撑。因此方志中记载的民族语料,在一定程度上能够弥补民族语文献材料不足的问题,从而展开历史比较研究。对民族语的古音构拟、原始共同语的研究、语言系属分类、同源和接触问题,均有一定的参考作用。

第三,方志中民族语与汉语相结合的研究还不充分。王力:"在汉语史的研究中应用历史比较法,就是对汉藏语系诸语言作比较研究,那样做是有利于

---

① 曾晓渝:《论壮傣侗水语古汉语借词的调类对应》,《民族语文》2003年第1期。

上古汉语的研究的。"①马学良："研究汉语以外的汉藏语系语言,对于研究汉语特别是古汉语有重要启发作用。"②戴庆厦："现代语言学的发展趋势决定了汉语非汉语的研究必须相结合。"③中国是汉藏语系语言的集中地和主要分布区,也是主要使用汉藏语系语言的国家。中国有 56 个民族,仅云南就有 20 多个民族,使用 20 多种语言。云贵方志中记录着宝贵的民族语材料,记音形式为汉字记录少数民族语词。通过研究这些材料,向上可以追溯方言的历史音变,向下可研究现代少数民族语。若将二者综合起来研究,价值更为可观。通过少数民族语与汉字的对音材料,可反观明清以来西南官话语音的演变情况,探讨西南官话的语音及音系特点。将方志中的民族语材料与上古汉语的研究相结合,亦有助于推进汉语及汉藏语系语言的研究。戴庆厦先生指出:"非汉语研究必须广泛吸收汉语研究的成果,要从汉语中寻找'反观'的养料。汉语的研究,要"反观"具有亲属关系的非汉语,从非汉语中吸取养料。"④

三、明清以来滇黔地方志语言材料的研究价值

张秀华将云南方志的特征概括为:地方性、广泛性、资料性、真实性与民族性。⑤ 明清滇黔地方志中的语言材料具有重要的研究价值。词汇学研究方面,方志中的方俗语词为明清时期词汇研究提供了鲜活的语言材料,有助于勾勒明清西南官话词汇及语音系统的概貌,促进西南官话的研究;辞书学研究方面,方志词汇为大型语文辞书增补未收词条、添加漏收义项、补充书证材料;民族语研究方面,补充民族语文献材料不足的缺憾,推动民族语的历史演变研究,促进汉语与非汉语的研究。

---

① 王力:《汉语史稿》,中华书局,2014,第 18 页。

② 马学良:《汉藏语概论》,北京大学出版社,1991,第 15 页。

③ 戴庆厦:《再论汉语非汉语研究相结合的必要性》,《语言与翻译》2005 年第 3 期。

④ 戴庆厦口述、赵燕珍整理《戴庆厦先生口述史》,中国社会科学出版社,2022,第 96 页。

⑤ 张秀华:《云南方志的价值及其开发利用》,《云南民族学院学报》2003 年第 4 期。

（一）汉语方言词汇学的研究价值

从《华阳国志》《越国春秋》，我国就有方志编纂的传统。宋代史学家司马光称方志为"博物之书"，清代方志学家章学诚称之为"一方之全史"（《章氏遗书》卷二十八《外集一》）、"一方之信史"（章学诚《文史通议》），方志又被称为"地方百科全书"，方志材料具有"区域性、连续性、广泛性、可靠性"①的特点。由于方志在时间上具有连续性、使用上具有可靠性的特点，且分布范围广，故成为"我国有史以来最大的社会科学成果群"②及"世界上最大的社会科学成果群"③。明清以来滇黔地方志中记录了相当数量的方俗语词，具有地方民族特色，它们是研究明清西南官话方俗语词的宝贵资料。譬如云南物产类方言俗语："谷雀""莲花白""四脚蛇""冲菜""香椿""毛辣子""杨癞虫""谷子"等；礼俗类："送祟""接祖""鸡卦""祀灶""压岁""牛头饭""叫魂"；饮食类："豆面团""马打滚""躲牲""牲饭""腊酒""树花"；称谓类："老太""汉子""老倌""耶耶""大媒""阿耶""阿奶""大爹"等。今云南方言中有将"妻子"称为"老太"者，如临沧、德宏、梁河。④"云南十八怪"中第三怪"姑娘叫'老太'"。老奶奶、已出嫁的年轻女子或未出嫁的年轻女子在云南均可称为"老太"，也有学者认为云南方言的"老太"亦可指未出嫁的女子，"云南有些地区喊'姑娘'，其实就是分别指'姑姑'与'母亲'（娘），因此可视为老太太⑤。"老"为词头无实意，核心语素为"太"，其命名理据与"老婆"类似。再比如云南方言称"丈夫"为"汉子"，在民国三十六年《顺宁县志初稿》卷九《语言》专栏中亦有记载。从语言学、训诂学、方言学的角度分析其命名理据，词汇的源流演变，对汉语史、词汇学的研究均有推动作用。"有些古代的俗语词，在后来的书面语中消失了，但在某些方言词汇中可能还'活'着。"⑥明清滇黔方志中的方俗语词，虽未被现

---

① 朱士嘉：《中国地方志浅说》，《文献》第一辑，1979年第1期，第33页。
② 《中国地方志》编辑部：《中国新编地方志二十多年辉煌成果》，《中国地方志》2006年第6期。
③ 冀祥德：《全国省级地方志工作机构主要负责人培训班的讲话》，《上海地方志》2021年第2期。
④ 许宝华、宫田一郎主编：《汉语方言大词典》，中华书局，2020，第1642页。
⑤ 赵萍、谭正新：《论民谣"云南十八怪"语言哲学》，《大家》2011年第22期。
⑥ 郭在贻：《训诂学》（修订本），中华书局，2019，第172页。

代汉语普通话吸收,但仍以极强的生命力在云南方言中使用着。它们数量众多、涉及领域广、独具特色,能够比较客观地呈现出当时云南汉语方言词汇的面貌,有助于深化我们对明清时期西南官话方言词汇体系基本特征的认识。

(二)辞书学研究的价值

"汉语辞书是中华文化的重要载体,是中华民族知识财富的集中体现。我国汉语辞书编纂历史悠久,成果丰硕。"①《汉语大词典》《汉语大字典》(以下简称《大词典》《大字典》)自问世以来,在学术研究中作出了重大的贡献。但由于受当时编纂条件的限制,《大词典》《大字典》在词条收列、义项确立、书证安排等方面,不可避免出现了一些瑕疵。文献资料运用的多少与辞书质量的高低密切相关,而《大词典》《大字典》的种种疏失,是彼时资料匮乏造成的。当前,《大词典》(第二版)的修订工作正在进行,与初版相比,第二版"拓宽了资料的使用范围,新利用了汉译佛典、出土文献、中古汉语和近代汉语四大板块的资料"②,但对明清方志文献仍缺乏应有的重视,而地方志中的方言俗语在增补条目、添加义项、补充书证等方面,能为《大词典》的编纂和修订提供重要参考。《大词典》以"古今兼收、源流并重"为收录原则,理应广泛搜罗文献中符合收录准则的词条,但实际编纂过程中往往会忽视已有的语言现实。地方志中的方言俗语材料,可作为辞书条目增补的参证语料。例如:清光绪二十七年《昆明县志》卷二《风俗》中称:"中元,祀先于家庙,无家庙者祀于中堂。先是十二日夕即迎神,俗曰接祖。""接祖"为云南昆明等地中元节的祭祖仪式,《大词典》(第二版)未收录"接祖"一词。再如:《墨江县志·物产卷》中记载:"无花果,俗名鸡嗉果。""鸡嗉"为云南方言,指鸡的食囊。姜亮夫在《昭通方言疏证》中指出:"昭人谓鸡鸭食囊曰嗉子。"因无花果外形像鸡嗉子,故称为鸡嗉果。《大词典》(第二版)亦未收录"鸡嗉子""无花果"一词。义项处理为辞书释义的重点,《大词典》在归纳义项时,可借鉴明清方志中的语言材料。比如:"山楂"一词,大词典仅收录"山楂"这一义项,山楂在云南方言中有不同的称呼。民国十年

① 袁世旭、郑振峰:《汉语辞书理论史研究的价值和意义》,《中国语言文字研究》2019年第2期。
② 江蓝生:《一次全面深入的修订——〈汉语大词典〉第二版第一册管窥》,《辞书研究》2019年第4期。

《宜良县志》卷四《食货志·物产》中称:"山楂,县人呼山楂曰山林果。""山楂"又作"山樝",亦称"山里红""山林果"。清檀萃《滇海虞衡志·志果十》:"查巨亦甲天下,树高大如柞栎,查饯查膏尤佳。"《几辅通志》卷五十六《土产》:"山樝,俗呼山里红。"《昭通方言疏证》:"昭人谓山楂果曰山零果,山读如沙。"民国十三年《昭通志稿》卷之九《物产志》:"山林果,味酸,晒之为山楂。""山林果""山里红"《大词典》未收。《大词典》在具体条目书证的安排上,仍有不足之处。有的词条首引书证滞后,有的为孤证,有的无书证,这显然不符合大型语文辞书的书证要求。可参考地方志中方言俗语的用例,补充《大词典》书证之不足。"玉米"词条下,《大词典》(2/186)"包穀"首引自清吴炽昌《客窗闲话续集》。又(9/335)"苞穀"谓"即玉米",无书证。未收"包谷"。"包裹"未及此义。"苞穀"义项下可增补书证:民国二十三年(1934)《宣威县志稿》卷三《與地志·物产》:"苞谷即玉蜀黍,其粒小而嫩。又早熟者,宣人谓之玉麦,有红黄白乌花数种,亦分粳糯。""包谷"一词,《大词典》未收录,当补,可补充书证。清光绪十一年(1885)《霑益州志》卷四《物产》:"包谷,一名玉麦。"

(三)语言研究的价值

明清以来云南地方志的研究成果,多集中历史文献学方面,关于地方志中方言及民族语的研究成果还不多见。民族语借词及同源词的问题是比较复杂的,需深入研究。民族语研究的过程中,汉语与侗台语是否同源的问题,历来存在争端。判断语言同源或接触关系的理论方法,影响较大的主要有邢公畹提出的"语义学比较法"(深层对应)、陈保亚的"关系词阶理论",以及曾晓渝提出的"关系词分层法"。判断侗台语里汉语借词的主要依据为"语音对应",一是在语音上成批量地与《切韵》音系形成对应规律的词,二是古代汉民族代表当时先进文化的词,三是非侗台语自身固有的词与汉语有音义关系的词①。明清以来滇黔地方志中用汉语记录民族语词汇,将这些汉字记音对应到现代民族语中。哪些是本民族的基本词汇,哪些是借词? 这些词汇判定的依据是什么? 用什么方法来判定均有待深入研究? 笔者试图用语音对应的原则做一些基础性

---

① 曾晓渝:《语音历史探索——曾晓渝自选集》,"南开大学文学院学者文丛",南开大学出版社,2004,第300页。

的工作,通过完全对应、部分对应、无对应关系三种分类的方法,分析这些民族语词中的借词问题。当遇到一些来源不明的词汇时,可通过文献分析与田野调查相结合的方法来解决。通过田野调查的方式,展开实地调研,将调研的结果与文献中的记载相结合,进一步分析该词的来源问题。

再者,通过研究地方志中汉语记音,向上可追溯汉语西南官话的历史音变,推动汉语方言学的研究。向下可推动民族语的研究,将方志中的民族语同现代民族语逐一进行比较分析,对于考察民族语词汇、语音在相对较长的历史过程中的继承、发展、演变情况,都具有重要的价值。

此外,方志中的民族语料可为汉藏语系语言研究提供历史文献资料。少数民族语的研究由于缺乏相应的文献记载,民族语的研究多集中于田野调查,展开平面描写。关于民族语和汉语方言的历史比较研究有待进一步深入,而地方志中民族语料的汉字记音,在一定程度上能够弥补文献语言缺乏的问题。对民族语进行历史比较研究、古音构拟、借词的判定、同源词的鉴别均具有一定的参考价值。例如:王辅世先生的《苗语古音构拟》,开国内苗瑶语历史语言学研究之先河,是苗语历史语言学研究的最新成果和最高水平。李云兵教授指出:“苗语是没有文献记载的语言,当然也就没有韵书,从而古苗语的声类和韵类读音怎样,不得而知,这就给苗语历史语言学的研究带来了相当大的困难。”[1]对此,《苗语古音构拟》从共时比较得出的语音对应规律,从而寻找保存在现代苗语中的古苗语声类和韵类的音值。明清滇黔地方志中记载了大量的苗语材料,如民国《贵州通志(四)·风土志·方言》“兴义夷语·狆苗语”[2]、民国《兴义县志》第十一章“社会·边民语言·僮苗语”[3],这些材料对补充苗语古音构拟的问题具有辅助作用,充分利用好方志中的民族语材料,将方志材料应用于苗语的古音构拟,亦有助于区分苗语的系属问题。

---

① 李云兵:《苗语历史语言学的最新成果——〈苗语古音构拟〉述评》,《民族语文》1995 年第 6 期。

② 刘显等修、任正澄等纂:《贵州通志(四)》,《中国地方志集成》贵州编第 9 册,巴蜀书社,2006,第 188、189、191、189 页。

③ 卢杰创等修、蒋芷泽等纂:《兴义县志》,《中国地方志集成》贵州编第 30 册,巴蜀书社,2006,第 316-317 页。

云南少数民族众多，分布着 20 多种汉藏语，既需要有田野调查的材料，也需要参考历代方志文献的材料。关于明清民国时期云南方志中民族语的研究，在历史比较与古音构拟这方面，可以继续深入，也可以方志中的记音为参考，结合田野调查，记录某个民族语的语言现状。先对某种语言有个整体的认识，再细化到语支的比较研究。比如可将彝语与同语文的语言展开比较研究，从语音对应的角度分析语言的亲属关系，探索彝语支语言的特点及规律。

四、滇黔地方志语言材料的整理情况

尽管早在明代，方志中就已经有了专门的方言章节，但未见相关编撰体例。对地方志中方言材料体例的论述，往往多依附于整体的研究。旧方志方言材料主要是对词汇的著录，编排体例大致有二：一是仿《尔雅》进行分类；二是采用解说式、直述式或注释式进行记录，不加分类。解释体例有三：一种只解释含义，不涉及语源或本字；一种在释义的同时，列举古代文献用例；还有一种兼考本字。据整理统计，现存清代、民国云南地方志约 350 种，贵州地方志约 180 种，数量非常丰富，其中保存了大量的民族语言资料。乔立智在《清代云南地方志所载方言概说》《清代贵州地方志所记录民族语言资料概说》中，分别统计并以表格的形式罗列出清代云南、贵州两地汉语及民族语的分布情况。

明清以来滇黔地方志中语言材料的辑录及研究情况。台湾成文出版社影印出版的，"中国方志丛书"共收录 61 种云南地方志。日本波多野太郎所编《中国方志所录方言汇编》共分为 9 编，以影印版的形式记录广东、广西、贵州等 17 个省及自治区地方志中的方言资料，并未辑录云南地方志中的语言材料。曹小云、曹嫄辑录并校订的《历代方志方言文献集成》是地方志方言文献集成的重要著述，该书将历代各地旧志中的方言文献收集于册，系统地调查了七千余种旧方志，对其中所见的九百多种方言文献进行整理与点校。

以蒋宗福为首席专家的国家社科基金重大项目"明清以来西南官话地区地方志方言俗语集成"（项目编号：17ZDA313）是西南官话区方言俗语集成的一个重大研究课题，主要包括西南官话区方言俗语辑录、校勘、研究、建立数据库等方面内容。辑录的主要内容为汉语方言俗语，多分布于方言栏或风俗卷下的语言专栏,以图文对照的形式进行辑录,左栏为地方志中的图片形式,右栏为辑录、点校后的语言材料内容。由于滇黔地方志中,方言部分既包括汉语方言和民族语方言。对此,作者在辑录的过程中均一同辑录。同时,物产卷、礼俗卷下亦记载了大量的方言俗语,在辑录的过程中不应忽略,应该选取部分物产类、礼俗类方俗语词予以辑录。

其次,是乔立智主持的国家社科基金西部项目"明清、民国滇黔地方志所记录的民族语言资料整理与研究"(项目编号:18XYY031)。该项目主要包含方志语言材料的辑录和研究两部分,主要将明清、民国时期云南、贵州两地的方志文献中有关于民族语言文字的部分进行整理、点校、汇编,重点就民族语言资料部分展开研究。其研究方法为历史比较法,将方志中的民族语词同现代民族语进行比较。从语音对应的角度,分析民族语词语音对应的情况。该项目的成果之一《明清民国滇黔地方志中民族语言资料汇编》于2024年由上海古籍出版社出版。念颖主持的教育部人文社科项目"明至民国时期云南方志方言资料整理研究及数字化建设"(项目编号:19XJA740005),仍以云南方志方言资料的整理研究为主要内容,融入数字化建设的内容,将继续挖掘云南方志中方言研究的价值。汪启明主持的国家社科基金重大项目"方志中方言资料的整理、辑录及数字化工程"(项目编号:15ZDB107),该课题的总体目标是对宋元以前、明清、民国及中华人民共和国成立以来四个阶段方志所载汉语方言资料的全面辑录和整理。在此基础上,通过现代技术手段做成全息动态数据库,实现文字材料与数据库的组接,并出版图书《中国地方志方言资料总目》(西南交通大学出版社,2023)。

五、结语

滇黔地方志中所载少数民族文字方面的研究仍有不足,就拿偾文、彝文、爨文来说,方志中记载了部分古彝文。古彝文与甲骨文的关系是什么?古彝文的特点又是什么?贵州方志中的水文性质是什么?与古汉字是否有联系?这些问题都是有待深入挖掘的地方。总之,云南方志所涉面宽、语料丰富,实为云南汉语方言、民族语言文字、地方文化、民族风俗研究中不可忽视的宝贵资料。因云南自古就是少数民族聚居地,有着丰富的民族语言资源,而明清云南方志中记载了大量的民族语言文字,这方面的研究目前还不是很多。云南少数民族众多,语言资源丰富多彩,明清民国时期云南方志中记载的方言俗语是一个研究的重点。因为民族语缺乏书面文献的记载,向上追溯其历史源头较为困难。这些宝贵的地方志文献材料,在一定程度上能补足文献材料缺乏的不足。通过整理和分析这些民族语言的材料,对汉藏语的研究都具有重要的意义。方志文献对民族语的研究具有研究价值,是万万不可忽视的。

正如乔立智所言:"真正从方言角度对清代云南方志展开研究的,显得零散而少见。"①确实是这样,经过梳理明清云南地方志的研究情况,才能了解当前云南地方志的研究状况,并明晰未来的研究重难点。明清民国时期云贵方志中方言俗语材料仍然有待探索。方志材料作为语言研究的"活材料",对汉语史、方言学、词汇学、辞书学、民俗学等各学科均有着重要的参考价值和现实功用,尤其在民族语研究方面,在一定程度上能弥补民族语资料的缺失问题。学界应该加强对方志文献材料的利用,更好地服务于教学和科研。

(陶雯静,四川大学在读博士)

---

① 乔立智:《清代云南地方志所载方言概说》,《中国地方志》2016 年第 12 期。

方志所见明清时期山西商人心态结构研究[*]

A Study on the Psychological Structure of Shanxi Merchants during the Ming and Qing Dynasties Based on the Records in the Local Gazetters

李伟志　李伟华

摘　要:山西地处以农业为主导的华北地区,人口稠密,而适宜耕作的土地数量有限,这一地域因素促使山西出现了大量的从商之人,并且渐渐形成了著名的山西商人群体。在以"农"为本的农业社会中,商业对于山西部分人来说是赖以生存的手段,所以山西商人得以突破世俗观念,大力经商,行迹遍布天下。随着商品经济的发展,山西商人成为明清时期的一个庞大群体,同时也产生了其独特的商业与家庭文化;当山西商人家族人口增加以及经营规模达到一定程度时,就会出现"分家析产"的现象,而与徽商"尤笃宗族"的家族精神相比,山西商人宗族的观念就薄弱了许多。虽然山西商人有突破世俗、积极进取的精神,但在农业社会以"士"为首的阶级排序中,仍然难以改变他们处于末端的社会身份。山西商人意识到只有通过读书入仕的方法才能改变自身的身份,由此也形成了山西商人厚重的崇儒情结及其独特的心态结构。

关键词:明清　山西商人　方志　心态结构

---

　*　国家社科基金重大项目"明清商人传记资料整理与研究"(项目批准号:14ZD035,首席专家张明富)。

晋商,通常指明清五百年间由山西地区走出的商人。明朝实施"开中制",为山西商人的发展提供了契机,山西因居太行山之西而得名,是中华民族发祥地之一,被誉为"华夏文明摇篮"。"夫山西饶材、竹、谷、纑、旄、玉石。"①春秋战国时期大贾猗顿就在山西"盬盐起"②。春秋战国时期,被唐力行先生称为"商人的黄金时代"③。山西地理位置特殊,商贾经商方式与其他地区有所不同,"北贾种、代。种、代,石北也,地边胡,数被寇。人民矜懻忮,好气,任侠为奸,不事农商。然迫近北夷,师旅亟往,中国委输时有奇羡。其民羯羠不均,自全晋之时固已患其僄悍,而武灵王益厉之,其谣俗犹有赵之风也。故杨、平阳陈掾其间,得所欲。温、轵西贾上党,北贾赵、中山"④。在这个特殊地理位置影响下,山西地区出现了许多商人。

明清时期山西地方志资料极为丰富,笔者主要对台湾成文出版社出版的《中国方志丛书》,大陆江苏古籍出版社(今凤凰出版社的前身)、上海书店和巴蜀书社三家出版单位出版的《中国地方志集成》,台湾学生书局出版的《新修方志丛刊》,以及图书馆藏方志《天一阁藏明代方志选刊》《天一阁藏明代方志选刊续编》《明代孤本方志选》《清代孤本方志选》和部分高校馆藏的稀见方志丛刊等中的山西地方志进行统计。因大陆出版的《中国地方志集成》与台湾学生书局出版的《新修方志丛刊》所收录的山西府县志完全一样,本文将以大陆出版的《中国地方志集成》为准,文中引用所涉及两套丛刊的商人传记都将以《中国地方志集成》为出处,台湾学生书局出版的《新修方志丛刊》中的商人传记在本文不再出现。⑤

清代山西商人的发展已经达到顶峰,这一时期山西商人不仅享誉华夏,同时也驰名欧亚。明清时期山西商人集团的崛起形成了山西商人的独特心理;而

① 司马迁:《史记》卷一百三十《货殖列传》,中华书局,1959,第 3250 页。
② 司马迁:《史记》卷一百三十《货殖列传》,中华书局,1959,第 3259 页。
③ 唐力行:《商人与中国近世社会》,商务印书馆,2003,第 1 页。
④ 司马迁:《史记》卷一百三十《货殖列传》,中华书局,1959,第 3263 页。
⑤ 参见李伟志:《方志所见明清时期山西商人休闲娱乐生活研究》,硕士学位论文,西南大学,2017 年。

心理又是人类和世界和平的反映,具有无限复杂性①。各种心理现象之间存在着一定的联系,成为一个结构整体,而这种心态结构也揭示了各种心理现象之间的联系。山西商人所形成的心态结构,在某种程度上决定了他们的商业行为,也一定程度上影响了其自身发展与走向。下面笔者将根据所搜集的山西地方志商人传记史料论述其独特的心态结构。

一、积极进取,突破世俗观念

由于其特殊的自然环境加之特殊的地理位置,导致了农耕经济的生产方式不适合山西的发展。在中国传统观念中,农业为本、商业为末。地方志的记载中,"重本抑末"的思想在地方志中山西商人的心目中并不突出。"张许氏……二十三岁夫故,值岁饥,黎藿自食,奉姑必备旨甘。教子经商……"②;商人张士楷,"惟晚年性喜经商,人多近、利少之,然有□(此处遗失)辩贸易之余,辄为人排难解纷,身殁之后,人多思之"③;"徐氏……夫故,子幼,毫无所依,昼夜勤纺,教子经商……"④。

据地方志中记载,山西商人可以说是遍布天下。如商人孙光正,"往来沈阳经营贸易者,十余年积资渐饶而贩缯"⑤;商人吴郁,"家贫,贾奉天……"⑥;

---

① 卡尔·古斯塔夫·荣格:《心理结构与心理动力学》,关群德译,国际文化出版社,2011,第98页。

② 金福增修:《河曲县志》卷四《人物类·节妇》,张兆魁、金钟彦纂,选自《中国地方志集成·山西府县志辑》,凤凰出版社,2005,清同治十一年(1872)刻本,第131页。

③ 库增银修:民国《陵川县志》卷九《士女录》,杨谦纂,选自《中国方志丛书·华北地方·山西省》,成文出版社,1976,民国二十二年(1933)石印本,第461页。

④ 李世祐修:民国《襄陵县新志》卷之十四《节烈》,刘师亮纂,选自《中国方志丛书·华北地方·山西省》,台北:成文出版社,1976,民国十二年(1923)刊本,第361页。

⑤ 黎中辅纂修:道光《大同县志》卷十七《人物后·行义》,选自《中国地方志集成·山西府县志辑》,凤凰出版社,2005,清道光十年(1830)刻本,第261页。

⑥ 安恭己等修:民国《太谷县志》卷五《乡贤·义行》,胡万凝纂,选自《中国地方志集成·山西府县志辑》,凤凰出版社,2005,民国二十年(1931)铅印本,第455页。

商人全有恒,"家贫服贾养亲。往来燕赵间积十年渐致饶裕"①;商人李国玺,"经商宁夏……"②;商人王元泰,"性慷慨,家贫贾于新疆迪化州……"③;商人王邦义,"家贫,不能给,经商于陕右朝邑县,遇穷困者,辄周恤之,无吝色"④;商人宋良弼,"耆民也。道光中,贾于洛阳……"⑤;商人段锡渊,"锡渊经商江苏……"⑥;商人卢凤翔,"商于江南。赋性慷慨,乐善好施"⑦;商人齐至盛,"贸易淮扬间,出入均平,公私称便,尤好义"⑧;商人魏森,"同治初,商于豫"⑨;商人屈殿镛,"性孝友,服贾北京……"⑩;商人霍永泰,"壮年行商天津……"⑪;商

① 黎中辅纂修:道光《大同县志》卷十七《人物后·行义》,选自《中国地方志集成·山西府县志辑》,凤凰出版社,2005,清道光十年(1830)刻本,第261页。

② 刘玉玑修,张其昌等纂:民国《临汾县志》卷三《录二·乡贤录上·孝友》,选自《中国方志丛书·华北地方·山西省》,成文出版社,1976,民国二十二年(1933)铅印本,第441页。

③ 艾绍濂、吴曾荣修:光绪《续修临晋县志》卷一《孝行》,选自《中国地方志集成·山西府县志辑》,凤凰出版社,2005,姚东济纂清光绪六年(1880)刻本,第371页。

④ 曲乃锐等编辑:民国《解县志》卷七《孝义传》,选自《中国方志丛书·华北地方·山西省》,成文出版社,1968,民国九年(1920)石印本,第493-494页。

⑤ 马铿等修:光绪《长治县志》卷六《传三·列传》,杨笃纂修,选自《中国方志丛书·华北地方·山西省》,成文出版社,1976,清光绪二十年(1894)刊本,民国二十二年(1933)补刊本,第1154页。

⑥ 安恭己等修:民国《太谷县志》卷六《列女·贤媛》,胡万凝纂,选自《中国地方志集成·山西府县志辑》,凤凰出版社,2005,民国二十年(1931)铅印本,第514页。

⑦ 李世祐修:民国《襄陵县新志》之十三《义行》,选自《中国方志丛书·华北地方·山西省》,成文出版社,1976,(民国)刘师亮纂,民国十二年(1923)刊本,第264-265页。

⑧ 任耀先修:民国《浮山县志》卷二十七《孝义》,张桂书纂,选自《中国方志丛书·华北地方·山西省》,成文出版社,1976,民国二十四年(1935)刊本,第731页。

⑨ 任耀先修:民国《浮山县志》卷三十一《技术·武术》,张桂书纂,选自《中国方志丛书·华北地方·山西省》,成文出版社,1976,民国二十四年(1935)刊本,第819-820页。

⑩ 刘玉玑修:民国《临汾县志》卷三《录二·乡贤录上·孝友》,张其昌等纂,选自《中国方志丛书·华北地方·山西省》,成文出版社,1976,民国二十二年(1933)铅印本,第440页。

⑪ 刘玉玑修:民国《临汾县志》卷三《录二·乡贤录上·义行》,张其昌等纂,选自《中国方志丛书·华北地方·山西省》,成文出版社,1976,民国二十二年(1933)铅印本,第454页。

人裴喜年,"家贫辍学服贾塞外,所至多信任之"①;商人张义,"稍长贾山东,每归省辄不忍离侧"②;商人李开基,"服贾保定……"③;商人李佩璜,"幼读能,应童子试,辄弃去,贾于蜀"④;商人邵蝇祖,"蝇祖商甘肃,十余年不知音信"⑤。上述仅仅列出几个商人的经商区域,从中可以看到山西商人遍布大江南北、长城内外,足迹到达东北、新疆、塞北、西蜀等地。

山西商人在本省经营也较多。商人潘培桐,"幼时赤贫,后以勤俭起家,康熙六十年大荒,散粟济人并焚券焉,往乡宁贸易……"⑥;商人张映斗,"好读书,因家贫服贾翼城"⑦;商人李渭川,"年十四习商湖北,每忆家贫寒,不克躬奉其父,辄弃箸痛泣不食,后改就绛县……"⑧;商人任士宏,"贾于绛,铢积得千金……后值绛城重建书院,全盛即出金倡捐大工始基,士林至今赖之"⑨。

从山西商人传记中我们还可以发现在战乱时期,仍有他们的影子,明代商人王重新,"沉厚寡言,饶智。略贾不数岁,以赀雄一方。明崇正壬申寇乱,被

① 张启蕴修:光绪《兴县续志》上卷《人物》,孙福昌、温亮珠纂,选自《中国地方志集成·山西府县志辑》,凤凰出版社,2005,清光绪六年(1880)刻本,第189页。

② 刘玉玑修:民国《临汾县志》卷三《录二·乡贤录上·孝友》,张其昌等纂,选自《中国方志丛书·华北地方·山西省》,成文出版社,1976,民国二十二年(1933)铅印本,第437页。

③ 张亘,萧光汉等纂修:民国《芮城县志》卷十《孝义传》,选自《中国方志丛书·华北地方·山西省》,成文出版社,1976,民国十二年(1923)铅印本,第633-634页。

④ 余宝滋修:民国《闻喜县志》卷十七《独行传·义烈》,杨汲田等纂,选自《中国方志丛书·华北地方·山西省》,成文出版社,1968,民国八年(1919)石印本,第644-645页。

⑤ 周振声修:民国《虞乡县新志》卷六《士女传·贞烈》,李无逸等编,选自《中国方志丛书·华北地方·山西省》,成文出版社,1968,民国九年(1920)石印本,第633页。

⑥ 张柳星、范茂松修:民国《荣河县志》卷十七《传三·孝义》,郭廷瑞纂,选自《中国地方志集成·山西府县志辑》,凤凰出版社,2005,民国二十五年(1936年)铅印本,第333页。

⑦ 徐浩修:光绪《续猗氏县志》卷上《人物·任恤》,潘梦龙纂,选自《中国地方志集成·山西府县志辑》,凤凰出版社,2005,清光绪六年(1880)刻本,第559-560页。

⑧ 马继桢修:民国《翼城县志》卷三十《耆善》,吉廷彦纂,选自《中国方志丛书·华北地方·山西省》,成文出版社,1976,民国十八年(1929)铅印本,第1137-1138页。

⑨ 徐昭俭修:民国《新绛县志》卷六《杂传》,杨兆泰纂,选自《中国方志丛书·华北地方·山西省》,成文出版社,1976,民国十八年(1929)铅印本,第593页。

执,仆某请代戮,贼义而释之,归筑郭峪城寨,输七千金以济"①;商人张清,"清年甫十五服贾陈留,积资以膳母妹……壬午冬闯贼陷陈留,清竟不屈遇害"②。清代商人张训,"为贾入蜀,会吴三桂反,训不得归,竟客死焉"③;商人阎树梧,"出外营商,没于洪杨之乱"④;商人荆中璞、荆中璜兄弟,"清道光时人,兄弟均好武,有胆略,同服贾于西域叶尔羌城,逆贼张格尔骚扰边境,仓卒无兵……"⑤;商人吴克勤,"为人豪爽,贸易陇州。同治初回乱为团长,长率众守城,保全甚多……"⑥;商人卫嵩,"业贾京师,通晓时事……咸丰癸丑,粤匪由济源陷垣曲,锐不可当……君首倡大义,集团练勇,固守险要,村堡安全……"⑦。

在山西地方志中笔者还发现孔子后代经商的记载:商人孔昭缙,"字子绅,至圣七十一代孙,前明远祖宦游,长子遂家焉。年十七因家贫贸易荆扬,每晨昏泪下沾巾,人问之曰,'余兄残疾,余父母问视托之何人?'遂决意口籍,甘贫养亲,后亲亡哀毁骨,立无不尽礼,兄卧床□□□(此处遗失)事之如父,寡嫂弱侄抚恤无不周至,乾隆三十四年邑令荐为耆宾,谓非公不克当此席,其见重如此"⑧。

① 朱樟修:雍正《泽州府志一》卷三十七《人物志·孝义》,田嘉谷纂,选自《中国地方志集成·山西府县志辑》,凤凰出版社,2005,清雍正十三(1735)刻本,第373页。

② 秦丙煃修:光绪《沁水县志》卷八《人物·孝友》,李畴纂,选自《中国地方志集成·山西府县志辑》,凤凰出版社,2005,清光绪七年(1881)刻本,第462页。

③ 魏元枢,周景桂纂:乾隆《宁武府志》卷十一《余录》,选自《中国地方志集成·山西府县志辑》,凤凰出版社,2005,清乾隆十五年(1750年)刻本,第160页。

④ 张亘,萧光汉等纂修:民国《芮城县志》卷十一《列女传·节妇》,民国十二年(1923)铅印本,选自《中国方志丛书·华北地方·山西省》,成文出版社,1976,第731页。

⑤ 俞家骥主修:民国《临晋县志》卷十《录二·乡贤录下·忠烈》,赵意空纂修,选自《中国方志丛书·华北地方·山西省》,成文出版社,1976,民国十二年(1923)刊本,第417-418页。

⑥ 何燊修:民国《万泉县志》卷四《人物上·义行》,冯文瑞纂,选自《中国方志丛书·华北地方·山西省》,成文出版社,1976,民国六年(1917)石印本,第379页。

⑦ 马家鼎纂修:光绪《续修稷山县志》卷一《人物·孝义》,选自《中国地方志集成·山西府县志辑》,凤凰出版社,2005,清光绪十一年(1885)刻本,第25页。

⑧ 豫谦修:光绪《长子县志》卷九《传三·列传》,杨笃纂,选自《中国方志丛书·华北地方·山西省》,成文出版社,1976,清光绪八年(1882)刊本,第824-825页。

还有在国外经商的商人在地方志中也有记载。景发才之父"远贾安息"①；商人万间，"贩于海外"②。

在山西商人传记中还记录了一些女性商人，根据统计"山西地方志所见商人传记"③，山西地方志共记载了 15 位女性商人，分布在太原府、蒲州府、平阳府、汾州府和平定州等府州县，在此仅列举几位女性商人的传记参考，如程氏，"本城附贡生孔庆丰继室，二十三岁夫亡，青年守节，内抚诸孤，外理商业，井井有条，诸孤现已成立，授室商业亦赖以不坠，程氏现年五十四岁，民国十年蒙大总统给赐匾额褒彰以旌之"④；李发长之妻王氏，"夫故，遗孤二，家贫习小贸易，后因此渐裕"⑤。

在山西地方志中还有一些是夫妻商人，如郭氏，"南庄米中义妻，为二胞弟赎身郭族，佐夫贸易囗（此处遗失）阳，后夫亡子死，弟昧其资数千金。氏鸣于官，追偿立嗣，施数百金修汾隰流云，邑人重其识，无不怜而义之"⑥。

还有些女性商人是女承父业经商，如"杨氏，乳名蛮妮。父为建筑工，岁晚务闲，则充煤炭经纪。女少失恃，十余岁即男装，随父工作，见之者不知其为女子也。年及笄，父将议婚，女固请于父，愿守贞以终。自是年益壮随父工作益力，父卒，女办丧葬毕，即承父业充煤炭经纪以为生。或有以婚嫁事戏者拂然去，不顾年长力衰受佣值为厨丁，年四十二而卒。附身附棺之费皆预储蓄葬毕，

① 刘玉玑修：民国《临汾县志》卷三《录二·乡贤录上·孝友》，张其昌等纂，选自《中国方志丛书·华北地方·山西省》，成文出版社，1976，民国二十二年（1933）铅印本，第432 页。

② 章廷珪修：雍正《平阳府志（二）》卷三十五《杂志》，范安治纂，选自《中国地方志集成·山西府县志辑》，凤凰出版社，2005，清雍正十三年（1735）修清乾隆元年（1736）刻本，第198 页。

③ 参见李伟志：《方志所见明清时期山西商人休闲娱乐生活研究》附录表 1，硕士学位论文，西南大学，2017 年。

④ 安恭己等修：民国《太谷县志》卷六《列女·节孝》，胡万凝纂，选自《中国地方志集成·山西府县志辑》，凤凰出版社，2005，民国二十年（1931）铅印本，第 508 页。

⑤ 方戊昌修：光绪《忻州志》卷三十六《烈女下·节孝》，方渊如纂，选自《中国地方志集成·山西府县志辑》，凤凰出版社，2005，清光绪六年（1880）刻本，第 406 页。

⑥ 张坊修：乾隆《新修曲沃县志》卷三十三《列女·贤淑》，胡元琢、徐储纂，选自《中国地方志集成·山西府县志辑》，凤凰出版社，2005，清光绪五年（1879）刻本，第 227 页。

犹有余钱,一生贞洁卓然自全,乡里啧啧称之"①。

　　强烈的开拓意识,使山西很多商人很小就离开家乡开始经商。商人张以奇,"幼失怙,祖母与母贫,无以养。弱冠即贸易以供甘旨,上事长兄,下抚幼弟,怡怡之爱,老而弥笃……"②;商人李大经,"临汾人,少贾于外……"③;卫枚,"少贾中州"④。

　　在山西无论男女老幼,甚至孔子的后代都出现经商的行为,他们不论出身,大多已经冲破了世俗对经商行为的偏见,强烈的进取精神实实在在地反映在绝大多数山西商人身上,使他们放开脚步,不惧艰难险阻和战争对其的影响,远走他乡,谋取商业利益。

二、宗族感薄弱,"财伙制"产生

　　山西商人的宗族观念比较薄弱,与其他地区商帮相比更为甚,是其一大特色。笔者在搜集山西地方志商人传记时发现,山西商人修建祠堂的仅两人:商人荆百达,"孙家庄人。幼好读书,以家贫贸易河南,固始不染市井气习。年迈归里,修理祠堂,教训子弟亲族,糊口不给者尽力周恤。乡里称善。卒时年八十岁⑤";商人李佩璜,"字渭溪,幼读能,应童子试,辄弃去,贾于蜀,屡起屡蹶,中年后始克成业,有书名,作《尺余》字愈有力,募银两千两,捐银一千七两修县城东西石桥,又捐银填补道路,及无主荒坟无数,又捐修祖庙及本支祠堂费银一千

　　① 安恭己等修:民国《太谷县志》卷六《列女·节孝》,胡万凝纂,选自《中国地方志集成·山西府县志辑》,凤凰出版社,2005,民国二十年(1931)铅印本,第512-513页。
　　② 李焕扬修:光绪《直隶绛州志》卷十二《孝义》,张于铸纂,选自《中国地方志集成·山西府县志辑》,凤凰出版社,2005,清乾隆三十年(1765)张成德本增修本,清光绪五年(1879)刻本,第204页。
　　③ 章廷珪修:雍正《平阳府志(二)》卷二十三《孝义》,范安治纂,选自《中国地方志集成·山西府县志辑》,凤凰出版社,2005,清雍正十三年(1735)修清乾隆元年(1736)刻本,第35页。
　　④ 张坊修:乾隆《新修曲沃县志》卷三十一《人物·孝友》,胡元琢、徐储纂,选自《中国地方志集成·山西府县志辑》,凤凰出版社,2005,清光绪五年(1879)刻本,第216页。
　　⑤ 徐浩修:光绪《续猗氏县志》卷上《人物·任恤》,潘梦龙纂,选自《中国地方志集成·山西府县志辑》,凤凰出版社,2005,清光绪六年(1880)刻本,第561页。

七百余两。无子,以弟佩琼子驭嗣"①。

修家谱、族谱的也仅仅三个商人:商人贾迎相,"薛家庄人。友爱□(此处遗失)成,少聪明,能文,以家窘辍,业贾于陕。嘉庆中岁大祲,两兄在家糊口不给,遂析居,各自谋生。数年携有薄赀归即,泣请两兄仍共爨。生平重义轻财,购药饵济人,建文昌阁,立宗祠,修族谱,多善举……"②;监生卫登元,"白鹿邨人,耐苦,有至性,少好书,嗣以家窘,辍读商于豫。凡贫家子弟托习商业者,辄令读书,且为讲解,勤者尤厚给辛赀,前后约百人。率因起家卫氏历无族谱,世次多不举,因悉心搜究,三历寒暑,始成稿。母黄氏性勤,谨娴礼法,老得风疾,发辄狂走,元左右扶持,母赖以安晚,生二子俱年少入庠"③;管耐思,"字德容,中年丧偶,不再娶。尝贸易宁夏,有同游者失其赀斧,不能归,管倾囊助之,不责其偿。居郭外别墅,博览古籍,修族谱,造家庙以奉木主俾昭穆不紊,闾里颂之"④。

可见山西商人设立祠堂和编修族谱的意识相对淡薄。山西商人宗族感薄弱还体现在山西商人传记的书写内容上,主要体现在"乡邻"和"宗族"使用频率:山西商人传记书写内容上多出现"乡里遇有失和事,曲为排解"⑤"乡党咸称之"⑥"乡里称义行云"⑦等。

山西商人在经商活动中的团伙一般用同乡或者朋友甚至是一些与自己不相干的人,但很少用家族子弟。在民国《临汾县志》有这么两条商人传记:"许

---

① 余宝滋修,杨披田等纂:民国《闻喜县志》卷十七《独行传·义烈》,选自《中国方志丛书·华北地方·山西省》,成文出版社,1968,民国八年(1919年)石印本,第644-645页。

② 周振声修:民国《虞乡县新志》卷五《孝义传·孝友》,李无逸等编,选自《中国方志丛书·华北地方·山西省》,成文出版社,1968,民国九年(1920)石印本,第474-475页。

③ 周振声修:民国《虞乡县新志》卷五《孝义传·义行》,李无逸等编,选自《中国方志丛书·华北地方·山西省》,成文出版社,1968,民国九年(1920)石印本,第500-501页。

④ 沈凤翔纂修:同治《稷山县志》卷六《孝义志》,选自《中国方志丛书·华北地方·山西省》,成文出版社,1976,清同治四年(1865)石印本,第615页。

⑤ 戴梦熊修:道光《阳曲县志》卷十三《人物列传》,李方蓁(清)李方芃纂,选自《中国方志丛书·华北地方·山西省》,成文出版社,1968,清道光二十三年(1843)修民国二十一年(1932)铅印本,第895-896页。

⑥ 王勋祥修:光绪《补修徐沟县志》卷四《人物·孝弟》,秦宪纂,选自《中国地方志集成·山西府县志辑》,凤凰出版社,2005,清光绪七年(1881)刻本,第301页。

⑦ 任耀先修:民国《浮山县志》卷二十七《孝义》,张桂书纂,选自《中国方志丛书·华北地方·山西省》,成文出版社,1976,民国二十四年(1935)刊本,第746页。

肇祥,性情直爽,见义勇为,本年地方官绅倡修大中楼,需欵过巨,祥慨然以募捐自任"①;"李丕显,与肇祥同商北平,思当仁不让,遂共负募捐之责,卒汇捐欵千余元,义声并播于乡"②。从上述两条人物传记不难看出,许肇祥与李丕显是同乡,二人为修大中楼,去北平做生意,同时共同为修楼募捐。商人柴作栋,"原籍汾城……服贾甘省……提倡同乡抚幽,会山西人故于甘省,无人扶归者,会中出银归之。自立会至今,归百余柩矣"③。从柴作栋的传记中可以看出对乡人的重视。

笔者所搜集地方志徽州商人传记中对待家族子弟多出现"尤笃宗族"④"族望以是归之"⑤"族戚贫乏,无不周济"⑥等词语。徽商经商群体一般用宗族子弟,而不用乡里,试举一例:"李慎卉、咸池、廷选,同族无服兄弟均以贩木起家。客中,相与议曰'我辈得厚利,皆先人余庆,不可私享,当各与同气共之'。徽以数千金分给已析居之胞侄,而池与选则与同怀兄弟一律平分,不稍吝惜,并不私积毫厘。一时道路啧啧称羡,以为义行出于一门云"⑦;商人熊世振、世烈,"族兄弟也。同绩学不遇,同弃儒为贾,同以义行闻于时。振,字卓然,以字行。年二十,设商肆与太湖,诚信不欺。商人胡士杰落魄不能归,振馈以金士杰,资为本,转获重利。归,偿振。振曰,缓急人所时有,吾适有余,故相资耳,且吾固见

① 刘玉玑修:民国《临汾县志》卷三《录二·乡贤录上·义行》,张其昌等纂,选自《中国方志丛书·华北地方·山西省》,成文出版社,1976,民国二十二年(1933)铅印本,第467页。

② 刘玉玑修:民国《临汾县志》卷三《录二·乡贤录上·义行》,张其昌等纂,选自《中国方志丛书·华北地方·山西省》,成文出版社,1976,民国二十二年(1933)铅印本,第467页。

③ 徐昭俭修:民国《新绛县志》卷五《孝义传》,杨兆泰纂,选自《中国方志丛书·华北地方·山西省》,成文出版社,1976,民国十八年(1929)铅印本,第486-487页。

④ 秦达章修:光绪《霍山县志》,何国佑、程秉祺纂,《中国地方志集成·安徽府县志辑》总第13册,江苏古籍出版社,1998,据光绪三十一年(1905)活字本影印,第212页。

⑤ 秦达章修:光绪《霍山县志》,何国佑、程秉祺纂,选自《中国地方志集成·安徽府县志辑》总第13册,江苏古籍出版社,1998,据光绪三十一年(1905)活字本影印,第180页。

⑥ 吕林钟等修:《光绪续修舒城县志》,赵风诏等纂,选自《中国地方志集成·安徽府县志辑》总第22册,江苏古籍出版社,1998,据光绪三十三年(1907)活字本影印,第713页。

⑦ 余庆澜、刘昂修:民国《宿松县志》卷四十二中《列传六中·义行二》,张燦奎等纂,选自《中国地方志集成·安徽府县志辑》总第15册,江苏古籍出版社,1998,据民国十年(1921)活字本影印,第241页。

若铺诚君子也,岂责偿哉。卒不受。太湖修西门大桥,振输石梁;六修火神庙,输四十金,皆不书名。世烈,字恒吉。年三十,客庐江,有人负四十金,往征之。适其人有亲丧,烈不忍至其门,即弃金不取。在丹阳买婢,询其家世,婢泣曰,吾父,秀才也。负债受逼,故至此。遂舆还其家,不索原值。某甲因贫辞佃,烈许之,遂夜盗烈租,家人怒,欲鸣于众,烈止之,曰,彼之为此,非得已也,为贫所驱耳。且此事一彰,彼安有面目对人耶。遂佯为不知,复予谷十石以慰之,及移俱,又与之钱若干,某甲遂得意以去"①。上述之例不胜枚举,恕不一一列举。

我们通过在晋商与徽商人物传记中比较看出:晋商宗族感薄弱,也就是用乡不用亲,形成了自己一套经营管理理念——"财伙制"。"财伙制"也称"合伙"经营。"合伙",是山西商人较普遍的经营形式,伙计即使不出资,但作为商号经营者,作为资金增值的参与者,同样享受分红的权利。山西商人通常都是自己出资,然后吸收一些品行端正的人做伙计,并把经营业务委托给伙计去办,而伙计也以认真负责的态度履行自己的责任。② 我们在山西地方志中也能看到一些财伙的存在。商人申君昭,"幼以贸易废学。乾隆五十二年岁大祲。君昭经商宁夏。发船输粟百余石。运至家。分给亲族。一时宗党赖以全活。初君昭在归化城恒丰号财伙。十家生业中败。负人者甚多。君昭每以是为耿耿。十余年后复至归化,贴报单于通衢令当年,受负者各持券至,如数偿之。至今侈为美谈"③;商人荆荣,"崇年十七家贫,亲老贸易于外,始终东伙无间言,归家,好义急公,一乡推重,现年七十七岁"④。

综上分析晋商与徽商的宗族感之强烈与否可谓泾渭分明。任人唯贤和任人唯亲本身没有好坏之分,只要能扩大自己的业务,能使自己财富增值就是最好的方式。

① 余庆瀛、刘昂修:民国《宿松县志(二)》(共两册) 卷四十二中《列传六中·义行二》,张燦奎等纂选自《中国地方志集成·安徽府县志辑》总第 15 册,江苏古籍出版社,1998,据民国十年(1921)活字本影印,第 237 页。

② 张海鹏、张海瀛:《中国十大商帮》,黄山书社,1993,第 8 页。

③ 黎中辅纂修:道光《大同县志》卷十七《人物后·行义》,选自《国地方志集成·山西府县志辑》,凤凰出版社,2005,清道光十年(1830)刻本,第 263 页。

④ 徐浩修:光绪《续猗氏县志》卷上《人物·任恤》,潘梦龙纂,选自《中国地方志集成·山西府县志辑》,凤凰出版社,2005,清光绪六年(1880)刻本,第 561 页。

三、分家析产,再生产行为受限

随着商品经济的发展,大量山西商人外出经商,在一定程度上不再依赖于原土地生存,社会流动性增强使他们有机会接触到更多的省外文化,拓宽了商人们的视野;社会分工的细化使他们独立于家庭之外,强调个人价值的实现,商人们更注重自由和发展,家庭束缚显得更加难以忍受,山西商人的家庭结构发生重大变化。在家族人口不断增长的情况下,有些家庭分家的趋势越加明显,分家可以有效地避免家族内部的纷争。共爨反而成为人们热衷称赞的,却极少有人能够坚持。在笔者搜集的山西地方志商人传记中,记述共爨的商人十分有限,笔者检索"共爨"二字共出现4次。如,商人郝永芳,"孝友天成,幼时以家寒习贾,性耿介非义不取,由赤贫渐至小康。兄弟三人未尝析爨,子五、侄五、孙与侄孙十、曾孙二、元孙一,皆理生业,各尽其才,五代同居者,五十七人。永芳独力衣食之,一堂雍睦。知县汪匾其门曰:'五世同堂'……"①;商人李永禧,"少时远服贾,一钱尺帛不入私房,兄弟四人同居共爨,终身不分析,公举乡饮撰宾,寿八十四"②;商人未朝恩,"其祖永禄、永宝、父旺、兄弟世居两寨中,有爱无间,治家有法。朝恩兄弟七人,子侄孙曾林立,男妇五十二口,六世同居,关以北皆称其义。子弟务农外,则服贾习艺,以赢余归家,长而不自私,家道虽兴,食指浩繁,子媳相安,终无异志。知县张坊以六世同居,榜其庐"③。

但是能够累世不分家的毕竟是少数,笔者所搜集的山西地方志商人传记中记载"析居"的较多,检索"析居"二字共出现19次。在此举几人:商人王忠臣,

① 茅丕熙、杨汉章修:光绪《河津县志》卷八《孝义》,程象濂、韩秉钧纂,选自《中国地方志集成·山西府县志辑》,凤凰出版社,2005,清光绪六年(1880)刻本,第144页。
② 朱樟修:雍正《泽州府志一》卷三十七《人物志·孝义》,田嘉谷纂,选自《中国地方志集成·山西府县志辑》,凤凰出版社,2005,清雍正十三(1735)刻本,第369页。
③ 洪汝霖等修:民国《天镇县志》卷四《列传》,杨笃纂,选自《中国方志丛书·华北地方·山西省》,成文出版社,1968,清光绪十六年(1890)修,民国二十四年(1935)重刊铅印本,第491–492页。

"臣家贫,贸易……后弟析居,家渐落"①;商人张国华,"少业儒,以贫废服贾……众兄议析爨,国华度不能止,则尽以胰产,让之乡居扶困济,危遇有争斗必尽力排解,虽耗已财不顾也"②;父子商人荆凤翥,"性甚孝,父林成以家计艰难,俾服贾运城。所至人皆信服……母殁,嫂侄又欲析居,尽以田产之口者让其嫂,而贸易以养妻女"③;乔长林,"家贫业贾,抚幼弟以养,以教弟傲,惑于妇言强与析居,长林给薪米,一如畴昔,其友于之谊至今称焉"④。

受家族文化的影响,为维护门户的平等和人丁兴旺,大多数商人析居后会将经商积累的资本向子孙均分。商人王玉鼎,"服贾于辽。临行与堂兄弟及侄析产。讫封一函付堂叔鸿业曰,侄归始启,服贾十年归,获利巨与兄弟及侄重分"⑤;商人聂喜珠,"性谨愿朴诚,轻财尚义,业商,而无市井侉张习,事亲以孝闻,待兄弟极友恭,析爨时让宅不居,田仅受五之一,内外赊贷,俱烛任之后,兄弟业中落,又代为经纪,俾得温饱"⑥;刘讷,"仲兄服贾东省,暮年旋里,朝夕相依,一如事伯兄礼。后两兄俱殁,侄辈谋,欲析产,禁之不可,乃归泣终日。择膏腴田尽付之,后病危,嘱其子曰,'汝与两弟虽非同胞,然自吾父视之,皆子孙也,后或颠蹶,汝当扶持之'"⑦;商人杜瑞沅,"家贫弃儒业商,无市井气,事亲尽道,事继母尤能曲谨。有子五,以长子、五子为亡兄嗣,后析产以半与弟,而使五子均分,其半又后弟老子幼,家渐落,更为弟购田四十亩,且令其子代为耕耨,不

① 刘玉玑修,张其昌等纂:民国《临汾县志》卷四《录二·乡贤录下·贤孝》,民国二十二年(1933)铅印本,选自《中国方志丛书·华北地方·山西省》,成文出版社,1976,第618页。

② 俞廉三修:光绪《代州志》卷十《传三·列传》,杨笃纂,选自《中国地方志集成·山西府县志辑》,凤凰出版社,2005,清光绪八年(1882)代山书院刻本,第467页。

③ 徐浩修:光绪《续猗氏县志》卷上《人物·孝子》,潘梦龙纂,选自《中国地方志集成·山西府县志辑》,凤凰出版社,2005,清光绪六年(1880)刻本,第557页。

④ 胡延纂修:光绪《绛县志》卷十九《乡贤传第二》,选自《中国地方志集成·山西府县志辑》,凤凰出版社,2005,清光绪二十五年(1899)刻本,第554-555页。

⑤ 安恭己等修:民国《太谷县志》卷五《乡贤·义行》,胡万凝纂,选自《中国地方志集成·山西府县志辑》,凤凰出版社,2005,民国二十年(1931)铅印本,第455页。

⑥ 马家鼎修:光绪《寿阳县志》卷八《人物上·孝义》,张嘉言纂,选自《中国方志丛书·华北地方·山西省》,成文出版社,1976,清光绪八年(1882)刊本,第539-540页。

⑦ 孙奂昆修:民国《洪洞县志》卷十三《人物志·孝行下》,韩垧等纂,选自《中国方志丛书·华北地方·山西省》,成文出版社,1968,民国六年(1917)铅印本,第940-941页。

使失所至"①。

在分产的时候,能够优先考虑兄弟子侄的利益,对于维护家庭成员的关系,起了良好的润滑作用,但是这种财产均分制度分散了山西商人的商业资本。

有些山西商人析居之后又同爨。"郎彪兄弟六人父在时兄弟等欲析居,彪呕劝孟,未允,彪谋于仲兄,欲服贾独力养亲,不愿受产,伯兄悟,仍同居,如故乡党中称其孝友"②;商人毋多恺,"性孝友。幼时家已析居,伯叔皆迁于定边,母尝泣谓曰,毋氏一门,惟汝而已,毋更弃先人坟墓也。比长服贾,不数年家渐裕,亲往定边归,其伯叔丧,其诸兄弟归,复与合爨,家务一委兄焉"③。这些商人或出于家族之情,或出于兄弟情义,分家后又同居,而这仅仅是少数,最终依然难以摆脱分家析产的结果。

日本学者藤井宏言:"分产继承,如果接受遗产诸兄弟能够合资经营,则可避免资本的分散。但在多数的情况下,它倾向于导致资本的分散和削弱。对资本的扩大不免起着阻碍的作用。"④

四、富而求贵,矛盾自卑

富贵经常连在一起,然而却是两个完全不同的概念。《现代汉语字典》中对"富"解释为"财产多,跟'贫''穷'相对";"贵"解释为"地位优越,跟'贱'相对"。传统社会几千年的轻商理念,使商人社会地位不高,商人几乎没有可能进入统治阶层,他们只能过着"富而不贵"的生活。而只有"贵"才能保障他们长久的富裕。通过读书入仕,进入统治阶层还是很多商人的选择。

山西商人多是"儒商交融、儒生经商、商人崇儒、由儒晋官、官方庇护儒商、

① 马家鼎修:光绪《寿阳县志》卷八《人物上·孝义》,张嘉言纂,选自《中国方志丛书·华北地方·山西省》,成文出版社,1976,清光绪八年(1882)刊本,第545页。
② 库增银修:民国《陵川县志》卷九《士女录》,杨谦纂,选自《中国方志丛书·华北地方·山西省》,成文出版社,1976,民国二十二年(1933)石印本,第431页。
③ 俞家骥主修:民国《临晋县志》卷十《录二·乡贤录下·孝友》,赵意空纂修,选自《中国方志丛书·华北地方·山西省》,成文出版社,1976,民国十二年(1923)刊本,第429页。
④ 藤井宏:《新安商人的研究》,《安徽史学通讯》1959年第1期,第15页。

培养子弟、由商入仕"无论是商人还是普通百姓,都以读书入仕、追求富贵作为他们的优先选择。读书入仕能够为整个家庭甚至家族带来巨大的利益,成为光耀门庭的工具。在一些商人传记中表现得非常明显。有些商人的子孙在仕途发达后能够为整个家庭甚至家族带来更大的利益和政治庇护。在一些商人传记中表现比较明显,如:乾隆《孝义县志》卷二《人物事迹》载:"李焕,字其章,雍正年汾阳县(今汾阳市)捐职州同,寄居孝义城内,性慷慨,济人困厄,汲汲如己事,尤笃兄弟,厚乡里。雍正十二年兄燧贸易河南,误被讼牵,罪应远戍。焕闻仓皇变已产,赴京纳锾脱兄罪,及归,兄有四男一女,无产业,焕为之抚养嫁娶。焕有一子才数岁置家塾,延师训课亲友子侄之来学者,焕悉为具束修,并给塾中子弟一切煤炭膏油茶汤之费,于城西置义塚地六亩,常蓄棺具,买布匹,有不能葬者,率给棺一具,布一匹。历任府县皆给匾旌,奖又循例举报孝廉,乡邻群推为仁人君子焉,今其子监生名天赐,入籍孝义,克踵父志,周恤亲党。"①

全文通篇仅在中间简单叙述了李燧的经商事迹,约三分之二的篇幅都在记述其弟李焕的重要作用。

山西商人同徽商一样也有好儒情结,表现出对读书仕进的重视。明代山西商人张映斗,"好读书,因家贫服贾翼城,遂致殷阜,延名师教子侄入庠"②;商人张琦曾,"素性刚直,待人忠厚。幼时好学读书,因家贫亟谋养亲,弃儒就商"③;商人李蕚,"好读书,喜推解。家贫弃儒为贾,商于汉口诸大镇,后为数十号总理,尺牍往来,不假他人手"④。

商人阶层往往具有雄厚的经济实力,不仅商人主动与儒士阶层交好,而且缙绅名流也主动与商人来往。高琨,"业商,善酬应,广交接,不但邑之贤士大夫咸往来交好,即下流社会贫穷、卖艺之人亦待之若亲,若故靡不容纳,以是名

① 邓必安修:乾隆《孝义县志》卷二《人物事迹》,邓常纂,选自《中国地方志集成·山西府县志辑》,凤凰出版社,2005,清乾隆三十五年(1770)刻本,第553页。

② 徐浩修:光绪《续猗氏县志》卷上《人物·任恤》,潘梦龙纂,选自《中国地方志集成·山西府县志辑》,凤凰出版社,2005,清光绪六年(1880)刻本,第559-560页。

③ 李凯明修:民国《灵石县志》卷九《人物志·善行》,耿步蟾纂,选自《中国方志丛书·华北地方·山西省》,成文出版社,1968,民国二十三年(1934)铅印本,第553页。

④ 周振声修:民国《虞乡县新志》卷五《孝义传·义行》,李无逸等编,选自《中国方志丛书·华北地方·山西省》,成文出版社,1968,民国九年(1920)石印本,第532-533页。

闻邻封人咸以三爷称之"①。

有些山西商人通过实际的行动,援助士人,主动与他们结交,透露出了深厚的崇士情结,作为落魄士人未尝不希望得到商人的经济援助。商人张春生,"乡饮介宾,纯谨正直,尤喜诱掖寒微。初经商入蜀,陇人高希贤者,年少英迈,春生给资令读书,后登进士,官于蜀,迓春生至署,为纳妾生子,临行以七古长排记其事云"②。

读书入仕的观念在山西影响深远,有些商人是因为家贫:刘先觉,"庠生……中年家维艰,弃儒就商,每有赢余与诸父昆弟其共分之,族间贫不能婚葬者,量力资助。同治三年黄学宪以'儒行克敦'旌其门"③;张善之子,"家贫虑不能供读书费,遂俱令弃学就商"④。还有商人由于家庭观念等特殊情况而弃学:裴喜年,"父命辍学,商游巴蜀"⑤;秦铭西,"道光二十六年麦价昂贵,禀承父命,减价粜麦一百石,鳏寡孤独,曲加周恤,赖以全生者甚众,毫无德色……"⑥。

在商人家庭里,多勉励子弟读书。商人卫登元,"耐苦,有至性,少好书,嗣以家窘,辍读商于豫。凡贫家子弟托习商业者,辄令读书,且为讲解,勤者尤厚给辛赀。前后约百人率因起家"⑦;商人任翱,"幼笃学,长货殖,能孝尤好为义

① 马继桢修:民国《冀城县志》卷二十九《孝义》,吉廷彦纂,选自《中国方志丛书·华北地方·山西省》,成文出版社,1976,民国十八年(1929)铅印本,第1120页。
② 何燊修:民国《万泉县志》卷四《人物上·义行》,冯文瑞纂,选自《中国方志丛书·华北地方·山西省》,成文出版社,1976,民国六年(1917)石印本,第377-379页。
③ 刘玉玑修:民国《临汾县志》卷三《录二·乡贤录上·义行》,张其昌等纂,选自《中国方志丛书·华北地方·山西省》,成文出版社,1976,民国二十二年(1933)铅印本,第461页。
④ 张启蕴修:光绪《兴县续志》上卷《节妇》,孙福昌、温亮珠纂,选自《中国地方志集成·山西府县志辑》,凤凰出版社,2005,清光绪六年(1880)刻本,第192页。
⑤ 张启蕴修:光绪《兴县续志》上卷《人物》,清光绪六年(1880)刻本,选自《中国地方志集成·山西府县志辑》,凤凰出版社,2005,清光绪六年(1880)刻本,第189页。
⑥ 徐浩修:光绪《续猗氏县志》卷上《人物·耆寿》,潘梦龙纂,选自《中国地方志集成·山西府县志辑》,凤凰出版社,2005,清光绪六年(1880)刻本,第566页。
⑦ 周振声修:民国《虞乡县新志》卷五《孝义传·义行》,李无逸等编,选自《中国方志丛书·华北地方·山西省》,成文出版社,1968,民国九年(1920)石印本,第500-501页。

举,建书舍从士子读书"①;还有些商人在经商后又出现了弃商从儒的现象,如商人张履泰,"性孤介,少有大志。其父以家贫令习商贾,非其志也。居一月私赴县试,取列甲榜,遂弃商入儒"②;商人王作命,"字诰臣,号异人,世居新安村。高祖仲谋公,曾祖警斋公,祖潘嵚公,俱以精通岐黄,董誉当时。先生幼年天姿岐嶷,历境崎岖,始习商,旋弃商就读,发愤励学入邑庠补增生⋯⋯"③;还有孙献之之子,"弃商读书,补博士弟子员"④。

进入士阶层无望,山西商人则退而求富,投资土地,一定程度上可以看出他们还缺乏安全感,甚至产生了矛盾的自卑感。

山西地处华北地区,历史时期战乱频繁,土地是所有财富中最稳当的部分。商人的商业活动是以土地等农业生产的发展为基础的,土地是山西主要的生产资料,因此山西商人大多购置土地,发展成为地主商人,并表现得比较明显,而且土地的收益是非常明显的。商人张元庆,"弃儒归商,经商起家,性好施。光绪三年亲族中赖以生活者十数家,有捐水田十亩赡养族人,修家庙一处,族人匾其门曰'敦本亢宗'"⑤,从这则材料中张元庆捐水田,可以推断出张元庆土地一定很多,属于地主阶层。商人韩世贞,"业鹾东省,晚年归里,旧募捐八百金,贞自益二百金。公设萃英义学,置水田四十余亩为膏火资,村中子弟无力向学者,多赖以成就"⑥。

---

① 张淑渠、姚学瑛等修:乾隆《潞安府志一》卷二十三《人物五·孝义》,姚学甲等纂,选自《中国地方志集成·山西府县志辑》,凤凰出版社,2005,清乾隆三十五年(1770)刻本,第375页。

② 张亘:民国《芮城县志》卷九《文儒传》,萧光汉等纂修,选自《中国方志丛书·华北地方·山西省》,成文出版社,1976,民国十二年(1923)铅印本,第596页。

③ 张柳星、范茂松修:民国《荣河县志》卷二十《传六·方技》,郭廷瑞纂,选自《中国地方志集成·山西府县志辑》,凤凰出版社,2005,民国二十五年(1936)铅印本,第382-383页。

④ 安恭己等修:民国《太谷县志》卷六《列女·贤媛》,胡万凝纂,选自《中国地方志集成·山西府县志辑》,凤凰出版社,2005,民国二十年(1931)铅印本,第513页。

⑤ 李凯明修:民国《灵石县志》卷九《人物志·善行》,耿步蟾纂,选自《中国方志丛书·华北地方·山西省》,成文出版社,1968,民国二十三年(1934)铅印本,第551页。

⑥ 孙奂昆修:民国《洪洞县志》卷十三《人物志·义行》,韩垌等纂,选自《中国方志丛书·华北地方·山西省》,成文出版社,1968,民国六年(1917)铅印本,第1013-1014页。

长期以来缺乏安全感的思想，笼罩在山西商人的心头，因为不安全而寻求稳定，他们认为没有什么比土地更加可靠。山西商人重视土地的购置和开拓。商人贾文相，"行二，兄弟俱早逝，遗孤侄义珍甫一岁，永珍甫五岁，俱公恤成之。家无寸土，公早夜勤劳，艰苦备历，宁身受饥寒不使诸侄有冻馁忧。后贸曷邢邑，家业渐有起色，虽公独力经营而一切田产资本与诸侄平分，毫无德色，尤人所难"[1]；商人鹿化成与其弟成仁，"天性孝友，有古人风，早岁家贫，事双亲菽水承欢，人无间言，父母殁，化成□□□（此处遗失）曰，'吾兄弟前不忍远游者，为奉亲故耳，今亲已亡，□□□□□（此处遗失）守困乏，凡足贻父母羞'，自是偕往豫省贸易，不数年化成积有千金，因念弟早析居，□□□（此处遗失）乃收入已铺为置田产，立本金以笃手足之谊焉，其弟化仁亦感兄弟厚德，只恭愈笃均"[2]；商人谢徐登，"家贫，昆季三人析爨时，弱冠贾于外，获赀置薄田数十亩，后二兄困之，登周恤备至尝，鬻已产以偿兄债，好读书，子侄多入邑庠登之力也，里党咸推为悌弟"[3]；商人寻金材，"金材在陕习商，生计渐裕，年二十六归家，置薄田数十亩，订婚郑氏"[4]。由此可见，大量投资土地在山西商人中是常见的现象。

一些山西商人的自卑心理还体现在他们出现了对自身身份的否定，因为山西商人深受儒家思想的影响，常以不能业儒而心生自卑。王鲲吉，"幼业儒，长随父贾于外，父以业贾致富，最重儒，临终嘱鲲曰'四民以士为首，农次之，至于商末道耳，教子弟务以读书，力农为业，商非所急也'"[5]。王鲲吉之父的自卑心理是非常强烈地认为是"学错了艺道"，甚至出现了对自身身份的否定。

① 皇甫振清等修：民国《续修昔阳县志》卷三《人物·附义行》，李光宇等纂，选自《中国方志丛书·华北地方·山西省》，成文出版社，1968，民国三年（1914）手抄本，第296页。

② 豫谦修：光绪《长子县志》卷九《传三·列传》，杨笃纂，选自《中国方志丛书·华北地方·山西省》，成文出版社，1976，清光绪八年（1882）刊本，第835-836页。

③ 马鉴修：光绪《荣河县志》卷六《人物续·乡贤》，寻銮炜纂，选自《中国方志丛书·华北地方·山西省》，成文出版社，1976，清光绪七年（1881）刊本，第400页。

④ 马鉴修：光绪《荣河县志》卷六《人物续·乡贤》，寻銮炜纂，选自《中国方志丛书·华北地方·山西省》，成文出版社，1976，清光绪七年（1881）刊本，第387-390页。

⑤ 李荣和、刘钟麟修：光绪《永济县志》卷十三《孝友续》，张元懋纂，选自《中国地方志集成·山西府县志辑》，凤凰出版社，2005，清光绪十二年（1886）刻本，第276页。

五、结语

　　明清时期的山西,人口大幅度增加,地狭且瘠,人地矛盾尖锐,农业资源匮乏,单靠从事农业生产不足资生,为维持生物个体的生存。山西人另辟蹊径,改变传统的生产方式和生活方式,经商求利,并表现出强烈的重利倾向。山西商人的崛起促进了中国商业贸易的发展。他们通过不断地努力,将商业贸易拓展到全国各地,甚至远及海外,为中国商业贸易的发展作出了巨大的贡献。在一定程度上为清前期多民族国家的统一作出了贡献。①

　　山西商人家族感薄弱,与之同期的另一个商业体团——徽商却尤其重视宗族的联系。不仅如此,他们还会用族法宗规,对帮群加以凝聚和约束,这种凝聚力也是徽商能超越山西商人的一个杀手锏。其实这和不同地区的文化习俗有关。笔者搜集山西地方志商人传记史料,检索"迁"字共 16 处,如商人毋多恺,"监生,性孝友。幼时家已析居,伯叔皆迁于定边,母尝泣谓曰:毋氏一门,惟汝而已,毋更弃先人坟墓也。比长服贾,不数年家渐裕,亲往定边归,其伯叔丧,其诸兄弟归,复与合爨,家务一委兄焉"②。"牛桂兴,米阳都人,其父以贸迁,殁于成都……"③。因贸迁出商人例子不胜枚举,如脍炙人口的"走西口",故在明清时期,在人口膨胀的大背景下,山西因特殊地形地貌外加可耕地少,成为中国人口的迁出地。但笔者检索"乡党"二字为 23 处,无涉及全族迁出;检索"乡邻"二字为 13 处,检索"宗族"二字为 12 处,检索"迁出"二字为 0 处。故笔者认为地方志中山西商人全族迁出的情况非常少。如无生活所迫谁也不愿背井离乡,

---

　　① 张明富:《清前期的商业政策与多民族国家的统一与巩固》,《古代文明》2016 年第 6 期。

　　② 俞家骥主修:民国《临晋县志》卷十《录二·乡贤录下·孝友》,赵意空纂修,选自《中国方志丛书·华北地方·山西省》,成文出版社,1976,民国十二年(1923)刊本,第 429 页。

　　③ 王勋祥修:光绪《清源乡志》卷十四《人物·孝义》,王效尊纂,选自《中国地方志集成·山西府县志辑》,凤凰出版社,2005,清光绪八年(1882)梗阳书院刻本,第 526 页。

山西商人有"安土重迁"①的习俗,与之相反徽商则是家族式在外经商②;山西商号在当时有明文规定,无论伙计的地位高低,都不准携带家眷,或者在外娶妻。这种商规就逐渐演变成了山西人的风俗:"不娶外妇,不入外籍,不置外之不动产;业成之后,筑室买田,养亲娶妇,必在故乡。"③在这种文化背景下,山西商人被"组团下山"的徽商超越,也就不足为奇。

明清时期山西商人的名、利观念还受到社会现实的制约。但在当时的社会环境中,财富并不足以真正提升一个人的社会地位,考取功名、出仕为官才是传统人生价值的真正体现。山西地域文化虽有自己特点,但也不可能不受到明清时期主流社会价值观的影响。因此读书应试重名是其必然选择,并不存在重利甚于重名的情况,而是名利并重的。④山西商人本身长期受到的传统商人思维影响,也限制了山西商人向现代化商人的转型。由于中国古代长期具有的重农抑商、以农为本的思想,使得中国古代的商人在赚取大量利润后,并不是想着将利润再次投入生产,扩大自己的资本来追求更高的利润,而是将大量的收益投入到购买土地和读书科举上,从而无法与进入中国的外来资本相抗衡。

所以,当历史的车轮不断向前,走向近代的山西商人,虽然拥有着无比雄厚的资本,但特殊的心态结构导致自己与封建政权的高度捆绑,固守自身的传统商人思维,使其在向近代化资本转变的过程中落在了时代后面,从而无法满足近代化对资本的要求,逐渐地在资本——帝国主义入侵的较量中败下阵来。正所谓,时代大势浩浩汤汤,顺之者昌逆之者亡,山西商人在明清时期顺应了封建政府的需求得以崛起,而最终也因为无法顺应近代对资本新的需求,随着清帝国的灭亡而走向衰落。

(李伟志,集宁师范学院附属实验中学一级教师;

李伟华,中共乌兰察布市委员会督查室中级工程师)

---

① 班固:《汉书》卷九《元帝纪》,线装书局,2007,第369页。

② 赵亚荣:《晋商与徽商经营管理模式比较研究》,硕士学位论文,河北经贸大学,2016。

③ 邢野、王新民主编:《旅蒙商通览》,内蒙古人民出版社,2008,第20页。

④ 张明富:《明清商人与社会》,人民出版社,2022。

参考文献：

[1]姜守鹏.明清北方市场研究[M].长春:东北师范大学出版社,1996.

[2]姜守鹏.明清社会经济结构[M].长春:东北师范大学出版社,1992.

[3]张明富.明清商人文化研究[M].重庆:西南师范大学出版社,1998.

[4]全汉昇.中国经济史论丛[M].香港:崇文书店,1972.

[5]傅衣凌.明清时代商人及商业资本[M].北京:人民出版社,1980.

[6]傅衣凌.明清经济史论文集[M].北京:北京出版社,1982.

[7]傅衣凌.明清社会经济变迁论[M].北京:人民出版社,1989.

[8]吴承明.中国资本主义与国内市场[M].北京:中国社会科学出版社,1985.

[9]黄宗智.华北小农经济与社会变迁[M].北京:中华书局,1989.

[10]叶显恩.清代区域社会经济研究[M].北京:中华书局,1992.

[11]龙登高.中国传统市场发展史[M].北京:人民出版社,1997.

[12]冯尔康.清代人物传记史料研究[M].北京:商务印书馆,2000.

[13]余英时.中国近世宗教伦理与商人精神[M].合肥:安徽教育出版社,2001.

[14]余英时.儒家伦理与商人精神[M].桂林:广西师范大学出版社,2004.

[15]张明富.论明清时期的早期市场经济[J].西南大学学报(社会科学版),2023(5):259-269.

[16]张明富.明清商人的职业身份认同[J].古代文明,2021(7):99-110.

[17]张明富.向前一步:晚明徽商财富观——"晚明的亮光"之一[J].博览群书,2019(11):071-074.

[18]张明富.明代商业政策再认识[J].历史研究,2018(12):40-53.

[19]张明富.清前期的商业政策与多民族国家的统一和巩固[J].古代文明,2016(10):69-84.

[20]张明富.《明史食货志》之编纂、研究与校勘修订[J].求是学刊,2015(01):152-157.

元大司农卿郝彬在旧方志中的记载失实
——兼论郝经在冀寓居地

On the Problematic Record of Hao Bin of the Yuan Dynasty in the Ancient Local Gazeteers: A Concurrent Discussion on the Hao Jing's Residence in Hebei

张　朔

　　摘　要:郝彬历仕元世祖、成宗、武宗、仁宗四朝,官至中书省、尚书省参知政事,位列宰执。关于其生平事迹,《元史》有传且马祖常曾为其撰写墓志铭。但在《嘉靖霸州志》《康熙霸州志》《光绪顺天府志》等旧地方志中对郝彬的记载严重失实,混淆了郝彬、郝景文、郝元良三名及郝彬与郝经家族之关系。实际上郝彬似无郝元良之名,其与郝经同宗但并非直系血亲,郝经在冀寓居地为今保定而非霸州。造成记载失实的主要原因是《嘉靖霸州志》的编者取材不当。还原旧方志记载之实,有助于了解旧方志的编纂过程并对利用此信息的人予以提示。

　　关键词:郝彬　郝元良　郝经　方志

　　郝彬,字景文,霸州信安人(今隶河北省廊坊市霸州市信安镇),出仕于元世祖时期,历仕扬州路治中、同知淮西道宣慰司事、工部尚书、户部尚书、中书省参知政事、尚书省参知政事、大司农卿。其生平事迹详见《元史》本传及马祖常撰《故荣禄大夫大司农郝公墓志铭》(以下简称《郝公墓志铭》)。虽世传上述两种材料,但《嘉靖霸州志》《康熙霸州志》《顺天府志》等旧地方志仍然错误记载郝彬事迹,不仅在名字上张冠李戴,有甚者将郝彬记为元儒郝经之子。若要解决上述问题并还原记载之实,必须解决两个问题:第一,郝彬究竟有无"元良"之名？第二,郝彬与郝经是否为直系血亲？

一、关于郝彬的名字

《元史》本传曰："郝彬字景文,霸州信安人也。"①《郝公墓志铭》首句为："公讳某,字景文,霸州信安人也。"②即现存元刊本的《石田先生文集》之撰者马祖常出于对逝者的尊重而不书名讳,但就该文内容与《元史》本传对比可知此"郝公"即为郝彬。除此之外,该文集之明弘治六年熊翀刻本与四库全书本均不载郝彬名讳。但《嘉靖霸州志》收录的马祖常文《郝公墓志铭》首句却为："公讳元良,字景文,霸州信安人也。"③此后的《康熙霸州志》《民国霸县新志》皆收录此文,曰郝彬为郝元良。那么,"元良"之名因何而来？为何诸《志》所收之马氏文与《文集》不同？《新元史》记载："郝彬,字景文,后改名元良,霸州信安人。"④柯氏谓郝彬曾改名为元良,但不知史源为何,暂不可信。《民国霸县新志》有文名曰《郝彬即元良考》⑤,该文通过对比《元史·郝彬传》与《郝公墓志铭》,列举了二者的十个相同点,得出了郝彬与郝元良"实即一人,所异者名耳,其他无不同者"。又言："马祖常有《卢师山下过郝景文参政墓》诗,二书(引者注:另一书即《郝公墓志铭》)皆称景文,独不言元良,则元良之名果何自起耶。"此文之撰者认为"元良"之名是郝彬自起的,但也只是猜测,没有佐证材料。

元代文人袁桷有文题曰《题李伯时马性图》,因有助于考证郝彬在元代尤其是其卒后的称谓,兹摘录全文如下：

> 仁庙赐郝参政此图,为龙眠李元中作。
>
> 龙眠三李,元中厕伯时,岂浅浅哉？尝闻伯时欲工马形状,或有告
> 者,曰："非入天厩不可。今世所传好头赤等图,悉天厩摹写。呜立起

---

① 宋濂等撰:《元史》卷一百七十《郝彬传》,中华书局,1976,第4000页。

② 马祖常:《石田先生文集》卷十二《故荣禄大夫大司农卿郝公墓志铭》,元至元五年(1268)扬州路儒学刻本。

③ 唐交:《嘉靖霸州志》卷八《艺文志》,明嘉靖刻本。

④ 柯劭忞:《新元史》卷一百八十六《郝彬传》,民国九年(1920)天津退耕堂刻本。

⑤ 张仁蠡等:《民国霸县新志》卷六《著述》,民国二十三年(1934)铅印本。

俛，神气洞马腹矣。"后复有告者，曰："子性非马，性入于自然，宁有悔悟。使真入之，曷有出理？"由是忏悔，作大士像。袁桷曰：性以理成，物具理具，区别有殊，性之益彰。惟我仁宗皇帝，溥博济物，一视同仁，其所以际待大臣者，实有差等。其膺是赐，非臣彬不足以称。龙驭上宾，先臣不接踵以逝，诚有是也夫！嗣子升，至治二年命小臣袁桷叙本末，谨稽首拜手为之书。①

此文撰于元英宗至治二年（1322）。据《郝公墓志铭》可知，郝彬卒于元仁宗延祐七年三月十一日（1320），且其有子二人：长曰升，次曰谦。② 按《元史·宰相年表》记载，元武宗、仁宗时期参知政事为郝姓者仅有郝彬，③再结合袁氏文中的"嗣子升"可知，该文中的郝参政即为郝彬。此文记载了元仁宗曾赐郝彬《马性图》，并叙述了李伯时作图时的故事，后袁桷讲道仁宗皇帝在赐予物品方面非常大度。郝彬接受了仁宗的赏赐，不是他没有资格，若不是仁宗皇帝驾崩，且大臣们也相继去世，诸如仁宗赏赐郝彬物品的事件会更多。该文撰写的背景已不得而知④，但应注意的是，文中有言曰："其膺是赐，非臣彬不足以称。"分析上下文，该"彬"字，意即郝彬，整句译为："接受仁宗的赏赐，不是臣子郝彬没有资格。"撰写该文时，郝彬已经逝世两年，且嗣子郝升在世，在此时间节点，若郝彬已于生前改名为"元良"，那么此时袁氏撰文应不会写"臣彬"而是"臣元良"。

---

① 袁桷：《清容居士集》卷四十七《题李伯时马性图》，清道光二十至二十二年（1840—1842）上海郁氏刻宜稼堂丛书本。

② 刘昱枫在其《元荣禄大夫郝彬墓志考释》一文中认为郝彬的长子郝升、次子郝谦皆早逝，理由是《郝公墓志铭》中写道郝彬有："男子二人，长曰升，次曰谦，早世。"但文后又写道："其子升将以是月二十一日（引者按：即郝彬卒之延祐七年三月）葬公于都城西山之麓之原"，再结合袁氏文中郝升于至治二年的活动事迹来看，郝升绝非早逝，而早逝者为郝彬的次子郝谦。此外，刘氏文也参考了《霸州志》所收之《郝公墓志铭》，但并未对"元良"一名进行解释。详见刘昱枫：《元荣禄大夫郝彬墓志考释》，《安阳师范学院学报》2019 年第 4 期，第 68-73 页。

③ 《元史》卷一百一十二《宰相年表》，第 2813 页。

④ 文中的"嗣子升"，似为郝彬长子郝升请袁桷作此文。但文后之"命""稽首""拜手"以及"臣彬"等叙述口吻，又似袁氏是受皇命所作。

另有袁桷撰《河间清盐使郝君墓志铭》，有句曰："始君从弟彬，弱冠事裕宗，后为工部尚书，官寝显。""而其弟参大政，罢归闭门几十年，亦不出，今拜大司农。"①此"郝君"即郝从，与郝彬为从兄弟。据郝从墓志铭可知，郝从卒于延祐五年十月（1318），该年十二月葬于大父宛平君墓左，即袁氏在这两个月内撰此铭，一年多后其从弟郝彬卒。既然袁氏在此时亦称郝彬为"彬"而非"元良"，足以见得至少在此时郝彬依旧没有改名。②《郝公墓志铭》记载郝彬："属延祐天子思用有经术之臣，命中书即家起为大司农卿，间又病免。上以侍医视药存间。公虽病，犹以国忧，而言语未尝及其私也。"可见郝彬此时已经疾病缠身，行将就木，应该不会再给自己改名。

除此之外，《元史》之本纪、列传乃至宰相年表③无一不记载的是"郝彬"，而无"元良"之名。可以见得《元史》之编者在明初并未见到郝彬改名"元良"的记载。除《嘉靖霸州志》《康熙霸州志》《顺天府志》等旧方志有郝彬又名"元良"的记载外，其余诸多有记载郝彬事迹的史书均不载改名之事，如《续文献通考》《续资治通鉴》《续通志》等，还有如《乾隆永清县志》《康熙泰兴县志》《万历扬州府志》《光绪丹徒县志》《乾隆江都县志》等诸多地方志，在此不一一列举，可知诸多编者均未见到记录郝彬改名的材料。检索史籍发现，仅《至正金陵新志》记载了江南诸道行御史台有库子（按：官职名）名为郝元良④，但非郝彬。最后，也没有郝彬有号"元良"的记载。

追溯"郝彬又名郝元良"这一说法的来源，就是《嘉靖霸州志》收录的马祖常所撰《郝公墓志铭》一文，至于为何该文与世传元刊本及明弘治六年刊本《石田先生文集》所收之文有所不同，先来观察《嘉靖霸州志》所收的另一文：《郝经

---

① 袁桷：《清容居士集》卷二十九《河间清盐使郝君墓志铭》，清道光二十至二十二年（1840—1842）上海郁氏刻宜稼堂丛书本。

② 此文为郝彬从兄之墓铭，撰写者行文当慎之又慎，若此时郝彬已改名，那么出于尊重，袁桷绝不会写郝彬的曾用名。

③ 《元史·武宗纪》有"以江西等处行中书省参知政事郝彬为尚书省参知政事"的记载，详见第509页。元十三朝《实录》是《元史》太祖至宁宗本纪的史源，此为官方记录。除此之外，《元史》之表、传大部皆源于元人手笔，亦可证明郝彬于元时并未改名。

④ 张铉：《至正金陵新志》卷首《职名》，王会豪等点校：《宋元珍稀地方志丛刊乙编》，四川大学出版社，2009，第6页。

传》,署名为光禄大夫、太保、中书省丞刘秉忠。① 先不论文章内容,按《元史》所载,郝经卒于至元十二年②,即 1275 年;刘秉忠卒于至元十一年③,即 1274 年。刘秉忠卒于郝经之前,安能为郝经作传? 再者,该文内容漏洞百出,如,将郝经之字"伯常"写为其弟郝彝之字"仲常",又将郝经之子郝采麟记为郝景文、郝景和,最后,文末竟署"宋景德三年"。对此,《民国霸县新志》之编者亦云:"至刘秉忠之郝经传,伪讬显然……其全篇文理多所抵牾,识者当能辨之。"④《嘉靖霸州志》之编者竟将如此明显的伪文收录入志,实在是让人怀疑该志所收之文的可靠性以及《志》之编者的能力与水平。除此之外,该志所收的其他文章,如宋濂撰《李哥记》、洪钟撰《南京工部右侍郎张公墓志铭》、邢一凤撰《东郭范君偕王硕人合葬墓志铭》、吕时中撰《敕封微仕郎兵科给事中南河孟公行状》等均不知来源,真实性有待考证。既然该志之编者在收录文章时不加考证辨伪,不论是何版本,随意收录相关文献,在编者不妄自篡改原文的情况下⑤,我们有理由怀疑其所收之马祖常撰《郝公墓志铭》的文献来源不明,极有可能是编者随意搜集了《石田先生文集》的民间流传版本,绝非善本(如元后至元五年刊本、明弘治六年刊本),而这种民间流传的版本原文常常被私自篡改。《石田文集》在元末就已经散佚,明弘治刊本所据的底本就是民间传抄本,傅增湘曾将明弘治本与元刊本对校,错误较多。明代时期的传抄本与元刻本编次已经不同,李言曰:"从而也说明了马祖常的诗文在元、明两代备受推崇,其《石田集》在民间流传广布、不断传抄递修的状况"⑥。

现将《嘉靖霸州志》所收之《郝公墓志铭》(以下简称《志》本)与元刊本《石

---

① 《嘉靖霸州志》卷八《艺文志》,明嘉靖刻本。

② 《元史》卷一百五十七《郝经传》,第 3698 页。

③ 《元史》卷一百五十七《刘秉忠传》,第 3687 页。

④ 《民国霸县新志》卷八《传状》,民国二十三年(1934)铅印本。

⑤ 若《嘉靖霸州志》之编者在收录此文时参考了郝氏族谱,从而篡改原文,那么理应将文后记载郝彬之祖"祖某"和其父"考某"的名讳一一补充,不会单单补充郝彬的名讳。关于郝彬之祖、父的名讳,详见刘昱枫:《元荣禄大夫郝彬墓志考释》,《安阳师范学院学报》2019 年第 4 期,第 68-73 页。

⑥ 关于《石田文集》的版本流传情况,详见李言:《马祖常与〈石田集〉研究》,硕士学位论文,南京师范大学,2006。

田先生文集》进行对校①，得到以下不同：

1. 元刊本题目作"故荣禄大夫大司农卿郝公墓志铭"，《志》本作"故荣禄大夫司农卿郝公墓志铭"。

2. 元刊本作"公讳某"，《志》本作"公讳元良"。

3. 元刊本作"迁同知淮西道宣慰司事"，《志》本作"迁同知淮南道宣慰司事"。

4. 元刊本作"成庙"，《志》本作"成朝"②。

5. 元刊本作"挽廪盐之"，《志》本作"挽廪益之"。

6. 元刊本作"公愈，不以能退自喜"，《志》本作"公愈，不能退自喜"。

7. 元刊本作"履跡"，《志》本作"履迹"。

8. 元刊本作"游从之士"，《志》本作"从游之士"。

9. 元刊本作"起公为大司农卿"，《志》本作"起为大司农卿"。

10. 元刊本作"公祖某赠资德大夫"，《志》本作"公祖赠资德大夫"。

11. 元刊本作"考某赠荣禄大夫"，《志》本作"考赠荣禄大夫"③。

12. 元刊本作"施其赞襄谋划者"，《志》本作"施其谋划者"。

13. 元刊本作"稽考生王宗庙，朝廷钟鼎款识"，《志》本作"稽考先王宗庙，朝廷疑识"。

14. 元刊本作"书传所传恺悌大雅之君子"，《志》本作"书传所谓恺悌大雅之君子"。

15. 元刊本作"知公实深"，《志》本作"余知公实深"。

再将《嘉靖霸州志》所收之《郝公墓志铭》（以下简称《志》本）与明弘治六年刊本《石田先生文集》（以下简称明刊本）进行对校，得到以下不同：

---

① 《全元文》之编者也对该文进行了版本互校，详见李修生主编：《全元文 32》卷一·四二《马祖常二》，江苏古籍出版社，1999，第 516 页。

② 这恰好是元刊本与非元代刊本之不同所在。此书在元代的刻本属于当时的官刻本，在避讳方面有所讲究，其中将"宗"改为"庙"就是其中一点。

③ 在《郝公墓志铭》一文中，刊本共有三处隐去名讳之"某"字，而《志》本一处也没有，其中修改了一处，即将"公讳某"改为"公讳元良"，另外两处则直接删掉，似有意为之。

1. 明刊本题目作"故荣禄大夫大司农卿郝公墓志铭"，《志》本作"故荣禄大夫司农卿郝公墓志铭"。

2. 明刊本作"公讳某"，《志》本作"公讳元良"。

3. 明刊本作"淮西道"，《志》本作"淮南道"。

4. 明刊本作"宣尉司"，《志》本作"宣慰司"。

5. 明刊本作"江淮使牍"，《志》本作"江淮吏牍"。

6. 明刊本作"哀毁过常制"，《志》本作"毁过常制"。

7. 明刊本作"遣使赐品食"，《志》本作"遣使赐食品"。

8. 明刊本作"挽廪盐之"，《志》本作"挽廪益之"。

9. 明刊本作"在官者"，《志》本作"在盐官者"。

10. 明刊本作"后中书省臣"，《志》本作"后尚书省臣"。

11. 明刊本作"公愈以能退自喜"，《志》本作"公愈不能退自喜"。

12. 明刊本作"履跡"，《志》本作"履迹"。

13. 明刊本作"游从之士"，《志》本作"从游之士"。

14. 明刊本作"起公为大司农卿"，《志》本作"起为大司农卿"。

15. 明刊本作"公祖某赠资德大夫"，《志》本作"公祖赠资德大夫"。

16. 明刊本作"考某赠荣禄大夫"，《志》本作"考赠荣禄大夫"。

17. 明刊本作"然以才谞选进"，《志》本作"然以才谒选进"。

18. 明刊本作"施替赞襄其谋划者"，《志》本作"施其谋划者"。

19. 明刊本作"郝氏之氏"，《志》本作"郝之氏"。

20. 明刊本作"稽考生王宗庙，朝廷钟鼎歁识"，《志》本作"稽考先王宗庙，朝廷疑识"。

21. 明刊本作"亲爱族党"，《志》本作"推爱亲党"。

22. 明刊本作"书传所传"，《志》本作"书传所谓"。

23. 明刊本作"祖常知公实深"，《志》本作"余知公实深"。

24. 明刊本作"云为雨，星为石，星石何由名不戬"，《志》本作"云为雨，星为石，星石可泐名不戬"。

综上，《石田文集》之元刊本与明弘治刊本在一篇文章上有多处不同，几乎可以印证前述的"明弘治刊本所据的底本就是民间传抄本"一说。虽然有很多文字上的差异,但各有所长,不能妄下孰好孰坏的定论,排除刻写错误之因素①,基本可以确定这是三种版本之不同,即《志》所收之文不是以元刊本、明弘治刊本为底本,更像是以民间流传的某版本为底本。②

至于民间为何将"公讳某"改为"公讳元良",或许可以从"元良"二字的本义进行猜测。"元良"意为大善、至德,引申意指大贤之士,因《郝公墓志铭》不载郝彬名讳,致使获得此文之人不知此"郝公"为何人,该文在民间流传的过程中或有人认为此"郝公"就是大贤之士,就是"元良",后在版本传抄的过程中便有人误以为"郝公"之名即"元良",于是篡改了马氏原文。最终,《郝公墓志铭》的传主便成了"郝元良",与《元史》列传所载之郝彬变成了"两个人",并且都是霸州人,《嘉靖霸州志》之编者认为郝彬与郝元良为两人正是这种思想的体现。这种记载的失实对后续地方志及书籍的编纂造成了很大的影响,详见后文之论述。至此,我们可以得出结论:元代大司农卿郝彬,字景文,并无"元良"之名,更没有所谓的"后改名元良""元良之名为自起"之事。

二、关于郝彬与郝经的关系

《元史·郝经传》记载了郝经家族最早为潞州人(今隶山西省长治市),后徙至泽州之陵川(今隶山西省晋城市),金末,其父因避祸乱迁至河南之鲁山(今河南省鲁山县),金亡后,徙至顺天(今隶北京市)。③ 另有阎复撰《元故翰林侍读学士国信使郝公墓志铭》载:"公讳经,字伯常,系出有殷帝乙支子,封太原郝乡,子孙因土命氏。八世祖祚,自潞徙泽之陵川,遂为陵川人。"④而马祖常《郝公墓志铭》曰:"按郝氏出太原郝乡,所谓以乡为氏者也。"⑤所以说郝经与郝

---

① 《嘉靖霸州志》应为官刻本,一篇短文不应有多达十四处刻写错误。

② 《嘉靖霸州志》所收该文与在时间上和其更近的弘治本之间的文字差异甚至比元刊本的还要多,足以见得三者版本之差异,但显然弘治本与元刊本更为接近。

③ 《元史》卷一百五十七《郝经传》,第3698页。

④ 郝经:《陵川集》卷首《墓志铭》,明正德二年(1507)刻本。

⑤ 马祖常:《石田先生文集》卷十二《故荣禄大夫大司农卿郝公墓志铭》,元至元五年(1268)扬州路儒学刻本。按郝彬十六岁时便能充太子宿卫,可见其家族地位非凡。

彬都是出自太原郝乡之郝氏家族，是同宗。① 阎氏为郝经撰之《墓志铭》又言郝经有："三子二早卒，采麟今官集贤直学士、朝请大夫。"《元史·郝经传》载郝经："子采麟，亦贤，起家知林州，仕至山南江北道肃政廉访使。"可知郝经有三子，其中有二皆早卒，仅有子曰采麟。刘昱枫考证郝彬之父为郝德义，祖为郝政，子为郝升、郝谦。② 综上，郝经与郝彬为同宗，都出自太原郝乡，但并无直系血亲关系，为同宗的不同分支。

至于为何会有郝彬为郝经之子一说，还要从《嘉靖霸州志》所收的那篇刘秉忠撰《郝经传》这一伪文说起。该文曰郝经有子二："长景文，官给事；次子景和，官廉访使。"③这样一来，郝景文竟成了郝经之长子，又恰巧郝彬字景文，二者又同被记为霸州信安人④，该《志》之编者又不知马祖常《郝公墓志铭》之传主为郝彬，如此，在该《志》之《人物志》中便记郝经长子曰景文，讳元良，累官大司农，马祖常铭其墓。⑤

三、关于郝经在冀的寓居地

霸州市人民政府官方网站的"历史文化"一栏有篇名为：《名人卷｜政坛精英：元文忠公郝经》，该文中有句曰："郝经，字伯常，世称陵川先生……祖籍山西陵川，金末元初，为避战乱随父迁居霸州信安镇……1232年，郝经十岁时，河南战乱更甚，郝经全家又北渡黄河，迁居到局势稍安的河北顺天，辗转来到郝氏同宗聚居的霸州信安镇……到了霸州信安，因无房屋土地等恒产，仍属赁屋寓

① 中国古代经常有刻意附会某氏族的情况，疑郝彬附会太原郝氏家族。

② 刘昱枫：《元荣禄大夫郝彬墓志考释》，《安阳师范学院学报》2019年第4期，第68-73页。

③ 《嘉靖霸州志》卷八《艺文志》，明嘉靖刻本。

④ 其实，赝文刘秉忠撰《郝经传》中记载郝经为霸州信安人也是不准确的，《元史·郝经传》以及《陵川集》中收录的关于郝经的神道碑、墓志铭、行状等均未记载郝经为霸州信安人，但郝经及其父可能在霸州境内有活动，但叙其霸州信安人是错误的，其应"世为陵川人"。

⑤ 《嘉靖霸州志》卷七《人物志》，明嘉靖刻本。

居,但总是有先辈迁来的郝氏同宗照应,生活算是稍微稳定下来。"①即叙述郝经全家曾迁居到霸州信安镇,并在当地有郝氏同宗互相照应。另外,保定地方志官方网站的"历史人物"一栏有郝经传,其中有文曰:"郝经字伯常。原籍泽州陵川(今山西长治南)人。金亡后迁保州城(今保定),其父郝思温于蒙古太宗十年(1238)在满城任职,不久去职。因家贫,居保州铁佛寺。"②即郝经与其父郝思温的定居地点为保定。霸州与保定虽接壤,但属实异为两地。那么郝经在冀的寓居地究竟是何处呢?

李治安、薛磊所著的《中国行政区划通史·元代卷》对霸州、保定两地在宋、金、元时期的沿革有详细考证,其言霸州:"宋一度赐名永清郡。金先为信安军,后改霸州,隶属中都路。入元仍为霸州,领益津、文安、大城、保定四县。与金比较,减信安县,而增保定县。"③即元代霸州所隶有保定县,但在金代保定县并不属霸州。又言保定路:"原本清苑县,宋升保州。金改顺天军……窝阔台汗十三年,下令割雄、易、保、遂、安肃五州置顺天路,隶属张柔……至元十二年(1275),顺天路正式改名为保定路。八个直属县,即清苑、满城、唐县、庆都、行唐、曲阳、新安、博野。其中清苑、满城二县为金保州旧属县。"④即元代的保定路在元初一度被称为顺天路,其一部分辖区在宋、金时期被称为"保州"。综上可知,有元一代,霸州隶属于大都路,其州内有县名曰"保定"。而保定路境内有金时之"保州",无"保定"之地名。即元代有两个"保定",一个是霸州的保定县,一个是保定路。

《元史·郝经传》载郝经:"金亡,徙顺天。"⑤此顺天当为窝阔台汗时期所置之顺天路,即元之保定路。阎复撰《元故翰林侍读学士国信使郝公墓志铭》载

---

① 霸州市人民政府.名人卷 | 政坛精英:元文忠公郝经(上),http://bazhou.gov.cn/zjbz/bzgk/lswh/content_13162.

② 保定地方志.郝经,http://www.bddfz.com/index.php? m = show&cid = 157&id = 1863.

③ 李治安、薛磊:《中国行政区划通史·元代卷》,复旦大学出版社,2009,第20页。

④ 《中国行政区划通史·元代卷》,第22页。

⑤ 《元史》卷一百五十七《郝经传》,第3698页。

郝经：“金亡北渡，侨寓保定……蔡国张公闻其名，延之家塾，教授诸子。”①"蔡国张公"即张柔，其领地为保定路。又有苟宗道所撰《故翰林侍读学士国信使郝公行状》载："岁壬辰，河南亡，徙居顺天府。"②阎氏撰《郝经墓志铭》曰："先事，朝请君持淮东道肃政廉访副使苟宗道所述家传请铭幽隧，复尝与君同僚，义不可辞。"即阎复撰墓志铭时参考了苟宗道的《郝经行状》，所以此处之"顺天府"应与阎氏所撰之"保定"为同一地。又有郝经撰《铁佛寺读书堂记》曰："壬辰之变，始居于保。岁戊戌，先君官于保之满城。"③前述元之保定路有八个直属县，其一即满城，也是张柔驻地的核心区。据此可知，此处之"保"为保州，即元之保定路，而非霸州之保定县。该《记》又云铁佛寺之僧张仲安即为保州人，其曾为郝经教书提供场所。又有郝经撰《先父行状》曰："河南亡，携经北渡居于保，聚俊秀而教之者十余年。"④即郝经与其父郝思温从河南迁居到"保"地，即保州。除此之外，清人秦万寿、王汝楫曾撰《郝文忠公年谱》，其考订甚详，也言郝经之迁居地为保州，即保定路。检索与郝经有关的诸史料，均无其与霸州之联系。

综上，郝经与其父郝思温在冀之寓居地为元之保定路，即元初之顺天路、宋金之保州，今属保定市，而与霸州、更甚之信安镇毫无关系。至于"郝经迁居霸州信安镇"一说的来源，应是上文所述之《嘉靖霸州志》收录的刘秉忠撰《郝经传》这一伪文，该文称郝经："其先潞州人，后徙河北霸州。"⑤又有《康熙霸州志》载郝经："刘先生讲□于保定路迁籍于霸州信安镇。"⑥可见此说的传承关系。虽基本可以确定郝经未曾寓居于霸州，但其究竟是否在霸州境内有活动，还有待后续进一步考证。

---

① 郝经：《陵川集》卷首《元故翰林侍读学士国信使郝公墓志铭》，明正德二年（1507）李瀚刻本。

② 《陵川集》卷首《故翰林侍读学士国信使郝公行状》。

③ 《陵川集》卷二十六《铁佛寺读书堂记》。

④ 《陵川集》卷三十六《先父行状》。

⑤ 《嘉靖霸州志》卷八《艺文志》，明嘉靖刻本。

⑥ 朱廷梅等：《康熙霸州志》卷八《人物志》，康熙十三年（1674）刻本。

四、总结

既然弄清楚了上述问题，我们就可以对诸多旧方志中有关郝彬的错误记载进行订正，以免贻误后人。

《嘉靖霸州志》卷七《人物志》"辟举"一栏重复记载郝景文、郝彬，应删去"郝景文"条，将"郝景文"条下注："经长子，累官大司农，马祖常铭其墓。"删除"经长子"并移至"郝彬"条下。同《志》卷七《人物志》"乡贤"栏"郝经"条下注中"太保刘秉忠有传"应删除。同《志》卷八《艺文志》中所收之刘秉忠撰《郝经传》当删除。①

《康熙霸州志》卷八《人物志》中"郝元良"条应删除，并将该条下注："字景文，经长子，起家给事，累迁尚书参知政事，后起为大司农卿，不就，寻卒。"删除"经长子，起家给事"，并移至"郝彬"条下。同《志》卷八《人物志》"乡贤"栏"郝经"条下注："见刘秉忠传"当删除。同《志》卷八《人物志》"弛封"栏"郝□"条下注："天挺之子，以孙元良官赠资德大夫、尚书右丞，谥康靖，追封蓟国公，配贾氏追封蓟国公夫人。"应改为"郝政"注曰："以孙彬官赠资德大夫、尚书右丞，谥康靖，追封蓟国公，配贾氏追封蓟国公夫人。""郝经"条下注："翰林学士，以子元良官赠荣禄大夫、司徒，谥孝懿，追封蓟国公，配弥氏追封蓟国夫人。"应该为"郝德义"注曰："以子彬官赠荣禄大夫、司徒，谥孝懿，追封蓟国公，配弥氏追封蓟国夫人。"②同《志》卷八《人物志》"游寓"栏"郝经"条下注："字仲常"应改为"字伯常"。③

《光绪顺天府志》卷九十六《人物志》"先贤"栏中重复列举"郝元良"与"郝彬"，应删除"郝元良"。后文载有《郝元良传》，应将该文中所有"元良"字替换为"彬"字。④

---

① 《嘉靖霸州志》卷七《人物志》，明嘉靖刻本。
② 关于郝彬祖、父之追封，详见马祖常撰《郝公墓志铭》。
③ 朱廷梅等：《康熙霸州志》卷八《人物志》，清康熙十三年（1674）刻本。
④ 张之洞等：《光绪顺天府志》卷九十六《人物志》，清光绪十二年（1886）刻十五年（1889）重印本。

《畿辅通志》卷三十三《选举表》同列"郝元良"与"郝彬",应删去"郝元良"。同《志》卷一百六十五《古迹略》同收录了马祖常文《郝公墓志铭》,是《嘉靖霸州志》所收之版本。同《志》卷二百一十《列传》中的《郝元良传》应改为《郝彬传》。①

综上,《嘉靖霸州志》应为后续诸多方志对郝彬、郝经记载失实之来源,可见这一系列方志编纂内容的传承关系,就因为当时《志》之编者的取材不当,导致了后续一连串的错误。当然,后续诸《志》之编者也没有对传承下来的材料进行仔细考证,直至《民国霸县新志》之编者才对该问题给予关注,但仍认为郝彬又名郝元良。对郝彬名字的考证便于后续对其及其家族的研究,进一步确定郝经在冀的寓居地及活动事迹有助于地方文化建设工作的准确性、针对性。当然,最重要的是这提醒了我们应时刻以谨慎的态度对待各种材料,以免走了弯路,甚至误入歧途。

(张朔,内蒙古大学蒙古历史学系 2022 级硕士研究生)

---

① 李鸿章等:《畿辅通志》,清光绪十年(1884)刻本。

《玉华洞志》初探

A Preliminary Research of the *Yuhuadong Zhi*

谢　辉

摘　要：明万历十九年(1591)，林熙春首次编纂《玉华洞志》，今已不存。万历二十六年(1598)，汪文璧、官贤第二次编纂《洞志》，日本内阁文库收藏有后印之本。天启三年(1623)，王之柱、喻一科第三次编纂十卷本《洞志》，日本内阁文库藏有早印之全本，罗马国家图书馆藏有崇祯间后印之残本。清康熙末年，出现了流传最广的一部《洞志》，但目前所见之本皆为雍正至乾隆间递修的印本。其中较为早印者署名陈文在编，而晚印本则改为廖鹤龄编。由此反映出地方官僚与宗族势力对《洞志》编纂的影响。

关键词：《玉华洞志》　《山水志》　版本

　　玉华洞在福建将乐县(今属三明市)天阶山下，相传为神仙赤松子采药处。北宋理学名家杨时曾到访该洞并题诗云："苍藤秀木绕空庭，叠石层峦拥画屏。混沌凿开幽窍远，巨灵分破两峰青。云藏野色春长在，风入衣襟酒易醒。采玉遗踪无处问，拟投簪绂学仙经。"①明万历年间，将乐地方官员文人开始致力于洞志的编纂和递修，至清乾隆年间，先后修成多部《玉华洞志》。对此志的纂修情况与存世版本，目前学界似尚无专门研究，故本文加以探讨。

---

　　①　杨时：《杨时集》，中华书局，2018，第 1002 页。

一、万历年间纂修的两部《洞志》

《玉华洞志》之编纂,始于明万历十九年(1591)。主其事者为时任将乐知县的林熙春。林氏字志和,海阳人,万历十一年(1583)进士,仕至户部左侍郎。后人辑其著述为《林忠宣公全集》①。乾隆《将乐县志》称其在将乐任上"通才介节,刻《龟山全书》,集四礼,建八议,捐俸新学舍,清废寺田,为诸生文会之需,建社学数十所,多美政"②。今存林氏所作《玉华洞志叙》,略谓其于万历十八年(1590)到任后,即知本邑有玉华洞,但公务繁忙,无暇到访。本年七月大旱,祷雨于该洞有验。其后政稍暇,屡往游之。因念洞中景色亿万变化、眩神夺目,然"继自今而无志以纪之,并勒其副于悬崖绝壁,即玉华奇什金山,又安能垂名永永,与天壤俱流耶",因"绘以图经,编以题咏"而成志③,又征田一俊作序。田氏字德万,福建大田人。隆庆二年(1568)会试第一,由庶吉士授编修,擢侍讲。万历五年(1577)忤张居正,告归。张居正死后起故官,屡迁至礼部左侍郎卒。《明史》《闽书》等有传。《明神宗实录》载,田氏于万历十九年(1591)三月八日获准回籍养病④,十八日即卒⑤。但今见万历十九年田氏序文,署本年二月作,而谓"玉华洞形胜魁闽山,余披图经,心向往之。适养疴里门,特挟医以游",此时田氏应还在北京,不可能游玉华,故此序文显为他人代笔。但其文中所言"邑大夫林君熙春缉艺文、绘图画,为《玉华洞志》"⑥,当得其实。清顺治年间重修洞志时,邑人廖椿也明确指出"志之梓也,肇自邑令君仰晋林公,而宗伯中台田公为之序"⑦。林氏所修之本,今已不可见,但据上文所述,可知其应有图以摹绘洞中景致,正文部分则主要收录历代题咏诗文,这也奠定了洞志的

---

① 杨向艳:《明代后期潮州士绅与地方救灾——以林熙春为例》,《暨南学报》(哲学社会科学版)2014年第7期,第93-99页。

② 李永锡:《将乐县志》,清乾隆三十年(1765)刻本,第六卷。

③ 《玉华洞志》,明天启刻本,卷首。

④ 张惟贤:《明神宗实录》,"中央研究院"历史语言研究所,1962,第4314页。

⑤ 《明神宗实录》,第4338页。

⑥ 《玉华洞志》,明天启刻本,卷首。

⑦ 陈文在:《玉华洞志》,齐鲁书社,1996,第288页。

基本格局。

至万历二十六年(1598),洞志又经历了一次纂修。本年署名汪文璧之序文谓"邑人司理官公绘图画、辑艺文,为《玉华洞志》"①,所谓"官公"当指官贤,字子选,由恩贡部试第一,授温州推官②。后人称其"赋性潇洒,工草书,善丹青,吟咏著述多有风致"③,此前就参加过万历《将乐县志》的编纂。而汪文璧应是以时任将乐知县的身份,受官氏所邀为其作序。汪氏字叔图,休宁人,万历十年(1582)举人,仕至云南霑益知州④。其在到任将乐前,曾任秀水教谕,后又任汤溪知县,修县志八卷,盖亦能文之士。但稍作比较即可看出,所谓汪序与前述田一俊序,内容基本一致,仅少量字句有出入。如汪序中讲到从"督学方公、侍御林公"游玉华洞事⑤,应指时任福建提学副使之方应选,与曾任御史、时任运司知事的林培而言,田序即无之,可能是汪氏根据自己的情况补入。总的来看,此序亦非真出自汪氏之手。

此万历二十六年(1598)所修之志,目前有一个与之相关的版本传世,今藏日本内阁文库(馆藏号:史193-0012)。该本一册,半页八行十八字,版式或作四周双边,或作四周单边,不很统一。卷前有前述林熙春序,汪序则置于卷末,题"又叙"。林序后有图五十八页。正文六卷。卷一无卷端题名,仅收王建中《记》一篇,前题"其七",显有残缺,但版心又题卷一与页码一至四。卷二至卷六,端皆题"《玉华洞志》卷之某",除卷二外下又题"艺文志"。卷二为"记类",收吴朝凤、杨载鸣、龚一濂、陈省、陈民极《记》共五篇,陈文末尾残缺。后又有王命爵《游玉华洞》七绝诗四首。卷三为"五言古诗类",依次收林鸿(二首)、唐自化、刘玉成(二首)、顾大典、萧旭、徐即登、归息生七人之诗。其中徐、归二诗应皆为五言绝句,归诗末尾残缺。卷四为"七言歌行类",收俞一中诗七首,吴安国(题"五七言")、郭说各一首。吴诗中间又插入《壬寅仲夏方承统来游》二首,《甲辰夏日豫章熊贵德过访俚韵》一首,皆为七言律诗。卷五为"五言近

① 汪文璧:《玉华洞志》,明万历刻本,卷末。

② 黄仕祯:《将乐县志》,明万历刻本,第十二卷。

③ 《将乐县志》,清乾隆三十年(1765)刻本,第八卷。

④ 廖腾煃:《休宁县志》,清康熙刻本,第五卷。

⑤ 《玉华洞志》,明万历刻本,卷末。

体类"，收录范来贤、张程、黄仕祯、黄元美、郭子章（四首）、陈本、萧元冈、徐霖、杨忠良（自陈本至此皆二首）、官洪、李春开、李文瀚、胡大宾（二首）、傅宗皋（六首）、蓝溁共十五人之诗。卷六为"五言排律类"，收郑汝璧、徐霖诗各一首。图第二十一页版心下题刻工"叶四"，正文卷二第二页下题"叶四二百五"。

由上所述可知，此本虽有汪序，但已不是万历二十六年（1598）修成时之原貌。汪序中提到"前令林公、唐公先后叙之"①，而此本仅有林熙春序，而无林氏之后继任的另一知县唐时佐序。书中颠倒错乱，不一而足，且有晚于汪序时间的作品。如卷四方承统与熊贵德二诗，应为万历三十年（1602）和三十二年（1604）。卷五傅宗皋诗前小引，明言"万历己亥承匮兹土，至乙巳春，有秋曹之命"，乃万历三十三年（1605）事。据此推断，此本应是在刻成之后经过增补，又因板片缺损加以剜改弥缝的后印之本。其后天启间喻一科编纂之《洞志》，卷前凡例提到"旧志板籍贮于刷印局，募夫市利，凡外方商贾，将俚句灾木。于时乏板，乃敢毁故易新，致缺漏错舛"②，所谓"旧志"可能就是指此本而言。

二、天启年间编刻的第三部《洞志》

官贤所修之本成书后二十多年的天启三年（1623），《玉华洞志》又迎来了第三次编纂，主其事者为时任知县的王之柱。王氏字砥中，武进人，万历四十七年（1619）进士。康熙《常州府志》有传，谓"初令将乐，有异政，守南阳，擢观察，惠政益多"③，官至福建按察司副使。其所撰序文略谓到任将乐后百废待兴，对玉华洞无暇顾及。越二年，诸事渐举，因念"洞旧有志，既简且芜，不足重"④，有重修之志。其时"当涂祝公、东阳许公先后持节至，眺赏称善，各有椽笔文其胜"⑤。祝名可仕，字孟型，时为分守建南参政。许名达道，字和卿，时为分巡建

① 《玉华洞志》，明万历刻本，卷末。
② 《玉华洞志》，明天启刻本，卷首。
③ 于琨：《常州府志》，清康熙刻本，第二十四卷。
④ 《玉华洞志》，明天启刻本，卷首。
⑤ 《玉华洞志》，明天启刻本，卷首。

南参政。据祝氏说,此次其是"秋仲于役铁岭,乘暇过玉华洞"①,而许氏与建宁推官董应圭也以公而至,王氏为地主,小聚于五更天,各有诗以纪之。王氏之所以推动《洞志》的重修,也有纪念此次游览,甚至取悦上官的意思。

不过,王氏只是此次洞志编纂的主持官员,具体工作则由邑人喻一科负责。喻氏字进之,为太学生。其所撰《玉华洞游记》谓"丙午之春中和谷旦,不佞与客余宗汉、谢性卿同游于玉华洞"②,所提到的余翔、谢桂芳二人,都是明末较知名的福建文人。其游洞应在万历三十四年(1606)。其余事迹则不详。王氏序文中言《洞志》"行授梓,虑无董者,将不集。偶语邑喻上舍,隽士也,欣然从事,始告毕役"③,喻氏亦有序,谓"邑侯王父母,以名进士筮仕于将,公余游览,嗟墁壁之残题,抚景披图,悼洞志之弥舛。乃命不肖科,于缺略者集而补之,错谬者更而张之"④,都明白地揭示出了此部《洞志》出自喻氏之手的事实。喻氏且撰有凡例,讲到了其对旧志所作的两方面订补。

卷前的洞景图方面,旧志"图画虽绘,而景迹弥漫",而此次纂修则"注景名于图"⑤。今见此天启《洞志》卷前图中,确有"凉伞山""大帽石"等景名,按喻氏的说法,似此前诸志无之。但前述汪文璧本之图,已有景名,且与此志大致相同。故喻氏此说未必是实情。

正文所收诗文方面,旧志"艺文虽具,而条目无伦"⑥,本次纂修重加编排,以记为首,以下依次为古诗、律诗、绝句、歌行等。诗先五言,后七言。同体之诗文则按照先朝、国初、近时的时间顺序排列。并在卷前目录中,添加作者字号与爵里。

此志修成之后"捐资梓厥板,贮于家"⑦,而前文提到的旧志缺略甚多之板仍存刷印局,可知此本乃新刻,非用旧板修补而成。将此志的传本与前述汪文

---

① 《玉华洞志》,明天启刻本,卷五。
② 《玉华洞志》,明天启刻本,卷一。
③ 《玉华洞志》,明天启刻本,卷首。
④ 《玉华洞志》,明天启刻本,卷首。
⑤ 《玉华洞志》,明天启刻本,卷首。
⑥ 《玉华洞志》,明天启刻本,卷首。
⑦ 《玉华洞志》,明天启刻本,卷首。

璧本比较,也可见其字体完全不同,显非一本。目前该志有二部传世。

其一为日本内阁文库藏本(馆藏号:292-0103)。该本一册,行款与汪文璧本同为八行十八字,版式为四周单边,版心下题"余峻""余鼎""春""斌""荣"等刻工。卷前有万历十九年(1591)田一俊、林熙春及天启三年(1623)王之柱《玉华洞志叙》各一篇,图三十七页,喻一科《玉华洞志引》《玉华洞志凡例》各一篇,以及《玉华洞志目录》九页。目录仅将诗文分体编排,未标卷数。正文十卷,卷一之端题"兰陵王之柱纂,西镛喻一科订",其余诸卷无之。本卷收吴朝凤、杨载鸣、龚一濂、陈省、王建中、王之柱、喻一科《记》各一篇,其中喻氏《记》卷前目录无之,而空一行。卷二收林鸿等六人之五言古诗八首。卷三收吴安国、王铃、方孔炤三人之七言古诗各一首。卷四收冯初心等二十八人之五言律诗三十五首,目录注谓三十六首不确。卷五收杨时等五十五人七言律诗七十一首,目录谓七十二首也不确。卷六收郑汝璧、徐霖五言排律各一首。卷七收邹维琏、方尚恂、董应圭三人之五言绝句三十一首,又附董之六言、四言绝句各一首。卷八收沈儆炌、傅宗皋、董应圭三人之七言绝句共九首。卷九收俞一中、章应望二人之七言歌行,俞氏七首,章氏九首,目录谓七首不确。卷十收沈珣五言律诗一首、蔡继善七言律诗五首,寇从化歌行一首。此卷十的内容,应该是最后加入。当时本书的主体部分可能都已刻完,不便调整,故将此三人之作总为一卷,置于最后,并在卷前目录中以"又目录"标明。寇氏诗谓"有客剑浦来,贻我玉华志"[1],似乎已经看到了此志的印本。但卷十的整体版刻风格与前九卷比较一致,且卷前目录署寇氏官职为汀州推官,据乾隆《汀州府志》,其任此官的时间也在天启年间。据此推断,即便此本是天启三年(1623)《洞志》的增补后印本,其增补也应在修成后不久。

其二为意大利罗马国立中央图书馆藏本(馆藏号:72. C. 342)。该本亦一册,卷前内容与日藏本大致相同,唯无喻氏引与凡例。目录仅五页,至七言律诗"王人聘"条止。正文仅亦有卷一至五。推测原装二册,而下册佚失。卷中有少量墨笔批注,如洞图首页正面天头批:"明台庵在天阶第二峰,石笋森列,云树清奇,亦佳景也。"背面批:"会仙亭,县令林熙春建,各名诗石刻在亭内。其

---

① 《玉华洞志》,明天启刻本,卷十。

真笔草书者,王世懋、宗方城、郑汝璧。"该本为日藏本的修板重印之本,大部分页面都与日藏本同板,但断板漫漶较重。其显著的不同之处有五。

一是对卷一王建中《记》之末页内容(日藏本第十五页,自"道车辙罕觏"以下)进行改写,缩减文字至六行,其后补刻入茅瑞徵天启五年(1625)记文约三页,页码依次标为"又十四""二又十四""十五"。茅氏文后再接王之柱文,而喻一科文则删去未印,本卷末页还能依稀看到部分喻氏文的内容。卷前目录原空一行之处,也补刻入茅氏姓氏。

二是卷四之末喻一科诗后,补入朱辂诗六首、张浩夫诗二首。卷前目录第三页正面末行原为陈本,亦挖改作小字,并记入朱辂之名,但张浩夫未补入目录。

三是卷五第十一页王人聘诗后,补入桂绍龙、周懋文、何万化、何乔远等人之诗。其中桂、周二人唱和诗,版心题"卷五"及"又十二"至"又十七"。其后何万化等人之诗,版心未题卷数,页码题"又十三"至"又十七","又十三"之后为一个白页,导致何万化诗之末尾,以及其下一组七言律诗的第一首开头不可见。

四是卷五第十七至十八页,日藏本为周洪谟、刘绍先(二首)、张程、许廷谏四人之诗。此本在周氏诗后增入茅瑞徵二诗,而后接刘绍先第一诗,删去第二首。刘氏诗后又增入曹惟才诗。将张程诗删去,许廷谏诗则移至本卷末尾。

五是卷五第二十二页杨翼真诗后,补刻入一页,加入陈誉钟、杨芳二人之诗。

由上述补入的诗文,可推知此本刷印的时间不会早于崇祯年间。如卷五所补者有《同桂允虞陪张日葵侍御再游玉华》诗,张日葵名三谟,崇祯二年(1629)以御史巡按福建①。卷四所补者有张浩夫诗,而张氏于崇祯间任将乐教谕②。其所增补的内容,颇有不见于别本《洞志》者,值得注意。

① 陈鼎:《东林列传》,广陵书社,2007,第415-416页。
② 《将乐县志》,清乾隆三十年(1765)刻本,第六卷。

三、清康熙间所纂《洞志》的作者之争

明崇祯年间，《洞志》除了有前述修补重印之本外，可能还有新修之本。如《徐氏家藏书目》即著录有《玉华洞志》七卷，注云："应喜臣刻。"①应氏原名聚奎，崇祯元年（1628）进士，八年（1635）巡按福建，十三年（1640）卒②。其刻《洞志》显然只能在崇祯八年之后，但其本今未见。其后康熙间所纂之《洞志》，收录的旧序中有王源昌、林兆兰二篇，未见于此前诸本。王序谓"甲戌，予奉命备兵上杭"③，乃崇祯七年（1634）事。此两篇文章，或许与应喜臣编刻之本有一定关系，其余则不甚可考。

入清之后的顺治十一年（1654），又有重修《洞志》之举。主持编纂者为孔兴训，字觉所，山东曲阜人，孔子后裔。顺治间任常州通判、赵州知州、延平同知，康熙间还历任南宁、赣州知府，其修《洞志》正是在"自赵迁闽"的延平同知任上④。顺治十一年（1654），将乐县令吕奏韶入闱为考官，孔氏奉命暂摄县事，因与邑举人萧梦瑚、廖椿游洞。其时《玉华洞旧志》"毁于兵燹，未能修举"，孔氏遂"简旧志遗编，得当道诸先辈及闽之荐绅先生，与里之高贤名士，凡序记若而篇，诗歌若而章。又采迩来名公巨卿、杰士文人所题咏于苍苔石壁间者，特加简次而删定之，付之剞劂，以为玉洞志不朽"⑤。吕奏韶谓"愚竭蹶周期未遑者，孔大人游刃浃旬而有余"⑥，可见时间很短即已修成。前引《徐氏家藏书目》还著录有一部无卷数的《洞志》，注云："莆梦瑚刻。"⑦"莆"当是"萧"之误，应即指此本而言。《传是楼书目》且著录此本为三卷⑧。但此志刻成后不久，板片就已

① 徐𤊹：《徐氏家藏书目》，上海古籍出版社，2014，第 247 页。
② 冯可镛：《慈溪县志》，成文出版社，1983，第 627 页。
③ 《玉华洞志》，齐鲁书社，1996，第 284 页。
④ 《玉华洞志》，齐鲁书社，1996，第 286 页。
⑤ 《玉华洞志》，齐鲁书社，1996，第 289 页。
⑥ 《玉华洞志》，齐鲁书社，1996，第 287 页。
⑦ 《徐氏家藏书目》，第 247 页。
⑧ 徐乾学：《传是楼书目》，上海古籍出版社，2002，第 941 页。

损坏。其后康熙间重修《洞志》时，作序者或言前志"流传未久，版复散佚人间"①，或谓"镂板岁久漫漶"②，总之是不堪再印。今亦无传本行世。

目前流传最广的一部《洞志》，编纂于康熙末年，国家图书馆、浙江图书馆、首都图书馆、北京师范大学图书馆、复旦大学图书馆、温州市图书馆以及台湾傅斯年图书馆等均有藏。但该本的情况却较为复杂，上述各馆藏本中，已目验的四部无一初印本，皆是经过修补增刻者。其中最为早出的一部，为《四库全书存目丛书》史部第 240 册影印浙江图书馆藏本。该本据卷前目录，共分六卷。卷一为"新序""凡例""图景"。所谓"新序"指一般不计卷的卷前序文，依次为：雍正二年（1724）蒋兆昌《玉华洞志叙》（阙首页前半）、邓颖蒙《序》、康熙五十一年（1712）廖腾煃《重修玉华洞志序》、康熙五十四年（1715）丘晟《序》、同年祝佺《重刊玉华洞志叙》，及《参订姓氏》十五人。"图景"指卷前洞图四十幅，末图题"甲辰中秋里人萧峦画"，"甲辰"不知是雍正二年（1724）还是康熙二年（1663）。"凡例"则未见。卷二为"前序""前记""新记""赋"。"前序"指此前所修各本《洞志》的旧序，共八篇。"前记""后记"分别为前代《洞志》所收之记文与本次纂修新收记文，但正文中仅在开头标出"前记计八首"，而未标明"新记"起于何处。此部分实有文十二篇，又林嗣典、赵任熊"纪游"二篇。"赋"则为丘晟、萧正模、张问达三人之作，各一篇。卷三为五言古诗、七言古诗、歌行、五七言古。除歌行仅俞一中一人之作外，其余部分采自前志之"前集"和新补入之"后集"。卷四为五言律诗（分前后集）与五言排律。卷五为七言律诗（分前后集）。卷六为五言绝句、七言绝句（皆分前后集）与诗余（仅有后集）。末附《庆玉华诗》一卷，乃是时人因将乐县令冯景曾禁止在玉华洞烧窑凿石而作，前有冯氏雍正九年（1731）序。《四库全书总目》著录者即此本。由上文所述，可知此志应于康熙间就已修成并刊刻，但该本的刷印时间不会早于雍正。其卷二以下各卷前皆题"蒋养泉先生鉴定"，"蒋养泉"即是雍正二年作序的蒋兆昌，《洞志》应于该年修版添入此条，至于雍正九年（1931），又附刻入《庆玉华诗》。

---

① 《玉华洞志》，齐鲁书社，1996，第 259 页。
② 《玉华洞志》，齐鲁书社，1996，第 257 页。

　　与浙江图书馆藏本相比,傅斯年图书馆藏本(馆藏号:928.4 676)刷印更晚。该本卷前有书名页,题书名"玉华洞志"与"康熙壬寅重刻""本衙藏版"。卷前序文中多出康熙六十一年(1722)廖鹤龄《重刻玉华洞志序》及《凡例》。卷三第九页五言古诗"后集"之后,补入靳汉文诗一首与熊大捷诗二首。卷末未附《庆玉华诗》,而增入未题作者之《游玉华洞记》及诗、赋各一篇。按其文中提到"辛亥孟冬,余调任镛州""癸丑仲夏,量移澎湖",可知作者当是雍正九年(1731)到任的将乐县令周于仁。又有刘慈跋、吕锺琇《会仙亭记》、廖佑龄《会仙亭赋》及未题作者之跋文。此外还有一些较小的挖改,如卷三第九页背面,五言古诗部分的最后一首诗,浙图本题为沈树榛作,并有小字简介:"字山有,归安人,孝廉,候补别驾。"①傅图本将此条题名与简介挖去,而空一行。同卷第二十一页正面,七言古诗"后集"之最后一首,浙图本题作者为陈圣铭,而傅图本挖改为廖怀湄,注:"字湘华。"卷五第十页背面,浙图本题为邹维琏诗二首,而傅图本将第二首的作者挖改为徐世敬,注:"字庄友,邑廪生。"浙图本卷二以下各卷前所题之"蒋养泉先生鉴定",傅图本也全部挖去。其书名页所题康熙六十一年(1722),显然不是刷印时间。因所补诸诗文中,吕锺琇于乾隆元年(1736)才到任将乐县令,靳汉文更是晚至乾隆十七年(1752)②。可知此本乃乾隆印本。

　　目前所见诸本中,刷印最晚的当属国家图书馆藏本(馆藏号:地733.1/36.82)。该本卷前序跋与傅图本大致相同,而多出方正玢序一篇。其中言及"同官周君仙山",也指上文已提到的周于仁。卷三无傅图本补入的靳汉文与熊大捷诗,而在卷五之末补入邓基、邓奎、邓垣诗各一首,傅图本又无之。傅图本已做的挖改,此本大都沿袭之,又在其基础上作了一些新的改动,大致包括三方面:一是,卷五十四页原有何乔远诗三首,第三十一页原有翁有芳诗一首,此本挖去,仅留空白行格。二是挖改全书避讳字。如书中"丘"字多改为"邱",甚至卷前丘晟序亦然。又凡遇"弘"字(如卷四第十七页"翁弘道"、第十八页"萧弘瀚")多挖改为"宏",凡"胤"字(如卷五第二十二页"潘毓胤")多挖改成

---

①　《徐氏家藏书目》,第313页。
②　《将乐县志》,清乾隆三十年(1765)刻本,第六卷。

"允"。卷二廖椿序文中，凡遇"圣人""宣圣"皆改为抬格。其中第十三页正面最后三行，傅图本原作"自诞生圣人，而山灵用是不朽。若将邑玉华山，层峦耸秀，两峰峙立，一窍万状，形声具备，或曰仙迹也。此山中别有人间世也。噫，亦奇矣"，此本"圣人"另起一行抬一格，由此导致原有的版面不够用，只得将自"或曰"至"人间世也"十四字删去。第十五页因抬格太多，只得整版重刻。三是挖改一些作者履历，如卷三第十一页伍朝屏诗下，傅图本小字注："字秉宪，邑恩贡。"此本挖去"邑"字。第十七页杨潮诗下小字注："字龙涛，邑廪恩贡生。"此本挖去"廪"字。何乔远《名山藏》《万历集》等书，修《四库全书》时曾遭禁毁，挖去何氏之诗疑与此有关。如此则国图藏本的刷印时间，可能要在约乾隆四十年（1775）之后。此外首都图书馆亦藏一部（馆藏号：丁12645），与国图本为同一印次，而缺卷二"前序"与卷六。

上述早出的浙图本和较晚印行的傅图本、国图本等，除了内容有别之外，还有一处很明显的不同，即是卷前序言所题此志的作者。浙图本所载康熙年间诸序，都明确指出此志的纂修者是陈文在。如廖腾煃序谓"陈子新我以《洞志》请序"①。邓颖蒙序谓"邑士陈子文在者，独任重刻《洞志》之举，鸠工绘图，穷搜广辑古今巨公名士题咏"②。丘晟《序》谓"余表侄陈子文在有独任重修《洞志》之举"③。祝佺序也说"予内侄陈子文在慨然以重刊是书为己任"④。故《四库全书总目》也据而著录该本为"国朝陈文在撰"⑤。但自傅图本以下诸本，却将陈文在的名字全部抹去，改为廖鹤龄。如廖腾煃序将"陈子新我"改为"余侄云友"，邓颖蒙序将"邑士陈子文在"改为"邑绅廖君云友"，丘晟序将"表侄陈子文在"改为"姻亲廖君云友"，祝佺序则将"内侄陈子文在"改为"内弟廖君云友"，"云友"即廖鹤龄之字。其改易署名的具体缘故不详，但推测起来，可能和两家的势力消长有关。陈氏生平，现存各种资料中都无记载，应只是富于资财的乡绅，其所谓纂修《洞志》大约仅限于出资。廖氏据祝佺序，与陈氏还有亲戚

① 《玉华洞志》，齐鲁书社，1996，第257页。
② 《玉华洞志》，齐鲁书社，1996，第253页。
③ 《玉华洞志》，齐鲁书社，1996，第259页。
④ 《玉华洞志》，齐鲁书社，1996，第260页。
⑤ 永瑢：《四库全书总目》，中华书局，2003，第666页。

关系,可能从一开始即是《洞志》的实际编纂者之一,故浙图本卷前参订任题名中有其名。其后廖氏于康熙五十八年(1719)成岁贡后,又对志稿作了整理订补,最终于康熙六十一年(1722)成书,故傅图本等收录有是年廖氏序言。后来陈氏家族再未出显宦,而廖鹤龄本人于雍正十二年(1734)任建宁训导①,《洞志》中收录诗文的廖科龄、廖昌龄、廖疆龄、廖长龄、廖元龄、廖培龄、廖顼龄等,都应是其同辈族人,多有功名。后补入的《会仙亭记》作者廖佑龄,雍正四年(1726)中举人,乾隆中仕至琼州府万州知州②。在此种情况下,《洞志》的后印本挖去陈文在之名,而易之以廖鹤龄,也就不难理解。

四、结语

明清时期,记载名山大川景致的山水志大量出现。以距离将乐县不远的武夷山而言,自明万历间劳堪编《武夷山志》四卷以下,现存诸志即有八九种之多。但影响力显然不如武夷山之大的玉华洞,也在万历年间出现了专志,前后所修之志明确可考者多达五种,其修补增订工作一直持续到清乾隆年间。由此可见山水志此种文献形式在明清间发展之兴盛。其志的编纂形式是,不载洞史,洞中景致以图绘方式呈现,正文惟录历代题咏诗文,较有特色。各志所收诗文,多有不见于他书者。卷前所附之图摹绘精美,在明清版画史上也有一定价值。

此外,通过《玉华洞志》的编刻历程,也可窥见地方文献受官员、乡绅、宗族等势力影响之深。上文所述每一次《洞志》的重修和重印,加入的诗文多是在任官员和地方望族,而离任失势者之作有时会被撤去或冒用。较为典型的例子如,汪文璧以县令的身份,居然敢点窜贵为侍郎的田一俊序为己有,大约就是因田氏当时已经去世之故。又如康熙时所纂《洞志》诸本中,较晚刷印的傅图等本,将仕履无考的陈圣铭诗改题廖怀湄,实际廖仅为武生,乾隆时捐资得把总

① 韩琼:《建宁县志》,清乾隆二十四年(1759)刻本,第十五卷。
② 《将乐县志》,清乾隆三十年(1765)刻本,第七卷。

衔①,如何能为诗,显然也是冒名。康熙本《洞志》的作者挖改,也是各股地方势力消长博弈的结果。此种外力的影响,其他类型的古代典籍亦有之,但方志等地方文献可能表现得更加明显,值得关注。

（谢辉,北京外国语大学国际中国文化研究院副研究员）

---

① 《将乐县志》,清乾隆三十年(1765)刻本,第七卷。

乾隆十年《宝坻县志》编纂特点探析

An Analysis of the Compilation Characteristics of the *Baodi Xianzhi* of the 10th Year of Qianlong Reign

王宗征

摘　要:本文拟对清朝乾隆十年(1745)宝坻县令洪肇楙主持编纂和刊刻的《宝坻县志》这部古代志书文献的形成背景、志书体例、主要内容、撰述方式、编修团队组合以及文化价值和意义等多个方面进行介绍和探析,试图从中探索和透视清朝前期县志编纂规律和规则,尤其利用较大篇幅对这部志书"厚志人物,注重教化"的特点作了较为深入的分析和阐述,揭示了人物志在古代县级志书中所占的重要地位和较大比例以及依托人物记述强化志书"教化优先"的作用,诠释这部志书的深刻思想内涵和不可低估的社会意义,进而梳理出关于地方志编纂的主旨、理念、方式与方法等方面有规律、有价值的东西,以供今天地方志编修工作者参考和借鉴。

关键词:追根溯源　厚志人物　述作结合　合力修志

清朝乾隆十年(1745),直隶省宝坻县(今天津市宝坻区)县令洪肇楙(生卒年代不详,号东阆,江南歙县人,清雍正元年进士)主持编纂的《宝坻县志》一书,作为天津市宝坻区档案馆馆藏重要地方志文献,具有很高的地方史料价值和地方志研究价值。读这部地方志书,笔者不仅了解了279年前诞生的这部被时人称为"近畿志书之冠"的志书的详细内容,而且了解了这部志书的体例、编目架构、编纂初衷、编纂方式以及编纂意义和社会影响,尤其对这部志书的编纂特点有了较深的认识,从中受到启发,对于做好今天的区县级综合志书编纂,是具有借鉴意义的。

一、内容全面,重点突出

据清朝乾隆十年(1745)通奉大夫(官阶二品)、直隶布政使司布政使方观承为洪肇楙主持编纂的《宝坻县志》所作的序中指出,国史的基础,用来标明地理方位、观察民风民俗、昭显人伦纲纪、明示奖励惩戒。宝坻濒临大海,富有鱼盐之利,人丁兴旺,田赋逐年增加。前朝明代二百多年,此地的文明教化、人情变迁以及到了明朝末年遭遇战乱兵祸,出现很多忠义节烈之人,全是志书记载不可缺少的内容,这里又是京师东部的重地,自清朝定鼎中原以后,皇亲国戚的费用、禁卫军兵马的粮草,多从此地征收。朝廷因时制宜颁布法令,以及治国安民的措施,体现在一个地方的,法令典籍都在,应该恭敬地记载下来,以昭示后人。主政宝坻五年的洪肇楙,正是基于这种考虑,决心编纂一部详细记载宝坻人和事的志书,以弥补截至乾隆十年(1745)宝坻已经七十余年没有县志志书编纂完成之缺憾。

通读乾隆十年《宝坻县志》,便会感到这部志书既内容全面,又重点突出。这部志书在借鉴和运用前人编修的《宝坻县志》中的资料的基础上,以正史、会典、文献为依据,搜集选取相关资料,用时六个月,编纂成书。这部志书以传统的平目体编纂,从职方、形胜、建置、祀典、赋役、乡闾到风物、职官、选举、封表,以及人物、列女、拾遗、集说、别录、艺文,共十八卷,每卷包括数项内容。而且更订错谬、补充缺失、鉴核古今人物,堪称一部全景式汇集宝坻县域资料的地方志书,其内容充实和详备,明显超出了宝坻前志。

这部志书充分彰显了宝坻作为"畿辅望县"的人文地理、风土人情的鲜明特点,突出宝坻特有元素,将宝坻濒临大海、河流众多、桥渡发达、水运兴盛以及剥船苦役、圈地、营田、农桑、盐课、集市、八景、人物、艺文等内容列为重点,予以记述,构成这部志书的"骨干内容"。志书中滨海水乡、水运商贾要地、八旗贵族圈地、农民自营稻田、水利兴修、种桑养蚕等具有宝坻特色的方志资料元素令人印象深刻。

二、追根溯源,旁征博引

乾隆十年《宝坻县志》注重引述信史文献中的资料,印证宝坻方志的重要元素,使宝坻方志资料的记述更显厚实和周详,力求让读者充分了解宝坻地方志相关资料的来龙去脉,对宝坻形成系统而完整的认知,可见这部志书编纂者在追根溯源、搜罗考据、旁征博引、确凿可凭方面下的功夫之深,修志功力之强。

比如,这部志书第一卷《职方》,无论是"星野""星占附",还是"沿革",三个分目都引述了大量的史料文献,对宝坻相关方志元素加以考证和佐证。所谓"星野",按古代天文学原理,天上有十二"辰",标识日月运行的轨迹;地上有十二"野",由官师掌管。地域的方位,以"野"对应"辰",确定其在国家版图中的地理位置。乾隆十年《宝坻县志》把"星野"作为全书第一个分目。为了证实宝坻地理方位和宝坻县域在历史上不同时代的归属,这部志书引述了《史记·天官书》、班固《汉书·地理志》《三统历》《后汉书·郡国志》《晋书·天文志》《新唐书·天文志》《辽史·地理志》《元史·律历志》《明史·天文志》以及《尔雅》、郑元《周礼·注》、皇甫谧《帝王世纪》等多达十几部历史文献中记载的相关资料。根据如此丰富的文献资料,上溯三千多年前的宝坻历史,深入考证宝坻地理方位,厘清宝坻行政区域归属变迁。

同样,"星占附""沿革"这两个分目所引述的历史资料所涉及的文献典籍也达十几部。可见,这部志书编纂者的资料挖掘之深刻、占有资料之周详、修志态度之严谨、用心用力之诚笃,从而使读者对宝坻县域的地理方位、历史沿革有了较为系统完整的了解和把握。

三、厚志人物,注重教化

"人物"在乾隆十年《宝坻县志》中占"核心"地位。这部志书从不同侧面、不同角度、不同角色、全方位记述宝坻人物,人物不局限于清代当朝,而且追记清朝以前的历史人物,以汉代为起点,记载不同朝代和时代宝坻本土以及与宝坻相关的人物,尤其不回避明朝宝坻的贤能之士。这部志书既记载男性人物,又有对女性人物的记述,不光直接记载人物,还在人物传记后附带一些评论。这部志书从第八卷到第十三卷,分别以职官、选举、封表、人物(上)、人物(下)、列女等七卷二十多个分目记载宝坻人物,这些人物包括县令、县丞、师儒、武备之士、科考举子、名宦、乡贤、文人、学士、孝子、在宝坻有建树的外地人、在外地有作为的宝坻人,以及烈节女子、孝行之女、懿范等。人物记述有详有略,有人物传,也有人物名录,全书收录的各式宝坻人物达千人之多,可见这部志书对人物记述之重视,体现了编纂者以人为本的修志理念。丰富多样的人物资料,成为乾隆十年《宝坻县志》重中之重的内容,也是这部志书的一个显著特点。

乾隆十年《宝坻县志》编纂者花费很大精力和工夫搜集自汉代以后宝坻人物资料,拿出大篇幅对人物资料进行编纂,然而又不是就人物记人物,而是通过丰富翔实的人物资料,弘扬人间正道和正气,以优秀人物的事迹感化人、引导人,以此彰显志书的"教化"功能和作用。比如,这部志书对明朝万历年间在宝坻任知县的袁黄分别在"县令""名宦""营田"等分目中加以记述。该书第十一卷《人物(上)》"名宦"分目"袁黄"(传)中这样记述:"字了凡,嘉善籍,吴江人,登万历丙戌进士。少善杨复所'为良之'之学,其文以圆悟为宗。戊子夏,知县事。是年雨多河溢,民大饥,市间薪粒俱绝,而所逋赋者犹不休,民不聊生。黄恻然悯之。至,即借俸以偿,所全活甚众。又其时,民苦浮赋,黄请免以万计。他若库子、厂夫、皇木车、花板石及贡银鱼诸费,不下数千。黄力为民请命,悉皆罢去,虽忤上官不恤也。潞王之国,供亿不赀,黄委曲调剂,事集而民不劳。邑之三岔口,蓟水逆入为灾,前令丁应诏椔石堵之。蓟民弗便也,议复开,黄以官争,卒得寝。当下车时,即为文祭神,以十四约,已而年岁果稔。遇旱潦,祈辄应。每断囚,谕以福善祸淫之说,因为感泣。一夕狱墙圮,因无逸者。其感神格人,多此类也。常刊《劝农书》《水利说》数千言,行之具有成效。既辛卯,西夏、朝鲜相继用兵,黄条上方略,延臣交荐,擢司马郎。将行,囊橐萧然,惟图书数车而已,送者皆为掩泣。后累官至太常卿。"这篇"袁黄"传,是乾隆十年《宝坻县志》人物传中用字最多、记述最周详的一篇传记,可见编纂者对袁黄的重视和敬重,以此弘扬明代万历年间宝坻县令袁黄为民请命、治县有方、除弊兴利、造福百姓的善政和义举,不仅具有资政作用,而且教化效果更为明显。

值得一提的是,乾隆十年《宝坻县志》并没有因为明朝被清朝推翻,而对明代官员存在偏见和嫌弃,而是将前朝旧吏名宦赫然入志,不吝笔墨,较为详细地记述万历年间宝坻县令袁黄等明代名宦的为官政绩,表达对这些前朝人物的敬意。由此可见,以洪肇楙为主编的《宝坻县志》编纂者的大度与包容,并有鲜明的正义感。尤其是,乾隆十年《宝坻县志》收录的洪肇楙对"袁黄"的评论:"余至宝坻,每闻民间称述先生莅任时事,津津焉如将见之者,既读《劝农》《水利》诸书,委曲周详,入人肺腑,宜民之历久而不谖也。"更使读者感到,洪肇楙对袁黄评价之高、敬佩之深。如此传递为官正气和务实亲民之风,让这部志书的资政和教化作用更为明显。

应该说,乾隆十年《宝坻县志》对人物的记述以及其他相关方志资料的收集和编纂,均以扬善抑恶为主旨,以彰显忠义孝节为重点,用志书中记载的人物以及其他有关资料启发后人、教育后人、激励后人,达到教化作用。正如洪肇楙在他为乾隆十年《宝坻县志》写的序中说:"编修志书,为的是可以流传,可以效法。宝坻这样一个小地方,有时兴盛,有时衰废,历时三千余年,才像现在这样发达。我大清圣朝,恩德广施,一反前代的衰败,如日中天。确定赋税,免除丁役,整修田地,治理水患,其中重大事件、人物,写也写不完。用这些来劝导百姓,弘扬将要中断的传统,让千秋万代永远纪念我朝的盛大功绩。"虽然这段表述带有封建忠君色彩,但足以说明洪肇楙主持编纂乾隆十年《宝坻县志》的初衷重在"教化",充分说明盛世修志,教化为先,地方志的教化作用得到高度重视。

四、述作结合,以述带论

乾隆十年《宝坻县志》的行文方式并不像现在修志采取"述而不作"的做法,而是述作结合,一些资料记述之后加上赞语或评论,予以评说,其中人物志部分尤为明显。前文所述袁黄,不仅有袁黄传记,而且在其传记之后编入洪肇楙撰写的赞语,对袁黄为官和政绩进行简明扼要的评论,表达编纂者的爱憎好恶。类似的例子,在这部志书中颇为常见。比如,该书第十一卷《人物(上)》"名宦"分目的记载后唐人物赵德钧,传记之后便有"赞曰:'德钧受唐厚恩,不思竭力捍难,而转欲效敬塘所为,何其谬也！然废帝本以异姓篡宗,德钧即耻为用之,又素不居敬塘下,则发愤为雄,亦五代诸君之故态耳。幸则为敬塘,不幸则为德钧,德钧岂逊敬塘哉？若夫坐镇芦台,榷盐通运,是方富庶由此而开,言名宦者,所以必首列也'。"这一评论,夹叙夹议,既是对五代后唐名将,在宝坻因榷盐而颇有建树的赵德钧的人物传记的深化,又对赵德钧本人作了较为客观的评价,指出其优缺点,并把他和被称为"儿皇帝"的后晋高祖石敬塘相对比,阐述赵德钧优于石敬塘,所以把赵德钧列为这部志书人物传"名宦"中的第一人。如此评述,帮助读者更加深刻地认识了赵德钧其人其事。再有,对曾任宝坻知县的何文信、庄襗、陈文滔、赵国鼎、高廷延、王弘祚、牛一象、伍泽荣,宝坻的乡贤阳球、杨杰只哥、蔡完者不花、刘英、高敏学、王好善、张奇勋、王溥、杜立德、杜懋哲、芮昌龄、芮淮,宝坻文人名士王师旦、王瑛,宝坻孝义之士袁玺、张改、王居仁,以及宝坻列女李氏、万氏、王氏、郑氏、尹氏、芮氏、张氏、刘氏、杜氏等多人的传记之后均有赞语。这些评论性语言主要是对所记人物给予肯定,并且诠释他们的精神风范,给人以启示和教益。

乾隆十年《宝坻县志》不仅在多篇人物传记中有赞语,而且在其他方志资料之后也有相应的评论。如该书第一卷《职方》"沿革"、第二卷《形胜》"附八景"、第三卷《建置》"县治"、第四卷《祀典》"庙祠"、第十卷《封表》"附坊表"、第十四卷《拾遗》"国朝"、第十五卷《别录》"义冢"等多个分目中均有"论曰"(评论)。可见,评论在这部志书中是不可缺少的一部分,而且评论言简意赅、画龙点睛、切中要害,吸引读者关注。由此说来,当时的地方志编纂,除了把记述人和事以及编纂方志资料作为志书主体外,评论也是志书的一种不可或缺的行文方式。"述作结合,以述带论",成为乾隆十年《宝坻县志》又一特点。

尽管今天我们编纂地方志书倡导和遵循"述而不作",但我们从乾隆十年《宝坻县志》"述作结合"这一特点中领略到洪肇楙等编纂者不仅具有修志记事之功,而且对地方性历史人物和事物的认知和评价能力也很强,可谓才、胆、识俱全。

五、广揽人才,合力修志

编纂一部高质量的地方志书着实不易,何况乾隆十年《宝坻县志》只用了短短六个月就编纂成书、投入刊刻,更是不容易。然而,作为编纂主持者,洪肇楙决心很大,不仅身体力行,直接参与这部志书的编纂,还根据志书编纂需要多方延聘人才,组建一支实力较强的编纂队伍。洪肇楙在物色修志人才时,不局限于宝坻本县,而且放开眼界,从县域以外招揽多位精通修志的专门人才,汇聚修志力量。如洪肇楙在乾隆十年《宝坻县志》所作的序中说,他任宝坻知县之初,就有了编修宝坻县志的想法,并与县内乡绅商议此事,还把前任宝坻知县伍泽荣撰写的志稿拿出来,请大家参考。洪肇楙公务之余广泛搜集前代的文献,并购买与宝坻相关的著名人士的文集,还到乡野进行实地考察,走访宝坻老人,深入了解宝坻人文历史,积累的历史和方志资料逐渐增多,修志的念头日益强烈。为了把《宝坻县志》编纂好,洪肇楙考虑到修志必须有得力的人才。他的同窗、江阴人士、宫廷教习、甲子年(1744)副贡蔡寅斗(字芳三)在修志方面颇有造就,是当时博学典雅之士。洪肇楙便把蔡寅斗请到宝坻,让他担任《宝坻县志》的"分辑",直接负责志书编纂。洪肇楙还经常与蔡寅斗探讨修志具体事宜,一同破解修志中的难题。蔡寅斗为编纂这部志书倾注很多心血,发挥了重要作用。从乾隆十年《宝坻县志》编纂人员名录看,除了蔡寅斗不是宝坻人,纂修(主编)洪肇楙的协理共有四位,分别是直隶省南乐人、故城人、浙江萧山人、江南武进人,三位校阅人员分别是江南宝山人、浙江上虞人、绍兴人武清籍,三位绘图人员两位是山阴人、一位是会稽人,誊录人员两人中一位是绍兴人,在编纂人员名录25人中宝坻籍以外的人士达13人之多,12人为宝坻本县人。可见,为完成这项重要的修志工程,洪肇楙对人才的延揽选用十分重视,以至于组建了一支县内外修志人才组合而成的带有"五湖四海"色彩的志书编纂团队,正是众多人才合力修志,为乾隆十年《宝坻县志》只用短短六个月就完成编纂提供了有力的人才支撑和专业力量保障。

诚然,为了编纂这部志书,洪肇楙作为纂修(主编),花费了最多的心血和力量。他不做"挂名"主编,身体力行,组织协调编纂事务,搜集和查考文史、方志资料,带头做好资料鉴别、校订、编纂工作,还执笔为这部志书作序,并将他在宝坻任职期间撰写的大量诗、文加以整理,编入这部志书,充实了书中的资料,他还为一些人物传记和事物资料撰写赞语或评论。正是作为主编的洪肇楙身先士卒,带动了乾隆十年《宝坻县志》编纂"团队"齐心协力编好这部志书,使这部志书在较短时间成书付梓,并成为一部质量上乘的县志专著,不仅受到当时人称赞,而且被后世所称道。

还值得一提的是,洪肇楙凭借自己的人脉,在乾隆十年《宝坻县志》成书之际,请当时政界和学界八位知名人士分别为这部志书作序或题跋,连同洪肇楙自己写的序,一同推介这部志书,扩大这部志书的影响。其实,这也是洪肇楙借助人才和人脉优势,扩大乾隆十年《宝坻县志》宣传,让这部志书引起广泛的关注,以帮助这部志书发行和流传而采取的一项务实举措。乾隆十年《宝坻县志》得到作序者和题跋者的一致好评。时任顺天府尹的蒋炳在给这部志书写的序中说,"这是洪肇楙兴利除弊、改良风俗的寄托,希望后来的人都读这部志书,把地方治理得更好。"时任直隶总督、兵部尚书的那苏图为这部志书作序并手书,称赞这部志书"既可以取信于今天,也可传之于后世"。

[王宗征,退休前为天津市宝坻区档案馆(区方志办)三级调研员、馆党支部委员]

参考文献:

[1]洪肇楙,蔡寅斗纂修.宝坻县志18卷[M].1745.

清初写实小说《海角遗编》版本流变考

A Study on the Various Editions of the Early Qing Novel *Haijiao Yibian*

张 悦

摘 要:《海角遗编》是一部编纂于清初的写实小说,记载了顺治二年(1645)易代之际发生于常熟、福山地区的各种史事,具有重要的史料价值。因其内容的特殊性,它在整个清代仅以抄本的形式流传,且在传抄过程中遗漏了原作者。《海角遗编》存世抄本众多,可以分为稗史本和章回本两大系统,学界对《海角遗编》的版本流变过程尚存有异议。通过新发现的材料推测《海角遗编》的原作者为明遗民陈瑚,经梳理文本发现《海角遗编》的稗史本产生在前,章回本据稗史本改编、扩写。章回本中的六十回本产生在前,三十回本根据六十回本整理而成。

关键词:《海角遗编》 版本流变 陈瑚

《海角遗编》是一部编撰于清初的写实小说,记载了明清易代之际发生在常熟、福山地区的种种世相。因其内容多涉及清兵对常熟、福山地区乡民的屠杀,有清一代,《海角遗编》仅以抄本的形式私下流传,且在流传过程中分化出稗史本和章回本两大版本系统。学者们多将《海角遗编》的章回本当作时事小说。《海角遗编》具有重要的研究价值,主要体现在以下两个方面:其一,作为一部写实小说,《海角遗编》保留了不为正史所记的易代之际的战乱,为我们提供了易代时期的战争史料;其二,《海角遗编》所记多为常熟、福山地区乡民们的生平遭际,是一部重要的乡邦文献。

目前学界对《海角遗编》研究较少,仅在时事小说的大类研究中简要提及,对它的专题研究集中于《海角遗编》的版本梳理。黄人①、蒋瑞藻②、孙楷第③、阿英④、谢国桢⑤等人著录了《海角遗编》的不同版本,后续的研究者对《海角遗编》不同版本的先后顺序展开讨论但没有定论。另外,人们根据《海角遗编》的卷首序言或题记将其作者定为七峰樵道人或漫游野史,但不知其真实身份,目前只有杜近都在《清初遗民章回小说研究》中提出七峰樵道人可能是来集之⑥。笔者结合新发现的材料推测出《海角遗编》的原作者为明遗民陈瑚,创作时间为顺治四年(1647),七峰樵道人和漫游野史均为后来的整理抄录者⑦。本文着重对《海角遗编》的版本源流过程进行梳理。

一、版本著录与现存情况

《海角遗编》现有抄本 29 种,这些抄本可以分为稗史本和章回本两大系统。简列于下:

(一)稗史本

1. 一卷清抄本,卷首题"海角遗编删定本",上海图书馆藏。无序跋,正文前题"海角遗编,见复陈祖范删定"。下文统称此本为"陈删本"。

2. 一卷清抄本,题"海角遗编",收录于《海虞杂志二十五种》丛书,南京图书馆藏。漫游野史纂,佚名编,无序跋。

3. 一卷清抄本,题"海角遗编",收录于《海虞杂志十五种》丛书,《稀见清代四部辑刊》将其影印⑧。七峰樵道人序,佚名编。

4. 一卷清抄本,题"海角遗编",收录于《海虞杂志十五种》丛书,上海图书

① 黄人:《黄人集》,上海文化出版社,2001,第 316 页。
② 蒋瑞藻:《小说考证》,浙江古籍出版社,2016,第 328–329 页。
③ 孙楷第:《中国通俗小说书目》,作家出版社,1957,第 71 页。
④ 阿英:《小说三谈》,上海古籍出版社,1979,第 14 页。
⑤ 谢国桢:《晚明史籍考》,华东师范大学出版社,1981,第 668–669 页。
⑥ 杜近都:《清初遗民章回小说研究》,深圳大学,硕士学位论文,2019,第 10 页。
⑦ 张悦:《清初小说〈海角遗编〉作者考》,《文教资料》2003 年第 24 期。
⑧ 《海角遗编》,《稀见清代四部辑刊》第七辑第 58 册,学苑出版社,2016。

馆藏。漫游野史纂,佚名编。

5. 一卷清抄本,题"海角遗编",收录于《海虞杂志十三种》丛书,复旦大学图书馆藏。七峰樵道人序,漫游野史纂,佚名编。

6. 一卷清抄本,题"海角遗编",收录于《南郭草堂劫余遗书》①丛书,上海图书馆藏。无序跋。

7. 二卷清抄本,卷首题"海角遗编二卷",收录于《明季稗史七种汇钞》,南京图书馆藏。无序跋。

8. 一卷清抄本,题"海角遗编",收录于《乡国纪变》丛书,藏于国家图书馆。七峰樵道人序,漫游野史纂,胡慕椿辑。下文统称此本为"乡国纪变本"。

9. 一卷清抄本,题"海角遗编",宁波天一阁博物馆藏。七峰樵道人序,漫游野史纂记,常熟周氏鸽峰草堂抄录。

10. 一卷清抄本,题"海角遗编",收录于《海虞杂志十三种》丛书,藏于国家图书馆,未经眼。

(二)章回本

1. 六十回本

(1)清抄本,题"海角遗编",上海图书馆藏,收录于《古本小说集成》丛书②。此版本较为通行,下文统称此本为"集成本"。

(2)清抄本,题"七峰遗编",北京师范大学图书馆藏。不分卷,无作者名,无序跋。

(3)清抄本,题"海角遗编",北京大学图书馆藏,不分卷。下文统称此本为"北大藏本"。

(4)题"海角遗编",道光十五年(1835)张翼成抄本,实存第十三至六十回的四十八回,山东大学图书馆藏,未经眼。

(5)清抄本,题"海角遗编",不题撰人,藏于国家图书馆,未经眼。

---

① 按,此丛书似出于俞锺颖之手。俞锺颖(1847—1924),字君实,一字又澜,晚号城南渔隐、南郭老人,常熟城区人。著《南郭草堂诗文集》《归田集》《耐斋奏疏文牍存稿》《而斋随笔》《遁渔随笔》等。

② 《海角遗编》,《古本小说集成》第二辑第65册,上海古籍出版社,2017。

2. 二卷不分回本

清抄本,题"海角遗编",藏于厦门大学图书馆。不著撰人,无序跋。

3. 二卷附题辞本

(1)清抄本,题"海角遗编",南京图书馆藏。七峰椎道人序,无回目。

(2)清抄本,题"海角遗编",中山大学图书馆藏,收录于《清代稿抄本》丛书①。卷首题七峰椎道人序和雨窗序,无回目。

4. 三十回本

清抄本,卷首题"新编海角遗篇全传",无序跋,北京师范大学图书馆藏,收录于《北京师范大学图书馆藏稿抄本丛刊》②。

5. 四卷四十回

此书未得见,不知藏于何处。徐兆玮、黄人、庞树柏、孙楷第、鲁迅、黄毅等人曾提及四卷本的存在③,但不知众人所言是否为同一种版本,存疑。

(三)厦大一卷本

一卷清抄本,卷首题"海角遗编",下题"七峰遗编",厦门大学图书馆藏。正文前题"海角遗编""尚湖无闷道人述""七峰樵老人校"。正文前半部分抄录稗史本,后半部分抄录章回本,其语言比所依据的稗史和章回小说均简略,下文统称此本为"厦大一卷本"。

(四)体例、回目不明本

1. 一卷清抄本,题"海角遗编",漫游野史纂,国家图书馆藏,未经眼。

2. 一卷清抄本,题"海角遗编",漫游野史纂,苏州大学图书馆藏④,未经眼。

---

① 《海角遗编》,《清代稿抄本》第四编第 195 册,广东人民出版社,2013。

② 《海角遗编》,《北京师范大学图书馆藏稿抄本丛刊》第 46 册,国家图书馆出版社,2011。

③ 参见徐兆玮:《徐兆玮日记》,黄山书社,第一册,第 467 页;第二册,第 1090 页,第 1104 页。黄人:《黄人集》,上海文化出版社,2001,第 316 页。蒋瑞藻:《小说考证》,浙江古籍出版社,2016,下册,第 328—329 页。孙楷第:《中国通俗小说书目(外二种)》,中华书局,2012,第 59 页。鲁迅:《小说旧闻钞》,鲁迅先生纪念委员会编,鲁迅著:《鲁迅全集》,花城出版社,2021,第 10 卷,第 102 页。黄毅:《海角遗编》前言,上海古籍出版社,1994,第 1-2 页。

④ 成敏"苏州大学图书馆藏有大开本《海角遗编》刻本"的说法有误,见成敏《明末清初时事小说研究》,北京语言大学出版社,2013,第 161 页。

3. 一卷清抄本,题"海角遗编",收录于《虞阳说汇二十九种》丛书,漫游野史纂,菰村渔父编。原藏于上海图书馆,后藏于常熟市图书馆①,未经眼。

4. 二卷清抄本,题"纂定海角遗编",漫游野史纂,菰村渔父编,收录于《虞阳说汇二十九种》丛书,常熟市图书馆藏,未经眼。

5. 二卷清抄本,题"海角遗编",辽宁大学图书馆藏,未经眼。

6. 一卷清抄本,题"海角遗编",天津图书馆藏,漫游野史撰,未经眼。

7. 一卷清抄本,题"海角遗编",福建省图书馆藏,漫游野史纂,未经眼。

8. 三卷清抄本,题"海角遗编"。未见此书,也不知收录于何处,仅据《国立中山大学图书馆善本书跋(续)》知其存在②。

二、章回本系由稗史本改编而来

《海角遗编》抄本众多,关于两大版本出现的先后顺序学界存在争议。张俊、郭浩帆认为章回本产生在前,稗史本产生在后,三十回《海角遗篇》和"乡国纪变本"均是六十回《七峰遗编》的整理本:

> (乡国纪变本)主要内容与二卷六十回本《七峰遗编》全同。从其卷首所引七峰樵道人序及书中文字看,当是小说《七峰遗编》的一个整理本,惟改之以史裁,逸出了小说的范围。

> (三十回《海角遗篇》)其扉页题"丁酉后八月怡斋书扉"。有清一代,逢"丁酉"有五,最早为顺治十四年(1657)。七峰樵道人《七峰遗编序》署"大清顺治戊子夏月",即顺治五年(1648),据此,则此书抄写的年代,当不会早于顺治十四年(1657)。

> 据《七峰遗编》序所署年月可知,《七峰》成书当在顺治五年(1648)。《海角遗篇》的成书年代,目前尚不能确定……其成书当在《七峰》前后,即顺治五年(1648)左右……其卷首书名题《新编海角遗

---

① 曹培根:《瞿氏铁琴铜剑楼研究》,苏州大学出版社,2008,第205页。

② 朱偰:《国立中山大学图书馆善本书跋(续)》,《国立中山大学文史学研究所月刊》1934年第5期,第145-155页。

篇全传》,既云"新编",则当有"旧作"或依傍,而这"旧作",或是《海角遗篇》原本,或即指六十回本《七峰遗编》。如是后者,则这个"新编"的抄本乃是以《七峰》为底本,并加以删节、整理而成……我们姑且认为此书(三十回《海角遗篇》是对《七峰遗编》"删繁就简"的一个整理本,其产生的年代当不会早于顺治十四年(1657)。如果其所据"旧作"是一个叫做《海角遗编》的原本,那么,其产生年代也不会早于《七峰遗编》。①

此后,欧阳健沿用张俊、郭浩帆的观点,并进一步指出文言杂史本比白话小说本语言简洁,"生动地反映了'时事小说'向史书过渡的趋向"②。

张俊、郭浩帆的推测出现了错误,现一一指出。

其一,"丁西"年和"怡斋"的身份。过去学者大多以为怡斋为清人,实际上,怡斋为当代人程质清。程质清(1917—2000),号怡斋,江西婺源人③。结合程质清生平知,此丁西年为1957年非顺治十四年(1657)。

其二,成书年代。在拙文《清初小说〈海角遗编〉作者考》中,笔者指出,七峰樵道人最初的序仅题"戊子","顺治戊子"出于后人的界定,实际上,七峰樵道人所题的戊子年为康熙戊子(1708)④。这一序言广泛存在于《海角遗编》两大版本系统的多个版本中,且六十回《七峰遗编》前并没有此序,张俊、郭浩帆以"乡国纪变本"前的"七峰樵道人序"断定《七峰遗编》成书于顺治五年(1648)不够严谨。

其三,张俊、郭浩帆并没有说明"乡国纪变本是小说《七峰遗编》的一个整理本"的理由。实际上,《海角遗编》有众多抄本,章回本《七峰遗编》是根据稗

---

① 张俊、郭浩帆:《〈七峰遗编〉〈海角遗篇〉钞本漫谈》,《明清小说研究》1990年第增1期,第220-230页。

② 欧阳健:《超前于史籍编纂的小说创作——明清时事小说新论》,《文学遗产》1992年第5期,第80-90页。

③ 参见北京师范大学图书馆编《北京师范大学图书馆藏明刻孤本秘笈丛刊》,广西师范大学出版社,2010,第23册,第223页和佘沛章的《〈边镇地图〉考辨——以绘制时间、参考祖本和部分人物为中心》,《历史地理研究》2022年第4期,第128页。

④ 张悦:《清初小说〈海角遗编〉作者考》,《文教资料》2023年第24期,第6-9页。

史本进行改编扩写的(见下文),且其依据的底本不一定是"乡国纪变本",或许是"乡国纪变本"的祖本与其极为接近的稗史本。

关于稗史本和章回本产生的先后问题,黄毅提出相反的观点,他认为章回本是根据稗史本扩展而成的:

> (六十回《海角遗编》)本书叙顺治二年(1645)清兵攻占常熟事,系据同名文言杂史《海角遗编》扩展改编而成。杂史《海角遗编》不分卷,题"漫游野史纂"。卷首亦有"大清顺治戊子夏日七峰樵道人书于朱泾佛堂"的《原序》……其他文字基本相同,两书内容、排列亦大体相同。杂史中的小标题多为小说中之回目……两书文字上亦无大出入,仅稍稍通俗一点而已。此外,小说中每一回卷首多有一、二诗词,为杂史中无。
>
> 小说当作于杂史之后。杂史所记皆为顺治五年(1648)以前的事情,小说中则多次提到顺治五年以后之事……两书卷首的七峰樵道人所作序,原当为杂史之序,小说则是移录杂史之序而稍作改动。故在没有找到新的证据之前,不应贸然将小说的作者定为七峰樵道人。

沿用黄毅观点的学者有李化坤[①]、成敏[②]、段启明和张平仁[③]等人。我们认为,黄毅以冯舒事件为例说明"杂史所记皆为顺治五年(1648)以前的事情,小说中则多次提到顺治五年以后之事",并由此推断"通俗小说系据同名杂史小说《海角遗编》扩展改编而成"的做法非常合理。但是黄毅忽略了一个细节,即稗史本(笔者经眼的所有稗史本)也出现了"五六年后"的记载,即"孔昭见势迫,率残兵下太湖而去。五六年后,闻其止穿布褶、戴毡帽,步行经常熟至福山,人犹有识之者"。拙文《清初小说〈海角遗编〉作者考》已考证出《海角遗编》为陈瑚作于顺治四年(1647),《海角遗编》中出现的"五六年后"应为后来的改编者加入。此外,黄毅"两书卷首的七峰樵道人所作序,原当为杂史之序"的观点

---

① 李化坤:《明末清初时事小说艺术分析》,辽宁大学,2002,第28页。
② 成敏:《明末清初时事小说研究》,北京语言大学出版社,2013,第161-162页。
③ 段启明、张平仁:《历史小说简史》,山西人民出版社,2005,第98页。

可以修正,此"七峰樵道人序"实出于陈瑚之手①。

那么,稗史本和章回本的先后顺序究竟是怎样的呢? 我们通过比对以"乡国纪变本"为代表的稗史本和"集成本"为代表的章回本发现,章回本确是根据稗史本改编扩写的,举例于下表:

表1 "乡国纪变本"与"集成本"对比

"乡国纪变本"②	"集成本"③
五月十一日,大清兵入南都执宏光帝。礼部尚书钱谦益降。知县曹元芳逃。 　大军于初九日渡镇江,十一日进逼南京。宏光帝奔黄得功营。刘良佐执帝献之大清。得功自刎死。 　谦益少掇巍科……清明二代词臣。 　元芳,浙江嘉兴人。闻南京破,宏光帝被执。乘夜令妻孥先出城。次早托言谒上司,飘然而去。 　时郡中各官,巡抚霍达、巡按周元泰、知府陈师泰、同知文王辅、推官万适、长洲知县李实、吴县知县吴梦白等皆一夜逃空。	**第二回 镇江闸胡马云屯 板子畿水师瓦解** 　(诗词略) 　……既而清兵初九日渡镇江,十一日进逼南京,弘光皇帝潜奔靖南侯黄得功营,刘良佐降于清朝,骗得功伏毒箭射伤之……得功忽已抽刀自刎…… **第三回 贤太史见危改节 劣知县闻变挂冠** 　(诗词略) 　贤太史,翰林钱谦益也……清明二代词臣。 　本县知县曹元芳,嘉兴人,五月中旬闻南京失守,皇帝出狩,乘夜令妻子先出城,次早托言谒上司到府,飘然而去。 　郡中知府各厅一夜逃空……

---

① 《清初小说〈海角遗编〉作者考》,《文教资料》2023 年第 24 期,第 6-9 页。
② 胡慕椿:《乡国纪变》,抄本。
③ 《海角遗编》,《古本小说集成》第二辑第 65 册,上海古籍出版社,2017。

续表

"乡国纪变本"	"集成本"
	第四回 郑总镇兵溃逃闽海 刘操台师归收福山 （诗词略） 　　自五月十七日起，江中炮声不绝。舟师蔽江而下……文武操江刘孔照，诚意伯苗裔也……由福山塘取道，思进据苏州……虽是正兵三千，那各船俱有老小及趁船亲识，通共何止数千人。地方从来未见如此兵众，莫不骇然。
胡来贡导引刘孔昭溃兵来假道。 　　自五月十七起，江中炮声不绝。四大营水师蔽江而下……操江刘孔昭，诚意伯刘基之裔也，欲进据苏州，遂由福山港而进。而为之引导者，则邑人胡来贡也……隶麾下……刘标下有太平营总兵徐观海者，江阴人……遂取道福山塘。 　　塘垣三十六里。时久旱，又值小汛，内河乏潮。舟至谢家桥，胶浅不得行。而孔昭所统水师共总兵三十员……居民耳目未经，各相震骇，一时骚然。 　　二十四日，火攻营卒数十人，掠朱泾高振复家鸡鸭……然罪亦不至此也。 　　时孔昭迫欲赴郡，凡所经桥梁，恐碍船行，尽行拆毁。两塘居民皆褰裳涉水而渡……观海白之孔昭，孔昭从之。	**第五回 正军法高复振得志 打兵丁顾二蛮丧身** （诗词略） 　　操江坐船二十四日搁在谢家桥下，有火攻营兵数人，走到朱泾内高复振家捉鸡鸭……然罪不至死，而竟置之死地也。是故纵兵丁之渐，后在本县做出许多蹊跷的事，即此就见其一斑矣。
	第六回 耀乡邦胡龙光做官 速军行徐观海献策 （诗词略） 　　胡龙光讳来贡，本县五渠村人……投刘操江标下……徐观海，江阴人……胡龙光劝收福山港，操江以常熟地近苏州，听了来贡之言。 　　谁知正值久旱，潮又小汛，不通；又闻大清已破常州府，操江要往苏州，急如星火，耐舟胶莫可如何。此时兵临入境，凡经过桥梁，俱已拆断，两塘往来居民都是涉水……观海大喜，是晚密禀操江，依计而行矣。
十三日，大清兵至南门塘，时敏弃营遁，胡来贡闭六门自保。严杙率众战于陈学士桥，又战于南社坛。 　　……七峰樵道人曰，是役也，杙等所部民兵，皆战气百倍，而卒不能取胜。由西庄至社坛及通河桥一带，虽城外而民居稠密，唯用火烧屋，可以制敌，使不敢近前一步。……而严官以乡里故，不忍出此。更以训练日浅，部下乡兵纪律未娴，故不能制胜云。	**第二十七回　何练兵南社坛交锋　杜典史通河桥拒敌** 　　……是役也，三人所部皆战，气百倍之，民兵卒不能取胜，何也？良由西庄至社坛通河桥，虽系城外，俱是民居稠密之处，即古城中巷战也。巷战之法，伏兵屋内，惟用火烧屋，斯人不能藏身，又可以助威，……子张虽晓其故，然既籍民兵之力，自然体恤民情，无烧民房之理；更兼训练日浅，终不比纪律之师，所以不能得志耳。

"乡国纪变本"	"集成本"
十四日辰刻,城破,诸生徐守质等死之。 ……有金老姜者,老官家老优也。长鬃帽,大袖青衣,率众执香跪迎。……语方毕而头已落地,盖优人素习谑语,至死不改也。余人见之皆走,其少迟者皆被杀。 庠生冯舒字已苍,积学负气,时在孙布政光甫家。闻城破,急出南门,为大军所获,受缚于舻艎中,伺守者少懈,以手就架上刃断其缚,淜水而逃。其弟诸生知十字彦渊,亦被获不屈死。 ……其阖门死义者,为秦君台秦固,大河旧族也,父子俱业儒,居太平巷西甜瓜井头。城破僮仆劝之逃,君台曰:"吾家世崇节义,即不幸,当父子夫妇同死。"乃整衣冠端坐于室。初次兵入,掳其幼子去。……幼子掳至南门,大哭赴水死。 ……钱牧斋家在半野堂,诸庠士以其为邑中降官,可借以免,竞往匿于绛云楼下。后闻邑中被杀于家者,绛云楼独多,皆儒巾儒服者。 其死之最惨者曰陈汝扬,司空必谦之从弟也。平日倚司空势,多为不法。……三日后人见而解其缚,喉中尚有余气,呜呜作声。观者弗忍正视焉。 金李庵桥有金姓者,受菩萨戒,焚修茹斋。……身被三刀,不死。亲族见而舁至其家乃毙。 周秋卿者,幼随父官闽粤,习兵事。……其兄曰明甫,见而泣负之归,医疗□余□□,此特万之一耳。 ……至若方破城时,百姓欲出城逃避,皆阻于胡来贡所遣守门兵,欲出则挥刀拦截之,男女老幼哭声载道。又午后大雨,至夜分不止,人尽跐蹋于泥淖中。及胡营守门兵散去,然后跟跄出窜。其不及者,无问贵家	**第二十九回 抢头刀金老姜应数 强出头冯长子遭擒** (诗词略) ……金老姜,陆宦班唱丑老优也。南塘岸上,老姜头戴长棕帽,身穿大袖青衣,首先拈香跪接……遂被一刀砍了。老姜至死尚以为做戏也。后边人见不是头,走得快者活了,走不及者俱被杀死。 先是金李庵桥有姓金者,茹斋善士,平日焚香念佛诵经,不轻菩萨者。……身被砍三刀不死,十六日亲族寻着,抬至家而后殂。 冯长子,南门冯己苍,身长力壮,……盖秀才而任侠,终不脱书生气象也。是时在孙光甫家午饭,……踱到南门,……为清兵所获,其弟庠士冯三亦被获,大骂不屈而死。……己苍觇守者稍宽,徐以手就刃断缚,翻身跃入水中,以素识水性投水而遁,得脱虎口。<u>后五六年以忤贪官瞿知县,打死于狱中,士林冤之。</u> **第三十四回 秦君台阖门死难 夏德琏三代生全** (诗词略) ……如秦君台大河秦氏父子,俱处馆业儒,……城破,僮仆拉之去,辞曰:"我家忠孝为本,即有不幸,且喜骨肉多在一处,断不可使内眷出乖露丑。"……方知彼时父子皆衣冠齐整,安坐在家。第一次兵进门,先擒其幼子去……幼子亦放声大哭,投水而死。 **第三十二回 战城中壮士横尸 避相府秀才喋血** (诗词略) ……相府钱牧斋家半野塘绛云楼也,书生鹅气,不约而同,读书人见识,俱道牧斋降过清朝,身将拜相,家中必然无兵到的。……第三日人传说,惟有绛云楼上杀的人多,且大半是戴巾,平日做秀才,读书人面孔。

续表

"乡国纪变本"	"集成本"
平民、老幼男女悉为大兵随路掩杀。凡通衢小巷、桥畔河干、败屋眢井,皆积尸累累,通计不下五千余人,而男女之被掳而去者不与焉。 唯北旱门士民千余人,携挈眷属,欲出城避,为胡来贡守门兵所遏,方进退两难。适丁景素乘马至。……于是门启,景素故缓辔,待千余人及其眷属尽出,乃始纵马而去。景素,名元炳,福山人。官授团山都司,解饷板子矶,为镶蓝旗张某部下所获,以舌辨得不剃发,释归。来贡与之有旧,延为幕宾,故守门兵信之。	**第三十五回 绑旗杆陈汝扬惨死 抬板门周秋卿得生** (诗词略) 陈汝扬,大司空益吾徒弟也。……然性贪饕,往往仗势诈人,做事不正。……第三日兵去后,里人见之,以刀断其缚,而喉中尚有余气作声,惨死之状观者不忍正视焉。 周秋卿,自幼随父仲禹久宦广东、福建间,以读书人兼习弓马知兵法者……伊兄明甫进城,用板门抬归,医疗得生。今闻其在广,官任广东雷州府同知,然亦未确,盖有大难不死也。
	第三十回 丁景素力救北门民 褚德卿义释邹氏仆 (诗词略) 丁景素讳元炳,住福山塘上新桥下。弘光朝官授圆山都司。……景素随刘诚意舟过金山脚下,为镶蓝旗张部所获,以舌辩得不剃发放归。胡龙光与之有旧,……延为幕宾。十三日午后,猝闻大兵至,士民走集北旱门,为守者所遏不得出,众方惶惶无措。适景素乘马至,……门启,景素故缓辔,待士民走完然后去,所救何止千余人。
	第三十三回 冒风雨泥涂士女 遭屠戮血染街衢 (诗词略) 十三日上午天气晴明,下午阴云四合,黄昏起大风,至十四日辰时下雨,午时如注,直至一更方止。是日辰时城破,胡家营守门兵去后,百姓方得出城,其男女老幼得挨挤出城者,但见额伤血污,跣足蓬头,觅子寻爷,呼兄唤弟,哭哭啼啼,……其在城中走不出者,无问老少贵贱男女,一个个都做刀头之鬼,但凡街上、巷里、河内、井中与人家屋里,处处都是尸首,算来有五六千人。

对比上述片段的两个版本可以发现,其一,稗史的小标题变成章回小说的回目。章回小说根据自己叙事的需要调整稗史的内容,有时截取稗史一部分,

后又附加其他内容，或将稗史的语言稍加润色为通俗白话。如章回小说将稗史"胡来贡导引刘孔昭溃兵来假道"一节分为三回进行叙述，且将稗史的部分文本进行挪移，稗史中居前的"胡来贡、徐观海部分"（虚线标注）放在了章回小说的第六回，稗史中的"民众哗然"（直线标注）部分稍后，反而放在了章回小说的第四回。稗史的叙述顺序自然顺畅，逻辑清晰，对徐观海、胡来贡的介绍紧跟对刘孔昭的介绍更加合理自然，而章回小说的这部分之前插入了"民众哗然"和第五回的内容，并将"船搁浅不行"一事在第四、五、六回反复记述，文本经过挪移显得文意不连、逻辑中断。

又如在稗史"十四日辰刻，城破，诸生徐守质等死之"一节集中出现的十四日城破时各种人物事迹，散乱地分布在章回小说的第二十九、三十、三十二、三十三、三十四、三十五回，并填充了部分细节，但章回小说的扩充书写导致叙事逻辑中断。稗史中"城破时遇到大雨，百姓难以逃生"（直线标注）和"丁景素于城破时救人"（虚线标注）是城破时发生在两个城门的事件，放在稗史本中一起讲述更加通顺，而章回小说把两部分打散放在第三十回和第三十三回，没有稗史本衔接自然。对比两种版本发现，此类做法还有很多，不一一赘述。

其二，章回本"第二十七回"与稗史本"十三日严杙与清兵打仗"事件后均有一段关于这场战争的评语（直线标注），两者内容相近，但稗史本比章回本多出"七峰樵道人曰"六字，由此也可推知章回本根据稗史本扩写，而非稗史本根据章回本删节。

其三，章回本的冯舒事件和周秋卿事件均比稗史本多出两个人物易代后的经历（直线标注），也可作为章回本比稗史本晚出的辅证。

由此可以断定，章回本是根据稗史本改编扩写的，张俊、郭浩帆认为"乡国纪变本"是六十回《七峰遗编》的整理本不符合实际情况，欧阳健"生动地反映了'时事小说'向史书过渡的趋向"的观点也无立足之处。

三、"三十回本"系由"六十回本"改编而来

"六十回本"笔者经眼有三种，一为"集成本"，一为"六十回本"《七峰遗编》，一为"北大藏本"。对比发现，这三者同出一源，内容非常接近。

"集成本"抄写更为精细,内容也更为翔实,《七峰遗编》讹误较多。如第十六回,"集成本"作"土宝国",《七峰遗编》作"生宝国";第十七回,"集成本"作"闻止剩两个将官",《七峰遗编》作"闻上剩两个将官",均是明显的因形似而产生的抄写讹误。另外,《七峰遗编》有个别地方比"集成本"多出,如第四十七回,《七峰遗编》中记载的严杙兵败后续,"子张大事不成,脱身避难到花庄严氏族里躲避,五六年后出头"为"集成本"所无。由此推断,两者同源,但"集成本"(或其祖本)的成书时间更早,《七峰遗编》抄录者参考了"集成本"(或其祖本)又加入了其他材料。

"北大藏本"抄写不精,有多处涂改。除个别字词的差异外,内容与"集成本"内容非常接近。"北大藏本"附于《夷艘入寇记二卷》后,学界对《夷艘入寇记》的成书年代尚存争议,比较稳妥的说法是不早于道光二十二年(1842)①,此"北大藏本"《海角遗编》的成书时间也不早于道光二十二年(1842)。

"三十回本"比"集成本"少了近一半的内容。"三十回本"的前二十回回目与"集成本"差异极小,正文部分,除了第一回,其余与"集成本"的前二十回内容相当,但"三十回本"讹误较多,且缺少"集成本"的一些字句,显得文脉不连。"三十回本"的第二十一至第三十回,与"集成本"的内容相差比较多,故事情节一样的存在人名和叙述顺序的差异。"三十回本"的后十回与"集成本"的对应关系和文本对比分别见下表:

表2 "三十回本"与"集成本"的对应关系

"三十回本"②	"集成本"③
第二十一回	第二十一、二十四回
第二十二回	第二十四回
第二十三回	第二十五、二十六回
第二十四回	第四十七回
第二十五回	第二十七回

① 夏剑钦、熊焰:《魏源研究著作述要》,湖南大学出版社,2009,第84-90页。
② 《海角遗编》,北京师范大学图书馆藏三十回抄本。
③ 《海角遗编》,《古本小说集成》第二辑第65册,上海古籍出版社,2017。

续表

"三十回本"	"集成本"
第二十六回	第二十八、二十九、三十回
第二十六回	第二十八、二十九、三十回
第二十七回	第三十四、四十八回
第二十八回	第四十、三十七回
第二十九回	第三十二回
第三十回	第五十七、四十八、四十九、六十回

表3 "三十回本"与"集成本"文本对比

	"三十回本"	"集成本"
第八回	操江此时，急领本部精兵拼命夺路而走，众兵水港箭下死者，何止三四百人。其余将士，随即星散，不满千人，下太湖而去。	操江此时见势不好，急领本部精兵拼命夺路而走，兵众水淹，箭下死者何止三四百人。其余将士赶不上者，随即星散，赶得上者不满千人，下太湖而去。
第十三回	将近日中，诸绅齐集，拜过城隍，就对三尹说此事，求出文书。那陈主簿北地人，口辞道："这是清朝新令，卑职怎敢擅违？"众就嚷将起来道："你若不肯，众人必不散，我们请龙牌到察院里发个大誓，决不剃头，偏要你出文书。"众人挤拥诸绅到察院里，那还有得到诸乡绅做主。但见龙牌已设，众人喊道："不愿剃发者，今日在此要拈香下拜。"百姓自堂上至头门外，都拈香下拜。	将近日中，诸绅齐集，拜过城隍，就对三尹说此事，求他出文书。那陈主簿是北地人，硬头硬脑的，抑且新到，不晓得甚么高低，口里辞道："这是清朝新令，卑职怎敢擅违？"众人见他不肯，就嚷将起来道："你若不，众乡绅今日一个也不许散，我们请龙牌到察院里发个大誓，决不剃头，偏要你出文书。"这里一头说，一边就有人请龙牌，众人一齐拥诸绅到察院中，那里还有到诸绅做主。但见龙牌已设，谁敢不拜。众人又喊道："不愿剃发者，今日在此都要拈香下拜。"下边百姓自堂上至头门外，何止万人，听得传说，如雷一声，都拈香拜下去了。
第十四回	世忠大惊，料道定有兵来捉他，拨转船，命也不顾，将近黄昏，左侧才过得蠡口。	世忠大惊，料道定有兵来捉他，拨转船，命也不顾，望南再摇，将近黄昏，左侧才过蠡口。

"三十回本"	"集成本"
	第二十九回 　　是时清兵猝至,南门外异事甚多。金老姜,陆宦班唱丑老优也。南塘岸上,老姜头戴长综帽,身穿大袖青衣,首先拈香跪接。前锋到,作胡语问曰:"蛮子,可有孟哥儿?"老姜不解其语,又曰:"是物。"老姜随作戏场谑语曰:"佛在东塔寺。"遂被一刀砍了。老姜至死尚以为做戏也。后边人见不是头,走得快者活了,走不及者俱被杀死。
第二十六回 　　时有义举班小丑姜三老者,率了几人,开西门拈香跪接,口称常熟县小民,逆接多爷爷。那队长道:"蛮子有孟哥儿?"三老道:"我这里只有铁锅儿。那里有孟哥儿?"队长就把三老一刀杀死。众人惊走,尽被杀死。	

对比"三十回本"和"集成本"发现:

其一,第八回,"三十回本"为"水港","集成本"为"水淹",放在原文中知"水淹"更符合语境,"淹""港"二字字形相近,当是"三十回本"在抄写过程中出现讹误。"三十回本"少"赶得上者""赶不上者"八字,缺少"赶得上者"语义尚通,但缺少"赶不上者"使"不满千人"缺少主语。

其二,第十三回,"集成本"比"三十回本"多出的一句"这里一头说,一边就有人请龙牌",使后文"但见龙牌已设"衔接得更为自然。

其三,第十四回,"集成本"比"三十回本"多出的"望南再摇"使前后逻辑连贯。

其四,位于"集成本"第二十九回中的"金老姜"故事出现在"三十回本"的第二十六回,主人公名字改为"姜三老",故事情节极其相似。

上述情况还有很多,不一一列举。但在个别地方,"三十回本"的记载真实可信,"集成本"的记载出现了错误。如第十四回,"三十回本"为"杨嗣昌","集成本"为"杨时昌",经查证"杨嗣昌"正确。

通过上述文本的对比,我们认为"三十回本"根据"六十回本"(或其祖本)进行删减改写比较符合实际情况。因为"三十回本"的前二十回比"六十回本"缺少的字句内容使逻辑不清,且在前二十回目录、内容几乎一样的情况下,"三十回本"的后十回应为节录的"六十回本"的相应内容。因为若是"六十回本"根据"三十回本"进行扩写或补写,很难做到每个多出的部分都符合逻辑且语句连贯。

四、结论

在本文中,我们考察出《海角遗编》的原作者为陈瑚,七峰樵道人、陈祖范和漫游野史只是后来的整理者;梳理出稗史本出现在前,章回本根据稗史本改编扩写,章回本中的"六十回本"出现在前,"三十回本"参考了"六十回本"(或其祖本)。作为一部乡邦文献,《海角遗编》保存了明清易代之际常熟、福山地区的史事,而后主要由常熟藏书家收藏、传抄,其所记史事还被收录入《燼火录》《重修常昭合志》《南明史》等史书。碍于篇幅,它的史料价值、流传史和主题未得讨论。本文仅期达到抛砖引玉的作用,期待《海角遗编》的研究能够进一步展开。

(张悦,南京师范大学中国古代文学在读研究生)

王致远《开禧德安守城录》成书流传考

The Publication and Circulation of Wang Zhiyuan's *Kaixi De'an Shoucheng Lu*

田　渊

　　摘　要：王致远《开禧德安守城录》与陈规《守城录》、赵万年《襄阳守城录》分别记录了北宋靖康之变和南宋开禧北伐期间围绕荆湖北路德安府、襄阳府与金人进行的几次战役，因其详述一城一地的攻守而具有非常珍贵的史料价值。然而与其他两《录》屡见记载不同，王氏《开禧德安守城录》鲜有著录，直到清同治年间才被浙江学者孙衣言发现并付梓，本文即对该书自成书后的流传直至刊布作一考略。该书作为《永嘉丛书》之一种，其成书流传情况当可对永嘉地方文献的收藏与传播作一观照。

　　关键词：王致远　《开禧德安守城录》　《永嘉丛书》

　　南宋一朝，以"守城录"为题的著作共有三种①，分别为陈规②《守城录》、赵万年③《襄阳守城录》和王致远《开禧德安守城录》。据《开禧德安守城录》孙诒让④跋称："其时疆吏以守御著绩者，幕僚子弟往往记录其事，辑为专书。"《守城

---

　　① 杨士奇《文渊阁书目》载"《靖康守城录》一部一册"，今不见传。
　　② 陈规，字元则，密州安丘人。南宋高宗建炎年间任安陆县令时率军抵御侵扰德安府的乱兵，因功升德安知府。传见《宋史》卷三七七。
　　③ 赵万年，字方叔，长溪人。庆元武举，为襄阳制置司干办官。开禧二年（1206）力助招抚使赵淳死守襄阳，抵御金兵的进攻，以功进武德大夫。
　　④ 孙诒让，字仲容，号籀庼，浙江温州瑞安人，清代语言学家，著有《墨子间诂》《温州经籍志》等。

录》即由德安府学教授汤璹①寻访陈规事迹所撰《建炎德安守御录》，以及陈规本人所撰《靖康朝野佥言后序》和《守城机要》合编而成。开禧北伐间赵万年为赵淳②幕僚，亲历了襄阳守城战役，因而得以"详录其事"。王致远《开禧德安守城录》则记述开禧北伐中金军南侵、进围德安时其父王允初率众抵抗的事迹，该书以时日为序，记载了自开禧二年(1206)十一月十七日金军合围至开禧三年(1207)三月四日德安围解，与金军对峙长达 108 天的详细战况。开禧二年(1206)四月，韩侂胄奏请宁宗，谋划对金发动进攻。五月，下诏正式伐金。在取得北伐初期的胜利之后，南宋军队随即遭到金军的猛烈反击，宋军节节败退，收复的失地又相继丢掉。开禧二年(1206)十一月，金军连下枣阳、光化、随州等地，进围襄阳、德安。德安府隶属荆湖北路，下辖安陆、应城、孝感、云梦和应山五县，治所在安陆县(今湖北安陆市)，王致远在《开禧德安守城录》中道出金军重兵围攻德安的战略意图。所以舍他郡急攻德安者，以郡东邻齐安，东北为浮光、信阳，北距随、枣，西北为襄、郢，南至沔、鄂，西南为荆、复、江陵，乃荆湖腹心之地，得之以为根株，则襄、鄂无相倚之势，粮道可断，应援不通，襄州可坐而毙，由是扼荆蜀之吭，据上流之重，则他郡皆可围也。

时人曹彦约③序言："路无安陆，是无鄂渚，自江以南将何所恃?"孙诒让跋言："宋南渡后，扼江淮以为国，荆鄂据上游形胜，实为重镇，边衅一启，则被兵最先。"由此可见德安在军事上的重要战略地位。

三书虽然同记守城事迹，其刊刻流转情况却不尽相同，据《开禧德安守城录》孙诒让跋："汤《录》自明以来屡经传刻，乾隆间进储四库，仰邀高宗御题，宸翰炳然，昭垂册府;赵《录》虽不显，近时亦有梓本;独王书久无著录，编素黯黯，几于沦失。"陈规《守城录》与赵万年《襄阳守城录》均有刻本流传，而王致远《开禧德安守城录》自撰成后在很长一段时间内不见著录，其父王允初守城事迹亦湮没无闻，乃至于《宋史》将抵御金兵、保全德安的功绩归在时任德安太守

---

① 汤璹，字君宝，浏阳人。淳熙十四年(1187)进士，调德安府学教授。传见《宋史》卷四一一。

② 赵淳，《宋史》无传，开禧北伐间任鄂州都统兼京西北路招抚使，后皇甫斌因兵败遭罢，兼知襄阳府。

③ 曹彦约，字简甫，都昌人。淳熙八年(1181)进士。传见《宋史》卷四一〇。

李师尹身上。今考陈规《守城录》收入《四库全书·子部·兵家类》,并有乾隆皇帝御题诗,赵万年《襄阳守城录》亦见于《四库全书·史部·杂史类》存目,而王致远《开禧德安守城录》仅见载于万历《温州府志》雍正《浙江通志》及乾隆《永嘉县志》等明清方志中,流传范围十分有限,直到清同治六年(1867)才由孙衣言①从王氏族谱中发现并抄录出来,并于同治十一年(1872)刊刻成书。由于该书晚出,后人对其研究也十分有限②,且多侧重史事的考察,对该书从撰成之日起直到再次被发现这段流传经历语焉不详,对其长久以来湮没无闻的原因也缺乏探究,因此值得利用现今所能掌握的资料,对这一过程进行梳理,以补该书研究之不足。

本书著者王致远,字任道,号九山,温州永嘉人。生卒年不详,一说其生于南宋光宗绍熙四年(1193),卒于理宗宝祐五年(1257),今不可确考。十七岁因父抗金守城有功荫补通仕郎,历任嘉兴府户曹,监襄阳户部大军仓,慈溪知县,安吉、婺州通判,大理寺丞,湖北、浙西提刑,台州知州,太府寺丞等职,召为吏部郎,不赴。居乡十年,创永嘉书院。其父王允初,字元父,一作元甫,生于南宋高宗绍兴二十四年(1154),卒于宁宗嘉定七年(1214)。登淳熙第,历知余杭,通判德安。迁京西提刑、湖北运使,知鄂州,丁父忧卒,谥忠敏。

嘉定十七年(1224),王致远撰成《开禧德安守城录》一书,时人曹彦约、李埴③为之作序。此时距其父王允初离世已有十年,王致远在书末写道:"今公倾逝已十年,不肖孤惧其日月寝远,虽事在太史,而传闻不著,因摭公手泽自记及侍旁所亲睹,编次而藏于家,非敢夸炫以爽先志,姑以为后子孙教忠典则云。"如其所言,《开禧德安守城录》成书之后藏于家中,用以教导后世子孙,并未向外流传,因而在很长一段时间内不见书目著录。直到元成宗大德元年(1297),王允初从孙王淇老在侍奉其嫡孙王汉老时,发现该书家藏的梓本,因而笔录下来,并为之题跋,从中我们可以约略知晓该书在宋末元初时的遭逢经历。

---

① 孙衣言,字绍闻,号琴西,晚号逊披,斋名逊学,浙江瑞安人。生平努力搜辑乡邦文献,刻《永嘉丛书》,筑玉海楼以藏书。有《逊学斋诗文钞》。

② 就笔者所知,有周梦江、卢良秋《南宋〈开禧德安守城录〉述评》和朱华新、张昕《王致远〈开禧德安守城录〉史事》两文对此有所介绍。

③ 李埴,字季允(一作季永),号悦斋,眉州丹棱人。南宋史学家李焘第七子。

淇老曾大父秘校于父①为季父,尝实此《录》为家传。丙子,北兵入境,实录犹在。戊寅,因芙蓉岩陈国史②拒元兵,数为骑卒囊括无遗,皆水浸泥封,供炮石具,文字化为尘土,奈之何哉?丁酉,侍公之嫡孙汉老,得梓本于家藏,见而笔之,殊慰目。

据《千石王氏宗谱》,王氏四世祖为朝请大夫俦公、秘教官八一公,"朝请大夫俦公"即王允初父,"秘教官八一公"为王允初季父、王淇老曾祖父。据王淇老题跋,《开禧德安守城录》成书后,实际另有其曾祖父抄本以为家传,不过在南宋昺帝祥兴元年(1278)元兵入侵温州的战役中,陈虞之率众登芙蓉岩殊死抵抗,书稿毁于战火之中。而其所言梓本,王致远书成时并未提及有刊刻之事,则该梓本很有可能为王允初嫡孙王汉老所刻。

元明两代,有关该书的记载更为稀少,《开禧德安守城录》附载宣城梅敬实《读〈守城录〉感作》诗一首、明郡守汤逊《挽忠敏王公忠孝歌》一首,梅敬实其人生平无从稽考,仅知汤逊曾于明洪武元年任温州知府。后万历《温州府志》始著录该书③,然仅"守城录,王致远记父允初守六州事"寥寥数字,书名既不完整,也无卷数和版本,可见该书流传范围极其有限,时人亦难见到。

清康熙五十一年(1712),王允初十五世孙王国铎在其族弟王元相家藏宗谱中发现附载的《开禧德安守城录》,遂取阅并加抄录④,由此看来,该书仅随宗谱流转,虽历经几次传抄,但未见有刊刻之事。直到清同治六年(1867),该书写本为孙衣言从王允初裔孙王仲兰家藏族谱中发现,遂与其弟孙锵鸣⑤各抄一册,又命其子孙诒让详加校雠,订正舛误。据孙诒让跋言:

> 同治丁卯冬,家大人始从忠敏裔孙仲兰孝廉许得此《录》写本,乃其族篡修谱牒时移动誊福帙,犹宋本之旧,乃与中父各钞一册弃之;复因原钞缮

① 父:疑为"公"之误,当指王淇老曾祖父为王允初叔父。
② 陈虞之,字云翁,永嘉白泉人。登咸淳第,历官刑、工二部架阁文字,迁秘书省校勘,兼国史院,积阶承议郎。元兵至温,虞之率子俟乡人千余登芙蓉岩,誓以死守,不降。
③ 雍正《浙江通志》、乾隆《永嘉县志》亦据此著录。
④ 王国铎为之作序,见孙诒让《温州经籍志》卷八。
⑤ 孙锵鸣,字绍甫,号蕖田,晚号止园、止庵。孙衣言仲弟,浙江瑞安人。

录未精,文裸句揣,不可卒读,乃命诒让悉心仇正,订其踳误,疑不能明者则阙之。

同时孙锵鸣跋称该书"从余中表①王仲兰孝廉所藏钞本传录",可知孙氏与王氏有亲戚关系。又孙诒让《温州经籍志》中称王仲兰为"王叔劭孝廉旬宣",民国三十五年(1946)《瑞安县志稿》有《王旬宣传》②:

> 王旬宣,字爱棠,号仲兰,居小沙提,以科第世其家。……其五世祖忠敏于宋开禧元年通判德安时,金人入寇,拒守百有八日,卒以全城。其子致远手编《开禧德安守城录》,纤悉具备。旬宣举所藏抄本,至金陵刊入《永嘉丛书》,至今为世珍重。

备载王仲兰名号,知其确为王允初裔孙,并记将家藏《开禧德安守城录》抄本刊刻成书之事。又据《瑞安县志考·氏族门》称:

> 东北镇小沙堤有二十户,称其先世允初,永嘉人,宋开禧时通判德安,以守城有功,谥忠敏,子致远著《开禧德安守城录》记其事,见《永嘉丛书》。至清康熙间,有名鸣鹏者,自永嘉之千石迁瑞安,大宗祠在千石,小宗在小沙堤。

同时《千石王氏宗谱》记载,宋末元初,王致远子王汉老不忍仕元,誓不过江,自府城李树巷劝农坊隐居江北贤宰乡千石(今瓯北镇千石村),始有千石王氏一族。清康熙年间,王氏后人王鸣鹏自永嘉县千石村迁至瑞安县小沙堤,此为千石王氏的一个分支,王旬宣即在其中。因缘际会,《开禧德安守城录》自成书以来数百年,历经王氏后人代相传抄,随王氏宗谱辗转流徙,最终被瑞安孙氏

---

① 中表:指与祖父、父亲的姐妹的子女的亲戚关系,或与祖母、母亲的兄弟姐妹的子女的亲戚关系。

② 据贺宝昆:《王仲兰与〈开禧德安守城录〉》,《温州读书报》2005 年 8 月 6 日。

发现。清同治十一年(1872)十月,孙衣言将《开禧德安守城录》于金陵刻板刊印,该书才藉以传世,不致湮没,瑞安孙氏为此作出了重要的贡献。

《开禧德安守城录》自此刊刻之后,别无他本,均以瑞安孙氏刻本为宗。孙诒让《温州经籍志》著录:"王氏致远《开禧德安守城录》一卷。存瑞安王氏录本、逊学斋校刊本。"光绪《永嘉县志》载:"《开禧德安守城录》一卷。瑞安王氏录本、逊学斋校刊本。"又清丁仁《八千卷楼书目》载:"《开禧德安守城录》一卷。刊本、永嘉丛书本。"因该书后收入孙衣言《永嘉丛书》,故又有永嘉丛书本。今《续修四库全书》及《丛书集成续编》均收录《开禧德安守城录》一卷,据上海辞书出版社图书馆藏清同治十一年孙氏诒善祠塾刻本影印,版框高17.3厘米、宽13.7厘米,十三行二十二字,黑口双鱼尾左右双栏。此外,国家图书馆、天津社会科学院图书馆、北京师范大学图书馆等多家省市和高校图书馆均藏有此书。

《开禧德安守城录》能够借瑞安孙氏之功传世,无疑有着重大的意义,它真实、细致地再现了当时的德安守城战役,详尽记述了几乎每天的战斗情况,其中描写的宋金双方在攻守之间使用的战具和战法,对南宋军事研究具有重要价值。而且德安保卫战是在开禧北伐这一大背景下的府县一级的战役,我们藉此能够从微观角度来观照和评价开禧北伐,《开禧德安守城录》与赵万年所撰《襄阳守城录》共同反映了开禧北伐中中路宋军的战况,对战斗的详细记载有助于《宋史》和《金史》中相关史实的考证,具有重要的史学价值。另外,《开禧德安守城录》中曹彦约、李埴所作序文及叶适为王允初所题挽词,也可增补有关文献之不足,对上述诸人的研究当有裨益。

(田渊,山西省图书馆历史文献部馆员)

参考文献:

[1]陈规.守城录[M].清道光瓶花书屋校刊本.

[2]赵万年.襄阳守城录[M].清钞本.

[3]曹彦约.昌谷集[M].清文渊阁四库全书本.

[4]叶适.水心集[M].四部丛刊景明刻黑口本.

[5]王象之.舆地纪胜[M].成都:四川大学出版社,2005.

[6]脱脱.宋史[M].北京:中华书局,1977.

[7]脱脱.金史[M].北京:中华书局,1975.

[8]佚名.宋史全文[M].哈尔滨:黑龙江人民出版社,2005.

[9]杨士奇.文渊阁书目[M].北京:中华书局,1985.

[10]凌迪知.万姓统谱[M].上海:上海古籍出版社,1994.

[11]汤日昭.温州府志[M].明万历刻本.

[12]永瑢.钦定四库全书总目[M].北京:中华书局,1997.

[13]孙诒让.温州经籍志[M].北京:中华书局,2011.

[14]丁仁.八千卷楼书目[M].北京:国家图书馆出版社,2009.

[15]徐松.宋会要辑稿[M].北京:中华书局,1957.

[16]黄宗羲.宋元学案[M].北京:中华书局,1986.

[17]厉鹗.宋诗纪事[M].上海:上海古籍出版社,2008.

[18]顾炎武.天下郡国利病书[M].上海:上海科学技术文献出版社,2002.

[19]嵇曾筠.浙江通志[M].上海:上海古籍出版社,1991.

[20]穆彰阿.大清一统志[M].上海:上海古籍出版社,2008.

[21]王棻.永嘉县志[M].清光绪八年刻本.

[22]李楁.杭州府志[M].民国十一年本.

[23]谭其骧.中国历史地图集[M].北京:地图出版社,1982.

[24]昌彼得.宋人传记资料索引[M].北京:中华书局,1988.

[25]丛书集成续编[M].上海:上海书店出版社,1994.

[26]张希清.宋朝典章制度[M].长春:吉林文史出版社,1997.

[27]上海图书馆编.中国丛书综录[M].上海:上海古籍出版社,2007.

[28]粟品孝.南宋军事史[M].上海:上海古籍出版社,2008.

[29]黄宽重.南宋地方武力[M].北京:国家图书馆出版社,2009.

[30]王曾瑜.宋朝军制初探[M].北京:中华书局,2011.

[31]王曾瑜.辽金军制[M].保定:河北大学出版社,2011.

[32]周梦江,卢良秋.南宋《开禧德安守城录》述评[J].温州师范学院学报,1991,(4).

[33]朱华新,张昕.王致远《开禧德安守城录》史事[J].世纪行,2005,(10).

[34]吴佩娟.孙衣言及其《永嘉丛书》研究[J].东吴中文在线学术论文,2008,(1).

沈德符的"记忆宫殿"

——《万历野获编》史源与张璁的形象构建*

Shen Defu's "Memory Palace": The Historical Origin of the *Wanli Ye Huo Bian* and the Construction of Zhang Cong's Image

王红成　　张之佐

摘　要:沈德符《万历野获编》对明代人物或事件的述评,主要是他直接或间接闻见的书面表达。该书中的褒贬之论主要反映的是当时相当部分朝野士人对待某人或事的集体认知。以张璁形象的书写为例,该书中对张璁的批责之语,不仅是沈德符个人的看法,更是当时相当部分士人群体看待张璁的"真实"印象。透过这个问题就能看出,张璁形象在明嘉靖朝以后的渐变及其背后动因,亦能反映明后期时局走向、士风演变在人物品评中的导向效用。这将为我们理解明后期历史走向提供一个崭新的视角。

关键词:沈德符　《万历野获编》　张璁　形象塑造

一、问题的提出:张璁"鬼蜮心肠"如何得来

明代野史笔记无论在品类还是规模都是空前的。但这类体例的史书却向

---

　　* 本文为国家社会科学基金中国历史研究院重大历史问题研究专项 2021 年度重大招标项目"河西走廊与中亚文明"(LSYZD21008)子项目"河西走廊与中亚的人文交流研究";2023 年甘肃省高校青年博士支持项目"明代西域政局与西北边疆秩序研究"(2023QB-080)阶段成果;河西学院博士科研启动基金"张璁的政治理想及践行研究"(KYQD2020045)阶段成果。

来不受传统史家重视,常被视为古代学者记载生活琐事、逸闻趣事的一种消遣方式。① 然而,沈德符《万历野获编》却是其中的异类,"上自宗庙百官,礼文度数,人才用舍,治乱得失,下及经史子集,山川风物,释老方技,神仙梦幻,间闾琐语,齐谐小说,无不博求本末",②其内容极为丰富,史料价值明显高于一般历史琐闻类笔记。更难得的是,该书的史料来源不是正史经籍,而是他从他的父、祖那听来的朝廷掌故,以及他个人直接闻见的朝野杂事。可以说,该书著述的史事,主要反映的是他及其父、祖接触的士人群体的真实态度。而这种态度折射出的则是当时相当部分朝野士人看待某人或某事的社会动态方向。

张璁,字秉用,号罗峰,后赐名孚敬,字茂恭,温州府永嘉县人。他是明代政坛上一位重要的政治家、改革家。张璁在朝为官期间施展了非凡的政治才华,推行了一系列的革新活动,践行了远大的政治抱负。时至今日,不少史家仍视他为影响嘉靖政局走向的转关式人物。《万历野获编》一书中也有不少评价张璁的言辞,且基本都是批责之语,如称张璁"素工揣摩","全是鬼蜮心肠",不仅诬蔑、陷害杨一清,排挤谢迁、费宏,还因衔恨翰林士人而"俱授外官"。③ 从这里的遣词用字上来看,这种言之凿凿且信而有征的评价,即使不识其人也是在研读其书的前提下得出的结论。但实际却远不是想的这样。据沈德符自言:"闻张文忠孚敬亦有书记对扬诸大政者,以付其子逊业,今永嘉子孙微弱,恐遂湮没矣。"④此条之后又附记说:"今永嘉公亦有《谕对录》数页行世,但记救张延龄一事耳。"⑤这两条记载并不在同时,后一条应是他在某时读到了张璁《谕对录》中"记救张延龄一事"的文字后缀记的。由他写的"续编小引"来看,《万历野获编》一书的最终刊行时间是万历四十七年(1619),该时间虽晚于《谕对录》和《太师张文忠公集》,但可以肯定的是,沈德符绝对没有阅读张璁的这两部撰著的可能,他见到的张璁论著也仅限于"《谕对录》数页"。

① 纪昀:《阅微草堂笔记》卷十九《滦阳续录(一)》,上海古籍出版社,1980,第474页。
② 沈德符:《万历野获编》卷首《野获编分类凡例》,中华书局,1959,第7页。
③ 详可参见沈德符:《万历野获编》卷三《母后减谥》、卷七《宰相老科第》《词林大拜》《词林论劾首揆》《桂见山霍渭厓》,第91、183-184、188、191、196页。
④ 沈德符:《万历野获编》卷八《宰相时政记》,第224页。
⑤ 沈德符:《万历野获编》卷八《宰相时政记》,第224页。

若仅依据这几条史料,便要对张璁作褒贬是非的品评,其言可骇的程度是可以想见的。沈德符不曾见过张璁本人,也未曾读过他的论著,却依然能把张璁生平事迹讲得头头是道,并著录在他个人的撰著当中。那我们就知道,沈德符除了这几条史料之外,应当还有其他的史料作为这个评语的支撑。同时,还需要进一步追问,沈德符书中评述张璁的资料来源。要回答这个问题,还要从这部书的编纂体例说起。沈德符在自序中曾说:"余生长京邸,孩时即闻朝家事,家庭间又窃聆父祖绪言,因喜诵说之。比成童,适先人弃养,复从乡邦先达,剽窃一二雅谈,或与陇亩老农,谈说前辈典型,及琐言剩语,娓娓忘倦,久而渐忘之矣。"①通过这段话,我们知道这本书中的资料信息,基本都是来自他个人的直接闻见,而他闻见的对象则包括有他的父、祖以及与之熟识的朝廷官员、在野士人等。而这本书中对张璁的评价,更多反映的是这部分人观念中的张璁形象。本文即拟以此为讨论对象,通过对该书中张璁形象的书写及其相关史实的讨论,厘清该书的史源问题以及张璁形象在明晚期的渐变。

二、史事的误载:张璁居乡不法之始末

沈德符的闻见之语可靠与否,不是本文讨论的关键,关键在于这些人为何对张璁有这样的评价。在讨论这个问题之前,还需要先回头看看《万历野获编》记述张璁的其他史事,尤其是存在明显谬误的三处记载:其一,张璁"居乡之不法"一事。沈德符引马汝骥之言:"永嘉(张璁)暴横其乡,侵人田宅无算。既死,浙御史欲直之,霍文敏(霍韬)保全其家。"又据"史称",张璁"以废寺建敬一亭、宝纶楼,凡兴役,必役民夫。为巡按御史周汝员裁抑,乃讦汝员,上命浙江、福建会勘。则(张)孚敬居乡之不法,可知也"。② 他所谓的"史",指的可能是《明世宗实录》。《明世宗实录》中记载了整个事情原委:嘉靖十三年(1534),张璁"敬奉上旨,建敬一亭、宝纶楼,楼前建朝阙亭,皆以废寺为之",③三年后竣

① 沈德符:《万历野获编》卷首《万历野获编序》,第 3 页。
② 沈德符:《万历野获编》卷七《两张文忠》,第 205 页。
③ 《明世宗实录》卷二三四,"中央研究院"历史语言研究所,1962,第 4797 页。

工。宝纶诸楼亭虽说是明世宗下旨修建，但所需民力应由当地承担，这也使得当地民众很是不满。恰巧巡按御史周汝员巡视温州府地，得知此事后，"复稍稍裁抑其家"。① 张璁曾和温州府推官李梦祥有嫌隙，因此他怀疑周汝员"为梦祥报仇，受贿不法"。② 明世宗得知后没有偏袒任何一方，而是"命清理盐法都御史黄臣，同浙江、福建两司会勘"。③ 这件事发生在宝纶诸楼亭建成后一年，也即嘉靖十七年(1538)。两年后，都察院调查结束，称"(周)汝员为(李)梦祥报仇，受贿不法，非实"；同时，张璁为建宝纶诸楼亭"所佃废寺、田宅，令本主以原直赎之，不能则复归张氏，其族人亦不得因而讦讼，以副朝廷优大臣、恤遗孤至意"。④ 以免再有类似的事，明世宗在采纳都察院建议的同时，又加了一句"自后宗党人等不许乘机构害"。⑤ 这也算是用圣旨给这件事画上了一个休止符。可惜，张璁已于嘉靖十八年(1539)病逝，没有等到朝廷的会勘结果。

这里引的沈德符书中的两条史料，讲的实际是同一件事。第一条所谓"暴横其乡"和"侵人田宅"，是指张璁以废寺修建敬一亭、宝纶楼一事。所说的"浙御史"，即是巡按御史周汝员。至于说"霍文敏(霍韬)保全其家"，是指嘉靖十七年(1538)时任南京礼部尚书的霍韬上疏，称"辅臣张孚敬(张璁)病废家居，有司裁抑太过，殊伤国体"；⑥并试图以自身致仕，换取张璁一家的清白。张璁过世之后，霍韬在张璁的讣文中称："闻温嘉之人，炎凉易视，凌侮翁(张璁)家，此生之责也。生后死者，如不能保翁家族，后日泉下何以见翁……乡人无理凌翁家，求两平乃已，无已则为闻之圣主，请圣断。"⑦此时，都察院会同浙江、福建两司对此事的审查尚未结束，余下的程序都是张璁妻子潘氏作出的辩白。看此文的语气，霍韬眼见张家孤儿寡母受人欺凌，作为朋友似乎有找这些人理论，乃至要去京师向明世宗申诉，请求明世宗裁断的架势。从霍韬的文字中可以看出，他在写这篇讣文时的激动心情，以及必须保护张璁一家免遭欺凌的决心。

① 《明世宗实录》卷二三四，第 4797 页。
② 《明世宗实录》卷二三四，第 4798 页。
③ 《明世宗实录》卷二三四，第 4798 页。
④ 《明世宗实录》卷二三四，第 4798 页。
⑤ 《明世宗实录》卷二三四，第 4798 页。
⑥ 《明世宗实录》卷二一九，第 4501 页。
⑦ 霍韬：《渭厓文集》卷七上《闻罗山讣慰疏》，广西师范大学出版社，2015，第 1553 页。

从史料记载上来说，霍韬确实在竭力维护张璁一家，但其结果并不理想，不仅他的奏疏被斥"语多愤激"，①而且他自己还被冠以"阿私所好"之名。②

宝纶诸楼亭始建于嘉靖十三年（1534），其修建因由却要再向前追溯三年，即张璁第二次罢相之时。张璁这次罢相还家期间，其长子逊业因祖庐"莫蔽风雨"，无法正常居住，便提出"就敕建书院居之"，③但遭到了张璁拒绝。不过，考虑到逊业即将成婚，不便在旧宅居住，张璁决定在贞义书院左筑旁舍，作为逊业纳室之处。至此时，张璁在其居第中又建"崇阁，以奉诰敕、御札"，④"复以楼名请"，世宗"遂赐名宝纶"，⑤并"特命有司给夫价资营造"。⑥宝纶楼在前，居第在后。及建成，张璁上疏"奏谢敕建宝纶楼"，世宗下旨"令有司拨人看守，毋致损坏"。⑦宝纶诸楼亭是由工部负责修建的，当时张璁仍在京任职，具体方圆里何，"初不知若是之大也"。⑧时任温州知府郁山曾给张璁寄去书信，称宝纶诸楼亭及宅第"匝垣里余"，要求"地决不再广"。张璁采纳了他的建言，没有维持朝廷的原议，对其规格、广袤都作了减缩。

宝纶诸楼亭的修建资费，不会完全由地方承担，还有一定官家拨款。既然说"给夫价资"，就说明参与修建诸楼亭的工匠和主持营造的机构是雇佣关系，不是无偿的劳役。况且，这些都是"以废寺为之"，即使有占用田宅的情况，其亩数也是极少量的。又据都察院的奏疏称"以原直赎之，不能则复归张氏"一句，可知当时收购土地的价格是合乎情理的，否则就不会存在"不能"返还购房款项的可能了。从郁山的话中也可以得知，诸楼亭、宅第总占地面积不过方圆一里余，而且还得加上张璁原有的房宅亩数。若去除他的本有土地亩数，占用

---

① 《明世宗实录》卷二一九，第 4501 页。

② 霍韬：《渭厓文集》卷七上《泾野柬》，第 1554 页。

③ 嘉靖《温州府志》卷五，《天一阁藏明代方志选刊》第 17 册，上海古籍出版社，1964，第 8 页。

④ 王世贞：《嘉靖以来首辅传》卷二，文渊阁《四库全书》第 452 册，台湾商务印书馆，1986，第 442 页。

⑤ 《明世宗实录》卷一六八，第 3682 页。

⑥ 王世贞：《皇明异典述》卷十一《文臣赐第》，《弇山堂别集》，中华书局，1985，第 198 页。

⑦ 《明世宗实录》卷二〇〇，第 4198 页。

⑧ 张璁撰，张宪文校注：《张璁集·附录》，上海社会科学院出版社，2003，第 510 页。

的田宅恐怕也没有多少了。马汝骥称张璁"侵人田宅无算",其中的不实成分未免太大。

还要注意,周汝员"裁抑其家"的时间是嘉靖十七年(1538),距诸楼亭竣工时间已有一年。如若果真张璁侵占田宅无算,这份弹劾他的奏疏至少应该在未完工之前呈给世宗,至完工后一年再呈上去未免太晚了些。这些人选择这个时候提交弹章,不是这个时候才发现问题,而是和张璁病情加重有关系。张璁归家养病期间,病情一有好转,世宗就会下旨召他回朝,凭借世宗对他的倚信,他们是无法弹劾得了张璁的。但若张璁病重将殁,就意味着他不会再回朝廷担任首辅,这时他们再出来弹劾的话,那就容易得多了。都察院会勘时间是自嘉靖十七年(1538)到嘉靖十九年(1540),共耗时两年。此事还没查清楚,张璁就于嘉靖十八年(1539)去世了,余下的审查均由他的妻子潘氏代为奏辩。都察院折腾两年,最终也没有得出张璁暴横乡里、侵占田宅无算的结果,也只是令田宅"本主以原直"赎回土地,如无钱购赎的土地还归张氏所有。明人王世贞为张璁写传时说,张氏居第及、宝纶诸楼亭"延袤可二里,其土木工石一资之官"。[①]这里说的"可二里",意思就是接近二里,也即一里余。这个记载距竣工时间已过数十年,此时的大小和嘉靖十六年(1537)建成之时基本没有变化。这也可从侧面说明张璁身后的清白。

事实上,张璁为官期间清正廉洁,从不置产业,就连他的妻儿也只是住在破旧的"祖庐"内。[②]据《瓯东密训》记载:"罗峰翁(张璁)虽入相得君,其家人常穿两截衣服,家有子侄放债踏算占田害人,尝亲挞而詈之,或令县官枷号以警怙势作威者。"[③]这里的"两截衣服",是当时寻常百姓妇女穿的衣服。张璁虽贵为当朝宰相,但他的家人却穿着和百姓一样的衣服,足见"永嘉(张璁)之丝素矣"。[④] 张璁在世时对宗族后辈监管甚严,子侄辈胆敢冒他之名为自身谋取私利,他便"挞而詈之",或送入官府严惩不贷,决不轻饶。沈德符称张璁"子孙微

---

① 王世贞:《嘉靖以来首辅传》卷二,第 442 页。

② 嘉靖《温州府志》卷五,第 8 页。

③ 张璁撰,张宪文校注:《张璁集·附录》,第 513 页。

④ 王世贞:《弇州续稿》卷一六〇《题手书国史张文忠公传后》,文渊阁《四库全书》第 1284 册,台湾商务印书馆,1986,第 311 页。

弱",想必与此有很大关系。及张璁殁后,"未几居第侵风雨,力不能饬,子弟多假贷于人以自食,至今称其廉"。① 作为内阁首辅的张璁,要想为子孙谋财富、产业,可以说易如反掌。但他并没有这么做,而是严于律己,对子孙的管制也未曾松懈。这都从不同层面说明了张璁致仕期间不存在"居乡不法"之事。

三、听来的史评:张璁为人为官之再探

其二,镇守中官之裁革非尽张璁之功劳。在"镇守内臣革复"条中,沈德符称镇守中官的裁革不当"尽归美于永嘉(张璁)";② 又记载称,嘉靖十七年(1538)世宗采纳武定侯郭勋的奏请,"许云贵、两广、四川、福建、湖广、江西、浙江、大同等边,仍设一人",并批评时任内阁首辅的李时"不能救正,人共惜之"。③ 次年四月"以彗星示变,将新复镇守内臣,尽皆取回,遂不再设"。④ 这年李时已经过世,当时担任内阁首辅的是夏言,礼部尚书是严嵩。沈德符又说,郭勋上疏之后,这两人合力谏言镇守中官万万不可复设,且"题请得旨,其功亦不细"。⑤ 据《明世宗实录》记载,"彗星示变"的时间不在嘉靖十八年(1539),而在嘉靖十七年(1538);且世宗确实想过要采纳郭勋的奏请,打算在云贵、两广等地再设镇守中官,只是没有真正落实过,也不存在设而再革的反复。⑥

《明世宗实录》将这次是否复设镇守中官的讨论,缀于嘉靖十七年(1538)四月十五日之下,且没有夏言、严嵩力陈此事不可的记述。在世宗认可郭勋奏请"复各处镇守分守内臣"之后,仅记载兵部覆奏之言:"此辈害民,在先朝已极,顷幸圣断裁革,民始安堵,不当复从。"与都给事中朱隆禧等进谏之语:"皇上登极诏革内臣,中外臣民一时称快,勋徒因取矿一事而欲并复镇守,诚恐渎货殃民,天下汹汹,臣等不能计其所终也。"以及世宗"是其言,竟已之"的旨意。⑦

---

① 徐象梅:《两浙名贤录》卷十四《辅弼》,浙江古籍出版社,2012,第 383 页。
② 沈德符:《万历野获编》卷六《镇守内臣革复》,第 167 页。
③ 沈德符:《万历野获编》卷六《镇守内臣革复》,第 167 页。
④ 沈德符:《万历野获编》卷六《镇守内臣革复》,第 167 页。
⑤ 沈德符:《万历野获编》卷六《镇守内臣革复》,第 167 页。
⑥ 《明世宗实录》卷二一一、卷二二三,第 4353、4630 页。
⑦ 《明世宗实录》卷二一一,第 4353 页。

可见,郭勋在嘉靖十七年(1538)确实向世宗提出了复设镇守中官的建议,也得到了世宗首肯,但最终由于兵部、科道官的反对未能施行,与夏言、严嵩无关。当代学者方志远考察相关史实后说:"沈德符只知有复设之议,未察其未行之实,故有嘉靖十七年、十八年镇守中官的革复之说。"①此言确为的论。

其三,明武宗生母昭圣太后张氏"嗟问"张璁数次。沈德符在书中记载说:"永嘉(张璁)之再相也,昭圣太后屡言之上,谓今日得与若为母子,皆张少傅力。因之召入。"②这里说的张璁"再相",应指嘉靖十年(1531)第二次去职之后,世宗下旨复召张璁入阁一事。这次罢职是由他与夏言之间的矛盾所致。沈德符把张璁得以重新入阁为首辅的原因,归结于张太后多次向世宗询问张璁近况,并声称他们之所以能保全母子之名,全凭张璁的鼎力支撑。但凡了解一些大礼议史实的人,都能分辨出这条史料的不可信。张太后这话要放在杨廷和身上尚可,要是放在张璁身上,恐怕就有些风马牛不相及了。与其这样讲,不如说正因为张璁在大礼议中的言行,才使得张太后没能和世宗保持母子关系,或许更加文从字顺。所以,这句话不可能是出自张太后,而应当是出于蒋太后之口。检索其他史料,果不其然,这个推断无疑是正确的。《明世宗实录》中明确记载,嘉靖十年(1531)十一月二十六日,世宗下敕谕给张璁说:"朕思圣母嗟问者亦数次矣。……卿即兼程星夜而进,急复任事,庶慰我圣母至怀,以副朕思托之至。"③《谕对录》《国榷》也有类似记载,只是个别字词有些差异,但记载的都是蒋太后向世宗询问张璁近况。④ 此时距大礼议结束已经七年,世宗口中的圣母,只能是他的生母章圣太后蒋氏,而绝无是武宗生母昭圣太后张氏之理。

综合沈氏一书的撰写体例,可推知这三处误载应该不是他个人有意为之,而是该书史料来源的问题。这三条史料没有一条朝着褒誉张璁方向去书写,并不是偶然的现象,而是一些人有意刻画的产物。镇守中官的革除是张璁担任内阁首辅期间的善政,而在这里却说它不全是张璁之功劳,乃至后来伍袁萃诸人

① 方志远:《明代的镇守中官制度》,《文史》第四十辑,中华书局,1994,第13-14页。
② 沈德符:《万历野获编》卷七《两张文忠》,第204页。
③ 《明世宗实录》卷一三二,第3141页。
④ 张璁:《敕谕录》卷上,《四库全书存目丛书》第57册,齐鲁书社,1996,第436页。谈迁:《国榷》卷五十五,中华书局,1958,第3456页。

竟称它和张璁无关,①这种历史叙述的变化无不透露出这些人的书写意图。尤其是第三条史料,其偷梁换柱的手法实在太过拙劣,但令人深思的是,为何这么一条逻辑不通、讹误明显的记载却能当作信史流传。若细细考察当时的史事,却也不难参透其中的玄机。大礼议初起,杨廷和一方便疏请世宗称孝宗为父,称昭圣太后为圣母。将两者对比来看,就能发现这条史料要传达的意思和杨廷和一方在大礼议中的论调一致,这或可以视作他们议礼失败后在舆论上口诛笔伐残留在那个时代的印记。

究其因由,这当中自然有议礼得罪诸臣恶评之余波,但于其中起关键作用的恐怕还是张璁因辅佐世宗推行改革,而触动相当部分朝臣利益所受到政治压力在舆论上的反弹效果。张璁担任内阁首辅期间,推行了包括整肃学政、整饬言路、清除翰林院积弊、裁革冗滥、革除镇守中官、限革皇庄、裁减宗室禄米等一系列改革措施。② 而这也使得他和很多部院朝臣结怨,加之陆粲、孙文奎等言官的弹劾,导致张璁被数次罢黜。世宗为排解施政压力,不得不暂令张璁"回家省过",③其中一次更是刚到天津便"复召归,宠益甚"。④ 世宗罢免张璁,并非真的要弃而不用,而是以以退为进的方式设法保全,"以图后用"。⑤ 这种方式确实舒缓了新政带来的舆论压力,只是这大部分压力都要落到张璁的肩上,而这也使他受到了朝野士人的侧目。

针对张璁罢官归家一事,不少朝臣怀有一种看热闹的心态,幸灾乐祸甚至对之冷言嘲讽。以至于张璁归家之日,"缙绅无一人饯于祖道,惟路人有揄揶

---

① 伍袁萃著,贺灿然评正:《漫录评正·前集》卷四,《北京图书馆古籍珍本丛刊》第70册,书目文献出版社,1998,第543页。
② 关于"嘉靖革新"的研究,可参见田澍:《嘉靖革新研究》(中国社会科学出版社,2002,第91-212页)《正德十六年——"大礼议"与嘉隆万改革》(人民出版社,2013,第139-213页)。
③ 焦竑:《尚书华盖殿大学士赠太保谥文襄杨公一清行状》,《国朝献徵录》卷十五,学生书局,1965,第523页。
④ 焦竑:《张孚敬传》,《国朝献徵录》卷十六,第552页。
⑤ 田澍:《张璁与嘉靖内阁》,《中国史研究》2008年第4期。

之者"。① 更有甚者,京师有人编造"十好笑之谣",②以嘲讽因议礼骤贵的张璁、桂萼。这种谣言世宗当时便已知晓,在给张璁的敕谕中说:"朕又闻外面愚民歌谣十笑,其中讪诽朕躬忿毁大臣。"③这些都可以看出,张璁得罪的臣僚范围之大,而这些人也时刻付诸于口诛笔伐,试图在舆论上置之于死地。世宗也知道"童谣虽小事,其中言词可疑,必有造意之人"。④ 世人都喜听奇闻逸事,更何况背后有人刻意地宣扬,即使依法处理制造谣言之人,受众依然不会减少。在张璁还在世的时候,他的好友黄绾就曾直言相劝:"今公贞洁辅佐,死生利害一无所动,苞苴请托一无所行,旧日交通污坏之习,一旦涤濯无遗……是公之功莫大于此也。然而公之忧亦莫大于此。盖人情乐于有所招权、乐于得所附丽,其所附丽不在内阁则在中贵。……今公遽尔改其途辙,使内无所招、外无所入,犹孺子割其乳哺,岂得不内外侧目以窥之!"⑤这段话讲得很直白,却也一语成谶。黄绾从官员习性的视角讲出了当时官场中的游戏规则:皇权在外朝的代言不是内阁辅臣就是人君宠信的宦官,这些朝臣总是习惯性地依附在他们周围。然而,张璁却要跳出这个规则,打破朝廷中的小团体,试图让朝臣心向一处使,竭心尽力地为明朝江山社稷服务。这种敢作敢为的作风虽说体现了"明知不可为而为之"的儒家士大夫精神,但这种做法却破坏了长久以来朝臣遵循的官场规则,这些人自然会争先恐后地诋訾。即如霍韬在给吕柟信中提到的那样,"罗峰(张璁)功在朝廷,病在士夫。士夫恶其病己,虽有益于国,不知恤也"。⑥张璁在现实政治中确实能做到一心奉公、刚明峻洁,力主推行朝政改革,顶住舆论压力,但他由此付出的代价也是巨大的。

---

① 焦竑:《尚书华盖殿大学士赠太保谥文襄杨公一清行状》,《国朝献徵录》卷十五,第523页。

② 沈德符:《万历野获编》卷五《驸马再选》,第132页。

③ 张璁:《谕对录》卷四,第95页。

④ 张璁:《谕对录》卷四,第95页。

⑤ 《黄绾集》卷二十二《寄罗峰书》,上海古籍出版社,2014,第360-361页。

⑥ 霍韬:《渭厓文集》卷七上《再与吕泾野》,第1559页。

四、身后的恶评:"倒张(居正)风波"的牵连

这种造谣制谎的行径,尽管显得有些幼稚,但却每每能够奏效。但就其所能发挥的效力而言,比朝廷中的政治风波则要小得多。万历十年(1582),张居正因病去世,随即朝廷爆发了一场"倒张(居正)风波",受此风波牵连者甚多,其中就包括对张璁评价的走向。在这场风波中,遭遇打击最大的自然是张居正及其妻儿,但若站在明代政局走势的角度来观察,影响最深远的莫过于对张居正施政举措的全面否定。这直接导致张居正苦苦支撑明王朝的最后振作所取得的成果,全部付诸东流。张居正刚去世时,朝中多数大臣都在观望神宗的政治表态。当神宗提拔最先上疏揭发张居正的三位言官之后,朝臣才争先恐后地交章弹劾,"借端归罪故相(张居正)",①以求升官晋爵。为此,他们不惜把一些陈年旧账,甚至和张居正关系不大的案子翻出来,作为给他定罪的依凭,如朱希忠封定襄王一事;甚至还有人编造一些似是似非的故事,来诬蔑张居正,借以加官进爵,如张居正被诬蔑藏匿"丝纶簿"一事;还有一些罪有应得的人也站出来弹劾张居正,借口脱罪,或乞求赦免,如"故辽府母妃"替辽废王"露章诉冤"。②坦白说,这期间对张居正功过是非的评断,苟纵失准,均是时局使然,绝不是史家的通言正论。恰如学者刘祥学所说:"平心而论,如以古代杰出政治家的标准要求,张居正本身也确实存在一些个性、品格上的不足,但并不影响到他的功过评价。但在万历亲政后政局走向的影响下,众多反对者出于自己的政治私利,以报复为目的,完全无视张居正改革之功,将张居正存在的一些不足,无端放大,甚至采取扭曲、诬陷的手段,千方百计地抹黑,以欺世人。"③

按理说,明代这两张文忠的人生应该没有什么交集,但张璁评价之所以会受到这场风波的影响,其中很重要的一个原因就是张居正对张璁的欣赏与推

---

① 沈德符:《万历野获编》卷八《籍没二相之害》,第212页。

② 沈德符:《万历野获编》卷四《辽废王》《辽王封真人》、卷五《定襄王》、卷八《丝纶簿》,第121-123、144-145、222-223页。

③ 详见氏著:《论明末张居正评价的走向》,《西北师大学报》(社会科学版)2012年49卷第6期。

许。《明世宗实录》最终定稿于张居正之手,其中对前代内阁首辅张璁的评价,则更多体现的是张居正的看法。据王世贞的记述:"(《明世宗实录》)世纪多出江陵张公(张居正),手以简严为贵,诸大臣生卒行履,往往裁削至尽,而独于永嘉公(张璁)传,手笔最为典核。虽微词小托,而推推挹良深,大瑜小瑕,即古传李赞皇(李德裕)奚让矣。"①和其他朝臣的传记相比,张居正在张璁的身上花费的心思最多,撰写体例也最考究、慎重,"手笔最为典核"。这都能说明他对张璁的激赏与推崇程度极深。沈德符也说:"江陵(张居正)于《世宗实录》,极推许永嘉(张璁),盖其材术相似,故心仪而托之赞叹。"②张居正因为激赏而称许张璁,也确实使得张璁在当时"名乃愈彰"。③但若说:"今谀永嘉(张璁)相业者,大抵多溢美,则江陵公秉史笔时,以声气相附,每追颂其功也。"④并由此得出张璁"相业"本身并没有什么出彩的地方,则未免有些言之过当。不可否认,张璁为政期间确实有些过失,却也不足以掩盖他在世宗朝政坛上所取得的成就。

但不管怎么说,当时确实有些学者迫于张居正的权势,或者受到其观点的影响,在评价张璁的问题上表现出和他一致的赞赏态度。⑤可正所谓"成也萧何败萧何"。张居正尚在世时,其权势也正鼎盛,受他推许的张璁评价自然也水涨船高。可一旦他失势,甚至成为"人人得而诛之"的过街老鼠的时候,张璁也会成为被殃及的鱼池,贬责之声也会纷至沓来。关于这一点,前面所举的上人对张璁相关事迹的误载,或者说是对张璁"相业"的淡化甚至刻意抹除,都有这场风波的影响。所幸的是,在明朝末期,张居正得到了朝廷的彻底平反,明怀宗特下诏书,给他恢复名誉。其在敕谕中称:"旧辅张居正相皇祖十年,肩承劳怨,力振纪纲,饬举废多,有功可纪。虽以夺情及后蒙议,过不掩功,委当垂恤,所请荫赠所司,看议以闻。"⑥至此,张居正身后的评价问题算是告一段落,但由

---

① 王世贞:《弇州续稿》卷一六○《题手书国史张文忠公传后》,第310页。
② 沈德符:《万历野获编》卷七《两张文忠》,第205页。
③ 张璁撰,张宪文校注:《张璁集·附录》,第520页。
④ 沈德符:《万历野获编》卷三《母后减谥》,第91页。
⑤ 胡吉勋:《"大礼议"与明廷人事变局》,社会科学文献出版社,2007,第524页。
⑥ 《崇祯长编》卷二十二,"中央研究院"历史语言研究所,1962,第1378页。

这场风波牵连的张璁却没有被时人提及,反而向张璁"小人"形象典范更近了一步。

（王红成,河西学院历史文化与旅游学院副教授;

张之佐,西北师范大学历史文化学院副研究员）

《四库全书总目》南京作者事迹考正四则[*]

Four Notes on the Biography of Nanjing Author in the *Siku Quanshu Zongmu*

周　忠

　　摘　要:《四库全书总目》作者小传,间有错漏者。本文查考史籍、文集等,结合南京地方文献等,对《存目》中何栋如、童轩、黄谦、姚涞四则提要进行考察补正。

　　关键词:《四库全书》　《四库全书总目》　南京作者

　　《四库全书总目》著录万余种书籍,对古代学术文化进行评论和总结,为后世作者治学提供了门径。四库馆臣综稽文献,剪裁众多作者生平事迹,写成小传,其中也间有错漏者。《存目》中的书籍,四库馆臣认为价值不大,小传中作者事迹较为简略,疏漏更多。本文查考史籍、文集等,结合南京地方历史文献《金陵琐事》《客座赘语》《帝里明代人文略》等,对《存目》中四则提要进行考察补正。四则提要内容出自中华书局1965年影印本《四库全书总目》。

一、何栋如

　　卷五十四《明祖四大法》十二卷。

　　明何栋如撰。栋如字子极,无锡人,万历戊戌进士,官至太仆寺少卿。事迹

---

　　* 本文为国家社科基金重大项目《四库提要汇辑汇校汇考》(项目编号:15ZDBO75)阶段成果。

附见《明史·冯应京传》。

何栋如，字子极，号天玉，晚更号在翁。生于隆庆六年（1572），卒于崇祯十年（1637）①。何氏为明代南京望族之一，其一门祖孙汝健、湛之、淳之、栋如四人进士，在南京传为美谈。《金陵琐事》卷一《双芝轩》记万历四年（1576）何湛之、淳之同时中举事，卷二《佳句》，《续金陵琐事》卷下《父子进士》《诗集》②，《客座赘语》卷七《先贤著述》③等，亦载何氏家族人物科举之事及著作等。《帝里明代人文略》卷十七有何湛之、淳之、栋如传。

提要小传主要依据《明史》，其中云其为无锡人，不确，何栋如为南京留守左卫籍，无锡为其祖籍。何氏自洪武中家南京，至何栋如已及二百余年。何栋如《何太仆集》卷三《何氏家谱序》记其家世，无锡先世事迹已不详，"其居常之无锡，自富三公以上靡得而记，云已查湖册及武库卫所册，富三公暨弟子阿换又有灵保者，不知所自出，并于洪武籍南京留守左卫军，是何氏之为军户者三焉"。④范凤翼《范勋卿文集》卷五何栋如行状，叙其家世事迹颇详，"其先常之无锡人，国初以戎籍隶京卫，是为始祖富三公，居留都，累传至六世道弘者生子岳"，"岳生卿，是为封祠部北泉公，为公曾大父"。至何栋如祖父汝健，何氏始贵显。汝健，嘉靖三十二年（1553）进士，官少参。父湛之，万历十七年（1589）进士，官藩臬。叔父淳之，万历十四年（1586）进士，官侍御⑤。

二、童轩

卷一百十一《纪梦要览》三卷。

明童轩撰。轩字士昂，鄱阳人。景泰辛未进士，官至吏部尚书。

童轩为南京籍高官，《明史》无传。《四库全书》收入其《清风亭稿》八卷，

① 范凤翼：《范勋卿文集》，集部第 112 册，《四库禁毁书丛刊》，北京出版社，1997，第 403 页。

② 周晖：《金陵琐事;续金陵琐事;二续金陵琐事》，南京出版社，2007，第 56 页、69 页、231 页、246 页。

③ 顾起元：《客座赘语》，《明代笔记小说大观》，上海古籍出版社 2005，第 1364 页。

④ 何栋如：《何太仆集》，《明别集丛刊》第五辑第九册，黄山书社，2016，第 41 页。

⑤ 《范勋卿文集》，第 398 页。

书前提要小传作"轩字士昂,鄱阳人,家于南京。景泰辛未进士,官至吏部尚书"。《总目》卷一百七十著录《清风亭稿》七卷,提要云已著录本书,后引戴冠《濯缨亭笔记》记其性寡合,不妄取予等事,赞其人品高洁。

《金陵琐事》卷一《耻入乡贤》,记其入乡贤祠。卷二《佳句》,录其诗二首。《字品》,云其楷书遒劲有法。卷三《阳宅》,云其祖上为太祖征入钦天监。定居淮清桥西。《考论历法》,记其成化年任太常寺卿,掌钦天监事①。《客座赘语》卷三《大老遗腹生子》,记其卒后得子事。《补谥》,云其"学揽天人之奥,其立身范俗也端而毅"。卷七《先贤著述》,录其著作《清风亭稿》等六种。卷八《乡正》,录顾璘对其赞语②。《帝里明代人文略》卷四有童碧瑄、轩、时传,云"前贤言,吾乡尚书,德望勋望,俱当推童尚书为第一"。

提要云童轩为鄱阳人,实为其祖籍,永乐间其父以钦天监天文生召,其后即居南京。李东阳《怀麓堂集》卷七十八童轩神道碑铭,"本鄱阳巨族也。祖讳金友,考讳碧瑄,号玉壶,以号显。皆用公贵,累赠南京礼部尚书。玉壶在永乐初征为钦天监天文生,始居秦淮之西,为南京人,而公生焉。公少为应天府学生,举正统丁卯乡贡,登景泰辛未进士。"③倪岳《青溪漫稿》卷二十三童轩墓志铭,云其"世为鄱阳文北乡樟潭里人,曾祖元恺,妣孙氏,祖金友,妣章氏,考碧瑄,号玉壶,妣章氏、陶氏",又玉壶"三子皆留鄱,后家南京秦淮之西,生公"云云④。

提要云"官至吏部尚书",亦不确,童轩官至南京礼部尚书。李东阳《怀麓堂集》卷七十八童轩神道碑铭,其题为《明故资政大夫南京礼部尚书致仕赠太子少保公神道碑铭》,倪岳撰墓志铭官职同。二文所载其仕履,大致相同。童轩少为应天府学生,举正统十二年(1447)乡贡,登景泰二年(1451)进士,拜南京吏科给事中等官,勇于言事,多为采纳。天顺二年(1458),劾户部尚书张凤罪。四川盗事起,童轩进给事中,与巡抚等分兵掩捕,亦多斩获。还朝后盗复作,廷议归咎于童轩,调寿昌知县。成化五年(1469)擢云南按察佥事兼督贵州

① 《金陵琐事,续金陵琐事,二续金陵琐事》,第23页、59页、74页、112页、126页。
② 《客座赘语》《明代笔记小说大观》,第1254页、1256页、1362页、1407页。
③ 李东阳:《怀麓堂集》,《景印文渊阁四库全书》第1250册,台湾商务印书馆,1987,第817页。
④ 倪岳:《青溪漫稿》,《景印文渊阁四库全书》第1251册,第330-333页。

学政,多所造就。成化十年(1474)召拜太常寺少卿掌钦天监事,后进太常寺卿。弘治元年(1488)改都察院右副都御史督松潘军务,兼领巡抚,开仓赈荒,召徕流民。弘治四年(1492)擢南京礼部右侍郎,七年(1494)进尚书。弘治十年(1497)请致仕归。卒于家。事母孝,分禄以养兄嫂。性寡合,不受馈遗。强学好问,为文通博,诗得唐人体裁。著《清风亭稿》行于世,《枕肱集》《海岳涓埃》《谕蜀稿》《筹边录》藏于家。倪岳墓志铭云其洪熙元年(1425)生,弘治十一年(1498)卒。卒四月后,生遗腹子。童轩通籍后四十余年,历任多职,多有惠政,为明代中叶重要官员,《明史》不为其立传,显为疏漏之处。

三、黄谦

卷一百四十四《古今文房登庸录》一卷。

明黄谦撰。谦,江宁人。

黄谦,其官不显,名亦不彰,事迹散见于各类文献,记载不多。《帝里明代人文略》卷二十一有传,列入"宗系未考",其传也摘抄《金陵琐事》《客座赘语》等,可知至清初,其生平事迹已不详。

《金陵琐事》卷一《署书》,碧峰禅寺四大字,主事黄谦书。卷二《字品》,紫芝黄谦,字㧑之,行草遒劲古雅,而榜书更妙。卷三《进士以医用》,记其中成化八年(1472)壬辰进士,授工部主事。管砖厂三月,被宦官刘朗诬害去官。耻归金陵,遂卖药于燕市。后医太后有功,授太医院判①。顾起元《客座赘语》卷三《陈公〈善谐录〉》,又记其诙谐事两则,俱为官场之事。其中言及两位南京吏部尚书张澯、刘忠,考《武宗实录》,刘忠正德二年至五年(1570—1510)、张澯正德六年至九年(1511—1514)在任。卷六《鼠拖生姜》记其事颇详,云其字㧑之,举成化八年(1472)进士,授工部主事。以受赇削籍。后以精医术授太医院院判。告归,延治者常阗门。工诗善书法,以性好诙谐罹祸等②。其中"鼠拖生姜"是玩笑语,导致其得罪。清代褚人获《坚瓠集》等亦载此事。《宪宗实录》卷二百

---

① 《金陵琐事;续金陵琐事;二续金陵琐事》,第 22 页、74 页、97 页。

② 《客座赘语》,第 1270 页、1330 页。

八十,成化二十二年(1486)秋七月丙辰,"复黄谦为太医院御医。谦先任工部主事,坐赃免官。久之夤缘传奉为御医,寻遇例革职为民。至是又营求得用",①此可与《金陵琐事》《客座赘语》所载相印证。《[正德]江宁县志》卷八《科贡》成化八年(1472)进士,黄谦搅之,仕至工部主事。《[嘉靖]南畿志》卷五《进士科》,成化八年(1472)进士。太医院人。

葛寅亮《金陵梵刹志》卷三十四载其撰《重修月印庵记略》、卷三十五撰《重开山碑记略》②,作于正德五年(1510)和弘治十年(1497)。葛寅亮《金陵玄观志》卷十三,载其撰《天妃宫重修碑记》③,作于正德十三年(1518)以后。沈周《石田诗选》卷七有《赠黄搅之》,其中有"功名已过觉心宽""想得金陵山水地,自知行乐胜为官"等语④,此诗当作于黄谦辞官归里后,沈周卒于正德四年(1509),其与黄谦诗歌往还当在此之前。夏尚朴《东岩集》卷一,记其旧在南都与黄谦论吴与弼诗事⑤,考雷礼《国朝列卿纪》卷一百五十四,载夏尚朴正德六年(1511)进士,除南京礼部主客司主事,十一年(1567)升南兵武选司员外郎,寻养病。嘉靖二年(1523)起升南兵车驾司郎中。嘉靖三年(1524)升惠州府知府。嘉靖八年(1529)以山东提学副使升南京太仆寺少卿,嘉靖十年(1531)卒于官⑥。其在南京近十年,与黄谦交往当在此间。《[乾隆]江南通志》卷一百九十二艺文志,载黄谦著《宋伤寒活人书》。

四、姚湘

卷一百九十二《市隐园诗文》无卷数。

明姚湘及其子之裔所编。湘,江宁人。李维桢作其《海月楼集》序,称为"金陵典客",盖以质库为业者也。

---

① 《宪宗实录》,"中央研究院"史语所1962年影印本,第4720页。
② 何孝荣点校:《金陵梵刹志》下册,天津人民出版社,2007,第560、562-563页。
③ 《金陵玄观志》,《续修四库全书》第719册,上海古籍出版社,2002,第188-189页。
④ 沈周:《石田诗选》,《景印文渊阁四库全书》第1249册,第652页。
⑤ 夏尚朴:《东岩集》,《景印文渊阁四库全书》第1271册,第11页。
⑥ 雷礼:《国朝列卿纪》,《续修四库全书》第524册,第342页。

《市隐园诗文》今不传。姚涎字元白,一字原白,号秋涧,官鸿胪郎。之裔字玄　,姚涎长子,诸生。

姚氏父子为嘉靖万历间南京地方名士,地方文献著录姚涎及之裔事颇多。《金陵琐事》卷一《画壁法被》,载灵谷寺火灾后,尚有吴伟画壁三堵。姚涎好事,曾临三幅藏于家。卷二《佳句》,录姚涎诗《闻雁》等三首、姚之裔诗《喜诸君子入社》等二首中佳句。《字品》,云姚涎行书出入于黄山谷、赵松雪两派,而得于赵松雪者为多。《画品》,云秋涧晚年工画梅枝。卷三《赏鉴》,云秋涧为精于赏鉴者。《续金陵琐事》卷下《九日联句》,载嘉靖乙卯(三十四年1555)中秋,姚涎张宴中林堂,邀南海吴而待(旦),云间张玄超(之象),姑苏吴子克(充,括)、周公瑕(天球),里中金在衡(銮)、陈子野(芹)、金大舆、盛仲交(时泰),为玩月之宴①。以上诸人均为其时南京名士。《客座赘语》卷二《旧匾字》,载宁寿堂匾,前二字赵松雪书,堂字金元玉补,在姚涎家。卷八《赏鉴》,云姚涎等人,或赏鉴,或好事,皆负隽声。卷九《伤逝·书法》,姚之裔,真行学松雪②。《帝里明代人文略》卷十四有姚涎父子传,称其善用其富,身享其名,韵启子孙等。

朱孟震《河上楮谈》卷三《停云小志》,记其任南京刑部曹官时与青溪社诸人倡和等事。隆庆五年(1571),陈芹主持青溪诗会,成员除朱孟震外,还有费懋谦、唐资贤、姚涎、胡世祥、华复初、钟倬、黄乔栋、周才甫、盛时泰、任梦榛。其后载各人小传,姚涎列陈芹后,辑录其诗多首③。

市隐园为南京著名景观,位于武定桥油坊巷,为姚涎构建。王世贞《弇州续稿》卷六十四《游金陵诸园记》,其时为南京兵部侍郎,当作于万历十六年至十七年(1588—1589),时姚涎已故,云其子诸生居此,当为之裔。王世贞游园后,认为园中亭桥馆台景物,与周天球之记不相符,叹息"其鸿胪之缔饰不能保之身后耶?将公瑕文士夸诞难信耶?"④《金陵琐事》卷三《市隐园》,载姚涎造

---

① 《金陵琐事;续金陵琐事;二续金陵琐事》,第50页、70页、75页、80页、95页、233页。
② 《客座赘语》,第1227页、1389页、1415页。
③ 朱孟震:《河上楮谈》,《续修四库全书》第1128册,第639-642页。
④ 王世贞:《弇州续稿》,《景印文渊阁四库全书》第1282册,第843页。

市隐园,请教于顾璘,曰:"多栽树,少建屋。"故市隐园有疏野之趣①。万历末年市隐园有一半已为外人所得,《客座赘语》卷五《金陵诸园记》,云此园"今南半为元白孙宪副允初拓而大之,北半为故侍御何仲雅改名足园矣"。②

顾起元与姚涞子之裔,之裔子履旋、履素交游密切,《雪堂随笔》卷三姚履旋夫妇墓志铭,记载姚氏家世颇详。姚之先籍浙江之仁和,国初徙富户填实京师,遂隶上元。数传至鸿胪公涞,以工诗赋出大司寇顾璘之门,与海内诸贤豪长者相结,辟园曰市隐,引诸名士觞咏其中,客来游金陵者,以得把臂入林,如登龙门。有二子,皆善承公志,长为白门公之裔。之裔长子履旋、次子履素。履旋,贡生,知巴东县。履素,中进士,官琼州兵备佥事。外曾祖(姚涞岳父)为太仆卿陈沂③。王兆云《皇明词林人物考》卷十一《姚元白姚玄胤》,姚涞字元白,世家钱塘国初徙金陵,遂为上元人。家素饶于财,独力学嗜古,游神翰墨,喜为山泽之游。居在秦淮上,辟地为园名曰市隐,水竹之盛甲于都下,日与名胜赏会其中,而四方文士闻风来者皆为下榻,觞咏之盛,一时相传胜事。尝一岁历两京鸿胪郎,不久即谢去。公自得告归,再缔青溪之社。玄胤名之裔,少嗜学,于书无所不窥。竟厄一第,遂弃去为古诗文。晚乃皈心净业④。

提要所云"李维桢作其《海月楼集》序,称为'金陵典客',盖以质库为业者也",今检李维桢文集,无此序。质库之说有误,明代鸿胪寺掌朝会、宾客之事,典客为鸿胪寺官员别称,与质库无关。

(周忠,江苏春雨教育集团图书编辑)

---

① 《金陵琐事;续金陵琐事;二续金陵琐事》,第98页。
② 《客座赘语》,第1318页。
③ 顾起元:《雪堂随笔》,《四库禁毁书丛刊》第80册,第288-292页。
④ 王兆云:《皇明词林人物考》,《续修四库全书》第532册,第729页。

国立西北图书馆学术刊物《西北文化》《图书》研究

An Exploration of the Academic Journal *Xibei Wenhua and Tushu* Published by the National Northwest Library

林宏磊

摘　要:国立西北图书馆成立后,先后创办了《西北文化》《图书》两种学术刊物。《西北文化》围绕着西北问题、文化,发表最新理论成果,为时人提供参考;而《图书》以图书馆学期刊自居,多发表图书馆学的文章。本文分别从期刊的创办背景、刊物内容、发行与标识等方面分析两种期刊的出版情况。

关键词:国立西北图书馆　《西北文化》　《图书》

一直以来,图书馆承担着开启民智、提高社会文化水平的社会教育的职责。除了图书阅览,举办讲座、展览外,图书馆主办的刊物也是传播文化知识、实践图书馆理论、发表最新研究成果的重要途径之一。大多图书馆成立后,推出了自己的刊物。这些刊物以期刊为主,报纸副刊较少。国立西北图书馆成立后,先后创办了《西北文化》《图书》两种学术刊物,均以报纸副刊的形式发行。《西北文化》围绕着西北问题、文化,发表最新理论成果,为时人提供参考;而《图书》以图书馆学期刊自居,多发表图书馆学的文章。

一、《西北文化》《图书》概况

（一）创刊背景

1944 年 7 月 7 日,国立西北图书馆正式成立。该馆馆长刘国钧在筹备时就规划了国立西北图书馆的工作职责,在"研究工作"方面指出,要"编印以研究西北文化为目的之学术刊物"①。经过筹备,《西北文化》于 1944 年 10 月 17 日正式创刊,由国立西北图书馆主编。《西北文化》作为《西北日报》副刊,通过《西北日报》出版发行。《西北文化》作为国立西北图书馆发表研究西北文化的学术刊物,其内容有短论、专著、图书介绍、文献记述、文化动态、特写等。

1945 年 7 月,国立西北图书馆奉教育部命令停办②。1946 年 4 月,国立西北图书馆又奉令复馆③,更名为国立兰州图书馆,刘国钧继续担任馆长。复馆后的国立兰州图书馆原本打算"恢复原有之《西北文化》"④,但不知什么原因并未恢复,而是在 1947 年 5 月 25 日创办了《图书》刊物。《图书》由刘国钧担任主编,定位为学术刊物,作为《甘肃民国日报》的副刊出版发行。

（二）《西北文化》《图书》办刊宗旨与目的

《西北文化》创刊于西北建设兴盛时期,因此《西北文化》的创立"以配合西北建设,推进西北文化为宗旨"⑤。办刊目的主要是搜集有关西北之文献资料,搜集并保存各省地方文献史料,协助西北各省及地方图书馆以及其他社教机关,增强原有的工作,以求图书馆事业的发展。

《图书》在创刊时未有创刊词,其办刊宗旨及目的不明确。但其发表的文章均与图书、文献、目录有关,可以看出《图书》的宗旨和目的是推动图书馆事业的发展、探索图书馆理论的形成,提升社会文化水平。

---

① 刘国钧:《筹备国立西北图书馆计划书》,《西北日报》,1943 年 9 月 23 日第三版。
② 《国立西北图书馆已正式奉令停办》,《西北日报》,1945 年 7 月 21 日第三版。
③ 《国参会十四次会议通过教育文化决议案,恢复西北图书馆,设置兰州》,《西北日报》,1946 年 4 月 1 日第六版。
④ 《国立西北图书馆工作计划与方针》,《甘肃民国日报》,1947 年 2 月 22 日第三版。
⑤ 《创刊词》,《西北文化》第一期,1944 年 10 月 17 日。

（三）《西北文化》《图书》文本留存情况

《西北文化》《图书》均作为副刊出版发行，其保存情况与报纸的保存情况紧密相关。经笔者检索《西北日报》《甘肃民国日报》[①]，发现《西北文化》共出版37期，自1944年10月17日至1945年8月7日，除1945年6月26日出版的第三十二期、1945年7月31日出版的第三十六期未见外，其他各期均保存；《图书》共出版7期，自1947年5月25日至1947年10月23日，各期均保存。

限于报纸的篇幅，《西北文化》《图书》每期的文章数量不多。《西北文化》每期3篇文章为主，《图书》每期4篇文章为主。篇幅长的文章分载在多期，如在《西北文化》上发表的苏莹辉的《读殷祖英〈忆敦煌〉上篇》分载了四期；在《图书》发表的刘国钧的《目录学大纲》也是分载了四期，且尚未载完。

（四）作者群体

《西北文化》主要的撰稿人员为33人，主要有刘子亚、黎锦熙、苏莹辉、刘国钧、陈公素、王重锡、周枫、张荫梧、谷苞、陈大白、慕寿祺、赵浩生、何乐夫、金岭峙、张拱贵、李端严、刘耀藜、赵擎寰、郑湘畴、何日章、计德容、罗涵、以文、谢凤秋、吕钟、子青、孟昭英、行之、李浴、常书鸿、李兆瑞、若绘、阎文儒。

《图书》主要的撰稿人员为13人，主要有黎锦熙、张建侯、金枝、盛成、张舜徽、章黄荪、端砚、刘国钧、冯国瑞、慕寿祺、何遂、王重锡、朱允明。

可以看出，《西北文化》《图书》大部分撰稿人都标以真名。《图书》的主要撰稿人基本上都为《西北文化》撰过稿，可以看出，这两种学术刊物的作者群体高度集中。

二、《西北文化》《图书》的主要内容

（一）《西北文化》的主要内容

《西北文化》所刊载的内容，可划分为图书馆事业、文化工作、敦煌研究、社会教育、古文献资源及其他等。

---

① 《西北日报》《甘肃民国日报》均通过"中国历史文献总库·近代报纸数据库"检索。

1.图书馆事业

作为图书馆主编的刊物,有关图书馆事业及其相关的活动的内容占据《西北文化》的主要内容。国立西北图书馆阅览室主任兼西北文物研究室总干事刘子亚的《战时图书事业之推广》,就图书馆如何在战争时期开展工作发表了自己的观点。刘国钧的《馆藏汉简简目》,对馆内收藏的汉简进行了系统地梳理。刘子亚的《谈民众读物》,回顾了民众读物的现状,提出了改善民众读物的途径。谢秋凤《美国图书馆近况》对美国图书馆情况作了介绍。

国立西北图书馆在筹备时,馆长刘国钧就对该馆的工作任务有了明确的定位,编印各种参考资料、编辑西北问题论文索引、刊行乡贤遗著等①。于是在第一、二、十、十三、二十四、二十九、三十五期推出了《西北研究资料介绍》七篇,介绍了十种关于西北内容的书籍,为时人了解西北、研究西北文化、历史等提供了资料。计德容的《西北问题论文索引编制之发端》,可知《西北问题论文索引》以当时的陕西、甘肃、宁夏、青海、新疆为单位,复按性质分为志书、历史、地理、人文文化、经济实业交通、名胜游记指南、人物文献、杂记、各地方九类,共收集论文1400余篇。刘耀黎的《〈奇器图说〉著作者之续制未刊稿》对明代陕西人王征的未刊稿《诸器图说》的介绍。

图书馆协会是图书馆界的组织,可以团结图书馆界同人,加强沟通交流,群策群力解决各种实际问题,更好地推动图书馆事业的发展。周枫在1944年11月28日第四期上发表的《成立兰州图书馆协会之商榷》,建议成立兰州图书馆协会。1945年1月,兰州图书馆协会正式成立,成员单位有国立西北图书馆、国立西北师范学院、国立甘肃学院、甘肃科学教育馆、甘肃省立兰州图书馆等。同月23日第九期中的《发起组织兰州图书馆协会缘起》,对兰州图书馆协会的成立经过进行了详细介绍。以文的《向兰州图书馆协会进一言》,建议兰州图书馆协会协调西北五省有关人士成立"西北问题研究会",建立西北问题研究通讯网;详尽调查西北文献,编制西北文献总目录,成立西北文献保管室;统编西北文献提要等;在以上文献准备基础上,就西北某一问题进行研究。

举办展览是图书馆开展的活动之一。1944年10月,国立西北图书馆举办

---

① 刘国钧:《筹备国立西北图书馆计划书》,《西北日报》,1943年9月23日第三版。

了图书展览会。刘国钧的《我们的图书展览会》、伯《图书展览会内容简述》对这一次展览会及展出的书籍内容进行了介绍。陈公素的《图书展览以后》就图书保存与文化复兴相似论述。1945 年 3 月 14 日,举办了兰市书画联合展览会。苏莹的《兰市书画联合展览会观后记》对这一展览中的书法类、西画类、版画类、铅印等做了介绍。

作为三大国立图书馆之一的国立西北图书馆,指导地方图书馆的业务、调查地方图书馆及其他社会教育机构情况也在职责范围之内。《兰州市图书馆(室)调查报告》《本市补习教育概况调查》即是这方面的成果。通过调查,对国立西北图书馆、甘肃省立兰州图书馆、国立西北师范学院图书馆及立信会计学校、兰州市立中学等的基本情况有了了解。

2. 文化工作

自创刊伊始,《西北文化》就以"推进西北文化为宗旨",宣传、推广、传播文化就成为重任之一。陈公素《西北文化之开展》、张荫梧《中国固有文化之真谛》、谷苞《文化原理与中西文化之研究》、陈大白《今年文化工作之展望》、何乐夫《中国文明起源西北》、金岭峙《人格教育与文化价值》、行之《上古之"西北文化"》等均是对文化,特别是西北文化的讨论。既有对上古"十纪"中关于西北文化记载的搜寻,又有对中国固有文化真谛的阐释;既有对西北文化开展与图书馆、高等教育、文化工具、地方贤达人士密切联系的宏观阔论,也有对年度文化工作的细微部署;既有对西北文明的地位探寻,也有对文化与人格关系的讨论,以及对中西文化对比之研究。另外,还刊登了"文化动态",对时下最新的考古发现、文化动态进行介绍。

3. 敦煌研究

国立西北图书馆与国立敦煌艺术研究所同处一地,《西北文化》自然就成为敦煌研究的重镇。苏莹辉的《国立敦煌艺术研究所新发现北魏写经颠末记》《敦煌新出写本孝经校后记》《敦煌新出写本毛诗残叶校后记》《饕餮纹》,王重锡的《敦煌文物之保存与研究》是较早在《西北文化》发表的。随着敦煌研究的不断深入,《西北文化》设立了"敦煌艺术"特辑专门发表敦煌研究的最新成果。"敦煌艺术"特辑共七辑,由国立敦煌艺术研究纂辑。发表的篇目有:苏莹辉

《记本所新发现北魏写经(附目)》《读殷祖英〈忆敦煌〉上篇》《跋敦煌岷州庙经幢残石》,罗涵《敦煌石室歌》,子青《记王道士催募经款草丹》,吕钟《敦煌沿革考》,青《景坡以莫高窟碣拓本见赠即赋》《敦煌六朝经幢残石歌》,松本荣一著、赵冠洲译《法华经变相》,李浴《莫高窟笔画内容之取材与方式演变概况》,常书鸿《人与艺术》,李兆瑞《三百年来的敦煌移民》,阎文儒《榆林窟调查记》,罗家伦《游敦煌千佛洞诗》等。

4. 社会教育

近代新型图书馆,承担着社会教育的职责。但图书馆是不是教育机关,很多人都有着疑问。美国圣约翰作、李端严翻译的《公共图书馆不是教育机关吗?》解答了这一疑惑。图书阅览、举办的各种展览、放映的图书影片、展播电影等均是图书馆参与社会教育、提升社会公众文化水平的途径,陈公素《图书展览与社会教育》、计德容翻译的美国学者但尼斯著的《图书影片传达科学资料》、计德容《图书馆新任务——电影教育》等从不同方面对此进行了探讨。传播、宣传其他教育机构的成果,既是图书馆的职责所在,也是参与社会教育的方式之一,如孟昭英的《社会教育中心活动书目序言》《社会教育中心活动书目之一:公共卫生运动书目》等。

5. 古文献研究及其他

《西北文化》载有部分古文献研究的篇目,如王重锡《兰州淳化阁帖小识》,苏莹辉《诗序考略》《跋乐都出土汉三老越椽之碑》《三跋汉三老赵椽之碑》《临赵伯然碑再跋其后》《释"蜕"》,慕寿祺《渭源鸟鼠同穴考》《明兰王藏书目录》《毛武勇公传》,赵浩生《谢惠运的〈雪赋〉》《李白诗中的西北》,赵擎寰《明武蘷张忠刚公达墓志铭考》等。

还有对当时的学者的成果的评价或介绍,如苏莹辉《读胡适〈两汉人临文不讳考〉》,张拱贵《评〈国民字典〉》《〈西安音略〉自序》,何乐夫《陕南考古记》,郑湘畴《〈长城考〉读后感——答慕少堂先生》等;对兰州市内的古迹的历史渊源的介绍,如慕寿祺《凝熙园》《中山西园记》;还载有部分诗歌,如青《题冯国瑞先生麦积山石窟志五十六韵》《悼罗斯福总统》《旧金山会议开幕喜赋》等。

（二）《图书》的主要内容

从其发文内容及刊名来看，《图书》当以图书馆学专业期刊自居，故其发文以图书馆学、文献学为主。

序言类作品最多，如黎锦熙《权少文著〈说文古韵二十八部声系〉序》，张舜徽《〈群经余论〉序》《长沙杨树达著〈论语疏证〉序》《〈漓云诗存〉序》，慕少堂《〈诗学源流荟蕞录〉自序》，朱允明《〈靖远气候志简编〉序》等。

刘国钧的《目录学大纲》可谓是其图书馆学理论的代表作，有力地推动了我国图书馆学理论的成熟和图书馆事业的发展。他的另一篇作品《日本朝鲜印刷发达史略》，依据教育部划拨的日本、朝鲜刻本图书，考察日本、朝鲜刻板源流。

其他的还有书评、古文献研究等，如张建侯《甘肃北部汉代国境防线考》，冯国瑞《天水著述考》，巴尼评、端砚译《长安三花记》《石榴裙下》等。

三、《西北文化》《图书》出版与标识

（一）《西北文化》《图书》出版周期

《西北文化》创刊伊始，出版时间并不固定，出版周期 11—16 天。自 1945 年 1 月 2 日出版的第七期开始，改为周刊，每周二出版。在实际出版过程中，存在着提前或推迟的情况，但不超过 2 天，基本上遵循了周刊的出版要求。1945 年 7 月 24 日出版的第三十五期与 7 月 12 日出版的第三十四期中间间隔了一周。

《图书》出版时间无规律可循。1947 年 6 月 22 日出版的第二期与 7 月 6 日出版的第三期之间时间间隔为 13 天，时间间隔最短；1947 年 9 月 11 日出版的第六期与 10 月 23 日出版的第七期时间间隔 42 天，是最长的时间间隔。这也能反映出《图书》相较于《西北文化》出版得更艰难。

（二）《西北文化》《图书》的标识

如前所揭，《西北文化》《图书》均作为报纸的复刊出版发行，没有独立的期刊，更谈不上装帧与编辑风格。

图1 《西北文化》标识　　　　图2 《图书》标识

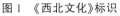

　　尽管,《西北文化》《图书》没有封面,但在报纸出版的版面带有标识。《西北文化》的标识类似于印章,不规则的长条形中刻有行楷字"西北文化"。标识下有期数和"主编:国立西北图书馆"字样,上下排列。自第五期开始,"主编:国立西北图书馆"改为"国立西北图书馆主编"。自第七期开始,在期数与"国立西北图书馆主编"之间,增加了当日出版日期及"每逢星期二出版"字样。以第七期为例:

第　七　期

三十四年一月二日

每逢星期二出版

国立西北图书馆主编

　　自第二十八期开始,在"国立西北图书馆主编"下增加一行文字"曹家厅七号"。从第三十一期开始,"曹家厅七号"增加为"兰州曹家厅七号"。详情如下:

第 三 十 一 期

三十四年六月二十日

每逢星期二出版

国立西北图书馆主编

兰州曹家厅七号

至此,类似于期刊版权页的内容稳定,一直延续至停刊。《西北文化》的标识位置固定,一直位于报纸的右上角。

《图书》的标识为天空下有一座图书馆大楼的建筑,再下方有"图书"二字。标识下有期数及"刘国钧主编"字样,有的时候附带"稿约",有的时候没有。标识位置多出现在右上角,有的时候出现在版面中间。

四、结语

回顾《西北文化》《图书》的办刊历程,它们是在动荡的时代背景下创办的,艰难地出版、戛然而止地停刊,也是同一时期其他期刊的真实写照。《西北文化》所传递的文化对开启西北地区民众的民智、提升社会教育水平、促进西北建设有着突出的贡献;《图书》所传播的图书馆学理论和文化,对于中国图书馆学理论的形成和图书馆学期刊的创办也有着不可磨灭的作用。《西北文化》《图书》作为图书馆创办和主编的刊物,也反映了当时的图书馆人不畏困难的"爱国、爱馆、爱书、爱人"的"图书馆精神"。

(林宏磊,新疆师范大学图书馆副研究馆员)

附:《西北文化》《图书》目录

《西北文化》第一期 1944 年 10 月 17 日

1. 创刊词

2. 战时图书事业之推广　刘子亚

3. 西北研究资料介绍(一)

《西北文化》第二期 1944 年 11 月 1 日

1. 书目新答问叙例　黎锦熙

2. 西北文化之开展　公素

3. 西北研究资料介绍(二)

4. 国立敦煌艺术研究所新发现北魏写经颠末记　苏莹辉

《西北文化》第三期 1944 年 11 月 17 日

1. 我们的图书展览会　刘国钧

2. 图书展览与社会教育　陈公素

3. 研究西北问题之实际化　黎锦熙

4. 图书展览会内容简述　伯

《西北文化》第四期 1944 年 11 月 28 日

1. 图书展览以后　陈公素

2. 兰州淳化阁帖小识　王重锡

3. 成立兰州图书馆协会之商榷　周枫

4. 馆藏汉简简目　刘国钧

《西北文化》第五期 1944 年 12 月 12 日

1. 中国固有文化之真谛　张荫梧

2. 敦煌新出写本孝经校后记　苏莹辉

3. 文化动态

《西北文化》第六期 1944 年 12 月 26 日

1. 敦煌文物之保存与研究　王重锡

2. 文化原理与中西文化之研究　谷苞

3. 敦煌新出写本毛诗残叶校后记　苏莹辉

《西北文化》第七期 1945 年 1 月 2 日

1. 兰州市图书馆(室)调查报告之一:国立西北图书馆概况

2. 诗序考略　苏莹辉

《西北文化》第八期 1945 年 1 月 9 日

1. 今年文化工作之展望　陈大白

2. 明兰王藏书目录(太祖高皇帝所颁)　慕寿祺

3. 谢惠运的"雪赋"　赵浩生

《西北文化》第九期 1945 年 1 月 16 日

1. 中国文明起源西北　何乐夫

2. 跋乐都出土汉三老越橡之碑　苏莹辉

《西北文化》第十期 1945 年 1 月 23 日

1. 发起组织兰州图书馆协会缘起

2. 从教育观念上说到图书馆教育的开展　金岭峙

3. 西北研究资料介绍(三)

《西北文化》第十一期 1945 年 1 月 30 日

缺

《西北文化》第十二期 1945 年 2 月 6 日

1. 饕餮纹　苏莹辉

2. 评国民字典　张拱贵

3. 公共图书馆不是教育机关吗?(美国)圣约翰作、李端严译

4. 兰州市图书馆(室)调查报告之二:甘肃省立兰州图书馆概况(续)　刘子亚

《西北文化》第十三期 1945 年 2 月 13 日

1.明兰王藏书目录(续)　慕寿祺

2.公共图书馆不是教育机关吗?（续）　（美国）圣约翰作、李端严译

3.西北研究资料介绍(四)

《西北文化》第十四期 1945 年 2 月 20 日

1.陕南考古记　何乐夫

2.读胡适《两汉人临文不讳考》　苏莹辉

《西北文化》第十五期 1945 年 2 月 26 日

1.谈民众读物　刘子亚

2.陕南考古记(续)　何乐夫

《西北文化》第十六期 1945 年 3 月 6 日

1.人格教育与文化价值　金岭峙

2.临赵伯然碑再跋其后　苏莹辉

《西北文化》第十七期 1945 年 3 月 13 日

1.本市补习教育概况调查之一:立信会计学校简史　总

2.《奇器图说》著作者之续制未刊稿　刘耀藜

3.介绍何克著《我所见之新中华》　赵擎寰

《西北文化》第十八期 1945 年 3 月 21 日

1.渭源鸟鼠同穴考　慕寿祺

2.兰市书画联合展览会观后记　苏莹

3.《奇器图说》著作者之续制未刊稿(续)　刘耀藜

《西北文化》第十九期 1945 年 3 月 27 日

1.《长城考》读后感——答慕少堂先生　郑湘畴

2.兰州市图书馆(室)调查报告之三:谈谈国立西北师范学院图书馆　何日章

3.兰市书画联合展览会观后记(续)　苏莹

《西北文化》第二十期 1945 年 4 月 3 日

1.兰州市图书馆(室)调查报告之三:谈谈国立西北师范学院图书馆(续)　何日章

2.明武㢸张忠刚公达墓志铭考　赵擎寰

《西北文化》第二十一期 1945 年 4 月 11 日

1.图书影片传达科学资料　但尼斯著、计德容译

2.释"蜕"　苏莹辉

3.文化动态

4.题冯国瑞先生麦积山石窟志五十六韵　青

《西北文化》第二十二期 1945 年 4 月 17 日

1.凝熙园　慕寿祺

2.向兰州市图书馆协会进一言　以文

《西北文化》第二十三期　"敦煌艺术"特辑(一) 1945 年 4 月 24 日

1.引言

2.记本所新发现北魏写经(附目)　苏莹辉

3.敦煌石室歌　罗涵

《西北文化》第二十四期 1945 年 5 月 1 日

1.西北问题论文索引编制之发端　计德容

2.西北研究资料介绍(五)

3.悼罗斯福总统　青

4.旧金山会议开幕喜赋

5.《西安音略》自序　张拱贵

《西北文化》第二十五期 "敦煌艺术"特辑(二) 1945 年 5 月 9 日

1. 读殷祖英《忆敦煌》上篇　苏莹辉

2. 本所新发现北魏写经草目(续)　苏莹辉

《西北文化》第二十六期 1945 年 5 月 15 日

1. 美国图书馆近况　谢凤秋

2. 中山西园记　慕寿祺

3. 文化动态

《西北文化》第二十七期 "敦煌艺术"特辑(三)1945 年 5 月 22 日

1. 记王道士催募经款草丹　子青

2. 敦煌沿革考　吕钟

3. 读殷祖英《忆敦煌》上篇(续)　苏莹辉

4. 景坡以莫高窟碣拓本见赠即赋　青

《西北文化》第二十八期 1945 年 5 月 29 日

1. 社会教育中心活动书目序言　孟昭英

2. 教育理想的由来及其实现要义　金岭峙

3. 上古之"西北文化"　行之

《西北文化》第二十九期 1945 年 6 月 5 日

1. 三跋汉三老赵橡之碑　苏莹辉

2. 社会教育中心活动书目之一:公共卫生运动书目　孟昭英

3. 西北研究资料介绍(六)

《西北文化》第三十期 "敦煌艺术"特辑(三)　1945 年 6 月 12 日

1. 法华经变相　松本荣一著、赵冠洲译

2.读殷祖英《忆敦煌》上篇(续) 苏莹辉

3.莫高窟笔画内容之取材与方式演变概况 李浴

《西北文化》第三十一期 1945年6月20日

1.李白诗中的西北 赵浩生

2.社会教育中心活动书目之一:公共卫生运动书目(续) 孟昭英

《西北文化》第三十二期 1945年6月26日

缺

《西北文化》第三十三期 1945年7月3日

1.图书馆的新任务——电影教育 计德容

2.兰州市立中学概况

《西北文化》第三十四期 "敦煌艺术"特辑(六) 1945年7月12日

1.人与艺术 常书鸿

2.三百年来的敦煌移民 李兆瑞

3.莫高窟历代艺术之作风概说(续) 李浴

4.读殷祖英《忆敦煌》上篇(续) 苏莹辉

《西北文化》第三十五期 1945年7月24日

1.说悲剧 若绘

2.毛武勇公传 慕寿祺

3.李白诗中的西北(续) 赵浩生

4.西北研究资料介绍(七)

《西北文化》第三十六期 1945年7月31日

缺

《西北文化》第三十七期 "敦煌艺术"特辑(七) 1945 年 8 月 7 日

1. 榆林窟调查记 阎文儒

2. 敦煌六朝经幢残石歌 青

3. 罗家伦先生游敦煌千佛洞诗

4. 跋敦煌岷州庙经幢残石 苏莹辉

《图书》第一期 1947 年 5 月 25 日

1. 权少文著《说文古韵二十八部声系》序 黎锦熙

2. 甘肃北部汉代国境防线考 张建侯

3. 你会查字典吗? 金枝

4. 新书介绍

《图书》第二期 1947 年 6 月 22 日

1. 慕少堂藏鄯善出土之大般若经 盛成

2. 甘肃北部汉代国境防线考(续前) 张建侯

3.《群经余论》序 张舜徽

4. 戏与曲之理解 章荑荪

5. 长安三花记(书评) 巴尼评、端砚译

《图书》第三期 1947 年 7 月 6 日

1.《诗学源流荟最录》自序 慕少堂

2.《目录学大纲》 刘国钧

3. 元至正玄玄记经及勘诀刻本校勘记 冯国瑞

4. 石榴裙下 巴尼评、端砚译

5. 长沙杨树达著《论语疏证》序 张舜徽

《图书》第四期 1947 年 7 月 27 日

1.《漓云诗存》序 张舜徽

2.《目录学大纲》(前续) 刘国钧

3. 麦积唱酬录(一)　何遂、冯国瑞

4. 求是斋诗话之二:诗学源流　慕少堂

5. 秦安高渔山先生墓志铭　冯国瑞

《图书》第五期　1947 年 8 月 14 日

1. 国立兰州图书馆新到图书批校本述略之二:金石三例　王重锡

2. 南阳汉画新集引言　冯国瑞

3. 日本朝鲜印刷发达史略　刘国钧

《图书》第六期　1947 年 9 月 11 日

1. 国立兰州图书馆珍本展览会序　慕寿祺

2. 天水著述考　冯国瑞

3.《目录学大纲》(续前)　刘国钧

4. 诗学源流荟蕤录(续前)　慕寿祺

《图书》第七期　1947 年 10 月 23 日

1.《目录学大纲》(续前)　刘国钧

2. 诗学源流荟蕤录(续前)　慕寿祺

3.《靖远气候志简编》序　朱允明

4. 天水著述考(续前)　冯国瑞

"读书非为己,学问无所私":民国私立大学创办校刊之典范

——基于民国《持志年刊》发刊词视域下新闻出版史的读解与评析

An Analysis of the Forewords of the College Journal *Chizhi Niankan* in the Repuclican Era from the Perspectives of the History of Press and Publication

施 欣

摘 要:《持志年刊》是民国时期上海私立持志大学主办和主编的校刊,既是面对和服务全校师生员工的信息通报和内部通讯,亦可视为与兄弟院校进行交流沟通、互通有无的桥梁与纽带。刊物以刊载或发布学校重大新闻事件、办学关键历史进程以及教师风采、学生情况、人物访谈、学术研讨、毕业生(校友)信息为主要内容,既是研究持志大学校史的重要参考资料,同时也反映出民国私立高等教育教学机构的基本情况,这一刊物对上海乃至全国的高等教育、民办教育、职业教育、教会教育以及中国近现代爱国主义教育、中外文化交流、中西社会思潮等领域的研究具有一定的参考意义。

关键词:《持志年刊》 校刊 持志大学 发刊词 典范

私立"上海持志大学"创建于 1924 年 12 月北洋军阀统治时期,被毁于 1939 年日本法西斯全面侵华的炮火(包括汪伪汉奸政府文化高压政策的钳制、日伪殖民教育与奴化教育的迫害以及其他各种反动反华势力或集团的蹂躏和

践踏)。尽管,它的办学时间并不算太长,但前后坚持了十余年之久,在彼时高等教育界维系着若干的影响力;办学城市(区域)虽说堪称"首屈一指"地繁华和富庶,但仍系偏安一隅、无力他顾①,对社会、经济、政治、教育、文化、思想等领域的辐射范围有限。总体来说,面对国家阽危与政府倾颓,该校办教与兴学长期置于颠沛流离、动荡不安之中,办学条件、时机、资源、因素、资金、人才均不被看好——经济社会凋敝、人文环境恶劣、社会思想复杂、政治军事窳败。即便如此的命运多舛、时运不济,该校却没有妄自菲薄、自暴自弃,仍然在国运日蹙、国难当头的紧要之时怀揣教育救国图强梦想,抒写了上海乃至中国近现代教育史上浓墨重彩的一笔②。

回溯历史,探赜渊源,持志大学是上海知名实业家、教育家、政治家何世桢秉承其祖父何汝持(何汝持原名何维健,号芷舠、字持志)、其父何声焕(字仲吕)"教育救国"遗志和意愿而创办的一所带有鲜明"西式"大学印记的私立学院,仿照或移植欧美大学创办及运作模式,故而得名"持志"(同时暗含纪念其祖父之意)。持志大学(其后还一度改为学科更加精炼的学院,还曾创办过本科生及留学生预科)办校诸君,深感培育人才、造育新民对于振兴中华、强我国家的极端重要性,亦深感拥有富于知识和智慧、充满力量和斗志的青年一代对于刷新民族精神、振起爱国志气、涤荡污泥浊水、开启心灵智慧以及重拾民族自

---

① 自开埠以来,上海以其特殊的交通优势、区位条件、地理位置、气候条件、政策因素等而被帝国主义列强觊觎和倚重。越来越多的商人、政客、传教士、军人、冒险家等涌入上海,使之从一个小县城迅速发展壮大起来并最终取代广州而一跃成为中国经济中心和繁华的口岸城市,有着"远东第一大城市""东方巴黎""魔都"之称。作为中国近代以来经济贸易、思想文化、教育教学、新闻宣传、印刷出版等行业和领域的工商业重镇和辐射中心,加上东西交流频仍、开放程度深,上海深具创办各级各类教育的土壤和传统。事实上,上海是近代中国教会大学、私立大学的滥觞,在上海创建的私立高校不胜枚举。清季以降,西方人士如传教士、教育家、政治家等就曾在此地大力兴办教育,培养了大量学贯中西、向现代化转型的人才。

② 过去很长一段时间内,在中国能够接受高等教育(包括高等职业技术教育),对于青年人来说,对于大多数普通家庭来说,是一件可望而不可及并足以改变个人与家庭命运轨迹的事情,也是一件十分难能可贵甚至是"奢侈"的事情。在高等教育未普及化的时代,高校教育资源具有较强的稀缺性,是青年朋友共同追求的梦想,因而显得弥足珍贵。私立大学的创办与建立,有助于高等教育的普及与流行,具有普惠性。同样,私立大学的建设与推广,裨益学子、有益社会,是有限的、短缺的公办高等教育的有益补充,具有补助性。

尊心和自信心的极端重要性，形成了"国立根本，在乎教育；教育不革命，国基终无由巩固"①的基本共识与教育理念，致力于通过建立和普及高等教育、造就和涵养高级人才的举措来抵御外侮、驱除列强、自强不息、复兴华夏。学校校训为"敬业乐群"——要求莘莘学子毕业以后在工作中爱岗敬业、精益求精，能够积极融入集体、悦纳自己。持志大学虽隶属私人开办，却俨然"公"字当头；虽属于私立大学，却时刻不忘教育之使命、造才之天职以及历史之传承、文化之弘扬。学校的教育旨趣及办学宗旨，可以用一句话赅括——"读书非为己，学问无所私"，即将读书求知同祖国的前途与命运紧密勾连、视专业的学术探索与研究为社会进步的阶梯和国家昌盛的重器，强调其公益性和公共性、事业性和大众性。自建校，学校在不太长的时间内培养出诸如舒适、周枏、路式导、倪征
燠、杨兆龙、柳璋、郭虚中等大量专业人才及著名校友。值得一提的是该校在生物、化学、工程学、经济学等多个学科领域具备较高学术水平和造诣，其科研实力和声誉在沪上乃至全国首屈一指，特别是法学学科在当时的教育界和法学界较有名气。

所谓"持志"，顾名思义"居正持志"，有着"抱持远大志向，不忘教育初心"之意味，亦含有"坚持志向、崇尚理想"之意蕴——暗合朱熹"循序渐进、熟读精思、虚心涵泳、切己体察、着紧用力、居敬持志"读书尚学理念。校名本身就在无声却有力地告诫莘莘学子：向学须立志、求学须持志；读书必须专心致志、求学亦须心无旁骛。折射出中国传统儒家教育理念，也反映出办学者面对社会动荡、军阀混战、运势衰微、家国陷危以及政局倾颓之际，坚持自己的教育思想、秉持自己的教育理想、弘扬自己的教育目标，一种家国情怀和民族精神油然而生、呼之欲出，体现出一所大学的社会责任和一位教育家历史担当。成立该校，其宗旨在于兴办教育、造育人才、培养骨干、最终实现"教育救国"的职志和"人才强国"之鹄的。虽说学校是私人力量、个人资本办学但始终突出公益性普惠性，目的在于改造社会、强盛国家、振兴中华。基于此，学校设有法学院、商学院、文学院、工学院以及附属中学。

持志大学创办之际，正值黑暗腐朽、军阀混战的北洋政府统治时期，亦是各

① 陆费逵：《中华书局宣言书》，《申报》1912 年 2 月 23 日。

国列强对中国虎视眈眈、急欲瓜分而且不断觊觎、侵占我国领土及主权之时,即所谓"近数十年来,天祸我中国,内忧方亟,外患又乘"①。然而,教育家们深知,中国的未来在教育、前途在大学,人的因素至为关键,人才的作用至关重要;他们亦抱定信念中国强盛的关键、崛兴的枢机在于青年一代、系于培养人才。此外,这一阶段还是"教育救国"理念置于抗战军兴的危难时期、需才孔亟的特殊节点得以彰显的阶段,教育救国、青年救国、学术救国成为一种社会思潮和先进知识分子(如教育家)的共同理想与追求。

一、《持志年刊》基本情况

年刊,是一种按年编纂和出版的校内刊物。民国时期多数高校都曾出版刊行过年刊,主要分两种"纪念刊"和纪念册②:前者一般是为了纪念特殊时间节点或者重大活动及事件(如校庆)刊印的纪念刊物;后者则是为毕业生专门制作的。一般而言,校刊都是尽心编纂的、用心辑稿的、精心印刷的。

《持志年刊》(*The Chih Tze Annual*),是上海私立持志大学学生会出版的学校刊物③,为上海持志大学自己创办并主持的校刊,旨在记载学校创办历程、办学理念、学校大事、求职就业、著名学者情况以及校友校史资料和教职工档案等。该刊于1926年在新闻传媒发达、教育事业昌盛的上海创刊(上海开埠以来,私立高等院校、教会学校、西式学堂麇集),由专门的持志年刊社负责编辑出版、上海良友图书印刷公司负责印刷发行,初定为年刊,随着新闻报道、通讯消息、校园事务等内容的增多,在连续出版至1933年时适时改为季刊。该校刊由郑杰担任中文编辑、梁淼章担任英文编辑,陈去病、孙镜亚担任中文顾问,孙

① 冯自由著:《革命逸史》(第二集),中华书局,1981,第243页。

② 姜庆刚:《近代高校年刊的文学史料价值》,《新文学史料》2012年第4期,第192页。

③ 所谓"校刊"是指某学校自筹经费、自立机构、自设编辑、自聘人员创办并主持的刊物。一般分为两种:一种以新闻、消息、校情、校史、要闻、大事为主,周期较短,与一般报纸和新闻纸几无差异,只不过报道范围往往局限于某校而已;一种以学术研究为主,发表理论文章及汇报最新科研成果,出版周期较长、专业性较高、学术要求较高,特别强调学术规则、写作规范、科研诚信等,代表该校最高学术水平和标准。

邦藻、夏晋麟担任英文顾问。

该年刊为中英双语版——这是当时比较流行的做法（鉴于上海一地华洋杂居、外国人士众多、海派文化盛行的实情），在凸显时尚同时也彰显出一定的文化档次与海派文化特色，发刊词、目录、祝语、内容摘要、职员名录等均为中英文对照，方便海内外校友阅读传播，也便于向兄弟院校赠阅交流。刊物主要刊发该校领导、校董、各系师生以及历届毕业生的简历、照片和事迹、风采，详细记载学校发展程途中的重大决策、重要事件、基本情况、校园生活概况、各院系各年级发展历史、学生会自治组织及其相关活动等。其中，校史档案和毕业生信息两项为极其重要部分，是最为详细和周全的内容。该刊不仅是研究持志大学校史的历史资料，也是研究上海近代教育尤其是高等教育、私立教育的重要参考资料。

每期年刊设置发刊词（卷首语）、年刊职员、校董、教职员工、大学毕业生、大学各年级教师、高中、初中、体育、团体、杂俎（类似于杂文、小说、文艺副刊）等十二个相对固定（即常设版块）栏目。展开来说，刊首，登载有校历、校舍、藏书楼（图书馆）、宿舍、食堂、操场、实验楼等摄影或写实图片；大学毕业生栏目，具体内容是介绍学校各院毕业生，刊载毕业集体摄影照片并配有毕业生小传，尤其积极报道优秀校友的求学经历及成就；大学各级栏目中，登载各年级级史，详细说明该系成立缘起、各年级学生名录、各级学生特色等内容，具体包括文科的英文系、国学系、政治系以及商科各年级史，除国学系外均为中英文双语版，可见双语教学是其特色，与国际接轨是其办学方向；高中、初中栏目，分别介绍附属高级中学和初级中学的基本情况，印发毕业生肖像照。封面由中、英文的"持志年刊"字样及出版年度（阿拉伯数字）构成，并且配备有一叠书本、燃烧蜡烛、螺旋上升的阶梯等图样（象征知识和光明，也代表追求真理是螺旋上升的）。值得注意的是，持志大学年刊社下设的广告部还特别编印了《广告目录》，以表示对赞助商或商号经费支持的感谢，具体包括上海先施公司、王开照相馆、中华照相馆等，这些著名私营企业或多或少都热心公益及文教事业。

二、《持志年刊》发刊词读解与评析

读书求学必须持志——抱定宗旨、持之以恒。创办《持志年刊》必须立足教育、扎根教育——为民族振起培养人才、为国家复兴造育栋梁,植时代之英才、培社会之元气。与此同时,刊物亦必须矢志学术不已、砥砺学问不倦,担当切磋学术之平台、肩负精进学问之公器。

(一)读书求学须持志涵养、笃志前行以至于日渐精进

《持志年刊》发刊词作者为民国时期上海著名教育家和图书出版家郑杰先生,他也是持志大学的领导高层成员之一,并在教育界、文化界和报刊界拥有一定的知名度和言论声誉。文章不仅深刻折射了作者本人的教育思想与大学观念,同时还充分表达了持志大学独特先进的办学思维与新颖鲜明的教育观点。读书习文,青年才可能拥有一个精神饱满的世界,领略大千世界的美好;求知向学,青年才可能摆脱愚昧无知和贫困潦倒,不读书不仅人生黯然无色而且子孙也难见光明。正所谓"云路鹏程九万里,雪窗萤火二十年。"发刊词及其背后的教育家们恳切而真诚地告诫持志学子(自然也包括全国的莘莘学子和有志有为青年):读书虽然是自己的事情、个人的事务,在学习上要有主动性和积极性,要能够勤奋刻苦、吃苦耐劳,却不光是为了自己或家人的前途和命运而读书,更重要的是致力于改变国家的前途和祖国命运,一言以蔽之,就是要"为中华之崛起而读书",这种读书为人民、为国家的境界反映了人思想及人生的不同境界①。

这种读书之志业、求学之旨归,突破了个人主义的藩篱、传统读书仕进思想的禁锢、精致的利己主义的限囿,以天下为己任、以家国为萦怀,使其境界高远、胸怀博大,让它目标崇高、格局开阔。大学生持志养气、博学笃行,方能干出一番事业;大学生定志居静、循序致精,方能成就精彩人生②。读书与求学,是一

---

① 徐小跃:《人生境界与读书境界》,《新世纪图书馆》2020年第1期,第2页。
② 赵伟莉:《孟子"持志养气"说对大学生正气培养的启示》,《西南农业大学学报》(社会科学版)2013年第4期,第160页。

件十分辛苦和吃力的事情，叶剑英同志指出，读书莫畏难、攻城不怕坚。邓中夏同志也强调："你只需奋斗着，勇猛地奋斗着，胜利就是你的。"学问，是一种系统的全面的深层次的理论性的思考与学习，是国家进步的助力器和社会前进的推动剂，它求知识求智慧和求真理求光明；学术，是民族的精神支撑、智力支撑、思想宝库和"社会公器"，代表了一个民族真正的思维高度或者说反映了一个民族的强大创造能力和持续的创新能力。正因为学问的公共性与学术公益性，因而必须隶属全社会、也必然从属于整个国家，无论是自然科学还是社会科学都是如此。作为"社会公器"和"智慧之根"的学问，是全社会共同创造和拥有的财富及资源；作为"社会良知"和"道德底线"的学术，是全人类共同的理想和追求。所以，我们不能因一己之私心而秘而不宣，也不能因个人之私利而束之高阁。

在军阀混战、乱世沉浮的旧社会和贫穷落后、民不聊生的旧时代，面对列强环伺、外侮不断的危局和民生凋敝、灾难深重的危势，人们的国家观念尚很淡薄、家国情怀尚待培育——全国上下正处于"国不知有民而民亦不知有国"的蒙昧状态，国民普遍存在"愚昧、封建、羸弱、贫困、散漫、自私"等劣根性（鲁迅、辜鸿铭、林语堂等人早有论述及批判），以致"东亚病夫""一盘散沙"和"黄祸""病狮"等侮辱性、敌视性、轻蔑性的词汇成为那个弱肉强食的时代强加给中国人的"政治标签"与"刻板印象"。为了彻底改变这种萎靡不振、万马齐喑的落后境遇和疲败状况，需要维新旧的社会风俗与鼎革旧的传统习惯，需要培养救国青年、培育爱国情怀，需要兴起新的文化、传扬新的思想，需要创新教育、改造国民——造育一代新式青年、催生一批现代国民，以期最终实现国家的独立、民族的富强以及人民的幸福。

（二）基于发刊词视域下的新闻史、期刊史读解与评析

首先，发刊词地坦诚地指出："刊何以年名？纪一年之往迹也。"发刊词详细阐释了刊物得名的缘由：所谓"年刊"，即一年编辑和出版一期，编纂和出版的周期为"年"。其实，这本"年刊"就是一年一辑出版印刷的书籍，用以记录过去一年来学校的大事小情，将事关学校的重要资料辑录、编纂入内，凡关涉学校之要闻及大事无论巨细、靡不登载。作为校刊且为年刊，主要记载学校一整年

以来的工作情况、全年业绩，成为校史校情的忠实记载者，带有很强烈的总结性质。这其实，就是在定义"年刊"，就是在诠释"年刊"，就是在教育感染和文化熏陶上为刊物"赋能"。

紧接着，发刊词陈述："我校建立已一年有半，宜及基而有作，必待今始成书。何也？基当去年之冬，建设方殷，未遑及此。"时光荏苒，岁月不居，转眼之间持志学校成立已经一年半了。校刊的编撰及刊印工作本来应该与之同步进行，按道理说早已有年刊出版问世了，因为这是一种具有"基础性"和"总结性"性质的工作。但那一阶段，学校上下都忙于校园建设、学科建设、学术交流、师资培训、人才引进、学生指导、国际合作等诸多事宜，还没有来得及和顾得上设置专门机构和组织专业人员开展校刊编辑工作及出版业务。也就是说，这项原本是"必修课"和"必选项"的重要工作因为创校之始的公务繁忙、百业待举而延误了、耽搁了、忽略了，想来也是万分无奈和痛惜。建设一所新式的学校千头万绪、千难万险、创业至艰，事情总要分一个轻重缓急，矛盾总要分个主次先后，干事创业不可能妄想"一口吃个胖子"，待其他行政事务暂时告一段落学校高层回过神来、腾出手来，纂辑本校年刊之事便被提上了重要的议事日程。

可是，当"我们"正式提出要加快撰写校刊的步伐时却招来了意想不到的"哇声一片"。面对疑问之困惑和质疑之声浪，作者扪心自谓："世多有成校既久，而始有年刊之行世者，吾又何慊焉。"其实，不光是持志学校校刊编辑工作裹足不前、停顿下来，其他学校也存在类似情况——因为经费、人手、时间、场所、校对、印刷特别是战乱的缘故也未能及时编辑校刊，因而持志大学绝非特例，《持志年刊》亦并非孤例。一步领先并不意味着未来遥遥领先，一步迟到也不决定着今后步步迟到。一想到这里，作者略感安慰和释怀，告诫同人现在开始办理也为时不晚，所谓"好菜不怕晚上"。

接下来，发刊词坦言："兹值我级成业之期，惧萍踪（踪）之一散而不复聚。营是编以留鸿雪，籍证来兹，固无嫌于名之不相副也。"值此持志大学培养的毕业生完成本科学业、开启美好人生，也就是同学们奔赴各个工作领域、为国家及社会建功立业的临别之际，编纂年刊不仅意义非凡而且恰到好处：一是留下毕业生们对学校的留恋、对学校接受高等教育的怀念，大学是人生最美好的时光、最愉悦的经历，他们即将走向社会、大展宏图、奔赴更为广阔的土地；二是刻录下毕业生学校生活的点点滴滴、方方面面，可以记录、可以品读、可以回味、可以怀旧，可谓"正当时"。

然而，在现实工作中，对于花费时间、精力和费用、物资编写校刊一事，不是所有的人都看好也不是任何人都夸赞，他们这种人往往"成事不足而败事有余"。学校对外宣布正式启动年刊编纂工作后，有人冷眼旁观、有人坐说风凉、有人评头论足、有人无端指摘，还有的人非议、讥讽甚至批评说："而或谓校史未久，成绩无微，侈言年册，迹近浮夸。"这里所提及的"有的人"，既有社会上闲杂人等、也有学校内部的"反对派"，他们不负责任、不动脑筋、不咸不淡、不伦不类地就此评论说，学校草创不久，还没有取得什么业绩和成效，就开始编辑校史，为领导人歌功颂德，怀有明显的私心杂念，欲将校刊作为某些人的"起居注"。再者说，这种"急就章"和"应急篇"大多数因时间紧、任务重、人手少、经费缺而潦草写成、匆忙应付，内容上讲必定是品质低劣、滥竽充数，而且所记述之事实、所记载之人物亦未必真实可信，相关新闻报道和通讯信息也极有可能来不及核实与验证。那么，肯定存在着浮泛之论述、必然出现夸张之言辞，甚至可能出现诸如以讹传讹等纰漏。对此，他们抱着慎重、怀疑乃至否定的态度，认为与其粗制滥造还不如精雕细琢，与其草率编辑完成倒不如力争精品力作。当然，这与各校编辑的校刊良莠不齐、泥沙俱下不无关系，就是说不少学校编纂的校刊质量普遍不高、内容普遍不全甚至品格低下、虚假浮夸，造成人们的轻视与误解，引起了文化界、教育界人士的批评。其实，不管做什么事也无论做得怎么样，总会有人指手画脚、说三道四，他们大可不必在意更无须为此恼火，将这些"说道"和"訾议"如蛛丝般在心头轻轻抹去并微笑面对、坚定下去，绝不会因为质疑之声、讽喻之声而中辍编辑校刊的神圣事业乃至改变初衷或忘却使命。诚然，要本着"有则改之、无则加勉"的谦虚态度和纳谏心态，不仅要听得进意见和建议，而且还要汲取智慧的善意的合理化的意见和建议，并将其作为一种鞭策的力量，认真反思编纂过程是否细致周详、全面深入，进而完善和改进这个专项工作。

为解释原因、舒缓舆情和驳斥杂音、回应关切，发刊词剖白心迹说："不知吾校校基初奠，朝与一政，暮创一制，逢春草木，欣欣向荣，初生虎豹，气可吞牛，峥然新进，将借固已时来夫国人矣。是又乌可不一揭我校之内蕴，以暴（曝）于国人之前,使有所凭籍而指导之耶。"学校奠基成立之后,各项工作渐次步入正轨。作为一所新学校,必然展露新气象、彰显新面貌,学校进行了许多方面的教育改革,也开展了不少领域的工作创新。譬如,许多制度参酌和引进了国外著名大学的做法及经验,许多措施参考和借鉴国内其他知名高校的范本和先例。新建的大学,有一种"初生牛犊"的闯劲、"乳虎啸林"的气势、"红日初升"的朝气,敢于尝试和试错;新建的大学,有一种"时不我待"的紧迫感和"功成在我"的危机感,总是铿锵有力地走在探索和创新的路上。

有一种好的想法或点子不容易,而去实现那种好的想法和点子则更加不容易;下定决心去做一件事不容易,而要干成一件事、干好一桩事业则更加艰难。先哲"知不易行更难"和"行胜于言、行难于知"之谓也。为此,发刊词无限感叹道:"且也,世事创难而守易,今日之一事一物,已不知几费前哲之经营,筚路蓝缕,正将来输轨文错之基,创为巢居穴处者,功固应在崇楼杰阁上也。"白手起家,从无到有,是一条十分曲折的道路、是一个非常艰难的过程,所谓"创业难,难于上青天"。基于此,《持志年刊》肯定会越办越好,持志大学同样也会越办越强;那么,回顾往昔,吁衡未来,必须感谢今天同仁们的努力与付出,必须感恩同仁们的奠基与铺垫,走得再远都不能忘记了来时的路、都不能忘记了为什么出发。

回顾办刊历史、梳理创刊脉络,一路行来一路歌,发刊词不无感慨地说道:"我校缔造之始,虽一物之践,一事之微,皆足留未来莫大之影响。百数年之后,校名丰隆,校基宏启,光华璀璨,虽不能早现今兹,然一穷其源而尽其流,固不难求得其过嬗之迹也。然则,今日之一遍,其犹泰岱之拳石,大江之流觞也已。"学校肇启之路途非常之艰辛、办学之历程亦非常之不易,可谓"筚路蓝缕,以启山林";但是不管怎么说,多一所大学中国便多一丝元气,多一座高校中国便多一线希望,文脉得以赓续,文化得以传承,文明得以弘扬。在办学方面也好在办刊方面也罢,所谓"行百者半九十",贵在持之以恒、潜行不辍;所谓"一篙无力退三寻",要在坚持不懈、久久为功。所以说,任何时候都不能有丝毫松懈和倦怠。在国家尚未发达、亟待崛起之时,在他国侵犯日亟、敌人欺凌日深之间,办好学校、培养学子、造育新民、扶持青年、创建刊物、弘扬学术,国家才有希望、民族才有未来。倘若,等到百年之后,学校事业渐次发展、不断开创新的境界，肯定会留下许多宝贵经验及教训，也必然留下不少心得和感悟。

作者发自肺腑、谦逊地说："杰等未充于学，复乏经验，肩兹重任，时惧弗胜。付梓有期，用弁厥首，挥毫伸纸，惭恧云何。"同仁坦言：我们精心创办、用心扶持这个大学内部编辑及刊行的年刊，看似是不起眼的一件小事却是意义颇大的一桩大事。为此，我们仍然本着精益求精、日臻至善的态度，虽然学识浅薄、经验不足，但是满怀热情、充盈斗志，我们有信心和决心肩负这么一个重大责任，亦有能力和实力完成这么一项重要任务——尽管办刊以来常常感到力不能支、难以胜任。现在，年刊即将付梓出版，值此之际，我们用心用情写下上面的几句话置于刊首，想来惭愧。但转念一想，读者朋友与我们同在、青年学子与我们同行，我们不是一所大学在奉献、一个年刊在战斗，我们的编辑事务及出版工作虽然琐屑却并不渺小，便又充满了毅然前行的力量与勇气。

三、结语

持志大学，当代普通人（非教育史研究领域的专业人员）可能不太熟悉，但是上了点年纪、有一些阅历的上海市民则或多或少有所耳闻，它其实是今天我国著名外语类高等院校——上海外国语大学的前身之一。办学伊始，该校即定位为综合性（多学科门类）大学，显示出博大的气度和超前的眼光，学成归来的爱国工商界人士，希望将欧美发达国家的教育理念和教育模式引进中国，以期改变国家落后的面貌、任人宰割的处境。学校的创建者为何世桢、何世枚两位留洋博士，被誉为中国近代私人资本创办和参与高等教育的先行者，他们本就是高等教育的受益者，深知大学对一个城市乃至整个国家前途与命运的极端重要性，亦深深地懂得高等教育对于民族精神的培养、民族品质以及民族未来的不可或缺性。循此，该大学诠释了创立者"持我此志而努力教育"[①]的真义。

作为一所位于上海的现代化大学，或者说真正意义上的现代化高校，必然拥有自己的学术阵地、必定创办自己的学术刊物，《持志年刊》便自然应运而生。这是一份看似普普通通、平平淡淡的大学刊物（可说是一份内部资料），但

---

① 俞可：《何世桢：持我此志而努力教育》，《上海教育》2013年第9期，第56页。

却详细记录了几乎全部的校情校史,翔实记载了全面抗战的烽火连天、峥嵘岁月,乃至于突破了一校一城一刊的束缚与禁锢,成为校刊的代表与典型、成为近现代高等教育史上的异彩奇葩。

先哲有云:好学近乎知、知耻近乎勇、力行近乎仁。它告诉人们一个朴素的道理:对于个人而言,勤奋好学则日有所进,精进不已必渐有所成,懂得"学然后知不足",人生需要不断获取新的知识和掌握新的技能,需要不断充实自己、完善自己,终归有朝一日日臻至善、止于至善。对于国家而言,国家需要知耻而后勇、谋定而后动,需要奋发而图强、厚积而薄发,明白所处的逆境、认识落后的根源、保持清醒的头脑,然后踔厉前行、全力改变现状。对于一种刊物来说,担负传承一种文化、传播一种文明、传习一种智识的天职;因此,勇于实践是其鲜明的品格、敢于尝试是其美好的品质。

《持志年刊》创建之机,值举国晦塞之时,多士痛沉迷之习,非思解其束缚则文化莫由昭苏。一代人有一代人的使命与担当。举办高等教育的目的即大学创办的意义,就在于引导青年一代探索真理和追求光明,就在于为国家育真才、为民族树完人,发现青年、挖掘青年和完善青年、成就青年。民国私立上海持志大学,虽"私"犹"公"——私立而不忘其公益,秉持与年俱进、进德修业、成德达才等办学方针,践行高等教育"立德树人"理想,肩荷着振兴中华、地域外侮的使命职责,诚如其名"持我此志,努力社会无穷期。"在全民抗战的烽火中淬炼、硝烟中磨砺,为凝聚人心和力量、铸造崭新的民族精神作出贡献,不和光同尘,不与俗浮沉,不虚与委蛇,不明哲保身,认清抗战的大势大局、大是大非,明确众志成城、驱逐外侮的爱国主义原则与坚守同仇敌忾、保家卫国的鲜明政治立场,反对日本帝国主义及其汉奸、走狗、卖国贼在军事、政治、文化、教育、思想上的疯狂叫嚣及野蛮进攻,及时发出爱国主义的言论和主张,组织爱国学生游行、募集抗日资金、声援工人罢工等。这是一份沉甸甸的、响当当的、拿得出手的大学自办刊物,更是一份担当文化先锋、育人楷模的开明刊物、先进刊物。

（施欣,广东仲恺农业工程学院马克思主义学院讲师）

浙江嵊州袁氏家族藏书考述

An Examination of the Book Collection of the Yuan Family in Shengzhou,Zhejiang Province

程惠新

摘　要：袁涤庵(1881—1959)是民国时期一位成功的民族资本家,也是一位低调的藏书家,其藏书之美富曾令傅增湘、袁毓麟等赞叹不已,可惜毕生心力所积在社会变革中几乎化为乌有。1986年,袁氏后人向浙江大学图书馆捐赠了幸存的31部296册线装书,其中较为珍贵者有两部:一为南宋嘉定十四年(1221)庐陵郡庠刻本《资治通鉴纲目》(存卷四十五),此版本现知存世仅十五卷;一为明天顺游明刻本《史记》,为海源阁旧藏,有杨绍和题跋,《楹书隅录》等著录。顾廷龙先生曾受浙大图书馆之邀撰《袁氏赠书记》一文,襃扬袁氏化公为私之盛举。

关键词：袁涤庵　藏书家　《资治通鉴纲目》　《史记》　顾廷龙

1986年底,在建校90周年前夕,浙江大学收到了一份至为珍贵的礼物——浙江嵊州籍藏书家袁涤庵子女捐赠的一批线装书,内有传本极稀的南宋嘉定十四年(1221)庐陵郡庠刻初印本《资治通鉴纲目》(存一卷)、颇具传奇色彩的海源阁旧藏"元本《史记》"(实为明天顺游明刻后印本)、清康熙内府刻五色套印本《古文渊鉴》(存四十八卷)、民国二十六年(1937)袁涤庵为其亡友魏馘(1860—1927)刊刻的《寄榆词》,以及清末、民国的线装书共计31部296册。此后,袁涤庵这位几乎湮没无闻的藏书家才重新为公众熟知。

一、袁涤庵生平

袁涤庵(1881—1959),名翼,谱名兴忠,字鸿缙,号涤庵,晚号剡溪老人,嵊县(今浙江嵊州市)上碧溪人。袁涤庵青年时代受维新强国思想影响,于光绪二十八年(1902)赴日留学,三十二年(1906)从大阪高等工业学校化学系毕业,回国后任绍兴府中学堂监督,其间加入光复会。宣统元年(1909)应部试,授工科举人。辛亥革命后曾任奉天造币厂、江南制造局工程师,又执教于天津高等工业学堂。民国三年(1914)由农工商部技正任甘肃省镇番县(今民勤县)知事,在位期间兴修水利、输粟赈贷、振兴学校,赢得"振刷维新,盖县令之循良者"之美名①。两年后弃官兴办实业,曾创办北平有轨电车公司,任热河北票煤矿总经理,并任天津启新洋灰公司、天津航业公司、天津金城银行、盐业银行等多家公司的董事或股东,成为京津一带有名的民族资本家。1933年,热河沦陷,日军强行接管北票煤矿,袁涤庵不愿担任伪职,遂在北京西山购地数千亩,经营剡溪农场,以买书种树自遣。解放后,袁涤庵曾任北京协和医院、北海公园董事。1959年,袁涤庵病逝于北京,享年78岁。

袁涤庵有六子三女,除长子、五子早夭外,次子绍基(1912年出生)为哈佛大学西洋文学与公共行政学双博士,历任美国堪萨斯州立大学、宾夕法尼亚洛克海文大学等校政治学教授。三子绍文(1914—2006)为加州理工航空工程博士,航空动力学家,成就最高。四子绍德(1917—1943)麻省理工地质学博士,不幸在刚完成博士论文即患肺病去世。长女绍英(1909年出生)虽未能像三位弟弟那样出国留学,但自幼也受过良好的西式教育。绍英从十余岁开始,袁涤庵又延请名师坐馆讲学,让子女们接受中国传统文化熏陶。民国十八年(1929),绍英与绍基将上虞俞寿沧(1875—?)讲授《纲鉴易知录》的内容编辑成《镜古录》四卷,被周学熙(1865—1947)收入其辑刻的《周氏师古堂所编书》中。中华人民共和国成立后,绍英积极投身社会活动,曾当选为北京市政协委员。绍英丈夫杨承祚(1904—1970),湖北人,美国哥伦比亚大学经济学硕士,相继

---

① 周树清修,卢殿元等纂:《续修镇番县志》卷七,民国九年(1920)刻本,第10叶。

任南开大学、辅仁大学教授,1952 年院系调整后任中央财经学院、中国人民大学教授,"文革"时瘐死狱中。

二、袁氏藏书聚散

袁涤庵在北京城内的居所位于丰盛胡同 2 号,是所三进的大合院,最后一进有藏书室数间,室名济美堂。不过袁氏于个人收藏方面较为低调,虽曾编有《剡溪袁氏藏书目录》一部,张秀民先生抄其中罕见者近百种为一简目,但两目均未见传世①,故其藏书详情如何今已不可悉知,我们只能从其后人或他人叙述,以及浙大获赠藏书中窥得一鳞半爪。

袁家并非藏书世家,藏书是从袁涤庵这一代才开始的。早年他的精力虽然主要在征逐商场、创办实业,但也已开始搜购古籍。袁涤庵生性慷慨,家中常高朋满座,其师友交游中不乏藏书大家②,彼此当会相互影响或互通有无。不过袁氏大力购书应该是在中年归隐以后。袁涤庵 60 岁寿辰时,其挚友袁毓麟贺诗云"揭来万卷恣收藏,琳琅满目媲二西。世间此福有几人,惟秉德者斯能受"③,"揭来"应是指 1933 年隐居西山,此时袁氏财力雄厚,又有余暇,经过短短数年搜求,藏书益趋丰富。傅增湘贺诗有"山房万卷书,迟我来共读"之句④,藏书能入傅氏法眼,想来绝非寻常。又傅氏曾于民国二十九年(1940)记袁氏所购正统刻本两《汉书》,云:"忆壬子春,为缪艺风前辈收得正统本前后《汉书》,印本不佳,尚费三百余金,后为朱幼平所得。顷者袁君涤庵新获此书于厂

① 唐微:《藏书家袁涤庵生平事迹钩述》,绍兴文理学院学报(人文社会科学),2022 年第 1 期,第 65—71 页。

② 如刘承干 1922 年 11 月日记就记载多次往丰盛胡同袁家与蒋汝藻、傅增湘、陈陶遗等晤谈(刘承干著,陈谊整理:《嘉业堂藏书日记抄》,《中国近现代稀见史料丛刊》第三辑,凤凰出版社,2016 年,第 456、458 页)。1924 年 2 月 28 日,傅增湘曾将其觅得的张元济先人著述《涉园杂咏》托袁涤庵转交(张元济、傅增湘著:《张元济傅增湘论书尺牍》,商务印书馆,1983,第 116 页)。

③ 袁撰一:《剡西上碧溪袁氏家谱》卷一《袁涤庵先生六秩寿言》,民国三十六年(1947)木活字印本,第 2 页。

④ 袁撰一:《剡西上碧溪袁氏家谱》卷一《袁涤庵先生六秩寿言》,第 1 叶。

市,棉纸广幅,初印精善,两《汉书》皆完整如新,值四百五十金,价颇廉,特记于此。"①

据袁涤庵之子袁绍良先生回忆,其家藏书除书肆购买外,也会整批收入故家散出之书,而傅增湘、张秀民、张俊彬、邢端、许承尧、张彦生、孙惠卿、吴玉如、刘叶秋,以及北京琉璃厂裴效先等常帮助推荐、收集、鉴定,魏諴常作旁注、眉批②。袁涤庵富而好施,待人厚道,遇因经济困难而求售者,往往来者不拒。如教育家、原燕京大学校长吴雷川1942年3月18日、23日的日记载,日军封闭燕京大学后,其生活一时无着,便检点《越缦堂笔记》《定山堂诗集》《内经评文》《满洲实录》《西园闻见录》《商周彝器通考》《善斋彝器图录》《武英殿彝器图录》《颂斋吉金图录》《颂斋吉金续录》《汉武梁祠画象录》11部书托袁毓麟代售以补贴家用,原估价425元,拟实售300元,而袁涤庵慨然表示愿照估价支付,不必折扣,后吴氏感其厚意,又加入《半厂丛书》《霜红龛集》《国朝诗别裁》3部,以与估值相当③。

袁氏藏书特色,张秀民先生说是浙江七十余县之县志几全备④,袁绍良也称其父以史为贵,尤注重收集地方志,除浙江全省州府县志书外,各省均有大量收藏⑤。袁涤庵曾助丁文江、翁文灏等创办地质调查所,1920年地质所建新图书馆时,袁氏有大笔捐资⑥,甚至当地质所经费不继时,时常垫款以维持日常运转⑦。袁氏还曾依方志所载,与丁、翁二人走访大西北,普查地质矿藏,故其收藏除古籍外,亦有大量的地质矿产资料,并有5000余张地图⑧。

袁氏所藏线装书均用樟木箱存放,每年定期晒书⑨。从浙大图书馆受赠的

---

① 傅增湘:《藏园群书经眼录》,中华书局,2009,第161页。
② 袁绍良:《袁氏藏明清名人尺牍·序》,文物出版社,2016,第12-18页。
③ 吴雷川著,李广超整理:《吴雷川日记》,商务印书馆,2020,第317-318、322页。
④ 张秀民:《袁涤庵传》,《嵊县文史资料》第八辑《辛亥革命史料续编》,1992,第106页。
⑤ 袁绍良:《袁氏藏明清名人尺牍·序》,第13页。
⑥ 顾晓华:《中国地质图书馆史》,地质出版社,2011,第13页。
⑦ 胡光麃:《大世纪观变集》第3册《世纪交遇两千人物记》,台湾联经出版事业公司,1992,第160页。
⑧ 袁绍良:《袁氏藏明清名人尺牍·序》,第14页。
⑨ 袁绍良:《袁氏藏明清名人尺牍·序》,第13页。

这批线装书可见当初典藏颇为用心：书的品相大多较好，无虫蛀、鼠啮等情况，大部分都有装具保护，函套基本完好，木夹板未变形或破损。有专用书签两种，一种高 14 厘米，宽 7.5 厘米；一种高 8.7 厘米，宽 6.5 厘米。书签上半部分留白，贴于函套或木夹板内侧，下半部分朱色铅印"剡溪袁氏藏书""×部×类""××著"等项，墨笔楷书填写书名、著者、部类、册函。袁涤庵藏书印仅见"滁盦藏书之印"白文方印一种，尺寸约 1.6 厘米见方。杨承祚也藏书，浙大获赠的有部分是杨、袁夫妇故物，这些书封面贴有标签，上有编号"祚××"，来源注为"杨、袁"，《初拓郑文公碑》（民国上海碧梧山庄影印本）内有杨承祚题记"民国廿九年承祚购于古北平乐安市场"。

20 世纪 50 年代，袁氏藏书已有零星散售。如浙大图书馆藏书中清光绪四年刻本《重修安徽通志》三百五十卷《补遗》十卷、民国二十三年（1934）北平文友堂书坊影印本《太平广记》五百卷《目录》十卷、清光绪三十一年（1905）石印本《钦定书经图说》五十卷等书内有"滁盦藏书之印"①，说明都是袁氏旧藏。其中《钦定书经图说》系 1957 年 12 月由原浙江师范学院图书馆从北京效贤阁购得，书价 15 元②。效贤阁为琉璃厂书肆，店主裴连顺，字效先（孝先），河北枣强人，通目录学，解放后常至南方各省收书③。效贤阁是袁氏常去购书的书肆之一，由浙大馆藏此书的来源可见，袁氏也曾通过裴氏售书。

1959 年袁涤庵去世时，绍基、绍文等皆在美国，绍良尚幼，袁家由绍英持家。而 1967 年杨承祚、袁绍英受迫害入狱之后，袁氏数十年心力所聚便作云烟之散了。

三、捐书始末

去国愈久，乡土之思愈深。1979 年中美正式建交后，袁绍文就迫不及待地

① 此条材料由笔者同事杜远东提供。
② 1952 年院系调整时，浙江大学文学院、理学院的一部分、之江大学的文理学院和浙江师范专科学校合并，成立浙江师范学院，1958 年又与新建的杭州大学合并，定名杭州大学，1998 年杭州大学合并入浙江大学。
③ 孙殿起：《琉璃厂小志》，上海书店，2011，第 117 页。

踏上了阔别三十余年的故土,与老友周培源、钱学森等人相聚倾谈,在北京、天津、上海等高校讲课,祖国刚走出十年浩劫百废待兴的状态,使他下决心在中国召开一次有关能源开发利用的世界性学术会议,以推动中国的四化建设。经过三年精心筹备,1982 年 11 月,由袁绍文担任主席的国际能源、资源、环境会议顺利在北京召开。会后,绍文受到了邓小平的亲切接见①。

在会议召开之前,绍文曾抽暇回故乡浙江一游。绍文自幼在京津成长,年甫弱冠即赴美求学,家乡于他仅是一个模糊的概念,不过此次回乡之旅,侄女夫妇工作的浙江大学给他留下了深刻而美好的印象。正是因此机缘,绍文退休后,先将其个人所藏的 700 余册航空工业相关的书籍尽数赠与浙大图书馆,后又与兄弟姐妹商定,将袁家劫后余存的一批线装书也一并捐赠。袁涤庵生前就曾向故宫博物院、中科院图书馆、中华医学会等单位捐赠过不少古籍和文物,此次袁氏子女的捐赠正是继承先德遗志了。

收到赠书后,时任浙大图书馆常务副馆长的夏勇先生专程将其中最珍贵的两种送至上海请顾廷龙先生鉴定。夏勇回忆道:"等我把袁绍文先生一家兄弟姐妹捐书的过程向顾先生简单介绍以后,顾先生拿出放大镜仔细审视起来。阅后脸露喜色道:'此乃珍稀善本,难得啊!'顾先生还给我做了一次古籍善本识别的普及教育。他说:'你看康生对这两种书钟爱到何种程度,他把自己名字的朱文章、白文章以及'大公无私'的藏书章统统都盖在上面了。康生可是当年中央领导中少有的古籍版本专家啊……"在夏勇的恳请下,顾老欣然应允为此写一篇题记,以褒扬袁氏化私为公的盛举②。顾老与夏勇的书信和题记《顾廷龙全集》均未收录,兹录如下:

夏勇同志:

来函祗悉。前示两书,并属题记,兹拟一稿奉正。请将捐书人的情况及宋元版两书情况,请详加校正有无错误(包括两书行款等)。如要誊清,

---

① 刘源春:《马丁飞船拯救者:世界杰出华人袁绍文》,浙江大学出版社,2002,第 133—147 页。

② 夏勇:《回忆袁绍文先生》,《浙江高校图书情报工作》2009 年第 6 期,第 50—54 页。

复请贵馆领导审阅后寄回。就近请人代笔更好。

匆复,即颂

春安!

顾廷龙(1987 年)3 月 23 日

夏勇同志:

属写《袁氏赠书记》,因病久稽为歉。兹已涂就,乞呈贵领导审正。如有不妥,请发还重写可也。

此致

敬礼!

顾廷龙(1987 年)9 月 9 日

来信请寄舍下。

袁氏赠书记

袁绍文、绍良先生昆仲举其先德涤庵先生所遗宋元明清善本共计二十二种二百二十九册捐赠浙江大学图书馆,诚盛事也。

涤庵先生名翼,字兴中,号鸿晋,又号坚伯,浙江嵊县上碧溪人。曾留学日本,与鲁迅先生同学,又同任教于绍兴学堂。后任北票煤矿总经理,遂久居北京。好聚书,富收藏。动乱中藏书均被抄没,近始发还。其中最珍贵者,一为宋刻《资治通鉴纲目》,一为元中统刻《史记》。二种书中均钤有"大公无私""康生"等印章,因知曾被康生所窃据。今乃物归原主,实为幸事。按《纲目》虽属残本,而字大悦目,刻印精良,纸质亦莹洁,实为希世之珍。《史记》为著名善本,完整者尤为难得,明天顺游明刻本即从此本出,清张文虎、唐仁寿撰《史记校勘记》曾著其精善之处甚详。《纲目》半页八行,行大字十五,小字二十二,刻工可见者有李二文、虞全、刘立、范仁、虞文、蔡正、刘京、蔡仲、张荣、李子文等十人,其中虞全、虞文、张荣均曾参加刻《通鉴纪事本末》者,范仁曾刻《春秋音义》及《夷坚志》,蔡正参加刻端平本《诚斋集》及明州本《文选》,而张荣又参加刻绍熙三年黄唐浙东茶盐司刻本《礼记正义》《汉书》《玉篇》《广韵》《陈书》等,皆南宋时浙人也。

今绍文、绍良先生热爱故乡浙江大学,遂将上述两书捐赠浙江大学图书馆,洵为盛举。绍文先生又将自用科学技术图书一千余册由美递运回国,并以捐赠该校,津逮后学,以广流通,爱国热忱殊可称颂。兹承图书馆主者见示,属系数语,为记颠末,以告来者。

一九八七年三月顾廷龙时年八十有四

顾老亲笔题写的《袁氏赠书记》现与袁氏赠书一起珍藏于浙江大学图书馆,笔者根据后来发现的新材料,认为文中提到的两种善本书还可以补充一些细节。

四、两种善本书概述

(一)资治通鉴纲目五十九卷,宋朱熹撰,南宋嘉定十四年(1221) 庐陵郡庠刻本(存一卷)

存一卷(卷四十五)。2册,1函。全书共50个筒子叶,皮纸,帘纹宽约3厘米。金镶玉装,宣绫包角,函套精雅。版框高22厘米,宽16.2厘米。半叶8行,行13至15字,双行小字22字,白口,无鱼尾。版心上镌字数,下镌刻工(刻工名见上文顾老题记)。遇"炅""署""曙""完""玄""泫""徵""贞""恒""讓""慎""構""畜""廓""敦""樹""豎"等缺末笔。

图1 《资治通鉴纲目》卷四十五卷端卷端 图2 《资治通鉴纲目》卷四十五卷末

南宋嘉定间《资治通鉴纲目》有温陵、庐陵两刻:温陵本系嘉定十二年(1219)真德秀与朱熹门人陈孔硕、李方子刻于泉州郡斋。此本版片后入藏南宋临安国子监,元代由西湖书院接管,明初移置南京国子监,至明前期南监仍有补版。此版宋刻宋印残本、宋刻元修残本、宋刻元明递修全本皆有存世,版本情况较为明晰。庐陵本由朱熹另一弟子饶谊校正,江西吉州知州郑寅捐俸刻于庐陵郡庠。庐陵本流传极罕:清内府曾庋藏 1 部(其中 8 册为抄配),《天禄琳琅书目》卷二著录①,后不幸在嘉庆二年(1797)乾清宫大火中被焚;莫伯骥《五十万卷楼藏书目录初编》著录的严子静旧藏宋刊本当也即此本②,不过莫氏藏本已厄于日寇入侵广州时的炮火。浙大获赠《资治通鉴纲目》时,中国国家图书馆(存卷四十六、五十三、五十四)、上海图书馆(存卷十九、五十六卷)、吉林省图书馆(存卷十八)、天津图书馆(存卷四十八)、国家博物馆(存卷二十一)、山东省博物馆(存卷五十至五十二、五十五)等机构存有相同版本十二卷,但因卷帙残阙,学界尚不清楚版刻详情,故顾老从刻工推断此本为南宋刊本。1999年,朵云轩拍卖了此书第五十九卷,卷末有朱熹弟子庐陵郡文学掾饶谊跋,云"嘉定戊寅,莆阳郑先生守庐陵③,惜是书传布之未广,捐俸二千五百缗刊于郡庠,俾谊校正,而法曹清江刘宁季同司其役。阅三载,金华章先生、四明史先生继守是郡,实董其成",其刊刻始末才为人知④。2017 年,西泠印社拍卖了第二十三卷,故今知所存共十五卷,均为初印本,卷次不重。

浙大藏本通卷有朱笔点画,卷末有"朱升之印"(白文方),与上海图书馆藏本、西泠印社拍卖本系出同源。第 1 册首叶(卷端)、第 2 册首叶、末叶(卷末)共 3 处有"滁盦藏书之印"。康生则钤有"康生""戊戌人""大公无私""归公""老少月"等 25 枚印。"文革"后期,"古书清理小组"成员吴希贤经手整理并复印了首叶书影,后收入其所编《历代珍稀版本经眼图录》⑤。

(二)史记一百三十卷,汉司马迁撰,南朝宋裴骃集解,

　　唐司马贞索隐,明天顺游明刻本,杨绍和跋

此本一百三十卷全,线装 32 册,4 函。竹纸,色黄,较多纤维杂质,帘纹宽约 1.3 厘米。书高 27.7 厘米,宽 17.3 厘米。版框高 20.1 厘米,宽 14 厘米。

---

① 于敏中等:《钦定天禄琳琅书目》卷二,《景印文渊阁四库全书》第 675 册,台湾商务印书馆,1986。

② 莫伯骥著,曾贻芬整理:《五十万卷楼藏书目录初编》,中华书局,2016,第 231-232页。此条由笔者同事朱延提供线索。

③ 莆阳郑先生即郑寅(约 1190—1260),字子敬,号肯亭,福建莆田人。南宋名臣郑侨(1132—1202)之子,以父荫任补官,历知吉州、左司郎中、知漳州,以宝谟阁直学士致仕。

④ 详见陈先行:《古籍善本》,上海人民出版社,2020,第 187-191 页。

⑤ 吴希贤辑汇:《历代珍稀版本经眼图录》,中国书店,2003,第 31 页。

半叶14行,行25字,小字双行同,上下黑口,双顺黑鱼尾,四周双边。版心下镌刻工名"清远""刘清远"等。有少量书叶(50余叶)有书耳。首董浦序,序后半叶7行为补抄,次《史记集解序》,次《补史记序》,次目录,次正文。有数叶抄配。卷前有杨绍和手书题跋,跋文内容与《楹书隅录》"元本《史记》"条基本一致。书内天头有佚名墨笔过录欧阳修、刘辰翁、杨慎等评语,有朱笔点校。钤"徐氏秘宝""虞山景氏家藏""彦合""聊城杨氏所藏""杨绍和审定""四经四史之斋""杨以增字益之又字至堂晚号冬樵行式""关西节度系关西""绍和筑岩""瀛海仙班""彦和珍玩""臣绍和印""宋存书室""鳃卿""杨绍和印""杨东樵读过""宋存书室""杨绍和读过""东郡杨二""以增之印""康生""大公无私""戊戌人""袁绍良印""袁一诚印"诸印①,又有"文徵明印""衡山""朱氏锡鬯"等伪印②。函套为考究的锦绫四合套,函套题签上题"史记",空两字后题"几至几卷",下双行题卷次,如"帝纪一至十二卷/年表十三至十七",下题"几函",函套上下两端有白色护纸,下端题"元本史记/第几函",皆为康生手书。

刻书者游明(1413—1472),字大昇,江西丰城人。景泰二年(1451)进士,授刑部主事,天顺末迁福建提学佥事,历官满九载,因政绩颇著,都御使滕昭(1421—1480)奏请留任,加按察副使,仍督学政③。游明本的底本为中统本,与中统本行款相同,文字排位一致。初刻时正文首叶第一行有"丰城游明大昇校正"阳文木记,《史记集解序》卷端有"丰城游明大昇校正"阴文木记,《史记索隐序》《史记索隐后序》《史记正义序》《史记正义论例谥法解》《三皇本纪》卷端有"丰城游明大昇校正新增"阳文木记。之后至少有过两次修版,如第一次修版刬去了正文首叶第一行的游明木记,改刻大题"史记一",原第三行"史记一"处改刻为花鱼尾和间隔符号○;第二次修版时刬去了《史记集解序》卷端的阴文木记,而正文首叶第一行改刻的大题"史记一"因木钉嵌得不牢已脱落。

此本为海源阁旧藏,海源阁四种书目《楹书隅录》《宋存书室宋元秘本书

① 袁一诚为袁绍良之子,袁涤庵之孙。

② 此三伪印《楹书隅录》未著录,《藏园群书经眼录》也只字未提,应该是在傅氏经眼后袁氏购藏前钤印的。

③ 清谢旻等修,清陶成、恽鹤生纂:《[雍正]江西通志》卷六十八,清雍正十年(1732)刻本,第26叶。

目》《海源阁藏书目》《海源阁宋元秘本书目》均著录为"元本《史记》"。杨绍和（1840—1875）题跋中将它与海源阁所藏蔡梦弼本和张杅刻耿秉重修本两部宋刻二家注本相提并称，对其珍视可见一斑①。而杨氏之所以会误判，是因为此本属第二次修版印本，首卷卷端和《史记集解序》第一行游明木记已被剜，书估又将有"丰城游明大昇校正新增"阳文木记的《史记索隐序》等 5 篇抽去，并将董浦序后半叶割去 7 行另补纸抄写，而据正德慎独斋刻本补抄的"时皇元中统二年岁在辛酉季春望日校理董浦题"又误导了杨绍和②。

此书王国维先生虽未寓目，但在《传书堂藏书志》"元中统刊本《史记》"条有提及："海源阁书目著录之'元本'实即游明本，非此本（中统本）也。"③ 1931 年 11 月 28 日（农历），经手大量海源阁散出之书的藻玉堂主人王子霖（1896—1980）曾将此书送傅增湘先生经眼，傅氏目验实物后的结论证实了王国维判断的准确性，傅氏题记云："按：余昔年曾收得中统本《史记》全帙，其字体方整，气息朴厚，版式略为狭长，与此大不类，余以为乃真中统本，故其体格尚与宋刊相近。若此本字体散漫，刻工草率，决为明覆本无疑。余别藏有明正统时游明刻本，持与此本相较，其版式刊工正同，则决为游明本可知矣。杨氏未见真中统本，故其言游移不决如此也。"④不过，王子霖虽在傅氏处求售不成，后来还是成功地将此书当作元刻本售予了袁涤庵。

此书与《资治通鉴纲目》一样，"文革"中也一度落入康生之手，从康生书写的题签看，他也是将之视为元刻本的。此书也曾经吴希贤整理，《历代珍稀版本经眼图录》收录卷一首叶和杨绍和跋两张书影，版本则著录为"蒙古中统二年平阳道段子成刻本"⑤。

① 王绍曾、崔国光等：《订补海源阁书目五种》，齐鲁书社，2002，第 94-96 页。
② 详见程惠新《海源阁旧藏"元本〈史记〉"考》，《图书馆杂志》2023 年第 11 期，第 124-131 页。
③ 王国维撰，王亮整理，吴格审定：《传书堂藏书志》上册，上海古籍出版社，2020，第 158 页。
④ 傅增湘：《藏园群书经眼录》，中华书局，2009，第 146 页。
⑤ 吴希贤辑汇：《历代珍稀版本经眼图录》，第 24-25 页。

附记

　　笔者目前了解到的袁氏旧藏本还有一部《冬心先生集》四卷,清雍正十一年(1733)广陵般若庵刻木,2册。经高凤翰、张鹿卿、贵阳赵氏寿华轩、袁涤庵等递藏,袁家钤有"滁盦藏书之印""尚恭""袁绍良印"三印。此书应是"文革"中落入中央"文革"领导小组成员王力(1922—1996)之手。据拓晓堂《嘉德亲历:古籍拍卖风云录》,王力受康生影响,也喜藏书,20世纪90年代嘉德成立不久,王力即与嘉德取得联系,此后陆续拿出百八十种古籍拍卖,其中最罕见、最有特色的就是《冬心先生集》。此本1996年嘉德春拍时被孟宪钧先生拍得①。孟影印出版《小残卷斋藏珍本冬心先生集七种》,其中第一种即是。据影印本序,此书为开化纸印,纸白如玉、墨凝如漆、蓝绫封面、原装旧函、保存完好,品相极佳②。2020年中贸圣佳春拍后不知落归谁家书箧中。

　　(本文在文献调研中,曾得到夏勇、韩松涛、杜远东、朱延等师友相助,2023年11月在天津师范大学参加"区域性藏书史和藏书文化研讨会"时蒙田晓东先生指出一处疏漏,谨以致谢。)

(程惠新,浙江大学图书馆副研究馆员)

---

① 拓晓堂:《嘉德亲历:古籍拍卖风云录》,上海书画出版社,2018,第87页。
② 孟宪钧编:《小残卷斋藏珍本冬心先生集七种》,国家图书馆出版社,2020。

韩德均钱润文夫妇藏书保护史实述略

——以"甲子丙寅韩德均钱润文夫妇两度携书 避难记"印为中心

A Textual Study of Han Dejun's and Qian Runwen's Book Conservation Activities in the Songjiang Area: A Case Study Based on a Han's Book Seal

吴芹芳

摘　要:清代松江韩氏藏书历经四代传承,数次遭遇战乱,他们为保护古籍善本颇费周折,尤其是韩德均和钱润文夫妇曾先后两次携书避难,护得一批珍贵古籍安全无虞,以"甲子丙寅韩德均钱润文夫妇两度携书避难记"印表达心声。通过汇总现存韩氏夫妇所携出走之书,分析出韩德均夫妇的善本观,总结韩氏夫妇对藏书保护的贡献。

关键词:松江韩氏　藏书保护　善本　藏书印

松江韩氏之读有用书斋,自韩璜始,经韩应陛、韩载阳、韩德均至韩介藩五代人致力于藏书事业,前后所积达十余万卷,藏书中仅宋元古本及名校精抄即达四百余种,有 31 种宋刻本,可谓极一时之盛,并于保护与整理费力颇多,在江南的藏书史上留下了浓墨重彩的一笔。韩氏藏书中多黄丕烈、顾广圻、汪士钟旧物,其中有百余种得自黄氏藏书,黄批本因此有六十种之多。

一、"甲子丙寅韩德均钱润文夫妇两度携书避难记" 印之启用与钤印

韩氏藏书第四代传人韩德均(1898—1930),字子毂,号荀庐,为韩应陛之

205

嗣孙，师从吴昌硕，金石书画尽得其传，尺纸寸缣，人皆珍之，著有《荀庐印稿》四卷。其妻钱润文，为金山守山阁后人钱铭铨之女。他们出生于清末，经历了20世纪初的军阀割据和混战，继承家传读有用书斋及望云楼等藏书处所。两人同为藏书世家出身，珠联璧合，承祖、父之余芬，为藏书的保护与校勘题跋殚精竭虑，并于甲子及丙寅年两次兵燹间转移藏书精品，其苦心孤诣，令人唏嘘。1924年10月，江苏督军齐燮元、福建孙传芳与安徽张文生联军跟浙江督军卢永祥在上海近郊发生激战。松江也陷入战火中，韩德均夫妇忧心家中藏书毁于兵燹，为避免重蹈咸丰十年（1860）"藏书版片古器书画与所居俱烬"[1]的遭遇，仓促之间也不可能尽数转移，只得忍痛从五百余种精选少量珍品藏书随身携带。万幸此次混战于13日结束，韩德均钱润文夫妇安然归家。好景不长，两年后，征战再起，1926年11月北伐军进入江浙地区。受此影响，韩德均夫妇再次出外避乱。乱定归来，他们刻"甲子丙寅韩德均钱润文夫妇两度携书避难记"印并一一钤盖，以资纪念。韩德均钱润文两次转移之书具体卷册不详，只有透过所钤之"甲子丙寅韩德均钱润文夫妇两度携书避难记"印一窥大概。

韩氏藏书在韩德均身故后不久，1933年左右大批散出，浙江乌程蒋氏密韵楼收得不少。其后，蒋祖怡将部分藏书转让给同乡张氏适园，1940年，张氏将藏书中的精品售予当时的"中央图书馆"，后多数运至台湾，现存于台湾汉学研究中心[2]。韩氏藏书另有部分归陈澄中所有，陈清华之书几经波折，部分由中国国家图书馆收得，上海图书馆也藏有不少。陈澄中藏书中的精华可见《祁阳陈澄中旧藏善本古籍图录》[3]，台湾汉学研究中心的古籍可通过该馆网页查询。现汇总现存韩氏藏书中钤"甲子丙寅韩德均钱润文夫妇两度携书避难记"印之书，按收藏单位及版本特点归纳为如下（见表1）。

---

[1] 张文虎：《读有用书斋杂著序》，《舒艺室杂著》，文海出版社，1973，影印版。

[2] MARC21书目-简易查询，http://www.ncl.edu.tw/.

[3] 中国国家图书馆：《祁阳陈澄中旧藏善本古籍图录》，上海古籍出版社，2006，影印暨胶印本。

表 1　海内外现存钤"甲子丙寅韩德均钱润文夫妇两度携书避难记"印之书　（单位：部）

收藏者	宋刻本	元刻本	明清刻本	活字本	稿抄本	总计（部）
中国国家图书馆	2	1	4	0	7	14
上海图书馆	3	0	3	0	14	20
台湾汉学研究中心	3	4	28	0	68	104
其他	1	1	3	0	4	9
合计	9	6	38	1	93	147

台湾汉学研究中心所藏 104 部书，均由该馆网上检索系统中查出。陈清华购去的藏书主要据《祁阳陈澄中旧藏善本古籍图录》（下称《图录》）一书统计，分散于上海图书馆、中国国家图书馆等机构和陈氏后裔手中。中国国家图书馆有 14 部，上海图书馆有 20 部，4 部由私人收藏。还有 5 部图书信息源于其他文献资料中。

台湾汉学研究中心所藏的 104 部古籍有宋刻本 3 部，元刻本 4 部，明刻本 21 部，明活字本 1 部，明抄本 13 部，清代稿本 3 部，清刻本 7 部，清抄本 9 部，不明时代的抄本 43 部。从版本上看，稿抄本最多，合计 68 部。有批校题跋的共 67 部，其中黄丕烈批校的 32 部。

中国国家图书馆所藏钤有"甲子丙寅韩德均钱润文夫妇两度携书避难记"之印的书有 14 部，宋刻 2 部、元刻 1 部，其中多数都是批校题跋本，仅黄丕烈批跋者就有 6 部，无批校题跋者仅 2 部。

可以看出，上海图书馆所藏 20 部，从版本来看分别是宋刻本 3 部、明清抄本 14 部、清刻本 3 部，稿抄本比例同样远远超过半数，且有 16 部乃批校题跋本，在上海图书馆藏本中占八成。

《图录》中尚有陈清华先生后裔陈国琅、陈国瑾二人收藏的 4 部善本上钤有"甲子丙寅韩德均钱润文夫妇两度携书避难记"印，分别是宋刻本《古文苑》，有清黄丕烈跋；明嘉靖二十五年（1546）袁褧刻本《夏小正戴氏传》，清钦揖校并跋、黄丕烈题跋；清顺治十四年（1657）钱谦益抄本《世说新语抄》，清钱谦益题识；明嘉靖刻本《荀子注》，有清黄丕烈壬申四月题跋。4 部皆为名家批校本，3 部皆是黄跋本，1 部为清初学者钱谦益所抄，并予题识。比起普通抄工所写，钱谦益手抄本不管是内容还是书法必然更胜一筹。

北京德宝国际拍卖有限公司 2011 年春季拍卖会上拍了一部清康熙四十五年（1706）曹寅扬州诗局精写刻本《法书考》，该书钤"楝亭藏书""曹霑私印""芹圃"诸印，经曹寅祖孙递藏，当是扬州诗局刻书中之上佳者。该书也曾入韩氏夫妇箧中。

一些藏书目录类文献也零星著录"甲子丙寅韩德均钱润文夫妇两度携书避难记"印，如王文进氏撰《文禄堂访书记》中提及明姚舜咨手钞本《程氏演繁露》十六卷续六卷①、《经鉏堂杂志》八卷②两部，有松江韩氏夫妇长印，分别有沈钦韩及姚舜咨手书题记。国家图书馆李致忠先生之作品集《昌平集》③中介绍宋绍兴刻本《战国策》，也是从韩家流出，得到韩氏夫妇的爱护，钤有"甲子丙寅韩德均钱润文夫妇两度携书避难记"及"德均审定"诸印，此书经清黄丕烈、顾广圻题跋，且经黄、顾二人及钮树玉、袁廷梼、夏文焘诸人题诗，亦弥足珍贵。此书经查藏于中国国家图书馆。傅增湘《藏园群书经眼录》④中也提及自家藏书中元至正十四年翠岩精舍刻本《注陆宣公奏议》，钤有"甲子丙寅韩德均钱润文夫妇两度携书避难记"印。北京师范大学图书馆藏目录著录清抄本《五大洲各国度考》一卷，系韩德均钱润文夫妇收藏并在两次携走之列。

二、韩德均的善本观

中国古代的善本观是随时代发展不断完善的，至宋代才完全形成⑤。而且不同时代的人，其善本观也随着时代发展文化环境变化而变化，更会因人的身份不同，对书籍的品种重视程度不同而产生差异。

韩氏藏书质优量大，多名家抄本及批校题跋本，质量数量不少逊于当时著名的汪氏艺芸精舍、瞿氏铁琴铜剑楼、杨氏海源阁、潘氏滂喜斋等藏书大家。因

① 王文进：《文禄堂访书记》，中华书局，2019。
② 《文禄堂访书记》。
③ 李致忠：《昌平集》，上海古籍出版社，2012。
④ 傅增湘：《藏园群书经眼录》，中华书局，1983。
⑤ 李明杰：《论善本观的形成》，《图书与情报》2004 年第 3 期。

着与黄丕烈为姻娅之亲的天然便利,韩氏在皕宋楼藏书散出时揽其精华,所得百余种,其中有六十余种黄丕烈校跋本。邹百耐所辑《云间韩氏藏书题识汇录》著录 406 部,近一半为旧抄本,仅影宋抄本就有一百三十余种。石菲在整理此书时统计韩氏藏书中有 30 多位著名学者与藏书家所作批校题跋,颇具文献与文物价值,诸如"明代的姚咨、文征明、赵琦美、张导、朱之赤、冯彦渊、冯班、毛晋,清代的何焯、何煌、王闻远、王士禛、叶树廉、宋宾王、蒋杲、惠栋、钱大昕、沈钦韩、沈廷芳、顾广圻、袁廷梼、钮树玉、段玉裁、周锡瓒、吴翌凤、黄丕烈、戈载、戈襄、冯登府、张文虎等"①。上文所列 147 部珍本古籍虽说在韩氏目录中只占三分之一强,不能完全统计当时装箱全貌,但也能部分反映韩钱二人携走品种。分析这 147 部版本特色,可以体现出韩氏藏书的善本类型,同时也是韩德均与钱润文夫妇的善本观。

(一)重宋元本

宋元旧本以其刊刻年代较早,经前人改动较少,一般在内容上较其后的刻本更接近原本面貌②,因此宋元刻本自明代起越来越受藏书家追捧。据说毛氏曾在门前贴榜曰:"有以宋椠本至者,门内主人计叶酬钱,每叶出二百;有以旧钞本至者,每叶出四十;有以时下善本至者,别家出一千,主人出一千二百。"③可见明清以降宋元刻本(包括影宋刻本抄本)因为内容的精善在藏书家及学者眼中具有较高的文献价值,且附带较高的文物价值,韩家作为收藏者,自也认同这种判断标准。

韩氏夫妇携走的 147 部善本中有宋代 9 部、元本 6 部(见表 2),其中不乏存世稀少、刻印俱佳之作。《战国策》存世刻本中最早的是南宋绍兴十六年(1146)姚宏荟萃诸本、续加校注并刊行之梁溪高氏本和安氏本,韩氏所藏即为梁溪高氏本。该本原为士礼居旧物,于嘉庆三年戊午(1798)十二月十五日黄丕烈以八十两银的高价购入,后入韩氏箧中。同样是现存最早刻本的还有元大德九年(1305)东山书院刻本《梦溪笔谈》,此本据南宋乾道本翻刻,保留了部分

---

① 邹百耐纂,石菲整理:《云间韩氏藏书题识汇录》,上海古籍出版社,2020,第 2 页。
② 郑华栋:《从〈著砚楼读书记〉看潘景郑的善本观》,《洛阳师范学院学报》2017 年第 1 期。
③ 叶德辉:《书林清话》,中华书局,1957。

宋刻风貌，开本大版框小，蝴蝶装，在元刻本中也颇具特色。《梦溪笔谈》卷首有"东宫书府""文渊阁"两印，卷内还钤有"汪士钟印""平阳汪氏藏书印""臣文琛印"及汪振勋印，可约略看出流传之序：明代入太子朱标府中，至清代流出宫廷，经平阳汪氏递藏，入云间韩氏之手。《注陆宣公奏议》十五卷为翠岩精舍刻本，此本楮墨俱精，乃元刻中之杰出者。书中钤有"叶文庄公家藏""彭城伯子""蓉峰""传经堂印"诸印，序文后有"万历改元春正月谷日振川叶鲁封买藏"墨笔题识，显系明代叶盛藏本，并经清代刘恕递藏。此书后入傅氏藏园，傅增湘写有题跋。其中最为珍贵的是被陈氏目为镇宅之宝并因之将藏书楼改名"郇斋"的南宋刻本《荀子》二十卷，字大如钱，墨如点漆，刻印精美，古朴大方。此书开卷有"道乡书院""孙朝肃印""士礼居""汪士钟藏"诸印，经邹同心、顾若霖、孙朝肃、黄丕烈、汪士钟、汪振勋等人递藏，且有清顾广圻题跋。行款版式一如北宋刻本的《荀子》，被诸藏家视如拱璧，有幸得之者皆束之高阁，秘而不宣。这些宋元刻本皆为众藏家宝爱，精善异常，堪称海内外孤本。

表 2　韩德均夫妇携走之宋元刻本

书名卷数	版本	特色	信息来源
大易粹言（存卷一至三十一、四十四至六十六）	南宋建安刘叔刚刻本	韩应陛手书题记	台湾汉学研究中心
东莱先生吕成公点句春秋经传集解三十卷	宋刻本	佚名批校 经徐元玉、汪士钟等递藏	上海图书馆
后汉书（存十八卷）	南宋初刻三种配补南宋福唐郡庠刻元大德元统递修本	清钱大昕手跋，傅斯年"后汉书残本跋"	台湾汉学研究中心
晋书一百三十卷	宋刻本	明毛晋父子、季振宜	上海图书馆
战国策三十三卷	宋绍兴刻本	清黄丕烈、顾广圻跋，黄、顾二人及钮玉树、袁廷梼、夏文焘题诗	中国国家图书馆

续表

书名卷数	版本	特色	信息来源
荀子注二十卷	宋刻本	清顾广圻题跋、经孙朝肃、黄丕烈、汪士钟、汪振勋、顾霖、邹同心等人递藏	中国国家图书馆
古文苑九卷	宋刻本	清黄丕烈跋 蒋祖诒、张珩递藏	陈国琅藏
临川先生文集一百卷目录二卷	宋绍兴二十一年(1151)两浙西路转运司王珏刻元明递修本	曹元忠跋	上海图书馆
昌黎先生集(存二卷)	宋淳熙元年(1174)锦溪张监税宅刻本	清韩应陛手书题记	台湾汉学研究中心
五代史记七十四卷	元覆宋庆元五年(1199)曾三异校刊明代递修本	清韩应陛手跋,黄丕烈朱笔手跋	台湾汉学研究中心
梦溪笔谈	元大德九年(1305)东山书院刻本	文渊阁印、东宫书府、汪文琛、汪士钟、汪振勋	中国国家图书馆
新编古今事文类聚外集十五卷	元泰定丙寅(三年,1326)庐陵武溪书院刻本		台湾汉学研究中心
范文正公集(存五卷)别集四卷尺牍三卷年谱一卷鄱阳遗事录一卷	元天历元年(1328)范氏岁寒堂刻迄至正间增补本	曹元忠手跋	台湾汉学研究中心
注陆宣公奏议十五卷	元至正十四年(1354)翠岩精舍刻本		《藏园群书经眼录》
静安八咏诗集一卷	元刻本	黄丕烈藏本	台湾汉学研究中心

(二)崇稿抄本

稿抄本由人手工抄写而成,未经大量刷印,复本量小,且多以宋元旧刻为底本抄写,藏书家之重视程度要远远高于近刻本,"旧抄之贵,与古刻相等"①。收藏者对稿抄本的偏爱也反映在图书市场中,孙文杰研究发现,抄本由于市场流通少,其价则必高②。韩家所藏稿抄本比例很高,《云间韩氏藏书题识汇录》收录的 406 部书中有 252 种稿抄本,这 147 部书中稿抄本达 93 种之多,几近携走书籍的三分之二,占比超过《云间韩氏藏书题识汇录》,其中还有诸多名家抄本如清初钱谦益抄《世说新语》一卷、清江永稿本《春秋类例》一卷、朱彝尊手稿《美合集》六卷、经何焯校跋的明抄本《贾长江诗集》一卷、陆贻典影宋抄并校跋的《张司业诗集》三卷等稀见之本尤为珍贵。《春秋类例》为清代徽州开"皖派"朴学一代新风之学者江永所著,未曾刊刻行世,为世间孤本。《美合集》有黄丕烈手书题跋四则,一曰:"唯此乃其手稿,收古来酬唱之作,自一二人以至众人,汇而录之,美合云者,盖取两美必合之意云尔。平湖估人有书一单,或刻或钞,必著原委。而此册以竹垞手抄,致索重直,予却能识之,不嫌其中有残缺也。犹忆故友陶君筠椒藏有《明诗综》草稿,视如珍宝,予谓此犹有刻本存也,若此《美合集》,得未曾有。想竹翁自出新意,创为此集,而卒未成,故世无传焉。置诸案头,俾古来众美毕陈,省得搜罗群籍,条缕出之,其劳逸为何如邪?"③《贾长江诗集》书末有何焯跋语二道,言所抄底本为"宋刻之善者",经明代朱之赤、清代钱曾、黄丕烈等藏书大家递藏,《中国古籍善本书目》著录仅此一部。《张司业诗集》乃清顺治十八年(1661)陆贻典据钱遵王本影抄并以蓝笔校宋刻本,卷末有黄丕烈跋。陆贻典少年即笃志于坟典,精审校、富藏书、工书法,入钱谦益门下,日与毛晋、钱曾、冯舒、叶树廉等藏书大家相往来。

稿本是作者的原稿,而手稿本,是作者亲笔书写的本子,保留了作者的原始笔迹。相对抄本来说,手稿本因作者亲笔书写,价值更胜一筹。正如黄丕烈《美合集》跋言:从来读书人笔墨,不必其书法之果佳也,一出于手稿,则靡不珍之,盖物以人重之故。④ 韩德均夫妇所藏稿本尚有底稿本《陆包山先生遗稿》不

---

① 吴梅:《序》,《云间韩氏藏书题识汇录》,上海古籍出版社,2020。

② 孙文杰:《中国图书发行史》,武汉大学出版社,2015。

③ 卢锦堂:《"玄览"旧藏"黄跋本"》,《2014 年中文古籍整理与版本目录学国际学术研讨会论文集》,广西师范大学出版社,2015。

④ 《"玄览"旧藏"黄跋本"》。

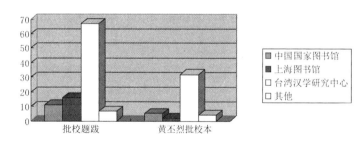

图1 各单位藏本中批校题跋及黄丕烈批校本图例

分卷、清乾隆三年(1738)作者手稿本《陶杜诗选》二卷等诸种。

(三)尊名家批校题跋本

批校和题跋是对原著作进行评析的两种不同方式。批校是写在古籍文本中,与原文位置近,内容多为对某些具体字句段的纠正或补充,或对某些观点发表个人看法,有时是单个字词,有时是简短的一二句话。"批"一般是对文献内容进行解释评说,"校"则是对文字的比勘改动。而题跋则写在古籍前后,位置相对独立,句式完整。内容多为品评、鉴赏、考订、记事等,一般是对整部作品的版本源流、刊刻年代、收藏流传等进行考据探讨,以及记录购藏、阅读、赠送等与该书相关的各类逸闻趣事。这些批点、评论及注释能反映批评者的学识、见解,也保留了不同版本之间的异同,展现出批校者对原著深入细致的理解与研究,增加原著的史料价值,对后人治学有所启迪。而著名学者版本学家因为在各自领域的深厚底蕴、独到的学术见解、丰富的研究经验,承载了丰富的学术信息,对文献学研究具有极高的参考价值与指导意义,故长期以来一直深受文献学家们的尊崇与珍视。

这批古籍中批校题跋本共有101部,而黄丕烈批校题跋本则有43部,这个比例在私人藏书家中可谓翘楚。黄批本在版本目录学界颇受信重,艺芸精舍汪氏、瞿氏、海源阁杨氏、滂喜斋潘氏等清藏书家皆以收藏黄批本为自豪吴梅在为《云间韩氏藏书题识汇录》写的序言中评价黄丕烈"据古刻以正俗讹,往往一语一字,足以发群蒙、息聚讼",认为他的批校"实有大裨于艺林"[1]。除了黄丕烈

① 《序》,《云间韩氏藏书题识汇录》。

外,其他批校题跋者也多为知名学者或者在版本目录领域有较深造诣。不计韩应陛、韩德均,明代的钱允治、冯舒、蒋之翘、陆嘉颖,清代的钱谦益、金耿庵、钦揖、陆贻典、钱曾、朱彝尊、徐釚、杨灝、王闻远、鲍廷博、瞿中溶、夏文焘、戈襄戈载父子、江沅、朱锡庚、蒋道毂、黄美鏐、张文虎、滕彤鏽及近代曹元忠、蒋祖诒、吴湖帆等知名学者、版本目录学家校跋屡见不鲜。《云间韩氏藏书题识汇录》中著录的明冯彦渊、朱之赤、毛晋父子、清何焯、沈埏、何煌、钱大昕、周锡瓒、钮树玉、袁廷梼、顾广圻等人自也在其列。《山居新话》一卷,清鲍氏知足斋抄本,有鲍廷博校并题识,为《知不足斋丛书》刊刻底本之初校本,鲍校必定精审。《舆地广记》三十八卷,周锡瓒以顾广圻所藏宋本及士礼居所藏朱彝尊宋本校正,过录了黄丕烈题跋五则,将抄工恶劣内容残缺的普本变为行款内容几可媲美宋本的完帙。《后村居士诗》二十卷原抄不全,先后经明钱允治、陆嘉颖及清朱之赤校补,历四十年方成全璧,被朱子赤叹为"延津舍合不独丰城之剑也"①。这些学者或专精于某一领域之学问,或精通目录版本之学,经他们批校题跋的图书既是珍贵的藏品,又包含丰富的学术信息,更具文献与文物价值。

宋元旧刻、稿抄本、名人批校题跋本是韩德均最为珍视的藏品,亦即他认可的善本。他的善本观既受当时藏书界的风气影响,也与其父祖一脉相承,其祖父韩应陛就认为宋元刻本、名钞名校本皆当珍视善待,有藏书印"韩应陛鉴藏宋元名钞名校各善本于读有用书斋印记"为证。

三、韩德均藏书保护与整理的成就

(一)增补藏书品种

韩德均曾手抄其师曹元忠所撰《笺经室所见宋元书题跋一卷笺经室文录一卷》。此书现存柏克莱加州大学东亚图书馆,版心下镌"读有用书斋"五字,二册。此书收录题跋,皆为曹元忠为经眼宋元孤本所写,疑为韩德均抄录自曹氏手稿,内容较王氏学礼斋辑印之《笺经室遗集》为多,与曹氏作品其他版本可为互补,具有较高文献价值。该书抄写年代未详,书中钤有韩德均之子韩熙两

---

① 《云间韩氏藏书题识汇录》。

方印信。书皮有"岘山堂"氏二跋，其一为壬午年（1942），其二为辛卯年（1951）。辛卯年跋提及抄者信息："韩氏手录本殊为可贵。《遗集》印本不多，亦颇难得。子谷为禄卿先生□孙，家富藏书，十余年前，所藏尽散矣。"①韩德均抄此书，一则可以补充家中所无之本，丰富藏书品种；二则通过对该书内容的研读与抄录，能够深入学习并掌握更多的版本校勘学知识以及目录学理论。韩氏藏书中有一部抄本《五大洲各国度考》一卷，其他文献不见著录。从书名可推测乃西学东渐后的成果，成书时间不会太早。书中仅钤韩德均一人之印，其嗣父载阳早逝，当经韩德均之手入藏。

（二）整理韩氏藏书并主持编制藏书目录

韩氏藏书民国前未有目录问世，目前存世有如下几种：

1.《云间韩氏藏书目》②石印本，收书481种，后附宋元本书影31种。

2.《读有用书斋古籍目录》石印本，收书477种，附藏书记（曹氏所撰）11篇。

3.《松江韩氏珍藏古书目录》石印本，收书477种。无藏书记。

4.《读有用书斋古籍目》石印本，收书477种，与第三种相似，唯首页首先无"经部"二字，为空白行。

5.《韩氏读有用书斋书目》一卷，封文权编，民国二十三年（1934）瑞安陈氏褒殷堂铅印本，前有民国二十一年（1932）封文权序。此书收书477种，详记各书行款、批校人姓名，附录黄丕烈、曹元忠等人题跋。封氏序曾言"甲寅、乙卯间，吴门曹君直阁读元忠馆其家，曾为之董理而未竟也"。

6.《读有用书斋藏书志》不分卷，无编者姓名及序跋，稿本现存南京图书馆。此书当为韩德钧主持编纂并进行修订。书中凡韩应陛名号皆称"先大父"，则为韩德钧口吻。部分条目有增删标记，钤"德均审定"白文方印。

7.《云间韩氏藏书题识汇录》，邹百耐辑，稿本，四册，今存上海图书馆。

缪荃孙撰《华亭韩氏藏书记》有云："今伯扬之子子谷，年甫弱冠，性复爱

---

① 陈先行：《柏克莱加州大学东亚图书馆中文古籍善本书志》，上海古籍出版社，2005。

② 韩氏书目详细情况参考自李军：《来燕榭与松江韩氏藏书的因缘》，《藏书家》第20辑，齐鲁书社，2016，第120-124页。

书,尽发所藏,属其师吴县曹君揆一为编书目。"①缪氏所言曹君揆一即曹元忠,他所编之目民国间成书,有两种石印本存世,即上文所列书目中的前二种。从封文权《韩氏读有用书斋书目》序及缪荃孙《华亭韩氏藏书记》可知,曹元忠所编名为《云间韩氏藏书目》和《读有用书斋古籍目录》的两书,是由韩德均委托其师所编。《读有用书斋藏书志》亦为韩德均在世时主持编纂,且对书志内容进行过深入细致地审阅和修订。

（三）重视校勘题跋,投身校勘工作

147 部书中有 101 部系批校题跋本,韩德均对校勘题跋的重视可见一斑。不仅重视他人对文字内容及版本的校勘,他自己也投身校勘工作中。

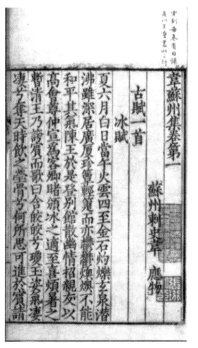

图 2　韩德均朱笔题记

《读有用书斋藏书志》第二册收录《诸儒校正西汉详节》《东汉详节》两种书名上,注明"不写",钤有"德均审定"白文方印。且第一至四册正文前所加之目录,字体与原稿差异甚大,"应属韩德钧修订时补入"。德钧本意在《读有用书斋藏书志》基础上厘定一部合意的定稿,未卒。

台湾汉学研究中心藏明覆宋刊本《韦苏州集》(图 2)上有韩德均手书题记,且经朱笔校勘,书中钤有"德均审定"白文方印,想来韩德均日常尤爱诗词文学作品,欣赏阅读时,不忘将书中讹误之处一一改正。上海图书馆藏宋刻本《重广分门三苏先生文粹》七十卷,书中也有韩德均题跋。

这 147 部古籍中钤印"德均审定"印(图3)的有 27 种,从印面文字来解读,并结合他

①　缪荃孙:《艺风堂文漫存》癸甲稿,见清代诗文集汇编第 756 册,上海古籍出版社,2010。

人研究成果,可以推测这批书都是韩德均一一细读,确认过版本,与手头所编韩氏书目核对正误后才盖此章标记。韩氏藏书中如此多的精品,韩德均身体羸弱,正值而立即英年早逝,可能毕生都未能尽阅家中藏书。那么他优先选择审定的要么是他认为最珍贵的品种,要么是他最喜爱的类型。经他审定过的27 种书中,经部 2 种,皆系宋刻本,且有批校题跋;史部 5 种,《战国策》三十三卷为宋刻本,且有黄丕烈、顾广圻、钮玉树、袁廷梼、夏文焘五人题跋,《后汉书》(存十八卷)为南宋刻本,有钱大昕、傅斯年跋,《唐书》(存志三十卷)为明嗣雅堂抄本,清韩应陛校并跋,《绍兴内府古器评二卷》为明海虞冯氏钞本,

图 3 "德均审定"朱文印

冯彦渊、黄丕烈题跋;子部 4 种,《荀子注》为顾跋宋刻本,《新编古今事文类聚外集十五卷》乃元刻本,《百衲居士铁围山丛谈六卷》与《钓矶立谈一卷》虽系近抄近刻本,但均为"黄校"本,想来版本价值不低;集部 16 种,有 2 宋刻(《临川先生文集》一百卷目录二卷《昌黎先生集》存二卷)1 元刻(《范文正公集存五卷别集四卷尺牍三卷年谱一卷鄱阳遗事录一卷》),1 明活字本(《张说之集》八卷),此外皆明清精刻稿抄本。27 部中有 16 部为诗词文集,其中不乏陶渊明、杜甫、韩愈、范仲淹、王安石等名家作品。钤有"德均审定"之书,不是宋元刻本、非稿抄本、又无名家批校题跋,比较常见的版本仅《皇明诗选》二十卷(明洪武间刻本)、《新雕宋朝文鉴》[明天顺八年(1464)刻本]、《篁墩程先生文粹》二十五卷[明正德元年(1506)刻本]、《水经注》四十卷[明嘉靖十三年(1534)刻本]、《集注太玄经》[明嘉靖间刻本]、《重刊全真宗眼方外玄言》二卷(明刻本)寥寥数种,其中有一半是集部。韩德均短短三十余年的人生中,精读的百分之六十以上的书籍皆是诗文,再排除清末民初大环境对宋元刻本的推崇造成的从众心理,非集部才 4 种,可见韩德均对诗词文集的偏爱。这也是独属于韩德均本人过于"明珠骏马"的重宝。

（四）转移珍品避战乱

这是韩德均夫妇为保护藏书所作的最大贡献。前文已有详细数据，此处不赘言。

读有用书斋藏书自韩应陛以后，一传至韩载阳，再传至韩德均，三传至韩价藩，历经四代，所藏宋元古本及名校精抄凡多，可谓极一时之盛。其间历经太平天国运动、江浙战争及北伐战争等灾难，一线传承近百余载，世所罕见，虽仍未逃脱"聚而必散"的宿命，但因韩钱二人悉心守护，使之幸免于兵燹，能安然长存于馆阁秘殿，并将继续传承下去。韩氏夫妇藏书、护书的故事，在地方文化史、藏书史上留下浓墨重彩的一笔，而他们这份对古籍、对传统文化的重视，同时也表达出一代代藏书者深埋于血脉中的对文化传承的认同感和深厚的家国情怀。

（吴芹芳，武汉大学图书馆副研究馆员）

肥城圣贤后裔遗存文献的发掘与传承

The Discovery and Inheritance of the Historical Documents from the Descendants of Confucian Sages in Feicheng, Shandong

梁圣军

摘　要:由于所处的优越地理位置和人文环境,肥城圣贤后裔和遗存文献众多,值得发掘。文献主要收藏在圣贤后裔的私人手中,在编修新的族谱时,文献得到延续和新生。对圣贤后裔的认识可以从宽。圣贤家族后裔和圣贤后裔家族文献,有利于以儒学为中心的传统思想传播;文献是地方历史和村志镇志的资料来源,也是深入探讨有深度的历史和文化的一手资料。研究利用圣贤后裔文献对圣贤的认识需要谨慎对待。这些文献历史文化考证的价值,主要是理解从明清到民国的社会、政治、文化。利用多种资源,争取新的传承力量,引入新的视角,是肥城圣裔家族文献创新性传承的必由之路。

关键词:肥城圣贤后裔　遗存文献　传承　发掘　创新利用

圣贤就是古圣先贤,但是圣贤不只是字面意思。传统官方的圣贤,是得到认可的儒家经典人物孔夫子及其弟子、门人,也包括历朝历代阐释、弘扬儒学方面做出成就的人物,原先都在孔庙得到祭祀。圣贤后裔,以出生地、姓氏为原则认定,或改姓、迁徙的后人得到朝廷认可的,也有的只是自奉圣贤为始祖或祖先。历史上,圣贤后裔留下众多的文献资料,包括圣贤志、族谱、档案、碑刻、建筑铭文等。这些文献尚没有得到系统的发掘出版和整理研究。

肥城地域内有许多圣贤后裔,如先秦孔子后裔孔姓、冉伯牛后裔冉姓、有若后裔有姓、左丘明后裔邱姓、周公的后裔姬姓和圣展禽的后裔展氏等。圣贤的"嫡裔",在清代分别取得了五经博士和奉祀生的地位。肥城圣贤后裔也有大量的文献遗存,具有宝贵价值。本文的肥城,以现在山东省肥城市辖域为主,也包括历史上的肥城县辖域。肥城圣贤后裔文献与泰安、宁阳、东平、平阴县市的文献互有重合。研究肥城圣贤后裔文献,可以对圣贤后裔文献的整体情况和现代价值做出精准地认识。

一、肥城的圣贤后裔和文献

地处齐鲁文化核心的鲁中肥城地区,有朝廷认可的五经博士和奉祀生,也有众多官书未载的圣贤后裔及其志书和谱书。肥城圣贤后裔约有近十家,他们独特的文献遗存不可替代。

孔氏 肥城市有三支大孔氏家族,就是王庄镇孔庄、安临站镇东陆房和安驾庄镇上江庄的孔姓。肥城东、西孔庄支,源出华店户五十三代孔淑,是 1805年确认的孔子后裔六十户之一。孔庄支后裔迁居演北、五屯、雷庄、良庄、东里等村,还有东平东屯村、丁坞,平阴展家洼。这支孔氏有光绪二十年(1894)《孔子世家谱·肥城支谱》二册。第一册内容有衍圣公孔令贻的《泰安府肥城县孔子世家谱序》、历代优免恩例、山东布政使重申恩例严禁扰累差徭事的布告碑、姓源等,还有二代至七十六代阙里世系等。第二册内容有附贡生孔继敏撰《泰安府肥城县华店户孔子世家支谱序》,《肥城县华店户孔氏职名》载华店户族长七品执事官孔传谔,以及户头、尼山学录、总理、监理户事多人。上谱 1145 人,谱中还有执事、大成书院奉祀生等记录。此谱内容与曲阜《孔子世家谱》此支文本有差异。肥城凤凰山晒书城是孔庄孔氏的祠堂。康熙十一年(1672)《肥城县志》记载:晒书城在城西南三十里,旧为晒书城,相传孔子经游处,世人仰思圣德,议建祠塑像以祀孔子。衍圣府孔兴爕以寄籍圣裔六十三代孙孔贞格等给予衣顶,准允奉祀生员承袭。

肥城陆房支是平阴孔家集支,称源于簧(hóng)门户。东陆房村北部文庙胡同中有过化庙,取"孔夫子所过之处,人无不化者"之义,又称文庙,也是孔姓的家族祠堂。康熙十一年(1672)《肥城县志》载:"过化庙在城(今肥城老城)

南五十里凤凰山前。"夫子"过陆房,传孝悌,开茅塞,后人筑庙记之"。由陆房孔氏祀生奉祀,其中有"承继奉祀生孔贞硕"等。陆房光绪十七年(1891)增修谱本,有乾隆五十九年(1794)孔毓平序、孔传游跋,道光十六年(1836)编修职员名、恩例。乾隆五十九年(1794)孔毓平撰《平阴孔家集孔氏世家支谱序》:"乾隆丙戌(1766)之岁,我宗主亲奉恩纶:隶籍山东确有可考者,准其修谱。其谱则单载小宗一支,而溯源于阙里。所谓支谱者也。"孔传游是著名学者,著《太极易图合编》《学庸阐要》《论语发微》《韵学入门》等书。文集《致远堂合集》家刻本十三卷,还有《制艺指掌录》。此谱的长篇传记,是其生平唯一资料。① 谱中传记特别详细。跋也是序,在前边。《跋》载:"乾隆甲寅(1794)春,承父命纂辑谱牒。"

肥城上江支(原归泰安)是六十四代孔尚勇之后。1925年春,孔子七十代孙、旧城户户首孔广玠、户举孔广榛,创修支谱,遣员调查,将旧城户统系尽行录列,并摘登旧谱。庙员孔昭滨、孔昭龄、孔鲁泉襄助,两年时间完成,并刻印。民国十六年(1927),滕大章依据全谱写作《创修孔子世家旧城户支谱序》。三支人都在1937年《孔子世家谱》,也载于2009年《孔子世家谱》。

孔庆珍老师搜集孔氏文献最全。另《孔府档案史料选》有补选泰安县泰山孔子登临处奉祀生,乾隆、同治补选肥城县大成书院奉祀生,乾隆六年(1741),嘉庆五年(1800)记载十四件十四页。②

有氏 有氏原居黄河西肥城县有庄(今属东阿县),乾隆间取得五经博士资格,迁居肥城城里和井楼村。曲阜孔府档案研究中心藏《有子志》不分卷一册,另曲阜私人藏《有子志》,题"五十九代孙(有)光先续纂,六十七代孙(有)可观续补"。志成书约在雍正年间。"有氏志目录"为:序文、论语、遗像、小像、像赞、祠宇、坟墓、封号、考实、章服、祀典、祭品、陈设、恩恤、姓源、年谱、世系、跋语。肥城《有子宗谱》六卷首一卷末一卷二册,乾隆五十五年(1790)刊本。封里题《有氏宗谱》,目录称重修先贤有子宗谱,济南府儒学训导孙汝彦指导编修,以有守业名义刊刻。原目是五十九代有光兆续,七十代有书续补,五十一代

① 梁圣军、孔庆珍:《肥城的孔氏圣裔》,稿本。
② 《孔府档案史料选》1,山东友谊出版社,1988。

有尚志重修,卷首恩袭本末、卷末序跋、卷中有遗像、先贤有子祠等。卷五考证有氏之先系出自有巢氏,武王克商后其裔孙有昌,为邾邑宰迁于鲁。传至四世有贻,娶樊氏生有若,但第一代为有若。至清末获得五经博士的为有守业、有安诚、有安仁、有繁琳、有祥义。有子祠为有子十四世孙有纲从祖籍曲阜迁平阴后创建;益都县(青州)有子祠是有子三十四代孙有恕从平阴迁青州后所建。宗谱记当时有氏只有二十余人,今日全国有子后裔只有3000多人。青州《有氏宗谱》,与肥城谱大部分相同。

冉氏 肥城王瓜店镇冉庄冉氏,称先贤冉子伯牛之后。冉子五十三世孙冉宜,字贵来,元朝自肥城冉马庄(演马庄)移居颜村。民国四年(1915)《肥邑冉氏族谱》六卷,登载历代冉氏文献,以及冉子、冉氏和演马庄等的历史,是肥城圣裔族谱最厚重的文献,除了独有的历代碑文、祠宇记录,还有冯云鹓《圣门十六子书·冉子书》的内容。谱中记述孔门冉氏五贤均出自再在(《东原州志》作用在,《冉子世系谱》作冉离)三儿两孙,即冉耕、冉雍、冉求、冉儒、冉季。谱载冉耕后裔清代钦命陪祀文献,还有肥城知县王惟精题冉子故里碑,进士张梧撰《创建先师孔门冉子五贤祠碑》,冉氏裔重立墓碑,知县邵承照撰记等。雍正十三年(1735)开始,授予冉士朴、冉廷砚、冉传科、冉继楷、冉广培、冉广鑫等为五经博士。冉氏自有行辈,谱系中记载多支分散村居。村有冉子祠,距庙20里有冉子墓,隆庄村东北有冉子父母墓,墓前有石表。四库全书本《山东通志》卷十六《贤哲世职》载冉氏五经博士,最早于雍正六年(1728)为先贤冉子仲弓后裔冉天琳为翰林院五经博士,世袭主祀;《先贤遗迹》载:"冉伯牛故里,在肥城县西五十里陶山阳野村,有冉子伯牛父母墓。相传即其故里也。"嘉庆《肥城县志》的《例言》曰:"冉子卒葬中都,迁于东原,人所共知。而《大明一统志》已载冉伯牛先人墓在陶山阳。此其为桑梓之地明矣。"冉庄现在恢复了冉子祠。冉宪珩有著作《迷山书屋记》,1880年始迁米山岭。族裔有2022年《山东肥城米山岭冉氏族谱》。

邱氏 邱氏族居肥城石横衡鱼,衡鱼有左丘明墓,邱氏自认左丘明之后,后裔分居陈留和平阴、齐河的诸村。《左传精舍志》是左丘明后裔邱(丘)姓谱志。明朝天启三年(1623),肥城知县王惟精纂成左丘明志书。乾隆初年,胡恒对王惟精所作增订,改编成第二个版本,现存曲阜孔府档案馆,与丘氏最早给衍圣公的档案文献在一起。民国时期《左传精舍志》因编写县志而有资料留存,邱仲霖1952年抄录的《左传精舍》,是1949年所续家谱的首册。现在发现《左传精舍志》三个历史文献有:曲阜孔府档案馆抄本,肥城市史志办加孔府档案文件照相复制200本,石横镇政府录文点校;复旦大学图书馆的光华楼图书馆古籍部刻本;1952年邱仲霖抄本,2015年左丘明研究院照相制版印刷。

邱氏族谱修订情况:乾隆二十年(1755)族修刊刻《邱氏族谱》,咸丰八年(1858)重修,嘉庆十五年(1810)再修,同治十年(1871)邱峘玲总纂合谱;同治十二年(1873)肥城衡鱼复明支、齐河邱家集、肥城付村赞明支共商合为《邱氏族谱》;光绪三十四年(1908)《邱氏族谱》家刻一函五册,1910年重刊《山东肥城邱氏族谱》一函六册;1949年邱光臣总纂《肥城县邱氏族谱》八册。《中华丘(邱)氏大宗族·山东肥城分谱》2005年出版,载《姓氏考》《节续说》《命名格(行辈)》《创建家祠碑记》《公立条规》《祭田记》《林木记》等相关家族文书完整,诏书、寿序、墓表等诗文很多。最新的《左史丘明世家谱》于2020年修成印刷。

展氏 展姓和柳姓人,自奉为春秋和圣柳下惠展获的后裔。明洪武二十五年(1392)展友才从益都县迁居平阴县展家洼,后代又迁居肥城、泰安、平阴、新泰、汶上等各地。光绪《肥城县志》记载:"和圣故里:在柳滩社展家洼(今平阴),村俱展姓,有和圣祠。明天启年间,知县王惟精详请以和圣嫡派六十四代孙展芳名奉祀。"有光绪十一年(1885)《展氏族谱》。光绪十八年(1892)展家洼《展氏族谱》第一册有《墓志》《庙志》《年谱纪事》《祭和圣祠文》(明刘梦诗撰)《柳下志》诸神像图《年谱》《世系》《家祠志》等条目。《和圣奉祀生志》记载奉祀生有:展芳韵、展宏、展文捷、展汝德、展九思。各地展氏有众多的谱籍,转相传抄,资料丰富。① 各谱序中记有明嘉靖九年(1530)、万历三十一年(1603),清乾隆四十九年(1784)、五十二年(1787)的展氏谱本。肥城还有1949年展广植抄本《展氏简谱》,1916年、1954年《展氏族谱》,2001年展广植编撰《展氏简谱》,2016年《和圣·展氏族谱》电子版。展氏还有专门微信公众号。

林氏 定居于肥城北于家庄的林氏,以军功赐爵,世袭百户,屯田在于家

---

① 马东盈:《柳下惠家族文化研究:历代家谱提要》,山东大学出版社,2015。

庄,但现在人数很少。道光二十九年(1849)《先贤林子世家宗谱》,世系始祖是先贤林放,有衍圣公孔繁灏撰并书《先贤林氏宗谱序》。其后的《林子世家谱总序》曰:"蒙衍圣公府会同巡抚部院、提督学院、礼部,察前案,会同九卿,至嘉庆十八年(1813),据情奏明,奉旨议准充奉祀。"还有《故里碑文(西埠)》等。行辈参考孔氏。汶上《林氏族谱·续修族谱序》,言汶上林氏是林十老(濂)随驾,居住汶上。"凡兖州、汶上、东平镇阳社田均免除徭役,有正统四年(1439)墓碑足资徵明。"五十三世林仲春,诰封昭毅将军,长子林节率其子孙定居肥城北于家庄,长孙林士元徙居东阿城南隐村,次孙林士敬仍居汶上,三孙林士诚徙居东平州城南门里。宁阳蒋集小胡村祖籍泰安崇礼乡(今新泰)放城西埠,五十八代林成明成化迁来,数人任奉祀生,谱牒不详,清中期建有林氏祠堂,有楹联:"累代著封典,春露秋霜,至今绵延无替;阙里垂褒赞,与奢宁俭,于古尚论是将。"

董氏 民国四年(1915)《肥城县董氏族谱》一函八册,第一册为谱叙、碑记、诰命、事名、条规、行业、跋语。[①] 谱本为肥城董氏长支之合谱,始祖为董仲舒,明洪武年间始迁祖从河北枣强迁入肥城。祠堂及奉祀生在平阴店子柳滩村,以前属于肥城。其族属包括原泰安今属肥城的汶阳、边院董氏家族。2018年,新编修《泰西董氏族谱》,召开了泰西董氏家族文化研讨会。

王氏 王氏有一支为王通的后代王氏。《山东通志》引《肥城县乡土志》载:肥城王氏有一支是隋文中子王通后代,世居张家店(今湖屯张店),有奉祀生凭照。陶山东北麓有洞灵观,"洞灵观"三字署为"隋王通书"。后裔迁居年代及谱牒不详。

二、肥城圣贤支系后裔和文献

肥城还有众多的姓氏自奉圣贤后裔,但由于是支裔不一定得到奉祀资格。

周姓 肥城周氏在民国三十五年(1946)泰安《元圣裔周氏世家支谱》,1950东平苍邱《元圣裔周氏宗谱》。又有《周氏宗谱》三卷,称首次修谱是汉平

---

① 李武刚:《肥城董氏族谱摭谈》,《寻根》2016年第6期。

帝元始三年(3)。谱书周氏世系主要为东平、肥城、泰安、宁阳族人,文献多有沿袭,内容非常丰富。① 卷一有圣像德业,周公庙宇三氏祖祠,周公林墓,阚城防山志考,诸公茔墓图,祭器祭品图等。卷二有鲁国宗谱,同姓宗谱,姬、周、东野姓源,创立元圣社碑,历代祀典、乐章、祭文、谒庙诗,周公庙碑记,世袭廪生员、礼生。周公八十三代孙周庆业所撰《凡例》,钤有"元圣奉祀官印"朱文方印,奉祀官东野传棨鉴定谱书。谱中规定:"圣贤后裔家谱六十年一修,以甲子为期,姬氏、周氏、东野氏同为。"光绪十五年(1889)重修宗谱所定二十字行辈,由姬、周、东野三氏共同拟定。

姬姓 元朝定居肥城大汶河边东程村,分支陆续迁至肥城内外。有光绪九年(1883)续修六册姬氏族谱《姬氏志》、民国二十四(1935)年续修八册《姬氏志》(内页名《姬氏家志》)。光绪续修《姬氏志》,包括姓源、德业、封号、颂、古迹、诗文、器物考等,书成于历代名家王思诚、孔闻诗、孙毓汶、汪宝树。《授典庚祖仁公神道碑铭》具有丰富历史价值。② 1989年续修的十册《姬氏志》,2016年姬勇主笔重修三卷定名《肥城姬姓家谱》。汶上姬氏另有1961年石印的姬氏志《汶上县姬氏家谱》一卷、1988年编修的《续修姬氏志》即《续修姬氏族谱》、1990年的排印本《姬氏志》以及2018年新修的《姬氏志》20卷。

石氏 石氏自称肇始康叔封卫,数传顷侯次子仲夏孙名何,食邑石祖,以地为姓。远祖孔子弟子石作蜀,近祖为徂徕先生石介,后裔石用因避金乱徙长清西黄花院,石义方复迁至泰安西南乡石家炉(肥城汶阳镇明新村),石姓在石家炉自然村有100多人,安庄镇南赵80多人,另居住岳庄、庄户寨、蔡家颜子、路家杭。祖林卢家门有乾隆三十一年(1766)墓碑。族有宣统抄本《石氏家转·重修二贤祠册》两册,1977年修《徂徕石氏祖谱》四卷,1965年《徂徕石氏族谱·南赵村支谱》四卷。《重修二贤祠册》收有《石氏姓源》,石芳田撰《二贤祠记略》《重修二贤祠劝捐文》等。潮泉镇百福特石氏称迁自山西洪洞张村,嘉靖十五年(1536)创修族谱,1936年、2011年续修,2013年出祠堂纪念册,2017年以石作蜀九世孙石甲迁山西洪洞为祖,后裔居安庄镇后寨子。老城月庄支有

---

① 李武刚:《泰山宗谱叙录》,吉林文史出版社,2017。
② 梁圣军:《肥城元代两篇先茔碑文考释》,《泰山学院学报》2020年第5期。

1957 年《徂徕石氏族谱·月庄支谱》四卷。另宁阳有《大孟石氏支谱》,载有奉祀生;《龚邱石氏族谱》又名《徂徕志》《石氏宗谱》。

步氏、布氏　两姓同祖,自认始祖是先贤步叔乘,字子车。肥城、成武、阳谷三地步(布)氏联宗。一世步辰字天象,卢氏夫人率长支,迁至阳谷城北三都齐家庄(步家庄),命二支仲迁至肥城安临站庄,三支见迁居成武。咸丰七年(1857)肥城安临站《步氏族谱》,文献占一半篇幅,有明嘉靖《肥城步氏二世本支祖耆英仲翁步公墓碑记》,乾隆二十二年(1757)张永等三篇《步氏家谱序》,道光十一年(1831)序两篇,还有《步氏儒行志·仪行诗》《步氏节妇烈女志·节烈诗》《肥城步氏祠堂序》《阳谷步氏祠堂老谱碑记》《步氏创修祠堂阳谷肥城成武三大支老谱序》等。安临站东的马山有隆庆年间布天章《创建云阳庵玉帝庙记》,康熙年间布昭文《重修云阳庵玉皇上帝庙记》,其它碑刻题名也有布氏而无步氏。光绪三十二年(1906)新修族谱,有梁濡泉撰写《续修布氏族谱序》。安临站曾于咸丰六年(1856)建布氏祠堂,后裔陆续迁居附近村庄。1988 年第一代身份证启用时,族人布、步并用。

孟氏　《孟子世家谱》有流寓肥城藩家台(潘台)、东里、吕店、闫家屯支谱,同治三年(1864)续修,始迁祖六十代孟承玠;流寓肥城鱼池庄(今属岱岳区)支谱,同治七年(1868)续修,始迁祖六十一代孟宏山。两者都由五经博士孟广均(1800—1870)批办作序。肥城有孟氏称,明成化年间自山西洪洞迁居安临站孟家村,散播安庄寨子等村。尚没有找到寨子孟氏族谱,但是 1990 年编的寨子孟氏家谱有太平军北伐的资料。

颜氏　肥城有颜子后裔。《颜氏族谱》载宁阳泗皋户,有颜氏家庙(复圣祠)和颜家林等,泗皋户族长曾侵夺五经博士位。明永乐年间,五十九代颜有信于燕京入军籍,为东平常庄支,后裔迁至肥城邓庄村、林庄、孔家庄、于家庄、泰安薑庄(江庄)、石沟村。又五十六代颜之方,因元季之乱徙居泰安颜子村,生子颜汶、孙颜鲁兴,于明洪武元年(1368)避乱复归宁阳泗皋,不久又与族弟颜思道避居乐陵县数年,再与颜思道迁居东平县常庄,洪武十六年(1383)归居泰安颜子村。另说元大德十年(1306),五十五代颜利由益都路滕县尹授泰安州知州,后代在安驾庄南立村,以姓氏取名颜子。肥城颜氏没有独立的家谱。

仲氏　仲氏始祖孔子弟子仲由,字子路。光绪《肥城县志)卷二《古迹志》,

有乾隆周永年所作《重修仲夫子祠记》，言仲夫子祠在肥城石门，不详今日所在。宁阳仲氏世居济宁仲家浅，六传至元国子生仲符占籍瑨城屯，五十一代孙仲惕隶属于军籍。仲庙叫卫圣祠，有朝廷认可的仲氏奉祀生。金朝进义副尉仲进载《宁阳县志》，仲延仕中光绪二十九年（1903）进士。

三、肥城圣贤后裔文献的发掘和传承

古代对山东圣贤祠墓和后裔朝廷优待，有众多的文献记载。正如明永乐孔克中的《有子宗谱原序》说："昔我鲁以尼坊钟秀，贤哲挺生。七十子之中，产于鲁者四十三人。"万历时赵均《寒山堂金石林时地考》卷上《山东》部分，最早有汉朝的《冉伯牛墓碑》，碑在东平。但是只有此书载录碑名，未见其碑文。其书还有曲阜孔庙《鲁相韩敕复颜氏徭役碑》。① 金元之际元好问《续夷坚志》卷三有《孔孟之后》，且关注到子贡、冉子后裔："长清有子贡之后木老，尝有官广威将军，人目之为木威。冉子之孙一农家，在长清之鹊巢，小儿子牛儿，子改曰阿鞬。"但是典籍对圣贤和后裔的情况，没有得到系统的记载，特别是对孔子之外的圣贤后裔和祭祀失载严重。唐宋以后重建的祭祀道统文献，都注意从民间谱牒文献中采录依据。对照文本可以看出，清道光刻本冯云鹓《圣门十六子书》中《有子书》等，就大量利用肥城《有子宗谱》获取的材料。②

肥城为什么有那么多圣贤家族后裔和圣贤后裔家族文献？这和肥城所处的地理位置和人文环境有关。山东中部的肥城居临鲁国北境，近于圣人之居，处于儒家文化核心地带。肥城人尚礼仪重廉耻，士好诗书，民勤稼穑，流风余韵至今犹存。肥城整个的社会潮流是追求向往儒家的理想社会，肥城整个的社会风尚是追求孔子和其弟子代表的儒教传统。把自己的家族和姓氏与儒家圣贤联系起来成为潮流，也互相传染。肥城并不是所有的姓氏都依附圣贤后裔，如肥城一些石氏家族早期文献，但是肥城各姓氏自称圣贤后裔的确实比外地更

---

① 赵均撰：《寒山堂金石林时地考》，《丛书集成本初编》本，上海商务印书馆，1939，第17页。

② 冯云鹓校刊：《圣门十六子书》，山东友谊出版社，1989。

多,影响深远。如肥城知县邵承照(1832—1900?),顺天宝坻人(今属天津市),大兴籍举人。离任后留肥主讲鸾翔书院,编修光绪十七年(1891)《肥城县志》。著作《云卧堂诗集》七卷,辑《东篱纂要》(十卷一册)《纪河间诗话》三卷《五峰山志》。后居家济南,落居肥城。邵承照自为北宋理学家邵雍(1011—1077,谥号康节)三十世孙。再如高宗岳为泰安著名医生,也以高子羔为祖设祠祭祀。《重修泰安县志》载:"先贤高子羔祠。在王母池吕公洞南,民国十五年(1926)秋高宗岳创。"

鲁国故地的姓氏不一定是孔子弟子后裔,却以孔子弟子中的有关姓氏人物为始祖。其实,即使不考虑基因等的研究,从姓氏分布数量以及占人口比例比较,林姓、曾姓在南方更高,可是肥城族谱中追溯的姓源,往往到儒家鲁国故地,胶东的姓氏就和肥城姓氏形成差异。如林氏始祖殷比干,称比干遗腹子坚字长思,母居长林而生,遂因林而命氏。但是,后裔迁福建晋安,北宋时三十七世林文德任登州刺史,为胶东林氏始祖。莱阳姜疃民国《林氏世谱》上下卷二册为胶东林氏的族谱,载墓图、墓记、祠表、敕牒和唐宋明清的谱序,有圣母林默传,即传说的妈祖、海神娘娘,却不以林放为始祖。

圣贤后裔家族,占肥城姓氏和家族的比例并不高,谱牒文献占整个肥城的谱牒文献的比例约十分之一。但是,这些珍贵的文献却是很有研究价值的。但是利用圣贤后裔文献对圣贤的研究需要谨慎,对圣贤后裔的认识可以从宽。如:肥城孟氏有西晋孟世雍石室题名(《山东通志》卷一五二);北魏济北蛇丘孟表(435—515),《孟子世家谱》中列为二十四代孙;元朝有安临站镇东陆房大德八年(1304)孟季渊墓表;明朝孟成己为万历二十年(1592)进士。但现实中孟氏宗族源流不容易判定。颜氏起源于黄帝—颛顼—祝融—陆终系的曹姓邾娄,周朝为山东峄山一带的邾国国君曹颜,后人分立郳国(小邾,今山东邹城),都以颜为氏。后世颜氏多数供奉复圣颜子为始祖,颜子即孔子第一弟子颜回,其实孔门弟子七十二弟子中,有八位颜姓。

肥城姓氏在谱牒资料中攀附圣贤名人,有很多乖谬的例证。肥城有多支张姓,多称族源山西洪洞,其中一支始祖上接北宋名儒张载,中接山西,下接地方名人高道张志纯(元朝人,传说与张三丰混淆,碑作明朝张德源)。雍正三年(1725)东张《世传家谱》碑记载:"吾合族鼻祖,乃鸿(横)渠先生也。鸿渠祖生于宋代,与周(敦颐)、程(颢)、朱(熹)三夫子协作,《性理》《西铭》诸书,辅翼道通,缄持世风,法当时而传后世。诚所谓德配圣贤,不愧血食者也。后迁居山西,……而埠上祖,内有经皇口救封列德班者,谓曰德源,字曰三丰,号曰癫仙。"此碑为多部族谱转载。

从肥城圣贤后裔文献观察,历代朝廷对圣贤后裔优待和赐给荣誉的历史,超越朝代。如1954年汶上《展氏族谱》,有展光岱撰《展氏世职命名序》:"民国三十四年(1945)二月,岱奉国民政府诏,封和圣奉祀官,即发给印绶,并委任。"肥城圣贤后裔文献,可以和其他书籍中得到互证,也有部分资料存在歧义。《有子宗谱》中赵佑《有氏始立五博士序》,又载清末刻本张尔耆编《国朝文录》之赵佑《清献堂文录》卷一,题《重修先贤有子祠墓始立五经博士序》。二者基本一致。《左传精舍志》中乾隆十五年(1750)李芬《重修左传精舍匾记》,就是邹方锷《大雅堂初稿》注明代笔的《左氏祠堂碑记》,文本的差异就值得注意。但是研究文本的差异,还需要现场碑刻或拓片的佐证。

研究发现朝廷政策的宽容度,影响圣贤后裔家族的地位,也直接影响了他们家族文献的编纂。私人和宗族修纂谱牒和编撰志书的动力,来自朝廷的作用不可忽视。家族谱志的社会功能由"敬宗收族"向"垂教于世"和氏族管理的发展。同时谱志与修庙是一体性的工程,同为圣贤家族明清尊孔崇儒政策下的具体置措。圣贤家族修谱有朝廷的明文。肥城陆房《孔氏世家谱》的序言说:"乾隆丙戌之岁,我宗主亲奉恩纶:隶籍山东确有可考者,准其修谱。"过分的要求则不为官府所允许。嘉庆十四年(1809),肥城县冉子仲弓与伯牛后裔一起申请免除漕粮,被肥城县令拒绝,并给予撤职五经博士处分。①

肥城的圣贤后裔族谱文献,主要收藏在这些圣贤后裔的私人手中,在编修新的族谱时,文献往往得到延续和新生。在肥城档案馆、肥城图书馆和肥城以外的公共和私人档案馆图书馆,收藏有肥城圣贤后裔的文献,相关书籍、书目、文库的记载微乎其微。利用肥城圣贤后裔族谱碑志等资料,产生部分研究成果。2000年,肥城发现曲阜《左传精舍志》并复制传播后,学术界立即进行研

---

① 《曲阜孔府档案史料选编》,齐鲁书社,1980。

究,持续发表论文。① 从 2010 年编修《肥城文化通览》开始,圣贤后裔家族文献得到重视,但是搜集的文献尚不足以在家族文化中单独书写条文。② 肥城市邀请原山师大历史教授耿天勤负责《左丘明志》编写工作,该书后被列入《山东省志诸子名家志》系列丛书,其中引用了《左传精舍志》的资料。③ 2020 年 12 月,肥城左丘明研究院历时六年之久打造的《左丘明志》出版,这部书有助于对先贤作出客观评价。

四、肥城圣贤后裔文献的研究创新

肥城圣贤后裔的家族文献利用和研究创新,是个全新的课题。

肥城圣贤后裔的家族文献,是地方历史和村志镇志的资料来源。肥城地方文史文章,区域通览章节,采信运用了圣贤后裔的家族文献。《冉庄村志》《石横镇志》等编写,也引用了一些圣贤后裔的家族文献。圣贤后裔家族文献,也是有深度的历史和文化的一手资料。如有子后裔获袭五经博士过程,考察文献中清朝有子的嫡裔获得翰林院五经博士过程曲折的原因,可以发现:有子嫡裔的确立,经过漫长的过程和复杂的程序。五经博士的难以落实,一则是官员的快速流转,起决定作用的还是地方人物。二则是作为依据的私家著述谱牒文献有关记载的模糊不清。④

学界对圣裔的研究是 21 世纪以来的课题,肥城的圣贤后裔在研究中得到关注。清代奉祀生得以设立的两个基本准则是,地方有圣贤祠宇,圣贤嫡系后裔。朝廷对五经博士候选人的考评,是有血统、有祠、有谱、有文化的人才。⑤

① 张汉东:《左丘明与都君邱氏——〈左传精舍志〉资料分析》,《管子学刊》2001 年第 1 期。

② 何敬鹏主编:《肥城文化通览》,泰山出版社,2012。刘祥涛、魏辰主编:《泰安区域文化通览·肥城卷》,泰山出版社,2012。

③ 《左丘明志》,山东人民出版社,2020。

④ 梁圣军:《有子后裔获袭五经博士过程曲折之原因探析》,《第五届地方档案与文献研究学术研讨会论文集》2022 年。

⑤ 贺晏然:《圣贤与乡贤》,《读书》2022 年第 10 期。

祖源记忆及其衍生相关叙事,是基于历史渊源和地缘、业缘关系、行为仿效。① 圣贤后裔是宗族个体与朝廷互动建构的结果,也是一个历史的过程。家族文献和碑铭文献可以显示建构的痕迹。②

清中后期已经沦为衍圣公与五经博士发财的工具,而奉祀生的存在也成为滥员。③ 以族谱、祠堂、义田为纽带的"典型"的家族,其实晚至明朝中叶以后才普遍存在。有子后裔争袭成为学界认识圣贤后裔及其文献的一个标本。④ 肥城林氏祖居地是放城(在今山东新泰)和福建,而他们得到奉祀生的待遇,和孔府的私人关系起了很大作用。从肥城圣贤后裔文献中,多能看到这种孔府决定其他圣裔地位的作用。肥城有子、左丘明等后裔家族出现的承袭、争袭、冒袭案,明清时代几乎在每一个圣贤后裔家族中都上演过。正如学者研究认为:明清时期以衍圣公、世袭翰林院五经博士为主,形成了一个集政治、血缘、经济等因素相互交织的文化权力系统。先贤宗族共同体,以文化权力系统为依托,在明清时期发展繁荣起来。一些圣贤后裔在宗族发展中获得一定的文化权力,拥有一定的经济利益,在公权力的扶持下发展起来之后,与地方公权力之间出现了摩擦。⑤

可以从官民互动的视角看待圣贤后裔的宗族现象,圣贤后裔文献也与官府文献互证互补。肥城《邱氏族谱》的《姓氏考》曰:"后人以官为姓,曰左氏、丘氏。至我朝雍正乙巳,奉旨丘旁添耳,曰邱氏,至今相仍。"查宣统《山东通志》载,雍正三年(1725)八月初六日,奉上谕:"先师孔子圣讳,查毛诗及古文作期音者甚多。嗣后除四书五经外,凡遇此字并加'阝'为邱,地名亦不必更易但加

---

① 孟祥科、钱杭:《圣贤家族——山东邹县孟氏的祖源建构与历史书写》,《青海民族研究》2020 年第 1 期。

② 魏峰:《褒崇圣裔与世系重建——简论唐代以来的颜回、孟子后裔世系》,《浙江社会科学》2011 年第 3 期。宋永志:《历史"圣贤后裔"与宗族建构》,载《民间历史文献论丛·碑铭研究》,社会科学文献出版社,2014。

③ 王春花:《圣贤后裔奉祀生初探》,《清史论丛》2018 年第 1 期。张钰:《清代圣贤奉祀生选补研究》,《泰山学院学报》2019 年第 5 期。

④ 贺晏然:《先贤后裔:乾隆间有子祭祀权的争议》,《九州学林》2015 年第 1 期。

⑤ 王春花:《文化权力的介入与冉子仲弓后裔宗族的发展关系初探》,《农业考古》2021 年第 1 期。

'阝'旁读作期音,庶乎允协足副朕尊崇先师至圣之意。"论者以为:"至读期音,则世鲜知者。可见避讳改音之例,始终未尝实行也。"对这些细部问题的查考,可以想见当时政策的严厉而宽容的态度。

可以从文化传承和影响视角,研究肥城圣贤后裔的姓氏相关问题。梁圣军《立尸——从礼的视角看儒学宗师有子地位升降》,通过对肥城《有子宗谱》的深入研究认为:有子曾经在孔子死后作为尸(替身)传播儒学,取得代言人的地位。后来迫于曾子为主的同门反对,平和地退出,保证了儒学整体的团结。从立尸礼的视角考察典籍中有子的生平记载可以发现:孔门弟子弘扬儒学,同样是自身形象的塑造和自家势力的扩充。从礼的实践视角解读儒学历史,也为经典的诠释开辟一条新通道。①

圣贤后裔的文献文本考察,存在有随时代有序变更的问题。梁圣军《〈左传精舍志〉的文本累积》认为:作为家谱和祭祀情况的圣贤志书,在明朝设立翰林院五经博士奉祀生后大量出现。王惟精编辑《左传精舍志》,到清朝乾隆间经过胡恒增辑,邱玉洁改纂的《左传精舍志》,民国间因县志编修和族谱修编而增补。嘉庆年间纪昀等人看到的,并不是胡恒版本(孔府档案本),而是乾隆二十年(1755)刻本,此本也是1952年版本的底本。② 此论文参加了两次学术讨论会,将作为入选论文正式出版。《左传精舍志》中的范讽诗文是可信的,③明清到民国时期的大部分资料也是可信的。

家族在族谱中一般讳言佛道,对家族人物参佛入道,家谱文献多不予记载。而肥城圣贤后裔谱志,对于几千年前有关圣贤人物的一点一滴记载,都作为祖先的言行搜罗殆尽。对圣贤事迹的追慕和学校里的圣贤之书相对应,是一种对传统民族文化的认可和朝廷正统文化的认同。朝廷对圣贤后裔的具体优待事项,只能少部分五经博士、奉祀生享得。但是从部分族贤的祖源认识,到全家族人的共同话语,有力地塑造整个姓氏家族的价值观,也产生民族的认同感和族

---

① 梁圣军:《立尸——从礼的视角看儒学宗师有子地位升降》,稿本。

② 梁圣军:《〈左传精舍志〉的文本累积》,泰山学院2022年世界名山研究暨山岳文旅融合发展国际会议;《〈左传精舍志〉的文本累积考查》,扬州大学2023年第三届海峡两岸《左传》学高端论坛海峡两岸左传学研讨会。

③ 谭景玉:《新见北宋范讽散佚诗文述略》,《宋史研究论丛》第二十二辑。

群的荣耀感,参与了民族性格的塑造和族群家风的自律。崇礼圣哲、优礼圣裔,彰显对文明的依皈和道统的承继,更从制度上维系着让中国社稷赖以为长存的中华文化。① 肥城有那么多圣贤家族后裔和圣贤后裔家族文献,也是一种对传统正统文化的认可,由此在肥城民间产生文化的上升力。

明清朝廷对圣贤后裔的各种文件和亲自训话内容,可以见到促进文化认同的作用。民国十六年(1927)四月,滕大章撰《创修孔子世家旧城户支谱序》说:"窃维世风浇漓,人心不古。即骨肉手足间,往往痛痒无关。如秦人视越人,肥瘠漠然,不加喜戚于其心,遑论其他。鲁泉等竟于人道贵亲亲,亲亲故尊祖,尊祖故敬宗,敬宗故收族,收族故宗庙岩之义,默而识之。更以承先启后为职志,特假谱事而实行之。"可证圣贤后裔与普通民众家族没有什么不同。乾隆三年(1738)视学典礼时,皇帝谕衍圣公、五经博士、各氏后裔道:"尔等既为圣贤之后,即当心圣贤之心。凡学圣贤者,非徒读其书而已。必当躬行实践,事事求其无愧,方为不负所学。身为圣贤子孙,尤与凡人不同,不能实加体验,徒务读书之名。"这种直接的训话,对圣贤后裔不可能不产生作用。

余论

时运时势对圣贤后裔的整体作用,更多地体现圣贤后裔在文化教育、社会运动、经济变迁中。时下话语中,政治因素对文化文献具有较大影响。从肥城圣贤后裔文献看,除了有氏文献在本地荡然无存,其余的文献都在本地保存下来。肥城林氏的谱牒文献,是家谱交流中偶然得到的。王通后裔的王氏文献,查找数年而不得。相信随着肥城圣贤后裔遗存文献的不断挖掘,这些文献会有所显现,学界对这些文献的数量和价值的认识,也会更清晰。

肥城圣贤后裔文献的搜藏、保护是必要的,但是最好的保护是利用,有用则孤本可以生生永存。进一步扩大文献知名度,扩大利用的价值,是最好的保护。要创新肥城圣贤后裔研究领域,提高圣贤后裔研究水平,可以把圣贤后裔文献

---

① 白金川:《清代孔孟颜曾后裔五经博士与衍圣公关系初探》,《赤峰学院学报》(哲学社会科学版)2020 年第 9 期。

做综合性研究。圣贤后裔文献,不管名称如何,多是以族谱首卷或其附属物的形式出现,独立的圣贤志的形式较少,但受到志这种明朝出现的著述形式的影响。圣贤后裔文献是历史累积形成的,其文献多从明朝中后期开始出现,古代的文献很少。学者必须认识到圣贤后裔文献的局限性。各地方相关文献的相互影响、扩散,并不以地域限制。研究也不能画地为牢,需要以地方圣贤后裔文献的精细研究为基础,扩展视野,参与学科交流和跨学科对话。

历史上,肥城圣贤后裔文献对肥城文化的发展作出了很大贡献。文献遗存对文化历史考证的文献价值,主要是理解明清到民国的社会。他们的文献基本不超出先秦存世书籍的范围,也不超出普通学界对先秦理解的水平,对于先秦社会和圣贤个人的考证作用不大。有关文献对汉朝以后到明朝以前的历史考证作用不大。这些圣贤后裔文献最迟到1952年乡村祠堂土地归公之际,以后的文献只有承袭而少于增加。但是,只有孤本或少量抄写本的文献,赖于不断滚动地编修而传承,才使得这些文献在2000年之后,不断被学界发掘利用,愈来愈发出迷人光彩。

(梁圣军,左丘明研究院特约研究员)

文献中所见晚明名臣戴燿女性后裔

On the Female Descendants of the Late Ming Official Dai Yao

刘　涛

　　摘　要:围绕万历两广总督、太子少保、兵部尚书戴燿之女、孙女、玄孙女的生平事迹与成婚原因,考证其身世,再现其所处历史情境,进行比较分析,还原其应有的地位,揭示其时代意义。戴燿女性后裔由于戴燿宦海沉浮,而被其夫家划分贵贱;既是维护其娘家颜面的标志,又肩负起其夫家发展的重任。她们虽因儿孙满堂而获载其夫家族谱,却未能载入其娘家族谱;虽以名人之后而被时人关注,却未获学术界系统考察。本文可为东南海疆名门望族女性研究提供参考。

　　关键词:戴燿　名门望族　卫所军户　族群互动　明代

　　戴燿(1542—1628),字德辉,号凤岐,福建漳州府长泰县彰信里侍郎坂社人,宣称祖先是陈元光婿戴君胄,又与汀州府长汀戴氏联宗[1],似乎是"河老"族群,仿佛又是生活在闽南的客家后裔。戴燿隆庆二年(1568)军籍进士,文武兼备,促进中西文化交流。戴燿是晚明漳州五位知名高官显宦之一,出身著名的明代卫所军户宗族,是闽南较具代表性的名门望族,有漳州府及其所属长泰县最大的官宦世家之称。"国士"张燮为其女婿、戴燿之孙戴金的诗集所作《戴贞砺诗序》称"盖戴氏簪绂冠于漳水,而骚坛亦转峻"①,戴燿宗族位居晚明漳州政坛、文坛之首。张燮为其儿女亲家、戴燿次子戴城所撰《戴公子利藩墓志铭

---

　　① 张燮撰:《群玉楼集》卷四十四《集序五》,《张燮集》第3册,中华书局,2015,第775页。

(后赠户部主事)》称"戴氏簪笏之盛,为武安第一"①,戴氏宗族乃古称武安的长泰县最大的官宦世家。

目前,戴燿女性后裔未获学术界广泛关注,仅笔者略有述及,但未深入考察,存在文献搜集不够、文本分析不足的问题。黄仲琴未提戴燿之女[2],2005年《长泰县志》戴燿传仍未提其女[3],源于戴燿新旧谱牒均未提及戴燿之女。笔者仅据长泰旧族陶塘洋杨氏族谱记载,揭示戴燿曾为其女婿卢春蕙击败杨氏宗族,却未查阅张燮《戴公子利藩墓志铭(后赠户部主事)》所载戴燿孙女及其夫家族谱深入考察[4]。虽据海澄高克正族谱述及戴燿的第九女,却未深入研究其生平事迹[5]。

戴燿女性后裔联姻具有超越族群之分、文武之别的特点。戴燿女性后裔对闽南传统社会产生了深远的影响,为八闽女性在特定历史阶段中的文化、社会、生活境遇、民风习俗、人情世故等方面研究提供了一定的参考与借鉴。鉴于此,本文搜集实录、地方志、文集、族谱、碑铭、口述史料等史料,通过深入考察戴燿钟爱之第九女(文坛名家高克正之儿媳、名士高元洙之继配)、戴燿之女(名宦卢岐嶷之孙媳、举人卢春蕙之妻)、戴燿之长孙女(名将杨秉钺之妻)、戴燿晚年抚养之孙女(名宦李甫文之儿媳、名公子李槃之妻)、戴燿之玄孙女(名宦戴壎曾孙女、望族连烷之妻),还原其应有的历史地位。

一、高元洙继配

高元洙继配戴氏,是戴燿第九女,是戴燿十个女儿中唯一明确记载序齿者,其名阙载,生于万历二十三年(1595),卒于崇祯四年(1631),是戴燿第三子戴壎的异母姊。

(一)家世

高维桧《先母戴太孺人行状》载:

---

① 张燮撰:《群玉楼集》卷五十《墓志铭》,《张燮集》第3册,第853页。

先母戴太孺人行状者,总督两广少保大司马公燿之女、民部郎中壎之姊也。戴为武安乔木,少保公有女十,母行九,庶母魏所出也。少保之钟爱也,倍于诸子。其归于我府君太学公也,大父太史公殁已五载所矣。先是太史与少保交谊主笃。前母林太孺人、大宗伯公士章孙女、参知公汝诏女也,事府君仅四载,朝露溘先,详其张绍和、黄孝翼二先生状中。大母侯孺人以太史世好,遂缔婚于少保,少保称府君为快婿,尝抚其背曰:"高郎矗矗迫人,真苏环子也。"太史中年乘箕,侯孺人□□牖户,母佐之。内方外圆,其事戒我太母也。鸡鸣盥漱,无少解焉,惟母氏孝。府君痼有痰疾,母之事府君也,必敬必戒。其解囊中装充药囊钱者,屡为延族医调摄焉,甚至祷天以身代。惟母氏恭府君豪情胜举,睥睨一世,尝道达官多求备者,势族士豪亦狡焉启疆。母奔武安,求解于少保,外侮乃戢,惟母氏功。府君于升斗扃钥,置焉不问,母督岁收量出入。其家居也,纺织必勤,女红必纫,□醙必备,馈馔必饬。母虽簪缨世胄乎,而勤且俭,不异缟綦也。惟母氏劳府君弟妹七人,母之周旋诸姒间,蔼蔼称挚。其适自戴者,尤倦情焉,惟母氏巽。母之归府君也,世居郡之东,以未举子为忧。其归武安也,举女二。始卜居于郡之东北隅,拮据荼苦。庚申举维松,甲子举维桐;越丙寅、丁卯,举不孝维桧暨弟维檀。其呱呱待哺也,抚之鞠之。府君得悠扬焉,不以内顾为忧,惟母氏慈。诸子之鹊起也,惟母是视耳。不虞母未中年遽殒也,百身莫赎矣,年仅三十有七。时松十二龄,桐八龄,桧六龄,檀五龄耳,靡依匪母辰安载,诗人岂欺我哉?诸子赖先人劳,颇自成立。丙戌鼎革之交,伯氏以府君命诸弟襄□岁,□与前母合葬于第三陇之嵛焉。因忆昔闻,略铨行□……①

---

① 高维桧纂,龙海市浮宫镇九溪都高氏家谱编写组修:《溪都高氏家谱》卷十《阃德部》,政协漳州市委员会海峡文史资料馆藏,编号:9106,2008 年据清康熙十一年(1672)所修抄本增补部分机器印刷内容合订本复印件,第485-488 页。按,该行状部分内容残缺,无法辨认,只能用"□"代替。

该行状出自"高维桧《西涯藏稿》"①。高维桧是戴氏第三子,"丙戌鼎革之交",即南明隆武二年丙戌(1646)撰写行状,收录其《西涯藏稿》,"康熙岁次九年庚戌中秋穀旦"②纂修"《闽漳濠都高氏家谱》"③时收录谱中。

戴氏的族群属性。戴时宗《贺墨溪遗族孙绍仁序》载:"嘉靖癸未秋,余会墨溪族人于城东里第"④,"嘉靖癸未"指嘉靖二年癸未(1523),戴时宗曾祖父戴励宗是戴时宗之弟,即戴时宗是戴燿的曾伯祖,"墨溪"位于龙溪县,即戴时宗此前已前往墨溪认祖归宗。墨溪戴氏家庙奉戴君胄为祖先。开漳"三世君胄祖……神主祀在墨溪祖庙"⑤,"四世善忠祖,君胄长子,讳克纯""五世永明祖,善忠子,讳耀,德宗贞元二年徙居龙溪县游仙乡墨溪村……祀在祖庙"⑥。万历元年《漳州府志》载:"《元光家谱》载:'时从元光入闽者,婿……戴君胄……今其子孙散处于漳,犹有人云'"⑦,"元光家谱"指陈元光家谱,即"龙湖谱"⑧,戴君胄其名见载于陈元光家谱《龙湖谱》。

戴氏的生年,根据高维松生于万历四十八年庚申(1620),其十二岁为崇祯四年(1631),由此逆推三十七年,可知戴氏生于万历二十三年(1595)。戴燿生年,明代高仪等编《隆庆二年进士登科录》载:戴燿"年二十七,八月二十六日生"⑨,根据戴燿隆庆二年(1568)进士由此逆推其生年为嘉靖二十一年

---

① 高维桧纂,龙海市浮宫镇九濠都高氏家谱编写组修:《濠都高氏家谱》卷十《阐德部》,第485页。

② 高维桧纂,龙海市浮宫镇九濠都高氏家谱编写组修:《濠都高氏家谱》,第21页。

③ 高维桧纂,龙海市浮宫镇九濠都高氏家谱编写组修:《濠都高氏家谱》,第6页。

④ 戴时宗撰:《朽庵存稿》卷二《序》,日本内阁文库藏,书号:汉17259,明嘉靖三十三年(1554)刻本,第29页b。

⑤ 戴益贵提供:《漳州墨溪戴氏族谱》,政协漳州市委员会海峡文史资料馆藏,编号:漳州9027,1991年据清代抄本复印件,第37-38页。按,该谱内题《谯国氏闽漳龙溪县墨溪村始祖分派》。

⑥ 戴益贵提供:《漳州墨溪戴氏族谱》,第38页。

⑦ 罗青霄修纂,福建省地方志编纂委员会整理:《漳州府志》卷四《漳州府·秩官志下》,厦门大学出版社,2010,第144页。

⑧ 罗青霄修纂,福建省地方志编纂委员会整理:《漳州府志》卷首《修志引用书目》,第31页。

⑨ 台湾学生书局编辑部汇编:《明代登科录汇编》第17册,台湾学生书局,1969,第8929页。

（1542）。戴燿五十四岁生戴氏，已过五十岁"上寿"之年。戴氏的生母魏氏被称作"庶母"，即戴燿的侧室。

戴氏与戴壎实则同父异母的姐弟关系。《明万历丙辰科进士同年序齿录》载："戴壎……乙未"①，戴壎生于万历二十三年乙未（1595），虽与戴氏同年，却称其为"姊"，实则出生月份迟于戴氏。戴燿族谱仅载其"诰命夫人黄氏"②，实则并非如此。戴壎的生母是戴燿侧室陆氏，长泰出土的买地券显示："大明国福建道漳州府长泰县信官户部员外郎戴壎，以母累封安人陆氏，生于嘉靖甲子年四月廿六日亥时，卒于天启辛酉年正月十九日巳时"③，该买地券落款"崇祯四年辛未二月□日"④。陆氏于天启元年辛酉（1621）去世时，戴氏二十七岁。戴壎有二兄戴塘、戴城，戴氏行状仅提戴壎，应与戴壎考中进士，知名度较高有关。

戴氏在童年深受戴燿疼爱。戴氏在戴燿诸女中既非长女，亦非幼女，却备受戴燿疼爱。值得注意的是，其时闽南名门望族具有重男轻女传承，戴燿却对其女戴氏的钟爱胜过其诸子，极其难能可贵。

（二）成婚由来

关于戴氏的成婚时间，可由文献推之。"归于我府君太学公"指魏氏嫁给该行状作者高维桧之父高元洙。"大父太史公"指该行状作者高维桧的祖父高克正。戴氏成婚时，高克正"殁已五载"。由高克正卒于万历三十七年（1609）推算，可知戴氏成婚时间为万历四十二年（1614）。

戴氏与高元洙成婚原因有三：

其一，戴、高两家世代交好。戴燿与高克正交往密切，高元洙深得戴燿器重。戴燿盛赞高元洙，曾抚其背，称其为唐代名人苏环之子再世，此事发生在何时？高维桧《先府君太学公行状》载："癸丑，入宫保尚书戴公燿门。戴公一见

---

① 李开升：《明万历丙辰科进士同年序齿录》，《历史档案》2014 年第 3 期。
② 长泰县戴氏族谱编委会：《长泰县戴氏族谱》第 1 册，政协漳州市委员会海峡文史资料馆藏，编号：长泰 9009，1996 年机器印刷复印件，第 233 页。
③ 刘涛：《明末名宦戴燿侧室陆氏买地券背后的故事》，《福建史志》2020 年第 3 期。
④ 刘涛：《明末名宦戴燿侧室陆氏买地券背后的故事》，《福建史志》2020 年第 3 期。

府君,语诸从曰:'高郎矗矗迫人,真苏环子也'"①,万历四十一年癸丑(1613),高元洙二十六岁,未考取功名。

其二,戴燿与高克正同为漳州籍名宦,二人事迹见载于《明实录》。

其三,戴、高两家出身明代卫所军户,戴燿与高克正同为军籍进士。《隆庆二年进士登科录》载:"戴燿,贯福建漳州府长泰县军籍"②,《明万历二十年进士题名碑录(壬辰科)》载:"高克正,福建漳州府海澄县军籍"③。

需要戴氏嫁给高元洙并非元配,而是继配。戴燿如何心甘情愿让其爱女成为高元洙的继配? 究其原因有三:

其一,戴燿与高元洙元配林氏渊源深厚。万历癸丑《漳州府志》载:"五星聚奎坊,为尚书……林士章、戴燿……立"④,此"燿"字应改作"燿",戴燿与林士章获立"五星聚奎"牌坊,二人齐名于世。黄以升为高元洙元配林氏所撰《高室林孺人行状》载:"孺人生甲午七月十五日,卒壬子三月二日,年仅十有九"⑤,"甲午"指万历二十二年甲午(1594),"壬子"指万历四十年壬子(1612),林氏"父汝诏,徽宁兵备参政,孺人其季女也"⑥,高元洙元配林氏是林汝诏的幼女,该行状采自"黄以升《蟫窠集》"⑦。戴城的次子戴镒娶林汝诏的孙女为妻。张燮《戴公子利藩墓志铭(后赠户部主事)》载:戴城"次镒,娶参知林公汝诏女孙"⑧。

① 高维桧纂,龙海市浮宫镇九溘都高氏家谱编写组修:《溘都高氏家谱》卷九《文苑部》,第419页。

② 台湾学生书局编辑部汇编:《明代登科录汇编》第17册,第8929页。

③ 李周望辑:《明清历科进士题名碑录》第2册《明万历二十年进士题名碑录(壬辰科)》,华文书局股份有限公司,1969,第1045页。

④ 闵梦得修,中国人民政治协商会议福建省漳州市委员会整理:万历癸丑《漳州府志》卷二十九《坊里志下》,厦门大学出版社,2012,第1971页。

⑤ 高维桧纂,龙海市浮宫镇九溘都高氏家谱编写组修:《溘都高氏家谱》卷十《闽德部》,第480页。

⑥ 高维桧纂,龙海市浮宫镇九溘都高氏家谱编写组修:《溘都高氏家谱》卷十《闽德部》,第478页。

⑦ 高维桧纂,龙海市浮宫镇九溘都高氏家谱编写组修:《溘都高氏家谱》卷十《闽德部》,第477页。

⑧ 张燮撰:《群玉楼集》卷五十《墓志铭》,《张燮集》第3册,第854页。

其二,高元洙元配林氏未有生育。高维桧《先府君太学公行状》载:高元洙"娶林孺人,无所出"①,戴氏嫁入高家,无需代为抚育其子女,成为其继母,避免出现家庭纠纷。

其三,与戴氏的出身有关。戴氏生母魏氏是戴耀的侧室,戴耀虽对戴氏钟爱有加,却无法改变戴氏庶出的事实。戴耀其时已被革职为民,不必过多讲究官阶,且下聘戴氏的高克正遗孀侯氏出身漳州卫武将,戴耀与高克正出身漳州卫军户。《明神宗实录》载:万历三十六年(1608)十月"丁卯,革总督两广兼巡抚广东地方、兵部尚书戴耀职为民"②。

高家将祖先追溯到宋代名人高登。张燮《翰林院检讨征仕郎朝宪高先生行状》载:"宋先贤高登之裔也"③,高登于《宋史》有传④,获朱熹称道⑤。

戴氏的婆婆侯氏。"侯孺人"是高克正之妻,高克正为作《妻侯孺人行述》载:"荆妻侯氏女,其先奕世以武功著"⑥。侯氏宗族世袭漳州卫指挥同知,侯氏是名将侯熙的孙女。"妻生裁六岁,王父参戎公异之"⑦,侯氏"王父参戎公"指侯氏的祖父曾任参将;"岳父以参戎命延入"指侯氏之父奉父命邀请高克正到家中。漳州卫军户侯氏宗族仅侯熙曾任参将。漳州知府罗青霄万历元年(1573)修成的《漳州府志》载:漳州卫指挥同知"熙继袭,以擒海寇功升广东都指挥佥事,领兵征倭,克复蓬州所城,升广西浔洿参将,调福建中路参将"⑧,侯熙承袭父职,以军功获得升迁,曾任广西浔洿参将、福建中路参将。"太史世

---

① 高维桧纂,龙海市浮宫镇九溆都高氏家谱编写组修:《溆都高氏家谱》卷九《文苑部》,第 423 页。

② 台湾"中研院"历史语言研究所校印:《明神宗实录》卷四五一,《明实录》第 11 册,台湾"中研院"历史语言研究所,1962,第 8532 页。

③ 张燮撰:《霏云居集》卷三十六《行状》,《张燮集》第 1 册,第 661 页。

④ 脱脱等撰:《宋史》卷三九九《列传第一百五十八·高登》,中华书局,1985,第 12128-12132 页。

⑤ 王懋竑撰:《朱熹年谱》卷四《一一九一年(六十二岁)》,中华书局,1998,第 214 页。

⑥ 高维桧纂,龙海市浮宫镇九溆都高氏家谱编写组修:《溆都高氏家谱》卷十《闻德部》,第 472 页。

⑦ 高维桧纂,龙海市浮宫镇九溆都高氏家谱编写组修:《溆都高氏家谱》卷十《闻德部》,第 472 页。

⑧ 罗青霄修纂,福建省地方志编纂委员会整理:《漳州府志》卷三十二《漳州卫·秩官志》,下册,第 1283 页。

好"指高克正与戴耀两家世代交好。侯氏以高、戴两家世代通好,向戴氏下聘,由戴耀做主,将戴氏嫁给高元洙作为继配。"大母侯孺人以太史世好,遂缔婚于少保""太史中年乘箕"指高克正英年早逝。侯氏操持高克正一家,戴氏从旁协助。侯氏教导戴氏外圆内方,戴氏悉心孝敬侯氏,被称为婆媳楷模。

戴氏的丈夫高元洙,字师鼎,号道原,更号景宪,生于万历十六年戊子(1588),明末海澄县儒学生员,卒于顺治九年壬辰(1652)。高维桧《先府君太学公行状》载:"府君讳元洙,字师鼎,号道原,以太史公号朝宪,后更好景宪"①,"府君生于万历戊子三月初九日寅时,卒于顺治壬辰十月廿四日未时,享年六十有五"②。高元洙是高克正的长子,高克正对其寄予厚望。高元洙出生时,高克正喜出望外,认为其日后将光大门楣。"戊子春三月,府君生。太史公遽命人悬弧,喜曰:'佳儿必大吾门'"③。高元洙成年后,仪表堂堂,"府君伟貌丰须"④。高元洙少时即崭露头角,"随太史公南还也,图书器玩之外,无长物长挟。策入成均,貉裘屡敝,揣摩不辍,试辄惊其侪伍"⑤。戴氏嫁给高元洙时,高元洙已入泮。高维桧《先府君太学公行状》载:"壬子,督学冯公善府君文,录澄邑庠"⑥,"壬子"指万历四十年壬子(1613),"澄邑庠"指海澄县儒学。高元洙入泮时,高元洙元配林氏已去世一个月。"师鼎名元洙丧孺人,再月补邑诸生,昔佐下帷,不及睹其骏发,悲哉"⑦,"邑诸生"即海澄县儒学生员,"骏发"指高元洙入泮。高元洙虽才华横溢,却体弱多病,戴氏对其悉心照料,并多次取出私

---

① 高维桧纂,龙海市浮宫镇九漈都高氏家谱编写组修:《漈都高氏家谱》卷九《文苑部》,第417页。

② 高维桧纂,龙海市浮宫镇九漈都高氏家谱编写组修:《漈都高氏家谱》卷九《文苑部》,第422-423页。

③ 高维桧纂,龙海市浮宫镇九漈都高氏家谱编写组修:《漈都高氏家谱》卷九《文苑部》,第418页。

④ 高维桧纂,龙海市浮宫镇九漈都高氏家谱编写组修:《漈都高氏家谱》卷九《文苑部》,第419页。

⑤ 高维桧纂,龙海市浮宫镇九漈都高氏家谱编写组修:《漈都高氏家谱》卷九《文苑部》,第419-420页。

⑥ 高维桧纂,龙海市浮宫镇九漈都高氏家谱编写组修:《漈都高氏家谱》卷九《文苑部》,第419页。

⑦ 高维桧纂,龙海市浮宫镇九漈都高氏家谱编写组修:《漈都高氏家谱》卷十《闻德部》,第480页。

房钱为其寻医问药,还为此向天祷告,愿意代其承受病痛。

（三）解决家难

戴氏于高家遭遇"外侮",赶回娘家,向其父戴燿求救。"武安"指长泰。高元溙遭遇"外侮"。高维桧的堂弟高维桢《先府君明经公年谱》详载此事:"又二年,举长子维棔,府君年二十有三矣……王父殁未逾数年,外侮至矣!邻恶陈者,以蜚事中府君,君走千里乞书以支门。又会邑令为其女赘婿,探王母有缨绂珠冠,请假之。府君拒之,曰:'史臣之妻膺天子宠,以有缨绂,此名器也,不可假人。'邑令衔之,数月陷以他事……如是奔走者三年……府君年历二十有六矣"①,高元濬生于"万历十有九年"②,即万历十九年(1591),其二十三岁是万历四十一年(1613),二十六岁是万历四十四年(1616),高家遭遇外侮起止时间为万历四十二年到四十四年(1614—1616),即戴氏嫁入高家旋遭"外侮";"王父"指高维桢的祖父高克正,卒于万历三十七年(1609)。"邻恶陈者"指龙溪县陈氏宗族,即"势族士豪",高元溙虽是海澄县人,却早年随其父高克正迁居漳州府城,即漳州府治龙溪县;张燮《翰林院检讨征仕郎朝宪高先生行状》载:高克正"丁未,以郡城松楸伊迩,乃买宅一区"③,"郡城"指漳州府城,"丁未"指万历三十五年丁未(1607)。"邑令"指龙溪知县,即所谓"达官"。"府君"指高元濬;"史臣"源于高克正曾任翰林院正史纂修官。《明神宗实录》载:万历二十二年(1594)九月"辛丑,命翰林院……简讨……高克正……充正史纂修官"④。"王母"指侯孺人。

高家"外侮"之事表面上与高元濬有关,实与高元溙有关,理由有三:

其一,高元濬此举受到其长兄高元溙的支持,因高元溙嫉恶如仇,而影响高元濬。

其二,戴氏是戴燿最钟爱的女儿,高元溙又获得戴燿垂青,增加了高元濬的

① 高维桧纂,龙海市浮宫镇九溱都高氏家谱编写组修:《溱都高氏家谱》卷九《文苑部》,第447页。

② 高维桧纂,龙海市浮宫镇九溱都高氏家谱编写组修:《溱都高氏家谱》卷九《文苑部》,第445页。

③ 张燮撰:《霏云居集》卷三十六《行状》,《张燮集》第1册,第663页。

④ 台湾"中研院"历史语言研究所校印:《明神宗实录》卷二七七,第5133页。

自信心。

其三,恶邻之所以构陷高元濬、知县仅报复高元濬,实与高元洙是戴燿女婿的身份有关。恶邻与知县由于戴燿的缘故,不便直接陷害高元洙,改为构陷高元洙的胞弟高元濬。高克正去世后,高家家长是高元洙,恶邻与知县陷害高元濬实则攻击高家的顶梁柱高元洙。

恶邻与知县之所以肆无忌惮欺侮高家,究其原因有三:

其一,高克正实非龙溪本地人,而是由海澄迁入龙溪,且英年早逝。

其二,高元洙的岳父戴燿已被革职为民,恶邻与知县认为戴燿"人走茶凉",人轻言微。戴燿即使尚存人脉资源,也不便为其女婿出面,以免遭到不必要的麻烦。

其三,戴氏是戴燿的庶女,且"嫁出去的女儿,泼出去的水",恶邻与知县认为戴燿不至于为其女婿奋力一搏。

高维桢《先府君明经公年谱》载:"府君复越山度岭至吴郡,见中丞毛公,宪台过公,以雪其愤。二公俱王父癸卯所取士也"[1],"府君"指高元濬,"中丞毛公"指毛一鹭,"宪台过公"指过庭训。康熙《浙江通志》载:万历三十一年(1603)癸卯科浙江乡试举人"毛一鹭"[2]、"过庭训"[3],是高克正主考浙江乡试所取之士,似乎高家解决"外侮"问题得益于高克正的浙江门生相助?高维桢《先母戴太孺人行状》所载戴氏面对"外侮",特地返回娘家而请其父戴燿出面,由此得到解决的说法又应如何看待?实则毛一鹭、过庭训与戴燿均发挥了重要的作用。高元濬选择避难吴越,与毛一鹭、过庭训在吴越生活有关,毛一鹭与过庭训为之提供避难所,使高家得以申冤。戴燿其时虽被革职为民,仍获邀为万历癸丑《漳州府志》作序,其于"万历癸丑菊月之吉"[4]所撰《漳州府志序》仍署"赐进士出身、资政大夫、太子少保、加一品俸、兵部尚书兼都察院右副都御史,

---

① 高维桧纂,龙海市浮宫镇九漈都高氏家谱编写组修:《漈都高氏家谱》卷九《文苑部》,第447页。

② 王国安修:康熙《浙江通志》卷三十《选举二》,中国国家图书馆藏,索取号:240/32,清康熙二十三年(1684)刻本,第233页a。

③ 王国安修:康熙《浙江通志》卷三十《选举二》,第233页a。

④ 闵梦得修,中国人民政治协商会议福建省漳州市委员会整理:万历癸丑《漳州府志》卷首《序》,第19页。

前奉敕总督两广军务兼巡抚广东地方"①,盖有"宫保之章"②。高元洙、戴氏夫妇未远走他乡,得益于戴燿相助,高家财产得以保全。高元洙能够挺身而出,维护高家合法权益,得益于其继配戴氏的支持,即戴氏行状云及"惟母氏恭府君豪情胜举"。高元洙获得戴氏的支持,得以在闽南故里关注事态发展,从而安排高元濬前往吴越寻求高克正的门生相助。高元濬作为戴氏的小叔,由于获得戴氏的支持,而增加斗志。

（四）相夫教子

戴氏尽心辅佐其夫。戴氏操持家务,开源节流,勤俭持家。高元洙入泮得益于其元配林氏,高元洙入国子监读书却与其继配戴氏相助有关,此为戴氏行状所未提。高元洙攻读举子业,学有所成,得益于戴氏相夫教子。高元洙"乙卯,上游国子监。大司成公称府君文浑雄古,岩绰有父风"③,"乙卯"指万历四十三年乙卯(1615)。高元洙与其弟高元濬整理高克正遗稿《木天遗草》,请叶向高作序得以刊行于世,实则获得戴氏相助。高维桢《先府君明经公年谱》载:高元濬"汇刻王父《木天集》二十有八卷,抱王父集,走福唐,丐叶学士,言弁于首。岁终,集告成。是岁……年二十有七"④,高元濬二十七岁为万历四十五年(1617);"叶学士"指叶向高,"福唐"指其故里福州府福清县。高元洙"其辍举子业也,尤搜猎诸史百家,而旁及于方外诸野乘,与仲氏较太史公遗草,编刻行世"⑤,"仲氏"指高元洙之弟高元濬,"太史公遗草"指高克正《木天遗草》。叶向高《木天遗草序》载:"余既归田,其孤洙、濬,抱遗草请叙于余"⑥,"洙"指高

---

① 闵梦得修,中国人民政治协商会议福建省漳州市委员会整理:万历癸丑《漳州府志》卷首《序》,第18-19页。

② 闵梦得修,中国人民政治协商会议福建省漳州市委员会整理:万历癸丑《漳州府志》卷首《序》,第19页。

③ 高维桢纂,龙海市浮宫镇九濬都高氏家谱编写组修:《濬都高氏家谱》卷九《文苑部》,第419页。

④ 高维桢纂,龙海市浮宫镇九濬都高氏家谱编写组修:《濬都高氏家谱》卷九《文苑部》,第447页。

⑤ 高维桢纂,龙海市浮宫镇九濬都高氏家谱编写组修:《濬都高氏家谱》卷九《文苑部》,第419-420页。

⑥ 高维桢纂,龙海市浮宫镇九濬都高氏家谱编写组修:《濬都高氏家谱》卷九《文苑部》,第372页。

元洙,"潏"指高元潏。高元洙得以在外安心交游,获得名家青睐,亦与戴氏相助有关。高元洙"往来燕赵吴越间,若毛中丞一鹭、陈词林万言、姚给谏士慎,与府君通家世好,尤称莫逆交。叶福唐相公、姚太史元素、丁铨部亨文诸先生,皆府君所父事者,诸先生以犹子待府君"①,"燕赵"源于高元洙入国子监读书而途经之地,"吴越"源于高克正的浙江门人故里,"毛中丞一鹭"指毛一鹭,"陈词林万言"指陈万言,"姚给谏士慎"指姚士慎,"叶福唐相公"指叶向高,"姚太史元素"指姚元素,"丁铨部亨文"指丁亨文。

戴氏嫁入高家,多年未生育,为此返回娘家长泰居住,连生二女后,方才入住漳州城东家中,勤俭持家。高元洙元配林氏未有生育,戴氏嫁入高家虽避免成为继母,高家的生育重担却落在戴氏肩上。万历四十八年庚申(1620),戴氏生长子高维松;"甲子"指天启四年甲子(1624),戴氏生次子高维桐;"丙寅"指天启六年丙寅(1626),戴氏生第三子高维桧;"丁卯"指天启七年丁卯(1627),戴氏生第四子高维檀。戴氏嫁入高家六年,始为高家生育子嗣,此前六年因未能为高家生育子嗣而耿耿于怀。戴氏含辛茹苦抚养二女四子,高元洙对此不闻不问,均需戴氏操劳。戴氏终因积劳成疾而英年早逝,年仅三十七岁。

戴氏族谱载:戴燿"卒于明思宗崇祯元年戊辰(1628)八月二十四日"②,戴燿之死对戴氏产生较大冲击,加之繁重家务,最终将戴氏累垮。戴氏去世时,其长子高维松年仅十二岁,次子高维桐年仅八岁,第三子高维桧年仅六岁,第四子高维檀年仅五岁,均未满十六岁成丁年龄。戴氏二女虽比高维松年长,却未满十四岁及笄年龄。

高元洙先后有妻四人,依次婚娶,并未纳妾,亦无扶正之举。高元洙其时若有其他配偶,戴氏行状缘何未见记载? 高元洙元配林氏去世后,翌年以戴氏为继配,戴氏去世后,继娶李氏为妻,不足一年去世,继娶黄氏为妻。高维桧《先府君太学公行状》载:高元洙"继娶李孺人,西山钜族也,未周年而卒。继娶黄

---

① 高维桧纂,龙海市浮宫镇九漈都高氏家谱编写组修:《漈都高氏家谱》卷九《文苑部》,第419页。

② 长泰县戴氏族谱编委会编:《长泰县戴氏族谱》,政协漳州市委员会海峡文史资料馆藏,编号:长泰,1996年机器印刷复印件,第233页。

孺人,靖邑名家"①,"西山"位于平和县,"靖邑"指南靖县;李氏、黄氏均称"孺人",为高元洙迎"娶"而来,并非"纳"来之妾。高元洙先后娶林士章孙女、戴燿之女及平和、南靖名门望族女子为妻,却仅有戴氏生育儿女。

高维桧《先府君太学公行状》载:高元洙"男四女二,皆戴孺人出。男长维松,邑诸生,娶太学生庄君京兆女;继娶明经陈君应官孙女。次维桐,诸生,娶庠生王君为都女。次即维桧,辛卯登贤书,娶侍郎蔡公梦说孙女。次维檀,娶庠生王君之铤女……女长适中丞蔡公应科侄孙毓琦;次适宪副陈公公相孙贡士有度"②,"诸生""庠生"指秀才,"太学生"指国子监生,"明经"指贡生,"登贤书"指中举,"中丞"指巡抚,"宪副"指副使,高元洙二女早于四男出生,于此却从子嗣出发,将其四子排在二女之前。高维松先后娶监生庄京兆之女、贡生陈应官的孙女为妻,高维桐娶秀才王为都之女为妻,高维桧娶侍郎蔡梦说的孙女为妻,高维檀娶秀才王之铤之女为妻;长女嫁巡抚蔡应科的侄孙蔡毓琦为妻,次女嫁副使陈公相之孙贡士陈有度为妻。

戴氏去世时,其四子未迎娶或下聘,其二女亦未订婚。直至高元洙继配黄氏为之操办婚事。高维桧《先府君太学公行状》载:高元洙"继娶黄孺人,靖邑名家,四子毕婚,黄孺人力也"③。戴氏去世后,其儿女由高元洙的继配李氏抚养,李氏早逝后,又为继配黄氏抚养,最终成人。

戴氏去世十四年后,清军入闽,南明隆武政权灭亡,清朝政权正式统治福建,经此兵荒马乱,戴氏被调整与高元洙元配林氏合葬。"前母"指高元洙元配林氏。戴氏虽是高元洙四位妻子中唯一生育者,却由于是高元洙的继配,仍遵照礼制而与高元洙的元配林氏合葬。

---

① 高维桧纂,龙海市浮宫镇九漈都高氏家谱编写组修:《漈都高氏家谱》卷九《文苑部》,第423页。

② 高维桧纂,龙海市浮宫镇九漈都高氏家谱编写组修:《漈都高氏家谱》卷九《文苑部》,第423页。

③ 高维桧纂,龙海市浮宫镇九漈都高氏家谱编写组修:《漈都高氏家谱》卷九《文苑部》,第423页。

二、戴燿其他女性后裔

目前可考戴燿之女又有卢春蕙之妻，戴燿孙女有杨秉钺之妻、李槃之妻及陈翼飞儿媳，戴燿玄孙女有连烷之妻。

（一）卢春蕙之妻

卢春蕙之妻戴氏，是戴燿之女，其名不详，生卒无考。卢春蕙出身长泰县军籍，是名宦卢岐嶷之孙，万历三十一年（1603）癸卯科举人。

卢春蕙宗族与长泰陶塘洋杨氏宗族斗争，卢春蕙向戴燿求援，戴燿请长泰知县陆即登相助。

陶塘洋杨氏旧谱《祠堂记》载：

> 初时，祠堂间隔甚多，前后座计有二十四间。至大明嘉靖三十九年辛酉，番寇交乱，火于兵。时再构其小。至万历三十九年辛亥，重新起盖。有时三丈高，被卢家以为高耸照压，伊家创词府县告，乡科卢春蕙之外父原任两广戴凤岐出头，托县尊陆即登到祠勘视，势剪坚柱六尺，今高只有二丈四尺，脊一尺凑二尺，其柱头藏在寝室上，以俟孝子慈孙发达科第者，知其世仇而报之。[1]

该记收录嘉庆二十一年丙子（1816）所修旧谱。该谱《续修族谱记》落款"嘉庆丙子季秋下弦，世爵黎城公二十四世孙胤叶书"[2]，"嘉庆丙子"即嘉庆二十一年丙子，《续修族谱记》称"爰请叔祖次韩公修而辑之，历十八载而书始成，

---

① 陶塘洋世德堂西厝花坂洋杨氏族谱编纂理事会编：《陶塘洋世德堂西厝花坂洋杨氏族谱》，政协漳州市委员会海峡文史资料馆藏，编号：长泰9019，2007年机器印刷复印件年，第89-90页。

② 陶塘洋世德堂西厝花坂洋杨氏族谱编纂理事会编：《陶塘洋世德堂西厝花坂洋杨氏族谱》，第44页。

越今又七十余年不纪矣"①。嘉庆二十一年丙子"七十余年"前即乾隆十一年（1746），其时曾历经十八载创修族谱，《祠堂记》所载应出自创修族谱之手。"黎城公"指杨令问，万历癸丑《漳州府志》载其被封为"上柱国、黎城县开国男"②。杨令问是淳化三年（992）第一甲进士，长泰首位进士，罗青霄《漳州府志》称其"谪居陶塘洋乡"③。杨令问立有军功，《大明一统志》载"真宗时，契丹入寇，以为防御使"④，"真宗"指宋真宗。

"大明嘉靖三十九年"并非"辛酉"，而是"庚戌"，应改作"大明嘉靖四十年辛酉"。"番寇"指嘉靖大倭寇。陶塘洋隶属长泰县人和里，罗青霄《漳州府志》载嘉靖"四十年三月，倭寇二千入人和里董溪头、溪园等地方焚劫。四月，倭贼三千余突入石铭里塔兜上下洋山等地，屯住三十余日。五月，至人和里。乡兵战死者二十余人"⑤，"倭贼"屯住石铭里三十余日后前往人和里，陶塘洋杨氏祠堂应毁于嘉靖四十年（1561）五月间。

"有时"应改作"其时"。"卢家""伊家"指卢春蕙之家，"府县"指漳州府及其所属长泰县。"乡科"指举人，万历癸丑《漳州府志》载：万历三十一年癸卯（1603）举人"卢春蕙，长泰人，岐嶷孙"⑥。"外父"指岳父，"戴凤岐"指戴燿，"县尊"指长泰知县。卢春蕙宗族与陶塘洋杨氏宗族打官司，仍需请名家子卢春蕙出面，向其岳父戴燿求助。万历三十九年辛亥（1611），戴燿虽被革职为民，仍有一定势力。

戴燿将其女嫁给卢春蕙的原因有三：

---

① 陶塘洋世德堂西厝花坂洋杨氏族谱编纂理事会编：《陶塘洋世德堂西厝花坂洋杨氏族谱》，第 44 页。

② 闵梦得修，中国人民政治协商会议福建省漳州市委员会整理：万历癸丑《漳州府志》，第 1418 页。

③ 罗青霄修，福建省地方志编纂委员会整理：《漳州府志》卷二十四《长泰县下·人物志》，下册，第 974 页。

④ 李贤修：《大明一统志》卷78《福建布政司·漳州府》，中国国家图书馆藏，索取号：地87/734，明天顺五年（1461）内府刻本，第 21 页 a。

⑤ 罗青霄修，福建省地方志编纂委员会整理：《漳州府志》卷二十四《长泰县下·人物志》，下册，第 972 页。

⑥ 闵梦得修，中国人民政治协商会议福建省漳州市委员会整理：万历癸丑《漳州府志》卷十八《人物志三》，第 1247 页。

其一,戴燿与卢岐嶷同为进士出身的名宦,终遭罢官。《明穆宗实录》载:隆庆元年(1567)十月乙酉,"罢贵州按察司按察使卢岐嶷"[1],源于"俱坐素行部谨,为吏科都给事中王治、河南道监察御史凌儒所劾奏也"[2]。

其二,卢岐嶷曾在戴燿宗族盘踞的长泰天柱山读书,卢岐嶷参与勒石立碑。长泰天柱山摩崖石刻《管侯兴复天柱山记》载:"家季参和暨卢君启佩与不佞,俱尝读书山中。而俱推毂于吾师者,会不佞自燕归,则属不佞记之……卢君曰:'唯唯否否,吾师即不以二三子重,吾二三子且以吾师重。吾师之绩,即不以贞珉,且以吾师永,子无辞矣。'""卢君启佩","卢君"指卢春蕙,字启佩,该摩崖石刻落款"赐进士第、兵部视政、治下门生杨莹钟顿首拜撰,万历三十三岁次乙巳年三月之吉,门生杨莹钟、卢春蕙、杨鼎钟",即执笔为杨莹钟,杨莹钟作记则应卢春蕙及其弟杨鼎钟二人邀请;长泰天柱山碑铭林一材《管公重新天柱岩碑》立碑名单榜首是"兵部尚书戴燿","奉人"名单第三人则是"卢春蕙",该碑落款"万历三十二年岁次甲辰十月之吉,赐进士出身,大中大夫,云南、山西、广西布政使司参政,前浙江、山西按察司副使,敕整饬金、衢、冀、宁兵备、户、礼二部郎中,邻治生:同安林一材顿首拜撰","管公"指长泰知县管橘。

其三,戴、卢两家同样出身明代卫所军户,数代联姻。《嘉靖二十三年登科录》载"卢春蕙,贯福建漳州府长泰县军籍"[3],其"娶戴氏"[4],收藏于长泰区博物馆的戴时宗为卢岐嶷之父卢道明所撰《文林郎、浙江归安县知县卢公墓志铭》显示:"于余家为世姻""岐嶷之婿余兄","余兄"指戴时宗的兄长,即戴燿的伯曾祖是卢岐嶷的女婿。

卢家祖先追溯到陈元光部将卢如金。"大明隆庆二年戊辰九月丁未朔越四日庚戌,裔孙贵州按察使岐嶷谨以刚鬣柔毛清酌束帛之仪,致祭于唐大将军府兵校尉兼领本州司仓司户参军始祖如金公暨历世祖之神"[5]。谢彬《重修漳

① 台湾"中研院"历史语言研究所校印:《明穆宗实录》卷十三,《明实录》第13册,台湾"中研院"历史语言研究所,1962,第348页。

② 台湾"中研院"历史语言研究所校印:《明穆宗实录》卷十三,第349页。

③ 台湾学生书局编辑部汇编:《明代登科录汇编》第10册,第5323页。

④ 台湾学生书局编辑部汇编:《明代登科录汇编》第10册,第5323页。

⑤ 卢弼成修:《墨溪卢氏族谱》,政协漳州市委员会海峡文史资料馆藏,编号:芗城7011,2000年据1987年黄少乾抄本复印件,上册,第62页b。

州府志序》载："长泰卢君岐嶷……是书之成,多取正于诸君"①,卢岐嶷据《卢氏家谱》②为卢如金立传,述及"今其子孙散处龙溪之墨场及长泰等处"③。戴时宗《封文林郎浙江归安县知县卢公墓志铭》称卢岐嶷"其先自南靖之睦场村迁于龙溪之港浊,再迁长泰之古溪。宋世之季,九世祖斌,迁于陶阳村"④,"南靖之睦场"即龙溪县墨场。"宜加,赘居港滨苏福家,分……丹陀洋,出父子进士"⑤,卢如金于"岐嶷……住长泰丹陀洋,父子进士"⑥,卢宜加被纳入卢如金第三子卢伯达"娶涂本顺女"⑦后裔,《元光家谱》载:时从元光入闽者""府兵校尉""涂本顺"⑧。

戴、卢两家联姻属亲上加亲。张燮《先伯父承德郎礼部仪制司主事吉宇公行状》载:张廷栋"女孙八,长适计部郎卢君硕子春芮"⑨,"卢君硕"即卢硕,卢岐嶷之子。张燮《戴公子利藩墓志铭(后赠户部主事)》载:戴城"次□,聘卢观察岐嶷曾女孙"⑩,戴城的第四子聘卢岐嶷曾孙女为妻。

戴燿帮助卢春蕙的原因有三:

其一,戴燿其女嫁给卢春蕙,成为卢春蕙后裔的"祖妈",卢春蕙宗族困难自然影响卢春蕙夫妇。

其二,卢春蕙是戴燿女婿的身份,促使卢春蕙宗族以此为依靠,激发卢春蕙维护其宗族权益斗志。

---

① 罗青霄修纂,福建省地方志编纂委员会整理:《漳州府志》卷首《序》,第 2 页。
② 罗青霄修纂,福建省地方志编纂委员会整理:《漳州府志》卷四《漳州府·秩官志下》,第 145 页。
③ 罗青霄修纂,福建省地方志编纂委员会整理:《漳州府志》卷 4《漳州府·秩官志下》,第 145 页。
④ 戴时宗撰《朽庵存稿》卷四《碑铭》,第 22 页 b。
⑤ 卢弼成修:《墨溪卢氏族谱》,政协漳州市委员会海峡文史资料馆藏,编号:芗城7012,下册,2000 年据 1987 年黄少乾抄本复印件,第 95 页 b。
⑥ 卢弼成修:《墨溪卢氏族谱》,上册,第 25 页 a–b。
⑦ 卢弼成修:《墨溪卢氏族谱》,下册,第 89 页 a。
⑧ 罗青霄修纂,福建省地方志编纂委员会整理:《漳州府志》卷四《漳州府·秩官志下》,上册,第 144 页。
⑨ 张燮撰:《霏云居集》卷三十六《行状》,《张燮集》第 1 册,第 660 页。
⑩ 张燮撰:《群玉楼集》卷五十《墓志铭》,《张燮集》第 3 册,第 854 页。

其三,戴燿与卢春蕙出身卫所军户,促使其矢志向学,关注供奉长泰首位进士杨令问的陶塘洋杨氏宗族祠堂。戴燿希望卢春蕙宗族击败陶塘洋杨氏宗祠,得以"分享"杨令问的"灵气",使其女婿卢春蕙"百尺竿头更进一步"而考中进士,其女戴氏亦得以妻以夫贵;将来其外孙,亦能科甲联翩,其女戴氏又可母以子贵。

(二)杨秉钺之妻

杨秉钺之妻戴氏,是戴燿的长孙女、戴燿长子戴塘的长女,生年无考,获封淑人,葬处不详。

《临漳杨氏族谱》载:

> 秉钺,字建台,号念谷,光梦子,生于万历癸巳年九月二十日卯时,卒于崇祯乙酉年月日未详。公玉质金声,髫龄继爵,辛亥北旋,遂蒙抚按两院特委符篆,军容戎政,焕然一新。乙卯岁,褴群不逞之徒,祷张为患,公与本卫覃公协持并力,赖居无虞,抚院丁、按院徐并加奖励,历任玄钟、□游军政,后居解铁京师,湖中失水,累族沿赔,颇受其惨。配淑人长泰两广凤岐戴公之长孙女,生卒、葬处未详,生子胤潢。[①]

"凤岐戴公"指戴燿,号凤岐。

戴氏是戴燿的"长孙女",即戴燿的长子戴塘之女。杨秉钺生于万历二十一年癸巳(1593),与戴氏年龄相仿。

杨秉钺卒于"崇祯乙酉",崇祯年间无乙酉,应改作"隆武乙酉",即隆武元年乙酉(1645)。杨秉钺之父杨光梦卒于"万历戊戌年四月念三日卯时"[②],即万历二十六年戊戌(1598),杨秉钺承袭漳州卫指挥同知,年仅六岁。"辛亥"指万历三十九年辛亥(1611),"乙卯岁"指万历四十三年乙卯(1615)。"本卫覃公"

---

① 杨祺,杨名殊重修:《临漳杨氏族谱》卷二《列祖长房世次》,政协漳州市委员会海峡文史资料馆藏,编号:芗城7020,清康熙十九年(1680)抄本复印件,第82-83页。
② 杨祺,杨名殊重修:《临漳杨氏族谱》卷二《列祖长房世次》,第64页。

指万历癸丑《漳州府志》所载漳州卫指挥同知"覃维堦"①,"抚院丁"指《明神宗实录》所载:万历四十一年(1613)二月丁未,"巡抚福建右佥都御史丁继嗣"②,"按院徐"指万历四十二年(1614)五月丁卯,"福建巡按徐鉴"③。"玄钟"指福建镇海卫玄钟守御千户所,"京师"指顺天府。杨秉钺万历三十九年辛亥(1611)以治军有方著称,万历四十三年乙卯(1615)与漳州卫指挥同知覃维堦处理"不逞之徒",获福建巡抚丁继嗣、福建巡按徐鉴的嘉奖。杨秉钺曾任职福建镇海卫玄钟守御千户所,而后解铁至京师,因不慎坠入湖中而牵连其宗族成员为此赔偿到倾家荡产。

杨秉钺的配偶仅其妻戴氏一人,生有一子杨胤潢。

> 胤潢,秉钺子,天启某年生,未详,于隆武元年袭职。国变后,逃入鹭岛,今闻流寓湖州。配淑人氏,生于某年未详,变乱之中,母子不知所之。④

"天启某年"指天启元年到七年(1621—1627),"隆武元年"指南明隆武元年乙酉(1645),"国变"指南明隆武政权灭亡,"鹭岛"指厦门,"变乱之中"指南明隆武政权灭亡之际。杨胤潢于隆武元年乙酉(1645)杨秉钺去世后,承袭父职继任漳州卫指挥同知,隆武二年丙戌(1646)南明隆武政权灭亡后,逃往厦门,继而流寓湖州。其妻淑人某氏,于南明隆武政权灭亡之际不知所终。

杨秉钺夫妇何时完婚?《明史》载"凡庶人娶妇,男年十六,女年十四以上,并听婚娶"⑤,杨秉钺为世袭武将,应在万历三十六年(1608)十六岁时成婚。戴燿于万历三十六年(1608)十月被革职为民,杨秉钺身居卫所要职,不可能娶获罪官员孙女为妻,杨秉钺具体在万历三十六年九月生日之际迎娶戴氏。

戴燿将其长孙女嫁给杨秉钺的原因有三。

---

① 闵梦得修,中国人民政治协商会议福建省漳州市委员会整理:万历癸丑《漳州府志》,第1072页。
② 台湾"中研院"历史语言研究所校印:《明神宗实录》卷五〇五,第9598页。
③ 台湾"中研院"历史语言研究所校印:《明神宗实录》卷五二〇,第9806页。
④ 杨祺,杨名殊重修:《临漳杨氏族谱》卷二《列祖长房世次》,第99页。
⑤ 张廷玉等撰:《明史》卷五十五《志第三十一·礼九》,中华书局,1974,第1403页。

其一,戴燿是戴燿的长孙女,其时大家族讲究长幼有序,在戴燿诸孙女中地位较高,婚事备受戴燿的关注。

其二,戴燿时任两广总督,杨秉钺已世袭漳州卫指挥同知,均任要职。

其三,戴燿出身漳州卫军户,杨秉钺是漳州卫世袭指挥使,戴燿希望以此增强其宗族实力。

杨氏宗族"其先庐州府合肥县人"①,至其先祖杨震"调漳州卫"②。

杨秉钺虽是成丁男子,其父杨光梦则是一代名将。

> 光梦,字协政,号肖谷。联青长子,生于嘉靖丙辰年十一月二十日巳时,公六岁丧母淑人彭氏,事继母淑人颜氏,晨昏惟谨,未尝少违。年十三丧父,枕苫寝块,哭泣靡宁。至隆庆五年七月,奉例入学教养。万历元年十月袭祖职,二年二月三十日到任。历掌玄钟所印清军、操捕局务及南澳福营,荐奖一十八次,抚字心劳,催科额足。时有奸民吴双,引黄守吾等妄肆恶谋。设法戢捕,首恶就擒。节蒙院宪下檄褒嘉,钦升建宁府佥司。会宪府阅操,较军兵优劣,蹴张骑射,演扬器械。时兵劣于军,惭愤鼓噪,公理谕势,禁悉协机宜两军帖服,不动声色,而反侧自定,由是名动京师。凤阳,我太祖龙兴之地,故父母国也。难其守,上特委公,盖有意大用之也。讵意为忌者所诼,旋解绶归居,无何,一疾而殂,时在万历戊戌年四月念三日卯时。配淑人覃氏,本卫挥使公女,生于嘉靖庚申年五月二十日丑时,卒于某时未详……子秉钺。③

"嘉靖丙辰"指嘉靖三十五年丙辰(1556),"挥使"即指挥使,"嘉靖庚申"指嘉靖三十九年庚申(1560)。杨光梦六岁时,生母彭氏去世,事继母颜氏以孝闻。杨光梦十三岁丧父,极尽孝道。杨光梦隆庆五年(1571)入学就读,万历元

---

① 陈洪谟修,中国人民政治协商会议福建省漳州市委员会整理:《大明漳州府志》卷二十八《兵纪·兵政志》,厦门大学出版社,2012,第1734页。

② 陈洪谟修,中国人民政治协商会议福建省漳州市委员会整理:《大明漳州府志》卷二十八《兵纪·兵政志》,第1734页。

③ 杨祺,杨名殊重修:《临漳杨氏族谱》卷二《列祖长房世次》,第62-64页。

年(1573)承袭其父武职,翌年到任,历任福建镇海卫玄钟守御千户所、南澳,屡立军功十八次。以设法缉拿"奸民",升任建宁,治军有方,名扬京城。《明神宗实录》载:万历二十一年(1593)六月丁亥,"以福建行都司杨光梦为中都留守掌印"①,明神宗特地任命其戍守明帝故里中都凤阳,其时为万历二十一年(1593)。《明神宗实录》载:万历二十三年(1595)十月丙午,"革中都留守杨光梦职,以赃败故"②。杨光梦于万历二十三年(1595)被革职归里,未及三年即抑郁而终,年仅四十三岁。杨光梦之妻覃氏出身将门,祖先世袭漳州卫指挥同知,仅生一子杨秉钺,卒年不详。杨秉钺未因戴燿革职为民而悔婚,源于其父杨光梦亦曾遭革职,"同是天涯沦落人"。

杨秉钺数代单传,对戴氏产生了较大的影响。杨联青"娶淑人吴氏……续娶淑人曾氏……续娶淑人同安县彭氏"③,彭氏"两举皆女,乃斋沐祷于月下,为杨氏裕后祝也。嘉靖丙辰十一月,果生男。公亦形于梦寐,有太阴入室,辉映堂庑,因名光梦。公时年已四十有三"④,"公"指杨联青。彭氏嫁入杨家,连生二女,出于为杨家传宗接代而祷告月下,果得"独子"杨光梦。杨联青年过不惑之年,思子心切,日思夜想,为之取名。

戴塘"卒于明熹宗天启六年丙寅(1626)"⑤,生前曾为戴氏婚后十余载未得子嗣而心急如焚。戴燿卒于崇祯元年(1628),杨胤潢出生时仍健在,戴燿为戴氏生子而转忧为喜。

戴氏经历戴燿被革职为民的重大变故,见证了杨秉钺的宦海沉浮。杨秉钺曾因戴燿被革职为民而被视为罪臣孙女婿,亦因戴燿万历四十一年(1613)应邀为万历癸丑《漳州府志》作序而破涕为笑,杨秉钺功成名就亦得益于戴氏的尽心辅佐。

(三)李槃之妻

李槃之妻戴氏,是戴燿的孙女,戴燿次子戴城的长女。

① 台湾"中研院"历史语言研究所校印:《明神宗实录》卷二六一,第4839页。
② 台湾"中研院"历史语言研究所校印:《明神宗实录》卷二九〇,第5370-5371页。
③ 杨祺,杨名殊重修:《临漳杨氏族谱》卷二《列祖长房世次》,第47-48页。
④ 杨祺,杨名殊重修:《临漳杨氏族谱》卷二《列祖长房世次》,第48页。
⑤ 长泰县戴氏族谱编委会编:《长泰县戴氏族谱》第一册,第236页。

《渐山李氏族谱》载:

> 元考,讳槃,字志完,乳名任,闽南祖三子也。入澄庠,佐二兄建楼,以防乱。乃先畿之,哲爱子质,冠以群。厌计子母,惟课建佣以耕牧,一遇荒祲,辄勤粥饘而赈济。不置宠姬,不迩声妓,翩之佳公子哉!生于万历己亥年十月二十日亥时,卒于顺治甲午年十月廿四日未时,娶兵部尚书戴燿之女孙、知府戴金之女,生四子,长质宣、次质宜、三质守、四质安。戴氏生于万历三十五年丙寅正月十一日,卒于顺治丙戌十月廿八日,谥慈睦,合葬于埔尾山,坐辛向乙兼酉卯。①

“渐山”隶属海澄县六七都。

李槃之妻戴氏实非戴金之女,理由有三。

其一,与史料不符。张燮《戴公子利藩墓志铭(后赠户部主事)》载:戴城“女五,长适桂林守李公甫文子某……俱林出”②,该墓志铭虽未记载李甫文其子名讳,李甫文三子李晃、李檠、李槃中,仅李槃配偶为戴氏,所谓“某”实则“槃”。

其二,与辈分不符。张燮《戴公子利藩墓志铭(后赠户部主事)》载:戴城“胤子六人,长金,娶不肖燮女”③,即戴金是戴燿次子戴城的长子,“不肖燮”是张燮的自称,所载是可信的。戴氏若是戴金之女,则是戴燿的曾孙女,应改作“曾女孙”。

其三,与生年不符。戴氏生于万历三十五年丁未(1607),戴金之父戴城生于万历八年庚辰(1580),戴城“竟以庚申某月捐馆舍,距生庚辰年,仅四十有一耳”④,此“庚辰”指万历八年庚辰(1580),卒于庚申(1620)。戴城三十八岁是否有可能成为祖父?张燮的长女张英慧嫁给戴金为妻。张燮《亡女戴孺人行

---

① 李水森抄:《渐山李氏族谱》,漳州:政协漳州市海峡文史资料馆藏,编号:龙海9064,清光绪年间抄本复印件,第53页b-54页a。
② 张燮撰:《群玉楼集》卷五十《墓志铭》,《张燮集》第3册,第854页。
③ 张燮撰:《群玉楼集》卷五十《墓志铭》,《张燮集》第3册,第854页。
④ 张燮撰:《群玉楼集》卷五十《墓志铭》,《张燮集》第3册,第854页。

状》载:张英慧"女生万历丙申二月九日"①,即生于万历二十四年丙申(1596),其"年十九,资遣出阁"②,即万历四十二年(1614)成为戴金的元配;张英慧"乙卯秋,初举一男,是时利藩年甫三十六,顿尔作祖,远近牛酒相庆"③,"乙卯"指万历四十三年乙卯(1615),其仅生一子,并无生女的记载,戴氏非张英慧所生。张英慧与戴金婚后翌年生子,戴城"顿而作祖"。若戴氏是戴金之女,缘何戴城在戴氏出生八年后"顿而作祖"?显然戴氏非戴金之女。

戴氏实则戴城之女。戴金与张英慧年龄相仿,年长戴氏十一岁,只能是戴金之妹。

戴氏与戴燿关系密切。戴氏外祖父与戴燿交情深厚。张燮《祭戴姻母林孺人文》载:"方林观察与少保公为莫逆交,因以孺人缔盟,占者知凤凰于飞矣。已而观察他女俱落寞,独戴益贵盛,东南稀匹。持牛酒贺两家者无已时,则孺人之所遭赢也"④,"少保公"指戴燿,"孺人"指林孺人。戴氏乃"林出",即戴城"元配林孺人"⑤所生。林孺人卒年,"至少保公归之明年,孺人始即世"⑥,"归之明年"指戴燿万历三十六年(1608)被罢官归里的第二年,即万历三十七年(1609),戴氏年仅三岁。

戴氏在其生母林氏去世后,由戴燿抚养。林孺人"死故复可忍以待少保公善抚诸孙也"⑦,此"孙"包括戴燿的"女孙"戴氏。

戴氏是戴城的长女,戴燿罢官归里后由戴城赡养,戴氏婚事由戴燿做主。"少保既得请还山,以簪云楼为绿野,君每上膳,躬自检覆,乃进半世萧疏"⑧,"君"指戴城,"簪云楼"为戴城所建。

戴氏的丈夫李槃,其父"阐南祖,讳甫文"⑨,即李甫文,号阐南;"入澄庠"指

① 张燮撰:《霏云居续集》卷四十六《行状》,《张燮集》第2册,第786页。
② 张燮撰:《霏云居续集》卷四十六《行状》,《张燮集》第2册,第784页。
③ 张燮撰:《霏云居续集》卷四十六《行状》,《张燮集》第2册,第786页。
④ 张燮撰:《霏云居集》卷三十九《祭文三》,《张燮集》第1册,第696页。
⑤ 张燮撰:《群玉楼集》卷五十《墓志铭》,《张燮集》第3册,第854页。
⑥ 张燮撰:《霏云居集》卷三十九《祭文三》,《张燮集》第1册,第697页。
⑦ 张燮撰:《霏云居集》卷三十九《祭文三》,《张燮集》第1册,第697页。
⑧ 张燮撰:《群玉楼集》卷五十《墓志铭》,《张燮集》第3册,第854页。
⑨ 李水森抄:《渐山李氏族谱》,第51页a-b。

入泮海澄县儒学生员;"二兄"指李槩的兄长李晃、李槃,"心一,讳晃……闽南祖长子也"①,"莹叔祖,讳槃……闽南祖次子也"②。李槩乳名任,字志完,号元考,生于万历二十七年己亥(1599),明末海澄县儒学生员,为应对地方动乱而协助其二兄李晃、李槃建楼,致力于农耕经济,遇到灾荒,积极赈灾,卒于顺治十一年甲午(1654)。李槩配偶仅戴氏一人,不沉迷于声色犬马,与戴家截然不同。张燮《戴少保招饮斋间挟诸姬在坐》③,"戴少保"指戴燿,戴燿晚年里居款待其儿女亲家张燮仍"挟诸姬在坐"。张燮《集戴利藩公子簪云楼时余有别约将归亨融强拉之住》④,"戴利藩"指戴城,"字利藩"⑤;"亨融"是戴燿的堂弟戴燥,字亨融,张燮《五月三日偕元朋邀诸同社泛舟南溪用德芬韵》载:"亨融挟爱妓同返,因及之"⑥,"元朋"指陈翼飞,字元朋;"诸同社"指霞中诗社成员,"南溪"指九龙江南溪;"德芬"指林茂桂,字德芬;戴燥曾公开"挟爱妓"与其文友诗文唱和。

戴氏与其夫生有四子:质宣、质宜、质守、质安。戴氏卒于顺治三年丙戌(1646),年仅四十岁,私谥"慈睦",与其夫合葬。

戴燿将戴氏嫁给李槩的原因有二:

其一,李槩之父李甫文曾是戴燿的部属。

> 闽南祖,讳甫文,字经之,原字启漳,养愚祖次子也。读书得其根柢,观史则求诸躬行。入龙庠。万历十九年辛卯科,与从弟似毂、族弟晋澄同登贤书。壬辰联捷进士,任大理寺评事,多所平反,以大理寺右寺、右寺副恤刑河南,民自不冤。知广西平乐、桂林府,廉明公正,所至有声,调广东高州府,旱魃为虐,祈雨立澍,葺朋来书院,濬绕城沟渠。是秋高凉,举于乡者济济,皆公门下士。交南不定,军兴征发。公输饷千里,劳苦万状,士马宿饱,

---

① 李水森抄:《渐山李氏族谱》,第53页a。
② 李水森抄:《渐山李氏族谱》,第52页b。
③ 张燮撰:《霏云居续集》卷十四《七言律诗三》,《张燮集》第2册,第320页。
④ 张燮撰:《霏云居集》卷九《七言律诗二》,《张燮集》第1册,第203页。
⑤ 张燮撰:《群玉楼集》卷五十《墓志铭》,《张燮集》第3册,第853页。
⑥ 张燮撰:《霏云居集》卷九《七言律诗二》,《张燮集》第1册,第204页。

以有成功事,事具制府尚书戴公疏中,以能恤小民,不能事藩长,故有功而降调,补济南贰。恤民弥切,值蝗灾,亟详荒,议捐俸劝赈。巡抚钱、李二公,前后荐剡,而公以兼署运司之篆鞅掌,得病终焉。公不喜纷华,教子节俭,而勤事爱人,盖其天性云。生于嘉靖辛酉年十二月廿一日亥时,卒于万历丁巳年,在济南府四月初十日辰时,享寿五十七。娶林氏恭人,敕封安人,谥庄孝,生三子:长心一、次莹叔、三元考。女二:长适参政郑时章之子太学生郑惟侨,次适宪副赵范之子文华殿中书赵公瑞。林氏生于嘉靖四十二年癸亥二月十二日辰时,卒于崇祯四年辛未正月十五日寅时,享寿六十九。①

　　"龙庠"指龙溪县儒学,"嘉靖辛酉"指嘉靖四十年辛酉(1561),"万历丁巳年"指万历四十五年丁巳(1617),"制府尚书戴公"指两广总督、兵部尚书戴燿,"济南贰"指济南府同知。李甫文生于嘉靖四十年辛酉(1561),早年入泮龙溪县儒学生员,万历十九年(1591)与其堂弟、族弟一同中举,万历二十年壬辰(1592)联捷进士,历任大理寺评事、广西平乐、桂林知府,广东高州知府、山东济南府同知,卒于任上。

　　李甫文于桂林任上遭吏部处理。《明神宗实录》载:万历三十五年(1607)正月"己卯,吏部以考察报成……广西桂林知府李甫文……俱不及"②,其时为正月十五日元宵,李甫文对此刻骨铭心。戴燿时任两广总督,深知李甫文遭遇,仍将其疼爱的次房长孙女戴氏许配给李甫文的"尾子"李槃。

　　其二,李甫文与朱天球、赵范等人结成儿女亲家。戴燿与朱天球、赵范有交,三人万历三十二年(1604)同立《长泰、龙溪两邑管公生祠碑记》,该碑参与竖立名单"尚书朱天球、戴燿……副使……赵范"。戴燿与朱天球获立"五星聚奎"坊,万历癸丑《漳州府志》载:"五星聚奎坊……为尚书朱天球……戴燿……立"③,戴燿为朱天球撰写墓志铭《明资政大夫、户部尚书瑞峰卢公墓志铭》落款

---

① 李水森抄:《渐山李氏族谱》,第 51 页 a-b。
② 台湾"中研院"历史语言研究所校印:《明神宗实录》卷四二九,第 8094-8095 页。
③ 闵梦得修,中国人民政治协商会议福建省漳州市委员会整理:万历癸丑《漳州府志》卷二十九《枋里志下》,第 1971 页。

"时万历四十年三月上澣之吉,总督两广军务兼巡抚广东地方、太子少保、兵部尚书、年眷生戴燿顿首拜撰"①。

李甫文是民籍进士,戴燿是军籍进士,戴、李两家联姻实则超越户籍之分。

李氏宗族号称是陈元光部将后裔。"永乐十八年庚子春上元日,奉旨大夫、刑部员外郎李增拜撰。"②《静隐公行状》载:"先世祖相传以为河南光州固始县人,唐垂拱间,从将军陈元功入闽,因家于清漳南溪太江,今徙渐山霞庄"③,"永乐十八年庚子仲春,赐进士及第、翰林院编修郡人李贞撰"④。《静隐公墓志铭》亦载:"其先世传于河南,唐垂拱间,从陈元光入闽,因定焉。"⑤

朱天球孙女朱氏嫁给李檠为妻。

> 莹叔祖,讳檠……闽南祖次子也……娶工部尚书朱天球之女孙、举人朱英燧之女也,生五子……朱氏生于万历二十年壬辰十二月十二日子时,卒于顺治乙酉年六月廿四日。⑥

朱氏生于万历二十年壬辰十二月十二日(1593 年 1 月 14 日),早于戴氏嫁入李家。戴燿考虑到戴氏嫁入李家,将与其世交朱家孙女成为妯娌,生活得以更加和睦。

(四)陈翼飞儿媳与连烷之妻

陈翼飞儿媳戴氏是戴城次女、李檠之妻戴氏的胞妹。张燮《戴公子利藩墓志铭(后赠户部主事)》载:戴城"次适宜兴令陈君翼飞子某"⑦,"宜兴令"指宜兴知县,"陈君翼飞"指陈翼飞。陈翼飞有五子,《万历三十八年庚戌科序齿录》载:陈翼飞"子奎煌、景火霍、台𤇍、信鼎、寿炉"⑧,戴氏到底嫁给陈翼飞哪个儿

① 王文径:《明户、工二部侍郎卢维祯墓》,《东南文化》1989 年第 3 期。
② 李水森抄:《渐山李氏族谱》,第 17 页 b。
③ 李水森抄:《渐山李氏族谱》,第 17 页 a。
④ 李水森抄:《渐山李氏族谱》,第 19 页 a。
⑤ 李水森抄:《渐山李氏族谱》,第 18 页 a。
⑥ 李水森抄:《渐山李氏族谱》,第 52 页 b-53 页 a。
⑦ 张燮撰:《群玉楼集》卷五十《墓志铭》,《张燮集》第 3 册,第 854 页。
⑧ 台湾学生书局编辑部汇编:《明代登科录汇编》第 21 册,第 11918 页。

子并未载明。"陈翼飞,福建漳州府平和县民籍"①,陈翼飞是民籍进士,戴氏出身卫所军户,戴、陈两家联姻实亦超越户籍之分。

戴氏嫁给陈翼飞之子原因有三:

其一,戴燿、戴城父子与陈翼飞有交。张燮《戴少保入郡偕元朋招饮太霞居即事二首》②,"戴少保"指戴燿,"郡"指漳州府城,"元朋"指陈翼飞,"太霞居"为陈翼飞居所,张燮《林德芬抵郡偕鸣卿集元朋太霞居同用廊字》③。戴燿由其长泰县故里前往漳州府城,张燮与陈翼飞在陈翼飞太霞居款待戴燿。张燮《戴公子利藩墓志铭(后赠户部主事)》④载:"君意中所推许,辄言绍和元朋,他不屑屑也"④,"君"指戴城,"元朋"指陈翼飞,戴城与陈翼飞推心置腹,戴城对陈翼飞推崇备至。

其二,戴燿与陈翼飞遭仕途折戟。戴燿于万历三十六年(1608)被革职为民。陈翼飞在万历三十八年(1610)中进士,张燮《陈元朋夺官客武林久之彼此夜渡胥江舟遂相失感怀六》⑤,"陈元朋"指陈翼飞,"夺官"指陈翼飞被免去宜兴知县。

其三,戴燿儿女亲家张燮与陈翼飞关系密切。张燮与陈翼飞等人结盟漳州芝山霞中诗社,齐名"霞中十三子"。

连烷之妻戴氏,是戴燿玄孙女、戴壎曾孙女。连烷是长泰县善化里"岗兜"⑥社人,江都连氏宗族成员。《长泰江都连氏族谱》载:

> 戴氏,县南门戴辉户丙辰科会魁、户部员外郎壎公曾孙女,生顺治乙未年八月望日亥时,卒乾隆戊午年六月十四日未时,享寿八十四。⑦

① 台湾学生书局编辑部汇编:《明代登科录汇编》第21册,第11918页。
② 张燮撰:《霏云居续集》卷二十五《七言绝句一》,《张燮集》第2册,第543页。
③ 张燮撰:《霏云居续集》卷七《五言律诗二》,《张燮集》第2册,第132页。
④ 张燮撰:《群玉楼集》卷五十《墓志铭》,《张燮集》第3册,第854-855页。
⑤ 张燮撰:《霏云居续集》卷二十五《七言绝句一》,《张燮集》第2册,第539页。
⑥ 王珏修:康熙《长泰县志》卷二《舆地志》,中国国家图书馆藏,索取号:地310.97/32,清康熙二十六年(1687)刻本,第18页a。
⑦ 佚名修:《长泰上党连氏江都族谱》,政协漳州市委员会海峡文史资料馆藏,编号:漳州9022,1996年抄本复印件,第2册,第28页。

  "县南门"指长泰县城南门,"戴辉户"是戴壎所在宗族的户籍名称,"丙辰科会魁"指万历四十四年丙辰(1616)会试中式夺魁,"壎公"指戴壎,"顺治乙未"指顺治十二年乙未(1655),"八月望日"指八月十五日,"乾隆戊午"指乾隆三年戊午(1738)。戴氏生于顺治十二年乙未(1655)八月十五中秋节,卒于乾隆三年戊午(1738),享年八十四岁。

  戴壎"卒于康熙九年庚戌(1670)"①,戴氏出生时,戴壎尚健在。戴氏十四岁及笄时,戴壎健在,见证戴氏成婚,戴氏由此被其夫家称作戴壎后裔。

  戴氏是戴壎的曾孙女。《长泰县戴氏族谱》载:戴壎"有一子讳鐄"②,戴鐄"生于明万历四十五年丁巳(1617)三月,清顺治十八年(1661)辛丑贡生……有子讳思忠"③,戴思忠"生于明崇祯十六年癸未(1643)……有子讳兴武"④,戴兴武"生于清康熙六年丁未(1667)"⑤,戴壎子孙三代单传,戴氏实则戴鐄孙女、戴思忠之女、戴兴武之姊。戴思忠年仅十三岁生戴氏,戴氏七岁时,其祖父戴鐄成为清初贡生。

  戴氏虽是名宦之后,其丈夫连烷却是庶出。

    烷,一名四八,字君烷,奏声公庶子,生顺治乙未年十二月廿八日亥时,卒康熙辛卯年五月廿七日丑时,寿五十七。⑥

  连烷其父"榆,字奏声……娶陈氏无出,姜刘氏生一子,曰:烷"⑦,即"大妈"陈氏无子,"小妈"刘氏生子连榆。

  连氏宗族祖先声称来自龙岩(今漳平)。"始祖法进公,龙岩和睦里白泉社

---

① 长泰县戴氏族谱编委会编:《长泰县戴氏族谱》第1册,第236页。
② 长泰县戴氏族谱编委会编:《长泰县戴氏族谱》第1册,第236页。
③ 长泰县戴氏族谱编委会编:《长泰县戴氏族谱》第1册,第239页。
④ 长泰县戴氏族谱编委会编:《长泰县戴氏族谱》第1册,第242页。
⑤ 长泰县戴氏族谱编委会编:《长泰县戴氏族谱》第1册,第246页。
⑥ 佚名修:《长泰上党连氏江都族谱》第2册,第27页。
⑦ 佚名修:《长泰上党连氏江都族谱》第2册,第102页。

人也,所居地今为漳平……明宣德间徙居感化里"①,"法进"实则法名,"隆庆甲戌年,五世孙子奎等往漳平挂祭"②。"二世祖讳垒……正统己巳年,避沙尤之乱,扶母入长泰,居善化里江都"③,连家流传开基祖扶母开基祖源叙事,似乎具有崇尚祖妈的传统。"与之同处者,不知几姓几人,今其存者十之一二,皆陵夷衰微"④,连家历经杂姓村演变成大姓村。

戴埙实则戴燿庶子,却获戴燿倾注心血,戴燿曾为戴埙岳父杨求诚修纂族谱撰写《杨氏家谱序》。

尝读翠渠周先生清漳传论谓宋杨汝南之后,有承祖世德相承,能世其家,与颜定肃、孙昭先埒……后谱圮于毁。己丑岁,公十一世孙可征君,应公车归,询宗老,搜遗编纂成一牒,命其谱曰:杨氏家谱……一日,可征君以币来征余序,余与君属姻谊,重其事,所不辞也,然有逡心焉。修谱易,尊谱难。尊祖也者,尊祖也。□修谱矣,尊祖也何居。可征君曰:"唯唯如执玉,如藏龟,剞劂专如,全匮石室之书何如日尊之矣!而非所以尊也。君曰:"唯唯夙兴夜寐,粢盛饩庠,牵不敢加也,必以信。曰:知所尊矣,而其至也。"君曰:"唯唯淬励磨翟,立身扬名,以无惰先闻,裕我后昆,何如?此先公之属也。宗人之责也,小子何敢任焉?"曰:至矣尽矣,善尊谱,无如君矣,遂次第其说,为之序。隆庆戊辰进士、总督两广、太子少保、兵部尚书姻家弟戴燿顿首拜题。⑤

"可征君"指万历十六年戊子(1588)举人"杨求诚,龙溪人"⑥,字可征。

　① 佚名修:《长泰上党连氏江都族谱》第1册,第1页。
　② 佚名修:《长泰上党连氏江都族谱》第1册,第1页。
　③ 佚名修:《长泰上党连氏江都族谱》第1册,第1页。
　④ 佚名修:《长泰上党连氏江都族谱》第1册,第1页。
　⑤ 杨祖周修:《白石杨氏家谱》,政协漳州市委员会海峡文史资料馆藏,编号:龙海9083,清道光二十八年(1848)抄本复印件,第1册,第1-2页。
　⑥ 闵梦得修,中国人民政治协商会议福建省漳州市委员会整理:万历癸丑《漳州府志》卷十七《人物志二》,第1239页。

　　廷禧,名求诚,字可征,本字可奕,号腾石,万历戊子科举人,国廉次子,生嘉靖壬子八月十五日,卒万历庚戌十月初二日。娶王氏……生子一:灼然。继周氏……生子一:鼎器;侧室许氏,生、卒、葬未详,生子:一炜;次女:适长泰隆庆戊辰科进士、总督两广戴讳燿次男万历丙辰科会魁、户部主事讳壎。[①]

　　戴壎实则并非戴燿的次子,而是第三子。张燮《戴公子利藩墓志铭(后赠户部主事)》载:“君讳城,字利藩,总督少保大司马凤岐公之仲子也”[②],“大司马”指兵部尚书,“凤岐公”指戴燿,号凤岐,“仲子”指次子。

　　戴燿谱序的写作时间。“己丑岁”指万历十七年己丑(1589)。杨求诚虽在万历十七年己丑(1589)修谱,但其时戴壎尚未出生,无法迎娶杨氏,亦未指腹为婚。戴壎生于万历二十三年乙未(1595),应在万历三十八年(1610)十六岁成丁之际,迎娶杨求诚的次女杨氏为妻。其时,戴燿虽被革职为民,却应邀为万历癸丑《漳州府志》作序,仍具一定社会影响力。

　　杨求诚的生卒时间。其生年“嘉靖壬子”指嘉靖三十一年壬子(1552),卒年“万历庚戌”指万历三十八年庚戌(1610)。戴燿比杨求诚年长十岁,于此却自称其“弟”,其尊崇杨求诚可见一斑。

　　杨求诚的次女名列杨求诚侧室许氏之后,应是许氏所生,即与其夫戴壎均是庶出。杨求诚谱系未载其长女,应源于杨求诚的次女因嫁给戴燿之子戴壎得以载入族谱,得以妻以夫贵,不至于被遗漏。

　　戴壎、杨氏夫妇均是庶出,戴氏嫁给庶出的连烷实则门当户对,顺理成章。

　　杨氏宗族自称是南宋名儒杨汝南侄曾孙杨子俊后裔。“夫白石裔自碧溪,碧溪之始迁君曰耸汉,生福(名汝南,绍兴乙丑进士,知古田县),又生荫,福孙承祖(抚州知州),即所称汝南公后也。荫曾孙曰子俊(尚宝司卿),四传至承事郎公营白石之胜家之”[③]。

---

① 杨祖周修:《白石杨氏家谱》,政协漳州市委员会海峡文史资料馆藏,编号:龙海9085,清道光二十八年(1848)抄本复印件,第3册,第356页。
② 张燮撰:《群玉楼集》卷五十《墓志铭》,《张燮集》第3册,第853页。
③ 杨祖周修:《白石杨氏家谱》第1册,第1页。

戴氏嫁给连烷时,其公公连榆虽撒手人寰,却留下一妻一妾,戴氏仍需孝敬其一大一小两位婆婆。连榆"卒顺治丙申年九月廿八日"①,即顺治十三年丙申(1656);其妻陈氏"卒康熙癸亥年三月二十日亥时"②,即康熙二十二年癸亥(1683);其妾刘氏"卒康熙癸酉年六月廿三日辰时"③,即康熙三十二年癸酉(1693)。

连烷的祖上无功名、官职,与戴燿后裔并非门当户对,反映了戴燿后裔时已走向衰败。戴氏嫁入连家,生有五子三女,达到其夫家的要求。

> (连烷)娶戴氏,生五子:长堞、次均、三位、四恭、五荐;女三,长适陈希载户贵公,次适杨恒可户全公,三适林廷仕户武公。④

戴氏长女嫁入连烷嫡母陈氏所在的宗族。陈氏"陈氏,希载户甫逊公女"⑤,即陈希载户宗族成员陈甫逊之女,戴氏长女嫁给陈希载户宗族成员陈贵,以此协调与连烷嫡母陈氏之间的关系。

三、结语

综上所述,得出以下三点结论:

第一,戴燿女性后裔与明清时期闽南妇女历史地位的关系。戴燿虽身居高位,其女性后裔仍难逃所处时代对女性的束缚,既无婚姻自主,又是其夫家传宗接代的工具,还要挺身而出为其夫家化险为夷。戴燿女性后裔是戴燿为增进友人情谊、出于宗族发展需要,而采取联姻策略的工具。戴燿女性后裔肩负着为其娘家争得颜面、促进地方大族之间交流的重任,还要成为地方社会的楷模。无论是戴燿的钟爱的女儿,抑或家族地位较高的长孙女,及晚年常年相伴的孙

---

① 佚名修:《长泰上党连氏江都族谱》第 2 册,第 102 页。
② 佚名修:《长泰上党连氏江都族谱》第 2 册,第 103 页。
③ 佚名修:《长泰上党连氏江都族谱》第 2 册,第 103 页。
④ 佚名修:《长泰上党连氏江都族谱》第 2 册,第 27 页。
⑤ 佚名修:《长泰上党连氏江都族谱》第 2 册,第 103 页。

女,均无法脱身。戴燿被革职为民后,其女性后裔不仅牵挂其娘家命运,又要承受其夫家的嫌弃,还要遭到来自社会舆论压力。戴燿女性后裔不仅要遵守"三从四德",还要不顾安危为其夫家奔走,即使是戴燿已被革职为民,仍要赶回娘家求助。无论戴燿宦海沉浮,抑或在世与否,其女性后裔均被视为戴燿后裔。戴燿女性后裔联姻,既与陈元光部将后裔联姻,又与非陈元光部将后裔联姻。

第二,戴燿女性后裔的历史地位。戴燿与名门望族联姻既受当时法制影响,但更大程度上受到人情世故的影响。戴燿因身居高位,其女性后裔多嫁入名门望族,却享年不永。究其原因,与闽南社会"嫡庶之分""重男轻女""输人不输阵"的传统观念有关。戴燿女性后裔多为庶出,即使其本人是嫡出,亦将往前追溯其父祖,揭示其庶出成分,在婚配时被"打回原形"。戴燿女性后裔成婚后,均需广延子嗣,其夫家由此萌生了其"种好,更要儿孙满堂"。戴燿爱女婚后常年未孕,被迫返回娘家,既是借此脱离家务重担,获得其娘家照料,心情舒畅,有助于怀孕生育;又反映了其夫家将戴燿女性不孕归咎于其娘家,戴燿女性后裔虽是大家闺秀,仍要被迫接受这一不合理的做法。对戴燿女性后裔而言,在其娘家生育或怀孕,可"偷走"其娘家生子名额,即所谓"女儿贼";其夫家既可分享"妻家子嗣名额",若于此生子还可"沾来妻家官气"。戴燿女性后裔既要以戴燿后裔自我激励,努力成为巾帼的表率,为其娘家、夫家争颜面。戴燿被革职后,其女性后裔需要更要加倍努力,低调做人,高调做事。

第三,名门望族女性历史文化研究,应重点进行文本分析,揭示其时代意义。要置身于更广阔的时空深入考察,方能更好地解读历史与文化。既要还原其文本的书写过程,又要对作者报之以同情与理解,探索其思路,分析其成因。既要围绕研究对象本人,从其家世、身体状况、生育子女等方面深入考察;又要回到其所处宗族社会,深入研究其祖源叙事,户籍出身,系统分析其娘家与夫家及社会关系网络;还需从其娘家与夫家的地域文化出发,分析传统观念对研究对象产生的影响。既要广泛搜集史料,又要揭示文本书写背后的故事,再现文本生成与演变的历史情境,考辨采取选择性记忆处理内容与选择性失忆处理内容,并分析其原因与目的。

(刘涛,肇庆学院肇庆经济社会与历史文化研究院历史文化研究员)

参考文献：

［1］刘涛.明清闽南宗族祖先谱系建构与重构［J］.鹿城学刊,2022（2）:18-23.

［2］黄仲琴.明两广总督戴燿传［J］.岭南学报,1935(1):47-52.

［3］长泰县地方志编纂委员会编.长泰县志［M］.北京:方志出版社,2005.

［4］刘涛.明代两广总督戴燿年谱［J］.闽台文化研究,2018(4):13-26.

［5］刘涛.屈大均、陈恭尹与高维桢交往背后的故事——岭南印学在世界大航海时代的地位及其影响［J］//张伟主编.中国文化论衡,2020(2),北京:社会科学文献出版社,2021:297.

编纂《萧山艺文志》的新思路

New Approaches on the Compilation of the *Xiaoshan Yiwen Zhi*

李国庆

摘　要:本文旨在探讨编纂《萧山艺文志》的新思路,强调在编纂机制上秉持三方合作确保编纂工作顺利开展、编纂体例上采用图文著录增强书目可读性、注重编制附录与正文互补,以提高编纂工作的系统性、准确性和实用性。本研究不仅对《萧山艺文志》的编纂具有实际指导意义,也为其他地区类似地方艺文志的编纂提供了可借鉴的方法和经验。

关键词:《萧山艺文志》　编纂　文献研究

　　《萧山艺文志》是一部收录萧山地方历代学者著作的书目。那么,何为"艺文志"？文献学家张舜徽先生说:"艺文志源自《汉书·艺文志》。《汉书·艺文志》乃《汉书》十志之一。其所以名为'艺文'者,艺谓群经诸子之书,文谓诗赋文辞也。班固此志,以艺居上,文居下,而名之曰《艺文志》。班固此志,上承刘歆《七略》。《七略》乃我国图书目录之始,内分《辑略》《六艺略》《诸子略》《诗赋略》《兵书略》《数术略》《方技略》。其中《辑略》,犹群书志叙录,乃论列学术源流得失之篇章。①"这里提到了我国图书目录,始自《七略》。而其中的《辑略》"犹群书志叙录,乃论列学术源流得失之篇章"。《萧山艺文志》所载的图书

---

① 张舜徽:《汉书艺文志通释》,华中师范大学出版社,2004,第167页。

目录及群书叙录,其编纂体例当本于此。

我们编纂《萧山艺文志》,既遵循《汉书·艺文志》①《隋书经籍志》②及《四库全书总目》③等递相沿袭的编目传统,又与时俱进,采用新的编目思路,旨在为《萧山艺文志》打上新时代的烙印。兹就我们编纂《萧山艺文志》的新思路,条陈如次,不妥之处,就教于方家。

一、编纂机制上的新思路——三方合作

我们知道,自古以来,无论官私,其编纂的《艺文志》,均由个人承担。最早出现的官方正史中所载的艺文志,诸如《汉书·艺文志》和《隋书·经籍志》等,以及后出的地方艺文志,诸如业界前辈、原安徽安庆市图书馆蒋元卿先生编纂的《皖人书录》,天津师范大学图书馆高鸿钧先生编纂的《天津艺文志》等,均由个人承担。这里有两种情况,凡属于个人学术研究兴趣所致,自己选题自己做,无立项、无经费、无要求,所以在编纂时间上,一般打的是持久战,蒋元卿先生编纂《皖人书录》,前后用了四十年时间,即属此类;凡既属于个人兴趣所致,同时又获得了立项,有经费支持,有编纂进度要求,成稿时间则短。高鸿钧先生在《天津艺文志》前言中说"本书原系笔者在天津师大工作时获准立项的科研题,退休后专心致志,历时三年初稿草成"④,即属此类。业界流传这样的话:古籍编目工作,好汉不想干,赖汉干不成。我们图书馆同仁,属于中间一类人物,所以很适合做古籍编目工作。有鉴于此,我们编纂《萧山艺文志》的一个新思路,就是改一人承担为团队承担。变一人担纲,搞持久战的劣势,为集合众力为之的优势。我们提出三方联手编纂《萧山艺文志》的计划,始于2018年11月。经过多次论证和与有关方协商,达成共识。由杭州市萧山区人民政府地方志办公室、南开大学地方文献研究室和国家图书馆古籍馆三方联手编纂这部《萧山艺文志》。首先,我们确立了《萧山艺文志》正文的主体框架。本书目次:

① 班固著,颜师古注:《汉书艺文志》,商务印书馆,1955,第10页。
② 长孙无忌等著:《隋书经籍志》,商务印书馆,1936,第6页。
③ 永瑢,等,《四库全书总目》,中华书局,1965。
④ 高洪钧:《天津艺文志》,国家图书馆出版社,2019,第16页。

编委会

序

凡例

正文

(一)分类目录

(二)古籍叙录(含书影)

(三)附录

1.《萧山地区历代传世古籍书目》

2.《萧山地区历代传世家谱书目》

3.《萧山丛书》第1至6辑所载各书前言

4.《萧山地区清代人物传记资料》

后记

　　《萧山艺文志》的主体框架如上所列,各个部分的组成及安排,我们都经过了充分的论证,内含编者的编目创新理念。

　　先谈编委会。《萧山艺文志》编委会,由萧山、天津及北京三个团队成员组成。设顾问、编纂委员会、编辑部及编务等职务。旨在师出有名,各司其职。发挥大家作用,合作完成编目任务。

　　《萧山艺文志》编委会:

顾　问　王　敏　姜永柱　来新夏

编纂委员会

主　任　李　军

副主任　周胜华　陈红彦　杨新程

委　员　孙建平　吴立平　郑建明　戴爱民　韩梦龙

　　　　沈迪云　徐燕锋

编辑部

主　编　李国庆　徐燕锋

副主编　谢冬容　焦静宜　汪志华　钟丽佳　萨仁高娃

编　委　(按姓名笔画排列)

王永华　尤海燕　朴　燕　安延霞　杜　萌　李金涛

李彦娜　沈艳丽　孟晓红　胡艳杰　高洪钧　陈　虹

黄立新　张　杰　张　毅　张晓今　阳　雪　常　虹

董馥荣　杨宇萌　杨效雷　贾雪迪　樊长远　刘炳梅

刘　菲　刘运峰　萧　刚　卢　玮　颜　彦

编　务　焦静倩

由三个团队成员组成的编委会,在《萧山艺文志》的编纂过程中发挥了各自的独特作用。

萧山团队方面。由萧山区政府主导,从区财政列支,投资支持《萧山艺文志》的立项。萧山区政府自始至终,发挥着项目主导、业务指导的作用。由区政府主导并投资立项,完成一部《萧山艺文志》专著。纵观此前编纂出版的各个类型的《艺文志》,确实未有采取此例者,实现了第一个突破。

天津团队方面。以来新夏教授创建的南开大学地方文献研究室为办公场所。以来新夏教授对《萧山艺文志》提出的意见为指导,经过深入讨论,达成共识,拟编一部有特色的艺文志。《艺文志》的正文结构,采取图文形式,先图后文。此前编纂出版的各个类型的《艺文志》,未有采取此例者。实现了第二个突破。

北京团队方面。以国家图书馆宏富历代馆藏古籍为依托,由国家图书馆古籍馆正副馆长率领古籍业务骨干参与,承担《萧山艺文志》全部正文条目叙录的撰写任务。并提供与正文条目相配的全部书影。《艺文志》收录的古籍均选自国家图书馆的藏书,条目撰写人员均是国家图书馆的古籍研究人员,确保了《萧山艺文志》的整体质量。此前编纂出版的各个类型的《艺文志》,未有采取此例者,实现了第三个突破。

二、编纂体例上的新思路——图文著录

我们知道,自古以来,无论官私编纂的《艺文志》,其正文均是书目著录。尽管这是《艺文志》的本质属性,但其本身也存在弊端。

大凡一项工作,或者一种编纂方式,若始终一成不变,那么往往变得没有活力,甚或最终成为一潭死水。我们一改传统的书目著录而成图文著录,主要考虑的是与时俱进的工作思路。当下属于读图时代,人们的阅读兴趣趋于碎片化。纯学术性的,抑或纯资料性的专著,非本专业的人们对此多无暇顾及。针对这种现实情况,我们采取时下流行的编制古籍书影的这种图文形式,来展示萧山历代先贤著作。图即书影,文即叙录。一部书的全貌,看一图一文,大致即可了解。

我们在恪守传统与积极创新的思路引导下,制定了全书的编纂凡例。

《萧山艺文志》凡例,全文录下:

(一)编纂旨趣

编纂本书旨在将萧山地区历代重要的有代表性的先贤撰写的传世著作网罗一帙,充分揭示萧山地区传统文化底蕴,为当今各界人士提供参考文献。

(二)收录范围

1. 萧山人著作

凡作者本人或祖籍为萧山者,其著作予以收录。

2. 记萧山事著作

凡一书内容涉及萧山史事者,一般予以收录。

3. 国家图书馆藏书

本书收录之书,主要采用国家图书馆藏书。个别古籍用其他馆藏予以补充。

(三)本书构成

本书由正文、附录及索引三个部分构成。

1. 正文部分

正文包括分类目录和古籍叙录两个部分。

（1）分类目录

正文前设立分类目录，将遴选的二百种古籍，按照经部、史部、子部、集部、类丛部的顺序进行组织。

（2）古籍叙录

从萧山地区历代传世古籍中遴选二百种古籍，并以先文后图的形式进行展示。

先列的文字部分。采用叙录体形式对每一种进行表述，充分揭示一部书的外部特征和内在价值。主要包括以下事项：

书名及卷数册项，此为该书的标引题目。

版本项，一般包括版本年代、刊印者题名及版本类型。

提要项，揭示一书的主要内容，包括作者小传、版本特征、索书号及撰写本条目的著者等。

作者小传，简要介绍本书著者事迹，包括姓名、字号、生卒时间及行实事迹等。同一作者的不同著作，只在第一部书中出现的著者列有小传，其后各书著作的小传均予省略，并仿《四库全书总目》编例，以某作者有某书已著录形式予以表述。

版本特征，主要包括版本年代、刊印抄写者题名及版本类别。

索书号，指该书今藏何所，达到按图索骥目的。

条目撰写人，指一书叙录的撰写者，对本条目的内容承担学术责任。撰写人姓名，列在每条叙录之后，用括号括之。

后载的图版部分。选取该书卷端前半页作为书影，排在"先列的文字部分"之后。图版之下，胪列该书的基本著录事项。

2. 附录部分

为了丰富本书内容，为读者提供更多的参考文献，我们编制了四个附录。

附录（1）：萧山地区历代传世古籍书目。以《中国古籍总目》为依据，凡该书目著录，又为编者所知见者，予以收录。

　　附录（2）：萧山地区历代传世家谱书目。以《中国家谱总目》和《浙江省家谱总目》为依据，凡两个总目著录，又为编者所知见者，予以收录。

　　附录（3）：凡《萧山丛书》已经出版的第1至6辑所载的各书前言，予以收录。

　　附录（4）：萧山地区清代人物传记资料。本书遴选《清史稿》《清史列传》及《国朝耆献类征》等传记类典籍，凡书中收录的萧山地区清代人物传记之资料，予以收录。

　　3. 索引部分

　　书后编制书名和作者两种索引，均按汉语拼音排序，以便检索。

　　（1）书名索引。同书名者，其下依次标出版本，以示区别。

　　（2）作者索引。作者姓名多次出现，仅录最早出现者，其下依次标页码，以示区别。

　　《萧山艺文志》由正文、附录及索引三个部分构成。

　　其中，正文部分，采用图文形式予以展现。叙录为文，书影为图。先文后图，意在展示一书之全貌。我们为所收的每一部书撰写叙录。叙录主要事项包括：书名及卷数册项、版本项、提要项、作者小传、版本特征、条目撰写人、列在每条叙录之后，用括号括之。每一部书后，配载该书的书影。我们采用这种形式对每一种进行描述，旨在揭示一部书的外部特征和内在价值。本书正文收录之书的排列，悉遵《汉书·艺文志》《隋书·经籍志》及《四库全书总目》以来书目按类编排正文之传统方法。在正文前，设立五部分类目录，将选定的二百种书，按经、史、子、集、类丛部的顺序进行组织。部类之下所录诸书，再按作者生卒年先后排序。《萧山艺文志》正文以"图文并茂"的形式编制，在此前出版的多部地方《艺文志》中，确实未有采取此例者，实现了第一个突破。此前出版的多部地方《艺文志》，其正文编排亦不尽相同。例如：蒋元卿先生编纂的《皖人书录》，其正文按一书著者的四角号码次序编列。是书《凡例》云："本编收录之历代著作，均以著者为纲，按著者姓名之四角号码顺序排列。另按姓名笔画，编制检目，列于卷首，以便检查。"这是编者常年编目时为了便于检索而采取的排序方法。再如：天津师范大学图书馆高鸿钧先生编纂的《天津艺文志》。是书《凡例》云:"本志采取'以年系人、以人系书'的编排方式,即以作者为主目,分地区,按时序,先简介作者生平。作者排列以其生年先后为序。书目著录包括书名卷数、成书版本、内容提要、著录依据、藏书单位等,酌情而定,以方便读者查找和作进一步研究参考。"

作者名下,依次罗列其著作。

这两部地方艺文志,没有按照《汉书·艺文志》以来的目录所采取的正文按类排序的方法,故此均显不足。

三、编纂附录上的新思路——穷尽式网罗和展示

为了遵守《艺文志》的本质属性,即著录一地学者书目,同时也为了丰富本书的内容,为读者提供更多的参考文献,我们特意编制了四个附录。

附录1:《萧山地区历代传世古籍书目》

附录2:《萧山地区历代传世家谱书目》

附录3:《萧山丛书》已经出版的第1至6辑所载的各书前言

附录4:《萧山地区清代人物传记资料》

除此之外,我们在四个附录的编制方法上,悉遵《汉书·艺文志》《隋书·经籍志》及《四库全书总目》以来所采取的前有总序、后有小序之传统方法,为四个附录分别撰写了编例或说明性文字,其作用与序等同。

我们编制了附录1《萧山地区历代传世古籍书目》,并撰写了《编例》。

《编例》全文录下:

(一)编目宗旨:

编制本书目,旨在将传世的萧山历代传世古籍网罗一帙,通过自清代乾隆以后至今编印的重要书目的著录,将属于萧山历代的传世古籍进行收集、整理及编目,展示萧山历代先贤的著述成果,揭示萧山的传统文化底蕴,为弘扬萧山地区的传统文化、促进萧山地区的经济建设,提供可资依据

的重要历史文献。

(二)收录范围:

1.萧山人著作;

2.记萧山事著作。

(三)资料来源

1.《中国古籍总目》,该目著录的萧山传世古籍。

2.《萧山县志稿》,简称《志稿》。

3.《四库全书总目》,简称《四库》。

4.《续修四库全书总目提要》,简称《续四库》

5.《贩书偶记》,简称《贩书》。

(四)书目正文

1. 正文以《中国古籍总目》著录的萧山传世古籍为主体,详细著录一部书的编序号、书名、卷数、著者、版本、收藏单位及辅助书目简称。

2. 正文以《萧山县志稿》《四库全书总目》《续修四库全书总目提要》及《贩书偶记》为辅助,本目录称之为"辅助书目"。

3. 凡"辅助书目"与《中国古籍总目》著录的萧山传世古籍相同者,即在该书名著录事项之后,依次罗列"辅助书目"的简称。

4. 凡《中国古籍总目》著录的萧山传世古籍而不见载"辅助书目"者,在该书名著录事项之后,不再罗列"辅助书目"的简称。

(五)书目正文组织

本书目按照《中国古籍总目》五部分类体系组织排序,依次包括:经部、史部、子部、集部、丛书部。各部之下,不再细分属类。

(六)附录

为了便于检索,兹将4种"辅助书目"著录的萧山著述作为附录,依次列在本书目之后。

附录1.《萧山县志稿》著录的萧山古籍书目

附录2.《四库全书总目》著录的萧山古籍书目

附录3.《续修四库全书总目》著录的萧山古籍书目

附录4.《贩书偶记》著录的萧山古籍书目

附录 1 正文举例：

经部

经 10100077

通志堂经解一百四十种一千八百六十卷　清纳兰成德辑

清康熙十九年纳兰成德刻本　国图

首都　北大　北师大　中科院　天津　上海　复旦

清康熙十九年纳兰成德刻本　国图

首都　北大　上海　辽宁　湖北

清同治十二年粤东书局重刻本　国图

首都　北大　上海　辽宁　湖北

日本文化八年翻刻本　北大

仲氏易三十卷　清毛奇龄撰　　（见《志稿》经 024）

春秋毛氏傅三十六卷　清毛奇龄撰

春秋简书刊误二卷　清毛奇龄撰　　（见《志稿》经 093）

春秋属辞比事记四卷　清毛奇龄撰　　（见《志稿》经 094）

经问十四卷补一卷　清毛奇龄撰　　（见《志稿》经 117）

论语稽求篇七卷　清毛奇龄撰　　（见《志稿》经 105）

四书賸言四卷补二卷　清毛奇龄撰

我们编制了附录 2《萧山地区历代传世家谱书目》，并撰写了《编例》。《编例》全文如下：

(1)《中国家谱总目》，王鹤鸣主编，2008 年上海古籍出版社出版。

(2)收录范围：《中国家谱总目》著录之萧山传世家谱，共计 274 条。

(3)每种家谱，著录事项包括：序号、家谱题名及卷数、编辑者、版本及册数、始迁祖、藏书单位简称、索引号码。

附录2正文举例：

001-0061[浙江蕭山]蕭南屬墅湖丁氏宗譜六卷

(清)丁仕蛟等纂修。清道光八年(1828)瑞松堂

刻本,六册。書名據卷端題。版心題蕭南丁氏宗

譜。書簽題丁氏宗譜。

始遷祖能五,舊行升五,明代人。

遼寧圖

001-0062[浙江蕭山]蕭山丁氏宗譜十卷首一卷末一卷

(清)丁起鵬纂修。清道光二十七年(1847)

木活字本,二十册。卷二缺相七房、相三十

四房。書名據卷端題。版心題丁氏宗譜。

始遷祖昌,字士榮,號存遠,行遠主,明宣德間由

蕭山許孝鄉遷居邑西。

國圖

001-0063[浙江蕭山]蕭山丁氏宗譜四卷

(清)丁國茂等纂修。清光緒三十三年(1907)

敬愛堂活字本,四册。書名據版心題。

先祖同上。

國圖

我们编制了附录3《萧山丛书》(第1至6辑)所载各书前言,并撰写了《编例》。

《编例》正文如下：

(1)收录范围：《萧山丛书》1—6辑所载各书前言;

(2)编排顺序：按照《萧山丛书》1—6辑所载的各书前言次序排列;

（3）每一篇前言，包括：辑次号、书名、前言撰写人姓名、前言正文。

附录3正文举例：

正文

1-1、《读易隅通》前言　　杨效雷

《读易隅通》二卷　明来集之撰　清顺治元年（1644）芜湖县黄正色刻本

来集之，字元成，浙江萧山人，明崇祯十二年（1640）进士，崇祯十五年（1642）官安庆府推官。"吋困兵荒，罹法者众，集之讯狱详慎，小眚悉宥之。癸未秋，左兵万艘泊江，掠妇女无算，集之抗义赎还，民得完聚。"（《江南通志》卷一一六）。著有《读易隅通》《易图亲见》《卦义一得》《春秋志在》《四传权衡》《倘湖文案》《南行偶笔》《南行载笔》《倘湖近刻》《倘湖诗余》《樵书初编》《樵书二编》《茗余录》等。

毛奇龄《西河集》卷八五《故明中宪大夫太常寺少卿兵科给事中来君墓碑铭》云："（集之）早岁通经，稍长，即能以诗古文词争雄艺林，而阨于童试。崇祯六年，始以附学改学生廪食高等。八年，礼臣请特科举天下士，每学取廪食高等者设两场，试分经义、论策，硃其书，与乡试埒，而君举第一，贡之南京国子监。"又云："（集之）以崇祯己巳赴童试，县斥之，粘其文于门，庚午再试，再斥之，然而府试拔第一，时年二十七，始附学。"综合两段史料可知，崇祯六年，集之二十七岁，故集之当生于明万历三十五年丁未（1607）。

集之幼承家学。其父舜和，尝课集之于傀湖之滨，清兵南下，集之"匿湖滨以著书自娱，购古今载籍弄其中，日与客论文及古今兴衰得失，兼近代掌故与夫身之所闻见者，燃薪继景，娓娓不能已，四方请教者踵趾相错，共称为倘湖先生"。

康熙十七年（1678），开博学鸿儒科，召天下才学官人可备著作顾问之选者，抚军以集之应，集之辞曰："吾年七十余已，妪矣，尚能为成君作衣补耶？"

康熙十四年（1675），集之尝自为志铭，以为他人莫能言，且多谀也。越八年壬戌（1682），卒。又三年，集之四子燕雯请于西河曰："窀门之石，先公已自铭之矣，惟是嘉懿未尽，学者将勒文于缯醴之版，比之颜光禄之碑靖节，此非先生文不足重，亦惟是先生与先公为忘年交，文章亲昵，足徵信勿谀。"西河诺而铭曰："君功在一方，而名垂四涯，其文可传者，则藏之倘湖之湄，志而铭君自为之遗言。铁事不可既，于是乎有墓旁之碑。"

是书《明史》卷九六《艺文一》《续文献通考》卷一四五《经籍考》《浙江通志》卷二四一《经籍志》皆著录。有清顺治元年（1644）芜湖县黄正色刊本和《来子谈经》本（清顺治九年萧山来氏倘湖小筑刊本）

卷首有甲申夏日集之自序，称："《易》者，四圣人纯粹以精之书也。继四圣人而求之者，或于象，或于辞，或于变占，皓首于其中而各有以见《易》之一端。一端者，非《易》之全也，然而不可谓非《易》之一端也。谓一端之外无复他端，则诬《易》；谓《易》之为道多端，并其一端而尽废之，则又诬读《易》之人，而不可以训矣。"集之尝曰："《读易隅通》者，一隅之通也。"是为书名之由来。

黄正色于刊刻序言中云："甲申岁，正色承之宰芜，而先生尚司理于皖，一日以公事过芜，不以正色不肖，出所著《读易隅通》相示，计洋洋几十万言。……恨簿书冗俗未得，下帘读之，速付剞劂，旋劂旋读，获终卷焉。"是为刊刻缘起。

集之云："观吾夫子于韦编铁挝之间，其于《易》盖终身焉已。后之儒者载酒而问，握麈而谈，从容讲求，庶乎有得。予乃于跟跄造次之间为之探索，固知所通者其糠秕尘垢，而所不通者其堂奥神髓矣。然而从其平实者求之，不敢曰玄远也；从其证据者求之，不敢曰恍惚也。斯则予之所以自通者耳！"其所自待也，有抑有扬，不卑不亢。

黄正色则盛赞是书云："阅斯书之奥衍，广大而无遗，纤细而能入。广大而无遗，大而非夸也；纤细而能入，精而有据也。"所赞虽稍涉溢美，然亦大抵有据。

清修《四库全书》，将《读易隅通》列于存目，评之云是书多触类旁推，以求其融贯。……其论四时五行，多本之《皇极经世书》；又谓后天卦图为

周家全象,龙亢上应天星,皆不免于穿凿。"(《四库全书总目》卷八,中华书局 1965 年版)

四库馆臣之所谓"穿凿",换一角度看,则为"新奇"。如,坤卦辞"西南得朋,东北丧朋"、蹇卦辞"利西南,不利东北"、解卦辞"利西南",向无达诂,聚讼纷纭。集之以"五行寄生十二宫"之说解之云:"水、土之生在申,申乃西南之方,生于西南坤申之位,必病于东北寅艮之位,故有利,则有不利焉。坤之贞、悔皆土,生于西南,故得朋,病于东北,故丧朋。蹇之贞艮土,悔坎水,水、土同方,故利西南,不利东北也。解则贞坎水,生于申,故利西南矣;其悔为震木,木官于东北艮位,则未可云不利东北也,止云利西南耳。如此,始于三卦之义无背。"此说解独异于人,发前儒所未发,于《周易》诠释不无裨益,对探究"五行寄生十二宫"理论的起源,亦颇有启迪。

我们编制附录 3《萧山丛书》(第 1 至 6 辑)所载各书前言,主要考虑《萧山丛书》已经出版了前 6 辑,邀请的撰稿人,多为这个领域的专家学者,更有在学科领域占有一席之地者,如第一辑第一篇《读易隅通》前言作者杨效雷教授,是国内外知名易学专家。这篇《读易隅通》前言,颇有学术水平。将 1—6 辑前言作为附录,洵为《萧山艺文志》增了色,添了彩。

我们编制了附录 4《典籍所载清代萧山人物传记资料》,并撰写了《编例》。《编例》正文如下:

(1)收录范围:有清一代记载萧山籍人物之传记资料,今得二十种。在二十种典籍中,凡记载萧山籍人物传记资料者,均在收录范围之内。本编清代萧山籍人物共计 25 人。

(2)正文排序:以二十种清代人物传记资料中记载的清代萧山人物传记资料的顺序编排;

(3)条目设置:每位清代萧山人物的传记资料,以该人物姓名为条目。每位人物传记资料之后,标出该传记资料之出处;

(4)每位清代萧山人物传记资料,其格式悉遵原文(例如:遇到敬称或尊称时的空格等),为了体现原文面貌,其正文不作标点。

正文举例:

第二册
朱珪

朱珪,字石君,顺天大兴人。先世居萧山,自父文炳始迁籍文炳,官咸阳知县,曾受经于大学士朱轼。珪少传轼学,与兄筠同乡举,并负时誉。乾隆十三年成进士,年甫十八,选庶吉士。散馆授编修,数遇典礼,撰进文册。高宗重其学行,累迁侍读学士。二十五年,出为福建粮驿道。擢按察使,治狱平恕。以父忧去,三十二年补湖北按察使。会缅甸用兵,以部署驿务详慎,被褒奖。

调山西,就迁布政使,署巡抚。疏请归化远二城,谷二万余石,搭放兵粮,以省采买,免红朽。又免土默特蒙古私垦罪,以所垦牧地三千余亩,许附近兵民认耕纳租,岁六千余两,增官兵公费;又太仆寺牧地苦寒,改徵折色,以便民除弊;皆下部议行。珪方正,为同察所不便。按察使黄检奏劾读书废事。

四十年,召入觐,改授侍讲学士,直上书房,侍仁宗学。四十四年,典福建乡试。次年,督福建学政。濒行,上五箴于仁宗:曰养心,曰敬身,曰勤业,曰虚己,曰致诚。仁宗力行之,后亲政尝置左右。五十一年擢礼部侍郎,典江南乡试,督浙江学政。还朝,调兵部。五十五年,典会试,出任安徽巡抚。皖北水灾,驰驿往振,携僕数人,政与村民同舟。渡振宿州、泗州、砀山、灵璧、五河、盱眙、余灾轻者,贷以粮种。筑决堤,展春振,并躬莅其事,民无流亡。五十九年,调广东。寻署两广总督,授左都御史,兵部尚书,仍留巡抚任。嘉庆元年授总督,兼署巡抚。珪初以文学受知,洎出任疆寄,负时望,将大用。和珅忌之,授受礼成,珪进颂册,因加指摘。高宗曰:"陈善纳诲,师傅之职,宜尔。非汝所知也。"会太学士缺,诏召珪,卒为和珅所沮。以广东艇匪扰,闽浙责珪不能缉捕,寝前命。左迁安徽巡抚,皖北复灾,亲治振,官吏无侵蚀。三省教匪起,安徽亦多伏莽。珪曰:"疑而索之,是激之变。"亲驻界上,筹防禦,莅颍毫所屬。集乡老教诚之,民感化,境内迄无事。明年授兵部尚书,调吏部,仍留巡抚任。

四年正月,高宗崩,仁宗即位。驰驛召珪,闻命奔赴。途中上疏略曰:"天子之孝,以继志述事为大。亲政伊始,远聽近瞻,默运乾纲,霈施涣號。阳刚之气,如日重光。恻怛之仁,幽不浃修。"①

我们编制附录4《萧山地区清代人物传记资料》的想法乃是,有清一代,萧山地区,名家辈出。诸如毛奇龄、朱珪等,都是国字头著名人物,其事迹分别记载于多部传记史籍中。其他人物的传记资料,或多或少。我们将二十五人的传记资料,一一择录,作为附录,汇在一处,既便阅读,又可从多角度,读其传记,可获不同认知。《萧山艺文志》,历三年之功,在萧山、北京和天津团队齐心努力下,这部著录了历代萧山先贤著述的总书目,业已杀青,进入校对环节,有望在近期由南开大学出版社出版。届时,将实现来新夏教授生前提出的为家乡萧山编纂出版《萧山丛书》和《萧山艺文志》姊妹篇的遗愿。

总之,《萧山艺文志》之编纂,汲取了历代官私编纂《艺文志》之精髓,遵守《艺文志》专录一代或一地学者著作之传统,在新时代下,有所跟进,有所创设,亦有所斩获。唯以图文为主的编排形式,在历代编纂《艺文志》的体例上,尚属首创。限于水平,囿于见闻,实存不妥之处,敬请方家垂教!

(文终)

(李国庆,天津图书馆研究馆员)

---

① 赵尔巽等撰:《清史稿·列传一百二十七》,中华书局,1977。

黄际遇与姚梓芳交游考[*]

——兼考《日记》所见《广东文征》《潮州先正遗书丛刊》编刊史料

The Interactions Between Huang Jiyu and Yao Zifang: The Historical Materials Concerning the Compilation and Publication of the *Guangdong Wenzheng* and the *Chaozhou Xianzheng Yishu* Congkan in Huang Jiyu's Diary

林才伟

摘　要: 黄际遇和姚梓芳皆是广东文化史上之名家,自黄际遇年幼时结为忘年之交,二人相锲深知今四十载,志趣相投、情谊深厚。黄际遇所撰《日记》保留了大量二人交往的记录,涉及二人的相互评价,黄际遇为姚梓芳校勘《述德征言》等书并撰文作序,对于研究揭阳名家姚梓芳的生平行历颇具价值。同时,《日记》保留了《广东文征》《潮州先正遗书丛刊》等广州地方文献的编刊史料,是黄际遇与姚梓芳参与广州地方文献整理的直接记录,对于研究《广东文征》《潮州先正遗书丛刊》的成书及广东地方文化具有重要的价值。

关键词: 黄际遇　姚梓芳　交游　日记　书籍史

黄际遇先生(1885—1945),字任初,号畸盦,历任武汉大学、山东大学、中山大学、河南大学教职,著有《班书字说》《潮州八音误读表说》《畸盦坐隐》等。

---

* 本文系国家级大学生创新科研项目"黄际遇年谱长编及其生平著述研究"(项目编号:202210422020)、山东大学文学院科研项目"黄际遇年谱初编"(项目编号:2020010501050)阶段成果。

其所撰《万年山中日记》《不其山馆日记》《因树山馆日记》《山林之牢日记》四种日记,现存四十三册,颇具价值。① 黄际遇之《日记》作为"一种微观史和生活史"②,其中大量涉及黄际遇与广东文化名家的交往实录,以及丰富的地方文献整理刊刻的史料,是研究潮汕乃至广东地方文化的重要文献。

　黄际遇与姚梓芳近四十年的忘年之交往颇为值得关注。姚梓芳(1871—1951),初字楚南,中年改字君懿③,晚自号秋园,别署觉庵、黄岐老民,广东揭阳人,廪生,是清末民初潮汕知名学者、藏书家、书法家,著有《秋园文钞》《姚氏学苑丛刊》《觉庵丛稿》等。1912 年,姚梓芳以第一名的成绩自京师大学堂毕业。曾为梁启超门生④。后历任暹罗华侨宣慰使、潮梅行政考察官和司法官、广东省禁烟总局督办、潮州统税局局长、汕头厘金局局长、全国烟酒驻沪办事处督办、福建银行监理、浙江金华区复选议员监督、浙江余上茧捐局局长、浙江海门统税局局长等职。⑤ 1925 年,姚梓芳归休榕城,住城东姚园,后迁史巷横街学博第,置秋园学苑于其中,皮藏历代珍籍累万册,黄际遇云"姚氏自榜学苑,复令人不胜改日到秋园游观苑中风物之感耳"(1932 年 7 月 10 日)。姚梓芳认为黄际遇"潜研朴学,肆力文字、音韵、训诂、算学,皆卓然名家",黄际遇又赞姚梓芳:"岭南故不乏耆儒,姚先生今最为老师,三推祭酒,灵运颖生,兴言祖德,士衡文赋,祗诵清芬"(1935 年 4 月 24 日)。二位好友对彼此的评价都极高。由二人交游牵引起的《广东文征》等的编刊过程对于研究广东地方文献的成书研究亦有一定的补充和参考价值。笔者特撰此文,加以整理考释,以飨学界。

------

① 《黄际遇日记》的具体信息参见林才伟:《黄际遇著述考》,《国学季刊》第 26 辑,山东人民出版社,2022,第 169-171 页;林才伟:《〈黄际遇日记〉史料价值探析》,《潮学研究》第 26 辑,社会科学文献出版社,2023,第 133-134 页。本文征引《黄际遇日记》皆出自潮汕历史文化研究中心编《黄际遇日记》(汕头大学出版社,2014 年),为避烦琐,大部分随文注录相关日期,不复一一出注。

② 张剑:《有温度的历史藏在日记中》,《齐鲁晚报》2018 年 9 月 16 日,第 9 版。

③ 姚梓芳改字之记录见于 1936 年 12 月 5 日《黄际遇日记》。

④ 潘敬《梁启超任北洋财政总长时二三事》回忆:"我的同学姚梓芳(潮州人)系任公门生,指明要上海烟酒公卖通讯处,果如愿以偿。"见贾鸿昇:《追忆梁启超》,泰山出版社,2022,第 192 页。

⑤ 参见孙寒冰主编:《广东省揭阳县榕城镇志》,榕城镇地方志编纂办公室,1990,第634 页。

一、忘年结友,志趣相投

1898 年,黄际遇十四岁,应童子试,中秀才,补增生。是年冬,姚梓芳来访,黄际遇在兄长的介绍下与其初识:

> 忆昔戊戌之冬,日方向莫,登堂有客,设馔无鸡。获以髫年,辟咡执烛,与林宗共载,望若松乔,状李邕魁仪,观者阡陌。予兄诏之曰:"此揭阳高士姚先生也,汝其得从先生游矣乎。"①

黄际遇于 1936 年 3 月 14 日《日记》中亦言:"予自未冠时识秋老于澄海家庙,忘年之交垂四十载。"1901 年,丘逢甲任岭东同文学堂校长,采取分班教学的做法,开设了经、史、国文、日文、格致等新学课程,讲授近代科学,宣传新思想。② "由温仲和、姚梓芳招生开讲,并延何寿朋、温丹铭分掌教务。刘家驹任数理,罗仙俦为教员。"③是时,黄际遇入同文学堂修习,与姚梓芳自此结为忘年交,姚梓芳《澄海黄任初教授墓碑》言:"同人倡办同文时,岭东儒硕推温慕柳太史为祭酒,一时群彦骈集,或主讲席,或参筹议。识君自兹始。"黄际遇《述交》言:"忘年而结尔汝之友。"姚梓芳七十岁寿辰时,黄际遇曾为其作《秋园先生七十寿序附》,略云"羊叔子际遇,昔以岭东童子叩计公车久耳","先生文惊海内,未及光武军中之年。赋哀江南,成于甲午蹙国之日"④。

自汕头同文学堂肄业后,黄际遇前往厦门同文学堂补习日文,后东游日本留学。留日归来后,黄际遇先后执教天津高等工业学校、武昌高等师范学校,姚梓芳在《黄韫石先生暨德配蔡夫人八秩双庆序》说黄际遇"以积学笃行闻于

---

① 见 1936 年 5 月 26 日《黄际遇日记》,黄际遇自题为《述交》,有小注"书揭阳姚氏《述德微言》后"。
② 郑少斌:《丘逢甲:开创潮汕近代新学先声》,《客家文博》2017 年第 1 期,第 7 页。
③ 中国人民政治协商会议广东省汕头市委员会文史资料研究委员会:《汕头文史》第 2 辑,1985,第 6-7 页。
④ 见 1936 年 2 月 6 日《黄际遇日记》。

时"，"君方盛年，才气横溢，不可一世"。那时与黄际遇同辈的人"遭际时会，大卒取富贵利禄以去，其下者亦不失荣宠"，但黄际遇在案牍之间，"埋首坛席，讲学授徒，著书满家"，姚梓芳说"黠者睨其旁方，疑君若大拙然者，而不知大有所受之，其蕴藏于中而积之素者固远且大也"。后人读黄际遇之著述，以为是黄际遇留学于日本时学得，姚梓芳解释黄际遇的学识源于从小所受之培养："先生学术道艺，接乡前辈陈东塾先生之传。主讲金山、同文，时时推演其说，以启迪后进，谆谆不倦。君及其门，亲炙者累年。虽此后出国留东、留美，接引通人，广拓闻见，得以成学归。考其渊源，根植于家教之培养及老师宿儒之开发于早岁者，所积既厚，其流自光也。"①

姚梓芳十分鼓励学习自然科学，认为"不及他国者，均应取他人成法为我导师"，但"师他人长技而忘本国有物质，反而求之者，也非也"。黄际遇执教武昌高师期间，曾被公派去美国留学，姚梓芳追述云："京都以君教授久，积年以来成就甚众，派君游于欧美，精研玄数之学，旁考各国理科教育制度，撷其精华，稽其得失，取其长而去其短，将归而施诸我国，俾国家亦有与列强相见于学术坛坫之日。君毅然本其治学之精神，体国家作育人才之至意，不惮万里，慨然应命。"

黄际遇曾数读林纾《畏庐文集》，云其《赠张生厚载序》中"自计辛丑就征至京师后，授徒过三千，视娄东之门左千人，门右千人，不审如何，然其中涉通贵而享重名者多"（1932年7月16日），"独揭阳姚君悫、成孝刘洙源以古文鸣，孟子之徒犹有万章，安吴及门惟闻熙载，而畏庐又何憾焉"（1935年12月31日）。姚梓芳一生虽身居要职，却以治古文辞而盛名于粤。其古文师法桐城派，为林纾亲传弟子。出身书香世家的姚梓芳，幼时便随大埔名儒蓝小庐学习古文辞，奠定其古文基础。早岁曾从吴道镕、康有为诸名宿游，与丁叔雅、陈颋龙、范家驹等名家有文字交往。姚梓芳治学严谨，坚持学以济世，不随波逐流，主张"文章合为时用"，"要言之有序、有物"。讲究"义法"，重视修辞，极力推崇所谓"桐派八美"，认为"古文境之美者约有八，阳刚之美曰雄、直、怪、丽；阴柔之美

① 姚梓芳：《澄海黄任初教授墓碑》，《黄任初先生文钞》，"国立"中山大学，1949，第96页。

曰茹、远、洁、适",对后世产生积极的影响。林纾评价姚梓芳文"叙事明达,赞论雅有雄浑之气"。其著作中诸多序、跋、传、状,既是研究地方人物及历史的宝贵资料,又是研究其文风文气的文献基础。1936年12月5日的《黄际遇日记》中记载了一处颇为有趣的故事。是日,黄际遇给文学院的学生上课,一个操着潮地乡音的学员突然问黄际遇:"姚秋园文怎么样?"黄际遇猜到他是揭阳人。"瞠目须久",回答说,"好。"并言姚梓芳"要为楚南恪守古文义法成一家言","叹此里后生再历五十年,我决其必无成也"。1935年2月23日,黄际遇签存姚梓芳文篇,云:"乡人每慨广东人未有以古文雄于世,前人呕称澄海谢元汴,因检《县志》所载谢文,与姚君共观之,要未脱竟陵、公安之习闻","姚君未三十时,已以古文辞有声于时,今老而弥笃,名山事业不可知,而岭表已难得比肩者"。

二、书信不断,情谊深厚

黄际遇曾在青岛留下"酒中八仙"的传说,然其在与广东诸好友宴饮后又言"得于友朋者远非胶游可比","胶"即青岛。1936年2月29日,黄际遇柬姚梓芳约晚会。晚上,镜潭盛馔洗酌,并招予友以张之。秋老先到,靖山翁踵至,衍璠、子春、柳金田、黄巽以次来,"啸侣既集,嘉肴毕陈,酒兴之豪,无出靖山老人右者。衍璠卖力应战数十合而不休,老安少怀,皆有揽辔中原之势予以近有戒律,适可而止,若更桴鼓助战,天下斯于是乎大爵矣"。3月22日,黄际遇应姚梓芳之邀,前往宴饮,客有唐天如、方孝岳、姜忠奎、龙榆生、李沧萍,"并皆知名,深蒙结侣。主妇治厨,盛于市脯,后生执盏,频为添筹,吐纳生风,饼茶皆韵,老子兴复不浅,此会乃在人间"。4月13日,黄际遇午饭食于姚梓芳家中,"顷刻尽四器",姚宅长幼或熟视而笑之曰:"何来此饕客也?"9月12日,黄际遇"晚赴秋老酒约于聚丰园,乡友之外,有陈达夫量雅韵流,藏钩剧话",感叹此为"南中佳会也"。1936年9月13日,"郑铎宣约秋老、桥梓及达夫来石牌,供飨潮馔,殊丰腆适口"。

姚梓芳常向黄际遇借观《日记》。如1936年9月17日"秋老柬借《日记》"1936年3月25日"复访秋老答借《日记》四册"。1936年9月24日,姚梓芳

"索最近《日记》一册留阅"。10 月 2 日,姚万里告知姚梓芳归期,并归还《日记》。10 月 6 日,黄际遇为姚梓芳送行,姚梓芳告知黄际遇曾将《日记》交予杨铁夫观看,杨氏赏不释手。杨铁夫即杨玉衔(1869—1943),字懿生,号铁夫、季良等,广东香山人,词学大家,著有《抱香室词》《梦窗词笺》等。10 月 12 日,姚梓芳的外孙张荃前来拜谒,传递杨铁夫欲借《日记》以观之意,并以杨铁夫所著《抱香室词》一卷为挚,黄际遇以"得友为难,破例与之"。姚梓芳对黄际遇《日记》评价极高,姚梓芳在致黄际遇的信函中"极称散原文境并世罕有",又称"日记序及诸联华实并茂,经史之泽流溢行间,吾潮读书种子舍君更无第二人,有知音者必以此言为不妄叹也"。(1935 年 6 月 7 日)

黄际遇曾邀聘姚梓芳之子姚万年前往山东大学任教,1932 年 6 月 18 日"致书姚君愨揭阳,约聘其少君万年弟来任化学教授事",后于 7 月 23 日"电姚君愨先生促万年弟北上",惜两日后姚万年发电报婉辞教席。

1936 年 3 月 4 日,"家中转来秋老自羊复柬(正月二十一日),有'得书狂喜,但盼早临,所陈高论,至佩卓见'之语"。次日黄际遇回信云:

> 连日车过东山,乘人之车,恣君所之,未克独行,甚惭过门不入。自前日东迁石牌,托广厦之一间,憩频年之敝箧,冷僧萧院,尚有好怀,舍下转到赐书及叔子手笔,蛰然之感,彼此同之。晚课表如残棋一局,要着元多,而布防殊密。成发主人约以星期三、六两日出就外宿,侍教有日,走使以闻某启。

叔子即姜忠奎,字叔明,山东青岛石岛人,是黄际遇与姚梓芳之好友。3 月 4 日,姜忠奎亦从石岛复柬黄际遇云:"到粤当在二月半以后,与秋老毗宅,消息可相闻。"3 月 15 日中午,黄际遇和姚梓芳一同前往拜访叔明未晤,遂上姜楼广东室,评姜钟佩怀画品,钟佩怀是姜忠奎之妻,美术学校国画专业学生,尤善墨梅。

黄际遇与姚梓芳常有书信往来,《日记》中多有零散记录,略检于后:1933 年 3 月 17 日,"复姚秋园书"。又有 1935 年 3 月 7 日"柬姚秋园",3 月 28 日"秋园、奋可、思敬函来",6 月 2 日"柬秋园",11 月 8 日"书致叔明、秋园广州",

11月9日"自写月来记季刚事及文二首,寄叔明广州并视秋老,亦四千余字"。1936年1月5日"书复秋老,不存稿,附抄寄《哀学篇》及《钟大金寿文》二首",2月11日"发秋老广州快函",5月28日"得秋老片复",9月21日"姚万里将秋老函来",9月28日"柬秋老提正数字",11月29日"柬复姚伯鹏并致意秋老"。1937年4月9日"柬秋园",5月9日"致秋老、铁夫二小简"。1938年1月27日,"作小柬数通",其一致姚梓芳。

　　1936年2月2日,"家中转来秋园小岁短简,订期待会,亦相思千里深也,旦日当以此意驰复之",小岁即除夕。是日,读姚梓芳《文阶序》"举孟氏《论知言养气》、韩氏《序张中丞》,疑脱传字。《答李翱》,疑李翙,误。《周子通书》《张子西铭》,曾氏《记圣哲画像》数篇示学海书院生,谓此数首集录之不盈一卷,探讨之终身不尽",黄际遇认为"不如举《太史公自序》《圣哲画像记》《进学解》《论骈体书》,刘孟涂《与王子卿太守》。附以《欧阳生文集序》,而为学之纲领,六家《史记》之要旨,进学修辞之大法,粲然具备"。黄际遇在给姚梓芳的回信中阐明了自己对《文阶序》的看法,以往黄际遇"复秋园书,本不具稿",但是因为这封"多关乡邦文献之谈",黄际遇于2月6日补存之,见《不其山馆日记》第四册:

　　　　南中转到除夕一简,敬稔安抵珂里,阖宅檀栾,献岁迎春,观傩于乡。此至乐也。非不怀归,畏此简书,远辱订期,又孤良晤耳。北局杌隍,危于累棋。比来默察旰衡,遂不觉归志浩然,宦情顿减。留九江廿年之林下,抱二侯度康兄弟竟爽之草堂。欲行未能,形之于梦。吾粤自玉生、叔立、兰甫、子远、子襄诸先达,以经学文章溉濡后进,风流未沫,謦欬犹新。得先生翱翔其间,典型宛在于是。岭南有桐城之学,方来志乘,不可诬也。更有请益者,尊著《文阶序》,类举孟韩周张诸作,示人博约之方。力大声宏,江河万古。惟韩子之序张中丞、答李翱句中,"中丞"下疑夺"传"字,《答张翱》疑为《答李翙》。依《五百家注释》本樊注本云:"公答李翙二书,或作李翱,非也。"又《答李翱》自有一书,似非尊旨所在。际遇窃承此意,拟举《太史公自序》《圣哲画象记》《进学解》《论骈体书》,刘孟涂《与王子卿太守》。附以《欧阳生文集序》。庶几修己治人之纲领,六家《史记》之要指,进学修辞之大法，粲然具备，不知其有当乎否也。更欲秉李越缦所有志未遂者，辑录论学骈文诸篇为一卷。如牛里仁《请开献书之路表》、孙过庭《书谱》、纪晓岚《〈四库全书〉告成进表》、汪容甫《广陵对》、孔巽轩《〈戴氏遗书〉总序》、刘孟涂《论骈体书》，附以拙著《哀学篇》。所不知者，请附益之。昔谭莹、黄子高诸老，为学海堂学长，并历数十年，抱道传经，原殊传舍，无论末流。迁变何似，不能不赖二三垂老抵死不变之士，主持撑拄于其间。南望几坛，不胜硕果之慕矣。又怪清人选本，如姚、黎及王氏二纂粤人之作，仅最张曲江文三首，谭玉生一首，王氏《骈文类纂》，谭玉生《温伊初〈梧溪诗画册〉后序》。殊恐未为知定之论。《九江先生集》较晚出，其中卓然可传之作尤多。《清史》列九江于《循吏传》，然循吏又何足以传九江哉？诸所云云，圜市人蛾，已无解语，山中又无人迹。自为腹语，积成喑疾。恃逾分之爱，妄尘清听。或蒙视同此中人语也。

1939 年 3 月 31 日黄际遇《日记》中另存姚梓芳家信一封，与前文所提及数封书信，皆为《秋园文钞》《姚氏学苑丛刊》诸书所未载，遂附于此："有洪生为刻文集，非自定集，惧乱失耳。传语签眉以当削稿，屡承推腹，辄自著鞭，乃就仲韩客家青山道左，假馆而舍，借箸以挥。南阁负书，家本多籍，西园可醉，酒有久藏，遂为尽磨墨之盈盆，收岚光于寸褚，崩坠石妙入毫颠，瀑流横波，争出肘下，敢视古人而多让，慨然知味之无多。此频年以来，所为几于绝笔，而今而后，尤欲力争竿头，感不绝于予心，事有旷于百世者也。"

三、为友校书，撰文作序

1936 年 5 月 24 日，黄际遇裹足不出，校读姚秋园《述德征言》，为之校正文字若干条。指出《述德征言》在义例上存在的问题，"如《凤皇岭阡表既首著吾母王太夫人》句下又曰'外王父王献''舅父王梦龄'，皆应曰讳某，不宜复著其姓。篇末署男姚某表'，似亦不宜著姓也"。因为姚梓芳"命序其《述德征言》，期以片言借之千古，所弗敢任也，重违雅意"，24 日校毕《述德征言》后，黄际遇"思为一文曰《述交》以书其后"，"彷徨构思藩溷纸楮之间"。26 日夜，此文撰成,收于是日《因树山馆日记》中,题名《述交》,后有小字注"书揭阳姚氏《述德征言》后",文末天头有批注"曹星笠云此篇潜气内转,英华外发,允足轶北江而追容甫玉佩"。此文又见于《黄任初先生文钞》第9—11页。后收入《姚氏学苑丛刊》第100页,题名为《〈述德征言〉题辞》,文末有姚梓芳跋云:"此序黄任初先大夫百岁补筋而作,刻见《述德征言》卷首及中大文学丛书《任初文钞》中。"文云:

夫以孔文举之有重名,忘年而结尔汝之友;公沙穆之游太学,定交乃在杵臼之间。伐木丁丁,鸣鸡胶胶,往往遇于班荆,期之千古。而况乎抱清叔度之坐,问奇子云之亭,尝托累世之通家,更复为群而拜纪者乎!落叶尺深,庭椿已拱;江山易老,督款如新。折梅寄岭外之人,春风永挹。索米困长安之市,旧雨可怀。用迹前尘,载歌往德。忆昔戊戌之冬,日方向莫,登堂有客,设馔无鸡。获以髫年,辟饵执烛,与林宗共载,望若松乔,状李邕魁仪,观者阡陌。予兄诏之曰:"此揭阳高士姚先生也。汝其得从先生游矣乎!"闵予不造,蹭蹬秋风。庚辛之际,乃及先生于蛇江撰杖之所。逐流废学,释策而嬉,犹不以其不可教而不教之。后二年,先生遂观光京师,陟泰岱,载誉河洛之间。我来自东,则闻姚丈嵩生先生,辱在下邑,主于先大夫,持论互日夜,兴学劝教以外,无枝词。微丈言,汝几不卒所业。先君虽终,言犹在耳。拜东岩夫子之赐,逾于百朋。揭阳县北,上有石湖,四时不竭。绝顶有石浮图,下有二岩,东岩曰"竹冈"。相传宋邑人陈希假读书于此。元祐中,举经明行修第一,目为"广南夫子"。故又名"陈夫子岩"。见《广东考古辑要》。卜南安门第之昌,不待五世矣。玉步虽更,薪木未毁。籤沽馆舍,迭为宾主。姚氏内外群从,振振兮蔚起。其游学京朝者,以十数,皆昵于予。予日为蝇头书,则竞先匿去,以为笑乐。醍醐酪乳,萃于一门。遏末封胡,何止二到。酷似其舅,有阿士之文章;何妨不栉,传左芬之赋颂。人但屈指东南之竹箭,我尤推心杜孟之宝田。一经一筋,其效可睹矣。只今观之,又二十年间事耳。当年舞勺舞象之侣,靡不各本所学,显用于时。岭南故不乏耆儒,姚先生今最为老师,三推祭酒,灵运颖生,兴言祖德,士衡文赋,祗诵清芬。推于自出之耳仍,共隆百年之心祭。凡以使末俗咸知君子之泽远,杰士不待文王而后兴也。无改淑世之勤,寄其终身之慕,永锡尔类,信夫孝之大者矣。独念际遇受读父书,见知蚤岁。亦尝伏阙从大家之读,摩肩写太学之经。而食粟略同曹交,诵言妄比臣朔。既无名于达巷,徒奉手于通人。重劳他山,错此顽石。污为故楮,亦识精思。能无甚惭下交,轸怀知我。手《述德征言》一卷,遥致南州孺子之刍;歌投玖报李卒章,永言东海太公之化焉尔。

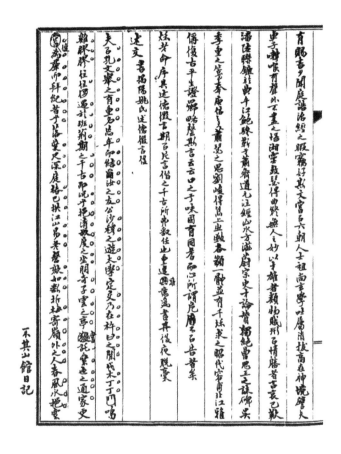

图 1 《因树山馆日记》手稿书影

姚梓芳著有《秋园文钞》三卷,黄际遇曾为其校订。据 1939 年 5 月 29 日《日记》,姚梓芳托儿子姚万达交付《文钞》三卷给黄际遇,《文钞》收文五十三篇,因"深惧丧失,托灵枣梓,属为校定,以免传讹"。次日,黄际遇"坐校《秋园文钞》,毕一卷,正字不可胜正,纠其太甚焉者尔。其义例语法,须附于诤哼者如干则,别纸条列以待质证。"又云卷中所用"棣通"语出《汉书·律历志》"万物棣通",所用"白衣云苍狗"语出杜句"天上白云如白衣,斯须变化为苍狗"。5月31日,黄际遇校《秋园文钞》字半日,并按:

> 齐集书省有"正书",北齐改为"正字",隋唐及宋因之,元以后不设此官,清制乡会试卷汇送礼部,又指派磨勘官,若而人书有不正,亦举劾之便。归来万事都休,那堪回首,信所谓"更不如,今还又"者矣。姚文抄胥尚非俗手,其屡以"辟"为"言辞"、"证"为"参證"、"秖"为"稽考"等字,且不能责善于秀考之徒,可置勿论。若以"胆"为"膽","胆",口脂泽也;以"佚"为"夫",马之"夫","佚"女夫婿也,仅见《篇海》(《康熙字典》未收);"另"为"别卷"之"别","另"不成字,此则俗书之必不可从者,而于书手何责焉。沧海横流,喋其口者久矣。

6月1日,"校完《秋园文钞》三卷,为提正一百余字,别写疑似未安之义三十则,还质秋老,以俟论定,不虞今日尚有抱残守缺补敝、拾遗如斯两人者"。黄际遇称"卷中传状十余首,尤卓尔可传",如《徐孝懿小传》,黄际遇认为此文"远出《寒花葬志》之上,视《项脊轩记》曲传其神,而立言尤得其大,回忆当日赴而未唁,在疚至今"。6月2日,姚梓芳的儿子姚万达前来拜访,传达姚梓芳感激之言:"生来未深治小学,《秋园文钞》正赖校勘",黄际遇"与言识字、作书二事殊悉"。

吴晓峰先生与好友游揭阳古沟张氏祖祠时,在村中水沟上发现了两片烂木板,这两块木板上刻着的正是姚秋园嘱黄际遇撰写的联对,吴晓峰先生撰《姚秋园嘱黄际遇书联》予以揭示,并附拓片于文中,我辈方幸得以观之。姚秋园嘱联这件事情在1936年4月7日黄际遇《日记》中有记录:

> 日哺,至人定苦思成楹联二对。秋老所属撰,憧憧往来,未应命者。
> 姚太公□□老世伯百岁冥祭:
> 再命而伛,一命而偻,世有达人,问字亭前钦明德;

葬以三鼎，祭以五鼎，礼由贤者，泷冈表后无异词。

张母姚夫人生祠颂寿：秋老女兄，子季熙，女孙荃，并有令誉。明年七十，其族党为生祠祝之。

如此女师，以司徒为父，兰台为弟，合有左芳子幼，远绍馨芬，南国荫葛藟，欲筑怀清客巴妇；

乃瞻衡宇，伐忠孝为栋，贞顺为梁，况逢沛相汉家，树之绰楔，他年奏高行，故应县祀膰桓楘。下联用《列女传》沛刘长卿妻恒鸾之女事，沛相王吉上奏高行，显其门闾，号曰"行义"，桓楘县邑有祀必膰焉。"楘"通"楘"。

夜成稿，念立意审题，故自不易；定声选色，兹乃更难。首联欲以寿语祝已故者，下联欲以祀语贶犹生者，真未知死何如生，生何如死也。予能以算学解题之法语人，而不能以作联属文之隐，宣之于口。人定亦无可语者，校灯已戛然熄矣。

吴晓峰先生已指出日记原稿与定稿略有差别，联中"左芳"在《日记》中作"左芬"，"馨芬"为"馨芳"。又指出《黄际遇文集》辑录存在问题："清容"应为"清客"，因日记手稿中"客"字与"容"字极度相似，《黄际遇文集》辑校者可能未及细察，误"客"为"容"。姚节母张太夫人是姚梓芳的姐姐（女兄），"古沟张氏十一世张加禄与姚孝贞（姚梓芳的姐姐）传十二世：张孟熙、张仲熙、张宗熙、张淑熙、张季熙。张仲熙和张季熙分别娶了姚梓芳的两个女儿姚元任和姚元瑞，张仲熙与姚元任的儿子张克悟（张德培的爷爷）"。

四、《日记》所见《广东文征》《潮州先正遗书丛刊》编刊史料考

民国二十四年（1935），县长黄秉勋倡印县志，敦请邑绅姚梓芳等组成重印县志董事会，将清乾隆《刘志》、光绪《续志》合为一书付印，后黄他调，乃由继任县长马炳乾接续完成，所成之书即今所见《揭阳县正续志》。1938 年 8 月 22日，黄际遇《日记》云："《揭阳县志》八卷，秋园校本新出于研，讵非今日之汉官威仪哉。"8 月 24 日，黄际遇指出"令长马有《序》，平反郑成功事，原书既为清

志,安得不云尔乎",认为此《序》当非县长所作,而"应出秋老手笔,于其体势知之"。同时指出《揭阳县正续志》存在的问题:

> "宋徽宗宣和三年始割海之永宁、延德、崇义三乡置揭阳县,明世宗嘉靖四十二年析揭阳之龙溪一都归海阳,又析揭阳之鮀江、鳄埔、蓬洲三都凑置澄海。"《沿革志》语。原注"此四都俱属延德乡"云。题签式如上,非法也,何不曰《澄海县志》与《揭阳县续志》乎。"丙子"云云,应冠以二十五年字样,此非。但书甲子,例也。《正志覆校表》"抱鼓"应作"袍鼓",字从木,校之而仍其误。《续志覆校表》"博责"应作"博债",按《人物志》志卓宗元事云"有负博责者",字作"责"是也,"债"新附字,指"责"应作"债",非也。

"同时但仿印本字例一照原刻而列表,校勘其误,不妄改古本,此例甚善,君子不以一失掩大德也",黄际遇也对仿印本不妄改古本提出赞许。

1936 年 5 月 21 日,黄际遇前去拜访姚梓芳,在车中听闻吴太史之耗,惋惜自己在广东三月未曾登门拜谒。吴太史即吴道镕(1852—1936),原名国镇,字玉臣,号用晦,晚号澹盦,浙江绍兴人。清光绪进士,授翰林院编修,不愿入仕,以讲学终身,历任潮州韩山书院讲席、广州越秀书院讲席、两广高等学校监督等,博通经史,善书法,工诗,尤其擅长古文辞,著有《澹盦诗存》《番禺县续志》等。黄际遇听说吴道镕"老来愈关心潮州后起之士",姚梓芳"则谬以贱子之名进也"。黄际遇《日记》中录有姚梓芳与其商榷之挽联,一为"瘁精力廿年,方薪半载,汗青踵文献文海成规,独有宝书光岭表;享遐龄八四,凄绝三春,日莫继崔公李公恒化,空余老泪洒禺山",后注"为广东艺文编纂馆同人作";二为"百卷订文征,翁山选政以还,成兹钜著;千秋留遗稿,子大梦斋而后,直至先山",后注"此联署门下姚梓芳"。姚梓芳嘱黄际遇也撰一联,黄际遇三易其稿而未定,《日记》中存有草稿:"时论仰韩公,泰山北斗,姓而不名,教泽播庾岭以东,况张籍从游,亲受遗编待来者;史臣称太丘,据德安仁,道训天下,传否关斯文之重,只王戎后至,敢从私淑谥先生"。

在处理完吴道镕丧事后,姚梓芳和黄际遇一同前去观看吴道的文稿。因

"清亡愈深韬晦",吴道镕怕人指摘,即便所成文甚富,也不许门人刻成文集。1936 年 4 月 3 日《日记》亦曾记有吴道镕不愿刊刻文集之事:"太史素不自存其文,又不允门人为之刻集,秋老出其门下,时为拾辑而请存之,且言文集须足身自定,毋俾后人知定,阿好存私皆非定论也。"姚梓芳主讲学海书院时,刊《师友渊源录》以相传习,黄际遇才有机会得见吴道镕之文章。1935 年 12 月 31 日《日记》记姚梓芳函略云:"比垂老坐兹冷席(秋老近授文学海堂),取师友撰作之未经流布者刻示及门,尊稿具存数首,以古字太多,梓人以无法印出为辞,其陋如此。朔风怒号,竟日闭户,极少见人以可访人亦极少故也,印文一卷,曰《师友渊源录》,计吴澹盦(番禺吴道镕太史,字玉臣,尝主韩山书院,年八十犹能细字鬻书)四首、章太炎一首(黄晦闻墓志铭)、唐天如一首、黄晦闻二首、黄任初二首(《万年山中日记》第二十七册叙、《不其山馆》之铭及序)。"

1936 年 5 月 21 日《日记》又云吴道镕"晚二十年倾其心于《广东文征》之别辑,已成者垂一百卷。病榻炉边,雠校不释,先正道脉,赖之不坠"。此处言及吴道镕倾力而辑的《广东文征》,《广东文征》共有八十部,每部约分三卷。仿罗汝怀《湖南文征》例,分体编录,计分敕、上书、奏疏、序、跋、杂文等十六类,并按作者时代先后而排序。又仿照盛伯熙《八旗文经》例,另编《作者考》,于叙其里贯、仕履、事迹之后,并列所选文目录附列传后,尤便浏览。人系一传,为《广东文征作者考》。黄际遇对此书早有耳闻,如 1935 年 2 月 21 日《日记》记姚梓芳言:"番禺吴澹盦先生编纂《广东文征》历年十余,为书至百余卷,犹以但得十七八未完书不肯舍,功亦勤矣。顷从余征曾刚甫、丁叔雅文,余求之其家,及久与二君游者,仅各得数篇以报先生。"2 月 23 日,黄际遇又记:"吴玉臣前辈方辑《广东文征》亘百余卷,亦云勤矣。"12 月 31 日,黄际遇赞其"以胜朝遗老,史阁清流,闻鼎革而后,独汲汲岭南文献之搜存,鲁殿岿然,无负里人之慕",同日《日记》录姚梓芳跋《明史乐府》云:"先生以为诗与文皆不足存,独《广东文征》百余卷,有关文献,年来瘁心血,此中不忍弃。"

1938 年 6 月 30 日,黄际遇于友人处得观《广东文征》"跋类"稿本,书中有姚梓芳跋记云:

《广东文征》全稿,番禺吴澹庵先生编。稿本繁重,钞录未竟,丙子春,秋园请于防城陈氏兄弟任印刷全责。既得可，乃请吴先生将全部发下，缺者补之，未钞者录之，而以姚万达、张介明、张荃、陈培玉、姚志荣诸人任襄校缮录之事，设校印所于广州东郊。三月吴先生逝，五月粤局变，陈氏去国，秋园返故乡，将离省，以稿本付番禺中学校长陈善伯藏于禺山图书馆。丁丑卢案发，至戊寅夏，战事将扩大至华南，善伯复将稿本移乡，而此"跋类"十册，余归故乡时尚存篋中，储于秋楼。是时揭城空警数至，复由秋楼携至故乡伟光里，五月得絜庵自香港来书，述张太史汉三函托欲取此"跋类"稿本寄港，汇存于善伯手。世乱未知所届，余恐乡里将来不可知，一旦散失，负疚更多，乃检嘱仲儿带港面交絜庵，转交太史，合成全璧，珍重保存。后有将此全稿印出，公之天下者，幸毋忘此经过也。戊寅夏五月秋园记于揭阳伟光里北院……

虽然吴道镕逝世前所作之后记记载更详，但黄际遇认为姚梓芳此跋串穿起《广东文征》流传始末，"寄其功沮垂成之慨隐，企后之人或有一日焉竟斯未成之业，乡先达在天之灵，实式凭之"。黄际遇不禁感慨："此卷聚跋类文篇三百余首，大半未经剞劂之作，或访诸其家，或几经传录，或且仅记篇目以待咨搜，念天地之悠悠，独有怆然而涕下者。承风未能，望尘宛在，奉诵略尽，如见羹墙。我生之后，逢此百罹，皆存惴焉。不知春秋，不知旦夕之惧，假者不敢久留，假之者亦艰任其责，于磬欬之偶接，企风流之永存耳。"

1939年5月30日，黄际遇帮姚梓芳校对《文钞》时，注意到书中附有一则吴澹盦先生书信，中云："吾粤文总集，若张氏《文献》、屈氏《文选》、温氏《文海》三书，流传日稀，几成孤本，且应选之，亦多遗漏。温氏以后如冯氏《潮州耆旧集》、陈氏《岭南文钞》，皆就闻见，偏举一隅，无续纂成大部者。窃不自量，欲汇而集之，复取方志及诸家文集，涤其繁芜，加以招撼，为《广东文征》一书。"按此信亦收入《澹盦文存》，题为《与姚君愨书》。此文说明《广东文征》的成书缘由，吴道镕认为粤文总集如张邦翼《岭南文献》、屈大均《广东文选》、温汝能《粤东文海》"皆就闻见，偏举一隅"，尚需有集大成者汇于一编。他计划继承张氏《文献》、屈氏《文选》、温氏《文海》的传统，完成这项网罗一代文献的工作。黄际遇云："太史为此书年方六十，自述老来述造之志如此。复二十余年而后没，迄未睹是书之成,板荡中原,靡有孑遗,省其遗言,弥伤后死矣。今《广东文征》丛稿尚散在太史门人之手,后之人遂终不及见也乎。"

此处值得一提的是,1929 年至 1933 年,由潮州侨商吴湘发起编辑《潮州先正遗书丛刊》大型丛书,并聘请吴鸿藻和郑国藩分任总纂和分纂,计收书五十六种,共一百二十四卷。饶宗颐先生《潮州志·教育志》曾提及吴湘征集潮州先正遗书一事:"潮安县立图书馆……移西湖涵碧楼,改为县立加通俗二字,由吴鸿藻主其事。编印有图书目录一册。同时邑人吴湘征集潮州先正遗书,借图书馆为纂辑处。迨潮城沦陷,馆藏图书疏散乡间,皆遗失,而涵碧楼也毁于战火。"吴湘(1882—?),字楚碧,潮安人,光绪三十年(1904)考入日本千叶医专,后就读于京师译学馆,历任本县议会议长、国会上议院华侨议员、潮州修志编纂委员会委员。吴鸿藻(1875—?),字子筠,潮安人,清廪贡生,历任汕头大东报社主笔、潮安通俗图书馆馆长等职。郑国藩(1857—1937),字晓屏,号似园,普宁人。贡生,历任中学教员,著有《似园诗文存稿》。《潮州先正遗书丛刊》所需经费均由吴湘负责,用银近万元。吴湘又计划自设印书局,购买机器、材料进行印刷,但因战争爆发,此事被耽搁,后来所有存稿遭乱散失,少数稿件存于汕头市图书馆、广东省国立中山图书馆。

《潮州志·艺文志》载有数十种,如清普宁方耀《照轩公牍拾遗》三卷、附录一卷,辑本;清海阳吴金锡《朱子语类录要》,选本;明海阳谢纪《养心闲集》一卷,选本;明海阳吴悦《吴州牧文存》一卷,选本;清海阳吴六奇《忠孝堂文集》三卷,选本。清大埔丘植《槐庭诗文集》一卷,辑本等。吴鸿藻《广东艺文调查表》中又记有:明饶平陈天资《东里志》八卷;明海阳薛虞畿《春秋别典》十五卷;清大埔僧道忞《弘觉禅师诗文集》二卷;清海阳杨钟岳《塞华堂文集》五卷;清海阳林世榕《林蓝田文存》一卷;清大埔杨之徐《企南轩编年录选刊》一卷;清揭阳林显荣《经义述要》二卷。其中汕头市图书馆藏有谢纪撰《养心闲集》一卷,为《潮州先正遗书丛刊》稿本,此本半叶十一行,行三十二字,白口,双鱼尾,蓝格,一册。叶口题"潮州先正遗书丛刊",应该统一稿纸。板心题"养心闲集目录"或"养心闲集一卷"。

吴湘、吴鸿藻等人在征访、编辑过程中,曾咨询过黄际遇姚和梓芳的意见。1933 年 3 月 22 日,黄际遇收到吴鸿藻寄来的《潮州先正丛书凡例总目》及《潮州先正遗书丛刊序文》,《日记》云:"先正遗书实为诗文选录,体例即乖,难语决择。序文复芜,杂无家法。其征访中有大埔温廷敬(丹铭),绩学多闻,而选政竟操之吴手,殊为潮州文献之厄也。"黄际遇认为他们的序文杂乱无章法,丛书名为"先正遗书",实乃一诗文杂烩,毫无体例可言。征访者中明明有温廷敬这种大家,但选文工作却交给吴氏,黄际遇讽为"潮州文献之厄"。1936 年 4 月 2日,黄际遇与姚梓芳面谈《广东文征》时提到《潮州先正丛书》,姚梓芳说:"近乡人某等有刻《潮州先正丛书》之举,粗阅其目,则惟潮州二字为举实,外此则多先而不必正,且有仅为先死而无当于先者。又有仅有一二断稿,本不成书,而侧诸丛书者。又丁中丞自有集,特文则无专录,乃为标出丁氏文鉴之名者。吾辈尚在,及见此等谬刻,天下后世,其谓吾辈何比,尝移书劝其稍事慎重,正恐彼辈虽承之而阳奉之也。"二人都对《潮州先正丛书》不满意。

1945 年 8 月抗战胜利,黄际遇与中山大学教职员工一同返回广州。船过清远时,黄际遇到船舷解手,不幸坠入江中,罹难身亡。"与教授三世笃交,道义相许"的姚梓芳听闻消息,悲痛万分,为好友撰就《澄海黄任初教授墓碑》。姚梓芳在碑文中说:"笃信好学,守死善道,斯二语惟君足以当之。"又云:"黄氏之门,将自君而大。君其可无憾。"文末有铭曰:"圣徂学绝文将丧,崛起岭海一儒将。道艺沉酣足供养,挥斥群言畴与抗。皋比坐拥环马帐,桃李兰桂交辉让。藏山撰述例独创,有欲求之讯铭状。"①黄际遇与姚梓芳的情谊持续了将近四十年,不可谓不深厚。通过考索黄际遇《日记》,我们会发现两位先生都十分珍视彼此的友情,尤其是《日记》保留了《广东文征》等广州地方文献的编刊史料,是两位先生参与广州地方文献整理的直接记录,可以窥见两位先生在整理刊行广州地方文献、传播广东地方文化等方面的贡献,当为学界铭记。

(林才伟,山东大学文学院中国古典文献学专业硕士研究生)

---

① 姚梓芳:《澄海黄任初教授墓碑》,《黄任初先生文钞》,第 97 页。

明代《重修古刹兴教寺碑记》考释

The Annotations to the *Chongxiu Gucha Xingjiaosi Bei Ji* of the Ming Period

葛淑英

摘　要:明代《重修古刹兴教寺碑记》,讲述了佛教入传时间、传播过程中重要事件、兴教寺历史沿革和重修经过,其中包含着佛教发展过程及兴教寺历史等方面的重要信息,具有较高的研究价值。

关键词:明代　兴教寺　涿州

2022 年 10 月,涿州市张沉村委会捐赠《重修古刹兴教寺碑记》石碑一通,现收藏于涿州市博物馆,石碑刊刻于明嘉靖六年(1527),通高 254 厘米、宽 85 厘米、厚 22 厘米。碑文首题"重修古刹兴教寺碑记"。张潮撰文,崔杰篆额,余才书丹。现据碑刻抄录碑文如下,并作标点,再略作考释,供学人参考:

重修古刹兴教寺碑记

赐进士出身奉训大夫、太子□马兼经筵讲官、同修国史、前翰林院侍讲西蜀张潮撰。

赐进士出身光禄寺卿吴郡崔杰篆。

赐进士出身奉政大夫、光禄寺少卿西蜀余才书。

佛本西域圣人,生于周昭之季,法化末来此土,暨汉永平十年,声教渐始流入中区,且二帝三王时,殊代异隔而不修,审无受器知而不传也。厥后白马经来,赤乌僧至,兰腾道敷于明帝,僧会德被于孙权,隋文稽颡昙延,梁武授诚宝志,李唐倾心玄奘,□秦拜首罗什,符坚礼敬道安,齐主师崇上统,裴相了心于黄蘗,昌黎求法于大巅,李翔道问药山,山谷禅参佛印,古之明君喆士曷当不重于是道哉!其为道也,不生不灭出九层圆盖之天,无去无来超八维方质之地,利生广大,润物弘深,牢笼亿劫之生,拔济无边之苦,巍巍乎不可思议者也。然道虽广远时有通塞,人在修为时有隐显,道因法像以尊崇,人藉行实而炫耀。近观涿郡之西,地属张沉村,旧有古刹名兴教者,唐僧张三藏族居俗邑也。创于开皇,残于大业,鼎新于大唐,中兴大辽,开泰之初,迨我圣朝成化年间,有僧名无碍者,复建前殿三,世诸佛,后殿毗卢之圣,历岁滋久,风雨剥蚀,形残质朽,率不可观。住持恒存修葺之心,奈缘力弱。本郡丁公,名玉字德良,未遇时诸兹瞻礼,浩然长叹,默有重修之愿。未几,武皇宝天,今上入继大统,笃念服劳供事之臣,进阶太监掌尚膳事督效勇营,不没夙志,慨捐赏赉之积,办宜用之物,大兴厥工,复于前殿之后增立一殿,内塑释迦之像,□桷橼楹灿然华彩,门墙甬砌焕然清致,仍竖蛟碑二统,一以勒兹寺之记,一以署乐助之名,命僧朝夕焚修祈圣寿于无疆,保黎民之康泰,边烽永息,四海晏安,绵国祚于万万年矣。鸠工于嘉靖丙戌丑月,落成于丁亥申月。公之由人景仰者不止于此,建桥于采育过□沉溺之患,修道于京西行者免仆踬之忧,其爱人利物之心不可□,且孝敬不违,好学不倦,喜接名儒佳士,乐谈经史格言,忠鲠之节过人远甚,诚中兴之良佐也。即是而观则寺之既废而兴者,时也,公之由因而亨者,亦时也,余之所谓通塞隐显,益于此而可验矣。事竣,将记敬述吾公之善与其岁月,以转告于后云。

嘉靖六年岁次丁亥秋七月上浣吉日立

一、崇法敬僧的封建帝王及文人

佛教自东汉末年入传,经历代传播且能在我国根干稳立,枝叶繁茂,除了高僧的译经弘传等因素,与历代多位帝王对佛法的护持和文人的赏识是分不开的。这块碑刻中记录了十多位封建帝王或历史名人与佛教僧侣的交往以及他们受佛教影响的情况。

（一）兰腾道敷于明帝

佛教传入中国的确切年代是东汉明帝时期。"世传明帝梦见金人长大，顶有光明，以问群臣。或曰：'西方有神，名佛，其形长丈六尺而黄金色。'帝于是遣使天竺问佛道法，遂于中国图画形象焉。[1]"明帝梦见金人后派遣秦景和蔡愔去天竺求取道法，这两个人走到西域现在的阿富汗一带时，正好遇到了在那里传教的天竺高僧摄摩腾和竺法兰，两人就把二高僧请到汉讲佛，同时还用白马驮来一批佛经佛像。永平十年（67），一行四人抵达都城洛阳，明帝隆重接待，先将其安置于鸿胪寺，后又下令仿照天竺式样建了寺院，于是就有了中国历史上第一座寺院——"白马寺"。摄摩腾成为中国第一位沙门，并开始翻译中国第一部汉译佛法——《四十二章经》。

（二）僧会德被于孙权

《神僧传》记载：僧会俗姓康，为人高雅，有见识有肚量。赤乌十年（247），僧会来到建业（南京），建茅屋，设佛像行道。孙权听说后召僧会盘问，僧会对孙权说：如来已去世千年，但佛的遗骨舍利法力无边，阿育王曾建八万四千座塔来表达佛的遗化。孙权答应僧会如果求得舍利就建塔，江东大法自此兴起。

（三）隋文稽颡昙延

《续高僧传》中记述：隋文帝开皇六年（586），天下大旱，百姓着急，朝野惶恐。于是隋文帝下令，请三百名僧人在王宫正殿举行大法会，诵经祈雨，一连祈雨几日，也不见下雨。隋文帝说："天不降雨，有何事由？"昙延法师听后说："事由一二。"隋文帝退出法会后，就命令京兆太守苏威问昙延法师："事由一二，是指什么？"昙延法师回答："陛下是万机之主，群臣是辅助之官，君臣要并通治术，俱愆玄化。所以天下雨与不下雨，事由这一二决定了（即一者君，二者臣）。隋文帝听后，立即亲自参加祈雨之事，敬请昙延法师登上大兴殿御座南面授法，文帝和五品以上的文武百官，一起席地而坐，北面而受八戒。莫高窟初唐第323窟南壁东侧，所绘昙延法师故事画下层两组画，表现的就是这一故事。

---

① 范晔撰：《后汉书》（下），岳麓书社，2008，第1077页。

（四）梁武授诚宝志

《梁武帝问志公禅因果经》记载有梁武帝向高僧志公求法问道的故事。宝志是南北朝时期的金陵高僧,世称宝公、志公,一生充满神话色彩,有人说宝志就是济公的原型。据说他的预言总是很灵,梁武帝特别敬重他,经常向他请教一些问题,宝志也总能智慧地为梁武帝答疑解惑。

（五）李唐倾心玄奘

唐太宗对高僧大德很是景仰。贞观十九年(645),玄奘从印度取经回来,向唐太宗陈述西行壮举,太宗对玄奘极为敬重,为玄奘传播佛法翻译经书提供便利条件。玄奘大师作《大唐西域记》十二卷,为唐太宗统治西域提供了帮助。太宗还曾多次劝请大师还俗辅政,虽一再被婉拒,但太宗对玄奘的信任却日益深刻。

（六）□秦拜首罗什

罗什大师是龟兹人,精通大小乘教义,后秦皇帝姚兴以国师之礼对待他,并大力提倡佛教,他与罗什大师言谈投机,经常一起日夜研讨佛法,著有《通三世论》《后秦主姚兴与安成侯述佛义》等。

（七）符坚礼敬道安

《高僧传·释道安传》记载:前秦苻坚攻陷襄阳后,把敬仰已久的道安大师迎到长安,并与道安大师同车而行出游东苑。道安在苻坚的护持下,在长安翻译佛经,长安成为北方佛教的译经中心。道安大师还致力于经典的翻译、注疏及僧团的仪式的制订等,对中国佛教的发展影响极为深远。

（八）齐主师崇上统

统是北齐的僧官,北齐昭玄寺,掌诸佛教,"置大统一人,统一人"①。昭玄寺是朝庭的一个独立机构,直接听命于皇帝,昭玄寺的长官也由皇帝直接任命,俗官无从插手,统在北齐时有着比其他机构的官员更重要的位置。

（九）裴相了心于黄檗

唐宣宗时代,相国裴休,请黄檗禅师出山,朝夕问法,记录黄檗禅师行录,录

---

① 魏徵等撰:《隋书》卷二十七《百官志》,中华书局,1973,第759页。

成《传法心要》与《宛陵录》各一卷。黄檗禅师法嗣一十二人,相国裴休是其一。在黄檗禅师的指示下,裴休通达祖师心印,后来博览群经,综观教相,著有《传心法》《宛陵录》两部禅宗精品。

(十)昌黎求法于大巅

朝愈在《与孟尚书书》中说:他刚到潮州时偶然结识了大巅和尚,由于人生地不熟,也没什么可以说得上话的人,唯有大巅和尚值得一交。大巅和尚的确是个令人尊敬的高僧,远近闻名,他的一些好的观点韩愈表示赞同。韩愈说大巅聪慧而通达,两人交往密切。韩愈是文坛领袖,天下知名,大巅和尚善于讲解佛家经义,其中一些好的观点韩愈表示赞同,对于佛教带来的一些消极影响,韩愈也表示批评,但这种批评并不是针对信仰佛教的朋友。

(十一)李翔道问药山

李翱是唐一代儒学大师。《宋高僧传》卷十七《惟俨传》记载:李翔任朗州刺史期间,到寺里谒见高僧药山问道,并援佛入儒,儒表佛里的思想表现在他的哲学著作《复性书》中。他认为人性是本善的,由于为情所惑,从而使善性不得彰明,唯有通过无虑无思寂然不动的正思才能去情复性。《复性书》沟通儒佛两家思想,以佛解儒,儒表佛里。

(十二)山谷禅参佛印

山谷指的是北宋大文学家黄庭坚,他与苏轼同属于北宋年间的一代文豪,是苏轼的门生,二人在诗词上的成就都非常高,并称为"苏黄"。苏轼在杭州时,喜欢与西湖僧交朋友,他和圣山寺佛印和尚最要好,黄庭坚和苏轼、佛印三人是好友,佛印常和黄庭坚、苏轼一起谈经论道。

封建专制统治下,皇帝对佛教所持的态度,对佛教的兴衰起着决定性作用。佛教作为封建统治的精神工具之一,只要在封建统治能够实施有效控制范围内,统治阶层便会利用佛教助王政之禁律,益仁智之善性。文人学士对于人生的体验和境遇的感悟,本来就比常人真切且深刻,而佛法对于宇宙人生的阐明,能够满足文人学士对真理的追求。佛教的人文内容,也给文学注入了活力,历来有成就的文人,大都受益于佛教,承载了佛教的那种超然。佛教入传以来,受到不少历史上的显贵和文人赏识。

二、兴教寺与三藏

《重修古刹兴教寺碑记》记载了兴教寺历史沿革:涿郡张沉村的兴教寺始建于隋文帝开皇年间,鼎新于大唐,唐僧张三藏家族就居住在这里。

唐代都城长安即现在的西安也有兴教寺,又名大唐护国兴教寺,是玄奘法师长眠之地,"兴教"二字由唐肃宗所题,寓意大兴佛教。玄奘法师又名唐三藏,三藏是佛教经典的总称,分经藏、律藏、论藏三部,通晓三藏的僧人称"三藏"。

唐代的范阳郡(涿郡)和都城长安有同称"三藏"的佛僧,和同为"兴教寺"的寺院。涿郡兴教寺如果是隋代始建之初即名"兴教寺",那么唐肃宗为玄奘法师长眠之地题名"兴教"时,是受当时范阳郡"兴教寺"启发,还是名称偶然雷同? 如果涿郡兴教寺是唐僧张三藏族居俗邑后改名为"兴教寺",那么涿郡的"兴教寺"应当是受当时都城长安"兴教寺"影响才会有同称"三藏",同为"兴教寺"的契合。当年长安的兴教寺和范阳郡的兴教寺之间有什么关联? 单这一块碑刻还看不出具体答案,相信随着更多历史文献和实物依据的发现,兴教寺与三藏及长安兴教寺和范阳郡兴教寺之间的关联会考证明白。

三、相关史实

(一)太监掌尚膳

明朝的皇宫内设十二监,分别是司礼监、内官监、御用监、司设监、御马监、神宫监、尚膳监、尚宝监、印绶监、直殿监、尚衣监、都知监。其中尚膳监是负责皇帝及宫廷膳食及筵宴等事。

(二)效勇营

明朝禁卫军团营分奋武营、耀武营、练武营、显武营、敢勇营、果勇营、效勇营、鼓勇营、立威营、申威营、扬威营、振威营十二营。效勇营是其中之一。

此碑刻中记载,丁公是在进升太监掌尚膳事督效勇营并受到赏赠后,捐赏赍之资组织重修兴教寺的。查《明史·宦官》,其中没有丁公、丁玉、丁德良的记载,但明史中太监掌十二监同时事督团营的任用是很常见的。"嘉靖八年,乃起用永(太监张永)掌御用监,提督团营"[①];明代八虎之一刘瑾也曾"瑾掌司礼监时提督西厂";宪宗也曾重用宦官汪直,任命汪直总督团营。此碑刻中丁公"进阶太监掌尚膳事督效勇营"可以补证《明史》。

《重修古刹兴教寺碑记》文不过八百字,讲述了佛教入传时间、传播过程中重要事件、兴教寺历史沿革和重修经过,其中包含着佛教发展过程及兴教寺历史等方面的重要信息,具有较高研究价值。

（葛淑英,涿州市博物馆文博馆员）

---

① 张廷玉等撰.《明史》卷三百四,《列传第一百九十二》中华书局,1973,第 7793 页。

阿咤薄俱信仰与敦煌本《大元帅启请》

The Atsar Puja(Atavika) Faith and the Dunhuang Manuscript Daishonin's Invocation

齐胜利

摘　要:考诸典籍,大元帅明王阿咤薄俱信仰起源于印度,于中国发展、传播,且又东传日本。佛典将其塑造为可畏凶狠的夜叉形象,具有八面八臂、赤龙缠发等怪异特征和强烈的密教色彩。究其形象特征之成因,则为令人生信、摧邪显正。由于大元帅神通广大,且相关的曼荼罗制作、坛场仪轨记载具体翔实,因此僧俗易于接受、乐于信奉。故而,此信仰西传敦煌。敦煌文献中的四份《大元帅启请》写卷反映出阿咤薄俱信仰深刻影响当地僧俗的日常生活,譬如祈雨、斋会、密教修行等。大元帅明王信仰又东传日本,成为日本台密重视的密教本尊,亦对该国文化产生广泛且深远的影响。因此,阿咤薄俱信仰实为丝绸之路上亚洲文明交流的重要成果之一。

关键词:阿咤薄俱信仰　敦煌本《大元帅启请》　敦煌佛教文学

大元帅阿咤薄俱为密教重要神灵之一,具有护法护教、镇护国家,禳灾祈福的重要作用。目前国内对其进行研究的成果主要有李小荣先生的《大元帅启请》研究,[①]夏广兴先生在《密教传持与唐代社会》中提及善无畏译《阿咤薄俱元帅大将上佛陀罗尼修行仪轨》三卷中的内容都与道教的诸神有密切的容摄关

---

① 李小荣:《敦煌密教文献论稿》,人民文学出版社,2003,第243-245页。

系。① 马维光先生据传世文献对其进行过简介。② 此外,方广锠先生之《从敦煌遗书看隋唐敦煌汉传佛教的宗派》之密宗文献部分曾提及《大元帅启请》。③ 其中,李先生的研究具有深度,对阿咤薄俱在敦煌的流行进行了全面分析,指出赞文是以善无畏所译《阿咤薄俱元帅大将上佛陀罗尼经修行仪轨》为基础而创作,还发现其中的真言与《阿咤薄俱付嘱咒》具有极高相似性,对此项研究推进贡献良多,令人佩服。由此观之,目前学界对阿咤薄俱信仰研究的相关成果多呈现出简介式、片段性的状态,缺乏系统性的研究,对该信仰流传日本的过程及影响的研究付之阙如。职是之故,笔者拟在前贤时彦研究的基础上,兹就阿咤薄俱在佛典中的形象、敦煌地区的流传以及东传日本的影响三点试作探讨。

一、佛典中的阿咤薄俱形象及相关仪式

大元帅指野旷神(梵名 Atavika),音译为阿咤薄俱、阿咤婆拘等,意译为林人、林住,故又被称为旷野鬼神、旷野鬼、旷野夜叉。④ 涉及阿咤薄俱的佛典主要有“失译人名今附梁录”之《阿咤婆拘鬼神大将上佛陀罗尼神咒经》、梁失译的《阿咤婆拘鬼神大将上佛陀罗尼经》、善无畏所译《阿咤薄俱元帅大将上佛陀罗尼经修行仪轨》等。《宝星陀罗尼经》卷十《阿咤薄俱品》记载了阿咤薄俱名字的由来:“随有夜叉眷属之处,我当往彼以法教示,彼诸夜叉随其住处,若见我来咸共白言:‘善来阿咤薄俱!’由彼称我名阿咤薄俱故,我名阿咤薄俱。”⑤阿咤薄俱先为外道,S. 6963V7《老子化胡经卷第二》载“第四十九外道名阿咤薄俱,有五百鬼神以为眷属。此神着人,有大力势,能除鬼病,善倾倒人。入其法门,为邪所摄,不见正道”。尔后,如来因同情众生受其危害,教化其皈依佛门。

---

① 夏广兴:《密教持传与唐代社会》,上海人民出版社,2008,第 149 页。
② 马维光:《印度神灵探秘:巡礼印度教、耆那教、印度教万神殿 探索众神的起源、发展和彼此间的关系》,世界知识出版社,2014,第 297-298 页。
③ 方广锠:《佛教文献研究》第三辑,广西师范大学出版社,2019,第 17 页。
④ 《印度神灵探秘:巡礼印度教、耆那教、印度教万神殿 探索众神的起源、发展和彼此间的关系》,第 297 页。
⑤ CBETA 2023. Q4,T13,no. 402,p. 580b24-27,https://cbetaonline. dila. edu. tw/zh/.

《大唐西域记》卷七:"那罗延天祠东行三十余里,有窣堵波,无忧王之所建也,太半陷地。前建石柱,高余二丈,上作师子之像,刻记伏鬼之事。昔于此处有旷野鬼,恃大威力,噉人血肉,作害生灵,肆极妖祟。如来愍诸众生不得其死,以神通力诱化诸鬼,导以归依之敬,齐以不杀之戒。诸鬼承教,奉以周旋。于是举石请佛安坐,愿闻正法,克念护持。"①此处与《老子化胡经》相关记载相似,均点明阿咤薄俱乃佛为悲悯众生而教化的外道。

阿咤薄俱的形象为恶夜叉,唐天竺三藏波罗颇蜜多罗译《宝星陀罗尼经》卷十《阿咤薄俱品》云"夜叉众中大将军主名阿咤薄俱,而作可畏夜叉之形"。②《佛说观佛三昧海经》卷二《观相品(四)》:"……旷野鬼神大将军等,一颈六头,胸有六面,膝头两面,举体生毛,状如箭镞,奋身射人,张眼焰赤,血出流下,与诸凶类疾走而到。"③与《佛说观三昧海经》塑造的阿咤薄俱八面形象不同,失译人名附梁录之《阿咤婆拘鬼神大将上佛陀罗尼神咒经》的记载是四面,而且描写更为详细"身黑奥青色,身长六尺。四面,当前面作佛面,左面虎牙相叉,三眼,眼赤如血。右面作神面瞋相,亦虎牙相叉,三眼,左右安牙发。头上一面作恶相,亦三眼,虎牙相叉出,眼赤如血色。最上头用赤龙缠发,火焰连耸顶上。耳钏蛇,项盘蛇,八臂,左上手执轮,第二手执槊,第三手与右第三手,当前令作供养印;右下手执索,右上手跋折罗,第二手执棒,第三手作印叉,下手执刀。手节腕臂上皆缠蛇,身着七宝校络甲。膊上皆龙,龙合垂出胸前,出三面,作赤黄二眼,合口。其上左右面皆青奥深色,上面黄白色,左面白色,右面赤黑色,前面青白色。手皆青色,象头皮作行缠。脚着履,脚踏二药叉,皆黑色。其神作极恶相可畏,雄状如前,奋迅形作"。④ 可见,《宝星陀罗尼经》《佛说观佛三昧海印经》呈现的阿咤薄拘俱形象较为简约,而《阿咤婆拘鬼神大将上佛陀罗尼经》刻画的大元帅形象十分具体,包括其面目、牙齿、发髻、手印等,可谓无微不至,显现出浓厚的密教特色。关涉阿咤薄俱的佛经文学无一例外地将其塑造为威力巨大的凶神恶煞形象,其根本目的在于降伏魔军与震人心魄。

① CBETA 2023. Q4,T51,no. 2087,p. 908a7–17,https://cbetaonline. dila. edu. tw/zh/.
② CBETA 2023. Q4,T13,no. 402,p. 579c26–27,https://cbetaonline. dila. edu. tw/zh/.
③ CBETA 2023. Q4,T15,no. 643,p. 651b10–13,https://cbetaonline. dila. edu. tw/zh/.
④ 大正新修大藏经刊行会编:《大正新修大藏经》第 21 册,新文丰,1983,第 179 页。

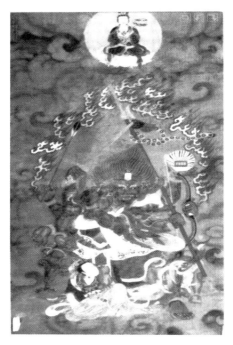

图1 《明代绢画大元帅明王像》①

启请阿咤薄俱神现需要建立坛场,包括建坛、绘制曼荼罗。建立坛场需要在七月七日或三月三日准备用于请神的燃烧物品:"若欲求神现者,七月七日、三月三日,将一切草木华阴干,谷华、稻华、酥酪、蜜烧之,一切天神八部鬼神皆欢喜现身。凡坛场高下大小,随力分作。"建坛,高坛、平坛均可:"若不能作高坛,平坛亦得。穿地三尺,去恶土、瓦石、树根,别取净土筑。先以香涂三遍,即以牛粪蒸,去恶土气,取其汁和香泥摩坛(《阿咤薄俱元帅大将上佛陀罗尼经修行仪轨》卷二)。"②

然后张挂阿咤薄俱曼荼罗、焚香、散花、诵咒,之后展开启请神灵、忏悔等仪式:"五色彩画安了,神座前各各安食盘供养。四门各烧一炉香,刀箭弓杖一依孔雀王坛法,绳绕坛,入地一寸埋白芥子,四角香水瓶,四门角安镜。春夏散树木草华,秋冬散杂彩华。一日一夜换食。出净衣、入净衣,上厕洗净、下厕一浴。一日一度,六时入坛,诵咒一度,入坛七匝,行道礼七拜,执香华,四方启告诸佛、菩萨、诸天善神、八部，手执华香，四方启请云：'弟子某甲，奉请十方诸佛、诸大菩萨、一切贤圣。有天眼者见我，有天耳者愿闻。某国某甲今入道场，愿诸佛菩萨一切贤圣证知弟子。'顶礼七遍启告，自思想其声闻周遍十方诸佛前、天龙八部前，以为召信。即烧香散华，悲泣忏悔供养，三称我名：'南无阿咤薄拘鬼神大将。愿兴大慈悲，将领眷属，入我道场。'即烧香专心供养。我于尔时，召集天龙八部一切鬼神入道场。当入之时，道场内百物自鸣，天下大风尘起，有一大叫声，状如天崩声，行者勿怖。当出声时，四海涌沸、须弥山振动、一切虫兽皆怖驰走，或见我作菩萨形，或见我作大将形，或见我作金刚大怒形，或见我作帝释形，皆勿怖惧，但诵供养（《阿咤薄俱元帅大将上佛陀罗尼经修行仪轨》卷二）。"①《阿咤薄俱元帅大将上佛陀罗尼经修行仪轨》中对修行阿咤薄俱的每个环节均有细致的规定，从而使得其修行方法有据可依，具备极强的可操作性，这也是此种信仰十分流行的重要因素之一。

阿咤薄俱曼荼罗的绘制十分复杂、严格，从要求画师严守戒律便能看出，《阿咤薄俱元帅大将上佛陀罗尼经修行仪轨》卷二中称："画人持戒，勿食五辛，若欲食者，我以跋折罗刺其心上，令画人口中流血，八大金刚析碎，头破七分。若清净用心画者，我令其人恍惚不知，自得其神相，即令画人得横财宝。"②可见画师绘制阿咤薄俱曼荼罗必须具有虔诚之信仰，严格持戒，其绘制过程中个人才华让位于大元帅之神力加持。《阿咤婆拘鬼神大将上佛陀罗尼经》中有更为详细的规定："先画一铺像大力神将，或一幅，或三幅，或四幅，上上好绢。起八月一日画，若自画、教人画皆得。先斋七日，即着上妙之衣，清净洗浴，即与画师受八戒，于一净室悬幡花。作一大火坛，高一尺，坛上多刚炭火，即取白汁木作一千八段。取胡麻、粳米、蜜酪及香花诵咒，一咒一烧，烧尽物已。用上好上彩色，安坛上咒一百八遍。勿用胶和，取白汁木及安陆香汁和之。上一厕，一洗浴。画阿咤婆拘元帅。"③从绘画流程、所用材料等方面均进行明确、严密的规定，从而使得大元帅阿咤薄俱具备至高无上的神性，令观想者易于生起信心。

---

① CBETA 2023. Q4, T21, no. 1239, p. 195c20–24, https://cbetaonline. dila. edu. tw/zh/.

② CBETA 2023. Q4, T21, no. 1239, p. 195c20–24, https://cbetaonline. dila. edu. tw/zh/.

③ CBETA 2023. Q4, T21, no. 1239, p. 195c20–24, https://cbetaonline. dila. edu. tw/zh/.

二、敦煌地区流行的阿咤薄俱

大元帅阿咤薄俱属于敦煌民间信仰之一。敦煌民间信仰研究传统深远，高国藩先生早年连续出版了多部以敦煌地区民俗为研究中心的著作，如《敦煌民俗学》《敦煌俗文化学》《敦煌巫术与巫术流变》等，这些作品在很大程度上涵盖了民间信仰的各个方面。敦煌民间信仰中，密宗信仰自然不容忽视。马德、纪应昕认为敦煌地区早期密教的发展与竺法护及其所译经咒有关，且敦煌密教的文献与图像深入敦煌地区的社会生活，影响重大。① 根据业师李小荣先生在2003 年出版的著作《敦煌密教文献论稿》的分析，隋唐五代至宋初敦煌地区的民间佛教信仰主要是民间色彩浓厚的杂密。密教源于大乘佛教在印度晚期的演化。公元 7 世纪，随着印度教复兴，大乘佛教面临的挑战增多，大乘佛教开始融入印度教、印度本土信仰乃至中国道教的元素，亦逐步走向巫术化，开始在民间广泛普及，由此催生了印度密教。② 从敦煌遗书来看，密教中的鬼神信仰极为流行，是当地民众信仰的重要对象。发展到唐宋时期以后，形成了如饿鬼、阎罗王、大元帅阿咤薄俱等多种神鬼信仰。纪应昕、马德在《唐宋时期敦煌密教饿鬼观念及其信仰探析》一文中探讨了敦煌密教饿鬼信仰的范畴及功用。③ 此外，王航在《敦煌密教鬼神信仰研究》中对敦煌的鬼神信仰有甚为详尽的研究，但未提及大元帅明王阿咤薄俱信仰，殊为可惜。④

据李小荣老师研究，敦煌保存的《大元帅启请》共有四份写卷 P. 2197、P. 2384、P. 3845、北图羽 23 号（即 BD06823）。P. 2197 为真言集，其中保存的启请文除《大元帅启请文》外，还有秽迹金刚、佛说金刚莲花部大摧碎等启请文。李先生曾对 P. 2384《大元帅启请》录文为"应顺元年六月改为清泰元年（934），时

① 纪应昕：《唐宋敦煌坛法与坛场研究》，博士学位论文，兰州大学，2023，第 40 页。

② 李利安、张子开、张总，等：《四大菩萨与民间信仰》，上海人民出版社，2011，第216 页。

③ 纪应昕、马德：《唐宋时期敦煌密教饿鬼观念及其信仰探析》，《敦煌学辑刊》2021 年第 3 期，第 108~118 页。

④ 王航：《敦煌密教鬼神信仰研究》，博士学位论文，陕西师范大学，2018，第 1~192 页。

图 2　P.2384
《大元帅启请》
尾题

当岁次甲午,天旱故记之耳。比丘□□"。① 从现在的高清写卷图像看,所缺字为"志勤"(如图 2 所示)

P.2384《大元帅启请》单独抄写,由此可以窥知敦煌民众对大元帅阿咤薄俱的敬重。P.2384《大元帅启请》的抄写动机是"应顺元年(934)六月改为清泰元年,时当岁次甲午天旱"。BD06823 为归义军时期写本,写卷正面抄写《摩诃般若波罗蜜经(兑废稿)卷二一》,背面内容由愿受于辛巳(861)年四月廿八日抄写,内容为《大降魔秽迹金刚圣者启请》《大元帅启请》。

从以上材料来看,启请阿咤薄俱皆与"天旱"有关,这关系到中国古代的"祈雨传统"。古代中国是农耕社会,对自然依赖性强,气象状况的好坏几乎决定了粮食的丰歉。如遇久旱未雨或是久雨成灾,朴素的劳动人民会自然地转向上苍、神灵展开祭祀,祈求风调雨顺。祭祀的对象多为自然神灵以及宗庙祖先。"唐代,随着'开元三大士'在华传译经典,唐代密教愈加服务于世俗政权。密教僧侣不但译出了大量祈雨经典或与其相关的密法,也常常积极参与国家的'祈雨'活动,并得以在内道场中举行'祈雨'仪式。可以说祈雨也成为唐代密教护国传统之一。"② 唐代龙王祈雨信仰风行,推重与之息息相关的密法《孔雀明王经》,唐代以来的祈雨活动多由高僧主持,以设坛念咒、诵读经典等方式乞求龙王;值得注意的是,祈雨活动与密宗的关系格外突出,如金刚智、善无畏、不空等密教大师都曾多次祈雨。③

启请元帅阿咤薄俱需要咒语。在印度的佛陀时代,咒语的使用是被禁止的。但在吠陀时期,咒语的使用却普遍流行。换言之,随着佛教的发展,咒语的使用也逐渐盛行起来。白冰在《神灵、支配与信仰:宗教人类学视野下印度佛教咒语从禁止到盛行》中提道:"随着大乘佛教密

---

① 李小荣:《敦煌密教文献论稿》,人民文学出版社,2003,第 244 页。
② 黄璜:《大理国密教祈雨文化及其源流考述》,《中华文化论坛》2023 年第 4 期,第 62 页。
③ 杜斗城、李艳:《唐代佛教与祈雨》,《社会科学战线》2010 年第 11 期。

教经典的出现,婆罗门教神灵演变为佛教护法神,佛、菩萨也具有了神灵的地位,咒语的受持能得到诸佛菩萨的护佑……咒语的盛行显现了佛教由非社会性向社会性、由出世性向入世的转变,其中加入了祈雨、卜算等内容。"①另一个问题是,为何遭遇旱灾便要启请阿咤薄俱? 李小荣先生在《敦煌密教文献论稿》中指出主要原因在于《阿咤薄俱元帅大将上佛陀罗尼经修行仪轨》卷一中阿咤薄俱在空王如来时曾为白衣行者救人饥渴的故事。兹补充几条材料,其一,《阿咤婆拘鬼神大将上佛陀罗尼神咒经》"追百千天龙兴云致雨龙王印十二,唵步耆罗莎诃,左右臂腕如前不改,但以左右手小指无名指反相叉入掌中右押左,二中指直竖头拄,二食指拄中指背上节,二大指少曲各拄二食指内中节,头指来去"。② 可见阿咤薄俱可以召唤百千天龙兴云致雨。其二,《阿咤薄拘元帅大将上佛陀罗尼经修行仪轨》卷一:"尔时佛告阿难:'阿咤薄拘元帅大将此咒极有神力,能消除诸恶,拥护众生,多所利益。汝好受持,广宣流布。若国土衰祸、雨泽不调,以此咒安四城门上,即得风雨顺时。'"③《阿咤婆拘鬼神大将上佛陀罗尼神咒经》有云:"若有国王大臣诵此咒者,其人境土无有恶贼、怖难、灾横、疾疫、水旱、风霜。"④于此可知,阿咤薄俱元帅大将所说神咒可以使人间旱灾消除、风调雨顺。此外,阿咤薄俱神咒的使用方法有三,一是持诵;二是盛以彩囊,随身佩戴;三是安于四城门上。

图 3　P. 3845《元帅启请(1)》

---

① 白冰:《神灵、支配与信仰:宗教人类学视野下印度佛教咒语从禁止到盛行》,《中国俗文化研究》2021 年第 1 期,第 63-70 页。

② CBETA 2023. Q4,T21,no. 1239,p. 200b9-13,https://cbetaonline. dila. edu. tw/zh/.

③ CBETA 2023. Q4,T21,no. 1239,p. 193b20-23,https://cbetaonline. dila. edu. tw/zh/.

④ 大正新修大藏经刊行会编:《大正新修大藏经》第 21 册,新文丰,1983,第 179 页。

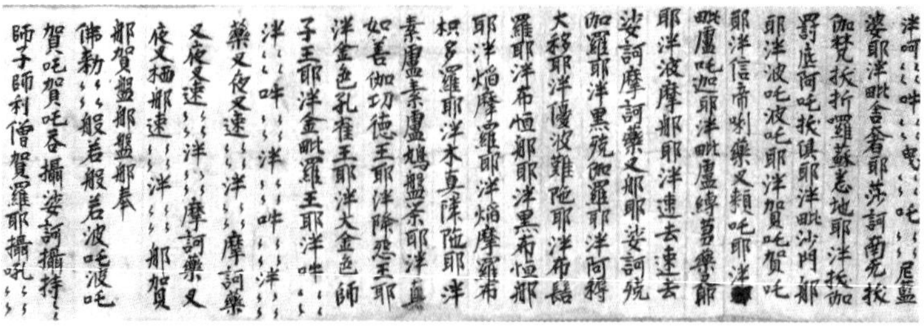

图4　P.3845《元帅启请(2)》

图5　P.3845《元帅启请(3)》

由上图可见,P.3845《元帅启请》由赞文与咒语两部分构成,只在赞文中提到"身印手印碎须弥"。而非如《敦煌密教文献论稿》所言"P.3845 写卷虽未录赞文却有咒语和手印,咒、印实出于经文,当亦为启请时所用"。① P.3845 中《斋文》与《元帅启请》抄写在一处,二者可能同为以阿咤薄俱为启请对象的斋会文书。《斋文》中女弟子祈求"年除九横""月去三灾",而《阿咤薄俱元帅大将上佛陀罗尼经修行仪轨》卷一中说:

　　一切大众鬼神等,皆各一心听我说,

────────────

① 李小荣:《敦煌密教文献论稿》,人民文学出版社,2003,第244页。

八部有元帅大将,号名曰阿咤薄俱。

以常供养无边佛,今还亲近释迦文,

变现菩萨大悲身,而作怖畏之形像。

一切鬼神咸归伏,阎浮众生亦复然,

能于六道拔苦恼,咸皆使之令快乐。

若有众生闻其名,永离灾难及危厄,

临终之时不惊怖,菩萨为与授菩提。

若有违逆此呪者,现身白癞脓血流,

后堕地狱受诸苦,更为人身不具足。

我今召之为元帅,号曰甘露无边呪,

若有众生善受持,一切诸佛咸证知。①

由阿咤薄俱可以使得信众"永离灾难及危厄",可知斋文与启请文当有内在关系。此外,"若有众生闻其名……临终之时不惊怖,菩萨为与授菩提"则显示出净土宗的称名念佛与临终关怀对密教的影响。推究此种变容发生原因,应为密教教化民众之"因材施教"的弘传策略表现。

另外,茨默(Peter Zieme)著,杨富学译《佛教与回鹘社会》中指出回鹘人翻译的本缘部佛典便有《大元帅譬喻》,②其中的大元帅可能是指阿咤薄俱,可见回鹘民众似乎亦接受了密宗中的大元帅信仰。

三、东传日本的大元帅明王信仰

相比起朝鲜半岛,密教直到中晚唐才传入日本,时间较晚,但影响更大。"入唐八大家"之一的空海法师(弘法大师)在嵯峨天皇支持下建立了真言密宗,为日本密宗之祖。空海在之后的几十年中不断完善理论建设和仪轨体系,深刻影响了东瀛平安朝时代的佛教发展,使之呈现出密教化趋势。作为密教神

① CBETA 2023. Q4,T21,no. 1239,p. 188b8-c25,https://cbetaonline. dila. edu. tw/zh/.
② 茨默(Peter Zieme):《佛教与回鹘社会》,杨富学译,民族出版社,2007 年,第 9 页。

灵的阿咤薄俱大元帅也不可避免地盛行于日本,其中,日僧常晓是大元帅明王信仰东渐的关键人物之一。他于唐代来华,自花林寺元昭受法后返日本弘传为镇护国家之秘法,称大元帅法,颇为日本台密家所重。

据《常晓和尚请来目录》记载:

> 文璨和尚以为师主,始学法仪。兼往花林寺元照座主边问本宗义,并得文书也。然大师尚佛法之流转,叹生民之可拔。授我以金刚大法,许我以阿阇梨位也。膝步知未知,接足得不得。幸赖国家之大造,大师之慈悲。学金刚海瑜伽,习大元帅密法。斯法也则如来之肝心,众生之父母。于国城堑,于人筋脉。是大元帅者,都内不传于十供奉以外,诸州无出于节度使宅,以表缘其灵验不可思议也。诸佛、菩萨、金刚、天等像虽在前来,此像未曾请来。今则大元帅诸身曼荼罗并诸灵像所要文书等请来见到。①

由上可知,大元帅密法十分重要,甚至将其称为"如来之肝心"。因为大元帅法甚为灵验且具有不可思议之威力,又为镇护国家之大法,所以只流传于"都内十供奉""主州节度使宅"。花林寺三教讲论大德元照因哀悯众生流转于生死海中,于是将其授予日僧常晓。

《常晓和尚请来目录》记载:《大元帅念诵仪轨一卷》《阿咤薄拘元帅大将上佛陀罗尼经一卷》。② 同书还记载:"大元帅本身将部曼荼罗一铺(总五十余身)、大元帅大悲身像一躯、大元帅忿怒身像一躯、大元帅化身像一躯。右大元帅者,如来之教令轮也。佛为含情作救作护,示大元帅形。群邪见形,头破七分。众恶听名,魔道尘散。本经云:'佛告阿难:'若有国王大臣敬礼、诵呪者。其人境土,无有恶贼、怖难、灾横、疾疫、水旱、风霜。国王倍威德,诸民平秦

---

① CBETA 2023. Q4, T55, no. 2163, pp. 1068c18 – 1069a1, https://cbetaonline. dila. edu. tw/zh/.

② CBETA 2023. Q4, T55, no. 2163, pp. 1069c22 – 1070a1, https://cbetaonline. dila. edu. tw/zh/.

（泰）。若有城邑、村落持此经者，莫不蒙利等者。'又云：'若国土襄祸，雨泽不调。以此大元帅呪安四城门上，即得风雨顺时。将镇国土，四方邻敌不起逆心等者。然则如法行，国长存安宁。刹那妇人固得十利，不可思议也，大元帅之力。'今见唐朝皆依此为治国之宝，胜敌之要。是以定自在王菩萨偈赞曰：'我闻元帅名，世间救苦厄。一切大神中，奇特无有比。种种变化身，而拔众生苦。我今闻往昔，实不可思议。'此法也，吾朝不多流行。以是略要、法仪、图像请求。息灾招福无比法，谁非归依耶。"②常晓不仅获得大元帅秘法的修行方法，还将与阿咤薄俱密切相关佛经与一铺五十余身

图6 《醍醐寺藏东密佛画：大元帅明王像》①

的阿咤薄俱曼荼罗及大元帅大悲身、忿怒身、化身像各一躯携回日本。《常晓和尚请来目录》记载为其绘制阿咤薄俱元帅者为供奉李全："六年正月四日设二百僧斋，普供四众。于此日诸寺大德纲维并临斋会，应供随喜。常晓夜就师边受学瑜伽，周诸寺觅问法门。则唤即供奉李全等图绘大元帅将部曼荼罗等诸尊像，并写文书，渐有次第。"③常晓和尚考虑到唐王朝以大元帅为"治国之宝"

---

① 醍醐寺藏东密佛画：大元帅明王像，https://mp. weixin. qq. com/s/IXTyP2Oey2OjMyRec2nyNw.

② CBETA 2023. Q4，T55，no. 2163，p. 1070a24-b16，https://cbetaonline. dila. edu. tw/zh/.

③ CBETA 2023. Q4，T55，no. 2163，p. 1071b2-13，https://cbetaonline. dila. edu. tw/zh/.

图7 狩野芳崖《大元帅明王》图①

"胜敌之要",并且可以保佑妇女分娩时无痛无灾,而日本国内却无有流通,更遑论修行,于是便以之为求法重要对象。

从中国流传到日本的大元帅明王信仰可谓是"墙内开花墙外香"——《镰仓时代》记载:承久三年(1221)五月,后鸟羽上皇下令在法琳寺中持续二十一日修行大元帅法。书中注释大元帅法为"大元帅法,真言密教的大法之一,将大元帅明王奉为本尊而修行的镇国大法。仁寿元年(851)以后,每年正月初八日至正月二十四在宫中修行此法。另外,为了降伏敌军,也会临时修行此法"。②

明治时期,"近代日本画之父"狩野芳崖(1828—1888)曾以阿咤薄惧为主题创作《大元帅明王》画作。该画以大红色为背景,泥金线条勾勒,结构紧凑、神态生动,神灵三头六臂上的肌肉线条清晰有力,可以直观感受到大元帅明王的威严神武。

又,东山魁夷《唐招提寺之路》中提到奈良的秋筱寺"秘佛大元帅明王像每年开龛一次,我参拜过一回。为镰仓时期木雕着色的巨大佛像,一副怒目圆睁的悍相。在供奉美丽的伎艺天等佛像的尽日岑寂幽暗的殿内,竟有手脚缠蛇、气势汹汹的明王出现,委实令人愕然"。③ 令人不可思议的是,

① 《大元帅明王》—日本画家狩野芳崖绘制,https://mp.weixin.qq.com/s/biZyi1I4sF_lYD3Uo2OFUQ.
② 三浦周行:早稻田大学日本史(卷五):《镰仓时代》,栾佳译,华文出版社,2020,第168页。
③ 东山魁夷:《唐招提寺之路》,林少华译,漓江出版社,1999,第53页。

秋筱寺的中供奉的大元帅明王从古代镇护国家的功能转变为现代诅咒政敌。如松本清张《欲河中的罪恶》在写奈良秋的筱寺时说"我知道那座庙里的秘佛叫大元帅明王。他的样子象不动明王一样,满脸怒气。他的头,手和脚上都盘满了蛇。头发也是蛇,衣服扣子同样是蛇,真是令人毛骨悚然。据说,这是能够咒杀仇敌的神佛。因此,举行选举的时候,有的候选人来求寺庙,诅咒对立面的候选人落选,令寺庙方面哭笑不得"。① 由此观之,日本在对大元帅明王的容受过程中,此信仰已然变容,更趋世俗化。

结论

本文鉴于学界关于大元帅明王阿咤薄俱信仰研究成果的碎片化情况,综合利用传世文献、敦煌文献、日本现代文献与图像开展系统研究。首先,对佛典中阿咤薄俱的形象、相关仪式进行析论;其次,利用敦煌写卷高清图像补充前人录文,在文本细读的基础上,结合敦煌写本学补论敦煌地区阿咤薄俱信仰的流布原因;最后,图文结合,对学界关注不多的日本阿咤薄俱信仰的受容与变容进行探究。综而论之,大元帅明王信仰源于印度,发展于中国,盛行于日本,在僧俗间产生了深入且广泛的影响。该信仰具备完整的信仰仪轨,既有坛场、曼荼罗,又有用于吟唱的赞文,传播方式则涉及视觉、听觉,载体涉及纸张与丝绢。从东亚文明交流视野中观看,大元帅明王信仰无疑是其中的成果之一。就佛教文学角度而言,涉及大元帅明王的作品可分为佛经文学与佛教文学两类。尤其值得关注的是,大元帅明王信仰在日本,从镰仓时期延续至今,可见其影响深远。

（齐胜利,福建师范大学文学院博士研究生）

---

① 松本清张:《欲河中的罪恶》,王启元、金强译,佳傅校,文化艺术出版社,1990,第263页。

清水江下游天柱地区石刻刻工补遗

An Addendum to the Stone Carvers of the Tianzhu Area in the Lower Reaches of the Qingshui River

邱　波　李贞光

摘　要：石刻刻工是地方文献研究的重要组成部分，目前取得了丰硕的学术成果，但目前学术界的石刻刻工研究成果《石刻考工录》《石刻刻工研究》等对天柱地区石刻刻工研究涉及较少，今依据《清水江文书·天柱古碑刻考释》对天柱地区石刻刻工加以整理，进一步完善《石刻考工录》。此外，天柱地区石刻刻工的题署、刻碑方式具有明显的地域特色，对于天柱地区文化研究有一定的推动作用。

关键字：天柱地区　石刻刻工　《石刻考工录》　《石刻刻工研究》

一、引言

天柱县位于贵州省东部，其辖区内石刻数量众多，具有重要的历史文化价值。就目前学术界对天柱石刻的研究状况而言，代表性的成果有：《论明清以来清水江下游天柱地区碑刻的分类、内容与学术价值》①《苗岭东缘山区的石刻

---

① 李斌、吴才茂、姜明：《论明清以来清水江下游天柱地区碑刻的分类、内容与学术价值》，《贵州大学学报（社会科学版）》2013 年第 3 期。

记忆——天柱碑刻遗存状态及其抢救保护问题调查报告》①《清水江下游苗侗地区碑刻文化调查——以天柱县为例》②《明清时期清水江下游天柱地区教育变迁——以碑刻史料为中心》③等，但涉及天柱地区石刻刻工整理的成果较少。刻碑一般包括写、摹、刻三个程序，刻工技术的高低直接影响着石刻的书法价值。另外，石刻长期经受风吹日晒，很容易出现漫漶，以石刻刻工为线索还可以考证石刻的年代，故石刻刻工在石刻文献的形成与传承过程中扮演着重要角色，在地方文献研究中占有一席之地。

二、天柱地区石刻资料整理

目前石刻刻工研究取得了丰硕的成果，《石刻考工录》④是曾毅公先生从事金石学研究的一部著作，该书辑录了从汉至清的大量石刻刻工资料，是石刻刻工研究中具有里程碑意义的著作。程章灿先生《石刻刻工研究》⑤在搜集方志、金石文献的基础上对《石刻考工录》进行了补编，增加了民国时期石刻刻工的相关资料，并对石刻刻工进行了理论研究。此外，《〈石刻考工录〉续补》⑥《泰山石刻刻工辑补》⑦《几种碑刻集中的石刻刻工信息——增补〈石刻考工录〉》⑧《五台山石刻刻工补遗及相关问题述略》⑨《云南石刻刻工及相关问题考论》⑩

---

① 秦秀强、龙宇晓：《苗岭东缘山区的石刻记忆——天柱碑刻遗存状态及其抢救保护问题调查报告》，《原生态民族文化学刊》2013年第3期。

② 秦秀强：《清水江下游苗侗地区碑刻文化调查——以天柱县为例》，《贵州民族学院学报（哲学社会科学版）》2012年第3期。

③ 李斌、吴才茂、龙泽江：《明清时期清水江下游天柱地区教育变迁——以碑刻史料为中心》，《教育文化论坛》2011年第2期。

④ 曾毅公：《石刻考工录》，书目文献出版社，1987。

⑤ 程章灿：《石刻刻工研究》，上海古籍出版社，2008。

⑥ 刘汉忠：《〈石刻考工录〉续补》，《文献》1991年第3期。

⑦ 李贞光：《泰山石刻刻工辑补》，《碑林集刊》2016年第1期。

⑧ 李贞光：《几种碑刻集中的石刻刻工信息——增补〈石刻考工录〉》，《古籍研究》2017年第1期。

⑨ 李贞光：《五台山石刻刻工补遗及相关问题述略》，《忻州师范学院学报》2023年第3期。

⑩ 赵成杰：《云南石刻刻工及相关问题考论》，《古典文献研究》2022年第2期。

等文章亦对石刻刻工进行了辑补,这些石刻刻工的学术成果进一步丰富和发展了地方文献研究。笔者近读《清水江文书·天柱古碑刻考释》(该书共分上、中、下三册,以下简称《上》《中》《下》)①,从书中发现若干天柱地区石刻刻工信息,现据该书将天柱地区石刻刻工资料加以整理,以进一步补充完善《石刻考工录》,其中石刻上漫漶无法释读的文字,用"□"表示。

（一）明

粟子尧(石匠)

万历三十九年(1611)孟冬刻《坌处镇三门塘梁溪口兴龙桥碑》,《上》第81页。

（二）清

1. 蒋日维　杨胜先　周德玉　杨胜明(匠士)

乾隆元年(1736)刻《白市镇坪内功德无量碑》,《上》第272页。

2. 黄先美(石匠)

乾隆七年(1742)十二月十七日刻《竹林乡刘家功德碑记》,《下》第274页。

3. 潘凌章(石匠)

乾隆八年(1743)冬月十一日刻《竹林乡秀田修路碑记》,《上》第424页。

4. 黄开旺(石匠)

乾隆十六年(1751)仲春刻《坌处同井同心碑》,《上》第507页。

5. 吴君文(梓匠)

乾隆二十一年(1756)七月二十一日刻《竹林乡地坌村起秀斋碑记》,《中》第215页。

6. 杨子云　永鹏　俊一(石匠)

乾隆二十四年(1759)孟春刻《远口镇坡脚会泉桥流传万古碑》,《上》第144页。

---

① 政协天柱县第十三届委员会编:《清水江文书·天柱古碑刻考释》,贵州大学出版社,2016。

7. 黄祥美(石匠)

乾隆二十七年(1762)孟夏刻《坌处镇三门塘村大坪修路碑记》,《上》第455 页。

8. 罗三阳 弟罗秉阳 罗秉章(石匠)

乾隆二十八年(1763)十一月刻《竹林乡棉花汉冲重修碑记》,《下》第256 页。

9. 黄干玉(石匠) 刘文富(梓匠)

乾隆二十九年(1764)冬月刻《竹林乡龙凤山乐风亭碑》,《中》第50 页。

10. 罗秉阳 罗秉章(石匠)

乾隆乙酉年(1765)仲春刻《竹林乡棉花村桃金寨丹墀碑记》,《下》第245 页。

11. 唐芳元(石匠)

乾隆三十年(1765)腊月刻《地湖乡岩古村佑家修路碑记》,《上》第396 页。

12. 李捷元(刻记石匠)

乾隆三十二年(1767)四月四日刻《坌处镇监田溪石桥碑记》,《上》第264 页。

13. 黄祥美 兄弟志美(靖州 石匠)

乾隆三十二年(1767)季冬刻《坌处镇三门塘次修桥路碑记》,《上》第52 页;乾隆三十四年(1769)孟夏刻《坌处镇三门塘南岳庙庙坊碑记》,《下》第295 页。

14. 王祥美 志美 周玉(石匠)

乾隆三十六年(1771)六月刻《坌处镇三门塘终修桥路碑记》,《上》第78 页。

15. 罗世凤(石匠宝庆府)

乾隆三十七年(1772)冬月刻《竹林乡棉花重修碑记》,《上》第306 页;乾隆三十八年(1773)六月刻《竹林乡地坌村岩田修桥碑》,《上》第128 页。

16. 黄廷玉(石匠)

乾隆三十七年(1772)大吕月刻《地坌永垂千古碑》,《下》第19 页。

17. □钱王（石匠）

乾隆三十八年（1773）三月刻《竹林村中心寨永垂千古碑》，《下》第 123 页。

18. 罗秉章（石匠　刊）

乾隆三十八年（1773）仲冬刻《竹林乡棉花村修井碑记》，《上》第 499 页。

19. 徐天右（石匠）

乾隆三十八年（1773）冬月刻《白市镇北岭兴隆桥碑》，《上》第 256 页。

20. 罗仪清（镌碑石匠 邵阳）

乾隆三十九年（1774）仲春月望六日刻《地坌合修南岳庙石阶及大门碑记》，《下》第 15 页；乾隆三十九年（1776）季春刻《竹林乡地坌墩步永安碑》，《上》第 123 页；乾隆四十年（1775）孟夏刻《竹林村马路冲风水碑记》，《中》第 424 页；乾隆四十四年（1779）刻《竹林乡新寨周道如砥》，《上》第 447 页；乾隆四十七年（1782）桂月刻《竹林乡地坌学田碑记》，《中》第 221 页；乾隆五十四年（1789）夏月刻《竹林乡地坌庙田碑记》，《下》第 17 页。

21. 唐必高　徒（石匠　刻碑）

乾隆四十年（1775）仲冬刻《社学乡摆溪龙飞乾隆司勋永着碑》，《上》第 268 页。

22. 瞿天佑同瞿天云（石匠）

乾隆四十年（1775）丁亥月乙未日刻《白市镇孙杨氏建坊例银碑》，《中》第 81 页。

23. 罗奉山（石匠　刊）

乾隆四十二年（1777）姑洗月刻《竹林乡新寨永垂不朽碑》，《上》第 356 页。

24. 罗仪兴　罗仪泰（石匠）

乾隆四十五年（1780）二月朔二日刻《坌处镇地兰岑土地祠万古不朽碑》，《下》第 311 页。

25. 罗起凤（石匠邵阳县　刊）

乾隆四十六年（1781）孟冬刻《白市镇汶溪永垂不朽碑》，《上》第 243 页。

26. 王元吉（石匠）

乾隆四十六年（1781）仲冬刻《石洞镇黄桥乾隆功德万载碑》，《上》第 377 页。

27. 罗旭文 (石匠师)

乾隆四十六年 (1781) 季冬刻《高酿镇皎环百世流芳碑》,《中》第 27 页。

28. 罗仪发 (石匠)

乾隆四十七年 (1782) 九月二十六日刻《竹林乡湳头重修碑记》,《下》第 263 页;乾隆五十年 (1785) 秋月刻《坌处镇三门塘禁条碑记》,《中》第 440 页;乾隆五十六年 (1791) 太簇月刻《坌处镇三门塘溥博渊泉碑》,《上》第 505 页;嘉庆二年 (1797) 仲秋刻《坌处镇乌岩溪永远碑记》,《下》第 313 页;嘉庆二年 (1797) 孟冬刻《坌处镇三门塘修庵碑记》,《下》第 288 页;道光二十年 (1840) 林钟月刻《坌处镇三门塘南岳庙重修碑记》,《下》第 292 页。

29. 刘明高　罗再良　瞿承山 (石匠)

乾隆四十八年 (1783) 冬月刻《渡马乡杨柳龙王阁碑》,《中》第 12 页。

30. 蒋华章 (石匠)

乾隆四十八年 (1783) 十二月二十二日刻《瓮洞镇金紫接龙亭碑》,《中》第 38 页。

31. 罗仪泰 (宝庆石匠)

乾隆五十年 (1785) 姑洗月刻《竹林乡杨家修井碑记》,《上》第 497 页。

32. 罗仪泰　信绍发 (石匠　刊)

乾隆五十年 (1785) 姑洗月二十八日刻《竹林乡杨家功高配天土地祠碑》,《下》第 343 页;乾隆五十年 (1785) 孟夏刻《竹林乡新寨修路碑记》,《上》第 348 页。

33. 信绍发 (镌碑石匠)　胡惟臣 (雕匠)

乾隆五十年 (1785) 孟夏刻《竹林乡新寨土地碑记》,《下》第 269 页。

34. 信正有 (石匠)

乾隆五十年 (1785) 仲夏刻《坌处戏台碑记之一》,《中》第 309 页。

按:《中》将乾隆五十年写成了 1786 年,在此加以纠正。

35. 蒋富珍　奇珍　兰珍 (石匠)

乾隆五十年 (1785) 林钟刻《坌处镇三门塘大兴团修路碑记》,《上》第 457 页。

36. **信正有　信正开（宝庆府邵阳县石匠）**

乾隆五十二年（1787）季秋刻《坌处镇清浪承先启后碑》，《上》第467页。

37. **罗建安　罗建伦（楚南石匠　镌）**

乾隆五十三年（1788）冬月刻《高酿镇邦寨永垂不朽碑》，《上》第495页。

38. **伍典隆（石匠）**

乾隆五十三年（1788）冬月刻《竹林乡棉花青龙书塾碑》，《中》第294页。

39. **谢佑财（石匠）**

乾隆五十四年（1789）八月刻《高酿镇木杉村继善桥碑》，《上》第192页。

40. **黄干□（石匠）**

乾隆五十五年（1790）孟春刻《竹林村刘家寨祭祠堂碑》，《中》第510页。

41. **唐兴发（石匠　刊）**

乾隆五十五年（1790）孟冬刻《白市镇三间桥重修桥碑》，《上》第151页。

42. **罗仪清　罗仪朱（石匠）**

乾隆五十七年（1792）仲夏刻《竹林村刘家寨南无阿弥陀佛碑》，《下》第112页。

43. **信正起　信正武（宝庆府邵阳县石匠）**

乾隆五十七年（1792）七月刻《竹林乡地坌文昌会碑》，《中》第217页；乾隆五十八年（1793）季夏刻《坌处镇大冲遵批立碑万代不朽碑》，《中》第112页。

44. **谢攀廷（石匠）**

乾隆五十八年（1793）十月二十二日刻《高酿镇大圭村流芳百世碑》，《上》第169页；嘉庆元年（1796）秋月刻《高酿镇皎环坪翁重修福德》，《下》第324页；嘉庆元年（1796）孟冬刻《高酿镇皎环林家井土地碑记》，《下》第322页；嘉庆九年（1804）十一月十九日刻《高酿镇大圭村麟趾桥碑》，《上》第167页；嘉庆甲戌年（1814）冬月刻《高酿镇富荣修路碑记》，《上》第320页。

按：《高酿镇富荣修路碑记》的刻碑时间为甲戌年，笔者结合谢攀廷所刻的其他碑刻，推断甲戌年为嘉庆十九年（1814）。

45. **罗则钦　杨玉伦（石匠）**

乾隆五十九年（1794）九月二十日刻《远口镇黄田村四渎咸宁碑》，《上》第178页。

46. 谢亮贤　谢攀廷(石匠)

乾隆六十年(1795)仲夏刻《高酿镇大圭村衬龙桥碑》,《上》第 161 页。

47. 信民安(石匠　刻)

乾隆六十年(1795)仲冬刻《竹林乡秀田村阿婆坳庙田碑记》,《下》第 277 页。

48. 罗仪清　罗仪发(石匠)

乾隆时期刻《竹林乡龙凤山残碑》,《下》第 104 页。

49. 信正起　信正武(石匠宝庆府)

嘉庆元年(1796)六月刻《竹林乡地坌村岩田土地祠碑》,《下》第 52 页;嘉庆二年(1797)三月一日刻《竹林乡秀田利有攸往碑》,《上》第 445 页。

50. 罗仪清　罗仪泰(石匠)

嘉庆二年(1797)五月四日刻《竹林新寨村薄博渊泉祠重修祠记》,《下》第 370 页。

51. 栗通盛(玉峰　刊)　唐启云(石匠)

嘉庆三年(1798)七月刻《邦寨修桥碑记》,《上》第 190 页。

52. 谢益昌(湖南宝庆府石匠　镌)

嘉庆三年(1798)孟秋刻《高酿镇三寨村盘龙桥碑》,《上》第 171 页。

53. 谢凤德(石匠　刊)

嘉庆三年(1798)十月刻《高酿镇大圭齐灵赫濯碑》,《下》第 80 页。

54. 唐正山(石匠)

嘉庆四年(1799)己未月刻《白市镇大沟溪千传不朽碑》,《中》第 31 页。

55. 龙尊荣(石匠)

嘉庆五年(1800)八月刻《高酿镇界牌修路碑记》,《上》第 369 页。

56. 左德文(石匠)

嘉庆六年(1801)仲秋十二日刻《石洞镇盘杠永垂不朽碑》,《上》第 232 页。

57. 信正武(石匠)　袁世光(刊)

嘉庆六年(1801)冬月刻《坌处镇大冲功因有准碑》,《下》第 5 页。

58. 袁朝文(石匠)

嘉庆七年(1802)正月望日刻《蓝田镇凤阿明先启后碑》,《下》第 228 页。

按:《下》将嘉庆七年写成 1812 年,在此加以纠正。

59. 信正有　信正起(石匠)

嘉庆七年(1802)五月刻《竹林乡地坌村 1 号土地祠碑》,《下》第 60 页。

60. □□□(宝庆府邵阳县石匠)

嘉庆七年(1802)仲秋朔二日刻《坌处镇大冲 2 号无名碑》,《下》第 56 页。

61. 谢文龙　向仕胜(匠师　刊碑)

嘉庆七年(1802)刻《江东乡永奠桥碑》,《上》第 296 页。

62. 刘池上(石匠)

嘉庆八年(1803)正月二十二日刻《白市镇北岭村昌善桥碑》,《上》第 118 页;嘉庆二十年(1815)季春二日刻《白市镇大沟溪文风丕振碑》,《中》第 269 页。

63. 谢文清(石匠)

嘉庆八年(1803)正月刻《白市镇北岭钱塘桥碑》,《上》第 149 页。

64. 袁步兴(雕匠)　罗仪发　罗仪兴(石匠)

嘉庆八年(1803)仲冬刻《坌处镇雅地南海流芳碑》,《下》第 47 页。

65. 信正起(镌碑石匠)

嘉庆九年(1804)冬月刻《竹林乡秀田三多碑记》,《上》第 304 页;嘉庆十九年(1814)夷则月刻《竹林乡地坌渡船碑》,《上》第 27 页;嘉庆十九年(1814)刻《竹林乡地坌嘉庆十九年渡船碑》,《上》第 31 页;道光二年(1822)二月二日刻《竹林乡龙塘村洗马塘土地碑》,《下》第 337 页;道光三年(1823)正月刻《坌处镇三门塘王家街视履考祥碑》,《上》第 449 页。

66. 谢起才(石匠　刊)

嘉庆十年(1805)季春刻《瓮洞镇金紫重修庙碑》,《下》第 200 页。

67. 龙均泰(石匠)

嘉庆十年(1805)仲春刻《瓮洞镇金紫庙貌重新碑》,《下》第 173 页。

68. 谢文科(石匠)

嘉庆十一年(1806)四月刻《高酿镇来溪高寨永垂不朽碑》,《上》第 363 页;嘉庆十四年(1809)仲春刻《高酿镇邦寨起凤腾蛟碑》,《中》第 275 页。

69. 信正起 (石匠)

嘉庆十一年 (1806) 八月刻《竹林乡尧田土地碑》,《下》第 372 页。

70. 谢攀廷　侄凤德 (石匠　刊)

嘉庆十二年 (1807) 五月刻《高酿镇大圭三桥永固碑》,《上》第 235 页。

71. 曾有艺　王荣魁　王荣高 (石匠)

嘉庆十二年 (1807) 九月刻《社学乡田冲村启秀堂碑》,《中》第 251 页。

72. 曾有蛰　王荣高　王荣魁 (石匠)

嘉庆十二年 (1807) 十一月刻《社学乡田冲增修碑记》,《中》第 253 页。

73. 谢赢洲 (石匠)

嘉庆十三年 (1808) 二月刻《高酿镇木杉村安平桥碑》,《上》第 188 页。

74. 唐起云 (楚南石匠)

嘉庆十三年 (1808) 季春刻《邦寨暮老修路碑记》,《上》第 371 页。

75. 刘坤兰 (梓匠)　刘登魁 (石匠)

嘉庆十三年 (1808) 七月刻《竹林乡竹寨振英堂碑》,《中》第 303 页。

76. 信正武 (石匠邵阳　刻)

嘉庆十三年 (1808) 七月刻《垫处镇大冲修庙碑记》,《下》第 8 页。

77. 信明安 (石匠)

嘉庆十四年 (1809) 秋月刻《竹林乡麻阳坳土地碑》,《下》第 380 页。

78. 伍世德 (石匠)

嘉庆十四年 (1809) 十二月刻《竹林乡凯寨重修碑记》,《下》第 253 页。

79. 信正起　男天海 (石匠)

嘉庆十五年 (1810) 孟冬刻《垫处镇喇赖德同川永碑》,《上》第 55 页。

80. 罗仪清　子良同 (石匠)

嘉庆十五年 (1810) 仲冬刻《高酿镇地良冲甲溪安静桥碑》,《上》第 157 页。

81. 刘登魁 (石匠 刊刻)

嘉庆十五年 (1810) 阳月刻《竹林乡新寨功垂不朽碑》,《上》第 344 页。

82. 信正起 (石匠 刻)

嘉庆十六年 (1811) 二月刻《垫处镇三门塘东门祠碑》,《下》第 307 页。

83. □□友（石匠）

嘉庆十七年（1812）四月刻《高酿镇地良黄上山芳垂万古碑》，《上》第224页。

84. 伍登云 伍登高（石匠 镌）杨恒旺（梓匠）

嘉庆十八年（1813）孟夏刻《竹林村刘家寨梵刹重新碑》，《下》第96页。

85. 罗纯占 罗纯攻（石匠）

嘉庆十九年（1814）二月二日刻《垒处镇孔阜懒板凳土地碑》，《下》第368页。

86. 曾文奎（匠人）

嘉庆乙亥（1815）夏月刻《远口镇万一村万古千秋碑》，《上》第241页。

87. 伍登云 伍登高（石匠 刻）

嘉庆二十年（1815）季夏刻《竹林乡刘家寨重修右佛碑记》，《下》第121页。

88. 唐启云（石匠）

嘉庆二十一年（1815）八月四日刻《高酿镇地坝村流利集福碑记》，《上》第230页。

89. 唐起云 唐安顺（石匠）

嘉庆二十年（1815）刻《高酿镇地良流芳万古碑》，《中》第279页。

90. 伍登厚 伍有松（石匠）

嘉庆二十一年（1816）仲秋刻《高酿镇木杉三姓桥碑》，《上》第199页。

91. 伍登高 潘代校（石匠）

嘉庆二十一年（1816）孟冬刻《竹林乡高坡永远不朽碑》，《下》第100页。

92. 龙七 刘昌言（石匠）

嘉庆二十一年（1816）季冬刻《白市镇北岭杨梢坳祠路永芳碑》，《上》第431页。

93. 信天海（刻石石匠 刊）

嘉庆二十四年（1819）孟冬刻《垒处镇三门塘人文蔚起碑》，《中》第306页；道光四年（1824）冬月刻《竹林乡菜溪虎形封禁碑》，《中》第426页；道光五年（1825）三月刻《竹林乡杨家唐氏家塾碑》，《中》第267页；道光五年（1825）刻《社学乡邀营坳土地其疆碑》，《下》第376页；道光七年（1827）季春刻《竹林乡棉花村重修路碑》,《上》第 443 页。

94. 罗科三 (石匠)

嘉庆二十五年 (1820) 菊月刻《高酿镇地引长寿桥碑》,《上》第 258 页。

95. 王荣高 (石匠)

道光二年 (1822) 刻《凤城镇四甲青龙桥碑》,《上》第 247 页。

96. 谢昌和　谢凤德 (石匠)

道光三年 (1823) 二月二日刻《坌处镇三门塘复兴桥碑》,《上》第 61 页。

97. 潘致高　潘致贻　世泽 (梓匠)　罗长文　罗长武　潘世法　澄斋 (石匠)

道光五年 (1825) 孟秋刻《坌处镇雅地佛境增辉碑》,《下》第 45 页。

98. 罗淳玉 (石匠)

道光七年 (1827) 桂月刻《社学乡田冲村利济迲来碑》,《下》第 336 页。

99. 罗才兴 (石匠)

道光八年 (1828) 正月刻《高酿镇凸洞修井碑》,《上》第 493 页。

100. 谢正□ (石匠)

道光九年 (1829) 二月刻《坌处镇偏坡砥矢堪永碑》,《上》第 409 页。

101. 伍廷福 (石匠)　龙为进 (刻字)

道光九年 (1829) 十二月刻《坌处镇偏坡步履安详碑》,《上》第 416 页。

102. 欧阳贵书 (石匠 刊)

道光庚寅岁 (1830) 戌月刻《远口镇白岫吴姓坟山禁碑》,《中》第 372 页。

按:《中》将道光庚寅岁写成了 1828 年,在此加以纠正。

103. 康有财 (石匠)

道光十年 (1830) 十一月刻《高酿镇皎环万古不朽碑》,《下》第 321 页。

104. 信天成 (石匠)

道光十二年 (1832) 四月刻《坌处镇中寨双龙桥碑》,《上》第 116 页。

105. 伍登绍　伍登魁 (石匠　刻)

道光十二年 (1832) 八月十八日刻《竹林乡新寨永垂不朽碑》,《中》第 301 页。

106. 康光祖 (石匠)

道光十五年 (1835) 孟冬刻《社学乡伞溪亘古如斯碑》,《上》第 276 页。

107. **罗梁秀 (石匠宝庆府)**

道光十六年（1836）七月刻《坌处镇地冲修路牌记》，《上》第 318 页。

108. **伍山题 (石匠)**

道光十六年（1836）季秋刻《高酿镇卜洞村吉庆桥碑》，《上》第 228 页。

109. **信天顺 (石匠)**

道光十七年（1837）二月刻《竹林乡地坌一路福星碑记》，《上》第 315 页。

110. **罗怀玉　侄淳贵 (石匠)**

道光十七年（1837）清明刻《坌处镇三门塘王政三墓志碑》，《中》第 156 页。

111. **罗登贵 (石匠湖南宝庆府邵阳县　刻)**

道光二十年（1840）小阳月刻《坌处镇三门塘兴隆庵重修碑记》，《下》第 284 页。

112. **谢昌连 (石匠)**

道光二十一年（1841）十二月刻《高酿镇富荣永远木长碑》，《中》第 370 页。

113. **徐志荣 (石匠　镌)**

道光二十三年（1843）季春刻《竹林乡高坡村昭兹来许碑》，《中》第 490 页。

114. **王起洋　王起场　唐显彩 (石匠)**

道光二十三年（1843）三月刻《远口镇大样善果无虚碑》，《下》第 206 页。

115. **罗良德　谢俊龙 (石匠)**

道光二十七年（1847）腊月二十一日刻《坌处镇三门塘修渡碑记》，《上》第 45 页。

116. **罗良德 (石匠)**

道光二十八年（1848）秋月刻《坌处镇雅地培元宝藏碑》，《中》第 40 页。

117. **刘国正 (石匠)**

道光二十九年（1849）十月四日刻《坪地镇暗沟千古不朽碑》，《上》第 142 页。

118. **信天清 (石匠　镌)**

咸丰四年（1854）孟冬刻《竹林乡秀田重建桂林斋碑》，《中》第 273 页。

119. **刘宗明 (石匠)**

咸丰七年（1857）七月刻《石洞镇黄桥重修碑记》，《中》第 23 页。

120. **罗显宽**(石师)

咸丰八年(1858)孟秋刻《渡马乡岩门流芳百世碑》,《上》第 285 页。

121. **罗有元**(石匠　刻)

咸丰八年(1858)仲冬刻《坌处镇三门塘村复兴桥德永千秋碑》,《上》第 59 页。

122. **蒋加善**(石匠)

咸丰九年(1859)孟夏刻《白市镇北岭万古千秋碑》,《上》第 283 页。

123. **王体干**(石匠)

咸丰九年(1859)六月刻《邦洞镇赖洞村咸丰九年碑记》,《上》第 159 页。

124. **罗仁贵**(石匠)

咸丰九年(1859)冬月刻《坌处镇抱塘续修碑记》,《下》第 82 页。

125. **徐政纬**(石匠)

咸丰九年(1859)嘉平月刻《白市镇新舟村重修玉泉亭碑》,《中》第 17 页。

126. **蒋宗和**(石匠)

咸丰辛西年(1861)十月刻《瓮洞镇大段游世泽石闸碑铭》,《中》第 271 页。

127. **彭友伦**(石匠)

光绪三年(1877)孟春刻《远口镇青云村捐输永垂碑》,《中》第 507 页。

128. **钱森泰**(刻匠)

光绪五年(1879)三月刻《社学乡伍家桥天地同流碑》,《中》第 121 页。

129. **向洪兴　李定环**(岩匠)

光绪七年(1881)夏月刻《高酿镇邦寨保甲课格碑》,《下》第 170 页。

130. **欧阳德贵**(石匠　刊)

光绪七年(1881)十二月刻《坌处镇大冲遵断碑记》,《中》第 91 页。

131. **罗贵田**(刻碑匠　宝庆府邵阳县人)

光绪十一年(1885)刻《坌处镇归宜溪横眠半月碑》,《上》第 101 页。

132. **欧阳光林**(石匠)

光绪十三年(1887)冬月刻《地湖乡永兴村补修碑》,《上》第 207 页。

133. **金宏顺**(石匠)

光绪十四年(1888)三月刻《蓝田镇贡溪遵古重刊碑》,《中》第 329 页。

134.覃世明(石匠　匠人　宝庆)

光绪五年(1879)季冬刻《白市镇兴隆永垂不朽碑》,《下》第41页;光绪十四年(1888)夏月刻《瓮洞镇金紫重修荣阳渡碑》,《上》第38页。

135.唐兴有(刊)

光绪十七年(1891)四月刻《江东乡万古长存碑》,《上》第298页。

136.唐恒泰(石匠)

光绪十八年(1892)桂秋刻《远口镇吴氏总祠让德碑》,《中》第70页;光绪二十年(1894)八月二日刻《远口镇新市保佑一方碑》,《下》第353页;光绪二十一年(1895)冬月刻《远口吴氏总祠流芳百世碑》,《中》第471页。

137.刘昌志(石匠)

光绪二十二年(1896)仲春刻《坌处镇清浪亘古不朽碑》,《中》第55页。

138.杨玉庆(石匠)

光绪二十二年(1896)十月刻《凤城镇雷寨福兴庵重修碑记》,《下》第23页。

139.吴运槐(雕匠)

光绪二十三年(1897)春季月刻《远口镇高灵山庵永垂千古碑》,《下》第137页。

140.蔡桂林(石匠)

光绪二十三年(1897)仲夏刻《竹林乡杨家井龙王祠碑》,《下》第345页。

141.杨正化(石匠)

光绪二十三年(1897)六月刻《高酿镇邦寨重修碑记》,《下》第145页。

142.袁光顺(石匠　镌)

光绪二十四年(1898)孟春刻《坌处镇大冲村重修福果碑》,《下》第13页;光绪二十六年(1900)刻《坌处镇大冲复修桥碑》,《上》第121页;光绪二十八年(1902)仲夏刻《坌处镇鸡田德永无疆碑》,《上》第262页。

143.潘执中(镌字)

光绪二十七年(1901)仲夏刻《坌处镇地坌众果同登碑》,《下》第186页。

144.杨霖换(湖南宝庆府石匠)

光绪二十九年(1903)冬月刻《高酿镇硝洞村载在碑中碑》,《上》第381页。

145. 唐亘春(石匠)

光绪三十二年(1906)冬月刻《远口镇万一村万古不朽碑》,《下》第 168 页。

146. 覃世有 蒋昌爱(石匠)

宣统元年(1909)仲更月刻《江东乡分水村兴隆桥碑》,《上》第 471 页。

147. 杨文达(石匠 刻)

宣统二年(1910)季春刻《远口镇鸲鹆千古不朽碑》,《中》第 245 页。

148. 彭振题(石匠)

宣统二年(1910)刻《竹林乡菜溪善积庆余碑》,《下》第 212 页。

149. 申美甫(梓士) 袁光顺(石匠)

宣统三年(1911)四月刻《垒处镇大冲复修观寺碑》,《下》第 3 页。

150. □□(石匠)

宣统三年(1911)暑月十八日刻《垒处镇三门塘大兴团重修井碑》,《上》第 503 页。

(三)民国

1. 唐仁昌(石匠)

民国元年(1912)九月二十五日刻《远口镇鸲鹆磨而不磷碑》,《中》第 117 页。

2. 邹玉源(石匠)

民国四年(1915)端月刻《垒处镇三门塘重修路碑》,《上》第 453 页。

3. 石青云(岩匠)

民国四年(1915)阴历二月刻《高酿镇地良龙灯会永垂不朽碑》,《下》第 149 页。

4. 杨洪春 杨洪裕(岩匠) 贾吉发 李忠元(石匠)

民国四年(1915)十一月刻《社学乡摆溪永着千秋碑》,《上》第 437 页。

5. 贾吉发(岩匠) 李忠元(刻字)

民国丙辰(1916)孟春刻《社学乡摆溪勋垂万古碑》,《上》第 426 页。

6. 李增寿(石匠 刊)

民国五年(1916)仲秋刻《垒处镇大冲永垂万古碑》,《中》第 331 页。

7. **周益清(石匠)**

民国五年(1916)仲秋刻《地湖鸳鸯桥复修碑记》,《上》第 300 页。

8. **胡德厚(匠人)**

民国五年(1916)九月刻《邦洞镇灯塔村摆头街德政不朽碑》,《中》第 65 页。

9. **曹正元(石匠)**

民国六年(1917)九月刻《高酿镇界牌回龙亭碑》,《中》第 25 页。

10. **白玉庆(石匠)**

民国八年(1919)二月五日刻《高酿镇地引万古流芳碑》,《上》第 239 页。

11. **刘玉成(石匠)**

民国八年(1919)孟夏刻《坌处镇地冲学堂碑记》,《中》第 223 页。

12. **胡德成　唐有和(岩匠)**

民国己末年(1919)腊月四日刻《高酿镇丰保垂诸不朽碑》,《上》第 485 页。

13. **杨赞廷(石匠　刻)**

民国九年(1920)五月刻《远口镇青云村永垂不朽碑》,《下》第 115 页。

14. **姚□□(石匠)**

民国九年(1920)孟秋刻《高酿镇老海修路古碑》,《上》第 350 页。

15. **麻金发(石匠)**

民国九年(1920)十二月刻《石洞镇地笋德垂万古碑》,《上》第 407 页。

16. **杨赞庭(岩匠　刻字　巧匠)**

民国辛酉(1921)八月刻《社学乡秀楼万古千秋禁碑》,《中》第 412 页;民国十一年(1922)正月刻《远口镇新市回龙庵碑》,《下》第 35 页。

17. **唐东林(石匠)**

民国十一年(1922)孟春刻《坌处镇喇赖买桥碑》,《上》第 87 页;民国十一年(1922)二月刻《坌处镇喇赖千古不朽碑》,《上》第 83 页。

18. **姚俊标(石匠)**

民国十二年(1923)二月刻《高酿镇地良流芳百世碑》,《中》第 292 页。

19. **吴玉湘(岩匠)**

民国十三年(1924)佳冬刻《远口镇坡脚万古流芳碑》,《上》第 147 页。

20. 邹富东兄弟 (石匠　刻)

民国十四年 (1925) 三月刻《社学乡摆溪石板桥头勋垂万古碑》,《上》第
253 页。

21. 刘邦兴　龚义廷 (石匠)　陈清泉 (刊字)

民国十七年 (1928) 正月刻《渡马乡甘溪永古不朽碑》,《上》第 474 页。

22. 姚俊标　吴发品 (石匠)

民国十七年 (1928) 秋月刻《高酿镇地良建校碑》,《中》第 290 页。

23. 吴定昌 (石匠)

民国二十一年 (1932) 春刻《远口镇新市永古流芳碑》,《下》第 166 页。

24. 李文清　李文通 (石匠　镌并书)

民国二十一年 (1932) 仲夏刻《竹林乡新寨昭垂万古碑》,《中》第 256 页;民
国二十三年 (1934) 八月刻《竹林乡地坌翁重桥碑》,《上》第 125 页。

25. 姚俊梁 (石匠)

民国二十二年 (1933) 二月刻《高酿镇地良三圣宫流芳百世碑》,《下》第
153 页。

26. 刘玉成　罗碧潭 (石匠)

民国甲戌年 (1934) 腊月刻《远口镇新市土地碑》,《下》第 358 页。

27. 吴玉湘　周仁和 (石匠)

民国二十四年 (1935) 刻《竹林乡棉花善果昭彰碑》,《下》第 259 页。

28. 杨俊朝 (刻)

民国二十六年 (1937) 仲春刻《坌处镇大冲村枧冲溪功垂万古碑》,《上》第
139 页。

29. 刘文兴 (石匠)

民国二十七年 (1938) 二月刻《远口镇新市锡福祠碑》,《下》第 356 页。

30. 姚俊卿 (石匠)

民国二十七年 (1938) 七月刻《高酿镇春花修路碑记》,《上》第 400 页。

31. 李文清 (梓士地坌　镌并书　书刊)

民国二十七年 (1938) 冬月刻《竹林乡棉花庙坪前后佛龛碑记》,《下》第
266 页;民国时期刻《竹林乡天华山重修庵碑》,《下》第 204 页。

32. 李嘉清　李嘉通(石匠　地坐　镌并书)

民国己卯(1939)五月刻《竹林乡秀田晴雨咸宜碑》,《中》第46页。

33. 李大知　李文通(勒)

民国二十九年(1940)孟冬刻《竹林乡菜溪祠堂碑记》,《中》第451页。

34. 姚俊模(石匠)

民国二十九年(1940)十月刻《高酿镇地良源远流长碑》,《中》第518页。

35. 吴王湘(石匠)

民国三十年(1941)孟秋刻《竹林乡棉花坪书塾碑记》,《中》第296页。

36. 李文通(梓士　刊)

民国三十年(1941)孟夏刻《竹林乡南头重修校碑》,《中》第299页。

37. 吴本生(石匠)

民国三十一年(1942)暑月刻《远口镇潘寨永古不朽碑》,《上》第302页。

38. 吴玉成(石匠)

民国三十五年(1946)二月十五日刻《远口镇黄田簧宫万古碑》,《中》第240页。

39. 李文彩(石匠)

□□□六年冬月刻《远口镇新市庵产碑》,《下》第33页。

三、总结

天柱地区留有刻工资料的石刻大都集中在津梁道路、井泉公益、宗教信仰等方面,墓志、摩崖中留有的刻工资料较少。据前文,天柱地区最早的石刻刻工是明代万历年间的粟子尧,刻工的主体大都生活于清朝、民国年间,他们大都为民间刻工,刻碑是他们主要的收入来源之一,他们"'物勒工名',一方面表示工匠对其本人工作的负责,另一方面也便于有司考核工匠技艺、态度以及绩效,据此进行奖惩"。[①]

天柱地区石刻刻工的题署方式,大都在姓名前后刻有"石匠""岩匠""镌"

---

① 程章灿:《石刻刻工研究》,上海古籍出版社,2008,第48页。

"刊"等,同其他地区的石刻刻工题署不同的是天柱地区石刻中并未出现了"铁笔""玉工"等题署方式,这反映了天柱地区石刻刻工题署方式的不同。

天柱地区石刻刻工的刻碑方式分为一人刻一碑、一人刻多碑、多人刻一碑,其刻碑的方式反映出刻工的刻碑水平的高低及其相关交游情况,例如:谢攀廷、信正起、信天海、袁光顺等刻有多块碑刻,反映了其刻碑技术达到了一定的水平,在天柱地区拥有一定的知名度。杨洪春、杨洪裕、贾吉发、李忠元合刻一碑,说明他们在现实生活中有交集。

天柱石刻的书法价值较高,石刻刻工虽然不是天柱石刻价值的决定者,但在一定层面上会对其书法价值产生影响。笔者认为天柱石刻刻工与天柱石刻书法价值的关系主要体现在以下两个方面。第一,优秀的天柱石刻刻工在一定程度上了解书法,他们对字体的结构和书迹的笔划有着独到而深刻的见解,这在一定程度上提升了他们的刻碑的专业素养。第二,在众多天柱石刻的传世书迹中,石刻刻工是天柱石刻书迹的直接生产与传播者。他们在镌刻天柱石刻时,对相关书法作品进行了第二次的创作,将其镌刻。从某种意义上来看,石刻刻工也算是特殊的书家。天柱石刻刻工的镌刻素养和其对书法的独特见解,在一定程度上影响着天柱石刻的书法价值。

天柱地区石刻刻工的整理有利于进一步完善《石刻考工录》,同时也可以根据该地区石刻刻工的相关信息推断该刻工所刻石刻中未留具体年代的石刻的所刻时间。例如:谢攀廷所刻碑刻中有一块《高酿镇富荣修路碑记》的刻碑时间为甲戌年,笔者结合谢攀廷所刻的其他碑刻大都为嘉庆年间,推断甲戌年为嘉庆十九年(1814)。此外,天柱地区石刻刻工的题署、刻碑方式具有明显的地域特色,对于天柱地区文化研究有一定的推动作用。

(邱波,临沂市文物考古研究院副研究馆员;

李贞光,临沂市文物考古研究院馆员)

辛亥革命后广州满族的产权演变与社会转型

——以旗契考察为中心

The Change of Properties and the Social Transition of Guangzhou Manchu：Centered on the Contracts of Bannermen

蔡妍欢　韦兰海

摘　要:清代广州驻防于省城内圈地为营,形成"孤岛社会",与汉人社会有着截然不同的社会空间与产权管理模式。驻防之初,旗人以分配形式获得房产;晚清时为解决八旗生计问题,旗人屋产转为私有化。进入民国,旗产成为新政府征投对象,富有的旗人通过验契并缴纳捐免额赎回产业,外来投资者在此购地置业,打破原先的居住格局。与此同时,满汉旗人因本土化程度差异而走上不同道路。正红旗旗产万善宫历经两次产权争夺,在当代成为广州满族族产,在近年又经满族社团与地方政府合作而被打造为族群景观。由此来看,建筑产权的演变印证了广州满族从定居到世居的社会变迁。

关键词:广州驻防　广州满族　八旗生计　契约文书　历史人类学

作为清廷设置在中国最南端的驻防群体后代,广州满族(或广州驻防群体)的历史发展一直吸引有关研究者的注意。得益于广州驻防大量细致的史料记载,马协弟、沈林、王刚、潘洪钢等史学研究者系统梳理了广州驻防的来源及制度演变、文化接触、社会变迁、满汉旗人社会待遇等问题。① 人类学与民俗学者则从当代广州满族的社团组织、民俗活动、人口变迁等角度进行考察。② 广州满族社团作为具有"民族自觉"意识的族群精英,中华人民共和国成立至今已编写大量书籍、期刊、研究资料集等文史资料,前人研究中也多将这类资料作为文献来源。但正如王明珂所说,这种由知识精英书写的典范历史已成为池塘中"主流的蛙鸣",③研究者们往往无意识地将之视为客观历史并加以诠释。有学者将这些文史资料视为文本(text)表述纳入与社会情境(context)的对比,指出这种文本表述实践对族群认同具有建构作用,以发布、传阅书面文本的形式实现民族共同体的想象。④ 亦有学人尝试以新的文本材料,如碑刻、族谱等

① 相关研究参见,马协弟:《清代广州满族述略》,《满族研究》1998 年第 1 期;任桂纯《清朝八旗驻防兴衰史》,生活·读书·新知三联书店,1994;定宜庄:《清代八旗驻防研究》,辽宁民族出版社,2003;沈延林《广州驻防八旗及岭南满学刍议》,吉林大学出版社,2019;关溪莹、万蕙:《清代广州"满城"的建置与管理》,《民族论坛》2014 年第 8 期,第 77-81 页;关溪莹、翟麦玲:《清代满族八旗兵驻防广州缘由探析》,《湘潮(下半月)(理论)》2008 年第 3 期,第 81-82 页;沈林:《岭南满族家谱概述——以广州驻防八旗满族家谱为中心》,《地域文化研究》2021 年第 4 期,第 51-62 页;潘洪钢:《清代驻防族群的社会变迁》,人民出版社,2018;王刚:《清代中后期未出旗汉军生存状态之考察——以广州驻防为例》《满族研究》2020 年第 3 期,第 33-41 页;David Campbell Porter: *Ethnic and Status Identity in Qing China*: *The Hanjun Eight Banners*, Harvard University, 2018。

② 相关研究参见,陈延超:《民族社团与都市少数民族传统文化——以广州市满族联谊会为例》,中国都市人类学会编:《城市中的少数民族》,民族出版社,2001,第 157-169 页;余冰:《西街社会——对一条广州老城街道中社区组织的研究》,博士学位论文,中山大学,2008 年;关溪莹、师玉梅:《城市传统少数民族的民俗建构与族群发展——解读广州世居满族的现代族群节日"春茗"》,《广西民族研究》2006 年第 1 期,第 69-72 页;关溪莹、贾海薇:《城市散杂居少数民族的融合与发展——广州世居满族文化重建过程中的人口变迁》,《社会科学论坛(学术研究卷)》2008 年第 8 期,第 81-84 页。

③ 王明珂:《反思史学与史学反思——文本与表征分析》,上海人民出版社,2016,第 37-49 页。

④ 相关研究参见,张应强、朱爱冬:《都市社会的族群认同及其表述实践》,《中南民族学院学报(人文社会科学版)》2002 年第 1 期,第 51-53 页;蔡妍欢:《从旗人到满族——广州满族社会组织变迁研究》,硕士学位论文,厦门大学,2022 年,第 75-81 页。

进行研究,探讨广州旗人的宗教信仰、社会交往与文化特点。① 但在前人成果中,尚未见到有关广州旗契的研究。

有关旗契的研究多以京旗为研究对象,成果丰富、视角广阔。如刘小萌在关于北京旗契的研究中侧重旗契形式特点、语言文字和契约所反映的旗民关系、宗教信仰等,并主编《北京商业契书集(清代—民国)》展示大量旗人契约文书。② 刘谨桂、张伟明、杜翔、方宇、张楚等分别从清代旗契特点、经济关系、民间借贷现象、旗产法律、旗人生计问题等方面探讨,展现诸多旗人生活细节。③ 但前人研究多采用书籍和公共藏馆中的契约文书,亦偏重历史范围内的讨论,倾向于用民间史料修订官方文献,较少意识到旗契研究有与现状考察相结合的可能。但正如历史人类学研究者所言,历史只是当下人生存的工具,是可以被操弄的对象,研究者亦可把人们对待历史的态度以及人们如何处理历史的方式

---

① 相关研究参见,罗燚英:《融摄与交映:驻粤八旗与五仙古观——以广州五仙观清代碑刻资料为中心》,《学术研究》2016 年第 6 期,第 117-125 页;蔡妍欢:《边界与交融——广州驻防旗营中"旗民杂处"现象探析》,《满族研究》2021 年第 1 期,第 36-42 页;沈林:《岭南满族家谱概述——以广州驻防八旗满族家谱为中心》,《地域文化研究》2021 年第 4 期,第 51-62 页。

② 相关研究参见,刘小萌:《乾、嘉年间畿辅旗人的土地交易——根据土地契书进行的考察》,《清史研究》1992 年第 4 期,第 4-48 页;刘小萌:《从房契文书看清代北京城中的旗民交产》,《历史档案》1996 年第 3 期,第 83-90 页;刘小萌:《清代北京的旗民关系——以商铺为中心的考察》,《清史研究》2011 年第 1 期,第 53-68 页;刘小萌:《清前期北京旗人满文房契研究》,《民族研究》2011 年第 4 期,第 84-94 页;刘小萌:《清代北京旗人舍地现象研究——根据碑刻进行的考察》,《法律文化研究》2017 年,第 258-278 页;刘小萌:《北京商业契书集(清代—民国)》,北京图书馆出版社,2011。

③ 相关研究参见,刘谨桂:《从馆藏契约看京郊清代的旗地》,《首都博物馆丛刊》1995 年,第 85-91 页;刘谨桂:《馆藏契约文书的特点——兼论京郊旗地契约的特点和价值》,《首都博物馆丛刊》2002 年,第 140-145 页;张伟明:《清代北京契约文书研究——以〈中国历代契约会编考释〉辑录契约为例》,《北京社会科学》2011 年第 3 期,第 86-91 页;杜翔:《清代北京城市民间借贷现象管窥——对 40 份借契的简析》,《首都博物馆论丛》2014 年,第 48-58 页;方宇:《清代国家法与民间法的冲突与融合——以旗民交产为视角》,《民间法》2015 年第 1 期,第 19-31 页;张楚、聂红萍:《国家管控与旗地出典——康雍乾三朝旗地的典卖》,《通化师范学院学报》2019 年第 9 期,第 67-76 页;姚昊宇:《民国时期北京的房产交易管理与契约书写:以"亲邻权利瑕疵保证条款"为中心(1912—1937)》,《北京史学》2020 年第 2 期,第 248-268 页。

进行转述或翻译,即"让历史来到当下"。①

从 2019 年开始,笔者在广州市越秀区从事累计 9 个月的田野考察。在此过程中通过考察旗营旧址和访问旗人后裔收集到一批晚清、民国至中华人民共和国成立初的旗人契约文书。通过考察契约文书本身,以及地名、建筑、广州满族社会组织等有关的考察,笔者渐渐意识到广州旗契与契约产生之时人时事、契约所载历史之后的社会环境变迁之关联。例如,作为文书的契约,其本身记录特定历史时期内发生的产权交易。而作为物品的契约,对保存者来说是家族或民族文物,仍与当下的人有关联,这种物品的意义在流传的时间脉络中也会因持有者所处社会情境的变化而改变。再之,与契约有关的建筑也因当时和后世的产权更迭发生相应的改变,而产权的演变又与有关人群的社会境遇有关。因此,有关广州旗契的研究不应局限于契约同时代的考察,而应着眼于更长时段、动态的、人和物的关系。本文正是以此为切入点进行研究的。

一、广州驻防八旗与旗营恒产由来

广州驻防建置可追溯至康熙二十年(1681),清廷议于广州设立八旗驻防,拟定八旗汉军士兵三千名,当年先派镶黄、正黄、正白上三旗汉军 1125 名马甲来粤,康熙二十二年(1683)又调正红、镶白、正蓝、镶红、镶蓝下五旗汉军领催和马甲 1875 名合驻,前后共有马甲 3000 名。② 乾隆二十年(1755),朝廷裁广州汉军兵额之半,从京师调满洲八旗兵 1500 名补充,这 1500 名满洲旗人携带家属,自乾隆二十一年(1756)、乾隆二十三年(1758)、乾隆二十四年(1759)、乾隆三十年(1765)到乾隆三十二年(1767)分六批陆续从京津地区调防到广州。③

---

① 杜靖:《历史如何来到当下——人类学的历史人类学观》,《社会科学》2015 年第 10 期,第 154-167 页。

② 长善等:《驻粤八旗志》卷二,辽宁大学出版社,1990,第 45 页。

③ 满洲兵调防广州的具体过程,参见樊屏《驻防广州小志》,卷一"驻粤原始":(乾隆)二十一年,先由京派拨另户满洲五百名携眷来越粤,二十三年、二十四两年,继由京派拨另记档案满洲一千名携眷来粤,随又于二十九年奉部文,将另记档案满洲一千名出旗为民,于三十年另由京派拨另户满洲二百五十名,三十一年再由京派拨另户满洲二百五十名,三十二年并移天津五百名,陆续携眷来粤,合同汉军兵一千五百名兼驻。

驻防八旗在广州老城西边划界为营,旗界自城内大北门至归德门止,直街以西为旗境,自九眼井街以东到长泰里,复西至直街以东则为民居。以大纸巷和光塔街为界,北边为汉军八旗驻地、南边为满洲八旗驻地。① 在驻守两百多年时间内,这支部队起到对内镇压叛乱、对外抵抗侵略、巩固疆域的作用。清政府为维护自身统治和加强八旗军事管控,在以恩养政策优待八旗的同时也对旗人采取各种限制:如旗人的生活空间被严格限制在旗营内,旗人男丁的职业选择以当兵挑补钱粮为主,通婚范围也以旗人圈子为首选。随着旗营内人口快速增长、清廷财政危机与物价上升,八旗开始出现严重的生计问题,广州驻防采取的解决方式是:令汉军半数出旗为民,出旗者可在绿营、盐运司、海关等处任职,② 又于乾隆二十一年(1756)起陆续派满洲士兵合驻;发放养赡生息银,将银两交与商人运营生息,利息用于补贴旗人生活所需;开仓平籴和实行兵丁借贷制度;增加兵额编制,调整兵种结构。③

旗营恒产的出现亦与旗人生计问题有关。清初,朝廷为旗人提供房屋,且不允许旗人私自买卖这类公产。但从康熙晚期到雍正年初,贫困旗人典卖房地给民人的现象日益增多。朝廷虽不断重申禁止旗民交产并创设旗地回赎政策,但未能有效阻止这类现象,直至咸丰二年(1852),清廷不得不承认旗民交产的合法性。④ 广州驻防旗营也长期以分配房屋的形式为兵丁提供住所,但直至清末,广州八旗生计问题日益突出,旗营将军奏准将旗街自建房屋作为恒产发给旗民,以免旗人流难失所,并发放管业执照,自此旗街私产与民间私业一同管业。⑤

广州市越秀区的怀圣清真寺位于清代汉军镶黄旗地段,寺内有一立于同治三年(1864)的《和切本典卖铺宇碑》,记录一则满洲旗人和切本与光塔寺交易产业的事件。据碑记,满洲镶白旗人和切本因急需用钱,将父亲遗下位于大市

① 《驻粤八旗志》卷二,第 75 页。

② 《驻粤八旗志》卷十四,第 433 页。

③ 梁冲:《广州驻防八旗生计问题探析》,《西昌学院学报》(社会科学版)2017 年第 2 期,第 28-31 页。

④ 方宇:《清代国家法与民间法的冲突与融合——以旗民交产为视角》,《民间法》2015 年第 1 期,第 20-25 页。

⑤ 《投变旗产之交涉》,《香港华字日报》1919 年 5 月 23 日。

街的店铺出卖,经中人正红旗满洲存贵引介卖与光塔寺。① 该碑文提到"(契纸由)祥茂号敬送",另说明"马大和故于咸丰八年七月初二日忌,明其忠故于咸丰九年四月初二日忌"。联系先贤清真寺内同样立于同治三年(1864)的《祥茂号分送各清真寺功德银碑记》,碑文提到"祥茂号者,云南腾越厅回氏也。贸易粤东数十余年,向获顺利,亦成富客",且祥茂号的经营者正是马、明二氏。两人去世后,当地回民将祥茂号遗留银两作为功德银送至各清真寺,"其银分送濠畔街寺三百捌拾两,光塔寺贰百两,小东营寺壹百两,先贤古墓壹百两,希为各寺列位大执事将此银置立产业,勒石留传,永垂不朽……"②印证铺宇是用祥茂号资金所购。此外,和切本的店铺位于满洲镶白旗地段的大市街,而怀圣寺位于汉军旗地段,交易中人除正红旗存贵外,另有马子英(身份不明),契约代笔人为正黄旗祥太。可见这是一则跨旗籍地段、多方参与的旗民交易。同时,店铺为和切本分得家产,且"每月地租银七分",由此可一览当时旗人处置私产的情况。

二、从旗产到私产——旗产清理后旗人的应对

(一)旗产清理的过程

辛亥之际,革命人士与广州驻防八旗代表协商,以和平方式取得独立。③同年,八旗军队撤改,原满汉八旗及步军营改编为粤城军十营,原八旗新军四营改为省警卫军。次年4月,粤城军解散,此后不久,广东陆军司令部下令缩编省警卫军。④ 至此,广州驻防八旗正式解散。

如果说遣散粤城军和缩编省警卫军是在制度上取消八旗,那么旗产清理则

---

① 见怀圣寺东廊《和切本典卖铺宇碑(同治三年)》。

② 段金录、姚继德主编:《中国南方回族经济商贸资料选编》,云南民族出版社,2002,第81-82页。

③ 林家有:《辛亥革命前后广州满、汉族民族关系史料》,《纪念辛亥革命七十周年史料专辑》(下),广东省人民出版社,1981,第211-213页。

④ 于城:《广州满汉旗人和八旗军队》,《广东文史资料》第十四辑,广东人民出版社,1964,第193-195页。

是在空间格局上对八旗的瓦解。自广东军政府主权以来,前清遗留的各类官署、群房、田地等不动产和土地被称为"公产"或"官产",除少数为政府建设所用外,其余由军政府公开拍卖,当时称为"投变""召变",拍卖所得用于补充财政收入。位于前清旗界的官产也被纳入征收之列。① 当时,旗界内原业主可持前清右司执照验证产权,并缴纳一定数量捐免额来赎回产业,获得新契(即管业执照),否则屋业将被政府投变,所得资金用于解决八旗生计问题②、资助军事活动③、补偿开发马路所征用的铺屋产价④、建设工厂⑤ 等。民国七年(1918),市政公所从警察厅接手办理捐免事项后,将捐免费改为按右司执照登记的月租150倍、年租100倍缴纳,遗失执照按每井地价10元办理。但因右司执照发布于乾隆、嘉庆、光绪、宣统等不同年份,且前清政弊忽略租额管制,造成大量捐免费用造假现象。⑥ 1921年,市政厅将捐免额修改为统一按每井地价10元办理。⑦ 至民国十五年(1926),旗产捐免价格历经几次修改,但各旗仍有不下六十余户承担不起捐免费用。为尽快清理旗产,财政局拟将捐免价格改为开投价格的三折,让难以筹齐费用的旗户尽快办理捐免事宜。⑧

清末新政时期,朝廷批准将旗街自建房屋作为恒产发与旗民管业,并由右司发放管业执照、按户缴纳租额。进入民国,国税厅筹备处发放租地断卖上盖

① 黄素娟:《从省城到城市:近代广州土地产权与城市空间变迁》,社会科学文献出版社,2018,第155页、173页。

② 《召变旗产不交省议会议决》,《香港华字日报》1918年9月17日。

③ 《军政府请挪借旗产变款》,《香港华字日报》1919年4月29日。

④ 广州市财政局:《广州市财政局投变旗产价还收用马路两旁铺屋产价章程》,《广州市市政公报》1921年第13期,第24-30页。

⑤ 广州市财政局:《财政局征收课产价股报告书》,《广州市市政公报》1921年18期,第44页。

⑥ 历经晚清的长者曾言,旗人房屋原先每年只需缴纳少数地租,当时称为"房产缴价"。汪宗猷主编:《广东满族研究资料汇集》,广州市满族联谊会内部资料,1995,第30页。

⑦ 《财政局征收课产价股报告书》,第47-48页。

⑧ 孙科:《批财政局据呈拟将旗产捐免价格照原定开投底价改为三折征收准予照办由》,《广州市市政公报》1926年第241期,第48-50页。

之契尾,但清理官产处视旗街私业为"官地民建"①,认为应该召变。持有此类契据的旗人面临失去产业的风险。② 此时,"旗产"由清代八旗产业变为新政府的征收对象,成为市政建设的潜在资源。1921 年市政厅公布的旗产范围包括衙署、群房、栅栏、公地、庙宇、旗街自建房屋、八旗祠堂等,经由业主验契认领并缴纳捐免额的产业则被视为私业,不再属于旗产。③ 例如,1923 年广州市财政局将将军大鱼塘和荫药园一带视为旗产拍卖④;1931 年广州市政府拟将八旗茔地展筑红花岗烈士坟场,但八旗茔地在《驻粤八旗志》中有据可考,便视为民业,而非旗产⑤;光孝街 12 号房屋曾被视为旗产拟开投,1926 年元月业主验明契据并缴纳验照费,恳请发还管业⑥。

(二)旗人的境遇

广州近代史博物馆所存《(关清泉)捐免地租管业执照(1920 年)》为较早的旗人赎回产业文书。该契呈明,"据旗绅具禀,旗街永建铺屋地租拟请准予缴款捐免,即为完全私产一案,当经前巡按使公署核准并拟简章公布,此案自中华民国七年十一月一日起移归本公所管办,查□□街□□号门牌一间,原纳地租银□两〇钱〇分〇厘,兹据该业户□□□遵章按照原额加□五倍备缴,除由本公署照收外合填执照交该业户收执管业此照"。⑦ 相较而言,在旗产清理中

① 官地民建,即地契中写有"官地"字样、属私人所有的产业。该业可能原本为官府所有,铺业主通过向官府购地取得业权;或铺业主通过占建官地取得业权;或者铺业主为避免交易中纳税过割,而将该地写作"官地"。民初财政司将此类产业称为"官地民建",要求业主限期缴价领回。参见黄素娟:《从省城到城市:近代广州土地产权与城市空间变迁》,社会科学文献出版社,2018,第 156-157 页。

② 《投变旗产之交涉》。

③ 《财政局征收课产价股报告书》,第 33-50 页。

④ 李禄超:《广州市财政局布告将军大鱼塘并荫药园一带皆属旗产应归市有由》,《广州市市政公报》第 101 期,第 33-34 页。

⑤ 林云陔:《关于征用八旗墓地展筑烈士坟场案》,《广州市市政公报》第 377 期,第 80-83 页。

⑥ 伍朝枢:《批何守洛据呈光孝街十二号房屋并非旗产误被开投恳请发还候行财局查明办理由》,《广州市市政公报》第 214 期,第 57-58 页。

⑦ 广州近代史博物馆收藏《(关清泉)捐免地租管业执照(1920 年)》。由于契纸较为模糊,部分字迹无法清晰辨别,故暂用"□"代替。

失去住所的旗户也不在少数。民国十四年（1925），孙政府筹集军费，拟开投旗人产业，不料贫苦旗民聚集在西门口一带抵抗。^① 民国二十一年（1932）各旗祠长联合递呈称，投变旗产后数千旗人生活在饥寒困苦中，当局并没有履行之前的承诺（将投变所得金额用于弥补开辟马路搬迁的商铺、补充八旗生计、建织布局教授旗民手艺），仅将金额用于弥补拆迁商铺，引起众多旗民不满。^②

与此同时，政府开投旗产吸引不少华侨和富商投资购买，新地名也在这一时期大量涌现。据《诗书街志》载，20世纪20至30年代街道内新建一批2到4层楼房，有些是建在新开辟马路两边的骑楼，有些是建在内街的楼房。购地盖房带动新的街巷名产生，直到20世纪30年代这股热潮依旧未减：大德新街为梅氏业主于1924年所建，因在大德路旁得名；永发新街因20世纪20年代冯永发独资兴建楼房得名；乐安坊也是20世纪20年代孙东购地修建，因孙氏号称"乐安堂"得名；1933—1934年，广华置业公司在今观绿路北侧建立一栋混合结构的3层楼房，开辟一条"广华道"。^③ 也有旗人通过开投购得房产，多为经济优渥者，如海关干部、商人等。如旗人关氏在粤海关工作，凭借较高的薪水在今诗书路大德市场背面购买地块，请人设计修建四栋洋楼，自成街巷，取名"博爱新街"。^④ 同样出身海关家庭的吴氏后人，至今仍记得由父亲买地画图设计、模仿粤海关的骑楼建筑，命名为"窝庐"，吴家大院在当年颇为风光，面积达五百平方米，有前后花园和防空洞，共15人入住。^⑤

笔者在田野中所见的张氏房契^⑥则反映近代以来旗人私产的家族传承。

---

① 《旗产开投之旗民反对》，《香港华字日报》1925年2月16日。

② 孙科：《训令财政局洪全英等请将投变旗产发归旗计用途并交由旗民自行筹办由》，《广州市市政公报》1921年第22期。

③ 广州市越秀区史志丛书编辑委员会：《诗书街志》，广东人民出版社，1993，第151页。

④ 关泠：《广州海关和我爷爷》，《广州满族》2017年第3期，第8—9页。

⑤ 吴仁端：《粤海关——父辈们曾经工作过的地方》，《广州满族》2017年第3期，第12页。

⑥ 本文所称的"张氏房契"共有7件，为整理方便，笔者将其分别命名为《张梅氏分产契（1946年）》《张鼎勋房产分契（1946年）》《张梅氏分房契（1949年）》《张关氏让产契（1949年）》《梁雪卿继承契（1951年）》和两份1989年的《房屋所有权证》。

契纸提到,旗人张灵川出资购置五间房产(PM 街第 A、B、C、D、E 五号①),于民国十八年(1929)以儿子张鼎勋的名义登记。张灵川去世之后,妻子梅银胜于三十五年(1946)草拟分产契,同年张鼎勋将其中 A、B 号两座断卖移转,又将 C 号分为两座并自编门号,管业登记另外 D、E 号两间。民国三十八年(1949),张梅氏立契将 C 号、C 号之一、D 号和 E 号四间房产分配与各直系家属,同日,四太(即张鼎勋之妾)将名下产业 C 号让与张何氏(张鼎勋的妻子)。1951 年,张鼎勋之妻梁氏立契继承 D 号产业。直到 1989 年,张鼎勋之子张灵川注册登记从母亲梁氏和奶奶梅氏分别继承的 C、D 号两间产业。购置房产的张灵川为正黄旗人,曾代表旗人赎回正红旗庙宇(即下文所提观音楼)。张氏所购房屋位于清正黄旗满洲地段,笔者尚未得知是否为张氏捐免赎回的旧业。据契约保管人张大妈介绍,C、D 两间房屋至今仍属张灵川孙辈张铁然所有,她本人从 12 岁开始替房产收租,一直持续到前几年。C 号房屋因保留了"满洲大屋"的特色而在广州满族中较为知名,照片经常刊登在广州满族的书籍中,成为广州满族传统建筑风格代表。

旗产清理打破了旗营原本的居住格局,使更多外来者进入旗营旧地,无法赎回旧所的旗户则被迫搬迁,而富有旗人通过参与开投掌握房产,或在别处购置产业。笔者在田野中了解到一些满族人的祖居虽仍在旗营范围内,但并不在原旗籍地段,部分为民国时重新置业所致。与此对应,部分民国时建立的西式洋楼仍保留在当地,见证这段旗营改造的历史,有些在当代被列入广州市历史建筑名录,得到政府挂牌保护。旗营的瓦解又加速了广州城市改造进程,据满族老人回忆,拆城墙筑马路后,原先旗营内无人问津的破旧房屋一时成为抢手货,新修街道与西关相连,焕发新生。②

(三)旗人的社会转型

民初政府曾允诺清查旗产后将资金用于解决旗人生计问题,但旗产处置完

---

① 由于契约涉及的部分房产至今仍保存在张氏后人手中,为保护受访人隐私,下文将街道门牌号信息以大写字母代替。

② 汪宗猷:《广东满族研究资料汇集》(广州市满族联谊会内部资料),1995,第 30 页。

成后,旗人生计筹划未见实施,广州旗人由此走上自谋生计之路。① 对于汉军旗人来说,新生活转变较为顺利:汉军驻防比满洲旗人早 75 年,更早适应环境,又普遍与当地民人通婚,有广泛的社会关系。乾隆年间,广州汉军旗人口快速增长,即便是乾隆二十一年(1756)出旗为民后的总人数也远超调防来的满洲旗人,许多男丁因此补不上兵缺,出现严重的生计问题。② 不少人逐渐转以经商、做手工等方式来弥补家用,辛亥革命后能凭手艺自力更生,又能投靠周边乡里的亲友。而满洲旗人的转型则颇为艰难:在经济方面,向来从军为业导致缺乏营生技能,多数人靠变卖房产、领取救济金维生,或从事小商贩,以卖水果、穿牙刷营生;有文化的人多进入海关或邮局,薪资较高、生活优渥。在身份上,由旗籍转为民籍:如汉军旗人一般改籍贯为"广东省南海县",但龙济光要求他们自称"南海捕属"来与南海县本地人区分③;满洲旗人初到广州多以奉天、吉林、长白或沈阳为籍贯,为避免旗人身份被察觉,只得改成南海、番禺或顺德等地,但又害怕遇到那些地方的人④。满洲旗人在广州周边无亲无故,且社会盛行的风气迫使他们隐藏身份、改变姓氏籍贯,有些族人被迫分散到香港或回到北方。⑤⑥ 但八旗解体后,满人依然在社会后台隐秘地维持联系:据汪宗猷回忆,民国时期满人内部经常在巧心茶楼聚会;抗战胜利后镶红旗人士聚集旗内各姓氏组织"满族镶红旗管理小组",重制旗谱,并恢复春祭仪式;1946 年,镶红旗知识分子为解决满族失学儿童的上学问题,在宗祠内建立国光小学。⑦⑧ 正如定宜庄所言,旗人作为一个社会群体消失的结果,是"满族"作为一个族群的重构

---

① 潘洪钢:《清代驻防族群的社会变迁》,人民出版社,2018,第 536 页。

② 王刚:《清代中后期出旗汉军生存状态之考察——以广州驻防为例》,《满族研究》2020 年第 3 期,第 33-41 页。

③ 杨绍权:《清代广州驻防汉军旗的历史》,《广州文史资料》第七辑(内部资料),1963,第 132-134 页。

④ 汪宗猷:《民族与教育》,中国戏剧出版社,2004,第 54 页。

⑤ 汪宗猷:《广州满族简史》,广东人民出版社,1990,第 58-80 页。

⑥ 《民族问题五种丛书》辽宁省编辑委员会:《满族社会历史调查》,辽宁人民出版社,1985,第 193 页。

⑦ 《民族与教育》,第 74-75 页。

⑧ 《广州满族简史》,第 99-102 页。

和再生,这个曲折、复杂和痛苦的过程贯穿了1911至1949年的整个历史时期。① 也正因心理上的差异,广州驻防的满汉旗人开始走上不同的社会道路:中华人民共和国成立后,自报满族身份的多为满洲旗人后裔;而汉军旗人多认同汉族身份,其中少数信仰伊斯兰教者归属回族身份。

三、从旗产到族产——族群景观的形成

万善宫(万善禅院)位于西濠街与大市街(即今海珠中路和惠福西路)交界处,1935年更名为"妙吉祥室",因寺内供奉一观音像,广州满族也称其为"观音楼"。万善宫位于正红旗满洲地段,在过去一直由该旗管理。民初,原八旗庙宇被认定为旗产,部分满洲旗人后裔提议保留万善宫,但当时政府规定庙宇原使用人有有限承投权,民国十三年(1924)满人舒淡庵用僧人贞海名义,以白银一千四百零六元三角七分赎回。②③ 民国十四年(1925),贞海、作禅师徒串通擅自将领契伪作买卖,冒换新契并在土地局登记,引起产权纠纷。民国十八年(1929)舒淡庵、傅星垣、张灵川三位代表人上告法院,经三番审讯证实,才在民国二十一年(1932)3月将万善宫赎回,并重新纳税登记、书《断卖契纸》以换新契。④ 同年7月,万善宫得以批准登记,广州市政府土地局发放《(万善宫)不动产权登记证明》。民国三十六年(1947)3月,广州改设为特别市;7月,改行政院辖市⑤,万善宫产权代表人重新登记,地政局发布《(万善宫)土地所有权状》,所有权代表人仍为傅、舒、张三位。民国二十四年(1935),傅星垣等人集资修建万善宫,将原来的木阁楼改建为骑楼,他们感慨万善宫经历晚清民国几次动荡仍安然无恙,将其更名为"妙吉祥室",预祝佛教同兴、吉祥光放。⑥ 值得留意

---

① 定宜庄:《清末民初的"满洲""旗族"和"满族"》,《清华大学学报》(哲学社会科学版)2016年第2期,第91页。

② 《广东满族研究资料汇集》(广州市满族联谊会内部资料),第43-51页。

③ 广州市越秀区满族志编写组:《越秀区满族志》(广州市满族联谊会内部资料),1994,第12页。

④ 引用于笔者的报道人张氏所存《断卖契纸(1932年)》。

⑤ 陈代光:《广州城市发展史》,暨南大学出版社,1996,第51页。

⑥ 见妙吉祥室二楼所存碑刻《重修观音古楼改建妙吉祥室记》。

的是,观音楼在清代是正红旗满洲庙宇,但民国时赎回观音楼的几位代表并非正红旗人:傅星垣和张灵川分别为镶白旗、正黄旗人。① 重建妙吉祥室后,几位业权人成立董事会,该庙作为私产成为公众庙宇,几位业权人在寺内以租卖香烛、签筒签纸、举办佛会等方式盈利②③,一直持续到中华人民共和国成立初期。

　　1952年11月,满族代表汪宗猷参加广东省第一届民族工作会议。此次会议上广州满族的民族身份首次得到确认,汪氏以满族代表的身份介绍广州满族的情况,并向政府部门提出将"妙吉祥室"交回满族群众管理等请求。1953年7月29日,广东省人民政府民族事务委员会以粤族办字第624号函转广州市人民政府市府秘函字第192号公函,申明:"妙吉祥室"过去由满族群众捐款建立,产权属满族群众所有。④ 1954年4月26日,满族群众从舒淡庵手中接管观音楼⑤,成立观音楼管理委员会⑥,后交由广州满族抗美援朝支会领导。⑦ 此后观音楼一直作为广州满族集体产业,用于满族社团⑧办公、组织生产活动、族胞联谊、对外招租等用途,不再是公共宗教场所。⑨ 广州满族亲切地称之为"满族群众之家",港澳台族胞也誉之为"满族大祠堂"。⑩ 观音楼与满族小学、满族坟场也成为广州满族的三大"族产"。⑪

　　此后,有关观音楼与满族人关系的叙述屡见文端。如20世纪60年代编写"三亲"回忆录时,族胞舒氏提到"妙吉祥"是佛语"曼珠"之意,也是过去"满

　① 《越秀区满族志》(广州市满族联谊会内部资料),第138页、142页。
　② 《广东满族研究资料汇集》(广州市满族联谊会内部资料),第28-29页。
　③ 《民族与教育》,第109页。
　④ 《民族与教育》,第78-96页。
　⑤ 汪宗猷:《从"家庙"到"群众之家"——满族观音楼变迁史》,《满族通讯》,1995,第14页。
　⑥ 汪宗猷:《满族工作五十年》(广州市满族联谊会内部资料),1999,第24页。
　⑦ 《民族与教育》,第78-96页。
　⑧ 广州市少数民族俱乐部(1959年至"文革"前)、广州市满族文化室(1979—1984)、广州市满族联谊会(1984—2001)、广州市满族历史文化研究会(2001年至今)。
　⑨ 平时满研会工作人员会给二楼的观音像上香和奉花。
　⑩ 《从"家庙"到"群众之家"——满族观音楼变迁史》,《满族通讯》,1995,第6页。
　⑪ "族产"指中华人民共和国成立后广州满族集体所有产业,包括观音楼、广州市满族小学和广州满族坟场。

洲"的别名;①20世纪90年代,时任广州满族联谊会会长汪宗猷通过援引清代的《满洲源流考》一书证明:"观音楼重修后虽改名为'妙吉祥室',根据《满洲源流考》记载:'妙吉祥'是满洲的别名,妙吉祥室即满族室,故该楼产权则仍属满族群众集体所有。"之后,满族社团又通过调查证明,庙内曾供奉的观音像乃是八旗满洲驻粤时由乾隆皇帝恩赐,因位于正红旗满洲地段,一直由该旗管理。②并撰写《海珠中路观音楼的今昔观》《从"家庙"到"群众之家"——满族观音楼变迁史》等文章,形成"乾隆帝赐予观音像—正红旗满洲管理—满族人赎回—满族人接管观音楼"的典范历史叙述。同时,有关广州满族观音信仰的风俗也在满族社团撰写的文集中被特别强调,如《从萨满教到观音崇拜》一文认为,广州满族有传统的信仰观念,汉军旗地段亦有观音庙,八旗满洲落广祖来粤时携带了观音像,后又为其建观音庙,成为广州满族的家庙。③但保存于观音楼内的《重修观音古楼改建妙吉祥室记》碑刻则被有意或无意地忽略了。这则碑刻为1935年时傅星垣等人重建万善宫后所立,交代了万善宫的来源与当时改名"妙吉祥室"的缘由。据碑文所记,"(万善宫内)所供观世音菩萨法像乃有清尚藩入粤所载南来四像之一,建立斯宫,坐镇南隅"④,即在时人的认知中,万善宫所供观音像与平南王尚可喜有关,而驻粤八旗满洲是在乾隆二十一年(1756)之后才由京旗派遣驻粤的军队,换句话说,在八旗满洲驻粤之前,万善宫内就有观音像了。这正如莫里斯·哈布瓦赫(Maurice Halbwachs)所认为的:"人们通常是在社会之中才获得了他们的记忆,也正是在社会中,他们才能进行回忆、识别和对记忆加以定位。"⑤而基于社会记忆所记录的历史则是被想起、被选择、被主观取舍的产物。⑥

当代,观音楼作为广州满族办公、联谊的场所,在政府的资源规划中被进一

---

① 《广东满族研究资料汇集》(广州市满族联谊会内部资料),第27页。
② 《民族与教育》,第172页。
③ 完颜·子强:《从萨满教到观音崇拜》,《广州满族》2000年。
④ 见妙吉祥室二楼所存碑刻《重修观音古楼改建妙吉祥室记》。
⑤ 莫里斯·哈布瓦赫:《论集体记忆》,上海人民出版社,2002,第68-69页。
⑥ 长谷川清、河合洋尚:《被资源化的"历史"——对中国南部诸民族的分析》,风响社,2019,第14-16页。

步塑造成广州满族的族群景观:2011 年起,满研会主动与越秀区诗书街道共商小区文化建设事宜①,在观音楼二楼建立民族图书室②。随后两年又与越秀区街合作,在观音楼二楼建立广州满族文化陈列馆。这项工程被列入越秀区建设 10 个微型博物馆规划,并由区文化广电新闻出版局拨款 8 万元、市民宗局拨 15 万元经费。研究会通过向族胞征集、购买等途径收集文物,最终在观音楼二楼 100 多平方米空间内展出 12 幅名家字画、130 多件实物、200 多幅照片和 12000 字的文字介绍。2012 年,观音楼被列入区登记保护文物单位。③④ 观音楼作为满族人过去的庙宇、中华人民共和国成立后族胞联谊活动的场地,对族胞而言是承载族群记忆、认同的场所(place)景观。中华人民共和国成立后,满族知识分子积极争取观音楼的产权,后又通过与街道政府合作打造民族文化陈列馆,这些举动都得到政府部门的支持与配合。可见,作为场所的观音楼也成为当地政府的政策资源,在这个层面上我们可以视其为空间性(space)的景观。日本人类学家河合洋尚(Kawai Hironao)指出,空间景观与场所景观在一定条件下,能够保持平衡成为一种景观的力学,并将这种景观称为"多相律"(multi-phase)的景观。在此过程中,学者、媒体把当地人对"场所"的意义、感觉语言化并对外宣传,成为新的"空间"的一部分,以成功保护当地居民的"文化遗产"。⑤⑥ 在观音楼的例子中,广州满族与政府部门合作塑造了观音楼这一独具特色的都市族群景观,构成族群边界的显性象征,使这一群体在都市中保持和而不同。

---

① 广州市满族历史文化研究会办公室:《我会与诗书街共商合作开展文化建设活动》,《广州满族》2011 年第 44 期,第 44 页。

② 广州市满族历史文化研究会办公室:《越秀区诗书街创建民族团结进步模范社区现场会在我会召开》,《广州满族》2011 年第 46 期,第 44 页。

③ 广州市满族历史文化研究会:《关于征集观音楼满族风情微型博物馆展品的公告》,《广州满族》2012 年第 48 期,第 12 页。

④ 金玉阶、李维峻、伍嘉祥:《花城谭》,广州市满族历史文化研究会内部资料,2016,第 140-141 页。

⑤ 河合洋尚:《景观人类学的动向和视野》,《广西民族大学学报》(哲学社会科学版) 2015 年第 4 期,第 55 页。

⑥ 河合洋尚:《人类学如何着眼景观?——景观人类学之新课题》,《风景园林》2021 年第 3 期,第 19 页。

四、结语

作为驻防群体,旗人初到广州时便圈地为界,日常生活与军事管理也基本限于旗营社会之中,旗营就像省城内的一个"孤岛社会",在一定程度上,把旗人与民人隔绝在各自独立的社会空间内。① 黄素娟曾研究近代广州土地产权变迁,认为帝国时期的广州城厢坐落在以乡村社会宗族组织、产权意识和实践为基础的土地上。进入民国,广州政府先是通过控制清末官府遗留的"官产"来控制土地资源(其中就包括旗产),后又承认其他公产的"双重产权"来化解官民之间的产权争议,从而建立起区别于乡村的"城市土地产权",实现向近代城市的转变。② 但处于城厢内的旗营社会并不能简单纳入汉人社会"城乡连续一体"的框架。相反,旗营社会的生活管理蕴含八旗制度的运作逻辑。八旗集行政、生产和军事职能为一体,且因"旗民分治"政策的实施,旗人不隶州县、不入民籍,由八旗系统单独管理,形成与州县制度不同的生存模式。③ 清廷在直省驻防设置"满城"(或旗营),城内设有军事设置、官署和八旗兵丁的居住区、各种文化生活场所。驻防官兵被禁止在当地置产,所住房屋由官方建造并承担一切修缮费用,并以官发俸禄、粮米的形式获得收入。④ 就产业来说,旗产在法律层面上是公有制,这种产业分配类似于现代社会的单位制分房,用以保证八旗军事化社会持续运转,并非华南宗族的控产模式。

驻防八旗特殊的背景提示我们,应该换个角度来看待广州旗人融入地方社会以及产业变迁的问题。从清代的旗产,到民国时面临征收的官产,再到当代广州满族族产,这背后是广州满族极为复杂的社会变迁。正如潘洪钢所言,清代八旗驻防族群久居一地,逐渐成为所在地的成员,产生地方认同,心理上逐渐

---

① 但在实际生活中,广州旗民之间有许多社会来往:如旗营内的宗教场所、学宫等都有民人出入,亦有民人居住在旗营内;旗民之间也有不少经济交易现象;有些个体依靠家庭关系游离在旗民两种身份间。见蔡妍欢:《边界与交融——广州驻防旗营中"旗民杂处"现象探析》,《满族研究》2021 年第 1 期,第 36-42 页。

② 《从省城到城市:近代广州土地产权与城市空间变迁》,第 286-290 页。

③ 邱源媛:《清代旗民分治下的民众应对》,《历史研究》2020 年第 6 期,第 68-72 页。

④ 定宜庄:《清代八旗驻防研究》,辽宁民族出版社,2003,第 198-210 页。

从客居到以土著自居演变。① 近代以来广州的城市发展与城市改造,其实也从制度与空间上瓦解了旗营这一孤岛社会,而作为久居当地、早已产生土著认同的旗人来说,如何继续在城市中立足是新的难题,最先被考虑的便是产权问题。民国官产清理运动中,旗人面临需出资赎回产业(即祖业)的尴尬境地,同时,更多外来投资者购地置业,进入旗营。20 世纪 50 年代,恰逢中华人民共和国民族识别工作开展,得益于政府的民族政策,广州满族成立民族社团、收回观音楼,又以镶红旗宗祠为校舍成立广州市满族小学、向政府申请组建广州满族坟场。这三处产业也成为广州满族的"族产",在从"旗人"到"满族"身份过渡后,成为承载历史记忆、维系民族情感的家园,在近年,又被进一步打造为族群景观。产权所有是在省城内继续生存的必要条件,正如笔者在田野中遇到的个别旗人后代,他们原先的祖屋在中华人民共和国成立后交由政府所有改为商品房,后又分得房产,才得以继续在原址居住。而作为族群景观的建筑(如观音楼、满族小学和满族坟场),则成为广州世居满族精神意义上的象征资本:即使不是每个族胞都知道这些场所,但这些场所和运营者广州满族社团的存在就已经为这个群体争取到话语权。正如笔者在田野中访问当地人有关广州满族的情况,不管是地方部门还是普通群众,都会推荐笔者去观音楼拜访,或者提到满族小学,可见这些场所已俨然成为广州满族文化的权威代表。对于这个群体来说,从定居到世居的过程,其实也是建筑产权变迁的过程,近代以来的景观营造则为"世居"进行文化意义的润色。由此来看,这种"居住"的视角也不妨为我们思考族群变迁提供思路,与建筑有关的契约文书、地名演变、景观营造以及人与建筑的关系,都可以成为研究者所关心的事项。本文正是以此为切入点所作的初步探讨,疏漏缺失,尚待各位方家指正。

(蔡妍欢,东京都立大学大学院研究生;

韦兰海,内蒙古师范大学民族学人类学院教授)

---

① 潘洪钢:《清代八旗驻防族群的土著化进程与地方认同》,《吉林师范大学学报》(人文社会科学版)2021 年第 3 期,第 25-32 页。

附　本文所引用契约：

一、《和切本典卖铺宇碑(同治三年)》

立典卖铺宇人满洲镶白旗和切本,今因急用,自愿将先父遗名下下铺一件,坐落大市街中约南向,阔十五街,深式进,深横丈尺,每月地租银七分。召人承买,取定价银九十两正。先召房亲人等,各不愿买。后凭中人正红旗满洲存贵,引至光塔寺承买。依口还足铺价银九十两正,司码平兑足,即日当中交易,银铺两讫清楚,并无拖欠分毫。其铺系和切本经分名下之业,与别房叔伯无涉。此系明买明受,并非债折逼勒等情。倘有来历不明,系卖主和切本同理明,不干买主之事。即日当中立字恐后无凭,和切本立明卖契一纸,交光塔寺永远执存据。

祥茂号敬送。

中人存贵。

中人马子英。

即日和切本亲手受到房价银九十两正。(花押)

马大和故于咸丰八年七月初二日忌。

明其忠故于咸丰九年四月初二日忌。

同治三年四月初四日,代笔人正黄旗祥太立。

二、《(关清泉)捐免地租管业执照(1920年)》

(正文部分)

广州市市政公所□□□、何远庆、□□□为给照管业事案,据旗绅具禀,旗街永建铺屋地租拟请准予缴款捐免,即为完全私产一案,当经前巡按使公署核准并拟简章公布,此案自中华民国七年十一月一日起移归本公所管办,查□□街□□号门牌一间,原纳地租银□两〇钱〇分〇厘兹据该业户□□□遵章按照原额加□五倍备缴,除由本公署照收外,合填执照交该业户收执管业此照。

计粘面积四至图一纸

□右□字第□号照给业户关清泉收执

督办□□□

总办□□□

坐办□□□

中华民国九年六月十五日给

三、张氏文书

(一)张梅氏分产契(1946年)

兹将先夫张灵川遗下所有产业分配办法开列,此办法系属各方面及各人,均心情意愿认为绝无偏袒,恐日后有所怨言,故立此据,由个人签押赞同,日后无得异议。

计开:

本屋C号所卖得之款系照国币三百万元数额分配,如售价超过国币三百万元,该超出款项仍由本人(张梅氏)掌管,至本人认为该款项不再掌管时则将款项分配与长孙张海林十分之五,次孙张亚咪十分之二五,义孙张亚光十分之二五。

本屋C号所卖得之款国币三百万元分配如下:

本人(张梅氏)一百五十万元,张海林七十万元,亚姐四十万元,二太二十万元,四姐二十万元。

PM街A号B号二间屋归张海林管业。

PM街D号E号二间屋归张亚尾管业。

A号B号D号E号四间屋虽归张海林张亚尾分别承受,

惟一切屋契证件等仍由本人(张梅氏)保管,非得本人(张梅氏)许可不得典卖。

立分配办法人张梅氏

赞同人张铁然 四姐 张海霖

中华民国三十五年(空)月(空)日

(二)张鼎勋房产分契(1946年)

立分契人张鼎勋,会有名下自置坐落广州市惠福区PM街现编门牌第A号B号C号D号E号屋业共五间,系同一管业执照,并于民国十八年八月八日以声请书第一四二○四号声请登记,蒙市土地局发给确宣证有据(各屋面积均依登记证附图所载为准),近本人除将第A号第B号屋两间断卖移转,多余博成所有外,其余顺并分契管业,计将原第C号屋分为两间,即系该屋正屋及右座,仍为 C 号(占原面积三分之二),而左便一座则自编为 C 号之一(占原面积三分之一),各为一契,至 D 号第 E 号共为一契,并依章声请分割登记,以期管业便利,本分契系管领 PM 街第 D 号第 E 号,立屋业者特立此分契为据。

立分契人 张鼎勋(盖章)

中华民国三十五年十月□日

(三)张梅氏分房契(1949 年)

兹因本人(张梅氏)年逾古稀、体力退减,对日常处理整个家庭事务觉不胜烦劳,自愿将先夫张灵川出资购置用张鼎勋名字向广州市地政局登记之屋业四间,坐惠福分局 PM 街门牌 C 号、C 号之一、D 号、E 号分配与先夫各直系家属,并将分配办法承受屋业之直系家属洽商,经全体一直认为满意,由民国三十八年七月十四日起,将屋业分配与各人管业,一经配之后,各人得自由处分,其分值所有之产业各人及其本身子女日后之生活、教育、婚嫁、病亡及其他一切经常或临时之费用永远自行料理,不得再籍任何理由向本人或承受屋业之各该家属有所要求,此系经全体承受屋业之家属同意,并无丝毫强迫,恐口无凭,特于民国三十八年七月十四日,率同家属同人齐到广州市文明路二一五号二楼律师吴伟寰事务所,请吴律师当众证明,签立分书六纸,除将一纸存吴律师处备案外,各执一纸为凭,兹将各人同意之分配办法列后。

分受屋业人	张梅氏	张简氏	张关氏	张何氏 张铁光	张梁氏 张铁然 张美英
分受屋业所在地	PM 街 C 号	PM 街 C 号	PM 街 C 号	PM 街 C 号之一	PM 街 D 号、E 号
间数	全间四分之二	全间四分之一	全间四分之一	全间	两间
土地所有权状字号	状声字一二五六七号	同右	同右	状声字一二六八〇号	状声字一二八九四号

分受屋业人	张梅氏	张简氏	张关氏	张何氏 张铁光	张梁氏 张铁然 张美英
附注	本人分受之屋业若能解决生活,继续保存,则俟百年还老之时,将其变卖,拨出款项百分之五十为料理身后事,开丈其余百分之五十分给铁然、铁光两孙承受,唯须联同负责拜归祖先坟墓香灯等费用				

立分契人 张梅氏

在场人 张简氏(指印) 张关氏(指印) 张何氏(指印) 张梁氏(指印) 张铁然 张铁光(指印) (俱右二指)

见证律师 吴伟寰(盖章)

中华民国三十八年七月十四日

代写分书 见证一侄 张少如

(四)张关氏让产契(1949年)

立价让产业契人张关氏,兹愿将本人名下分值之张灵川出资购置用张鼎勋名字向广州市地政局登记之产业一间四分之一,坐落惠福分局 PM 街 C 号价让与张何氏承受并经双方同意,由张何氏补回张关氏产业价款银元七百一十五元,伸合港币三千元正,该款业于民国三十八年七月十四日由张何氏如数交与张关氏亲手收妥。嗣后本人名下分值之产业所有权由张何氏承受,张关氏此次将自己名下分值之产业价让之后,所有张灵川出资购置用张鼎勋名字登记产业将来出资或典押或改建一切等情永远与本人(张氏)无涉,除请律师吴伟寰证明外恐口无凭,立价让产业契一纸连同分书一纸交执为凭。

见证律师吴伟寰(盖章)

出顶价让屋业人 张关氏

备价承受产业人 张何氏(指印)

中华民国三十八年七月十四日

（五）梁雪卿继承契（1951 年）

立继承人梁雪卿，会有先夫张鼎勋遗下吉屋一间，坐落惠福分局段内 PM 街 D 号门牌，土地面积概照登记图，则特立继承契纸乙张为据。

继承人 梁雪卿（盖章）

见证人 关春绪（指印）

公元一九五一年五月十九

四、观音楼文书

（一）断卖契纸（1932 年）

正文部分：

……

该产价银一千四百〇六元三毫七仙正，该契税银五十六元三毫五仙正。

厅颁芥字一十五号断卖契纸业主万善宫代表等 准此

为立遵批另换新契人万善宫代表人舒澹庵、傅星垣、张灵川等，今因广州市西濠街第六十五号万善宫后座地一段，面积共九井三十七方尺五十八方寸。前本旗产，经澹庵等用张贞海名义，用价银壹千四百零六元三毫七仙价先领回。民国十四年，贞海、作禅师徒串同，擅将领契伪作买卖，冒换新契，并取得土地局第一一八六号登记完毕证。十八年，伪案发见，经澹庵等据法向地方法院控告，经检察官提起公诉，旋经广东法院三审终结，审讯属实，依律科刑，并由地方法院函行广州市土地局涂销登记。本年三月二十一日奉到土地局批开呈悉仰即依判税印新契户，请登记各等因在案。澹庵等理合遵批，将讼案始末暨该地面积、产价各情形，自行缮具白契，转换新契，以重业权，所立白契是实。

一，丈尺面积共九井三十七方尺五十八方寸。

一，产价一千四百零六元三毫七仙。

中华民国二十一年三月二十二日，万善宫代表人舒澹庵、傅星垣、张灵川等立。

（广东省财政厅盖章）

中华民国二一年四月八日给

(二)(万善宫)不动产权登记证明(1932年)

正文部分:

(右面)

广东省会公安局三区一分局西濠街第六十五号之右号万善宫代表人傅星垣、舒澹庵、张灵川,业平面图。

市尺面积十三市方丈九十市方尺廿五市方寸。

折合并钱尺面积十井廿四方尺九十八方寸。

广州市土地测量第四区第一段图号□,确定第五八三号之一号。

(面积图)

中华民国廿一年四月廿七日。

课长(盖章)(盖章),主任(盖章),测量员(盖章)

(左面)

中华民国二十一年四月十九日收到声请书第六〇六条。

登记权利人姓名:万善宫代表人张灵川等,年龄(空白),籍贯(空白),住所XXX路A号,职业(空白),未/已婚(空白)。

不动产之表示:

甲,土地坐落:测量第四区第一段第五八三之一号,警察三区一分局西濠街门牌第六五号之右号。

一、土地种类:宅地。

二、2二、土地面积:一十井三十四方尺九十八方寸

乙,建筑物坐落右列之土地上。

一、建筑物种类:屋一间。

二、建筑物面积:与土地同。

登记目的:不动产所有权保存登记。

登记权利价额:价一千三百元正,一百零六元三毫七仙。

登记簿册页:登记簿第一〇五九二册第九七五二页。

登记号数:第五二三三四五六八号。

顺位号数:第一号。

移载年月日:民国二十一年七月三十日。

其他事由:右确定证障字第三六〇三号给登记权利人万善宫代表张灵川等。

局长(盖章)

中华民国二十一年七月三十日

(三)(万善宫)土地所有权状(1947年)

正文部分:

广州市政府地政局状声字第二六八五一号:

为发给土地所有权状事,据土地所有权人万善宫代表傅星垣、舒澹庵、张灵川声请登记左记土地所有权案,经审查公告无异,准予登记合发状以凭执业此状。

计开(盖章)

土地标示										
坐落	区段	地号	地目	四至	面积	地价		定着物		
						申报	评定	面积	情形	现值
本市惠西分海中街门牌一二三号	市福路局珠路巷牌二号 测量第四第区一段	一四一九号	宅地	东至□,南至一一西至四八至〇九至〇三〇北二	八井六市方八市方寸 市五市尺二	九零万千元 百三二	(空)	与土地同	(空)	千五一二元 八零十万千

(面积图)

收件字号及年月日:中华民国三十六年四月八日,收件六十字,第八零八五号。

登记号字及年月日:中华民国三十六年七月十四日登记,字第三六三九号。

……

右给土地所有权人万善宫代表人:傅星垣、舒澹庵、张灵川

局长:李扑生

中华民国三十六年七月十四日

朱启钤《蠖园年表》订误

The Correction of *the Huoyuan Chronological Table* by Zhu Qiqian

李楚君

摘　要:朱启钤是中国著名的实业家、古建筑专家。其自编《蠖园年表》可作为研究朱启钤的珍贵资料。今依据相关史料,从时间、官职等方面对《蠖园年表》进行考疑正误。

关键词:朱启钤　《蠖园年表》　订误

朱启钤自编《蠖园年表》,收录于《紫江朱氏家乘》卷三,为民国间铅印。年表截止于民国二十五年(1936)。1962 年 2 月 3 日瞿宣颖致朱启钤书云:"当年我帮忙编辑《家乘》、《年谱》,忽忽将及三十年。"可知瞿氏曾参与年表编写。

本人撰写《朱启钤年谱长编》,对年表资料多有采择。由于年表部分内容乃追忆而成,讹误难以避免,因与文献互校成此文。

一、光绪元年　乙亥

梓皋公十月初三日卒于青溪道中,享年三十一岁。①

《紫江朱氏世系表》:庆墉,字梓皋。生道光癸卯九月二十八日卯时,卒光

---

① 朱启钤:《紫江朱氏家乘》卷三《蠖园年表》,民国间铅印本。

绪乙亥十月初三日未时。①

按:朱启钤之父朱庆墉,生于道光二十三年癸卯(1843),卒于光绪元年(1875),享年应为三十三岁。

二、光绪七年　辛巳

启钤八岁始就外傅,从善化孝廉俞勉卿先生读书。②

《蠖园年表》同治十一年(1872):是年七世启钤生于信阳州。③

按:朱启钤生于同治十一年(1872),光绪七年(1881)应为十岁。

三、光绪十年　甲申

是冬,傅太夫人携启钤侍外祖母游杭州,住浙江学署,命启钤从张石琴先生读书。④

《清代职官年表·学政年表》光绪十一年(1885)浙江:瞿鸿禨,五月癸丑十五日,6.27。⑤

朱启钤《姨母瞿傅太夫人行述》:(光绪丙戌)文慎令从武冈张石琴先生在署读书者年余。⑥

按:丙戌为光绪十二年(1886)。傅太夫人携启钤侍外祖母住浙江学署,不应早于光绪十一年五月十五日瞿氏就任浙江学政。

---

① 朱启钤:《紫江朱氏家乘》,民国间铅印本。
② 朱启钤:《紫江朱氏家乘》卷三《蠖园年表》,民国间铅印本。
③ 朱启钤:《紫江朱氏家乘》卷三《蠖园年表》,民国间铅印本。
④ 朱启钤:《紫江朱氏家乘》卷三《蠖园年表》,民国间铅印本。
⑤ 钱实甫:《清代职官年表》第四册,北京:中华书局,1997 年,第 2746 页。
⑥ 朱启钤:《蠖园文存》卷下,1936 年,紫江朱氏刊本。

四、光绪十八年　壬辰

岁暮回成都，惊闻外祖母之丧。①

朱启钤《姨母瞿傅太夫人行述》：先是，外王母刘太夫人已于前一年十二月六日弃养，家人以新岁，未敢驰告。是岁正月杪，文慎甫出棚，得讣书，因命随行之傅表兄敬之回署，并属我外姑于太夫人就近护视。②

按：闻丧当在光绪十九年（1893）正月杪。

五、光绪二十三年　丁酉

陈夫人病革，四月初四日卒于泸州，年二十有六。③

《紫江朱氏世系表》：启钤元配陈氏，生同治辛未二月十六日子时，卒光绪丁酉四月初四日申时。④

按：陈氏生于同治十年（1871），卒于光绪二十三年（1897），享年应为二十七岁。

六、光绪二十四年　戊戌

三月赴江阴，随文慎公按试苏、松、太仓三属。⑤

朱启钤《姨母瞿傅太夫人行述》：文慎将出棚，按试苏州，闻启钤已莅鄂，电召随侍。二月，驰抵江阴，遂命居幕中，襄理苏松太三属试事。⑥

按：行述与年表所记时间相异。

---

① 朱启钤：《紫江朱氏家乘》卷三《蠖园年表》，民国间铅印本。
② 朱启钤：《蠖园文存》卷下，1936 年，紫江朱氏刊本。
③ 朱启钤：《紫江朱氏家乘》卷三《蠖园年表》，民国间铅印本。
④ 朱启钤：《紫江朱氏家乘》，民国间铅印本。
⑤ 朱启钤：《紫江朱氏家乘》卷三《蠖园年表》，民国间铅印本。
⑥ 朱启钤：《蠖园文存》卷下，1936 年，紫江朱氏刊本。

冬间,于夫人偕妹征莲奉母自鄂来,赁居苏州护龙街……吾家方徙居苏州,遂迎五叔母率子女同赴苏就学。①

朱庆奎、朱启镕《四十年艰辛记》:秋间三伯母就养入苏,以府君所入甚微,吾母子四人无依,约同赴苏焉。②

按:三伯母,指朱启钤之母傅氏。《四十年艰辛记》与年表所记时间相异。

七、宣统元年　己酉

徐公去东三省总督任。启钤辞去蒙务局督办职,赴俄罗斯属西伯利亚东海滨省及日本北海道,游历六阅月始返。③

《徐世昌日记》五月十七日:晚,朱桂辛在此晚饭。九月二十三日:偕伯棠、雨人来寓。又约姜翰兄、钱干臣、朱桂辛、华弼臣、李符曾、李季高来赏菊宴集,久谈。

八月二十六日朱启钤于东京致夫人于宝珊家书:我游行将已两月,舟车劳顿,渐觉疲困,且天气渐寒,从行诸君衣裳均觉单薄,亟当料理归国。④

按:据家书"我游行将已两月"推算,其游历启程当不早于六月二十六日,距九月二十三日参加赏菊宴集,间隔不足三月;即使五月十七日至九月二十三日,间隔也不过四月余。年表所记"六阅月"不确。

八、民国二年　癸丑

七月,内阁改组,转任内务部总长。⑤

《辛亥以后十七年职官年表》国务总理:熊希龄,7 月 31 日任。⑥ 交通部总

---

① 朱启钤:《紫江朱氏家乘》卷三《蠖园年表》,民国间铅印本。
② 朱启钤:《紫江朱氏家乘》卷二,民国间铅印本。
③ 朱启钤:《紫江朱氏家乘》卷三《蠖园年表》,民国间铅印本。
④ 朱氏家藏稿本
⑤ 朱启钤:《紫江朱氏家乘》卷三《蠖园年表》,民国间铅印本。
⑥ 刘寿林:《辛亥以后十七年职官年表》,中华书局,1966,第 7 页。

长：朱启钤,9月4日辞。① 内务部总长：朱启钤,9月11日任。②

按：9月11日,阴历为八月十一日,七月误。

九、民国三年　甲寅

充第一、二届知事试验主试委员长。③

《派朱启钤充任职务令》：派朱启钤充知事试验主试委员长。此令。中华民国三年二月十一日。大总统印。国务总理熊希龄、内务总长朱启钤。④

《知事试验暂行条例》第十四条：试验委员会以左列各员组织之：一委员长,一人；二主试委员,无定额；三监试委员,二人至四人。第十五条：前条规定之委员长以内务总长任之。⑤

二月二十四日,大总统袁世凯签批国务总理孙宝琦、知事试验委员会委员长朱启钤呈《报明试验事宜遇有出场之时拟即委托主试委员朱家宝代理请鉴核文》。⑥

中华民国三年三月二十日刊载大总统袁世凯签批知事试验委员长内务总长朱启钤等呈《报试验知事情形文》：(文略)。⑦

《许宝蘅日记》二月十八日(3月14日)：郑干臣(滋藩)、杨诚斋(道隆)两同年来,皆第一届知事试验及格者。⑧ 二十七日(3月23日)：八时三刻到国务院,照料考取知事谒见总理。⑨

按：第一届知事试验当不晚于三月十四日结束,朱启钤担任知事试验委员会主试委员长。

① 刘寿林：《辛亥以后十七年职官年表》,中华书局,1966,第91页。
② 刘寿林：《辛亥以后十七年职官年表》,中华书局,1966,第23页。
③ 朱启钤：《紫江朱氏家乘》卷三《蠖园年表》,民国间铅印本。
④ 骆宝善、刘路生：《袁世凯全集》第二十五卷,河南大学出版社,2012,第270页。
⑤ 《内务公报》,中华民国二年十二月十五日第三期。
⑥ 骆宝善、刘路生：《袁世凯全集》第二十五卷,河南大学出版社,2012,第344页。
⑦ 骆宝善、刘路生：《袁世凯全集》第二十五卷,河南大学出版社,2012,第542页。
⑧ 许宝蘅著,许恪儒整理：《许宝蘅日记》,中华书局,2010,第479页。
⑨ 许宝蘅著,许恪儒整理：《许宝蘅日记》,中华书局,2010,第480页。

《许宝蘅日记》四月初一日(4月25日):到部,将试场各事预备清楚,主试委员长奉派汪伯唐。[1] 四月初三日(4月27日):汪委员长、朱总长及主试、监试、襄校各员均到。[2] 四月二十二日(5月16日):约委员长、主试、襄校、监试各委员公宴,代桂辛作主人。[3] 七月十一日(8月31日):午后四时委员长、主试、监试、襄校诸君先后俱到,六时朱总长至。[4]

五月二十二日大总统袁世凯批知事试验委员会主试委员长汪大燮呈《报明第二届知事试验完竣陈明办理情形并开呈录取及格员名清册文》。[5] 四月十三日公布《修正知事试验条例》第十五条:委员长以内务总长或各部总长,由大总统特任之。[6]

按:第二届知事试验委员会主试委员长应为汪大燮,年表误记。汪氏时任教育总长,亦符合《修正知事试验条例》之任职条件。

十、民国四年　乙卯

政事堂改制,仍留内务总长任,兼交通总长。[7]

民国三年(1914)《于大总统府设政事堂令》:现在国务院官制业经废止,依照约法行政以大总统为首长之规定,特于大总统府设政事堂。除政事堂组织另定外,所有京外各官署向来呈报国务总理事件,应自本令发布之日起一律改呈大总统。此令。中华民国三年五月一日。大总统印。国务总理孙宝琦。[8]《辛亥以后十七年职官年表》民国三年内务总长:朱启钤,五月一日重任。[9] 交通部

---

① 许宝蘅著,许恪儒整理:《许宝蘅日记》,中华书局,2010,第485页。
② 许宝蘅著,许恪儒整理:《许宝蘅日记》,中华书局,2010,第486页。
③ 许宝蘅著,许恪儒整理:《许宝蘅日记》,中华书局,2010,第488页。
④ 许宝蘅著,许恪儒整理:《许宝蘅日记》,中华书局,2010,第502页。
⑤ 骆宝善、刘路生:《袁世凯全集》第二十六卷,河南大学出版社,2012,第428页。
⑥ 《内务公报》,中华民国三年(1914)五月十五日第八期。
⑦ 朱启钤:《紫江朱氏家乘》卷三《蠖园年表》,民国间铅印本。
⑧ 骆宝善、刘路生:《袁世凯全集》第二十六卷,河南大学出版社,2012,第213页。
⑨ 刘寿林:《辛亥以后十七年职官年表》,中华书局,1966,第24页。

总长：梁敦彦，五月一日任。① 民国四年内务总长：朱启钤。② 交通部总长：梁敦彦。③

按：民国三年（1914）五月一日，废内阁设政事堂于大总统府。改制后任命梁敦彦为交通总长，朱启钤为内务总长。梁敦彦因请假未到任，朱启钤暂缓交卸交通总长，而非兼任，故《清末民初职官名录》中列名亦为梁氏。

十一、民国九年　庚申

创北戴河海滨公益会，筑路、种树。暑期必往，岁以为常。④

民国八年（1919）七月朱启钤《北戴河海滨公益会报告书》：本会发端于中华民国七年之七月。⑤

杨炳田《朱启钤与公益会开发北戴河海滨》：民国七年八月，酝酿筹备并草创会章。次年六月，经内务部批准，直隶省公署备案。公益会于农历七月十五日在西山成立。八月十日，公益会召开第一次会员代表大会，出席四十三人，公推梁士诒为主席，朱启钤为会长。⑥

按：北戴河海滨公益会创办于民国八年（1919），而非民国九年（1920）。

十二、民国十三年　甲子

是年，遣嫁四女津筠于江宁吴氏。⑦

---

① 刘寿林：《辛亥以后十七年职官年表》，中华书局，1966，第92页。
② 刘寿林：《辛亥以后十七年职官年表》，中华书局，1966，第25页。
③ 刘寿林：《辛亥以后十七年职官年表》，中华书局，1966，第93页。
④ 朱启钤：《紫江朱氏家乘》卷三《蠖园年表》，民国间铅印本。
⑤ 朱启钤：《蠖园文存》卷上，1936年，紫江朱氏刊本。
⑥ 北京市政协文史资料研究委员会、中共河北省秦皇岛市委统战部：《蠖公纪事——朱启钤先生生平纪实》，中国文史出版社，1991，第106页。
⑦ 朱启钤：《紫江朱氏家乘》卷三《蠖园年表》，民国间铅印本。

叶祖孚《朱启钤与〈存素堂账目〉》:民国十四年,津筠喜事用洋 7000 圆(大洋)。①

朱海北《风云变幻的北戴河海滨》:在张学良将军和冯庸的撮合下,我四姐津筠与吴敬安于一九二五年结了婚。②

按:叶文所记以账目为据,与朱海北记载亦相吻合,朱津筠出嫁当在民国十四年(1925),而非民国十三年(1924)。

十三、民国十八年　己巳

*煤矿复业始解去总经理职。*③

《主要领导人更迭》:一九二八年十一月,中兴公司总公司董事会长朱启钤,总经理钱新之。一九三一年四月至一九三四年五月,中兴公司总公司董事会长朱启钤,总经理钱新之。④

按:年表称民国十八年(1929)解总经理职,不确。

十四、民国二十二年　癸酉

*始着手编《家乘》,撰《瞻怀外纪》,并整理先世手泽。*⑤

民国二十七年六月朱启钤《〈紫江朱氏家乘〉序例》:始事于甲戌之春,钩稽凌杂,时作时辍。⑥

按:甲戌为民国二十三年(1934),与年表所记时间相异。

---

①　北京市政协文史资料研究委员会、中共河北省秦皇岛市委统战部:《蠖公纪事——朱启钤先生生平纪实》,中国文史出版社,1991,第 80 页。

②　北京市政协文史资料研究委员会、中共河北省秦皇岛市委统战部:《蠖公纪事——朱启钤先生生平纪实》,中国文史出版社,1991,第 94 页。

③　朱启钤:《紫江朱氏家乘》卷三《蠖园年表》,民国间铅印本。

④　《枣庄煤矿志》编纂委员会:《枣庄煤矿志》,中华书局,2001,第 48 页。

⑤　朱启钤:《紫江朱氏家乘》卷三《蠖园年表》,民国间铅印本。

⑥　朱启钤:《紫江朱氏家乘》卷首,民国间铅印本。

十五、民国二十四年　乙亥

四月,葬于森圃外舅于北平,为撰行状。①

《外舅于森圃先生行状》:今岁夏秋酷热,老人拳局斗室中,颇苦不能转侧,而饮馔未减。入秋遂牵动痰喘,自知不起……爰督孤孙卜以明年乙亥之春,自津移灵安窆穸焉。②

按:朱启钤外舅于德楙卒于民国二十三年(1934),行状当作于去世之年,即民国二十三年十二月三十日(1925年2月3日)之前。

(李楚君,北京市文物保护青年学者)

---

① 朱启钤:《紫江朱氏家乘》卷三《蠖园年表》,民国间铅印本。
② 朱启钤:《蠖园文存》卷下,1936年,紫江朱氏刊本。

李叔同《汉甘林瓦砚题辞》的考证与再发现

Revisiting Li Shutong's *Han Ganlin Wayan Tici*

曲振明

摘　要:《汉甘林瓦砚题辞》是李叔同在上海时期编印的书籍,系"李庐三种"之一。文章对李叔同《汉甘林瓦砚题辞》编印经过进行了考述,对题辞的作者进行了考证,对《汉甘林瓦砚题辞》之外的言敦源、赵元礼、王守恂的相关题辞文本作了比对和推测。

关键词:《汉甘林瓦砚题辞》　李叔同　李庐三种

据资料记载,李叔同编印图书自上海李庐开始,其间编印《汉甘林瓦砚题辞》(以下简称《瓦砚题辞》)《李庐印存》《李庐诗钟》,被后人称之为"李庐三种"。其中《李庐印存》《李庐诗钟》为后世熟知,而《瓦砚题辞》流传较少,鲜有研究。笔者收藏一册《瓦砚题辞》,在此结合李叔同事迹及相关资料,将该书编印过程、主要内容以及新的发现予以考述。

一、《瓦砚题辞》的编印经过

《瓦砚题辞》的编印,是源于李叔同收藏了清代名人纪晓岚的汉"甘林"瓦砚。光绪二十四年(1898)戊戌变法失败后,有人传李叔同为康梁同党,于是李叔同奉母亲王氏及家眷由天津迁居上海。当时江南名士袁希濂、许幻园在许氏城南草堂结成"城南文社",每月会课一次,并由孝廉张蒲友评阅。李叔同初次入社,诗赋小课《拟宋玉小言赋》,由于写作俱佳,名列第一。李叔同自参加城南文社后,才华过人,许幻园请他移居城南草堂,并特辟一室。因客厅悬挂名为"醲纩阁"的匾额,许幻园见右侧的书房尚缺一匾,乘兴写了"李庐"二字以赠。从此李叔同有了"醲纩阁主"和"李庐主人"的别号。此间,李叔同广结好友,并与江湾蔡小香、宝山袁希濂、江阴张小楼、华亭许幻园结拜金兰,号称"天涯五友"。

李叔同十三岁学习篆书,十六七岁"藉知于金石之学",其老师唐静岩说"李子叔同,好古主也"。① 光绪二十五年(1899),李叔同得到纪晓岚的汉"甘林"瓦砚。据津门友人李澂浈《汉甘林瓦砚歌》云:"叔同是年客沪上,数月以来时怅望。天涯远隔心何求,豪杰思逞志弥壮。忽闻购一甘林瓦,嗜古成癖真大雅……"(见李叔同《汉甘林瓦砚题辞》下卷)从"嗜古成癖"的评价,可以看出李叔同的爱好。据李叔同好友王襄之子王翁如《李叔同早年轶事琐记》:"李叔同也喜古文物,常去当时城里鼓楼东的古文物收藏家李子明氏处谈论并欣赏,得结识李仲可、王襄诸氏。"② 另据姚惜云《李叔同与我家的关系》谓李叔同广结社会名流,终年盘桓,不耻下问,学与日增,"所以他的诗、词、书、画、印刻无一不精。此外对古代金石、文玩、碑帖、字画之真赝。有鉴别能力,百无一失。在光绪二十六年(1900)前,公认为天津一才子"。③ 由于李叔同不仅爱好古物,还具有鉴赏能力,到沪不久,淘到汉"甘林"瓦砚。

该砚是一块镌有"甘林"二字的汉瓦制成,所以称为"汉甘林瓦砚"。关于汉"甘林"瓦之来历解释不一。一说为汉"甘泉""上林"宫苑、垣卫之瓦,"甘林"乃二个宫名之省文;一说是汉甘陵昭庙之瓦,"甘林"之"林"是"陵"之音转。《瓦砚题辞》中,拜洪堂主人在《甘林汉瓦歌》前有考证文字,云:"'甘林'二字无考。《金石索》云:是'甘泉上林'省文。反复审之,不能无疑。汉瓦当有

① 林子青:《弘一法师年谱》,宗教文化出版社,1995,第 7 页。
② 天津市政协文史资料研究委员会、天津市宗教志编纂委员会:《李叔同:弘一法师》,天津古籍出版社,1988,第 311 页。
③ 金梅:《李叔同与"天涯五友"》,《李叔同:弘一法师纪念集》,天津人民出版社,2000,第 309 页。

'甘泉'、有'上林'。'甘泉'则宫苑之瓦,'上林'则门署或垣卫之瓦,一有主名,一为统名,理不能合,其疑一。孙氏平津馆得'甘林''甘泉上林''平乐宫阿'三种,如依省文之例,则即云'甘林',何必更赘'甘泉上林'之名?既云'甘林',又云'甘泉上林',是'甘泉上林''平乐宫阿'之外,别有'甘林'一种。其总云'甘泉上林'者,又自别为一种,意即甘泉宫门署之瓦,不得混于甘林,其疑又一。以省文论之,汉隶省文以字省,字取于简易,亦必同声同义可通可转者始用。若以'甘泉上林'省去中二字,成何字义?两汉去周秦不远,必无如是牵强,其疑又一。窃谓'林'乃'陵'之省文。《左氏传》:僖十四年,诸侯城'缘陵',谷梁(《左传·谷梁传》)作'缘林'。又《后汉书·杜密传》刘季陵清高士,考证云:'陵'本作'林'。以此证之'甘林'或即'甘陵'也。"(见图1)。

图1 拜洪堂主人《甘林汉瓦歌》

甘林瓦砚砚材取自汉代的文字瓦当。瓦当是宫殿屋檐头那块筒瓦的底,因其质地坚硬且有精美的文字或图案,常被后世文人雕琢成砚台。李叔同所得这方砚,为清乾隆朝名臣纪晓岚收藏。纪晓岚是《四库全书》的总编纂,喜欢藏砚,生前收集名砚无数,后人曾编《阅微草堂砚谱》行世。同为乾隆名臣的刘石庵也爱好藏砚,李叔同所藏"甘林瓦砚"有纪晓岚的砚铭,云:"余与石庵皆好蓄砚,每互相赠遗,亦互相攘夺,虽至爱不能分割,然彼此均恬不为意也。太平卿相不以声色货利相矜,惟以此事为笑乐,殆亦后来之佳话欤?嘉庆甲子,五月十日,晓岚记,时年八十有一。"(见李叔同《汉甘林瓦砚题辞》卷首)这段砚铭有《阅微草堂砚谱》可以参证。既然瓦是汉物,又经纪晓岚这位名人收藏,无疑是件宝物。

古人获得宝物,喜欢遍征题咏,一方面请朋友鉴赏;另一方面与朋友分享快乐。天津文人就有得砚题辞的先例。雍正初年,天津诗人周焜(?—1750)在城西北角文昌宫西面海潮庵的泥淖里捡到桥亭卜卦砚,该砚为宋人谢枋得故物。周得此砚后,爱不释手,竟夜抱以寝,且名其书房为"卜砚山房",并有诗集《卜砚山房诗钞》。乾隆十五年(1750),周焜于病故前,嘱其子将砚赠予好友查礼(1716—1783)。查礼十分喜爱,携至北京,遍征名辈题咏,辑为《卜砚集》传布一时。可见李叔同征集"甘林瓦砚题辞",颇具古人遗风。

李叔同将甘林瓦砚拓片若干,分发南北朋友征集题咏。从友人王寅皆题辞看,"赵子(指赵元礼)之徒李叔同,海上遗来双秋鸿。甘林瓦砚执手拓,茧纸莹白垂露工",可见,李叔同是从上海将瓦砚的宣纸拓片寄到天津,向友人进行征题的。

二、《瓦砚题辞》作者的考证

笔者所收存的《瓦砚题辞》封面的书签已脱落,书名是藏家题写的,封面右下角写有"佑渤弟藏、承蜩馆主人赠"的字迹,下押"子孙世享"的图章(见图2)。承蜩馆主人是李叔同的老师赵元礼(1868—1939)的别号,李叔同十七岁时,由二嫂引见进入其娘家姚氏家馆学习。姚家为天津著名盐商,聘请赵元礼担任家馆教师。李叔同在姚氏家馆,向赵元礼学习诗词。

赵元礼字幼梅,是天津名士,由于崇拜苏东坡,故以苏的名句"万人如海一身藏"寓意,以藏斋为别号。赵元礼书法追随苏东坡,名列津门四大书法家之一;诗词也推崇苏东坡,并向李叔同等学生传授。李叔同原熟读唐诗五代词,再经赵元礼以苏诗相贯,由唐入宋,融会贯通,深得奥秘,作诗填词俱进。笔者所

图 2　封面赵元礼的文字及图章

藏《瓦砚题辞》,钤有"叔桐过眼"朱文印,应为李叔同所盖(见图 3)。赵元礼书斋又名承蜩馆,该书的下卷,有承蜩馆主的题辞。

图 3　纪晓岚的砚铭拓片与"叔桐过眼""子孙世享"图章

《瓦砚题辞》前面有两幅扉页和牌记,其一"汉甘林瓦砚题辞",由袁希濂题写,款署"漱筒如弟索书,江东小嬾",钤印"袁氏"。牌记"己亥十月李庐校印"。其二"汉甘林瓦砚图",由许幻园夫人宋贞题写,款署"八红楼主",钤印"宋贞书画",牌记"己亥十月景印"。之后为"甘林"瓦砚和纪晓岚的砚铭两幅影印拓片。

《瓦砚题辞》分上下两卷,每卷卷题之侧署"醿纵阁主李成蹀编辑"。共收"拜洪堂主人"等32人撰写的题辞。上卷录20人题辞,有拜洪堂主人、茂苑惜秋生、剑心籢主人、椿庐主人、退园遯叟、百侯遗民、古吴韵秋阁主、秋圃老农、茂苑食砚生、鑑湖老渔、坚白斋主人、拔剑斫地生、大树将军后裔、龙山樵叟、越东樊仲乔、丹徒金炉宝篆词人、茂苑好古斋主人、成志堂主人、丹徒绮禅阁主、爱莲居。这些人基本为李叔同在南方的朋友,由于大部分人使用别号与室名,很难确认他们的身份。笔者考证茂苑惜秋生、秋圃老农、剑心籢主人、茂苑食砚生、坚白斋主人等5人,皆为江浙人,与李叔同为同时代的人。

茂苑惜秋生为欧阳钜源(1883—1907),原名欧阳淦,又字巨元,号茂苑惜秋生,苏州人,是清代戏曲作家、小说家。欧阳淦曾协助李伯元在上海办《繁华报》《绣像小说》,同时从事小说、戏曲创作。欧阳氏与人合作《玉钩痕》《维新梦》,与黄世仲合作编写小说《甘载繁华梦·负曝闲谈》。

秋圃老农为吴谷祥(1848—1903)。吴谷祥原名祥,字秋农,别号瓶山画隐,晚号秋圃老农,浙江嘉兴人,是清代画家。吴谷祥之山水画远宗文、沈,近法戴熙,亦画花卉、仕女,用笔苍劲,设色清丽。清末,吴谷祥在上海鬻画,画风不落时尚。

剑心籢主人为徐兆玮(1867—1940),字少逵,号倚虹,因书斋为剑心籢又署剑心,常熟人,是近代藏书家。徐兆玮为光绪进士,曾赴日本学习法政,参加同盟会。辛亥革命后,任常熟代理民政长;1912年,任国会众议员。曹锟贿选总统时,徐兆玮拒贿南归,在家乡隐居,有《剑心籢日记》行世。

茂苑食砚生为张荣培(1872—1947),字植甫,号茂苑食砚生、蛰公,江苏吴县人(今属苏州)人,近代诗人。张荣培为清光绪附贡生,擅诗词,尤爱楹联。早年在苏州教授弟子,后在上海坐馆,教过小学,晚居苏州曲园,有《张蛰公楹联辑存》行世。

坚白斋主人为沈汝瑾(1858—1917),字公周,号石友,别署钝居士,室名坚白斋,江苏常熟人,近代藏砚大家。沈汝瑾为清代秀才,工诗词,富藏砚,亦精刻砚,善书法,有《鸣坚白斋诗钞》行世。

下卷13人,为黄山戈云甫、忏红道人、吴县偈庐主人凤曾叙、云间许鑠、娄东宋贞、常熟言敦源、承蜩馆主、王春瀛寅皆、刘宝慈筑(应为竺)笙、李澂浠、陶善璐、讯斋、稻香斋主人等。其中许鑠(字幻园)、宋贞(字梦仙)夫妇是李叔同在上海的挚友。忏红道人笔者推测是南社成员庞病松,其曾号"病红山人",与李叔同相识于1899年,还曾为《天涯五友图》作序①,"病红山人"与"忏红道人"有相通之处,故作推断。

凤曾叙(1865—?),字深士,一字竹孙,别号愚庵(而书中为"愚庐")。凤曾叙为附贡生,早年肄业学古堂,光绪年间赴上海。凤曾叙工于诗文小品,经常为《申报》《新闻报》撰稿,为一时骚坛盟主。

天津的题辞者归于卷下,其中已确认有赵元礼、教育界名人王寅皆、刘宝慈,政界人物言敦源、陶善璐,书画家李澂浠等。

王寅皆(?—1904)名春瀛,天津人,早年补博士弟子员。1897年,拔贡,廷试三等,后任候补内阁中书。1900年后,追求维新,为严修心所折服的"吾乡通敏识时之俊"②之一。其在天津创办开文书局,以纂集时务通考风行一时,还与严修、林墨青集资,将会文、问津书院改为民立第一、第二小学。后入直隶提学使胡月舫幕,赴日本调查政治。王寅皆诗宗龚自珍,与赵元礼齐名,去世后,王守恂有诗哀悼,称"王赵齐名弱一个,为世悼惜哀斯文。"③

刘宝慈(1873—1941)号竺笙,天津人,二十岁补县学生员。1894年中举,1901年任天津普通学堂汉文教习,1903年赴日本游学,肄业弘文学院师范科。1904年归国,在保定北关师范学堂任教。1905年回天津,筹建天津模范两等小

---

① 《李叔同与"天涯五友"》,《李叔同:弘一法师纪念集》,天津人民出版社,2000,第331页。

② 严修、高凌雯、严仁曾:《严修年谱》,齐鲁书社,1990,第129页。

③ 王守恂:《王仁安集》,中国书店,1990,第9页。

学,任校长三十六年,是著名的教育家①。

言敦源(1869—1932)字仲远,江苏常熟人,定居天津。早年入李鸿章幕府,1895 年在新建陆军都练处任文案,协助袁世凯小站练兵。1902 年任北洋常备军兵备处提调、总办。1911 年任长芦盐运使。民国后任北京政府内务次长、参政院参政。1928 年后投资启新洋灰公司、中国实业银行等实业。其能诗善书,王揖唐《今传是楼诗话》云:"老友虞山言仲远敦源,与哲兄謇博大令,早承家学,并负诗名……仲远虽以治军从政自见,顾诗学之邃,朋侪中尚有不尽知者。"②

李澂浍(生卒年不详)字幼竹,天津人,著名画家,善画人物,得陈洪绶真髓。其常年为东门外袜子胡同同文书局画花笺。同文书局为天津旧南纸笺扇店,在天津颇有影响。其父李竹坡也是画家,以花卉见长,善作大画③。

陶善璐(1895—?)名逸甫,天津人。早年师从王菊芳、陶仲明,后从杨藕龄学习算学,与陈宝泉、李琴湘同学,丁酉乡试举人④,后赴日本学习法政。留日期间,倾心医学。归国后在保定警察局任科长。

除了上述五位天津人外,有学者推测切斋为杨葆中。杨葆中(生卒年不详)字切斋,是天津著名诗人杨光仪之次子。高凌雯《刚训斋集》中有《杨孝子传》,云"杨孝子者,名葆中,字切斋"。"先生(杨光仪)跛一足,晚年丧偶,又多疾病"。杨葆中"以兄尝谋食客于外,独家居奉养"。高凌雯为杨光仪弟子,又与切斋有姻亲(儿媳之从祖父)。传中赞其孝行,无文事所叙。评价杨葆中"为人朴而拙,其事亲肫笃出于天性。"⑤世人尚无发现杨葆中与李叔同有过交往,题辞的可能性不大。笔者认为切斋可能是"切庵",即王仁安的别号,详细考证后面详述,而稻香斋主人则不详。

---

① 中国人民政治协商会议天津市委员会文史资料研究委员会:《天津近代人物录》,天津市地方史志编修委员会总编辑室,1987,第 104 页。
② 王揖唐:《今传是楼诗话》,辽宁教育出版社,2003,第 301 页。
③ 陆辛农:《天津书画家小记》,《天津文史丛刊》第十期,天津市文研究馆,1989,第 201 页。
④ 陈宝泉:《退思斋诗文存》,天津古籍出版社,2016,第 189 页。
⑤ 高凌雯:《刚训斋集》,龚望自印,1994,第 222 页。

从一些资料可以看出，天津的题辞是由李叔同将瓦砚拓片从上海寄给老师赵元礼，又由赵元礼召集朋友撰写的。书成后，又寄给赵元礼，由赵元礼负责分发。

从《瓦砚题辞》的作者看，均为社会名流，并年长于他。从题辞的标题上看，大多数人以《甘林瓦砚歌》《题汉甘林瓦砚》为题，诗体以古诗、绝句、律诗为主。也有填词，如古吴韵秋阁主作词《青玉案 用贺梅子体 题汉甘林瓦砚》，秋圃老农作《题汉甘林瓦砚 调寄清平乐》等。从题辞的内容上看，题辞者或品鉴古砚之奇，或赞赏砚主之才。由此体现出李叔同风流倜傥，少年气盛，广结四方朋友的一面。

三、《瓦砚题辞》之外的信息再发现

由于《瓦砚题辞》印数较少，许多人缺乏对该书的了解，即便看过，也有缺憾。王翁如在《李叔同少年轶事琐记》中言："（李叔同）以后并自费刊过一册《甘林小辑》。《小辑》为二十余页的石印本，以曹全碑体题签。内容讲汉瓦当文、铜器、古钱、造像等，有实物图片，并附以诗咏之。对于这本《小辑》，天津刘宝慈氏当年有《甘林瓦砚歌》记其事。龚望先生现存有刘文，《小辑》已难找到了。"[①]王翁如先生可能见过《瓦砚题辞》，但由于时间久远，致记忆模糊。相对而言，林子青先生对该书介绍得比较详细，其《弘一法师年谱》云："（1899 年）是年得清纪晓岚藏《汉甘林瓦砚》（纪撰有砚铭），极为珍视，遍征海内名士题辞，印成《汉甘林瓦砚题辞》二卷，分赠友人。扉页署'己亥十月，李庐校印，内署醾纨阁主李成蹊编辑'，卷末有纪晓岚《砚铭》。题辞作者三十余人，其中有王春瀛寅皆《纪文达甘林瓦砚歌》、金炉宝篆词人《汉甘林瓦砚歌为醾纨阁主人作》、承蜩馆主《题甘林瓦砚旧藏纪河间家》等。"[②]这段文字后面注释，引用了纪晓岚砚铭的全文和王春瀛、金炉宝篆辞人、承蜩馆主的题辞部分内容（三段题

---

① 《李叔同与"天涯五友"》，《李叔同：弘一法师纪念集》，天津人民出版社，2000，第311 页。

② 《弘一法师年谱》，第 14 页。

图4 扉页袁希濂题写"汉甘林瓦研题辞"

辞内容皆不全)。由此可见,林子青先生也见过该书,但所记也有几点不同,扉页应为袁希濂署的书名,纪晓岚的砚铭在卷首,而非卷末。(见图4)

近年来,《瓦砚题辞》题辞内容又有新发现。书法家、津门耆宿龚望(1914—2001)先生保存的刘宝慈先生的《甘林瓦砚歌》已见网上登载。

言敦源的题辞收录于其诗集《梵庄诗存·补遗》,但只保留一首。对照《瓦砚题辞》一书,题辞文字有所出入。《瓦砚题辞》诗题为《题甘林瓦砚诗二章旧藏纪文达家》,而《梵庄诗存》诗题为《纪文达所藏甘林瓦砚为李叔同作》。《梵庄诗存》所记"旧坑侈述峦(端)州溪,掌故西汉犹刊稽(此物渊源出汉西)。流转千叶供取携(靡絲稽),河间宗伯留标题。网罗文献世亦寡,访古勾沈希大雅。草堂阅微且荒野,何况卯金无片瓦"。[①] 括号内异文为《瓦砚题辞》内容。

赵元礼题辞收录入其《寅卯集·附旧作》,文字也略有不同。《瓦砚题辞》诗题为《题甘林瓦砚旧藏纪河间家》,而《寅卯集》诗题为《题李叔同所藏甘林瓦砚拓本》。《寅卯集》记:"李子嗜(耆)古(学)能文章,获古自熹犹珍藏。自云此是(系)汉时物,土花拂拭松煤香。甘泉上林在何许,惟余瓦砾明斜阳。河间尚书有奇癖,趣工雕琢安虚堂。并时诸城亦同好,馈遗(贻)攘夺相咨商。太平卿相竞风雅,墨华飞洒琼瑶光。古今瞬息二千载,一物戈戈关兴亡。我闻金石有成谱,译词考制详求祥。佚文类能证经史,飞鸿五凤延嘉祥。又闻唐米撰图

① 言敦源:《梵庄存稿》,言穆宾自印,1968,第304页。

史,马肝龙卵争辉煌。铜雀台空姿搜猎,品评真赝分圆方。铭砚有辞意良古,弓刀几杖能颉颃。匪好古物好古说,后儒识短前民长。我愿李子秉高矩(榘),扫除意气韬锋芒。微言大义六经在,孔邢马郑曾扶匡。如衣布帛食菽粟,朴实典重逾珩璜。巧偷豪夺世恒有,载石自昔夸轻装。歌成寄远惜光景,落叶如雨鸣空(虚)廊,伸毫(纸)濡墨墨已尽,昂头一笑秋云忙。"此诗见赵元礼 1915 年自印本《寅卯集 附旧作》,括号异文为《瓦砚题辞》内容。

赵元礼与王寅皆、王守恂是关系较近的诗友,作为李叔同委托的瓦砚题辞的组织者,不会漏掉二人的。既然王寅皆有题辞,那王守恂会不会漏掉?具体情况,下面有所考证。

王守恂(1865—1936)字仁安,别号阮南。王守恂为光绪戊戌科进士,授刑部山西司主事,后任巡警部警法司员外郎、郎中,民政部警政司郎中、总办兼掌印参议上行走,河南巡警道等。辛亥革命后,任内务部顾问兼行政咨询特派员、内务部佥事、考绩司第二科科长、浙江钱塘道尹,直隶烟酒事务局会办等。在浙江为官期间,曾与弘一法师有过交往。著有《王仁安集》《天津政俗沿革记》《天津崇祀乡贤祠诸先生事略》等。

笔者从王守恂《王仁安集》"诗稿卷七"中,发现诗作《为赵幼梅题甘林瓦砚图兼寄怀诸君子(砚有晓岚、石庵题识)》:"物以人重乃足贵,疑秦疑汉胡为乎?晓岚支手贯群籍,拨除灰烬勤爬梳。石庵风派有家法,从政余暇专工书。二公契好绝流俗,以砚作馈聊相娱。想见当时重风雅,人材先后均霑濡。而今文物讵云改,二公提倡胡乃无。闭门不出雪盈尺,茶铛折脚支红炉。日对妻孥苦喧杂,故园田宅皆平芜。在京出京两无计,掩卷独坐常嗟吁。天津赵子索诗急,云是瓦砚摹成图。才华收戢厌驰骋,征据文义尤粗疏。我欲作歌寄乡里,语多鄙吝羞吾徒。吾徒半有古风格,藉此问讯今何如? 掷笔昂首视檐雪,方圆随处成槃盂。"①

时王守恂正在京师巡警部任职,接到好友赵元礼自天津寄来的瓦砚拓片,嘱他作题辞。从"我欲作歌寄乡里,语多鄙吝羞吾徒。吾徒半有古风格,藉此问讯今何如?"吾徒即吾辈,泛指朋友。朋友大多喜好古物,他担心"语多鄙

---

① 参见《王仁安集》。

峇",被友人见笑。写诗借此问候各位天津朋友。此诗收录在《王仁安集·诗稿》卷七,诗稿按时间排序,这首诗归在己亥,从诗句"掷笔昂首视檐雪",可见写于飘雪的冬天。由于"天津赵子索诗急,云是瓦砚摹成图。"说明书即将刊印,催得非常急。李叔同《汉甘林瓦砚题辞》的牌记标"己亥年十月,李庐校印",可见王守恂完成较晚。

如前所述,《瓦砚题辞》印成后,天津作者都归在下卷,其中有㓼斋《甘林瓦砚歌》:"甘林之瓦传何时,秦邪汉邪未可知?省文谁与订旧误,小篆重抚丞相斯。嬴氏昔通甘泉道,林光嵯峨相透迤。因山为宫题两字,落落疑非西京遗。当时未厄楚人炬,二千年来陵谷移……"

王守恂字仁安,同音偕韵自称"㓼庵"。古人经常以斋、庵为号,㓼斋、㓼庵似相通。《瓦砚题辞》恐有印刷之误,如凤曾叙号"愚庵",书中为"愚庐"。而对比《王仁安集》与《瓦砚题辞》两首诗的诗句,如"疑秦疑汉胡为乎?""秦邪汉邪未可知?"也有相似之处。王守恂之所以未署姓名,估计担心"语多鄙峇",被友人见笑。从下卷天津作者的顺序看,此诗较晚。而题辞多在拓片上题写,故《王仁安集》未予收录,以上是笔者的推断。

另外李庐三种编印次序,后人多称李庐印谱为最早。但据李叔同光绪二十五年(1899)从上海写给天津的篆刻老师徐耀廷的信中说:"今冬仍拟出《瓦砚题辞》一书,印成当再奉。鉴印谱之事,工程繁琐,今年想又不能凑成矣。"①由此可见《瓦砚题辞》付印后,而印谱尚未完成;又据朱经畬《李叔同年谱》记载,《李庐诗钟》于1900年出版。可见《瓦砚题辞》早于《李庐印谱》和《李庐诗钟》,是李叔同在李庐编印的第一部书。

(曲振明,天津藏书家)

---

① 《李叔同与"天涯五友"》,《李叔同:弘一法师纪念集》,第223页。

附:《汉甘林瓦砚题辞》

《汉甘林瓦砚题辞》卷上

醲纠阁主李成蹊编辑

甘林汉瓦歌 拜洪堂主人

醲纠阁主以甘林汉瓦征题。甘林二字无考,《金石索》云:是甘泉上林省文。反复审之,不能无疑。汉瓦当有甘泉、有上林。甘泉则宫苑之瓦,上林则门署或垣卫之瓦,一为主名,一为统名,理不能合,其疑一?孙氏平津馆得甘林、甘泉上林、平乐宫阿三种,如依省文之例,则即云甘林,何必更赘甘泉上林之名。既云甘林,又云甘泉上林,是甘泉上林、平乐宫阿之外,别有甘林一种。其总云甘泉上林者,又自别为一种,意即甘泉宫门署之瓦,不得混于甘林,其疑又一?以省文论之,汉隶省文以字省,取于简易,亦必同声同义,可通可转者始用。若以甘泉上林省去二字,成何字义。两汉去周秦不远,必无如是牵强。其疑又一?窃谓林乃陵之省文,《左氏传》:僖十四年,诸侯城“缘陵”,谷梁作“缘林”。又《汉书·杜密传》刘季陵清高士考证云:陵本作林。以此证之甘林,或即甘陵也。按《后汉书·清河孝王庆传》:使司徒持节与大鸿胪奉策书玺,绶清河上尊号,又遣中常侍奉太老祠,典护礼仪,侍中刘珍等及宗室列侯皆往会事,尊陵曰甘陵庙,曰昭庙,然则此瓦为建甘陵昭庙时所造,东汉本初建和间物与,厥后周福、房植二家宾客互相讥揣,遂各树朋徒渐成尤隙。由是甘陵有南北部党人之议,宗范成岑郭李之徒踵起,更相襃重小人,激怨遂酿,党祸千载为烈。因论此瓦慨然有感,歌以系之。

甘林之名汉所无,斯瓦斯字何昉乎?或云甘泉上林省,文义毋乃翻模糊。侯官林得甘泉瓦,上林又藏钱赵朱。一为宫瓦一垣瓦,二者分制奚能俱。即论省文引汉隶,同声同义当分区。宰印宁偶诞羊白,笔画谁复辨马乌。甘林自应别一种,今传其器如琏瑚。编仅著名王司寇,类或隐判孙阳湖。吾闻隶有通用体,林即为陵或不诬。左氏传与谷梁传,缘陵缘林地本符。杜密传后考证见,由来两字文交乎。祠治流留义无异<small>祠治古通,见孔宙碑。流留古通,见孔宙碑</small>,枭看狩兽声并呼栞看古通,见鲁峻碑。狩兽古通,见石门颂。仪献班辩犹可通仪可通献,亦见孔宙碑。班可通办,见武班碑,矧此明晰非回纡。因知是本甘陵瓦,字以简易便陶模。当在尊昭庙时造,本初建和岁未逾。隶法横宛郁而律,如蛟露骨虵熸肤。质色坚润纹密緻,古华四起清霜铺。长生万岁不多让。益寿永奉员无输。醾纨阁主耽奇异,摩挲味得烟云腴。器固足重稀益贵,壁列泉布船珍珠。文字古拙手自拓,硬黄残墨恣抹涂。遍悬国门索题句,百番佳纸穷东都。我考此瓦发三叹,甘陵党事何纷拏。或失矫枉或过激,排称君俊顾及厨。碧血含冤埋狱底,孤魂抱恨投海隅。天气闭塞士气死,大厦一木无人扶。此祸流及千载下,至今谈涕犹暗鸣。君不见,端礼门前石何在,点将录中名已孤。那及甘林一片瓦,重之何异仓匏瓠。因物兴怀感无限,悲歌击碎于阗壶。

甘林瓦研歌 茂苑惜秋生

祖龙劫火重飞来,拨灰欲吊通天台。寒云剥落惨金碧,残瓦断壁生苍苔。当年文景承平后,别纵游观夸苑囿。地上黄金尽可成,露台合笑先朝陋。离宫百五排碧城,羽林十二连绿营。舍人好逐投壶队,臣朔羞随执戟行。公卿几辈围场列,侍从如云四山入。千骑纵横奋兕呼,六宫缥缈当熊立。翼翼飞楼出建章,迢迢驰道接长杨。何人许射苏卿雁,此地曾牵卜式羊。风禽雨兽互飘洒,威名不独蜚狐野。芝草房深颂白麟,蒲桃塞远歌天马。此时此瓦光彩生,晓日只傍觚棱明。积玉影围鳷鹊丽,涂金痕簇鱼鳞平。王业销沉何太急,未央长乐都萧瑟。警跸犹留豹尾粗,遗弓欲下龙髯泣。桥山黯黯余斜阳,铜仙堕泪天苍凉。殿前空说丽金爵,宫中只梦飞鸳鸯。一片青瑶作深黝,磨砻重出良工手。破碎龙尾堆烟云,模糊鸜眼涵星斗。只眼已阅千沧桑,欲考年代嗟难详。题字为尔证鸿雪,手摹古篆留香姜。

汉甘林瓦砚四绝句 剑心簃主人

碧砌丹楹迹渺茫,尚余残砾记云阳《三辅黄图》:甘泉宫,一名黄阳宫。子云词赋空文藻,一炬长安梦雨凉玉溪诗:一春梦雨常飔瓦。

香姜未得拟殊珍,铜雀何能踵后尘。一片团圞明月影,秦宫秋烬汉宫春甘泉秦始皇作,汉武增广之。

金石摩挲考素疲,省文两字旧传疑。离宫别馆弥山谷见相如《上林赋》,谁为黄图补阙遗甘林疑汉离宫名,《金石索》云:甘泉上林之省,未必然也。

喷薄烟华手自研,员池壁水谢雕镌杨师道诗:员池颓壁水,轻翰染烟华。西京苔篆摹奇古,证我今生翰墨缘。

奉题醲纵阁主人汉甘林瓦砚七律二章 椿庐主人

离宫百四冷斜阳,瓦抚甘林空断肠。埋没不随金翡翠汉宫金翡翠久已埋没,而此瓦独存,故云。团圝常件玉鸳鸯与鸳鸯之瓦同圆。迎风磨砺声皆古,对月摩挲影亦凉。横沼苍龙输此润陆友仁《砚北杂志》:御府宝砚名曰苍龙横沼,墨花喷作六朝香。

甘泉上苑今何在,两字独存百劫余。骨干清逾晋五鹿,精神峻迈汉双鱼。歙山汾水皆出砚之地皆无色,禹鼎汤盘应共储。古色古香饶古泽,文房雅品重琼琚。

题汉甘林瓦砚行 退园遯叟

秋云闲淡露华清,时见芳阴秀苑生。回看古树不知老,衰柳残宫溯汉京。旧阙荒凉悲寥落,故宫遗迹怀铜雀。铜雀远近问何处?谓是甘泉有林壑。林畔曾传聚异珍,谁知珍物难搜索。春园久湮百花丛,花开花落付东风。月明松下仙芝静,石出云中瓦亦同。惊闻雅客来多少,眼底朦胧窥奇妙。明窗绮席净焚香,指点烟霞堪映照。初因砆砾掩光芒,倍觉磋磨洗琢忙。尺寸氤氲成此砚,空蒙疑似暮山苍。不闻此外夸瑶玉,痴心未尽恋鹣鹆。古砚无论胜山水,藏家惟拟清超俗。自欣赏玩慰无聊,独存宝砚心知足。我来遥望旧宫庭,仙源路隔草青青。手挥翰墨香浓处,应插春梅花一瓶。

题汉甘林瓦砚七古 百侯逸民

汉砖万寿庆无疆,汉洗双鱼大吉祥。长乐未央复无极,千秋秘宝皆煌煌。日昨更见一砚古,古泽上薄斗牛光。甘林两字环相抱,元精耿耿贯中央。魏台之瓦无其奥,汾水之泥无其芳。上法天常下象地繁钦赞云:方如地象,圆似天常,神朗朗分色苍苍。炎汉传来二千载,屡经兵燹摧风霜。形愈磨砺神愈古,鬼神呵护在其旁。主人用作端溪砚,砚沉墨花四座香。其状不必一龟出《妮古录》文:太史有古砚,一龟横出,作晶贔状,其□不必三鱼翔《清异录》:余家世宝一砚,腹作两池,底分三鱼,口以承之。精光远迈五星聚《妮古录》:有古砚名五星砚,纯璞何烦七宝装《开元遗事》:内库有七宝砚烬,冬寒砚冻,置炉上,无火自消。轶马肝兮超龙卵皆古砚名,岩璞堪共鸿宝藏。吁嗟乎！甘泉故宫今何在？上林旧苑徒荒凉。犹留此瓦存拓本，名山并寿云汉章。

青玉案·用贺梅子体题汉甘林瓦砚 古吴韵秋阁主

汉家宫阙知何有？但目断，青青柳。衰草斜阳人立久。建章平乐，金缸玉毵，零落今存否？　碧云一片横春岫，浩劫沉沉幻苍狗。灰飏昆明知未朽，铜雀烟荒，香姜苔绣，输此千秋寿。

题汉甘林瓦砚 调寄清平乐 秋圃老农

石精超俗，灵秀钟鹏鸰。谁识汉宫瓦如玉，犹见山青水绿。　神工磨洗生光，依稀云影茫茫。回首山林风月，羡他砚古泉香。

汉甘林瓦砚歌 茂苑食砚生

君不见，铜雀之瓦清而腻，砚谱流传独珍异。又不见，香姜之瓦凹以长，砚材琢削亦精良。琉璃匣，翡翠床，能令几席生辉煌。何幸当年一片瓦，文人墨客争收藏。醼纮主人独好古，搜罗咸入文房谱。家藏一砚尤瑰奇，形质分明是汉土。上有二字曰甘林，笔画苍劲结体森。手拓万本贻好事，遍征题咏觅知音。愧予俗眼争拂拭，强欲因缘结翰墨。攻（考）据曾无艺苑才，揄扬莫壮文坛色。汉家宫殿自纷纷，长乐未央溯旧闻。此瓦证以金石索，乃识甘林系省文。上林苑，甘泉宫，咫尺相连地本同。当时制瓦合为一，此说原非近凿空。长卿之赋王褒颂，至今脍炙人争诵。更留此砚独摩挲，秦璧鲁璠同贵重。瓦乎瓦乎应通神，待聘曾为席上珍。安得一朝贡天府，墨花挥洒属词臣。

题汉甘林瓦歌 鉴湖老渔

精英山海聚，宝品常怀古。汉时铜雀台，片瓦重天府。磨洗夸神工，琢砚无多数。我知甘泉宫，岂必分门户。宫瓦胜宫花，奇质应堪伍。琼瑶播上林，不等玉与金。青光润露泽，紫气敛云阴。携来供几席，清雅羡幽客。守墨抱虚心，浑似元章石。

甘林瓦砚七古 坚白斋主人

兔葵燕麦有必经，瓦当奇制溯汉廷。臆释其文称玉橡，西京之书慨凋零。毕公秋帆旧制判员牒，系以赞词摹为屏。甘泉上林分左右，四字比列一池星。又读林佶汉瓦记，甘泉宫字殊其形。今兹二字相上下，古雅朴茂苔色青。醼纮阁主藏之久,星斗罗胸笔有灵。忆昔上林宸游所,南山既辟甘泉浡。贮之以墨能不渗,数日犹见水泠泠。人之有文垂不朽,砚文挺秀终难冥。况夫本其坚贞质,月斧云斤费砻硎。青葱玉树思五度,愔愔雅范延亿龄。作字得此笔愈努,永保长年孰勒铭。

题醸纨阁汉甘林瓦研 拔剑斫地生

秦汉繁华,世易也久无消息。谁上溯,甘泉旧址,上林遗迹。翡翠帘空明月杳,琉璃瓦碎愁烟织。想当年陶铸费澄沙,坚金石。　　骊山院,惊锋镝,未央殿,销金碧。但断砖残瓦,乱云斜日。漳水台荒铜雀冷,晋阳阁圮香姜泣。幸今朝宝物秘千秋,君能识。

题甘林瓦砚七古 大树将军后裔

望陵台折漳河滨,甘泉浩劫几千春。金凤飘堕无消息,古瓦亦恐化为尘。识者一览重叹息,何当邱壑湮琼璧。坚滑不辞作砚材,雕琢已藐众山石。朱藩华屋争载归,此瓦久为世所稀。君从何处得此宝,鸳鸯锦翅拼双飞。纤瑟外袭花如缀,天光宕漾澹以洁。嘘气惊看出匣刀,仿形笑呼如璆铁。嘶残风雨噗云烟,品重通都大名传。人间奇尤堪擅美,为人作砚几何年。岂意主人具卓识,无价宝器为君得。细把虫篆旧摩挲,勤将土花新拂拭。吁嗟乎!人生得失信有因,况此尤为希世珍。但愿子子孙孙永宝用,勿使奇材异质叹沉沦。

题汉甘林瓦砚七古 龙山樵叟

天精地宝韫山壑,物华何处穷搜索。奇品知多出汉宫,汉宫有瓦推铜雀。磨铜琢砚割洗工,谁敢夸异斗珍错。欣闻上苑聚甘泉,泉林夜光回闪烁。青云缭绕片片飞,神刀妙手偏能削。旧质新硎显美材,知遇伯乐意相猥。凤凰池外无人识,犹与鹏鸲费疑猜。君不见,金棱玉海连城贵,涵濡润泽播文蔚。羡此良田守墨香,如见瑶台腾紫气。

题汉甘林瓦视 越东樊仲乔

钟灵毓秀艳阳天,汉代奇珍慕后先。铜雀遗台怀远梦,玉鸾上苑溯甘泉。六宫风月琼林胜,片瓦云烟翰墨缘。雕琢神工夸妙手,砚田芳泽古今传。

汉甘林瓦砚歌为醾纨阁主人作 丹徒金炉宝篆词人

醾纨主人性风雅,鉴别金石明双瞳。甘林片瓦篆文古,用之作砚坚如铜_{汉武以铜为瓦}。有谓此瓦本汉制,相传来自长安宫。甘泉旧殿秦时建,武帝营造重鸠工。就中别馆三十六,上林一苑花千丛。大治土木尚华丽,参差瓦缝鱼鳞同。迎风纵猎各有地,千乘万骑驰花骢。斯时才人竞捧砚,构思不使词源穷。甘泉上林两赋笔,后有司马前扬雄。甘林命名或此义,琉璃五色铺玲珑。兴亡自古如一辙,未央长乐房廊空。故宫只余瓦砾在,千秋感慨沧桑中。渭南城阙今不见,鸳鸯已冷斜阳红。文人得此作奇想,端溪有石同磨砻。当年若使播歌咏,石渠天禄才阆通。作诗今日笑磨墨,自惭小技如雕虫。

咏汉甘林瓦砚七言排律 茂苑好古斋主人

甘林旧砚岂寻常,片瓦流传万世长。颂献王褒须贵重,赋题司马犹珍藏。曾嗤小鸟空巢树,回想前人似抚棠。终古团圞明月样,于今拂拭土花香。瑞呈仙露天无极,声动秋风乐未央。浩劫千年经汉苑,大书两字胜阿房。醴泉奚慕碑铭记,汾水轻调翰墨芳。恨未此身来海上,何从识面睹琳琅。

题醾纨阁主人汉甘林瓦砚 成志堂主人

赋笔当年着作工,前推司马后扬雄。漫将铜雀流传比,不数香姜制造同。寿世定超端石外,论文好觅劫灰中。秦皇汉武经营远,翰墨于今见古风。

题甘林瓦砚七绝二首 丹徒绮禅阁主

扬子甘泉赋笔工,相如词藻上林同。琉璃一片磨成砚,好把新诗纪汉宫。

铜雀台空土亦香,曾传碧瓦冷鸳鸯。甘林妙制新磨墨,一样雕甍数未央_{汉未央瓦砚近亦罕见}。

题汉甘林瓦砚 爱莲居

古泽居然与世绵,先朝遗物尚留传。茫茫宫圃成陈迹,历历风霜不计年。自昔皇家称巨制,于今艺苑作良田。精雕合倩金人捧,博考当征铜雀前。有若吾邱曾监造,如逢维翰定磨穿。玲珑共赏文房宝,斑驳尝熏汉殿烟。武帝雄图存史册,儒林雅事集诗篇。难教骨董来相识,同志联吟叠锦笺。

《汉甘林玉研题辞》卷下

醵纨阁主李成蹊编辑

甘林瓦诗 黄山龙云甫

汉室今安在,天教独瓦全。临池怀伫古,辨刻识延年。墨宿随烟化,朱新滴露研。邀来文运薄,宝此莫轻传。

甘林瓦砚歌五古 忤红道人

森森武库物,勇士所珍藏。和弓与垂矢,湛庐及干将。翳吾措大辈,瑟缩愧空囊。时时勤拂试,四宝剩文房。笔墨有时敝,纸短情徒长。卓哉侯即墨,采邑固金汤。端重寿者相,智圆而行方。愧非秦汉器,款识认苍茫。铜雀无寸土,遗址感荒凉。碔砆能乱玉,燕石比球璜。风流今消歇,巨眼孰端详。幸有主人贤,好古志非常。博雅搜金石,鼎彝识夏商。中有无价宝,古色并古香。云是长安瓦,古朴黯无光。甘泉上林苑,规模其堂皇。华屋今何在?浩劫历红羊。似有鬼神护,硕果独自芳。二千余年物,岁久阅风霜。良工颇心苦,磨琢始经尝。幽斋聊伴读,异彩焕文章。我欲赞一语,一再搜枯肠。自愧学荒落,俚语书数行。他日来试墨,把肩与商量。容我扩眼界,末座陪余光。主人许也未,一笑掷笔忙。

题甘林瓦拓本 吴县愒庐主人凰曾叙

后魏先秦几劫灰,汉家宫阙尽蒿莱。只余一片螭头瓦,留得人间作砚材。
神物千秋孰辨诬,河间题字手重摹。风流文采今犹昔,补入君家博古图。

甘林瓦砚铭 效五六七言三体 云间许鑠

端方其美品,厚重其盛德。策尔之功勋,封之以即墨。
不异松皮斑剥,何殊栗玉鉴家。闻道盛唐元伯,与君同族同音。
蓉溪探璞已千年,继起多公韵事传。从此甘林垂不朽,漫奇鹅眼可成钱。

汉瓦砚铭 娄东宋贞

石君石君汉炼精,勤中能虚外尤文。愿学维翰将汝铸,休学君苗将汝焚。

题甘林瓦砚诗二章 旧藏纪文达家 常熟言敦源

旧坑侈述端州溪,此物渊源出汉西。流转千叶靡繇稽,河间宗伯留标题。纲(网)罗文献世亦寡,访古钩沉希大雅。草堂阅微且荒野,何况卯金无片瓦。

未央故制混鱼目,子云词赋空三复。坠甓风盭归贩鬻,校书曾佐青藜读。土花墨彩相新鲜,中与上溯乾嘉年。四库不开有遗贤,唏嘘濡墨和煤研。

题甘林瓦砚 旧藏纪河间家 承蜩馆主

李子耆古能文章,获古自熹犹珍藏。自云此系汉时物,土花拂拭松煤香。甘泉上林在何许?惟余瓦砾明斜阳。河间尚书有奇癖,趣工雕琢安虚堂。并时诸城亦同好,馈贻攘夺相咨商。太平卿相竞风雅,墨华飞洒琼瑶光。古今瞬息二千载,一物戈戈关兴亡。我闻金石有成谱,译词考制详求详。佚文类能证经史,飞鸿五凤延嘉祥。又闻唐米撰图史,马甘龙卵争辉煌。铜雀台空姿搜猎,品评真赝分圆方。铭砚有辞意良古,弓刀几杖能颉颃。匪好古物好古说,后儒识短前民长。我愿李子秉高榘,扫除意气韬锋芒。微言大义六经在,孔邢马郑曾扶匡。如衣布帛食菽粟,朴实典重逾珩璜。巧偷豪夺世恒有,载石自昔夸轻装。歌成寄远惜光景,落叶如雨鸣虚廊。伸纸濡墨墨已尽,昂头一笑秋云忙。

纪文达甘林瓦砚歌 王春瀛寅皆

赵子之徒李叔同,海上遗来双秋鸿。甘林瓦砚亲手拓,茧纸莹白垂露工。石云尚书老好事,细刻铭字如雕虫。我近献陵比邹鲁,风流文采凤知公。乾隆天子以九有,诏开文学昌宗风。手绾天禄十三载,导江决汉群朝宗。此瓦著墨光灿发,日日对公东观东。今我见之发远想,汉家元狩西破戎。闾阖沉沉照庭燎,会见天骄朝汉宫。

甘林瓦砚歌 刘宝慈筑笙

甘泉壮丽俯云阳,故宫开拓秦林光。两汉书家惜无考,渊源斯邈笔老苍。汾阴鼎没铜仙泣,剩有残瓦经风霜。后来篆法失古意,魏之铜雀齐香姜。河间尚书娴苍雅,研坟索典凌班扬。四库书成纂总目,三千年事蔚文章。当日词坛炳麟凤,苏斋金石相颉颃。芝英鹤头辨奇字,超轶魏晋追夏商。诸城相国有同调,砚材不取端溪良。想见名流风骨峻,扫除俗好如秕糠。芳躅清风久阒寂,铭辞完整松煤香。叔同先生矜创获,剜笺手拓锦绨装。君莫徒珍倒薤体,英雄磨尽心激昂。他年待草讨夷檄,捷书一夜陈庙堂。

汉甘林瓦砚歌 李澂浠

在秦有宫名林光,九峻环列居云阳。汉家侈奢踵秦旧,三百余里大园囿。所容千乘与万骑,春秋射猎于其地。离宫七十殚民力,一瓦于今尚难得。叔桐是年客沪上,数月以来时怅望。天涯远隔心何求,豪杰思逞志弥壮。忽闻购一甘林瓦,嗜古成癖真大雅。此砚曾属纪文达,拓来字迹神潇洒。铭词强半犹可识,似云夺自刘相国。太平卿相仅如斯,货利不重足垂则。此瓦为砚何时考,甘泉上林今宛在。急欲访君饱我目,恨无两翼超沧海。君日玩砚中心悦,我不见砚中心热。不见此砚亦何妨,二千年上苍生血。

汉甘林瓦砚歌 旧藏纪文达公家 陶善璐

人间尤物终难闷,精神感召金石开。河间老砚人沦没,君今得之诚快哉。剜苔剔薜矜藻鉴,重谭营事聊徘徊。纯皇御宇重儒术,敕起四库何恢恢。公拜稽首总其职,搜抉书契穷根荄。溯源竟委昕复夕,等身著作千云堆。上窥三古下百代,判然黑白无疑猜。古时所称大手笔,刘向曾巩合追陪。书成有诏藏七阁,圣清文治渐八垓。学人才子齐俯首,似仰太山与斗魁。自从大雅久不作,此砚相随委寒灰。时遒岁迈百余载,风飘日剥空尘埃。如何翰墨缘未了,犹留一瓦付后来。未央铜雀不须说,传之其人理可推。明窗净几足清赏,恍惚赵氏连城回。君不见,良金美玉世所贵,攘夺往往酿祸胎。惟有吾侪嗜古癖,取之不禁无患灾。何日归来持示我,一饱馋眼干千杯。

甘林瓦砚歌 讯斋

甘林之瓦传何时?秦邪汉邪未可知。省文谁与订旧误,小篆重抚丞相斯。赢氏昔通甘泉道,林光嵯峨相透迤。因山为宫题两字,落落疑非西京遗。当时未厄楚人炬,二千年来陵谷移。颓垣莽榛余片瓦,土花剥蚀苍苔滋。晓岚先生性嗜古,蚕眠细字书诸眉。其间初未加考辨,意者将以疑传疑。太平卿相日无事,金石癖好心忘疲。相砚而笑石庵老,予取予求不瑕疵。迩来又历百余载,烟云过眼光淋漓。风霜兵燹不能铄,中有奇气蟠蛟螭。君从何处得此瓦?手抚一纸圆如规。残珌已足珍拱璧,况经先达为之辞。我今见图未见瓦,妄拟雕镂苦索思。物聚所好得有力,聚多必散盈则亏。古今何人识此意,玩而老焉无所私。

献陵旧裔久衰落，竟无子孙永宝之。以砚为田尚如此，彼区区者更胡为？显晦在物亦有数，抚摩遗迹重蹉咨。一朝何幸在君所，驰书海内征题词。传诸墨客垂不朽，清芬丽藻争扬搞。斯文不亡瓦乃寿，愿君什袭谨护持。后之视今今视昔，千秋万岁常留贻。俛仰盛衰百感集，秦宫汉苑皆陵夷。独有断砚不磨灭，幽光焕发人间垂。

瓦研题辞 稻香斋主人

土花剥蚀两千年，金碧搂（楼）台已杳然。片瓦摩挲饶古意，依稀犹带汉宫烟。

镌铭作砚属名流，曾佐观书太乙楼。好更砖搜君子馆，河间两物足千秋。

瓦雕作砚，纪文达公故物也。河间为汉献王受封地，有君子馆遗址。此瓦又曾归河间，正可与君子馆砖相争辉名胜。

冷落人间又几春，海滨相赏出风尘。才人毕竟多情甚，独别时流与古新。

金钺《金氏家集》校注辑录

A Compilation of the Jin Yue's Commentaries in the *Jinshi Jia Ji*

胡艳杰

摘　要：本文整理了 1968 年金钺校注《金氏家集》内容，辑录出《致远堂集》校注 9 条附 1 条，《黄竹山房诗抄》校注 61 条附 1 条，《黄竹山房诗抄补》校注 13 条附 2 条，《田盘纪游》校注 2 条，《善吾庐诗存》校注 3 条，《芸书阁剩稿》未见校注，共出校注 92 条。对金钺校注文字进行辑录，将有助于整理《金氏家集》时参考，同时也从一个侧面揭示了金钺晚年生活状况。

关键词：金钺　《金氏家集》　校注

金钺(1892—1972)，字浚宣，号屏庐，祖籍浙江会稽，天津人，清末监生，卒年八十一岁。能文善画，尤擅墨竹，能以书法会通。官民政部员外郎。辛亥革命后，专心著述、文献搜集整理，曾任天津修志局编修。著有《戊午吟草》一卷，《辛亥杂纂》三种四卷，《屏庐题画》一卷，《屏庐文稿》四卷等，辑有《天津金氏家集》《许学四种》等，刊有《天津文抄》《重刊广瘟疫论》《王仁安集》《屏庐丛刻》《天津诗抄》等。民国时期，先后刻印图书二十余种，被世人称为天津近代喜好刻书的藏书家，为保存和传播乡邦文献作出了贡献。伦明在《辛亥以来藏书纪事诗》中称赞他："乡邦著作网罗勤，铅椠连年自策勋。韵事鲍金今再见，共惊空谷足音闻。"高凌雯在《志余随笔》中写道："天津有藏书之家，无刻书之人，近惟浚宣喜为此。网罗旧籍，日事铅椠，十余年来未尝有闲。由其先人撰述，推及乡人著作，已刊行二十余种。"

金钺喜好刻书,亦喜收藏。民国七年(1918)金钺出版其诗集《戊午吟草》,在铅印本中有一张其坐于书案前读书照片,身后是巨大的书柜。又《屏庐读书歌二首》云:"湛然一室,图书满楹。终日静坐,几似忘情。人各有志耳,吾何尝无争。经史五车,藉作鉴衡。是非黑白,垂示详明。古人不我欺,慰我有真情。"民国十三年(1924)在《章君式之六十寿序》(《屏庐文稿》卷四)中叙及他与章钰交往与友情,云:"钺初因长洲王君九学部以金石文字之学与式之章君相往还……顾吾两人性皆疏阔,寡交接,彼此辄累月经年不相见,然每见必倾怀吐素,各出所蓄图籍、书画、金石、墨拓诸物,发箧启椟,罗列满前,相与质疑、问难、审辨,微茫欢愉,鼓舞尽日而犹不忍去,去则再会又不知历几何时。"巢章甫致金书信中亦称其"藏书盈室"。金钺藏书于丙午(1966)散去。

戊申(1968)金钺七十七岁,其居于斗室之中,生活物质缺乏,笔墨纸张无从而得,生活陷于窘迫之中。其学生龚望得知老师近况,为其新刻印章三十余方,并购买笔墨,将藏书衬纸、天头地脚等空白处裁切下来,提供给金钺书写、绘画。金钺晚年画作及诗作赠与龚望收藏。今日整理之金钺批校《金氏家集》即据龚家收藏之本。因当时纸张难得,金钺批校按语大多写于丁未(1967)日历页背面,偶见 2 厘米宽、10 厘米长素纸题签条,见方纸张更是少见,仅有两处。全部题签均为墨笔书写。

《金氏家集》包括《致远堂集》三卷附《家训》,《黄竹山房诗抄》六卷《补》一卷附《田盘纪游》一卷,《善吾庐诗存》一卷《附录》一卷,《芸书阁剩稿》一卷。金钺刊刻《金氏家集》中,偶有金钺按语,即"钺谨按",可知金钺在整理刻印之时,即对家集中诗作有所校注,但不擅改。此次辑录亦将其刻书时按语一并整理出来。金钺七十七岁时所校《金氏家集》签条内容,整理者仿其刻本格式作"金钺按",以与刻本按语加以区别。他日重印,或可将金钺晚年校注补入集中。金钺校注签条,具体《致远堂集》校注 9 条附 1 条、《黄竹山房诗抄》校注 61 条附 1 条、《黄竹山房诗抄补》校注 13 条附 2 条、《田盘纪游》校注 2 条、《善吾庐诗存》校注 3 条、《芸书阁剩稿》未见校注,共出校注 92 条。具体格式,首先摘录《金氏家集》中相关诗作原文,并于括号内标注原文出处,以便对照阅读;其下为金钺批校按语,即"钺谨按""金钺按";三是"注",乃整理者偶尔添加的说明。此外,为突出显示金钺批校按语,将该部分字体与摘录原文加以区分。

一、《致远堂集》批校内容

《致远堂集》三卷,章天章序后,金钺按语一则。

钺谨按:《莲坡诗话》卷中有一则,云:余童年时受业山阴王梅涧先生撰。先生豪放不羁,游迹遍天下,终以不遇而死。常记其诗,云:计历程途十二万,今又经行八九千。身是劳劳南北雁,数声长唉欲呼天。斯集当即其人。癸酉初冬记。

游观音寺

久不立此地,心境忽虚敞。入门即大道,何须礼佛像。慈悲化手眼,亦只吓愚莽。吾教一以贯,经藏可类想。乌静树无声,人稀庭自广。老僧守真素,晋接皆明朗。自陈已退居,言不涉渺茫。四顾多生趣,欢然供怡养。(卷上,四页前)

金钺按:《游观音寺》末行,"言不涉渺茫","茫"字或亦可作仄声用耶?

偕陆子文叙孙子湘芷访菊西园

仲秋十九日,云凉日初出。乘兴欲何之,闲情多高逸。携手出荒城,草深虫唧唧。树色半已黄,垂垂落霜实。实老圃荐新,梨粟熟西成。毕百贵适志,此行岂牵率。借问可游处,遥指村西去。菊篱黄有信,中有高士居。扶杖过畦水,园香清百虑。寒葩渐欲开,叶疏青为助。二三素心人,共坐花下语。主人喜客至,各不陈姓字。殷勤具杯酒,相率尽一醉。屈指菊开时,九日登高备。烂熳东篱间,傲霜逞妩媚。何不囊茱萸,再作寻秋事。如期约复来,莫令景物弃。谈笑却忘归,明星已三四。(卷上,六页前)

金钺按:《访菊西园》一首内"居"字韵是否可作去声用,或为"住"之误,待考。卷上六页,丁未四月钺记。

金钺按:有友谓此"居"字本《诗经》,可作去声,似非误。又此页后依行十六字"熳"应作"漫",从"火"俗或有之。

学农

每念汗血粒,乌可轻取与。至尊犹藉田,矧下及士庶。少壮误风尘。未究村乡语,归老属本业。安敢自傲倨,艺植贵及时。耕耖在善御,偶共秉耒耜,手足茫无据。老农暮然哂,稚子暗遥觑。山妻呼我还,纷言何过恕。非力不自忖,

衰巧难为助。终虽谬坐享，不觉步来去。（卷上，八页前）

金钺按：读《学农》□其时归里尚有可耕，且携眷同往也。（"□"处缺字，不可辨识）

新构岭南轩

客情乐广厦，踟蹰方筑成。三楹延座十，渊邃覆松薨。前澄一片月，后列七星明。左右寮双豁，八风时送迎。幽爽袭衣袂，光霁遍晶莹。廊深灭雨迹，栏曲引周行。披户容车马，隔院逗景清。亭耸花毵簌，荫池柳倾馥。馥荷滋韵朱，鳞点藻轻退。涵书舍绕几，榻隐茞蘅筋。咏烟毫素，快读编帙精。交游虽可适，我意尚难盈。回忆天南远，渺然云树程。音容隔闻见，邱陇独孤撑。生子长羁旅，何以慰亲茔。图归岂不切，进退涩谋生。引领空久立，中怀互纵横。赧颜聊志慨，寤寐此生平。（卷上，十页后）

金钺按：《新构岭南轩》一首，可想见当年居室状况。

辛酉秋末携儿辈扶先人柩南归卜葬

心随秋水去，日近故乡天。我忆声容在，儿争笔墨先。悲风催隔岸，落叶暝归烟。却向荒山下，啼鹃正杳然。（卷中，三页前）

金钺按：《扶先人柩南归卜葬》可知自公先人即已居津。公生于南，抑生于北，今无考矣。

攒宫

六帝终无恨，西湖胜汴宫。岂知江马渡，竟过海舟穷。义侠存骸骨，皇明更梓桐。冬青千百树，羞见鸟啼红。（卷中，九页前）

金钺按：《攒宫》第六句，康熙时人犹有"皇明"之称，知其时文网尚未甚严。

游盘山记

西湖据东南之胜，飞来峰称最，山石空灵，溪林明秀，予向游而未忘。久客燕津，西北诸山多曾登览，终非江浙可比。闻有石山，恍若飞来，其名曰盘居。幽都之东，操名胜之特。远近游人接踵无间，予心窃慕之，勿克往已。已秋杪三日方获理屐，元公侯子导引，奚僮一二追随，自河西务就道时夜雨初歇，晨阴未散，沙路尘消，村林烟淡，爽风飒飒，人骑不觉，已落秋光。中行六十里至下庄，日渐霁，遥见翠色参天，云浮塔影，侯子曰："此盘山秀峰塔，即云罩寺浮图也。"予望之，色喜。复行三十里景，就晡宿于三河。晨起由山海通逵进发，群峦匝绕,云雾盘旋,茫茫山麓,望若河汉,四十里从邦,均小径。入山,下下高高,东西莫辨,惟闻鸟呼叶落,点缀溪纹。隔溪樵子招余曰:"盍相随,庶免悲歧路乎?"余忻然就之。蒙蒙岚气蒸人,襟祛暗湿。甫入山即与他山迥别,怪石狰狞类神工鬼斧所雕刊者,兼以果林丛杂,芬芳袭人。路回峰转,断续不一,半山中掩映一寺,曰:天成僧。延入小憩,遂引游焉。前层佛古殿朴不知创始,起香积历层阶。登新建后殿,丹梁彩栋,苍瓦青阶,耀熠夺目。背负山屏翠形如画面铺平台数亩,左涓涓泉,右定光塔,互相应答于清风明月间。沿寺左涧攀援三四里许达李靖庵,僧曰:"唐初卫公征辽秣马此地,平成后建诸梵院经始此寺,因以得名。"楼殿五层后递胜前,两山环抱,一涧中分,时有红叶飞坠于仙人桥下,想天台佳境不复过此。御题额曰"乐天"。真僧果乐此否?出涧右石隙树杪迂回而下,宿于天成东。小楼前悬一钟,侯子征诗,因题曰:"小楼分得翠重重,已入云中第一峰。只恐客来犹未觉,故悬门外一孤钟。"相对笑语,夜分小寐。忽风雨骤至,如江涛怒发,佐以莎羽,闻者倍觉黯然。早膳后从故道出山,约四五里,由烂柿村而东,见牛羊啮草坡间与石莫辨。过感化寺,寺系山麓首院,香客至此必先焚祝,奈古殿荒颓,风雨莫蔽,独僧房整葺数十余间。余知寺僧不可语,遂舍之直达涧东,上度石桥。桥旁果园数十,霜实青红,累累可爱,不觉涎流口吻。缘岩半里,松林迭荫,高下参差。俨苍龙千万条蜿蜒山谷中,夹予而行,令予喜怖交集。千像寺石多凿佛像,殿宇虽伙,无一主僧。诸僧皆稻粱谋切,收刈未回,仅余老比邱引人眺览。见摇动石石枕一石之上,大可数丈,一人摇之蠕蠕而动,人力愈增其势益自固,以故众益奇之。西度晾甲石,石横如桥,溪泉浏浏作响,坐听,久之声若笙竽。上古中盘乃本朝大博和尚所创,石磴新开,上际霄汉,东对莲花峰,嵯峨峛崺,左立紫盖峰,尖锐青苍,曾为今上所幸。碣额巍然,瞻不忍发。寺前数十武,名黑塔峪,系大博委蜕处,穴与一道一尼鼎足。而三封识甚固,意殊不可解。回从中盘寺门下,重阶入少林,僧进梨柿,甘脆异平时。随登多宝佛塔,一秦僧守之,颇有静理,无如往来,络绎消磨,于世情鞅掌中去勿顾。过红龙池及山神庙,东转数层,抵静业庵。重山掩闭,林石槎枒,平原遂不复见。时新月悬空,照耀殿宇,疑广寒梦游,惜无霓裳青女耳。僧谓明晨登峰尚有十里险绝异常,恐熊虎杂处,有碍行径,须然爆竹骇之,戒仆勿忘。诘朝度岭穿涧,发爆竹数支,响振岩岫,栖鸟翛翛,远近离顶六十里,果木稀少,惟有松阴万派与石争奇,青荫数十余里,仰视山峰,峻削冲天,路起人面,人行松杪,及顶方现一寺。寺埋云中,故名云罩居。众山之中屹然为冀北巨观,御书"秀峰"额之,以表圻内诸峰无有出其右者。左高数仞,登挂月峰,礼舍利塔,抚李后钟,四眺群峦,萦回环锁,因口占一律云:"怪石攒堆山骨坚,一峰高出众峰前。钟声暮送天甫入,塔影朝游塞北旋。背绕千重青嶂合,面临万顷绿田圆。世人岂许轻来寺,月挂云横即是禅。"吟毕至阎王鼻石脊,仅可容一人行。两旁深陡不敢俯视,僧提翼而过,心惴惴然。坐于自来峰黄祖庙弃钟之侧,僧曰:"寺东有八步险,幽黑无底,尚能一措足否?"予辞。未逮有顷,四顾徘徊,遥指边城,宛如匹练,人马蚁行,几于不可方物。前之下庄更不知湮没何地。亭午下巅西行,石栈嵯岈,岩坡倾仄,飞空直下二三里抵桃源洞,势稍平息,于将军石右,二石蠢然,人立洞,有泉涧,有蔬。云罩寺僧仰给于此。去此方可乘骑缓行,出法藏寺入双峰古刹。有一病足僧问予曰:"兹山何如南省?"予谓:"峰岩耸秀,林壑娟美,固于吾乡无别。惟异石峻嶒,如半空飞坠,参伍错综,变态百出,得未曾有。"僧曰:"更有悬空石,高数仞,贴立岩壁阁拳石而不倾;夹空石,列如人字,中含一石,上下可容人行;法船石,状若舻艎,一松从中出,樾荫几遍;账房石,绳迹依微;燕石双栖,蟒石偃卧,种种奇特难以枚举,须作数日游方能周历,但境险途僻,非山僧莫与指迷。予足困顿,恨不能也。即与坐谈心禅,刻烛数寸始就寝。早登寺后双峰,势如犄角,峙立左右。翘首秀峰,苍苍翠微,横绝来径,遂下田家峪,度大岭。碎石顽秃,履袜尽穿,五十里始达平畴。遥遥五峰,半被众峦缭绕,而山灵已弃我于尘寰中矣。侯子前席而请曰:"仁知二途,并行不悖,山可乐矣。独无意于水乎?前诣水峪寺仅二十里,盍往观焉?"予忻然首肯,樵径荒芜,几失行道。过敷村,村尽石砌。牧童遥指曰:"万林葱郁,楼殿巍然,所称敕赐兴善禅林者水峪寺也。"因策骑至寺门,遍观阁宇。见立佛森严,卧像幽寂,令人竦然起敬。命仆措酒提榼,沿溪觅源,于龙神庙下,稻田果树之旁,临流而饮,醉后狂吟,曰:"登山复问水,万木到禅林。源近催溪急,桥分入寺深。绕田香馥馥,隔圃响沉沉。我量从来浅,流觞酒漫斟。"侯子啧啧称善。归寺,观壁间题咏数行,为拙安和尚所作。读之隽永可味,急觅与语复。因避静清沟,末由一晤。第思盘山广袤百有余里,五峰八石,万壑千峦,寺刹虽未遍游,大端略已概见。恨无真僧主之,拙安何人,萧然高寄。然名山在望,胜友相随,造物我主人,青松我逆旅,所乐已极,又何必更为山灵抱恨也。至于塔镫之说,土人多有能言之者。询之寺僧,亦云不谬。第事近荒诞,未经目睹,余不敢置喙焉。(卷下,四页后至九页前)

金钺按:"钟声"一联,殆恍忆南天之秀丽与北地之雄奇,盘山尽而有之。造句殊新。

金钺按:查初白《敬业堂集》中《粤游集·谒南海神庙诗》"殿中击铜鼓,声落海州迎瀚远",与此"钟声""塔影"二句思路、笔路均同。戊申冬,从友人假读初白诗集,偶阅及此,因节录以存于《致远堂集》。钺时年七十有七。

二、《黄竹山房诗抄》批校内容

题东坡赤壁图

临皋亭畔楚江头,记得当年壬戌秋。有客吹箫来赤壁,与君载酒出黄州。他时孤鹤犹同梦,终古何人继此游。水月依然尘世换,至今水月属沙鸥。(卷一,一页前)

金钺按:《赤壁图》小斋亦有一幅,甚精,裱工亦好,但未题此诗。丙午先去。

金钺按:《赤壁图》小斋亦有一中幅,甚精,尚洁白,裱工亦好,但未题此诗。丙午先去。

注:丙午即1966年,金钺七十五岁。(签条夹于《黄竹山房诗抄补》)

恩县道中

北望马萧萧,山川对寂寥。残灯秋雨驿,衰柳夕阳桥。往事沉珠履,新诗贮酒瓢。聊将丝绣意,一洗卖浆嘲。

金钺按:卷一,二页后,《恩县道中》末二句,未解。

秋夜独饮小窗

小饮酒窗下,篱边菊吐香。绿樽成独醉,白眼笑人忙。穷极诗添癖,愁多酒更狂。凄凉千古事,欲醒却无方。

金钺按:卷一,三页后,《秋夜独饮小窗》五、六二句妙。

幽居

陋巷能栖隐,远离车马尘。室无藏酒妇,邻有借书人。事少何妨懒,诗多不算贫。茅檐风月好,供养此闲身。(卷一,四页前)

金钺按:四前,《幽居》一首,五、六二句妙甚。

冬夜独作

无术风尘里,何如一味痴。才凭儿女笑,诗有故人知。道路新棋局,烟波老钓丝。羊裘披自得,只恐负明时。(卷一,八页前)

金钺按:八页六行,四行九字,"丝"疑是"师"。三、四二句不作对,何耶?戊申八月十一阅。请教友人,谓有此格。

金钺按:"烟波老钓丝"友谓"丝"字不误。"钓丝"即"钓纶"也。戊申十月初三日。

花鸭

一池春涨碧,溶溶花鸭浮。沉西复东流,水暗分头上。绿落花间衬,掌边红轻霏。细点非关雨,微蹙圆涡不。是风常自呼名作人语,凭栏忽忆陆龟蒙。

金钺按:卷一,九页前,《花鸭》末句出处未详。

书怀

独来倾浊酒,一醉即仙寰。不望高轩过,惟宜陋室颜。囊空童亦傲,爨冷姬常闲。何事采蘼客,年年负故山。(卷一,十一页前)

寺门遇雨

经旬无病卧绳床,此日闲行过上方。虹架双桥支暮雨,云开一窦漏斜阳。远山明灭烟光晚,野岸微茫水气凉。欲上河楼谋一醉,几回惆怅看空囊。

金钺按:十一前,《书怀》一首五、六二句趣甚。以下《寺门遇雨》一首,末句用此,有趣。

哭老婢

裘马年来尽,贫居处处移。诸奴轻窜去,惟汝苦相随。帚拥三更雪,墟当六月时。一朝嗟物化,能不哭成诗。(卷一,十三页前)

金钺按:《哭老婢》一首,可见慈厚心肠。

金钺按:《哭老婢》旧居至今尚在,但非原屋,诗有"贫居处处移",想是彼时即有裁卖之事。

瘦猿

题诗记葬竹林西,只恐慌烟蔓草迷。寡鹤可怜孤影吊,怪鸥无奈尽情啼。云山到死思巫峡,风雨吹魂过建溪。石畔凉阴埋瘦骨,幽篁深处夜凄凄。(卷一,十五页后)

金钺按:《瘦猿》卷一,十五。

注:签条在卷二,一页前。

白羊褥

霜威又向暮天生,新制柔毛万缕成。原刻按生成二字均非东韵,不知是公一时之误,抑系后人传写之为。姑阙疑以俟考。三尺素云铺夜月,一堆暖雪卧春风。醒疑柳絮成绵后,梦入梨花落瓣中。几欲挥刀裁半幅,寒宵分与故人同。钺谨按:丁丑秋偶得旧抄本,成系作绒,生字仍俟考。(卷一,十八页前)

金钺按:《白羊褥》一首,收句正与杜工部广厦万间之意相同,心地忠厚于此可见。

金钺按:首句用通韵,即所谓"孤雁入群格",或末句亦有如此者,即所谓"孤雁离群格"。记忆《诗学入门》一书,曾有此说。

金钺按:卷一十八页,《白羊褥》一首与他□此者证之,首句叶声,或非是误。

思归

忆我曹山下,居人笑语温。晚风菱叶渡,秋水藕花村。万竹斜通径,群峰竞入门。归期如不爽,松菊想犹存。(卷一,十九页后)

金钺按:《思归》谓会稽藕荡村原籍。

雨中行高岭

萧萧只影远尘氛,万里孤飞鹤不群。片笠低遮当面雨,轻囊斜负半肩云。松篁叶密连村暗,鸡犬声闲隔岭闻。远水遥山行不尽,随人黄叶自纷纷。(卷二,三页后)

金钺按:《雨中行高岭》一首,第六句"鸡犬声间隔岭闻","间"或是"兼"。己巳三月初七日。

移寓西楼

还乡仍是他乡客,短榻频移梦亦浮。乘月赊人三斛酒,看山借我半闲楼。

遥遥峰影青过眼,点点霜痕白上头。自有谷中麋鹿兴,归来幸不负林邱。(卷二,三页后)

金钺按:《移寓西楼》诗"还乡"谓"会稽人"曰思家,诗家谓天津北归,亦谓归津也。

注:签黏在五页处。

乳燕

黄口依依弟若兄,春深待哺一巢中。相亲相爱无多日,毛羽丰时便不同。

金钺按:卷二,七页前,《乳燕》一首,用"东"韵,而首句叶"庚"韵与卷一十八页前《白羊褥》一首正同,或有此法,非误。

樱桃杯

珊瑚为粒玉为浆,烛影摇摇见有光。赤日欲沈波上下,火星飞入月中央。半瓯乳汁频教惜,一点娇红未忍尝。几度误将樊素认,衔杯定亦口生香。(卷二,十页前)

金钺按:《樱桃杯》末两句尤奇思妙想。

尘网牵萦渐违初志因感旧游慨然有作

夜夜烟峦入梦青,书裁猿鸟已难凭。一筇奔日知无力,双鸟穿云去未能。谁为破笼飞海鹤,重来闻磬对山僧。结茂直在芙蓉顶,高卧松霞最上层。(卷二,十三页前)

金钺按:卷二,十三页前,"尘网"云云一首,首句压"青"字,以下非"青"韵,乃"庚"韵。"尘网牵萦"云云,必家境日渐凋落也。

小石潭

小凿鱼龙窟,真成玉女盆。一泓明镜地,几点乱云根。石蓄山川气,波沉日月魂。星河流足底,俯首踏天门。(卷二,十五页后)

金钺按:《小石潭》一首,卷二,十六页前,"玉女盆"出处待考,此后诗中,选用此典。

注:玉女盆,玉女洗头盆,华山名胜之一。在华山中峰玉女祠前有五个石臼,其水雨旱皆不增减,传说为仙女洗头之处。杜甫《望岳》:"安得仙人九节杖,拄到玉女洗头盆。"亦省称"玉女盆"。马戴《华下逢杨侍御》:"巨灵掌上月,玉女盆中泉。"《补》十七页后,亦有《小石潭》一首,与此内容不同。

邺中怀古

繐帐低垂掩暮云,笙歌西望可重临。分香不为铜台妓,作赋非夸洛水神。汉室方归曹父子,魏廷已有晋君臣。三分天下缘何事,欲把中原付此人。(卷二,十五页后)

金钺按:卷二十五页后,《邺中怀古》一首,用□韵,首句押"云",非□似叶。

金钺按:《邺中怀古》"汉室"一联发人深省。

东甘涧

孤松云共掩,片石月同圆。箬笠思垂钓,蒲团忆坐禅。编篱斜绕涧,剖竹细通泉。锦堂梨更好,欲赋已垂涎。(卷二,十七页前)

金钺按:卷二,十七前《东甘涧》:《东甘涧》一首,本平起,末二句应仄起,方与上二句,想错综,何亦平起? 友亦谓有此者,非误。

述怀

仰对青天笑不休,青驴席帽自风流。未随野鹤千年别,且伴孤云万里游。今古浮沉皆付酒,江山清旷独登楼。他时更上蓬瀛去,拟向珊瑚系钓舟。(卷二,十八页后)

金钺按:卷二十八后《述怀》一首,胸怀清旷,了无俗尘。

阅金经有感

尘网牵绕脱未能,望中彼岸几时登。迷途我是重来客,法界曾为过去僧。浩浩洪波修宝筏,漫漫长夜拨禅镫。何时解脱诸缘后,火宅寒如涧底冰。(卷二,二十页前)

金钺按:《阅金经有感》末句□禅门法语。

午睡口占

日午中庭树影圆,泥床蒲簟正堪眠。人生毕竟何为是,一日清闲一日仙。(卷二,二十一页前)

金钺按:卷二,二十一前,《午睡口占》一首,末句写出隐居之乐。

过舅氏故居

灯火青荧照寝门,片时好梦便三春。窗闲风月悲无主,架上诗书散与人。词赋已成凉苑雪,荣华尽委洛阳尘。羊昙无限山邱感,一过西州一怆神。(卷二,二十二页前)

金钺按:卷二,二十二后《过舅氏故居》一首,用其韵,首句押"门"字,是元韵。卷二、三及补内皆有祭丁诗。

客岁扬名舅氏同醉京邸不意今年此日独携冷酒来浇墓土感赋长句二首

去年此日共神京,把酒同欢醉凤城。万里青云方有路,一杯黄土太无情。不知玉树人何在,愁对芳郊草自生。霜夜吟魂泉下去,故园花柳又清明。

冷烟疏雨黯荒原,往事成空迹尚存。有约看花归梦幻,共谁携屐对春痕。杜鹃开遍漫山血,蝴蝶飞来隔世魂。(卷二,二十二页后)

金钺按:"名扬"当是"扬名",漏改。

注:卷二,二十二页前有《哭舅氏名扬先生》。此处当刊刻时候漏改之处。

感悟

立鬓因谁白数茎,未忘怀处强忘情。难将好梦酬今世,莫为尘劳叹此生。照水暂留孤影在,看云顿使万缘轻。相逢尽是安禅地,稳步清凉界裹行。(卷三,三页后)

金钺按:《感悟》末句,恰是禅心间咏,说出自家吟篇本色。

金钺按:《感悟》一首,末二句,正遇而安之意,不必专指游山也。

独宿南州空馆题壁

寥寥空馆四无邻,门掩霜风月色新。一粒昏灯烧瘦影,半瓶冷酒慰劳人。折来黄菊簪双鬓,借得青毡寄此身。已信浮生随处好,莫缘飘泊独伤神。(卷三,六页前)

金钺按:卷三,六前,《独宿南州空馆题壁》末二句即处世之箴。

东草屋

小松亲手植,不计入云迟。贫能从我好,贱喜少人知。稀有舒眉事,常多得意诗。此心忙不得,日与懒为期。

几点荒苔上,浓阴绿树遮。佐吟茶当酒,遣兴草为花。但喜胸无物,休嫌饭有沙。晚来明月好,低照野人家。

虑澹心源澈,还如此室清。尘缘随梦散,瘦影伴人行。云暗烟萝色,风传鸟雀声。寥寥谁是侣,小隐足吾生。

幽居避嚣滓,俯仰一何宽。世远双扉闭,窗虚五月寒。藤钩牵草屋,花影上蒲团。莫使痴龙觉,骊珠独把看。

夜久凉如洗,西窗月自圆。一龛聊偃仰,百岁小留连。闭户成壶隐,横琴当枕眠。此生来未去,借我暂安禅。

方丈维摩室,难容八尺床。名花争拂　　,新竹已过墙。饮水浇尘虑,焚香觅睡方。眼前随分好,不敢预思量。

短棚前夜雨,红白豆花鲜。密叶阴初暗,修藤瘦自缠。有人邀说鬼,无事抵登仙。清福闲消受,常安食与眠。

卜筑浑如寄,聊同幻海萍。避喧陶令宅,问字子云亭。月印瓢中水,风翻案上经。喃喃朝又暮,诵与毒龙听。(卷三,九页前)

破屋

老屋攲斜尚数椽,錬泥难补屋中天。艰难举火当风爨,辗转移床避雨眠。陋室欲成高士隐,破墙免使窃儿穿。有家略胜逃亡者,对此萧条总黯然。时被水灾。(卷三,九页后)

金钺按:卷三,九,《东草屋》与《破屋》二首,自写隐居、安贫之情况。

金钺按:破屋、陋室一联,自宽可喜,凡与此有相同者,皆堪藉鉴,不必徒寻苦恼也。

同戴七表弟过水西小筑花影庵

半楼寒照半桥冰,携手危阑最上层。悄立浑如临水鹤,举头同似望云。僧数竿好竹留谁看,一点闲亭任客登。花影已空庵尚在,影中人去更无凭。时莲坡庵主已没。(卷三,十页后)

金钺按:卷三,十页后《同戴七表弟过水西小筑花影庵》,《黄竹》诗中见"水西花影庵"者,只此一首。

金钺按:东海之游,是同族人金门公有辽东之行,因出旅顺环海东南万余里至普陀。

注:签条黏于卷三,十二页前,十一页后有《再和原韵》"年华东去海门波,驹隙荧光一瞬过。"

咏竹边新砌假山厥形痀偻因命其名曰老人峰

有石自西来,凌晨触我屋。蹒跚入我门,以人代其足。掉首不肯行,爱我墙阴竹。兀立丛篁中,临风吸寒露。原刻按露字不列屋韵,从原抄本,存以俟考。厥貌如老人,肖形一何酷。有背何时鲐,有顶何年秃。似将謦咳时,吭喉颈复缩。石窦风飕飕,瞠然若深目。阅彼蠢动者,来去如转毂。古意入洪蒙,古貌自清肃。相对两忘言,相视情已属。寥寥荒园中,与我共幽独。寄语米襄阳,见之应匍匐。(卷三,十四页前)

金钺按:卷三,十四页前,《咏竹边假山》一首内,"露"字韵非首句,此恐是一时误用,与《白羊褥》等首第一句叶声者不同。

元日

几堆残雪拥篱根,风转茅檐岁又新。无事便如天上佛,有钱先买杖头春。好从小草传吾意,愿与名花作主人。四十年来成一笑,逢场须惜眼前身。(卷四,一页前)

金钺按:卷四,一前,《元日》一首,首句押"根",元韵下皆押"真"韵。

十五夜登挂月峰望塞外野烧烛天如火龙百万照辉山谷亦大观也

蚁旋螺转出层云,飞鸟经过也断魂。九点欲穷双眼底,万山争拜一峰尊。清光乍对渠胥镜,烈焰惊烧博望屯。谁御火龙三百万,赤鳞红甲照天门。(卷四,二页前)

金钺按:卷四,二页,"十五夜登挂月峰"云云一首,首句押"云",又韵以下押"元"韵。

余与张竹房有夙契朝夕相对共坐小亭靡不竟日赋诗为赠

萧然相对有鸣琴,欲语都成纮上音。偶得悟时同一笑,两忘语处但微吟。寒泉碧涧他年约,瘦竹疏花此日心。共坐小亭天地阔,几忘山外夕阳沈。(卷四,九页前)

金钺按:"余与张竹房有夙契"云云一首内,重"两语"二字,"两忘"宗律诗重句,大家集多有之。

重访王鹅湖揽翠轩小饮

瀛海分襟春复冬,片帆重到浙江东。低茅掩映寒山,下乱竹萧森细雨中。示我新诗囊白雪,坐君精室抵乌篷。情长共话樽前酒,世事浮沉付塞翁。(卷四,十页后)

金钺按:卷四,十后,《重访王鹅湖》一首,首句押二"冬",以下皆押一"东"。

出蓟门也宿段家岭

衣沾松雪笠沾云,回首盘阿出蓟门。羸骑独行迎落日,乱山相送到黄昏。绳床自补烟霞句,灯火谁同野店尊。惟有嶕峣峰顶月,夜深随我宿荒村。(卷四,十四页前)

金钺按:卷四,十四前,"出蓟门"云云一首,首句入"文"韵,下皆"元"韵。

塔下独坐

寺掩青山寂,春归白画迟。岩花闲落处,涧鸟独鸣时。坐久铃声动,身随塔影移。但教诸念绝,不必别寻思。(卷五,七页前)

醉后述怀

囊裹青铜卖画钱,贳驴沽酒远垂鞭。冥搜奇句原多事,苦历名山亦宿缘。尽把林峦归粉本,试从楮墨吐云烟。一枝秃管真吾好,诗有魔时画有禅。(卷五,七页前)

金钺按:《醉后述怀》便是一篇自传。《塔下独坐》一首,末二句耐人玩味。

遇故庄访超觉老僧书赠僧豫人

万事无凭两鬓霜,一庵投老伴空王。九年面壁思嵩岳,半载辞家滞范阳。抱瓮丈人分菜圃,受书童子拜禅床。不嫌破寺荒云里,瓦砾堆中是道场。(卷五,十四页后)

金钺按:卷五,十四后,"遇故庄"云云一首,正是修养功深,靡不随遇而安。

寿老荆五十初度

行年五十可怡情,但祝平安过此生。在昔尚难期富贵,自今无复计枯荣。饔飧一任痴儿女,杖履浑如老弟兄。更有慈颜在堂上,烹鲜频进一杯羹。(卷五,十六页前)

金钺按:《寿老荆五十》家庭何等安乐,可为后来观范。五、六二句尤可喜。

游上方山云水洞十四韵

戴笠悬壶客,闲行一杖徐。重岩望超忽,乱石走龃龉。磴侧乖厓合,梯危碧涧虚。白云开鸟道,红叶隐僧居。绿壁如游蚁,攀藤似贯鱼。探奇夸济胜,入奥愿无余。每叹吟难肖,先愁尽不如。铁絚垂薜荔,丹巘出芙蕖。碍日孤峰杰,迎霜万木疏。高应通帝坐,奇不逊匡庐。宛有三茅洞,疑藏二酉书。目窥天地秘,心共水云舒。白石真堪煮,金茎好自锄。拟分眠鹿地,来此复吾初。(卷五,十

七页前)

金钺按:"上方山图题此十四韵"中幅甚精,洁白精裱,在小斋,丙午先去。

哭余荆帆先生名懋樯号风溪行八有枫溪垂钓图

月落枫溪罢钓纶,寒皋独鹤想精神。冥接天地吟长苦,饱嚼风霜老更贫。肯为捻鬓商个字,也应没齿感斯人。寝门一痛无由得,空对千峰泪满巾。(卷五,十七页后)

金钺按:《哭余荆帆》一首,五、六句是公平日好学之般。

白龙潭

谷震云崩万壑雷,飞流溅雪水萦洄。山人指说修藤上,时有蛟龙掉尾来。(卷五,二十一页后)

登文殊顶

松盘石立剑铓秋,天下名山未可侪。大地与谁同放眼,千峰向我各低头。偶参师利无生法,此是丰千最胜游。坐待白云铺万壑,要看黄海人天流。(卷五,二十一页后)

登耸翠峰

盘盘蛇跗与猿啼,古木岩前望眼迷。山肯缩头归杖底,石容纵步与云齐。一峰耸翠尤孤绝,万岭回青此处低。遥看天都犹恋我,青莲花献出汗泥。(卷五,二十二页前)

九龙潭

岩转崖分迸练悬,一重云迷一重泉。雪崩倒泻瓴中水,月皎长明镜裹天。波影偶容孤鹤照,潭心常寂九龙眠。天风石溜争相搏,绕壑雷霆作响传。(卷五,二十二页前)

金钺按:自《白龙潭》至《九龙潭》共四首,是游黄山诗。

舟中书感

双亲隔世感音容,老去重泉路喜通。壮岁难回徒说梦,童时未几忽成翁。儿孙绕膝风团叶,兄弟联肩海戏鸿。岁岁饥驱身万里,叶飞鸿断影西东。(卷六,一页前)

金钺按:《舟中书感》自述身世,其时书在五十后。

宿蔡村

东访三盘胜,山程绕帝乡。人如逢饭颗,驴似出巾箱。秋逼蝉声苦,风梳柳意凉。孤村数点雨,淅沥湿荷裳。(卷六,二页后)

游千像寺看摇动石

独过千僧寺里游,红垂千果一林秋。到来小试天龙指,顽石居然为点头。(卷六,二页后)

云罩寺中秋作

云山到处有前线,佳节他乡亦可怜。小鼎烹泉茶当酒,山楼片月共僧圆。(卷六,三页前)

上方寺空山独坐

松云深处有精蓝,幽谷无人水石寒。独自经行还独坐,数峰青绕一蒲团。(卷六,三页前)

新集看秋荷

池边衰柳各攲斜,浅水秋滩露藕芽。荷叶半黄莲子落,疏红犹着两三花。(卷六,三页前)

金钺按:《宿蔡村》及《游千像寺看摇动石》至《新集看秋荷》共五首,见《田盘纪游》。宿蔡村之"蔡"误"葵"。

陵上得句

诸陵犹在海生尘,寒食梨花又几春。故国已非遗老尽,松根来访石头人。(卷六,三页前)

金钺按:《陵上得句》是言明陵。

都门西城晓步

驼鸣鸦散曙光寒,独立天街一杖闲。雪岭界空天际白,无人回首望西山。(卷六,三页后)

金钺按:卷六,四页,一二行,首句押寒韵,二四句乃删韵,可见公诗惯用第一句叶声。

金钺按:破屋、陋室一联,自宽可喜,凡如是者,堪资藉鉴,不必徒寻苦恼也。

注:此签黏于卷六,四页前;卷三,九页前,亦见此条内容。

将有东海之游感赋

垂老几忘鬓有霜,自嗟身世两茫茫。一航欲犯鱼龙国,尺土难安父母乡。袖拂冷云辞岱岳,帆拖红日过扶桑。此行拟访支机石,手挽星河洗俗肠。(卷六,四页后)

金钺按:《东海之游》是同族人金门公有辽东之行,因出旅顺环海东南万余里至普陀乃止。

注:卷三,十二页前半页亦黏此内容,此处多"乃止"二字。

将赴罗浮

鼠肝虫臂老无成,蛙步蝉吟自怆神。得向罗浮吾事了,万梅花里雪藏身。(卷六,八页后)

金钺按:卷六,第八页后《将赴罗浮》一首,第一句末,"成"字"庚"韵,下句"神"字与末句"身"字,均"真"韵,恐误。戊申三月二十一日,偶阅记,屏庐。

金钺按:回环再阅数过,一一留意于此,乃相同者,绝见选出非误无疑。戊申秋杪,七十七叟屏庐记。

金钺按:有友谓:首句用通韵,或有此法。予因思本书正页后《天棚》一首,曾自注叶。戊申九月。

金钺按:首句用通韵,或有此法,非误。五页后《天棚》一首,曾自注叶可知。戊申。

注:此签黏于卷六,十一页前。

种竹

清风何地不宜君,不惜金钱种翠筠。他日知为终去客,几竿留赠后来人。伫看疏影分三径,要使垂阴满四邻。小作渭川聊寄兴,衙斋暂洗眼前尘。(卷六,十二页前)

金钺按:《种竹》一首内押"君"又韵,以下皆押"真"韵。

三、《黄竹山房诗抄补》批校内容

天棚

檐前如水簟为棚,叶未许金乌到此红。地迥难忘天在上,书长不觉日当中。

一方高架如浓荫,四面清虚来好风。只是夜深羞月色,隔他花影到帘栊。(补,五页后)

金钺按:补,五后,《天棚》一首,头句叶韵,与卷一,十八前,《白羊褥》一首;卷二,七前,《乳燕》一首,其法正同。又卷二,十五后,《邺中怀古》一首,头句亦然。

春深

独疑白眼踞胡床,芳树荫浓日正长。心未有求贫日乐,人原无事懒何妨。几番雨润池塘绿,一片风衔草木香。不觉虚檐双瓦雀,飞来书案两相忘。(补,七页后)

感叹

仰天一感叹,直欲发长歌。情到真时少,机藏笑处多。看人皆若是,问我复如何。拟买青蓑去,投竿钓白波。(补,八页前)

小亭落成

如何巢燕子,小屋不成闲。难了浮生事,且偷半日闲。人声常近市,心静既深山。既住洛阳道,无由避往还。

亭成良友至,款款叩柴扉。礼为慵常减,酒因贫渐稀。客能容主慢,鸟不畏人飞。恒有两忘处,云来云自归。(补,八页前)

金钺按:《春深》三四句,《感叹》三四句,《小亭落成》第一首五六句,皆耐人寻思。

暮归

独步苍烟裹,遥闻夜鸟鸣。水云垂大野,星斗抱孤城。望我幽篁里,依稀露短檠。空庭人寂寂,无树不秋声。(补,九页前)

金钺按:补,九前,《暮归》一首,五、六二句不相对,何耶?

咏病猿

断肠声断夜凄清,度岭攀岩力不胜。林下懒寻新坠果,水边难挂倒垂藤。悲如嵩岳伤翎鹤,瘦似匡庐老病僧。归梦已迷三峡还,云峰十二碧层层。(补,十页前)

金钺按:《咏病猿》一片婆心怜悯及物,《瘰鹤》与《鹭》与□皆缘此念,推惠及之。《瘰猿》见卷一,《瘰鹤》见卷五,《瘰鹭》《瘰□》见补。

金钺按:《咏病猿》见补充十前。

瘦鹭并序

草丝烟楼畿铢轻,任尔貂蝉满庙廷深。掩鬓毛千点雪,圆垂天影一遭青。若行赤日尘中道,恍坐清凉水面亭。钓罢空江频自照,贵人头上不曾经。(补,十二页前)

感怀

前路多风雨,中途事已非。时从今日异,命与此心违。江阔鸥难定,巢危燕欲飞。莫将双眼泪,空自洒牛衣。(补,十五页后)

金钺按:《感怀》一首,当是家境日落不如安居之时。

病中排闷

迢迢仙鲤灿文鳞,太液波宽雨露恩。雷电已经烧尾后,好吹春浪过龙门。(补,十六页后)

金钺按:《病中排闷》一首,似言金榜题名,春风得意一流,三四句似已中春闱,正待词林之选,岂所期望者,即丁时显进士耶?哭丁与祀各诗,见卷二三中,题称舅氏。

金钺按:《病中排闷》首句"鳞"字,□韵;三四两句"恩""门",元韵。

示小瓦钵中金鱼

数枚小石抵蓬壶,一斗恩波似海无。縱尔红鳞穿绿藻,是从铁网透珊瑚。朝霞影入桃花浪,夜月吞残赤水珠。此是风波不到处,莫贪广阔忆江湖。(补,十九页后)

咏红白连理桃

桃叶桃根奈尔何,各将颜色斗双蛾。雪儿似共红儿舞,白凤还同赤凤歌。明月冷侵瑶岛夜,晴霞暖漾武陵波。不须渡口劳迎送,并倚春风媚思多。(补,十九页后)

闲居诗

过眼烟云尽扫除,静中风味颇萧疏。闲庭和露栽灵药,虚室焚香读道书。心未有求身自贵,境原无碍步常舒。试看举世驱驰者,一枕华胥尚不如。(补,二十页前)

金钺按:《示小瓦钵中金鱼》《咏红白连理花》□妙笔生花。《闲居诗》五六一联,至理名言。

晚过冢上

晚出城西门,累累前人墓。徘徊过邱垄,新月照泉路。是我生来时,见彼死归处。来者日纷纷,去者复无数。俯仰天地闲,百年只朝露。何不委穷达,笑傲从吾素。但借一枝巢,莫羡三窟兔。(补,二十页后)

金钺按:《晚过店村》一首,上二句,平起,下二句亦平起,何耶?《晚过冢上》一首,末二句可味。《过店村》一首,亦非误。

晚过店村

平沙十里冻云黄,枯叶随风过野塘。夕阳斜处一回首,人影争同树影长。(补,二十二页前)

金钺按:下二句平仄似可移易如下:回首戏阳斜照处,人身争与树身长。

宿通城有怀阿素

道人归去已深春,阿素应裁白练裙。半枕春冰肠似雪,夜来睡暖梦中云。(补,二十三页后)

同诸友泛舟还藕川留饮西园写望

丛筱嘶风晚更寒,暝禽飞去复飞还。破塘野水无人处,立看西南一角山。(补,二十三页后)

金钺按:"有怀阿素"首句"春""真"韵,二四句"裙""云",是文矣。又《同友泛舟》首句"寒"韵,以下"还""山"两押韵,是删。

题木石老人图

木石中闲支离叟,老木如年石同丑。石自痴顽倍可人,木各坚贞应不朽。时复婆娑绕树行,坐石看云谁同偶。

此翁殊有会心时,倚风长啸独开口。老树飉飉如有言,白石离离若点首。借问此翁谁与游,空山麋鹿频求友。(补,二十五页前)

金钺按:《木石老人图》洁白,精裱,在小斋,丙午先去。

行脚诗

五十何知两鬓华,几年瓢笠遍天涯。轻鸥野鹤勘为侣,片石孤云便是家。半浊半清墟上酒,非浓非淡道旁花。名山到处留依住,常就阇黎饭一麻。

烟霞有分遍行踪,历尽千峰复万峰。持戒尚窥花上月,趁斋正打饭前钟。

云生短杖频孤往,雪压团瓢喜见容。到处行缠夸济胜,惟余猿鸟肯相从。(补,二十七页后至二十八页前)

金钺按:《行脚诗》写出平生踪迹。

金钺按:回环再阅数周,一一留意于此,乃相同者……出非误无疑。戊申秋暮,屏庐老人记。

注:此签条残缺,卷六,八页后亦黏有此签,内容相同,仅仅落款不同。

金钺按:东鳞西爪,涂抹怡情。随时翻阅,以当乐……

注:原签残缺,不全。

醉蝶

余所饮坛中每至酒尽,其氤氲之气不绝,一二日既蒸出小蝶,从坛口一一飞出,翩翩不去,复出入坛中数四,乃鼓翅扬去,亦恋恋醉乡耶。因咏醉蝶诗以志。

床头莫笑酒瓶空,余味氤氲尚未穷。不作酰难旋兆雨,醋瓶中小虫名曰酰难,其飞冲上下则风,旋转而舞则雨。化为彩蝶喜临风。含胎便醉愁何有,鼓翅犹酣舞愈工。从此花香浓似酒,只应常寄漆园中。

适题此句时醉蝶去已两日,忽飞入窗中,绕三匝栖我窗中不去,异哉。(补,三十八页前)

钺谨按:醉蝶一事久为人所称道,《题醉蝶图》诗并序见前刻卷六,近于张君君寿手抄。《粤游草》中见尚有《醉蝶》一首,而序则系于是题之下。字句与前刻闲有小异,实较为详尽。爰亟录附于此,以资考证。按诸《粤游草》此诗作于壬辰重九之后,公卒于癸巳中秋。是见此异经年公乃化去。又此诗序云:每至酒尽,既蒸出小蝶,徒坛口一一飞出。夫既云"每当",不止一次,既云"一一飞出",似尚非一二,而梅树君先生所撰传中云:易箦之夕,酒罂忽飞出五色蝴蝶一双,大如掌,然则平日所习见者皆数小蝶,易箦之夕所飞出者为大蝶一双,噫,亦奇矣。

四、《田盘纪游》批校内容

上方寺空山独坐诗

老僧一杖去人闲,借与禅居让与闲。无个人来分此福,独同猛虎卧空山。

松云深处有精蓝,幽谷无人水石寒。独自经行远独坐,数峰青绕一蒲團。

十八日粥余赠天如师香资三钱,别上方寺。由寺前东转一径,约七八里至少林寺。寺有唐柏二株,见僧体真。由少林寺西阶门下转北上一路松石俱佳,约二三里至古中盘,访五松,松下有苍石一块,以指触之可动。五松蟠结相偃,为山中群生松之第一,见僧笑云:携看岩下竹林。岩上有小静室,名别是一天。天如师旧栖也,今废。笑云烹茗炒栗以待,自云宗门若有得者,且云:"君爱松石且不可沾染,若一染着胸中,常有此五松,虽四五金刚亦拔不去。"余曰:"我正恐四金刚拔去我五松耳。"(八页后至九页前)

金钺按:《纪游》九,前七行四字,"且"恐是"切"。

为胡亮采题所画天成寺图

丹阁高临积翠闲,山如罨画亦天然。独登有约三秋月,一览能空九点烟。江山一览阁绕寺屏开云迷迷,当窗泉落玉涓涓。凭阑试寄平生快,果厅松风便得仙。(十二页后)

金钺按:《题所画天成寺图》用"先"韵,首句押删韵,公诗每是如此。当然是有所本,非误无疑。

五、《善吾庐诗存》批校内容

送桂未谷之永平令任

历下今名士,推君第一人。深沾洙泗泽,行化点苍民。儒雅开钟秀,风流继沐璘。三年应报最,末必老边尘。

万里何时到,扁舟此日程。相视各迟暮,分首独含情。长吏仁声入,蒲蛮鼓舞迎。好将书寄与,南徽政初成。(六页前)

金钺按:六页,前五行内"视"字仄声,或是"看"字。

自题小照

寄迹津沽久,乡怀时往复。假彼虎头笔,写余鉴湖曲。森森松柏阴,郁郁兰蕙馥。兀坐片石中,悠然舒遐瞩。(六页后)

金钺按:《自题小照》一首,是律,是古,不解。

寿丁秋崖七十

知君晦迹道心坚，一室端居十二年。避俗不须方外地，忘情别有静中天。随时饮啄闲于鹤，颐养精神健是仙。往事敲棋曾记否，梅花初放小窗前，韶华七十等闲看。不读黄庭救老残，脱略形骸忘盥栉。婆娑杖履懒衣冠，清尊款款神应远。高枕蘧蘧梦亦安，俯仰自如无检择，驻颜何假九还丹。（十页前）

金钺按：十页后二行内，"春知永"当是"知春永"，与下句对伏方工。

题兰

渺渺余怀，横琴独鼓。薄言充佩，即荣即侮。深谷之中，潇湘之浦。于焉栖迟，有馨斯古。（十一页前）

钺谨按：五律内《李海门明府过访适偕友寻菊郊饮敬赋五律书呈》一首，《与李明过访不值》一首，似为一诗而删改者。公手迹既分作二题书之，故此刻亦两存焉。又五绝《赠张楚山》一首，即《题竹床图册子》者，原册墨迹今藏钺斋中，实为五古，一章曰：释褐宦赣水，为治弹清琴。弹琴坐竹床，欲以宣徽音。交宪迫介怀，高蹈脱华簪。归田独余床，卜居已移三。屋后植寒松，门前开芳林。芳林一时盛，寒松有余阴。时卧北窗下，忘怀听鸣禽。会逢故人来，分榻酒共斟。箕踞意气雄，飞扬纵横谈。维余懦弱人，闻之起壮心。不有固穷节，豪迈将谁任。每见富宦归，顾盼侈多金。琼室列象床，恐非贤所钦。注云：楚山先生罢归，独竹床为宦时物，敬而赋诗。考《津门诗抄》《张湘竹床吟》诗后附载注家题咏，于公诗节录之四句，与公手书存稿正同。癸酉又校，因附识于此。

金钺笺注《金氏家集》之语，以分析诗歌用韵为主，偶尔涉及所藏书画，如"《赤壁图》小斋亦有一中幅，甚精，尚洁白，裱工亦好，但未题此诗。丙午先去。"又如："《木石老人图》洁白，精裱，在小斋，丙午先去。"金钺此次批校《家集》，为其晚年孤苦生活增加一丝乐趣，读先辈诗以自慰，如《幽居》诗中有"事少何妨懒，诗多不算贫"。金钺按语谓："《幽居》一首，五、六二句妙甚。"金钺晚年，一生所藏书画散去，仅有自刻《家集》留存，批阅《家集》为其生活增添些许快乐与慰藉。

（胡艳杰，天津师范大学古籍保护研究院副教授）

参考文献：

[1]伦明.辛亥以来藏书纪事诗[M].上海：上海古籍出版社,1990.

[2]高凌雯.志余随笔六卷[M].刻本.天津：金氏,1936.

[3]金钺.屏庐文稿四卷[M].刻本.天津：金氏,1942.

[4]金钺.金氏家集四种[M].刻本.天津：金氏,1932.

[5]金钺.戊午吟草一卷[M].刻本.天津：金氏,1920.

天津紫竹林史料《南台云水记》整理[*]

A Compilation of the Newly Discovered Pieces of the "*Nantai Yunshui Ji*" Published in the *Zhibao*

李　云

摘　要：笔者从《直报》中发现一组珍贵的游记文《南台云水记》（共计十篇），与天津紫竹林、南炮台、海河、武备学堂、博文书院、大营门、小营门等密切相关。从中不仅可以看到紫竹林一带的建筑风貌，还可以看到海河壮阔的水势和南炮台奇丽的云水风光，也可以看到当时民众的生活掠影，并窥得文人在中西文化撞碰中的思想观念，对近代天津文史研究具有多方面价值。

关键词：《直报》　天津　紫竹林　南台云水记

按：《直报》创刊于光绪二十一年正月初一日（1895 年 1 月 26 日），是近代天津的第二种中文报纸。清末报人丁国瑞（字子良，号竹园）曾描述当时报业情况："光绪二十一年春，余到天津。彼时正当中日停战言和，大江以北，尚无新闻纸，所得见者只有上海《申报》，然亦多由包裹对象及旧纸摊上得来，北京只有黄皮《京报》，用活木戳印刷，所纪者宫门钞、上谕、奏章、谢恩折子而已，无敢言时事者。"①《直报》在北方报业一片荒芜的情况下出现，成为近代中国历史

---

　*　本文系教育部人文社会科学研究项目"近代天津报刊文学研究"（23YJA751010）阶段性成果。
　①　转引自马洁光：《爱国报人丁竹园与清末民初白话报》，《回族研究》2019 年第 3 期，第 67–74 页.

中相当重要的一种报纸。《直报》曾经刊载严复《论世变之亟》《原强》《辟韩》《救亡决论》等一系列文章,成为全国维新变法的理论先声,也将天津推到时代思想前沿。《直报》所载报章文向以政论为主,但笔者却从中发现一组珍贵的游记文《南台云水记》(共计十篇),它们既是具有文学价值的游记美文,又是与天津租界紫竹林、南炮台、海河、武备学堂、博文书院、大营门、小营门等密切相关的文献史料,很值得我们关注。从中不仅可以看到紫竹林一带的建筑风貌,还可以看到海河壮阔的水势和南炮台奇丽的云水风光,也可以看到当时民众的生活掠影,并窥得文人在中西文化撞碰中的思想观念,对近代天津文史研究具有多方面价值,可惜尚未被学界重视。《南台云水记》十篇散见于《直报》,尚无电子版,一般学者难以看到,现特将原文录入并整理点校如下,以为学界提供新鲜文献史料。

一、《南台云水记》之一

津南紫竹林外杏花邨,余假馆也,滨海河,河为北直众水尾间,其大股之浑者如永定、南北运、滹沱;清者如东西两淀,所汇之七十二流,胥于是,为朝宗正轨。每入伏,水必涨,一河涨诸河皆涨,会合于海河。一渎如万马穿梁,结队狂奔,既无所让,又不能止;止则拗怒郁勃,或跳或叫或踶,或绝尘而旁逸,愈怒愈狂。早起潮来与涨,砥触则湍激浪翻,盘窝转转,洄流漩洑,波涛险怪,霎忽起,霎忽灭。俗言此为龙道,龙凭之,故异恒流。理固有之,窃谓即龙不在兹,当亦应耳,其势然也。其南为炮台,篑土所成,高几九仞,台南为博文书院,又其南而东为火柴洋行,而西为李氏荣园,林木蓊翳,有楼、有亭、有土山。山矗一塔,塔凌虚。津埠固少塔,除海潮观侧一塔屹于北,南则惟此塔对峙焉。虽较浙西湖上双峰插云、三潭印月具体微,而自达人观之,无竹栽芦,思山垒石不过如此。其近北而最高者为戈登堂,又其北为城中鼓楼,若天柱、若文笔直插霄汉。四城门楼角楼从此台望之,如儿孙罗列环伺然。其西为海光寺机械局,筒烟滃然,俨西山岫出之云也。逾河而东为武备学堂,起二亭以为验放汽球处,如西湖孤山之放鹤亭,亦此台之点缀也。

登斯台也,若跨鹏背于天衢,俯瞰群流,坐数其孰清孰浑,派别枝分,一一为谷干效顺，于是复横览复仰观。镜流之外，为云烟居，朝暾初浴，隐约水云间，海天一色，时为金，时为碧，时而金碧并呈，光怪陆离，所谓云近日光常五色也。俄而雾结，海若立，云若垂，阳侯顿掩，云遂得权而逞其变态，千幻并作，而立、而蹲、而卧、而坐，斜倚碎杂，若相斗，若相悦，转瞬为狮象、为龙马、为古佛、为美人、为凤、为鸾、为百鸟，不可尽状。禽若飞，兽若走，人若途遇倾盖语，霎复融而为一；又若天竺十二峰从海外飞来，与米颠石丈而立。

客有同余游者，时搔首，时俯首，向余咋咋曰："何造物之矜奇乃尔耶！"余晓之曰："子亦知夫云水之所以然乎？云，气也。水，亦气也。一沉一浮，水为浮中之沉，云为沉中之浮。水随地而成其形与声，云随风而现其相与色。问之水，水不知；问之云，云不知；且即问之造物，造物亦必不知何也。造物之所以生此，云水实一气相薄，造物无心，乃感其气而为水为云，无或使而若或使，脱令造化有心为之，必不能成此形、成此声、成此相、成此色，即或成之，亦不能霎成霎变，如此其速且巧，惟感其偶然之气，偶然而生，偶然而成，复偶然而变，正恐造化小儿欲不生不成不变，而亦不可得也，何矜奇之云尔乎？"客怃然为问曰："天下事何莫不然！"因相与鼓掌掀颜笑，时云气层层，荡胸而来，夺余画图。余与客忽对面若不相识，遂相率下台归，更订为异日之游。①

二、《南台云水记》之二

中邦自开租界，凡有隶租界内交涉外洋事者，其编年记月，例皆中外并记，以见声教之通，无远弗届，血气之辈，何地无才也？维大清光绪二十一年六月六日，西历一千八百九十五年七月廿七日，憨憨生辰起，与客复会于杏花邨外之南炮台，寻昨约也。客先至，欣然迎曰："与长者期幸不后，孺子真可教否？今日之乐与昨日之乐，孰乐？"余曰："今之乐犹昨之乐也，第与少乐乐不如与众乐乐。"语次，有摄齐而升者，亦凤契也，曰："闻两君昨有高论，趣颇佳，能不惜齿牙馀论述以相贶乎。"余曰："天地气化，逝者如斯夫，不舍昼夜。未闻有去日之日可留为今日之日者，即未有去日之文可留为今日之文者。舍其旧而新是图，

---

① 载于《直报》光绪二十一年六月初五日，阳历 1895 年 7 月 26 日，第 1 版。

何述为?"言未毕,二客遥指远树谓余曰:"君见绕树之白练乎?"余目随指而注,见蒙蒙然,如镕银、如散粉、如铺絮,复为薄烟、为泼淡墨,遂一片浑成。疑若鸿蒙将辟未辟,元气茫茫,云水为一,固无所谓城郭宫室,即日月星辰,山水邱原,似无不掺和其间,一旦卒辟,天浮地沉,沙飞水归,风卷扫而荡揉箕簸之,然后日月星辰横于上,山水邱原横于下,其奇迹如太行王屋绝顶处,可望而不可即之、舟之、匣之、朽櫶与太华之仙掌,烂柯之空中楼阁,岂有人飞行而上,为此狡狯,以豫备后人之惊骇而夸耀哉。即能飞行为狡狯,亦必须聚工庀材,估值计,今世猗顿所不能辨者,曷上古竟有此,无算赢馀以浪掷为不急之需,抑系鸿蒙之始,有人弃置至今尚存。惜吾人不能先天地而生,后天地而死,以目睹而手志之。惟即现前云水拟议焉,想亦尔尔。俄尔衣履滋润,未湿欲湿,入望处园林宇舍如云林画,幕以轻纱,霎为玉尘、为珠屑、为琉璃丝,为杨白花落而复起,渐为飞瀑形。二客曰:"雨至,盍归乎来?"遂分袂。

□①归馆时刻,钟不及六响,馆僮未回。余亦曲肱卧,甫交睫,淡裳仙子褰帘入,入即坐而语曰:"子言文宜舍旧图新,是何所见?"余曰:"古人云读《易》者若无《书》,读《书》者若无《诗》,读《诗》者若无《春秋》,读《春秋》者若无《礼记》。即以余私意揆之,前不见古人,后不见来者,当日为《易》书之人,其不知千百年一变而为《春秋》《礼记》也,固不待言。后人之为《春秋》《礼记》亦各就事论事,因时制宜,其不能妄袭千百年前之《易》《书》《诗》也,夫复何说?"仙子曰:"余云水之幻身也。请与子言云水可乎? 水云鱼鳞是水可化为云也,炼云生水是云复可化为水也,水与云一而二,实二而一耳,孰为新孰为故。尼山之鲁论曰:温故而知新。不有故也,何以有新,不知新也,何须温故。即如大禹,至今几五千年,而黄河一源,其星宿海元始探得,海疆之东西朔南,今与外洋通商始得以轮舟横直飞渡,讵料郑康成虚空鸟道之说,拉直线以行,兹竟目睹其事哉。即水以衡云,则云之或出于海,或触于石,或起于邱陵,或成于嘘气,或可排以为驭,囊以作贡,均非虚语,可见鸿蒙既辟以后,事事物物其未辟而待辟者,浩无津涯,不可思议,要皆鸿蒙所自具,如五行中木中之火,火中之土,土中之金,金中之水,水中之木,孰非新孰非故,彼说经家偶得前贤一疏,遂据以为万世指南,不

---

① 按:无法辩识。后文出现□同此意。

许人置一喙者,陋矣。彼离经而旁为穿凿,以逞其私臆者,妄矣。"余闻爽起,拜曰:"请从尊仙更为云水游可乎?"仙慨然命随御气以奔,急如电,觉坐下软胜于棉,因思当日乌衣国之云车定不异是。俯视群流入海益狂,又思庄子民如野马之说,水性或亦类是,往来海上初不惧堕。淮南子曰:"胆为云,信矣哉!"但两耳涛声不胜其聒,豁然开目,则窗外之雨打芭蕉也。①

三、《南台云水记》之三

身之所居者,迹也;心之所存者,神也;神之所存,迹不足以拘之。游之道与学问相终始,亦与政事相表里。勿忘、勿助、勿贪、勿遗,务令心入乎迹之中,神出乎迹之外。出乎迹之外,究不越乎理之中。迹虽啬而心丰,则其神裕如,故乐常有余;迹虽丰而心啬,则其神歉然,故乐常不足。盖人之欲,惟目无穷。耳耶,鼻耶,口耶,其量皆有所限。耳逾量,则患其聒;鼻逾量,则患其触;口逾量,则患其厌。独目之量,则逾斯三者,所收广,所及远,而出神入神之速,更非口耳鼻之所能,仿佛是天之生,是使独也。

自五六日继登高台后,七之日将曙,雨倾盆,街道成渠。东方既白,淋零犹未休也。余游每先朝暾出,为其气爽而时适暇。移时雨止,弟子入学须课读,亦不惯为热,客遂罢游。今辰,钟未四响辄起,披衣出,补昨日之阙,趋登台。居高临下俯看,田水涓涓,河水洋洋,潮水泪泪,任其流而心不竞,仰观于天,向日尘器,喜被雨师收去。惟薄云一缕似绡似罗,甫念以此为裳,当不知消多少热念,讵转瞬天孙竟拥以归,低回审顾,上只有天,风都在下,袖拂东海,爽挹西山,登千仞冈而振衣,临万里流以濯足,两腋栩栩若生清风,遗世独立。盖前之二客,今则未之或从也。

连年民困于涝淫,雨滓水辄并。至今夏自四月,风雨盛涨,后入伏以来,诸河皆庆安澜,几乎风不鸣条,雨不破块,惟稍愆于旸。既畏旱且多疫,不禁为农田虑,兼为城市忧,获此甘霖,非第农田有沾足之欢,即城市亦应占勿药之喜。

---

① 载于《直报》光绪二十一年六月初六日,阳历 1895 年 7 月 27 日,第 1 版。

礼云："寒暑不时则疾，风雨不节则疾①。教者，民之寒暑也。事者，民之风雨也。"礼取其似，吾取其真，盖人身一小天地，天地一大人身。不雨或生疵疠，一雨顿长精神。觇白川之顺轨，志雨日之新晴，此乐余不敢私据，愿以公诸□人之徒。所尤幸者，有商轮昨以河淤搁浅，今复畅行，掀动河流，沙泥挟下，尾闾一畅，上游可无渍浃之虞，□□运，倘苏浙之层艘可弭节安流而上，供□大之艘何如。倘反是以思，百度向堪设想乎。惜世人祸来方觉，福来不觉耳。

言念间，回身北顾，瀹然若滋，霎为岭，霎为峰，意谓云固万变，亦随其人之远近高下，邪视正视之不同，所谓"横看成岭侧成峰"也。且如一水，身在山，则见其怀山；身在岳，则见其撼岳。近山近岳者知之，若自远观之，则固视为无波也，疑为浮地也，水固犹此一水也。以水例云，云向犹此。一云也，其人所身处之地，远近高下邪正不同，遂觉云水之迥别，夫岂云水之变象哉。昔人谓圣贤六经之旨如日月经天，随人所视。譬之谈天者，或坠坐井之观，或据一管之窥，纷纷聚讼，而戴盆者出，复将以无天之说，并斥其妄。且如兵农礼乐，准今酌古，各有所宜。得其宜，则刑名法术罔非驭世之经；失其宜，则礼乐诗书无非毒民之具。脱非身处其地，心入其中，神出其外，穷其理略其迹而，或越理以武断，或拘迹而泥古，是徒以目遇不以神遇，吾未见其奏刀砉然也，是皆可以云水证。②

四、《南台云水记》之四

典坟邱索，子史诸书汗牛充栋，其义总不外于经。经者，常也，事虽殊而理不易，故谓之经。吾人自束发至皓首，穷年兀兀，处若忘，行若遗，俨乎且若思，茫乎且若迷，韩子所谓游孔子之门墙而不入于其宫焉，足以知是且非耶。然而忘之久，则似忆良朋，温其旧，则百读不厌者，何也。以经中义蕴，取之不禁，用之不竭，如江上清风，山间明月，耳得之而为声，目遇之而成色故也。云水亦然，余故游之，记之，至于再，至于三，而仍不能已于游，已于记也。

向之游也，每由杏花村而北，而西，而南，而东，北经英工局之花园，西过红

---

① 整理者按：《礼记》原文"疾"为"饥"。参见《礼记》，中华书局，2009，第383页.
② 载于《直报》光绪年二十一年六月初八日，阳历1895年7月29日，第1版。

楼，南登小营门，逾大营门而东下女墙，上将台，降而升，升而降，降而复升，依女墙遵红楼花园以入馆。否则降台，寻河干看早潮，兼验上游诸河泛期涨落。一俯察，一仰观，占灾祥，课晴雨，念念为南亩丰歉计。余本农家子，故未敢一日忘本焉。昨晚热甚，夜不成眠，闻啼声似孺似妇，触乡怀，益不安枕，起披衣，兀然危坐，少倦，即曲肱假寐，历历数柝声，钟声，鸡声，馨咳□，钑钑铮铮，衔枚疾走，人马之行声，知已曙。启户出，视天养片云方喜，是日之复晴也。

主人哂顾问曰："君将游乎？"曰："游。"虽阖户出，仍自北而西南，出小营门，率阡陌，见半亩绿云，泥泥凝露，知东平瓜田不远，趋过之，不纳履，避嫌也。越芃黍，佳禾迤逦，而南，而东。去河干数十步，小坐道左，幕天席地，旁若无人，望片云迟迟东去，渐远渐薄，其薄不能拟议。昔人云"人情历尽秋云厚"，盖言薄也。今夏云如此，秋云更当何如？云薄如此，人情薄更何如，是诚匪夷所思矣。横望海河，帆影远来，恍自云间飞下，又念昔人"春水船如天上坐"句，方羡其即景觅句之工，转念焉，当亦望而想象之谈，未悉局中甘苦，犹在此山羡彼山之高。倘置身船中，则舵工之不可以随风，篙师之难争于逆浪。行船之险，险于走马，或推或挽，其支持大非易易也，局外人乌能以知。此又如下界尘心，妄揣天边仙子，排云驭气，空际往来，飘逸奚似。倘一入云中，为湿絮所拥，举足不知深浅，惴惴恐堕，定时有性命之虞。

曾记少年游匡庐，□螺而上，至曲环处，宽仅容足，一转角则舆杠两端皆无着足地。前后舆夫，缩肩折舆，足循地缩缩行，舆若负隅。下临无底壑，舆在肩上，一颠一簸，一簸一转，凡十数颠，始转一角。彼时轿在云中，身在轿中，任轿夫于悬空中颠之簸之，俨若身居上界，合眼放胆，一听造物之低昂，生之惟命，杀之惟命，不可知之之谓命，无可奈何之谓命，命字定当此解。爰毅然以知命之君子自命，比至履坦，则痛定思痛，转以自危，胆乃与云俱寒。凡夫之以境移人，君子之以居移气，大率类此。

起行数武，佃人老幼荷锄来，行且语，率言年来被水，野无青草，今有青草，室仍悬罄，惟盼雨不过，河不溢，方可卜有秋图生聚焉，其苦况不忍卒听。行里余，抵南台，又里余，抵河坝。湫隘嚣尘，熙熙攘攘，此争彼夺，则近利之市情也。余过之，若闲云若流水，于人无求，亦与物无争，乃悟云水之屡睹无嫌，若六经之百读不厌者。以用则为霖为川，资长养，资灌溉，绝不望报于人。不用，则云卷水逝,迁运过去,无憾于世。其来也,非关于招之殷;其去也,非关于挥之力。物之以有用为贵,品之以无求自高者,盖如此然。非此日亲巡陇亩,足蹈市廛,不获真知灼见。昔某巨公以未获躬为牧令,不识民依为憾。窃谓躬为牧令者,或亦未之真知。安得名贤,悉知民苦,而勤宣民隐乎。谨与云水并志焉,以待辎轩之采。①

五、《南台云水记》之五

昨为《南台水云四记》,记成付手民②以去。去后,出门小立,当头上犹是青天,惟若势遮于山,仅留一线。西望奇峰峻岭,此强彼弱,争出不穷,俨太行西来,一片秋色,峦气逼人。当日邯郸道上,腰横秋水,匹马短衣,一举目,见前程宇舍楼台,烟云竹树,欣然念某客舍可栖,某酒垆可沽,某庵观园林,为某昔贤所留,有古迹可瞻眺,振策簌簌,兴味至今,一丝不减,其地其人其事,计将于此云下一一索得,漫不知身居何地,几阅春秋也。以手捋髭,卒怪颊上兼二物,胡为乎来此。乃悟水流云逝,世事无在不然。曩读《西湖志》,辄羡历斯境者,奚啻登仙。同治改元秋,适以事入其邦,急觅所谓飞来之天竺第十二峰者,拾级先登,游侣共诧路熟。余亦欣如逢故人,不必询爵里姓氏者,因口号曰:"一登天竺共相猜,谓是重游第二回。峰本飞来未飞去,我今去后又飞来。"客咋舌曰:"然欤。"余笑应曰:"不必问我,君试问峰。"云水与吾,如是,如是。

俄而瓦飞烟詹,挂绳飘叶,倾盆愈来愈猛,如宿伍员庙,涛声夜入,室若为摧,意诚有壮士挽天河以洗甲兵欤?岂西来天体本漏,人竟无术以补欤?盖投袂以起,撑臂阻之,屡屡痴思,自起自抑,谓天帝爱民,胡为不吊雨师,何物如此弄权?百计图维,讫无良策,只得任其放胆,飘摇而去。继而思之,作此天者,亦难乎为上矣。采桑者利晴,植蔬者乞雨,种禾黍者畏水如虎,艺稻秔者惜水如金,即一隅之天,亦势不能人人而悦,况为政乎?

昔赵普对宋祖语,诚可味,以是知人之于天,天亦有势莫奈何者。执璧者欺

---

① 载于《直报》光绪二十一年六月初九日,阳历 1895 年 7 月 30 日,第 1 版。
② 整理者按:"手民"指排字工人。

天,投龟者诟天,营营者贪天,戚戚者怨天,狂而肆者且将□膺搔首以问天。为之天者,既无所趋,又无所避,直躬健步,率意以为之,含垢忍尤,包荒以纳之,一若无如人何也。譬之朝廷建官,以为民也。官府去留之际,往往矫拂于民心,群号于上,起而争之,曰若胡不留,若胡不去。上辄疑民之阿于私,饬民之格于例。民固无如上何,倘上之人肆其权力,必强民而胁之曰,若留此汝毋许诅,若去此汝毋许思。窃恐□之上者,能以权力夺民之身,万万不能以权力夺民之心。其彼此之势,莫可如何,何殊天之于人,人之于天也哉。

迨九日辰起赴南台,复观云水,遇雨而返,衣裤沾濡,幸著布袜芒鞋,不畏泥滑,□以归。主人笑曰:"君之好游,可谓乐此不疲矣!"请更为来朝之卜,不知天之许我否耶。①

六、《南台云水记》之六

良辰也,佳境也,胜友也,三者俱而心始畅。然必使一人焉,劳劳为主,整杯盘,肃迎送,周旋问答,心既不劳其烦。为之客者,或不免舜其貌,而跕其心。且将于言论间,各持私见,以窥伺主人意旨,而逆意测度之,阴以荫他,时向背从违之志,小而隔阂轇轕,大而排挤迫胁,甚而戈矛戎马。□隙之开,自来多肇于谈燕。余自知憨戆,乏面具,不善承迎,时时目此为畏途,不敢一涉足。独喜游,游辄与云水契,契其为无适之适,以相与于无相与,友有于云水契者,则余亦□之契。

世□同类,共趋一途者,类相争,往往拼命寻仇,不两立,率为非其有而取之,得之则以为喜,不得则以为忧。其未得患得,未失患失之际,鸡初鸣,身未起,心已孳孳,平地风波,奚啻万顷。因而反手云,覆手雨,为鬼为蜮,变态奇出,惜皆为上古中古所未有,禹不能尽穷其象,一一于九鼎铸之,使民入世途不逢不若。至今思之,时犹有憾。契云水者,无是也。其来也,无心而来;其去也,无心而去。来无所干谒,去无所觖望。来而去,去而来,来而复去。若有约,实无约,无所约,而不约而同,所谓二子者,不同道,其趋也一者。何也,曰天也。庄子有

① 载于《直报》光绪二十一年六月初十日,阳历 1895 年 7 月 31 日,第 1 版。

言"心无天游,则六凿相攘。大林邱山之善于人也,亦神者不胜。"夫神者,吾心之大也,好和而恶奸,以受其成形,心与接为构,行如驰而不止,神弗能用也。一旦入山林,即闲旷洒然,若执热之得濯,则神之所好天之所游,其不在寻常耳目间,亦不外乎寻常耳目间也,审矣,一视乎人之能得,与不能得耳。孰得之? 闲则得。孰不得之? 不闲则不得也。

尝恭读纯庙御制《留别西湖》,诗曰:"若谓西湖姑舍是,笑予不是得闲人。"想见闲之一字,万乘且有所不易得,岂千金万金可买,南面王可易耶。然每恭读御制诗文,辄怪其万几之暇,时时有被祢鼓琴之乐,何以能此。久而思之,乃知凡人之能为此者,其识量才力之所具,非区区仅能为此也,必其绰绰然游刃有余,以无直入有间,若庖丁之刀,解数千牛,而刀刃若新发于硎,故所遇无全牛,视为止,行为迟,动刀甚微,謋然已解,解则提刀而立,踌躇四顾,善刀而藏之。若不以神遇,但以目遇,未识窾却,技经肯綮之屡尝,则其刀非折即割,方将岁更月更之不暇,何有于踌躇四顾乎。昔武襄侯高卧陇中,榜其□曰:"澹泊以明志,宁静以致远。"盖天下极忙极热之场,非极闲极冷之人不能为役。观其未出山即定局三分,出山以来,辄奋然于奓牙缭戾中,力战群议,屹然不动,挥羽扇而闲闲,孰知其心力之笃,棐直贯乎纪纲节目,而无或遗。其神全,故威不铄而自铄,其精全,故气不熊而自熊哉。

客有约余游南台者,入斋见所记,曰:"子所记者云水耶,非云水耶?"余曰:"是所言者,非云水是所志者,惟云水志在云水,则云水者,亦云水也。入乎云水之中,出乎云水之外。出乎云水之外,趣不越乎云水之中,此吾之所以为游也。"客曰:"趋行矣,毋饶舌。"出而遵河,而雨路泥泞,曲径已为雨集所夺,退三舍以避之,路出西南,登南营门,降女墙,见台下路复为水夺,知前日之雨,沟浍皆盈矣。余性不耐争,复以路让于水,知难而退。归路野旷天高,爽气万里,双眸为豁,觉衣颇单甚,居然已凉天气。询之,知今为季夏中旬之一日,去立秋不远矣。①

---

① 载于《直报》光绪二十一年六月十一日,阳历 1895 年 8 月 1 日,第 1 版。

七、《南台云水记》之七

光绪二十一年六月十五日，于昔则为盛夏，为溽暑，今以是岁闰五之序，推之去两日，则为秋矣。是日也，天高气爽，月隐于树，河没于天，清光大来，昧色顿霁，衣履近燥，腰膝渐强，甫迎金气，遂为所感：人生天地间，不与时为变通，非造物之弃人，乃人之自弃于造物耳。衣觉单，易葛而布，复著里衣，循造物之序，若遵命而不敢少违。

出户信步，不觉足之已及南台也。时二客从余，余指其径而谓曰："此非与子反驾处乎？"忆昨日跋涉沾濡，不得于直，则去而之曲；不得于此，则去而之彼。东驰西突，足将进而趑趄，呼将伯为援手，卒之枉费攀跻，不获，一至终须退步而莫如何。以视今之履坦坦，心荡荡者，其难易相悬，岂第若台之高下，其庆幸，当复奚似耶。兹乃率意及之，率意登之，并不察路之谁为我开，潦之谁为我涸，优游泮涣，皆若出于事之当然，理之宜然，忽忽不知其所以然。此亦知造物无尽藏之绪，取之不禁。苟得其时，无须着力，佛所谓分明自在，自在分明者，如是，如是。古君子正己待时，居易俟命，不怨不尤，确有见地，非萎靡懈惰苟安也。中世士大夫，怠于自修，惟事系援，以为悌荣捷径，下焉者跂而附，上焉者俯而挽，孜孜然如不得已，岂不或济，然亦其时有可乘，夫岂专恃奔竞而得，一无蹭蹬乎？不见夫日睨于权贵之旁，愈奔竞，愈蹭蹬，甚至处秽污而不羞，触刑辟而诛谬，其心劳日拙者，尚堪指数耶。

客曰："昨读子《云水六记》有云'入乎云水之中，出乎云水之外'者，其义何也？"曰："昔陶元亮作《桃花源记》，世岂果有其处耶？抑系五柳先生胸中邱壑耶？不然王摩诘辋川山庄，不减仙源灵境矣，比及"左掖梨花""省中啼鸟"时回忆，□水沦涟不已，几为隔世事。青莲《忆东山》诗云："白云还自尽①，明月落谁家"，与其感旧怆怀，郁郁不释固不如。意中仙洞可梦游，可神遇，海市蜃楼，随身而具，不必求诸人，谋诸世，如触石之云，顷刻遍天下，恃源之水，风日无所撄。

---

① 整理者按：李白原诗中"尽"为"散"。参见李白：《忆东山二首》，《李太白全集》（下），中华书局，2011年，第922页.

无适之适,是为大适;无用之用,是为大用。建德之国,何国? 亡何有之乡,何乡? 梦为蝴蝶,栩栩然,蝶也。濠上之鱼,出游从容,鱼之乐,鱼知之。子乌乎知子之不知之,又乌乎知子之知之耶。虽然概谓为幻,则又非真谛,彼空中书般若之经,荒址现竹林之□,眼意识界外,空相森然,乌得尽以为幻? 且吾又乌知,人世间之所举乐群趋者之不为樱桃一篮,黄粱半响乎? 仙梯乃居地下,佛说彼岸即非彼岸,善游者亦游于其神,游于其心耳。心岂蕉蕾之谓,大地山河皆其影现,云将鸿濛拊髀雀跃于其间,恢恢乎,其有□地矣。夫人之形虽有所系,而神无所阀。人人得游,而人人不游,吾又不能强不游者,以与之游也。"语次,头上赫然不酒而两耳顿热,知为秋阳所曝。因与客相随下台归,复为次日之约。①

八、《南台云水记》之八

乙未之秋,七夕后三日。晨兴,与乙丙两友,复会于南台。秋水大至,瞭望海河,两岸为阔,淡云一抹横其际,间以远树,疏疏似云林笔,又如越僧索画于石田翁诗所云:"笔到断岩泉落处,石边添个看云僧。"今予三人,居然石边看云僧矣,愧无石田笔一绘之。两友曰:"造化小儿狡狯哉! 时易势殊,云水为之一变。忆曩岁游黄山,云生海上,始如缕如纩,逢逢出诸峰间云而已,荡以微风,拖以平远,秋水弥望渺然。已而,云势益积,天风大作,怒浪溃涌,汹汹崩山,群峰渐小,若青螺数点浮沉浑茫中,万窍在下,松涛震响,不减钱塘潮。彼时心儿不能自主,觉身与山偕涛势俱奔,遥瞻天都、莲化两峰,屹立海天,《外传》所谓蓬莱方壶不知其有无,于兹得其髣髴。此心亦若从兹仙去,以视今之淡远画图,又如隔世,岂非造化小儿颠倒众生,有以使之弄之,而非众生所能自主乎!"

予曰:"唯唯,有间。夫人之心,而未始有独立也,则与物为缘。与物为缘,则缘物为体,物不可必,故境变于外,心摇于内,顺逆交乎,昕夕忧乐,殊于俄顷。况百年之内,炎冷相乘,迭变无已,则我心之为我有也,几希矣。士大夫身都通显,气象伟然,一旦失时落节,则形神销萎,抑郁蹙蹙,无以为生,其生平之所以居心可知矣。心不自得,而以物缘心,非营营于富贵,即戚戚于贫贱,俯仰之间,

---

① 载于《直报》光绪二十一年六月十五日,阳历 1895 年 8 月 5 日,第 1 版。

念念迁谢,所谓真宰者安在哉？若至人则不然,意绪淡泊,无殊今日之云水,不知菽水之异于甘脆也,不知绤缊之异于文绣也,不知衡茅之异于华屋也。若是者,谓之强。不变于有道无道,谓之中庸。遯世不见,知而不悔,有识者遂得于其人,以征世变焉。"

"盖忠孝节义,民之恒性,持而循之,如日用,如饮食,初无非常绝特之为,不幸而运际其穷,然后激烈奋发以求自遂,而惊世骇俗之行出焉,壮如云□荡于风,为天上之山,为空中之怪。水之激于石,为霆击,为雷怒,漩涛悬瀑。观者惊以为奇绝,岂云水之必欲变相以显其绝特乎？衰周之季,民生狭隘,忠孝节义之人,往往而出其间,所以自遂其性者,亦若云之扬于大风,水之抵于巨石,奋其力以与争,遂成天下之奇观,不知其出于不幸,此圣人之所深悲而不欲以之为教也。后之论人者,不察此义,好言奇节,庸则已焉,呜乎！必欲驱天下忠孝节义之行,尽出于奇,是必欲其尽出于不幸也。至于闺阁之贤,以顺为正,无非无仪,诗人著之,或不幸而以节显,又不幸而以烈闻,朝廷旌其门,志乘传其事,用以慰荼苦之心,示其厉俗之意云尔,非谓安常履顺中无贤者,亦非谓贤者必不安常履顺也。鸡鸣之诗,弋雁饮酒,杂佩赠宾,不过士女相与警戒之言,日用饮食之事耳。而风人歌之,圣人著为经,以教来世,至今诵其辞,绎其义,悠然想见其人,雍雍肃肃,穆穆棣棣,关雎茉苣之风,犹有存焉者乎,不然胡安顺一至于斯也。"[1]

近日畿甸津埠一带,瘟疫流行,死亡相继,半月中牵车殉夫之烈妇,三见其人,行固可嘉,情殊可悯,至谓闺中之行必以此为定程。孔子有曰:"白刃可蹈,中庸不可能",非谓白刃之不可蹈,亦非谓白刃之不可不蹈,其中庸与不中庸,是又在蹈之者之自为斟酌,非外人可得妄谈者。予故因两君之谈云水而及之以为中庸□。[2]

---

[1] 整理者按:这一段话在思想与文字上直接承袭陈仪《张母刘太君八十寿序》而来。参见陈仪:《陈学士文集》三,商务印书馆,民国二十五年(1936),第141页。
[2] 载于《直报》光绪二十一年七月初十日,阳历1895年8月29日,第1版。

九、《南台云水记》之九

在《易》之"需"曰:"云上于天,君子以饮食宴乐。"说者以"需"为有待以饮食宴乐,为无为。夫云上于天,不雨不晴,随风往来,何所为? 亦复何所待? 人间闲自在,非尘俗想所能冀其万一者。《说文》水之古文为"巛",两旁为偶,中一画为奇,象一阳动于二阴之中,故能生养万物。《河图》曰:"天一生水",是水居万象之先,一切发荣滋长,何一非水之能。而水不居功,一任人世之清之、浊之、弃之、用之,水无所迎,亦无所拒。人乃或畏,或喜,或望而拜之,以祈其来,祈其去,而水之闲闲自若也。其激也,或使之漫之,水性无是也。

乙丙二客曰:"云水之体,是一是二,是二是一,向已闻之。至云水之性,子向未之言,言亦未尝探其本,今子据《周易》河图以为言,毋以道之所在乎?"曰:"道乌乎往而不存,言乌乎存而不可。世之儒墨是非,以是其所非,而非其所是,久矣。欲是其所非,而非其所是,则莫若以当前实在为证,而是非自明。客有游浙西,自大龙湫来者,言未到龙湫时,闻震响。将至龙湫三里许外,第见一疋练,从天直下,并无声响。及前谛视,则二十丈以上是瀑,二十丈以下非瀑也,尽化为雾,为云,为湿烟,忽疏忽密,或远立而濡其首,或逼视而衣无沾,咸以是为神龙作戏。"

予曰:"非也,其故由于水之落处太高,崖腹中洼绝无凭籍,不得不随风作幻,又少所抵触,不能助威扬声,至远则水入涧壑激荡,成声作形,人遂疑蛟龙欲起,而非必蛟龙之真在是也,即水而知云之变,为山为怪,为压阵之坏云,为捧日之祥云,随所遇之高下厚薄以成而,龙或凭之,或不凭之,非必其神龙之必在是,神龙之必不在是也。世间事事物物有其实,即有其理;有其理,即有其道;实理之外,无道也。今夫苍苍者,天也。《诗》曰:'皇矣上帝,临下有赫,监观四方,求民之莫。'《书》曰:'敢昭告于皇皇上帝,帝臣不敢蔽,简在帝心。'所谓帝者,乃就此心此理。自天子以至庶人,澈上澈下,人与我之大公无私者为言,岂真有一人焉以主宰之,为之赏罚功罪,铢称而锱较耶。使果有人焉,则此一人者,号孰上之? 孰受之者? 后世人情诈伪,舞文弄墨,喜节智以惊愚,呼天帝为玉皇,姓之为张,衣冠须眉,崇殿阁以居之,滥觞五代,于今为烈,不辩而知其妄。总之,天地一气,万物秉一气而成。有一境,即有一物,有一物,即有□机,无过不及,无所处而不当,一水一云,或聚或散,亦皆适效其气之所行,以为之用。四大成毁,恰当其可恰适其用,如是而已。"

客曰:"凡事皆当其可各适其用,则无所谓余矣。无余则无闲,云水又安所谓闲也。"曰:"君等不观古之圣君贤相乎?其君兢兢业业,夕惕朝乾,无余闲也。其臣之致君也,心无余闲,献替也。言无余闲,敷政竟教以成民也;力无余闲,筹兴除规久,远察民情之拂愉,办吏治之臧否,心思耳目无余闲。然而,君且被衫鼓琴游卷(按:原文即为'卷'),阿臣且工吟咏,载庚歌,缓游泮涣,无往不适者何也。惟其无余闲,是以有余闲。其无余者,所谓尽己也。尽己之谓忠,忠则一,一则约,约则有余,有余则闲,反是则贰。贰则纷,憧憧往来,利害得失之念,交营接构于心思耳目间,日不暇给,又安所谓余。无所谓余,又安所谓闲也。夫云者触石而生,不崇朝而遍雨,天下可舒可卷,可行可藏。水者恃源而往,挹不尽,酌不竭,不择地而施,无不足。彼其无闲,非即其有闲者也,要其道之远近,亦随人之所见而已。"

时巧月中旬二日也,新雨初过,碧空如洗,双眸为豁,语次,遥望海门,潮头如数点鸦,须臾而至,则渔艇风帆飒飒也。①

十、《南台云水记》之十

幼读"毛诗"至白露蒹葭,苍凉绵缈,恍然如身坐江天,烟霭迷茫,浩然无际,云容蘸水,获叶鸣秋,所谓伊人者,宛在画中,而情深一往也。每思得善画者洗眼,以云水光中,浣凌云笔,绘泽国清秋,一为芦中人写照。而画家每云写秋,易写白露之秋,难写白露云水之秋,则尤难写白露云水之秋,□以传其苍凉绵缈,一往情深,不见伊人于芦获中呼之欲出。虽以云林之技,尽十日工,恐不能仿佛一二。余初疑其技之拙,今乃知其言之精也。夫耳目口鼻,身体发肤,具之谓人,其色其形,一一可据,执笔追之,求其象形,犹不如西国照法之维肖。况苍凉绵缈之情,出于神思,独得独知,自行自止,苟非同心人,相与于无相与者,其

---

① 载于《直报》光绪二十一年七月十四,阳历 1895 年 9 月 2 日,第 1 版。

孰能知之,又孰能绘之者。

今吾与乙丙友也,其相与于无相与乎?丙少余十岁,乙与余年月日时无异,二人皆谬谓余长而兄之。余固不敢漫居也,然道不同而趋同,心同志同,尝为二人所推致,其出处与偕,故余有所游,其两人者,不待招而自至,如形影随,即或有时,迫于务而有一不至,必有一至者归,为不至者述所游而欣欣。余亦即知其欣欣,不谋而相与欣欣也。前此记游凡九,数日闲游,或以他务阻,其经雨而阻。游者三□,复滂沱。晚霁,夜以风,虫声唧唧,花架豆篱间,大小争鸣,不知凡□,及□远顾一鸣,百虫顿寂,若小言之折于大言,而群喙偃息也。少顷,钟动于鼓楼,风雨渐杀,□凉甚,知新秋去,中秋至矣。

蚤起,偕□自东徂西,一红光烛,目此疑为曙窗灯,继疑为高林日,几乎误西为东,乃知西方之光实为东方所射。昔有游桂林独秀峰者,言秉火入洞,初尚明,愈行愈暗,如沉黑海,几虑不能出世。行两炊黍许,复见光如黑海,忽遇神灯,突有更生之□,咸云其处名东方,亮约可从此,见大口疾趋之,抵其处,扪其光,竟为绝壁。方知日光从西罅穿入,返映壁上作亮,非门亦非窗也。由是以思:世有自谓洞于情,明于理,孰己私以例天下焉者,坐则终身面墙,行则左右触劲壁而颠扑,怨天尤人,而不知回首一顾,奚异是?

二友闻之皆捧腹,遥见路弯□光现,知是积雨,未至南台返,举首东望,见片云霎混于水,意云之为霖还岫,亦若暑往寒来,成功者退焉。比至河干,见潮痕初落,波亦渐清,而深□轮适至,熙熙攘攘喧世之情,近之令人顷热,回思初所游境,真似方壶圆峤,此身俨羲皇上人。①

(李云,天津科技大学文法学院副教授)

---

① 载于《直报》光绪二十一年七月二十九日,阳历 1895 年 9 月 17 日,第 1 版。

清代天津水西庄闺阁诗词辑录*

A Compilation of Qing Female Poems in Shuixizhuang, Tianjin

韩慧平

摘　要:清代天津查氏水西庄园林辟于康雍时期,被袁枚誉为当时三大私家园林之一,在中国园林史和文化史上具有独特的地位。水西庄查氏一门风雅,天津他族罕有及者。查氏男子勤于读书,博学多才;查氏女眷也不逊色,多雅善诗书,对天津闺阁文化发展起到重要推动作用。本篇主要辑录查氏女眷诗词作品,同时每位作者首冠小传,藉以管窥查氏女眷的独特才情及水西庄的历史文化底蕴,进而丰富津沽文化内涵。

关键词:水西庄　宛平查氏　女性诗人　闺阁诗词

清代天津水西庄园林由宛平查日乾、查为仁父子辟建。查为仁广交文士,豪结知己,南北墨客纷纷来访,"士大夫竞以广交游,开坛坫为风流盛事",遂被称为"我朝唐子畏",与扬州马氏玲珑山馆、杭州赵氏小山堂齐名。

查氏家族"才女"文化极为发达,查为仁夫人金至元有《芸书阁剩稿》传世,且族内唱和也不排除女眷。据《津门诗钞》记载,水西庄落成之日,查为仁举行诗会庆典,并以此为题召亲朋唱和,其女查调凤、查容端、查绮文、儿媳严月瑶、侍女宋贞娘等均题诗以纪……所谓"于斯堂查氏,一门风雅,累业缥缃。闺阁之秀,咸工文翰。自含英金夫人提唱于先,以后兰房嗣响,率多咏絮之风,他族

---

* 本文受天津师范大学研究生科研创新项目资助(项目编号:2023KYCX038Y)。

罕有及者"①。

除前述几位女诗人之外,查氏女眷中能诗者还有数位。李钦(1715—1745),字安媛,小字宋,山西大同人,汉军正红旗,著《清机小舍遗稿》。李钦为黄州通判李秉乾之女,雍正八年(1730)适查礼,乾隆十年(1745)三月三日卒。查礼作有《亡妻李安人行略》②《悼亡妻李安人》③《水西庄侧营亡妻厝地》④《亡妻李安人迁厝小志》⑤《不寐寝》⑥等诗文以悼,后将这些作品连同好友为李钦所作墓志铭、悼诗汇编成《经案茶铛集》⑦。查礼死后与李钦合葬于三河县马昌营。张珍(1776—1813,一说卒年为1816),字希三,号宝亭,敕封孺人,晋赠宜人,江苏吴县人,查梧之妻,著有《怀香阁吟稿》。张亚晖(1809—1847),字淑仙,号吟香,例封夫人,江苏吴县人,查录勤之妻,著有《吟香阁诗稿》。

查氏女眷能诗者,自金至元至张亚晖,前后四代十人,除查蔚起外均有诗集,然除金至元《芸书阁剩稿》,余者均已无传,其间宋贞娘、严月瑶、查调凤、查容端、查绮文可辑得佚诗若干,李钦、张珍、张亚晖均只字无存。又《兰闺清韵》存查蔚起词一首。此外,另有个别查氏女眷文献记载"善诗书",然未见作品结集及相关佚作。

一、金至元

金至元(1696—1721),字载振,一字含英,直隶河间府人,诰赠恭人。诸生金大中之女,适宛平查为仁。郭凤岐据民国《宛平查氏支谱》,考金至元生于康熙丙子年(1696)正月二十七日巳时,卒于康熙辛丑年(1721)二月二十五日子时。⑧ 至元为津门金氏第八世,家学深厚,善声韵之学。金、查两家交厚,乃结

---

① 梅成栋:《津门诗钞》,天津古籍出版社,1993,第616页。
② 查礼:《铜鼓书堂遗稿》卷三十一,清乾隆查淳刻本。
③ 查礼:《铜鼓书堂遗稿》卷五,清乾隆查淳刻本。
④ 查礼:《铜鼓书堂遗稿》卷五,清乾隆查淳刻本。
⑤ 查礼:《铜鼓书堂遗稿》卷三十一,清乾隆查淳刻本。
⑥ 查礼:《铜鼓书堂遗稿》卷二十八,清乾隆查淳刻本。
⑦ 查礼:《铜鼓书堂遗稿》卷二十八,清乾隆查淳刻本。
⑧ 刘尚恒:《馀斋文集》,天津古籍出版社,2013,第412页。

成婚约。康熙五十年(1711)，查为仁因科考案入狱，至康熙五十九年(1720)获释，二人始成嘉礼。婚后夫妻唱和，惜不及一年至元即殁，查为仁为作《芸书阁悼亡》。乾隆十七年(1752)，查为仁与金至元合葬于三河县北石渠。金至元著有《松陵集》和《芸书阁剩稿》。《松陵集》已佚，为其与查为仁唱和集。芸书阁为金至元居室，《芸书阁剩稿》今存，又名《芸书堂剩稿》《芸书阁集》，雍正辛亥年(1731)由查为仁编定，收入《蔗塘外集》。《蔗塘外集》稿本今藏华东师范大学图书馆①。另有清雍正年间刻本，国家图书馆藏②；乾隆八年(1743)精刊本，哈佛燕京图书馆、中国科学院图书馆、国家图书馆、天津图书馆藏。乾隆八年精刊本半叶十行，行二十一字，小字双行，字数不等；四周单边，白口，单黑鱼尾。卷首有赵执信、王时鸿、胡捷、查为仁等序，陈鹏年撰传。民国二十二年(1933)，金钺将《芸书阁剩稿》刻入天津《金氏家集》，天津图书馆有藏③。

春日

午窗寂历听啼莺，澹沱春光画不成。坐拥熏炉寒尚峭，旋移花垒雨初晴。钩帘乳燕多寻垒，隔巷吹箫已卖饧。忽见侍儿来插柳，始知节物近清明。

朝来

朝来几点雨催花，饯取微香入谢家。未到荼蘼春尚在，却闻杜宇意先嗟。闲临禊帖红丝砚，暂试名瓷绿雪芽。天气渐长人渐困，琐窗梦转树阴斜。

古意

倚熏笼子倦绣，日迟迟子春昼。步庭除子延伫，折花枝子独嗅。莺百啭兮将阑，柳飞花子欲残。恨流光子难绾，掩罗袖子汍澜。

过草亭作

屈曲草亭入，萧疏远市哗。画阑斜抱石，翠幌薄笼纱。境僻蜗黏壁，林香蜂报衙。此间尘事少，一卷诵楞伽。

春尽日

九十春光剧可怜，难追羲䎖夕阳边。桃花不识东风换，犹弄妖红几朵妍。

① 上海图书馆古籍联合目录及循证平台，library. sh. cn.
② 上海图书馆古籍联合目录及循证平台，library. sh. cn.
③ 上海图书馆古籍联合目录及循证平台，library. sh. cn.

重过郊外园林

一番雨过酿轻寒,七月南塘水半竿。最是重来好风景,秋光如染隔林看。

弹琴

拟将幽意寄全徽,拂干无言送落晖。我有千愁弹未尽,一声新雁碧天归。

夜坐

夜阑人独坐,帘外露溥溥。静爱鸣蛩细,凉宜摊卷看。水沉留篆久,兰烬受风残。虬箭城头转,罗衣怯薄寒。

雨中感怀

门外凉飙猎雨声,凄凄搣搣梦难成。遥思北寺青灯里,此夕何堪泪独倾。

问雁

借问天边雁,关程千里余。来时经帝里,可有寄侬书。

庭花

满径苔痕清昼长,枝枝叶叶斗幽芳。嫣红姹紫知何限,争似疏梅浅淡妆。

闻燕语有作

十眉图懒试新妆,画阁无人黯自伤。不卷重帘留燕子,呢呢学语听雕梁。

初夏

柳叶毵毵覆屋低,绿阴初满小轩西。沿阶碧草茸茸长,坐树黄鹂恰恰啼。须识人生皆有定,自来物理本难齐。红闺久诵班姬诫,未敢拈毫着意题。

礼斗

玉台拂拭理残妆,忍照菱花翠黛长。夜静星坛私祝罢,一炉香引泪千行。

催妆诗次韵

句好如仙绝点尘,青莲原是谪来身。诗传彩扇歌偕老,籍记丹台署侍晨。

《松陵集》注:执盖侍晨,仙官贵侣。四照花开融瑞色,九微灯飐缔良因。牵萝补屋休嫌陋,得贮珠玑敢道贫。

百和香浓结绮筵,云璈如奏大罗天。龙泉那肯丰城掩,冰彩依然桂殿圆。此日授绥休论晚,他时委蕤计当先。试看欧碧鞓红种,留取春光分外妍。

夜话和莲坡主人韵

人生大抵游仙枕,已出邯郸君莫疑。世事浮云无定着,流光劫火漫寻思。试香午院宜煎茗,斗墨晴窗好赋诗。终卧牛衣吾不悔,只凭清课惬心期。

题花影庵诗集

清词丽句难为比,愁似秋猿巴峡啼。多谢十年相忆苦,口衔石阙寄无题。

自述

方期椎髻共林泉,鹤闭鸾拘痛九年。刘氏酒逾千日醉,姮神光负百回圆。
今朝写翠欣开镜,往事愁红记拂弦。从此幽栖差可慰,不须缄恨再笺天。

偶成

悄悄庭馆不飞花,如幕垂杨一桁遮。自是今年春较晚,红阑才茁牡丹芽。

中秋坐月

人间天上分盈阙,每负冰轮着意明。此夕团圞人共月,只愁云影掩三更。

夜坐寄莲坡主人时客都下

潇潇细雨暗阶除,坐倚屏山慵检书。如豆一灯明欲灭,最伤怀是别离初。

水仙花

凌波微步当风立,似向芝田馆里来。堪与梅花竞标格,冲寒也向雪中开。

夜合花

朝来红艳尽教看,底事灯前欲见难。应是名花深自爱,五更风雨怕摧残。

(以上《芸书阁剩稿》①)

二、宋贞娘

宋贞娘,字草亭,查为仁侍女。有关贞娘的来历,《津门诗钞》有载:"乾隆丙寅三月望,夜梦双凤自空而下,栖余屋边,各衔一玲珑金色篆字,一贞一福。少顷,掷二字于庭,遂翔去。既觉惺惺,究不知其何征也。秋八月,偶买一妾。询其小字,曰'贞'。因呼之曰'贞娘'。丁卯仲春,有友自南来,曾一小鬟,字曰'福',呼曰'福娘'。因忆前梦隐符,为之警异。"②由此可知,宋贞娘是乾隆丙寅(1746)八月查为仁买的妾室。著有《草亭诗草》,已佚。《津门诗钞》存诗两首。

---

① 金至元:《芸书阁剩稿》,乾隆八年精刊本。
② 梅成栋:《津门诗钞》,天津古籍出版社,1993,第 219 页。

奉主人命吟小水西庄 时乾隆丁卯长至月中浣之一日

园东草树接园西,小筑亭台合静栖。池竹斜行穿石罅,盆梅横出压窗低。暖檐花匠薰新窖,冻网渔人晒午堤。遥忆主人吟玩处,诗应无地不堪题。

得过林亭且共过,敢云天女伴维摩。青山白石人难老,红树霜天景更多。半枕黄粱醒后觉,一杯桑落晚来酡。愿君乐事同无量,不向人间较若何。

(以上《津门诗钞》①)

三、严月瑶

严月瑶(1724—1785),字阆娟,苏州人,诰赠恭人。严文照之女,适查善长为妻。严文照雍正九年(1731)任易州学正,乾隆二年(1737)调安平。严月瑶善词章之学,乾隆十二年(1747),与查善长在吹兰阁诗酒唱和。著有《吹兰阁诗草》和《阆娟诗草》。天津博物馆今存《吹兰阁诗草》残页,《阆娟诗草》未见,或即《吹兰阁诗草》。另《兰闺清韵》存诗一首。

冬日思亲

心切亲帏魂梦牵,晨昏遥忆雪云边。回思膝下承欢日,拙指而今已半年。

炎夏辞亲泪未干,庭前又见雪漫漫。何时得晤慈帏下,怅望云山道路难。

闲阶积雪影离离,鸿雁无凭芳信迟。独对银缸愁万斛,金钱暗自卜归期。

春日过三河

弱柳夭桃傍小桥,征尘拂面景偏饶。山深曲折通樵径,水活涟漪动画舫。紫陌娇娆怜媚影,庄村社燕逐风飘。韶光行处三春□,□□□□□□□。

立春日水西庄看残雪步大人原韵

野色萧森不厌看,况兼积雪布雕阑。方欣春日随时暖,忽讶东风掠面寒。楼畔似添疏影瘦,庭前相映素光残。天工有意飞琼屑,聊伴椒盘一尽欢。

春日书怀

晓日映回廊,呢喃语画梁,卷帘看春色,隔院杏花香。

九十春光物候妍,新条初放舞轻烟。妆成偶步雕阑外,细听流莺奏管弦。

---

① 梅成栋:《津门诗钞》,天津古籍出版社,1993,第618-619页。

早春咏静芳阁即以三字为韵。原名静芳,新改吹兰。

垂帘独坐静,日透疏窗影。春色惬人怀,良辰舒美景。

和日舒光载阳,数枝修竹传芳。凭几自多佳趣,琴书意味悠长。

檐前好鸟喧还跃,窗内梅花香满阁。如许春光景物新,诗怀渐□□□□。

留别宝文三妹

凤爱芳姿玉不如,匆匆握别倍愁余。徒虚长枕嗟谁语,聊写幽情托素书。寂寞云山千树杪,凄清夜月五更初。待君重订三冬约,莫遣相思寄蝶胥。

壬申腊月初雪次古欢主人原韵

独坐寒生晓,旋看六出花。同云对玉宇,瑞叶占农家。敲竹声偏细,寻梅兴可夸。空帘风瑟瑟,耳畔听无哗。

游小水西庄半云阁纳凉次笛槎主人原韵

怡情小阁上,倚槛共彷徉。地别经年久,人来夏日凉。碧烟凝草色,玉井散衣香。坐此欢无限,宁教输夕阳。

消暑宜高望,萧萧疏雨鸣。檐前惊燕语,树底静蝉声。花惜连云暗,风教入坐清。晚晖仍欲迟,归去恋余晴。

水西庄予家别墅也辛未春改建行宫又于东偏隙地购茅屋数间碧沼红桥略为点缀名小水西庄落成后大人因绘图一册且索同人和章并嘱予姊娣作诗以记其事①

□□□□□,□□□□□。□□□□□,□□□□□。□□□□细,愁吟信笔题。三春如有约,芳草正凄凄。

题小水西庄图步大人原韵

购寻新庄更向西,料应风景可依栖。冻檐好鸟声如咽,远岸村醪帘若低。寒逼疏梅绕矮屋,霜凝枯木满长堤。看花犹记当年事,揽翠轩头捉笔题。

怅未追随别墅过,相看图画费心摩。一园好景池塘曲,满壁高人诗句多。

---

① 此数句位于残页之首,味诗意当为五律之结尾。诗之原题已失,今移结尾小注作为诗题。

明月斜侵痕似练,金樽半红颊微酡。更欣眉寿如松柏,添取风光兴若何。①

岁除夕与笛槎主人集饮吹兰阁得一先

除日风光倍朗然,小斋清暇足流连。暖通炉火余寒饮,春入梅花占候先。好岁别人诗作饯,深杯醉客酒如泉。明朝重订椒盘叟,儿童荷锸更争先。

戊子正月十六日为笛槎夫子四十寿次韵

衣篝相向此掩留,又引春风上玉钩。人到软尘刚一纪,诗看前度已重周。按通鉴五岁为周,十年则重周矣。徒惊海市能吁蜃,无计庖丁可解牛。脉脉心情时共慰,濡毫底欲并忘忧。

水苓山画卫河湄,廿六年来一再维。巾帨承颜真惓惓,蘋繁修职敢迟迟。到门綦屦时纷错,满座樽肴灿陆离。眼底沧桑皆梦幻,闲愁那教上双眉。

衣绣袍银入帝都,每依堂构望模糊。而今漫说双丁好,当日无烦百计迁。举案有情还美汝,啼桩不妒应怜吾。莫言鬓髪苍苍近,从此须贻燕翼图。

鹤南飞奏乐蹁跹,宝鸭香添几缕烟。寿祝金萱思昔日,光连□□□□□。□□□□□,□□□□□。□□□□□,□□□□□。

（以上《吹兰阁诗草》②残页）

水西庄偕诸姑送香初阁主人于归吴门小诗呈政

携手依依别水西,关极目柳垂提。归帆此日泊何处,离恨他年想欲迷。纸壁句留诗娇娇,竹楼人去草萋萋。吴门旧是吾家土,相思因君觉倍凄。

（以上《兰闺清韵》③）

---

① 《津门诗钞》收有《水西庄落成应堂上命题敬步原韵》二首,当为此诗别一版本。字句颇有出入,因附录如下:"结构初成野水西,闲门风景可依栖。绕檐冻雀声无碎,隔岸村帘影自低。寒吐玉梅香入屋,烟含霜柳远横堤。看花犹记当年事,揽翠轩头捉笔题(余家旧有揽翠轩)。""怅未追随别墅过,相看图画费心摩。一园好景池塘曲,满壁高贤诗句多。璧月午明痕似练,金樽半泻颊微酡。更欣眉寿如松柏,添取风光兴若何。"

② 政协天津市红桥区委员会、天津博物馆:《水西余韵》,天津古籍出版社,2008,第185页。

③ 《水西余韵》,第15页。

四、查调凤

查调凤,字鸣祥,号香初,居水西庄香初阁。查为仁次女,张宜人出,适长洲宋惠绥。宋惠绥,江苏贡生,曾任云南省普洱府知府。乾隆十二年(1747),查为仁举行了水西庄落成庆典诗会,查调凤回津参加诗会,返长州时水西庄女眷作诗为其送别。著有《鸣祥诗草》,已佚。辑有《兰闺清韵》,天津博物馆藏。《津门诗钞》存诗二首。

水西山庄落成家严慈游赏命赋敬步原韵

草草新成小水西,疏篱茅屋称安栖。无多山水供人赏,有点烟云著树低。曲院诗篇吟满壁,半园花竹抱长堤。老年但得怡情地,随处皆堪自品题。

邃馆萧闲带雪过,深深落叶晓风摩。庭虚遮莫游人少,禅定何妨转语多。郊外寒光宜野趣,酒边白发带微酡。开筵此日归来晚,还喜嘉宾有范何。

(以上《津门诗钞》①)

五、查容端

查容端(1726—1790),字淑正,号镜晓阁主人,诰赠宜人。查为仁第三女,刘恭人出。适山西曲沃人裴昇文,子裴振。裴昇文又名玉圃,字旭初,曾任江西省宁都州吏目。裴振又名立斋,字酉鹭,乾隆乙未(1775)进士,曾任安徽亳州知州。容端喜白居易、陆游之作,涉笔咏歌,辄得其似。尝和杭世骏《方镜诗》,为海内传诵。逝后章学诚为撰《裴母查宜人墓志铭》。著有《镜晓阁诗稿》和《淑正诗稿》,皆未见。《兰闺清韵》存诗一首,《津门诗钞》存诗二首,《国朝闺秀正始集》存诗一首,《国朝闺秀诗柳絮集》存诗七首,民国《新修曲沃县志》存诗二首(其中一首同《国朝闺秀诗柳絮集》)。

浣溪沙和六妹词又送二妹并心

遥拟归家枫叶红,数行鸿雁思无穷。帘栊深闭对西风。一带湖光明镜里,

---

① 《津门诗钞》,第616页。

万家树色夕阳中。君在吴山第几峰？

（以上《兰闺清韵》^①）

水西庄落成敬步家大人原韵

小圃新成复向西，一家逸兴爱幽栖。竹烟半隐回廊曲，花影斜看偃月低。渡口远帆凝碧水，门前疏柳卧长堤。分明写出云林意，展卷云泉尽可题。

胜地欣闻尚未过，披图曾不赏描摹。数禄亭阁春风贮，半亩林塘秋水多。裙屐诗成人未散，壶觞酒酽频常酡。园成正值悬弧庆，月白如兹良夜何。

（以上《津门诗钞》^②）

秋灯

无边凉气夜漫漫，且爇兰膏独自看。好句吟成馀烬落，峭风吹过寸光寒。照来清影人随静，明向云窗待夜阑。料是也伤秋渐老，故留珠泪不曾干。

（以上《国朝闺秀正始集》^③）

忆三河县山色

沿路青林秀，随车野草残。一天秋气淡，半岭月光寒。石响溪鸣佩，云横树著冠。松楸生远思，不独在游观。

水西庄即事

遣闷园林内，参差景不穷。窗开一岸柳，船趁半帆风。共语心犹胜，闲吟句自工。情知佳卉处，散步太湖东。

春日晚步

闲步寻幽处，东风逐晚生。烟侵深径缘，波涨小桥平。柳弱莺将出，花娇月共明。韶光多有意，端为透诗情。

初秋

岸柳将疏叶，池莲半吐芳。天高连暝色，云淡逼秋光。翠袖嫌微薄，朱栏倚渐凉。忽闻砧杵响，闺阁欲缝裳。

---

① 《水西余韵》，第14页。
② 《津门诗钞》，第617页。
③ 恽珠：《国朝闺秀正始集》，卷十，道光十一年（1831年），红香馆刻本。

登竹闲楼远眺

小楼俯瞰碧琅玕,偶尔登临足古欢。风送海潮高处听,日卫城堞静中看。低徊迫我诗怀放,俯仰令人眼界宽。闲共白云成晤对,横吹羌笛倚阑干。

秋衣①

几日商飙入户凉,清闲检点旧罗裳。不将红紫争人艳,自有芝兰入室香。札札机中挥素手,溶溶月下浣秋光。一经落叶鸣蛩候,好指银河望七襄。

连港

芳香十里斗新荷,潇洒横塘逸趣多。叶弱须看风半起,华娇全在雨初过。诗成谢客鲜相似,妆罢文君艳若何。谁使小舟频荡桨,女儿争唱采莲歌。

(以上《国朝闺秀诗柳絮集》②)

秋砧

历历寒砧声动处,萧然已是仲秋期。捣衣中妇空闺怨,落叶满山秋气悲。断续韵和鸿北度,丁东声振日西垂。非关人听音清越,拂净罗衣也自宜。

(以上民国《新修曲沃县志》③)

六、查绮文

查绮文,字丽言,号芬馀。查为仁第五女,张宜人出。适江阴知县、天津廪贡生牛兆奎。绮文受家学熏染,亦能诗善书。著有《丽言诗草》,已佚。《兰闺清韵》存诗、词各一首,《津门诗钞》存诗二首。

小诗恭送鸣祥二姊于水西庄并希斧削

廿年共长深闺里,今日轻分不禁悲。无限缠绵徒执手,满怀缱绻之颦眉。长河一望征帆远,小径重寻归步迟。此后渔书须早寄,好凭消息慰相思。

填西江月再送鸣祥二姊并求晒定

几度鸿声嘹呖,一天云影玲珑。轻帆挂去小楼空,袅袅庐烟欲动。柳色暗

---

① 民国《新修曲沃县志》亦见此诗。
② 黄秩模:《国朝闺秀诗柳絮集》,人民文学出版社,2011,第771-773页。
③ 民国《新修曲沃县志》第十六卷。

随秋水,蓼花惯惹蕉风,相思相忆梦魂中,只恐檐玲响送。

(以上《兰闺清韵》①)

水西庄落成敬步家大人原韵

泼墨图成小水西,此中清远足幽栖。数间竹屋临溪静,半架萝阴覆槛低。玉骨含香藏暖窖,冰魂泻影卷长堤。卷开便是登临处,亲拭花笺著意题。

枕溪溪畔每相过,月地花天费揣摩。一片烟霞流水外,四时亭馆好风多。鸟穿垂柳声如剪,春入天桃色半酡。今日拟将和靖宅,玉梅清韵更如何。

(以上《津门诗钞》②)

七、查蔚起

查蔚起,字东山,号静颐,查为仁第六女,刘恭人出。适国学生、浙江仁和杭守宸,乃著名学者杭世骏次子。杭世骏曾为查为仁《莲坡诗话》《盘山游纪》作序,并为查日乾、查为仁父子撰写墓志铭。《兰闺清韵》存词一首。

调浣溪沙词送妹蔚起填香初二姊归吴下兼祈顾悮

谁唱离歌剧可怜,送君归去木兰船。半篙秋水绿杨烟。千里梦魂惆怅路,几成风雨奈何天。片帆西望碧云边。

(以上《兰闺清韵》③)

(韩慧平,天津师范大学历史文化学院研究生)

参考文献:

[1]徐世昌.大清畿辅先哲传(附列女传)[M].台北:明文书局,1985.

[2]查为仁.蔗塘外集[M].北京:北京燕山出版社,2021.

[3]汪启淑.撷芳集[M].北京:人民文学出版社,2019.

---

① 《水西余韵》,第12-13页。
② 《津门诗钞》,第617页。
③ 《水西余韵》,第14页。

［4］施淑仪.清代闺阁诗人征略［M］.上海：上海书店,1987.

［5］徐世昌.大清畿辅书征［M］.天津徐世刻本.

［6］金大本.津人著述存目［M］.1931 年写本.

［7］胡文楷.历代妇女著作考［M］.上海：上海古籍出版社,2008.

［8］刘尚恒.二馀斋文集［M］.天津：天津古籍出版社,2013.

［9］叶修成.紫芥缀实：水西庄查氏家族文化研究［M］.天津：天津古籍出版社,2017.

当代海外敦煌文献整理、刊布情况总结与展望*

The Summary and Prospect of the Collation and Publication of Overseas Dunhuang Documents

顾淑彦　李雅洁

　　摘　要：因历史原因，敦煌藏经洞一经发现，文献及文物就相继流散并储存在世界各地。近百年来，学界一直致力于敦煌文献的整理和刊布，并已刊布绝大多数，取得了令人瞩目的成绩，特别是中华人民共和国成立后，随着国际学术交流的进一步发展，海外敦煌文献的刊布出现了前所未有的盛况。文章梳理了海外各国藏敦煌文献的数量、来源、适合研究使用的最全面的刊布版本，以期能帮助有需要之人更迅速、准确地了解海外敦煌文献及其刊布情况。但在敦煌藏经洞被发现了一百多年后的现在，仍有很多敦煌文献尚未刊布，学界仍在积极努力地推动敦煌文献全面刊布，让敦煌学研究呈现了前所未有的新趋势。

　　关键词：藏经洞　敦煌文献　整理　刊布

引　言

　　敦煌文献，又常被称为敦煌遗书、敦煌卷子、敦煌写本。是古代敦煌地区

　　＊　本文系国家社科基金重大项目"丝绸之路美术史"子课题"丝绸之路美术史：两汉至隋"（项目编号：20ZD14）的研究成果之一。

(敦煌藏经洞、土地庙、汉长城烽燧遗址等地)出土的十六国、北朝、隋、唐以至于宋代的多种文字的古代写本和印本①。世界汉文敦煌遗书总数约为 6.1 万件②,藏文 9574 件,其他文字约 588 件③,敦煌文献的总数约为 7.1 万件。

自 1900 年藏经洞被发现后,很多敦煌文献相继流往海外,近百年来,学界一直致力于敦煌文献的整理和刊布,并已刊布绝大多数,取得了令人瞩目的成绩。特别是中华人民共和国成立后,随着国际学术交流的进一步发展,海外敦煌文献的刊布出现了前所未有的盛况。

敦煌文献收藏地众多,荣新江比较详细地介绍了海外各国收藏的敦煌文献来源、数量,还有整理和研究成果等。④ 赵彦昌、李晓光介绍了海外敦煌文献流散的过程、经过和分布情况。⑤ 潘德利和王文风重点介绍了敦煌文献在各国的分布和刊布情况,同时回顾了敦煌文献流失与出版的艰辛历程。⑥ 夏生平简要介绍了 2000 年前后二十余年来国内外敦煌文献的收藏、整理和刊布的情况。⑦ 郝春文等人对中国学者在敦煌学各个领域取得的成就作了全面整理回顾,包括对海外敦煌文献的整理、研究和刊布历史的梳理。⑧

近百年来刊布版本繁杂众多,早期刊布的版本不但多数收录不全而且现在已经难以寻觅,为了帮助读者更迅速、准确地认识和使用敦煌文献,文章简单梳理各国藏敦煌文献的数量和来源后,总结了迄今为止收录最全、最新也是最适合研究使用的刊布版本和方便使用的数据库,同时介绍了敦煌艺术品的刊布

① 林世田、孙利平:《IDP 项目与中国国家图书馆敦煌文献数字化》,《国家图书馆学刊》2003 年第 1 期,第 26-31 页。

② 方广锠:《谈散藏敦煌遗书》,《西南民族大学学报》(人文社科版)2019 年第 5 期,第 46-57 页。

③ 夏生平:《近二十年来敦煌文献的收藏、整理与刊布》,《敦煌研究》2008 年第 5 期,第 51-58 页。

④ 荣新江:《海外敦煌吐鲁番文献知见录》,江西人民出版社,1996。

⑤ 赵彦昌、李晓光:《论敦煌文献流失海外的原因、经过及具体分布》,《辽宁省博物馆馆刊》2012 年,第 386-404 页。

⑥ 潘德利、王文风:《敦煌文献流散与回归的艰辛历程》,《图书情报工作》2010 年第 7 期,第 10-13 页。

⑦ 夏生平:《近二十年来敦煌文献的收藏、整理与刊布》,《敦煌研究》2008 年第 5 期,第 51-58 页。

⑧ 郝春文、宋春雪、武绍卫:《当代中国敦煌学研究》,中国社会科学出版社,2020。

情况。

一、英藏敦煌文献

英藏敦煌文献的主体是斯坦因1907年和1914年两次去敦煌劫掠所得,总计约有汉文敦煌遗书13677件①,后有学者研究认为汉文部分总数可至14000件②,藏文文献至少为2265号③,共计约16000件文献,此外还有绢、纸画等多件艺术品等500多件④。由于斯坦因是第一批到敦煌的学者,因此他得到的文献不仅数量多,而且极具研究价值。

下表整理了英藏目前收录最全最新出版的文献图册、数据库:

表 1　英藏敦煌文献部分出版图册及数据库一览表

分类	成果名称	作者	出版情况	备注
文献	《英藏敦煌文献》（汉文佛经以外部分）(1—15卷)	中国社会科学院、中国敦煌吐鲁番学会敦煌古文献编辑委员会、英国国家图书馆、伦敦大学亚非学院	四川人民出版社,1990年至2009年出版	目前出版的最全面、最清晰的、最准确、使用效果最好的大型图册。前14卷为敦煌文献,第15卷为目录索引
	《英国国家图书馆藏敦煌遗书》(1—50册)	方广锠、(英)吴芳思	广西师范大学出版社,2011—2017年出版	内容包括英藏全部敦煌汉文文献,14000余号全部敦煌遗书⑤

① 《海外敦煌吐鲁番文献和目录》,第14-15页。

② 方广锠:《方广锠敦煌遗书散论》,上海古籍出版社,2010,第94页。

③ 《近二十年来敦煌文献的收藏、整理与刊布》,《敦煌研究》2008年第5期,第51-58页。

④ 《当代中国敦煌学研究》,第5页。

⑤ 肖爱景:《〈英国国家图书馆藏敦煌遗书〉编辑始末》,《出版参考》2018年第13期,第51页。

续表

分类	成果名称	作者	出版情况	备注
文献	《英国国家图书馆藏敦煌西域藏文文献》(1—15册)	西北民族大学、上海古籍出版社、英国国家图书馆	上海古籍出版社,2010—2021年出版	全部英藏敦煌藏文文献的图版
	IDP(国际敦煌项目)①	英国大英图书馆、中国国家图书馆等多个合作机构	1998年上线	向全世界互联网用户免费提供高清敦煌文献图像及相关研究数据
艺术品	《西域美术:大英博物馆藏斯坦因收集品》(3卷)	(英)韦陀	日本讲谈社,1982—1984年出版	对英藏绢画、纸画、木版画等有比较全面的介绍
	《敦煌丝绸艺术全集 英藏卷》	赵丰主编	东华大学出版社,2007年出版	内容包括英藏敦煌丝绸、敦煌丝绸的类型与分期、敦煌文书中记载的织物使用情况等,填补了敦煌学在丝绸方面的研究空白

除了文献的刊布,《英藏敦煌社会历史文献释录》②也是非常难得的参考资料,这套书由首都师范大学郝春文教授策划并主编,社会科学文献出版社出版,是图册《英藏敦煌文献》的释录本,增收了该书漏收的部分佛教典籍以外的文献和佛经题记,释录的内容包括文书的标题和释文两项基本内容,还附有题记和有关研究文献索引,因其价廉、实用、适合一般研究者③,非常具有参考价值。目前一共出至第19册。

---

① 国际敦煌项目官网,http://idp.bl.uk/.

② 郝春文:《英藏敦煌社会历史文献释录》第1-19卷,社会科学文献出版社,2001-2022。

③ 胡同庆:《〈英藏敦煌社会历史文献释录〉(第一卷)评介》,《敦煌研究》2002年第1期,第97-100页。

二、法藏敦煌文献

法藏敦煌文献主要源于伯希和,现藏于法国国家图书馆,艺术品现藏于集美博物馆。法藏敦煌汉文文献总数约 4000 号[1],藏文文献约 3375 号,还有粟特、龟兹、回鹘、于阗、梵文文献等近百件[2]。法藏艺术品有敦煌绘画品 216 件,绝大多数是绢画,还有少量麻布画和纸本画[3]。

表 2　法藏敦煌文献部分出版图册及数据库一览表

类型	成果名称	作者	出版情况	备注
文献	《法国藏敦煌西域文献》(1—34 册)	上海古籍出版社、法国国家图书馆	上海古籍出版社,1995—2005 年出版	目前最全面、最清晰的版本,其中以汉文文献为主,也包括了部分其他语言文献
	《法国国家图书馆藏敦煌藏文文献》(1—35 册)	法国国家图书馆、中国西北民族大学、上海古籍出版社	上海古籍出版社,2006—2020 年出版	收录 3174 个文献编号,2.8 万幅高清图版,首次以汉藏双语的形式重新编目[4]
	《法国国家图书馆藏敦煌西夏文文献》	西北第二民族学院、上海古籍出版社、法国国家图书馆	上海古籍出版社,2007 年出版	无
	中华古籍资源库——法藏敦煌[5]	中国国家数字图书馆、法国国家图书馆	中国国家图书馆,中国国家数字图书馆,2018 年 3 月上线	法国国家图书馆馆藏敦煌遗书全部高清数字资源

① 《方广锠敦煌遗书散论》,第 192 页。

② 《当代中国敦煌学研究》,中国社会科学出版社,2020,第 14 页。

③ 王惠民:《吉美博物馆藏敦煌文物》,《深圳特区报》2007 年 4 月 17 日。

④ 搜狐官网,https://www.sohu.com/a/445248182_120801

⑤ 中华古籍资源库——法藏敦煌,http://read.nlc.cn/allSearch/searchList? searchType=10022&showType=1&pageNo=1.

类型	成果名称	作者	出版情况	备注
文献	《法国国家图书馆藏敦煌藏文文献目录解题全编》(共8册藏文、汉文)	王启龙主编	广西师范大学出版社,2021年出版	以目录的形式呈现法国国家图书馆藏3176个敦煌藏文写卷(P.T.0001—P.T.2225、P.T.3500—P.T.4450)的情况,是目前国内有关法藏敦煌藏文文献系统性整理的最新成果
艺术品	《吉美博物馆所藏敦煌绢幡绘画》	尼古拉·旺迪埃	1976年	首次完整刊布法藏敦煌绢画。分为上下两卷,上卷为文字介绍,下卷为图片资料,共刊布了220幅敦煌绢画、幡画照片①
	《西域美術——集美博物馆藏伯希和收集品》	贾里觉、秋山光和合	第一卷,东京:将谈社,1994年出版;第二卷,1995年出版	共收入188件绘画品,虽不全面,但清晰度高,能看清许多题记
	《敦煌丝绸艺术全集:法藏卷》	赵丰主编	东华大学出版社,2010年出版	首次完整刊布了伯希和所得敦煌纺织品,包括大量从未发表过和新近修复的纺织品②

三、俄藏敦煌文献

俄藏敦煌文献全称为"俄罗斯科学院东方研究所圣彼得堡分所藏敦煌文献",计19092号,包括汉文、回鹘文、藏文等佛教典籍,还有少量的社会文书、经

---

① 袁婷:《敦煌藏经洞出土绘画品研究史》,甘肃教育出版社,2016,第168页。
② 徐瑞哲:《流落海外百年 丝路遗存拼图完璧》,《解放日报》2021年10月18日,第7版。

济文献、官私文书等①，大多数是残片。文献现藏于俄罗斯科学院圣披德堡东方文献研究所，艺术品藏于艾尔米塔什博物馆（冬宫博物馆），主要是 1914 年沙皇俄国皇家科学院奥登堡考察队在莫高窟北区考古发掘得来。② 可通过下表刊布的图书了解俄藏敦煌文献。

表3　俄藏敦煌文献部分出版图册一览表

类型	成果名称	作者	出版情况	备注
文献	《俄罗斯科学院东方研究所圣彼得堡分所藏敦煌文献》（1—17 册）	俄罗斯科学院东方研究所圣彼得堡分所、俄罗斯科学出版社东方文学部、上海古籍出版社	上海古籍出版社，1992—2001 年出版	俄藏敦煌文献的首次全面公开
	《俄藏敦煌文献叙录》	马德、邰惠莉	甘肃教育出版社，2019 年出版	完整的俄藏敦煌文献目录，并对《俄藏敦煌文献》中近万件未定名的残片进行系统考证、定名和编目③
艺术品	《俄藏敦煌艺术品》1—6 卷	魏同贤、（俄）孟列夫主编	上海古籍出版社，1997—2005 年出版	首次完整刊布了俄藏敦煌艺术品，包括雕塑、壁画、绢画、纸画和纺织工艺品等共 350 余件④
	《敦煌丝绸艺术全集:俄藏卷》	赵丰主编	东华大学出版社，2014 年出版	刊布了俄藏敦煌丝绸文物的图版

---

① 邰惠莉:《俄藏敦煌文献叙录》,甘肃教育出版社,2019,第 2 页。

② 沙武田:《俄藏敦煌艺术品与莫高窟北区洞窟关系蠡测》,《敦煌学辑刊》2004 年,第 2 期,第 899-94 页。

③ 万玛项杰:《〈俄藏敦煌文献叙录〉出版》,《敦煌研究》2019 年第 5 期,第 142 页。

④ 《上海古籍出版社〈俄藏敦煌艺术品〉》,《古籍整理研究学刊》1998 年增 1 期,第 65 页。

四、美藏敦煌文物

美藏敦煌文物主要是华尔纳 1924 年所获共计壁画 11 块、塑像 2 件、绢画 2 件、麻布画 1 件、纸画 1 件、写经 1 件,现藏于赛克勒博物馆。所拍敦煌石窟照片底片约 150 张,存于哈佛大学艺术图书馆。①

1943 年,罗寄梅夫妇应常书鸿邀请在敦煌拍摄洞窟,历时一年左右②,图片资料现保存在普林斯顿大学唐氏东亚研究中心,共计 3221 幅。③

因美国没有专门的敦煌学研究机构,所以资料的刊布或研究都非常滞后。虽然藏品不算多,但至今没有一部完整的图册刊布,下表整理的相关研究成果,可了解美藏敦煌文物大致情况。

表 4　美藏敦煌文献研究成果一览表

成果名称	作者	出版情况	备注
《美国收藏的敦煌与中亚艺术品》	王冀青、(美)莫洛索斯基	《敦煌学辑刊》,1990 年第 1 期	介绍了美国福格博物馆等单位收藏的艺术品及写卷情况
《普林斯顿收藏的敦煌写本残卷》	(美)J. O. 布里特	《敦煌学辑刊》,1994 年第 1 期	介绍 83 件藏品
《散藏美国的五件敦煌绢画》	马德	《敦煌研究》,1999 年第 2 期	
《普林斯顿所见罗氏藏敦煌吐鲁番文书》	陈怀宇	《敦煌学》第 25 辑,2004 年	

---

① 王惠民:《哈佛大学藏敦煌文物叙录》,《敦煌研究》2013 年第 2 期,第 39-44 页、126-131 页。

② 梁红、沙武田:《关于罗寄梅拍摄敦煌石窟图像资料》,《文物世界》2010 年第 6 期,第 29-37 页。

③ 赵声良:《罗寄梅拍摄敦煌石窟照片的意义》,《敦煌研究》2014 年第 3 期,第 79-91 页。

成果名称	作者	出版情况	备注
《61 件美国安思远先生所藏历代佛教写经谭》	施萍婷	《敦煌研究》，2004 年第 1 期	其中有部分是敦煌写经
《哈佛大学藏敦煌文物叙录》	王惠民	《敦煌研究》，2013 年第 2 期	介绍了华尔纳所获敦煌文物
《欧美所藏吐鲁番文献新知见》	荣新江	《敦煌学辑刊》，2018 年第 2 期	
《观象敦煌：罗氏档案中的莫高与榆林石窟照片》(英文名为：*Visualizing Dunhuang：The Lo Archive Photographs of the Mogao and Yulin Caves*)全套共 9 卷(图录 8 卷、文集 1 卷)	普林斯顿大学唐氏东亚艺术研究中心、普林斯顿大学出版社	普林斯顿大学出版社，2021 年出版	收录 3000 多张精美的照片，覆盖内容广、清晰度高，是不可或缺的历史影像和研究文献

五、日藏敦煌文献

在藏经洞被发现后，随着英法等国的盗取，日本的考察队也闻讯而来。和以上几个国家基本都是机构收藏不同，日本藏品非常分散，很多藏于私人，且日本收藏的敦煌文献和吐鲁番文献很多已经混淆，不易分辨①。日藏敦煌文献约在 1000—2000 号②，因收藏过于分散，至今没能统一完整刊布。

《日本散藏吐鲁番文献知见录》对东京国立博物馆、书道博物馆、静嘉堂文库、有邻馆、日本国立国会图书馆和国立历史民俗博物馆、东京大学附属图书馆、杏雨书屋、上野淳一藏卷八处藏敦煌吐鲁番文献进行了介绍。③ 邰惠莉《日本藏敦煌文献纸本画叙录》，对日本收藏的敦煌纸本画作了梳理，并制成了叙录。④《国内外藏敦煌文献的数量、内容及来源的介绍与考察》，介绍了龙谷大学图书馆、大阪杏雨书屋、东京国立博物馆、京都国立博物馆、东京书道博物馆、

---

① 刘进宝：《敦煌学通论》，甘肃教育出版社，2019，第 288 页。

② 《方广锠敦煌遗书散论》，第 192 页。

③ 荣新江：《日本散藏吐鲁番文献知见录》，《浙江大学学报》(人文社会科学版)2016 年第 4 期，第 18-26 页。

④ 邰惠莉：《日本藏敦煌文献纸本画叙录》，甘肃人民出版社，2012 年，第 293-295 页。

京都藤井氏有邻馆、天理图书馆、三井文库、大谷大学图书馆、宁乐美术馆等10个机构的敦煌文献的数量、内容及来源情况。① 《敦煌学通论》详细介绍了龙谷大学图书馆、东京和京都国立博物馆、书道博物馆、藤井氏有邻馆、三井文库、大谷大学、唐招提寺、宁乐美术馆、静嘉堂文库、天理图书馆、杏雨书屋等11个机构敦煌文献的来源、数量及整理刊布情况。② 这些文章和书籍,对日藏敦煌文献进行了比较详细的介绍,除此之外,也有部分文献或目录刊布,详情见下表。

表5　日藏部分敦煌文献刊布情况一览表

成果名称	作者	出版情况	备注
《大谷文书集成》(1—4)	小田義久编	龙谷大学善本丛书、龙谷大学佛教文化研究所编,京都法藏馆,1984—2010年出版	大谷光瑞探险队所收集文书汇编集,龙谷大学藏品大部分刊布完毕
《敦煌秘笈目录册》	吉川忠夫编	大阪杏雨书屋,2009年出版	
《敦煌秘笈影片册》	吉川忠夫编	大阪杏雨书屋,2009—2013年出版。	就收藏文献的实际长度(或面积)而言,日本杏雨书屋藏敦煌遗书实际已超过了俄藏,堪称第四大收藏③
《京都藤井氏有邻馆藏敦煌残卷纪略》	饶宗颐	载香港中华书局于1982年出版的《选堂集林》,第998-1010页。	对该馆的藏品、特点、来源等作了介绍

① 宋雪春:《国内外藏敦煌文献的数量、内容及来源的介绍与考察》,《上海高校图书情报工作研究》2018年第4期,第91-96页。

② 《敦煌学通论》,第276-301页。

③ 定源(王招國):《杏雨书屋藏敦煌遗书编目整理综论》,《敦煌学国际联络委员会通讯》2021年,第103-119页。

成果名称	作者	出版情况	备注
《台东区立书道博物馆所藏中村不折旧藏禹域墨书集成》（上、中、下三卷）	矶部彰	东京二玄社 2005 年出版印行	以图录形式收录中村不折所藏敦煌、西域文献共 228 件
《日本书道博物馆藏吐鲁番文献目录》（共上、中、下三篇）	包晓悦	《吐鲁番学研究》，2015 年，第 96 - 146 页；2016 年，第 132 - 155 页；2017 年，第 125 - 153 页	对文献目录进行了重新编订和补正
《敦煌遗书总目索引》	商务印书馆编	北京商务印书馆，1962 年出版	编入《大谷大学图书馆所藏敦煌遗书目录》《龙谷大学图书馆所藏敦煌遗书目录》《中村不折所藏敦煌遗书目录》《日本诸私家所藏敦煌写经目录》《日本未详所藏者敦煌写经目录》
《日本公私收藏敦煌遗书叙录〔一〕——三井文库所藏敦煌遗书》	施萍亭	《敦煌研究》，1993 年第 2 期，第 74 - 91 页	介绍了三井文库收藏的敦煌遗书的来源、目录
《日本公私收藏敦煌遗书叙录（二）》	施萍婷	《敦煌研究》，1994 年第 3 期，第 90 - 107 页	叙录京都藤井有邻馆、唐招提寺、法隆寺三家珍藏之写本情况
《日本公私收藏敦煌遗书叙录（三）》	施萍婷	《敦煌研究》，1995 年第 4 期，第 51 - 70 页。	国立国会图书馆、大东急纪念文库、东京大学东洋文化研究所

续表

成果名称	作者	出版情况	备注
《日本天理大学图书馆典藏之敦煌写卷》	王三庆	载于《第二届敦煌学国际研讨会论文集》,台北汉学研究中心,1991年	按已装裱的册子和卷轴为单位,对文献的作了详细著录,并说明了文献的来源、分类、学术价值等
《日本天理图书馆藏敦煌文献考察纪略》	荣新江	《敦煌研究》,1995年第4期,第127-132页	对王三庆文进行了补正
《御茶之水图书馆藏敦煌文献研读丛札》	余欣	《敦煌研究》,2009年第3期,第43—48页、第124页	日本东京御茶之水图书馆"成篑堂文库"所藏敦煌文献进行了著录和考证。从文献学和历史学两个方面揭示了这些写本的书写形态、内容及学术价值①
《吐鲁番文书总目(日本收藏卷)》	陈国灿、刘安志主编	武汉大学出版社,2005年出版	是目前日本公私收藏敦煌吐鲁番文书目录最全面、最完整的著作,记录了日本21个机构的收藏情况,还附有吐鲁番文书研究参考论著目录

因历史原因,大谷探险队收获文书分别藏于我国、日本和韩国三地,1954年,藏于旅顺博物馆的敦煌经卷620卷移交北京图书馆②,是国家图书馆"新字号"文书的一部分。"新字号"遗书共1600件,编号为BD13801至BD15400,大部分是敦煌藏经洞文献,包括日本大谷探险队所得600余件,及许承尧、刘廷

① 余欣:《御茶之水图书馆藏敦煌文献研读丛札》,《敦煌研究》2009年第3期,第43—48页、第124页。
② 王振芬:《旅顺博物馆藏新疆出土汉文文献的入藏与整理》,《吐鲁番学研究》2017年第2期,第64-73页。

琛、罗振玉、李盛铎、冯恕、郑振铎等各界人士的旧藏。目前,由香港北山堂基金支持"新字号"敦煌遗书进行数字化,最终成果将在 IDP 中发布。[①] 在旅顺博物馆把敦煌文献移交国家图书馆时,留下 9 件,王珍仁、孙惠珍介绍了这九件敦煌文献,还补正了前人的录文,并推测大谷探险队所搜集敦煌遗书总数为 714 件。2020 年,王振芬、孟宪实、荣新江主编的《旅顺博物馆藏新疆出土汉文文献》正式由中华书局出版,所收文书大部分出自吐鲁番地区,也有少量来自库车、和田、敦煌,其内容以佛教文献为主,数量超过两万件。[②]《敦煌丝绸艺术全集:旅顺卷》把是大谷收集品中在旅顺博物馆的 50 多件敦煌丝绸以高清彩色的图片形式刊布,并附相关研究著录,为国际敦煌学和丝绸之路研究提供了新资料。[③]

六、国外其他散藏敦煌文献刊布情况

除以上几个国家外,还有许多国家也陆续收藏有敦煌文献,如德国、丹麦、印度、芬兰、瑞典、韩国、土耳其等,但数量较少,研究者不多,相关介绍稀缺,也鲜有文献刊布。

荣新江在 20 世纪 80 年代就发文除了介绍英法两国以外,还介绍了德国、丹麦、瑞典和芬兰等国家的西域文书刊布及研究情况,这些国家所收藏的文物绝大部分为新疆出土。[④]《敦煌学大辞典》中简要地介绍了印度事务部图书馆、中亚古物博物馆、新德里博物馆、瑞典人种学博物馆、哥本哈根皇家图书馆、巴伐利亚州立图书馆等地的收藏、刊布和研究情况。[⑤]

韩国中央博物馆编的《中央亚细亚的美术》比较详细地介绍了保存在该博

---

① 国家图书馆藏"新字号"敦煌遗书数字化项目启动,https://mp.weixin.qq.com/s/EqlSkaG_0OMX74pfl4qcBA.

② 吴华峰:《敦煌吐鲁番文献"最后的宝藏"——〈旅顺博物馆藏新疆出土汉文文献〉评介》,《西域研究》2021 年第 4 期,第 160-166 页、第 169 页。

③ 赵丰:《敦煌丝绸艺术全集:旅顺卷》,东华大学出版社,2020。

④ 荣新江:《欧洲所藏西域出土文献闻见录》,《敦煌学辑刊》1986 年第 1 期,第 119-133 页。

⑤ 季羡林:《敦煌学大辞典》,上海辞书出版社,1998,第 788-790 页。

物馆的大谷探险队从我国西域带走的每件文献、文物和古代艺术品。① 王惠民介绍了韩国中央博物馆藏的两幅绘画藏品,同时还简要介绍了在韩藏的敦煌文献的情况。② 彼得森、荣新江介绍了丹麦哥本哈根皇家图书馆藏敦煌写本 14 个卷轴 16 号文书。③ JensøstergardPetersen 、台建群为哥本哈根皇家图书馆所藏敦煌遗书编制了目录。④ 黄征、程惠新介绍了在新德里印度国立博物馆现藏 6 卷敦煌卷子,德国巴伐利亚州立图书馆现藏有 3 卷敦煌卷子。⑤

七、展望

敦煌学研究之难,其中之一即为研究资料的不易获取。英藏、法藏、俄藏等敦煌文献的刊布过程历经百年,早期因条件限制,公布的过程极为缓慢而且量也很少。新中国成立后,大量的海外敦煌文献被陆续刊布,也引起了敦煌学研究的热潮。

只有让敦煌文献成为像二十四史、《资治通鉴》一样的定本,不研究敦煌学的学者也可以轻松查阅,敦煌文献才能真正融入学术界,敦煌文献才能真正发挥其价值。⑥ 要做到这一步还有很长的路要走,迄今为止,绝大多数海外敦煌文献已经刊布,给学者们的研究带来了极大便利。亦有少量的文献已经数据化并建成数据库,用户可以在线免费浏览高清图像,如英藏和法藏,更是方便了研究者们获取资料,但很多文献还不能做到这一点,而且敦煌文献也没有完备可查的目录。

---

① 韩国中央博物馆:《中央亚细亚的美术》,学生社,1989。

② 王惠民:《散藏敦煌绘画品知见录》,中山大学出版社,2016,第 321-354 页。

③ 彼得森、荣新江:《哥本哈根皇家图书馆藏敦煌写本》,《敦煌学辑刊》1987 年第 1 期,第 132-137 页。

④ JensøstergardPetersen、台建群:《哥本哈根皇家图书馆所藏敦煌遗书目录》,《敦煌研究》1993 年第 1 期,第 84-88 页。

⑤ 黄征、程惠新著:《劫尘遗珠:敦煌遗书》,甘肃教育出版社,1999,第 53 页。

⑥ 刘进宝:《三十年来敦煌文献整理的重大进展》,《社会科学战线》2009 年第 9 期,第 122-126 页。

目前,全彩印《敦煌文献全集》出版工作已经启动①,该丛书将以全彩印的方式刊布敦煌文献,尽量还原敦煌文献原貌,以图录的形式复原藏经洞的全部收藏。

学界也在极力促成海外敦煌文献的数字化回归。2020 年,"数字敦煌:藏经洞文物数字化项目——流失海外敦煌文物数字化回归"项目启动,并搭建"敦煌藏经洞出土文献目录"和"藏经洞文献研究目录"专题板块②,拓展数字化领域,让敦煌学术资源可以全球共享。

相信随着敦煌文献的不断刊布,定能全面深入地推进敦煌学研究的进展,拓宽研究的广度和深度,有利于最大限度地发挥敦煌学信息资源的价值和作用。

(顾淑彦,兰州大学图书馆副研究馆员;

李雅洁,兰州大学图书馆副研究馆员)

---

① 全彩印《敦煌文献全集》出版工作启动,https://www.chinanews.com.cn/cul/2023/03-14/9971166.shtml.

② 祁晓庆:《"纪念藏经洞发现 120 周年学术研讨会暨中国敦煌吐鲁番学会会员代表大会"会议综述》,《敦煌研究》2021 年第 2 期,第 63-71 页。

以文化人铸精魂　　以文润城续根脉

——区域性藏书史和藏书文化研究学术研讨会综述*

The Overview of the Symposium on the Regional Book Collecting History and Culture

黄晓霞

摘　要:2023 年 11 月 4 日至 5 日,区域性藏书史和藏书文化研究学术研讨会在天津师范大学会议中心召开。本次研讨会由中国图书馆学会学术研究委员会、天津师范大学主办,天津师范大学古籍保护研究院及图书馆、中山大学图书馆协办,天津师范大学地方文献研究中心承办。会议历时一天半,采取大会发言与分组会议、线下汇报与视频汇报相结合的形式,来自高等院校、公共图书馆、地方文史研究机构等 70 余名代表参加此次会议,主要聚焦于区域藏书研究、藏书人物研究、地方文献研究以及典籍书刊研究等内容。文章综述了各位专家学者的学术成果与主要观点,为区域性藏书史和藏书文化提供理论启迪与实践指引。

关键词:藏书史　藏书文化　地方文献　藏书家

2023 年 11 月 4 日至 5 日,由中国图书馆学会学术研究委员会、天津师范大学主办,天津师范大学古籍保护研究院及图书馆、中山大学图书馆协办,天津师范大学地方文献研究中心承办的"区域性藏书史和藏书文化研究学术研讨会"

---

* 本文系天津市哲学社会科学规划青年项目"传承保护视野下中国传统手工纸知识图谱构建研究"(TJTQQN23-001)研究成果之一。

在天津师范大学会议中心顺利召开。来自高等院校及图书馆、公共图书馆、地方文史研究机构等 70 余位专家学者及学生代表参加了会议,共征集到学术论文 59 篇。本次研讨会采取大会发言与分组会议、线下汇报与视频汇报相结合的形式,历时一天半。天津师范大学副校长秦龙教授、中国图书馆学会副理事长程焕文教授、天津师范大学古籍保护研究院常务副院长姚伯岳教授在开幕式上致辞;中国图书馆学会学术研究委员会图书与图书馆史研究专业组主任、中山大学图书馆副馆长王蕾研究馆员,天津师范大学地方文献研究中心主任、古籍保护研究院王振良教授等 5 位专家作主旨发言;4 位论文会议征文推荐交流入选作者作专题报告;32 位专家学者及学生代表进行分组研讨;《天津日报》《天津教育报》《藏书报》《团结报》以及津云、天津记忆等媒体平台对此进行报道[1]。本次研讨会主题涉及区域藏书研究、藏书人物研究、地方文献研究、典籍书刊研究等内容,文章综述各位专家学者的学术成果与主要观点,为区域性藏书史和藏书文化提供了理论启迪与实践指引。

一、研究背景及意义

天津师范大学副校长秦龙教授指出,天津师范大学素有重视地方文化和地方文献研究的传统,产出过大量影响深远的科研成果。2023 年 5 月,天津师范大学地方文献研究中心正式揭牌运作,目标是以传统文献与口述文献挖掘整理为基础,以天津地方文化研究和普及为抓手,推动构建"天津学"研究体系,为讲好天津故事提供历史资源支撑,促进天津城市文化建设及社会经济发展,同时形成天津师范大学的地方文化研究特色。地方文献研究中心运作半年以来,已在丛书出版、音频讲座等方面取得显著成果。党的二十大报告特别强调:"必须坚持中国特色社会主义文化发展道路,增强文化自信,围绕举旗帜、聚民心、育新人、兴文化、展形象建设社会主义文化强国,发展面向现代化、面向世界、面向未来的,民族的科学的大众的社会主义文化,激发全民族文化创新创造活力,增强实现中华民族伟大复兴的精神力量。"针对全面复兴传统文化和古籍保护事业发展,近年来党和国家作了一系列重要部署,这也给藏书史和藏书文化研究提供了难得的契机。

中国图书馆学会副理事长程焕文教授在书面致辞中表示,一方水土养一方人,一方人士孕育一方文化,一方文化造就一方文献,一方文献成就一方藏书,藏书兴则文化盛,藏书亡则文化衰。藏书是人类最为宝贵的文化遗产和文化资产,任何文明任何文化不论经历何种灾难,只要藏书没有彻底毁灭,那么任何文明任何文化就不会泯灭,不会消亡,就可以重建,可以赓续乃至传承、弘扬。文化遗产是中华文化之根,文献遗产则是中华文化之本,守护中华文献即是守护中华文化之根本,传承中华文献就是传承中华文明之根本,这是历代藏书家和图书馆人的文化自觉,更是我们当代图书馆人的时代使命。期望通过研究探讨区域藏书史和藏书文化,能够进一步坚定文化自信、学术自信、事业自信,为传承藏书家和图书馆员的文化自觉精神,弘扬中华藏书文化优秀传统作出新的学术贡献和思想贡献。

天津师范大学古籍保护研究院常务副院长姚伯岳教授以个人藏书史研究为例,从通史研究、断代史研究、藏书家群体研究、地方藏书史研究、藏书家个案研究、中国图书馆史研究、外国图书馆史、藏书文化研究八个方面介绍了个人收藏的藏书史研究论著,生动诠释了"活的藏书史"。他认为藏书史研究应该是兴旺繁荣的领域,本次会议的召开,也充分说明了藏书史在中国学术界的地位不断提高。

二、区域藏书研究

区域藏书是某地在特定历史阶段中的藏书史实,具有本地化、个性化的特征,是区域文化的重要组成部分,同时也为区域文化发展提供坚实的文献保障。学者们将区域藏书的研究视野投射到山西、上海、四川、河北、广东、浙江、东北、天津等地。在理论研究层面,南京大学信息管理学院博士生房亮将区域性藏书史研究剖析为空间层面上的"区域"、时间维度上的"史"以及作为主体对象的"藏书"三个基本面向。她认为只有在个案研究的基础上,归纳藏书故实的共同特点,才能从思想认知的高度形成对区域藏书史的规律性总结,获得对区域藏书史的完整把握。南京大学博士生张元卿认为藏书楼的存废不只是书籍承载空间的变化,更关乎城市文脉和城市精神的保育,是被忽视的城市文化地标。

他分析了王振良教授的著作《沽上琅嬛：天津藏书楼和藏书家》，指出该书的最大特点是将藏书家研究和城市史研究结合起来，对天津城市文化进行了新的构建。

在私人藏书及其社会影响研究方面，天津师范大学历史文化学院及古籍保护研究院博士后姚小燕以清末民初（1905—1957）山西民间藏书流散方向为研究视角，深入分析山西私家藏书归公的特点和背后涉及多重原因。她指出，山西民间私藏入公有效补充了山西图书馆馆藏资源，且有力推动了山西文教事业的进步。武汉大学图书馆副研究馆员吴芹芳以"甲子丙寅韩德均钱润文夫妇两度携书避难记"印为中心，考证了松江韩德均钱润文夫妇保护古籍情况，分析韩德均夫妇的善本观。安徽大学图书馆学系副教授张守卫通过阐述明清时期桐城私家藏书刻书的概况，揭示桐城私家藏书刻书的动机、分析其特点，最后总结其在促进文化发展、提升社会知名度、培养科举人才、提供历史文化资源等方面的影响。中国图书馆学会学术研究委员会图书与图书馆史研究专业组主任、中山大学图书馆副馆长王蕾研究馆员梳理了广东藏书史与藏书文化研究项目概况，从藏书家与藏书楼时空特征、私人藏书家身份角色、藏书楼建筑、私人藏书典藏特色、私人藏书流通理念等方面探讨广东藏书文化特色，并对广东藏书家与私人藏书楼在保存典籍、传承学术、弘扬振兴粤省乡邦文化、藏书捐公等方面的历史文化贡献给予了肯定。辽宁师范大学管理学院硕士生陶茗愉以望海堂、昺州书院、文溯阁、大云书楼、万卷阁等藏书楼及藏书机构为线索，梳理了东北地区藏书文化发展历程，总结藏书文化发展特点，分析东北地区藏书文化对中国历史文化的影响。天津师范大学古籍保护研究院硕士生李超然对晚明闽县藏书世家徐氏的藏书题记进行研究，梳理其藏书经历、学术札记、生活感受等内容，以了解徐氏的生平经历、藏书思想及其藏书的存藏过程。针对天津藏书研究，天津师范大学古籍保护研究院硕士研究生黄玲玲考证了天津滨海地区藏书文化、藏书家及其藏书楼情况。潘红宇从书院藏书、私人藏书、其他藏书文化三方面入手，系统考证宝坻的藏书文化。天津地方史料学者周春召则探讨了清代天津宝坻王氏家族之藏书楼——青箱楼的藏书、印书、阅读受众、藏书散佚等情况。

在公共文化机构的藏书研究方面，四川省遂宁市图书馆副研究馆员王丽蓉分析了明清以来川中地区图书馆藏书特色,提出公共图书馆要把地方文献纳入文献收藏重点,通过地方文献的收藏与传播、开发和利用,传承优秀地方文化,助力地方经济社会的发展。张家口市图书馆研究馆员高永明考述了伪蒙疆时期蒙古文化研究所藏书的流散情况以及对遗存文献的保护现状,揭示了藏书聚散受政治战争和文化导向的深刻影响。大同市博物馆藏文博馆员李彦颉对本馆所藏孙传庭《孙忠靖公集》、任举《任勇烈公遗策》、刘青藜《蚕桑备要》《井利图说》等地方文化名人著作进行了详细考证。浙江大学图书馆副研究馆员程惠新对嵊州袁氏家族赠书活动进行考述,涉及袁涤庵及子女生平、袁氏藏书聚散、捐书始末等内容,并对《资治通鉴纲目》《史记》两种善本书进行概述。

三、藏书人物研究

私藏入公往往是藏书家藏书的最后归宿,不少学者基于馆藏赠书开展溯源研究。天津图书馆馆员宋文娟对津门藏书家钱萃恒旧藏进行辑释,其中包括天津图书馆所藏 6 种以及其他书目文献中有关记载 4 种,她指出钱氏所藏多为稀见本、稿抄本,旧藏之上多有其手书题跋。希冀随着古籍整理工作的行进,让钱氏旧藏多展现于世。天水市图书馆馆员魏琪曼通过对天水市图书馆的特色馆藏——邵力子先生赠书进行溯源,介绍馆内古籍存藏条件和整理保护工作的完善情况,揭示公共图书馆乃民间收藏家所藏图书的最佳归宿地,促私藏为公藏才能更好地发挥古籍的社会价值。西南大学图书馆副研究馆员黄菊对西南大学(原西南师范学院)吴宓外文藏书来源进行考证,包括自购和部分为朋友、友生所赠,尚有少量无"吴宓藏书"印章的藏书归属需逐一辨识。她指出,对吴宓外文藏书来源进行考证,厘清非吴宓所藏书籍的来龙去脉,是吴宓藏书研究的基础。江苏省苏州市吴江区图书馆姜雨婷介绍了薛凤昌邃汉斋藏惠栋《礼记注疏钞》稿本的情况,又依据馆藏目录与文献记载,分析了薛凤昌当时所藏吴江文献的情况。

藏书家的藏书活动及其社会交往关系、当地藏书环境也是研究的一大重点。绍兴文理学院马克思主义学院讲师周勇军讲述了民国藏书家徐乃昌的古籍收藏"朋友圈",从日常生活史的角度呈现徐乃昌在 1920—1938 年的古籍收藏世界,以了解当时上海的古籍交易市场变迁以及徐乃昌在古籍收藏方面的"同行"交往情况,从而丰富民国藏书家和藏书史的研究。南京师范大学图书馆研究馆员王桂平通过案例分析明代苏州府的藏书兴盛情况,赞颂了江苏藏书家前仆后继、接力刻书、精心校勘、乐于成人之美的刻书情怀,最后总结了当地家族刻书、师生刻书、朋友刻书、姻娅刻书的四种刻书风尚。天津师范大学历史文化学院及古籍保护研究院硕士研究生代表也对藏书人物展开了研究:李铭晖通过研究明代江南地区著名藏书家张应文的家乡藏书环境、生平、交游活动以及收藏情况,探析其"藏书者贵宋刻""保真""闲赏"等鉴藏观;甘俊森从区域文化视角出发,探讨南京区域环境对明代嘉、万时期著名藏书家焦竑的影响;乔于芮梳理了天津藏书家顾祖彭、顾训贤父子所撰藏书目录、碑帖目录,分析其藏书情况以及藏书价值;韩慧平以袁克文与刘梅真、刘明阳与王静宜、金大本与孟昭蕙三对夫妇藏书家为例展开研究,反映文人夫妇的志趣相投、伉俪情深,以及近代天津地区藏书群体的活跃性以及藏书事业的繁荣性。

四、地方文献研究

地方文献是内容上具有地方特征的区域性文献,是某一地域内自然现象、社会现象以及人的群体活动方式的历史记录,具有存史、资政、励志的作用[2]。在理论与制度研究方面,天津师范大学地方文献研究中心主任、古籍保护研究院王振良教授将清中期以来天津地方文献整理和出版发展划分为发轫、初兴、高潮、凋零、恢复、鼎盛六个阶段,通过案例分析揭示了天津地方文献工作的曲折过程。他重点讲述了从事天津历史文化研究、天津口述文献整理的经历和感受,以及在学生培养中如何灌输口述史收藏与地方文化研究意识。郑州大学李梦瑶梳理了民国时期公共图书馆的藏书捐赠制度,包括制度内容、标准和规范、特点与影响,以及对现代图书馆藏书捐赠制度建设的启示。兰州大学图书馆副研究馆员顾淑彦总结梳理了海外各国藏敦煌文献的数量、来源、适合研究使用的最全面的刊布版本,以期能帮助有需要之人更迅速、准确地了解海外敦煌文献及其刊布情况。她指出,在敦煌藏经洞被发现了一百多年后的现在,仍有很多敦煌文献尚未刊布,学界仍在积极努力地推动敦煌文献全面刊布,让敦煌学研究呈现了前所未有的新趋势。郑州大学图书馆研究馆员赵长海从"地方文献的藏与用矛盾""地域性特征""收藏中的重点与非重点，共享与非共享特点""私藏与公藏"四个方面出发，强调地方文献需要中道思维，并结合案例分析，指出地方文献工作的理论和实践蕴含有中道观。

公共及高校图书馆地方文献的整理、开发、利用与研究也是学者们关注的重点，不少学者分享了地方文献工作的实践经验。南昌大学讲师彭嗣禹调查了256 种江西馆藏中央苏区红色图书，分析其图书出版历经的"兴起、发展、繁荣、衰退"四个阶段，总结了政府出版为主，政治、军事、教育类内容居多，馆藏地多，在博物馆系统等特点。同时，他进一步阐释了这些图书在党史和苏区史研究、红色图书整理开发、革命文化传承弘扬、红色旅游发展提升等方面的时代价值。天津社会科学院历史研究所副研究员万鲁建对天津日本图书馆的历史沿革、特点和意义进行了探讨，认为该馆作为天津地区较早建立的公共图书馆和日本在华建立最早的图书馆，对当时同类图书馆和其他日本租界内图书馆的建立起到一定借鉴和促进作用，同时也为日本扩大对华侵略提供了便利条件。鞍山市图书馆研究馆员高大勇介绍了针对鞍钢、鞍山发展史、鞍山文学艺术、谱牒文化等地方文献开展深入挖掘的工作案例。该馆通过地方文献数字化加工建设；定题定点定栏目的多层次活动开展；增强目标设计，满足读者差异化需求；提升馆员知识水平与文化素养等举措加强地方文献阅读推广实践。邯郸学院图书馆刘广瑞以馆藏太行山文书为中心，介绍该馆通过构建地方文献收藏中心、学术研究中心、人才培养中心和社会服务中心的经验。他表示，构建地方文献特色馆藏，既可彰显地方文献在高校教学和科研中传承、创新的学术轨迹，为高校办出特色提供不可或缺的资源，同时也对地区的政治、经济、社会和文化的发展发挥重要作用。河南师范大学图书与档案信息中心副研究馆员郑爽指出图书馆文化记忆的实现机制在乎文献、图书馆、馆员三个关键要素，并以新乡地方文献整理中心为例，介绍了该馆整序牧野文化记忆的机制，从资源获取、资源建设、活化利用、学术研究、项目愿景等方面，着手建构牧野文化记忆，以阐释新乡地方文献收藏的社会价值。

五、典籍书刊研究

对具体典籍文献进行个案考证分析也是此次会议的研究方向之一。南开大学文学院副教授张昊苏通过考察周春《阅红楼梦随笔》的索隐方法、观念来源,辨析其治学理念之得失,文学思想之倾向,以此进一步挖掘乾嘉时期藏书家、考据学家对通俗小说的阅读、研究方式,以及通俗小说对本时期学术、文学诸核心问题的影响。天津地方史学者田晓东对国家图书馆藏《藏书提要》善本进行考证,由考实肯堂氏其人,再到《藏书提要》所录《謏闻斋顾氏藏书记》,为研究藏书家顾锡麒提供了新的资料,考证其中所涉及人事,以揭示謏闻斋主人身份。山西省图书馆历史文献部馆员田渊对《开禧德安守城录》自成书后的流转直至刊布作一考略。该书作为《永嘉丛书》之一种,其成书流转情况当可对永嘉地方文献的收藏与传播作一观照。陕西省图书馆馆员吴菲菲以宋元递修本《碛砂藏》之"释迦牟尼对观世音菩萨说法图"为研究对象,通过对扉画中佛教诸尊,造像仪轨,三昧耶形等的分析,阐释此扉画的构成和含义。南京大学信息管理学院陈翠翠探讨《澹宜书屋六咏》诗词集中查为仁的藏书、读书、著书活动,从而发掘该诗词集所蕴含的文学价值、史料价值和社会文化价值。此外,西北大学图书馆研究馆员马光华考证了"石渠(阁)论经"活动,讨论了皇权在支持儒家文化以及干预学术方面的双重影响,同时兼谈刘向、刘歆父子《别录》《七略》中的"六艺略",认为其体现了中华传统文化、儒家文化、古代目录文化及其思想。

六、总结

中国图书馆学会学术研究委员会图书与图书馆史研究专业组主任、中山大学图书馆副馆长王蕾在闭幕式总结发言中指出,藏书文化被称为"文化中的文化",它所支撑的是中国传统的耕读传家、诗书记事的中华优秀传统文化。对藏书文化的关注,深刻契合新时代的文化战略和文化政策的内在精神。挖掘不同时代、不同地域的书籍史、藏书史、文献史,是我们研究和传承地方历史文化、城市文化的重要工作和使命。她总结了本次研讨会的主要特征——区域藏书史和藏书文化研究视野进一步拓展,研究方法上有新突破;藏书家人物研究进一步深化;地方文献的时代价值进一步得到挖掘等,进一步丰富了区域藏书史与藏书文化的理论研究与实践。

天津师范大学地方文献研究中心主任、古籍保护研究院王振良教授在总结中指出,此次会议学术氛围浓厚、具有跨学科意义和很强的包容性,参会代表不仅包括高等院校以及公共图书馆同仁,还有地方文史界学者和在读博硕士研究生等青年学者。王教授表示,地方文献研究应与田野调查相结合,需要有地方文化学人的介入;同时也应该给予青年学人更多表达交流的机会。

天津师范大学古籍保护研究院常务副院长姚伯岳教授在总结发言中强调了地方文献研究的重要性,指出未来的区域藏书史和藏书文化研究应更多地关注人的因素,更多地揭示和彰显藏书家在保护地方历史文化、传承中华优秀传统文化中的重要地位和价值[3]。最后,姚教授呼吁,图书馆员需要学习藏书家"化私为公"的精神,做到真正为读者着想,真正服务于读者。

(黄晓霞,天津师范大学古籍保护研究院,讲师)

参考文献:

[1]"区域性藏书史和藏书文化研究学术研讨会"在天津师范大学顺利召开[EB/OL].(2023-11-07)[2024-02-29]. https://gjyy. tjnu. edu. cn/info/1075/1275. htm.

[2]邹华享.论公共图书馆地方文献工作[M]//中国图书馆学会地方文献研究专业委员会,湖南图书馆.21世纪地方文献工作发展研究论文选.长沙:湖南人民出版社,2007:3-18.

[3]区域性藏书史和藏书文化研究学术研讨会在天津举行[EB/OL].(2023-11-17)[2024-02-29]. https://www. lsc. org. cn/cns/contents/1345/1725441552346669056. html.

发现"地方"与重评转型时代的文学书写

——读《乡国变奏：清末民初的地方意识与地方书写》

Book Review of *The Variations of the Countryside：Local Consciousness and Local Writing in the Late Qing and Early Republican Periods*

张元卿

摘　要：本文探讨了地方书写在文学演进中的重要性，特别是冯仰操在《乡国变奏：清末民初的地方意识与地方书写》一书中对1898至1917年地方意识与文学书写的深入研究。研究揭示了转型时代文学的变迁，以及知识分子如何通过文学参与地方再造，从而推动文学史研究深入具体语境。

关键词：地方书写　地方意识　转型时代　文学变迁　知识分子　文学史

地方书写是百年来文学演进中不断被重议的话题，近十年来随着反映东北、上海生活的小说引发人们对"地方"小说的关注，地方书写重又引起热议。地方书写自古就有，其表现形式古代多是诗词歌赋，近代则主要是小说、游记、社会调查，它们都属于地方文献。以前的地方文献研究主要关注地方上"有什么"，关注文献生成的结果，很少有人像冯仰操那样关注文献生成的原因，特别是影响文学文献生成的"地方意识"，并将其置于清末民初的时空，通过地方书写的变化来做追根溯源的考察。

冯仰操在其新著《乡国变奏：清末民初的地方意识与地方书写》中将"清末

民初"界定在 1898 年至 1917 年①。张灏则将 1895 年至 1925 年称为中国思想
文化的转型时代②。二者的起止时间虽有不同,但主体时间是重合的,因此用
转型时代来概括后者也是合适的。张灏是从思想史角度在宏观上强调时代的
"转型",冯仰操则是在文学史框架下通过专题研究反映乡国的"变奏"。在冯
仰操的书中时代的"转型"被具体化为乡国的"变奏",时代的"转型"自然不限
于乡国的"变奏",但冯仰操对乡国"变奏"的研究无疑深化了我们对转型时代
的认知,特别是对文学转型的认知。

那时代"转型"是如何被具体化为乡国"变奏"的呢? 这其中的关键在于发
现"地方"。冯仰操在书中指出,发现"地方"首先是"发现"了清末民初已然存
在的各阶层重新发现"地方"的历史:"在国家政权建设中,人们推崇西方的地
方自治,并重新发掘士绅和乡治;在国史、国民的建构中,人们聚焦地方史、乡
民,并打捞隐秘的历史和先贤;在民众教育中,人们立足一地的启蒙,利用本地
民众喜闻乐见的通俗文学、民间文学;在国语运动中,人们发现地方方言的存在
和价值。"③可见是先发现了这样的历史,然后才有了将"地方"作为方法的研究
转向。

从"地方"的角度考察近现代中国,在史学界已有操练,且不乏佳作,但在
现代文学研究界却极少有人从"地方"的角度对文学现象进行深入考察。这些
年我们见到的多是对地方文学的文献钩沉,很少有人追问地方文学与地方的深
层关系。冯仰操的《乡国变奏:清末民初的地方意识与地方书写》通过探究地
方文学与地方的深层关系,告诉读者在清末民国这个转型时代地方意识的分歧
造成"再造地方"路径的分歧,体现在文学上便是清末时企图构建"新"中国的
"新小说",逐渐转化为谴责"地方自治"的"社会小说",此后"社会小说"演变
为"社会言情小说",最终鲁迅的乡土小说在思想、艺术上超越此前的文学,成
为转型时代最后一种"新"文学,也成为开启五四新时代的新文学。

---

① 冯仰操:《乡国变奏:清末民初的地方意识与文学书写》,上海辞书出版社,2023,第
7 页。

② 张灏:《中国近代思想史的转型时代》,《幽暗意识与时代探索》,广东人民出版社,
2016,第 131 页。

③ 《乡国变奏:清末民初的地方意识与文学书写》,第 269 页。

1895 年后的转型时代是一个危机时代,谋求救世强国者普遍面临的问题是如何处理乡、国与世界的关系。冯仰操认为梁启超等立足于国家层面的变革者面对乡与国的互动、纠葛,并不想凸显地方,而是想通过构建新地方,将地方融入国家,或借地方建构而彰显国家。因此,受其影响的"新小说"在情节安排上多是从新地方(新广东)到新中国,是以书写"地方"为由头的"政治小说"。这种小说,没有理解"地方"的思想和情感基础,多是主观概念的演绎,其文学性自然不能令人满意。

地方士绅基于"地方"富足的愿景,普遍认为地方自治为立宪之基,地方自治可"分政府之劳以速改革之事业",其再造"地方"主要是从"器"的角度借西方现代化来改良"地方",文化上多希望保持和延续传统。然而乡绅有贤绅,也有劣绅,劣绅当道,沉渣泛起,再造"地方"就会演变为祸害"地方",于是当时"社会小说"的书写便开始批判现实,批判"地方自治"。对于这种现象,冯仰操认为"政治小说偏理想色彩,而社会小说偏批判色彩。政治小说和社会小说分别承担了地方自治的想象和批判。起初,政治小说通过想象抒发对地方自治的理解和建议。但是伴随着地方自治的推行,人们更倾向于反思的立场。通过社会小说批评地方自治推行中的各种弊端,并塑造了一批劣士权绅等反面的人物形象"①。这样,通过社会小说再现了地方政治生态的复杂性,向"信史"靠近,"摆脱任意的想象和批判,还原并反思一人到一地政治的复杂性"。由此,我们从李涵秋等民初小说家笔下看到了乡绅的落幕;从鲁迅等五四小说家笔下发现知识分子的失意。因此,我以为从"地方自治"的角度梳理和把握"社会小说"的书写变化是非常有见地的做法。

转型时代在"梁启超们"和地方士绅外,还有新出现的知识分子,他们也参与了"地方"的再造。与前两种人物从政权建设、地方自治的角度再造"地方"不同,他们是从"文化的再造"来"发现"地方,立足于启蒙民众,眼光向下,通过社会调查将民间信仰、民间文学、地方方言推向幕前,重估"地方"文化价值。虽然他们还未找到沟通传统与现代的最佳管道,但他们相信有新民才有新地方,才有新国家。这种"再造"及由此伴生的文学书写脱离了梁启超和地方士

---

① 《乡国变奏:清末民初的地方意识与文学书写》,第 91 页。

绅们急功近利的轨道,渐变为突出审美性的文学书写,力图通过审美性的文学书写实现对人和"地方"的双重启蒙。

梁启超希望通过"新小说"来造就新民,而真正的"新小说"和新民到五四时期才出现。这是因为现代知识分子多半脱离了他们自己的乡土社会,寄居于沿江沿海几个大都市,是脱了根的游离分子。张灏认为"就他们与传统文化的关系而言,士绅阶层的文化认同较高。他们自认把文化传统维持与继续下去是他们的天责,因此他们大致而言是'卫道'与'传道'之士。而现代知识分子的文化认同就薄弱得多,主要因为西方文化进入中国,使得他们常常挣扎、徘徊于两种文化之间。他们的文化认同感也就难免带有强烈的游移性、暧昧性与矛盾性"①。笔者认为,转型时代知识分子这种"游移性、暧昧性与矛盾性"出现的大背景就是乡国变奏,他们的"游移性、暧昧性与矛盾性"在文学书写上表现为对"变奏"的呈现、摆脱与克服,这方面张灏没有深入探讨,冯仰操此书则从史的角度做了系统的梳理与重评,将转型时代知识分子文学书写的"地方"影响全面展示了出来。在此基础上,冯仰操对这一历程做了超越前人的精辟总结:"在国家与现代文化的辐射下,地方既是被利用的对象,又是被改造的对象,地方的真实感和复杂性、地方在文学中的功能被压抑或抹杀。但是现代国家和现代文明的推行,并非始终一个频率,自清末以来,出现了一连串的高潮,而期间也出现了和缓期。就清末民初而言,清末是高潮,大厦将倾,政治自救成为普遍目标,民初是高潮之后的和缓期,民国建立,人们的建国情结得到短暂的纾解,开始注意到其他层面。与之相应,清末的民族国家叙事步步升级,而民初的民族国家叙事趋弱。故民初,文学书写中的地方逐渐摆脱或者突破民族国家的程限,向本土传统、现代学术、个体趣味敞开,产生了许多新的气象。"②

关于"地方"的文学书写的特征自可从文学本身的古今演变中找原因,但任何文学都是因时而出,为世而作,仅从文学内部研究显然不足以解释其变化,特别是清末民初文学变化巨大,如何理解这种变化及其呈现的种种样态,势必要研究其产生的时世的特殊性,抓住促其生发的大原因。冯仰操发现"地方"、

---

① 张灏:《中国近代思想史的转型时代》,《幽暗意识与时代探索》,第 136 页。
② 《乡国变奏:清末民初的地方意识与文学书写》,第 271 页。

发现"乡国变奏",确实是找到了时世的特殊性、找准了转型时代文学书写变化的大原因,故其重评才能独出己见、故其梳理才能入情入理。我们经由此书看到了转型时代文学百态在"乡国变奏"下的书写演变轨迹,由此更加认识到转型时代的研究必要深入到具体的"文学书写"才不空泛,这一时期的文学史研究必要找到"乡国变奏"这样的具体语境才不肤浅。

当下,随着电视剧《繁花》的热播,大家重又看到了"沪语"这种方言的艺术魅力和百年来"上海书写"的热力,这不仅激发了上海人的"地方意识",也唤醒了非上海人的"地方意识",这自然会让当下的我们重新打量属于我们每个人的"地方"。《繁花》的"地方书写"之所以特别,表面上是强调了故事的"地方性",思想根源则在于金宇澄的"地方意识"和清末民初那一代人一样强烈,因此阅读《乡国变奏》,不只是会看清"地方意识"的历史变迁,也会通过回溯历史获得读懂当下"地方书写"的解释力,发现"地方",进而养成善待"地方"的行动力。

[张元卿,精微阁(南京)文化传播公司首席策划,副研究员]

编后记

　　2023 年 5 月 13 日,天津师范大学地方文献研究中心在古籍保护研究院挂牌运作,由天津师范大学图书馆、古籍保护研究院主办,地方文献研究中心承办的第一届地方文献与地方文化学术研讨会同时举行,揭开地方文献研究中心的工作序幕。同年 11 月 4 日至 5 日,天津师范大学地方文献研究中心又承办了中国图书馆学会学术研究委员会、天津师范大学主办,天津师范大学古籍保护研究院、图书馆和中山大学图书馆协办的区域性藏书史和藏书文化研究学术研讨会,迈出走向全国学界的步伐。这个中心计划每年召开地方文献与地方文化学术研讨会,以促进地方文献研究的交流与合作,拓展其在理论层面与实践层面的探索空间。《地方文献研究》的创刊,将秉持"一切文献都可以被视作地方文献,一切文献研究其实都是地方文献研究"的研究理念,遵循"从地方视角切入地方文献研究"的研究方法(见王振良《古籍保护研究》第十三辑《编后记》),为全国同道搭建展示相关研究成果的平台。本辑共收录论文 32 篇,分别纳入 10 个栏目。

　　"探索争鸣"栏目刊文 1 篇。赵长海《试论地方文献工作的中道观》认为,地方文献数量的无穷性、类别形式的多样性、价值的相对模糊性,使得地方文献工作经常会遇到纷繁复杂的问题。文章分析了地方文献及地方文献工作的特殊性,指出要想解决"藏与用""地域性与非地域性""私藏与公藏"等诸多疑难问题,须用中道思维指导地方文献工作的理论与实践。

　　"方志研究"栏目刊文 7 篇。周艳《20 世纪 60 年代图书馆界方志抄藏活动初探——以南大图书馆与全国各地图书馆之间的方志抄藏活动为例》,以南京大学图书馆抄本方志、多所图书馆致南京大学图书馆信札及南京大学图书馆藏

17 种方志校勘资料为文献基础,探讨了 20 世纪 60 年代南京大学图书馆与各馆之间的方志抄藏活动,指出了其在保护和整理珍稀方志文献方面的深远意义。杨帆《清代京畿地方志研究回顾及展望》,爬梳了清代京畿地方志整理与研究成果,并对现有研究作了科学述评。陶雯静《明清以来滇黔地方志语言材料研究述评》,重点梳理了关于明清以来滇黔方志中语言材料的研究成果,说明方志语言材料研究的重要价值,并对今后研究作出展望。李伟志、李伟华《方志所见明清时期山西商人心态结构研究》,以方志文献为核心分析了明清时期山西商人的崇儒情结及独特心理。张朔《元大司农卿郝彬在旧方志中的记载失实——兼论郝经在冀寓居地》指出,《嘉靖霸州志》《康熙霸州志》《光绪顺天府志》等对郝彬生平事迹记载失实,混淆了郝彬、郝景文、郝元良三人以及郝彬与郝经家族之关系。文章认为郝彬似无郝元良之名,其与郝经同宗但并非直系血亲,郝经寓居地为今保定而非霸州。谢辉《〈玉华洞志〉初探》梳理了明清两朝四次编纂《玉华洞志》及其版本存藏情况,特别指出清康熙末年第四次所纂洞志流传最广,但目前所见之本皆为雍正至乾隆年间递修本,其中较为早印本署名陈文在编,而晚印本则改为廖鹤龄编,反映了地方官僚与宗族势力对洞志编纂的影响。王宗征《乾隆十年〈宝坻县志〉编纂特点探析》,论述了清朝乾隆十年(1745)宝坻县令洪肇楙主持编纂和刊刻《宝坻县志》的背景,分析了该志的编纂体例、主要内容、撰述方式、编修团队以及文化价值,同时阐述了其"厚志人物,注重教化"的特点。

"典籍研究"栏目刊文 4 篇。张悦《清初写实小说〈海角遗编〉版本流变考》认为,《海角遗编》作为编纂于清初的写实小说,记载了顺治二年(1645)发生于常熟、福山地区的易代史事,具有重要的史料价值。该书在清代仅以抄本形式流传且遗漏了作者,文章通过新的史料推测其为明遗民陈瑚创作。田渊《王致远〈开禧德安守城录〉成书流传考》指出,《开禧德安守城录》记录了北宋靖康之变期间,围绕荆湖北路德安府、襄阳府与金人进行的几次战役,但历代书目鲜有著录,直到清同治间才被浙江学者孙衣言发现并付梓。王红成、张之佐《沈德符的"记忆宫殿"——〈万历野获编〉史源与张璁的形象构建》,以《万历野获编》对张璁形象的书写为例,指出书中对张璁的批责之语不仅是沈德符个人看法,更是相当部分士人群体对张璁的"真实"印象。文章分析了张璁形象在明嘉靖以后的渐变与动因,指出明后期时局走向、士风演变在人物品评中的导向效用,为理解明后期历史提供了崭新视角。周忠《〈四库全书总目〉南京作者事迹考正四则》通过查考相关文献,对《四库全书总目》存目部分的四则提要进行了考察补正。

"报刊研究"栏目刊文2篇。林宏磊《国立西北图书馆学术刊物〈西北文化〉〈图书〉研究》从创办背景、刊物内容、发行与标识等方面入手,分析了《西北文化》和《图书》的出版情况。施欣《"读书非为己,学问无所私":民国私立大学创办校刊之典范——基于民国〈持志年刊〉发刊词视域下新闻出版史的读解与评析》指出,民国时期上海私立持志大学主办的《持志年刊》,以刊载或发布学校重大新闻事件、办学关键历史进程以及教师风采、学生情况、人物访谈、学术研讨、毕业生(校友)信息为主要内容,是研究持志大学校史的重要参考资料,同时也反映了民国私立高等教育教学机构的基本情况。

"收藏传播"栏目刊文4篇。程惠新《浙江嵊州袁氏家族藏书考述》,从民国藏书家袁涤庵的生平行迹、藏书聚散、捐书始末、两种善本书概述四个方面,叙述了袁涤庵劫余藏书入藏浙江大学图书馆的情况。吴芹芳《韩德均钱润文夫妇藏书保护史实述略——以"甲子丙寅韩德均钱润文夫妇两度携书避难记"印为中心》指出,清代松江韩氏藏书历经四代传承,数次遭遇战乱,韩德均、钱润文夫妇两次携书避难,并钤盖"甲子丙寅韩德均钱润文夫妇两度携书避难记"印章以表心声。文章通过汇总现存韩氏夫妇避难所携之书,分析了韩氏夫妇的善本观及其保护藏书的贡献。梁圣军《肥城圣贤后裔遗存文献的发掘与传承》以今山东省肥城市辖域为研究重点,指出肥城圣贤后裔文献与泰安、宁阳、东平、平阴等县市的文献互有重合,研究肥城圣贤后裔文献可对其整体情况和现代价值作出精准认识。刘涛《文献中所见晚明名臣戴燿女性后裔》通过对方志文献等的考述,探讨了兵部尚书戴燿的女儿、孙女、玄孙女生平事迹,为东南海疆名门望族女性研究提供了参照。

"开发利用"栏目刊文2篇。李国庆《编纂〈萧山艺文志〉的新思路》探讨了编纂《萧山艺文志》的新路径,强调在编纂机制上秉持三方合作确保编纂工作顺利开展、编纂体例上采用图文著录增强书目可读性、注重编制附录与正文互补,以提高编纂工作的系统性、准确性和实用性。这不仅对《萧山艺文志》编纂具有实际指导意义,也为其他地方艺文志编纂提供了可借鉴的方法和经验。林才伟《黄际遇与姚梓芳交游考——兼考〈日记〉所见〈广东文征〉〈潮州先正遗书丛刊〉编刊史料》指出,黄际遇和姚梓芳皆是广东文化史上之名家,以黄际遇《日记》为中心考察二人交往,并对《日记》中保留的《广东文征》《潮州先正遗书丛刊》等广东地方文献编刊史料加以梳理,对于研究《广东文征》《潮州先正遗书丛刊》成书及广东地方文化具有重要价值。

"资料考释"栏目刊文 5 篇。葛淑英《明代〈重修古刹兴教寺碑记〉考释》,以涿州市博物馆藏《重修古刹兴教寺碑记》为中心,考察了有关佛教入传时间、传播过程中的事件、兴教寺历史沿革和重修经过等重要信息,具有较高的史料研究价值。齐胜利《阿咤薄俱信仰与敦煌本〈大元帅启请〉》指出,源于印度的大元帅明王阿吒薄俱为密教重要神灵之一,具有护法护教、镇护国家、役使诸神、保佑平安的重要功用。此信仰不仅在内地传播,而且西传敦煌并影响到当地僧俗日常生活,又通过经典、曼荼罗、塑像等形式东传日本,成为日本文化的有机构成。邱波、李贞光《清水江下游天柱地区石刻刻工补遗》,依据《清水江文书·天柱古碑刻考释》对天柱地区石刻刻工加以整理,进一步完善了《石刻考工录》。蔡妍欢、韦兰海《辛亥革命后广州满族的产权演变与社会转型——以旗契考察为中心》,以满族"地契"为中心考察辛亥革命后广州满族的社会生活等,指出满汉旗人因本土化程度差异而走上不同道路,建筑产权的演变印证了广州满族从定居到世居的社会变迁。李楚君《朱启钤〈蠖园年表〉订误》,以朱启钤的生平为中心,通过对《朱启钤年谱长编》撰写过程中参研的相关文献进行互校,指出《蠖园年表》中的讹误并予以订正。

"文献整理"栏目刊文 4 篇。曲振明《李叔同〈汉甘林瓦砚题辞〉的考证与再发现》指出,《汉甘林瓦砚题辞》是李叔同在上海时期编印的书籍,系"李庐三种"之一。文章对李叔同编印该书经过进行了考述,对题辞作者进行了考证,对《汉甘林瓦砚题辞》之外的言敦源、赵元礼、王守恂的相关题辞文本作了比对和推测。胡艳杰《金钺〈金氏家集〉校注辑录》,对 1968 年金钺校注《金氏家集》内容进行整理,总计辑录校注 92 条,有助于重印《金氏家集》时修订参考,也从一个侧面展示了天津近代藏书家刻书家金钺的晚年生活。李云《天津紫竹林史料〈南台云水记〉整理》,从《直报》中辑录十篇与天津紫竹林、南炮台、海河、武备学堂、博文书院、大营门、小营门等密切相关的游记文字《南台云水记》,可管窥晚清紫竹林一带独特的建筑风貌、壮阔的海河水势、奇丽的南炮台云水风光以及当时民众生活掠影,对近代天津研究具有多方面价值。韩慧平《清代天津水西庄闺阁诗词辑录》,按人辑录水西庄查氏家族女眷的诗词作品,每位作者首冠小传,藉此可以考见水西庄的丰厚历史文化底蕴。

"研究综述"栏目刊文 2 篇。顾淑彦、李雅洁《当代海外敦煌文献整理、刊布情况总结与展望》,梳理出海外各国藏敦煌文献的数量、来源、适合研究使用的最全面的刊布版本,有助于迅速、准确地了解海外敦煌文献及其刊布情况。黄晓霞《以文化人铸精魂 以文润城续根脉——区域性藏书史和藏书文化研究学术研讨会综述》,是 2023 年 11 月 4 日至 5 日在天津师范大学召开的区域性藏书史和藏书文化研究学术研讨会综述,会议有来自高等院校、公共图书馆、地方文史研究机构等 70 余名代表参加,综述主要聚焦区域藏书研究、藏书人物研究、地方文献研究以及典籍书刊研究等内容,介绍了参会学者的最新成果与主要观点。

"论书衡文"栏目刊文 1 篇。张元卿《发现"地方"与重评转型时代的文学书写》,以冯仰操著《乡国变奏:清末民初的地方意识与地方书写》为例,指出其对 1898 至 1917 年地方意识与文学书写的深入研究,揭示了转型时代文学的变迁以及知识分子如何通过文学参与地方再造,从而推动文学史研究深入具体语境,并藉此探讨了地方书写在文学演进中的重要性。

《地方文献研究》作为地方文献工作者、研究者、收藏者和爱好者的交流平台,将不断宣传地方文献的重要价值与现实意义,总结地方文献建设的新经验,交流工作的新思路,探索研究的新方法,发表最新的地方文献研究和整理成果,以推进地方文献工作持续发展和有效深化。

草创伊始,诸事待兴,敬请各界师友惠以佳作! 如有意见建议,亦盼不吝赐教!

王振良　胡艳杰

2024 年 6 月 30 日